SÍRIA
DEPOIS DO LEVANTE

SÍRIA
DEPOIS DO LEVANTE
A resiliência do Estado

JOSEPH DAHER

sumário

MAPAS, QUADROS E GRÁFICOS	8
INTRODUÇÃO	12
1. Estrutura do livro	15
2. Geografia e demografia da Síria	18
1 CONSTRUÇÃO DE UM REGIME PATRIMONIAL	22
1.1. Hafez al-Assad (1970-2000): as raízes do regime patrimonial	24
1.2. O Baath e as associações corporativistas	28
1.3. Liberalização gradual e seletiva	30
1.4. Banimento da oposição	32
1.5. Integração da burguesia e das camadas conservadoras	35
1.6. Era de Bashar al-Assad até 2011	38
1.7. Conquista da velha guarda	43
1.8. Enfraquecimento das instituições estatais e organizações corporativistas	45
1.9. Aceleração das políticas neoliberais	51
1.10. Terra: "Volta ao Feudalismo"	55
1.11. Políticas neoliberais e atualizações despóticas	56
1.12. Setor privado e as organizações religiosas de caridade	60
1.13. Consequências socioeconômicas das políticas neoliberais	66
1.14. Conclusão	68
2 LEVANTE POPULAR E MILITARIZAÇÃO	70
2.1. Primeiras faíscas	72
2.2. Classes sociais no levante	76
2.3. Primeiras tendências políticas do movimento	80
2.4. Uma plataforma plural	83
2.5. Mulheres desafiando o patriarcado	86
2.6. Organização do movimento de protestos	88
2.7. Organização política da oposição	92
2.8. Militarização e as redes do Exército Livre da Síria	98
2.9. Colaboração e crise entre protestos civis e armados	101
2.10. Tentativas de unificar o Exército Livre da Síria	105

2.11. Fracassos na centralização da oposição armada — 108
2.12. Colapso do Exército Livre da Síria — 111
2.13. Conclusão — 114

3 A REPRESSÃO DO REGIME — 116
3.1. Mobilização da base popular — 118
3.2. Sectarismo e violência como estratégias de repressão — 137
3.3. Mudança demográfica sectária? — 143
3.4. Repressão e violência de gênero — 148
3.5. Aniquilando alternativas democráticas — 149
3.6. Papel dos funcionários públicos — 151
3.7. Insatisfações nas áreas controladas pelo regime — 153
3.8. Adaptações políticas do regime — 155
3.9. Tolerância às críticas da imprensa independente pró-regime — 158
3.10. Sueida: entre controle e autonomia — 159
3.11. Conclusão — 162

4 OS FRACASSOS DA OPOSIÇÃO — 164
4.1. Oposição no exílio — 166
4.2. Sectarismo fomentado pelas monarquias do Golfo — 173
4.3. O surgimento das organizações fundamentalistas islâmicas — 176
4.4. O surgimento de Jabhat al-Nusra — 178
4.5. O surgimento do Estado Islâmico na Síria — 183
4.6. Avanço militar das forças fundamentalistas — 184
4.7. Os ataques químicos em Ghouta – um ponto de inflexão — 186
4.8. Rivalidades entre fundamentalistas — 188
4.9. Crescentes conflitos entre movimentos — 193
4.10. Participação ameaçada das mulheres — 195
4.11. Sectarismo, fundamentalismo islâmico e minorias — 198
4.12. Conclusão — 204

5 A QUESTÃO CURDA NA SÍRIA — 208
5.1. A questão curda antes de 2011: repressão e cooptação — 210
5.2. O início do levante popular — 214
5.3. O regime, o PYD e Rojava — 220
5.4. Recusa a qualquer autodeterminação curda — 222
5.5. Autoadministração do PYD — 225
5.6. PYD e o regime Assad — 227

5.7. O PYD, a oposição, o ELS e as forças fundamentalistas islâmicas　　232
　　5.8. Autogoverno em Rojava　　236
　　5.9. Proclamação federalista　　245
　　5.10. O PYD e a arena internacional: colaborações e ameaças　　250
　　5.11. Conclusão　　254

6 RELAÇÕES INTERNACIONAIS E INTERVENÇÕES　　258
　　6.1. A busca por aliados contra sanções internacionais　　260
　　6.2. Federação Rússia　　261
　　6.3. República Islâmica do Irã　　267
　　6.4. Hezbollah　　276
　　6.5. Os aliados de Assad – convergências profundas com algumas diferenças　　278
　　6.6. Estados Unidos – diferenças entre Síria e Líbia　　283
　　6.7. Arábia Saudita, Catar e o Conselho de Cooperação do Golfo (CCG)　　291
　　6.8. Turquia, expandindo sua relevância na Síria　　300
　　6.9. A estabilização do regime Assad por forças regionais e internacionais　　305
　　6.10. Conclusão　　307

7 A ECONOMIA POLÍTICA UMA DÉCADA DEPOIS DO CONFLITO　　310
　　7.1. Custos da reconstrução　　314
　　7.2. Comércio e Contrabando　　315
　　7.3. Agricultura　　317
　　7.4. Manufatura　　318
　　7.5. Setor de serviços　　321
　　7.6. Mudanças regionais　　322
　　7.7. Inflação, custos de vida e orçamento público　　325
　　7.8. Financiamento nacional e investimentos estrangeiros　　328
　　7.9. Crise financeira do Líbano, COVID-19 e sanções　　334
　　7.10. Medidas de Austeridade e PPPs　　336
　　7.11. Que Modelo de Reconstrução?　　338
　　7.12. Consequências Socioeconômicas para os trabalhadores　　344
　　7.13. Remessas da Diáspora – Uma Necessidade Absoluta　　346
　　7.14. Estado Islâmico, ainda uma ameaça　　347
　　7.15. Descontentamentos sociais em áreas controladas pelo regime　　350
　　7.16. Conclusão　　352

REFLEXÕES FINAIS　　354
　　1. A criação de um regime despótico e patrimonial　　355

2. Origens e evolução dos levantes 357
3. Repressão, mobilização e adaptação 358
4. Enfraquecimento do levante e os fracassos da oposição 360
5. A questão curda 363
6. Dinâmica política regional e internacional 364
7. O regime sobrevive, mas a crise continua 367
8. Um processo revolucionário de longo prazo 370

BIBLIOGRAFIA 374
1. Livros 375
2. Capítulos de livros 377
3. Artigos acadêmicos 381
4. Teses de doutorado 383
5. Artigos Online 383
6. Vídeos do youtube 423
7. Blogs 425
8. Facebook 425
9. Entrevistas 426

NOTA DE PUBLICAÇÃO 428

mapas, quadros e gráficos

MAPAS

Mapa 1. Síria e Oriente Médio	10
Mapa 2. Distribuição Geográfica	11
Mapa 3. Composição étnica e sectária	19
Mapa 4. Divisões administrativas	25
Mapa 5. Tribos árabes	26
Mapa 6. Comunidades religiosas em Lataquia	48
Mapa 7. Mudanças na irrigação da terra no nordeste da Síria (2001-2009)	73
Mapa 8. Levante de 2011 em Damasco	102
Mapa 9. Situação militar e agrupamentos religiosos (abril de 2013)	109
Mapa 10. Ofensiva do Exército Sírio na região de Damasco (março de 2013 a maio de 2017)	121
Mapa 11. Comunidades religiosas em Banias	139
Mapa 12. Comunidades religiosas em Homs	145
Mapa 13. Jabal al-Druze e o fronte sul	161
Mapa 15. Arabização dos nomes dos vilarejos	211
Mapa 16. Expansão do PYD	221
Mapa 17. Composição étnica no Norte	230
Mapa 18. Rojava: população e projeto de organização administrativa	247
Mapa 19. Situação militar na Síria e Iraque (2017)	268
Mapa 20. Países membros do Conselho de Cooperação do Golfo	292

QUADROS

Quadro 1. MNL	34
Quadro 2. Sunitas e Xiitas	37
Quadro 3. Alauitas	47
Quadro 4. Baath e as universidades	78
Quadro 5. Movimento estudantil na revolução	81
Quadro 6. Ismaelitas	85
Quadro 7. Conselho local em Manbij	90
Quadro 8. Drusos	136
Quadro 9. Salafismo	167
Quadro 10. Origens do Salafismo	173
Quadro 11. Salafistas e hanabalismo	173
Quadro 12. Salafismo contemporâneo	180
Quadro 13. PKK	213

GRÁFICOS

Gráfico 1. Crescimento populacional	20
Gráfico 2. População segundo faixa etária	20
Gráfico 3. Refugiado segundo agrupamento religioso	147
Gráfico 4. Trabalhadores do setor privado	345

Mapa 1. Síria e Oriente Médio

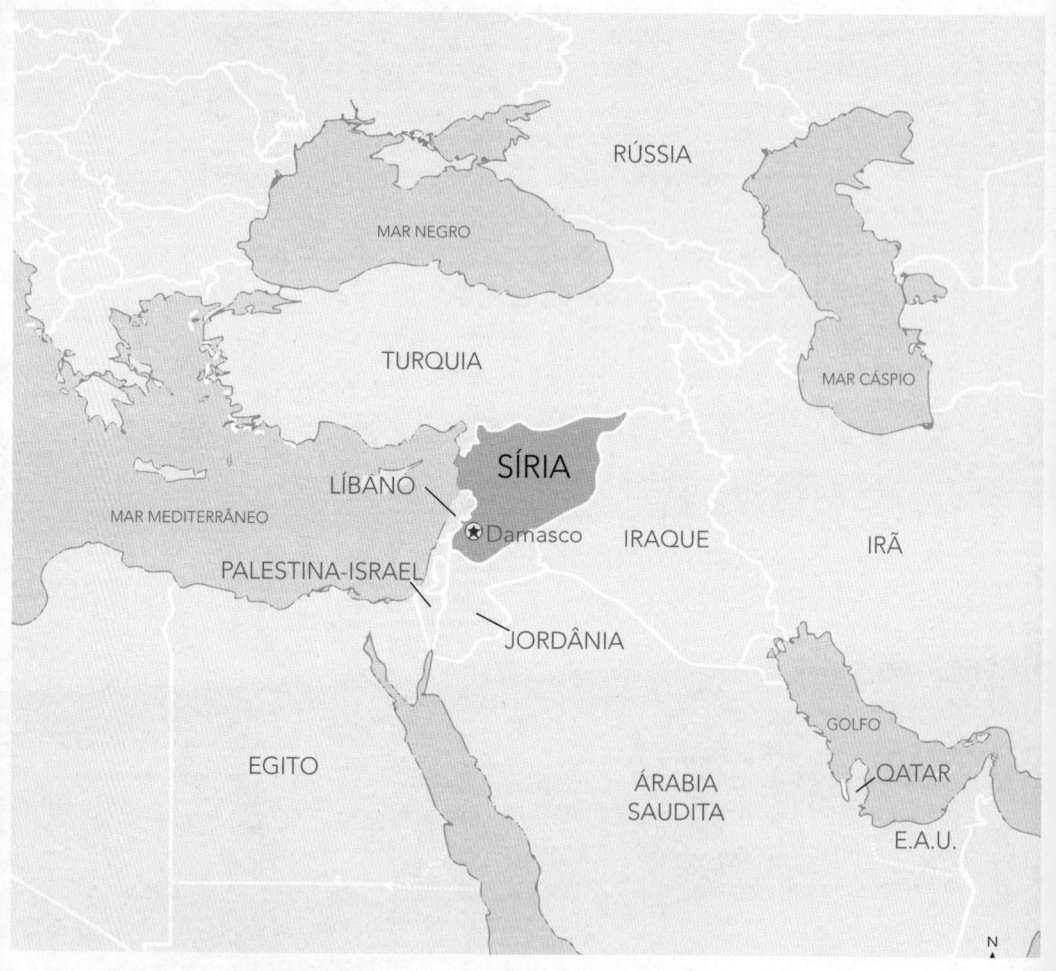

Mapa 2. Distribuição Geográfica

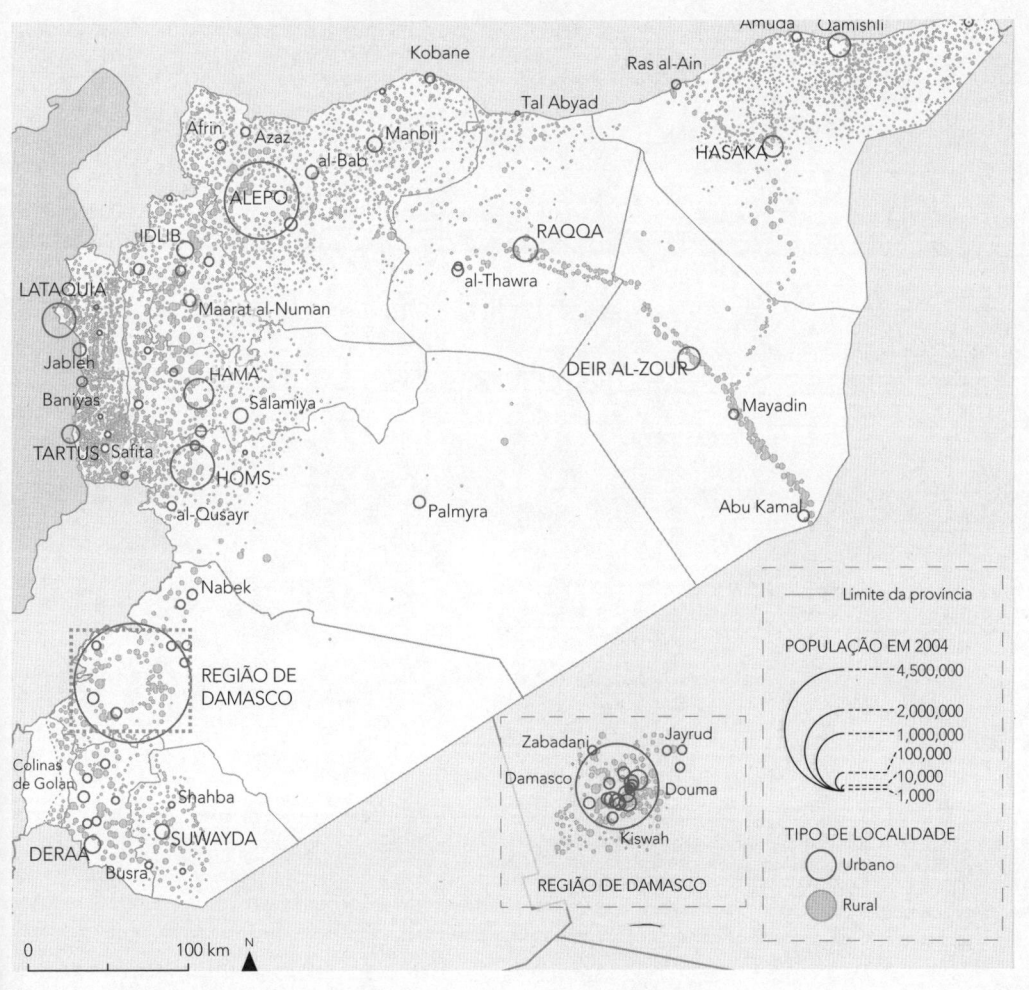

introdução

Desde o início do levante popular e sua violenta repressão, em março de 2011, a Síria ocupa com maior frequência o noticiário mundial. Ao longo dos anos, a guerra civil no país se transformou em um conflito envolvendo diversas forças locais, regionais e internacionais. A interpretação dessa conflagração pela maioria dos observadores e pesquisadores, porém, é feita através de lentes geopolíticas ou em termos sectários religiosos, igualando comunidades religiosas a posições políticas. Em ambas as perspectivas, as raízes sociais, políticas e econômicas do conflito são ignoradas.

Este livro tenta examinar a origem e os desdobramentos do levante sírio iniciado em março de 2011 enquanto parte viva dos levantes populares no Oriente Médio e Norte da África. Esses eventos e processos resultaram da convergência e o reforço mútuo de vários focos de insatisfação, luta e mobilização popular. Ao se entrelaçarem, essas batalhas permitiram diferentes setores dessas sociedades a unirem forças na rebelião contra regimes autoritários e corruptos – responsáveis na região pelo aprofundamento contínuo da crise social.

Mesmo que até o final de 2020 a guerra não tenha terminado e alguns territórios continuem fora do controle do governo, sua sobrevivência e continuidade estão quase conquistados, mesmo dentro de um contexto de enfraquecimento e relevantes contradições internas. Este livro tem como objetivo examinar as razões e raízes da resiliência de Bashar al-Assad.

Qual a natureza do regime consolidado pela família Assad? Quem foram os atores envolvidos no levante e como eles se organizaram? Como ele reagiu ao reprimir o movimento de protestos? A oposição foi capaz de apresentar uma alternativa crível ao regime? Qual foi o papel do fundamentalismo islâmico e das correntes jihadistas? Por quais formas o levante na Síria foi influenciado por intervenções regionais e internacionais? Quais foram as razões por trás da transformação de um levante pacífico em uma guerra civil armada, com componentes regionais e internacionais? Começaremos esta análise a partir das dinâmicas internas específicas da Síria, inserindo-as em um quadro mais abrangente – incluindo as tendências regionais e questões internacionais. Todas elas ligadas entre si de diversas formas.

Ativistas sírios também têm feito esses questionamentos. Um estudo de 2015 realizado pela organização não-governamental Dawlaty com 139 ativistas não-violentos identificou "diversos fatores que levaram à criação de hiatos dentro da tendência não-violenta – abrindo as portas para a militarização e a crescente desconfiança por setores da sociedade síria" foi, em particular, o fato de que

> os ativistas tinham ilusões de que o regime sírio cairia rapidamente, assim como o de Mubarak no Egito e o de Ben Ali na Tunísia... Quando ele provou que duraria mais que o imaginado, surgem as questões de fuga, desistência e recorrências à militarização. A revolução Líbia, com a sua intervenção internacional, tornou-se modelo atraente para alguns...[1]

Veremos que os desafios enfrentados desde o início pela rebelião na Síria – inicialmente amplo e inclusivo – incluíam conseguir construir uma alternativa a Assad. As reações e adaptações da ditadura síria para reprimir a revolta popular também serão examinadas.

Para analisar a resiliência do regime, primeiro abordaremos a natureza do levante em profundidade, levando em conta as suas principais características econômicas, sociais e políticas na esfera local e internacional dentro de uma perspectiva longue durée. Examinamos as origens e principais desdobramentos desses eventos, tentando reconstruir as etapas de sua evolução. Isso será feito em conexão com uma análise das transformações sociais que influenciaram as principais classes sociais sírias, suas minorias étnicas e religiosas, assim como de diversos grupos com interesses distintos, sem negligenciar a arena política regional e internacional. Este estudo inspira-se em uma abordagem histórica e materialista partindo do estudo da sociedade síria e as suas transformações, a fim de analisar e explicar os eventos recentes. Ao fazê-lo, fatores externos que favoreceram a eclosão dos protestos – como a derrubada dos ditadores na Tunísia e no Egito, também serão considerados. Esta abordagem levará em consideração o impacto de várias políticas econômicas que foram implementadas ao longo de décadas – especialmente desde os anos 1960 – nas esferas econômicas e sociais, assim como seu impacto na estrutura de classes na Síria e no mosaico multissectário e multiétnico do país.

Apresentaremos três argumentos teóricos centrais. Primeiro, acerca do terreno movediço da formação das classes sociais e do Estado na Síria desde a ascensão ao poder de Hafez al-Assad – que marca o início da abertura econômica – e sua relação com as práticas políticas do Estado. Ainda que as políticas neoliberais tenham levado a um empobrecimento de parcelas significativas da sociedade síria, elas também ajudaram a enriquecer uma camada de empresários de várias seitas

---

1. Dawlaty, 2015, p. 18.

religiosas, que integravam ou eram próximos à elite governante. A prática política do Estado tornou-se crescentemente voltada aos interesses dessa camada, com a qual segue mantendo estreitos laços sociais, políticos e financeiros. Isso refletiu-se em suas políticas econômicas, assim como na repressão aos membros e setores burgueses da oposição não ligados ao Estado.

O segundo argumento teórico se refere às formas singulares da evolução do contexto regional em que estava inserida a Síria – tendo consequências sobre o levante. Baseio-me em análises materialistas do imperialismo para demonstrar como a intervenção de atores estrangeiros influenciou a natureza do levante e as dinâmicas do Estado sírio.

Por último, abordamos a questão do sectarismo religioso e suas dinâmicas, a fim de explicar seu papel no levante. Diversos atores locais e regionais envolvidos na insurreição utilizaram políticas sectárias para mobilizar setores populares, instrumentalizando-os segundo objetivos próprios.

1. Estrutura do livro

Este trabalho está organizado em sete capítulos. O Capítulo 1 destaca o processo de desenvolvimento desigual e combinado na região do Oriente Médio e Norte da África, assim como o papel do imperialismo na economia política da região. Depois, serão analisadas as características do Estado autoritário e patrimonial[2] encabeçado por Bashar al-Assad. Durante a era de Bashar, a Síria vivenciou a consolidação da natureza patrimonial do Estado nas mãos da família Assad. Isso

---

2. Elementos para compreender a natureza patrimonial no aparato do regime sírio podem ser encontrados, segundo definição de Gilbert Achcar em Le peuple veut, une exploration radicale du soulèvement arabe (2013), quando os centros de poder (político, militar e econômico) dentro desse aparato se concentram em uma família e sua claque (nominalmente, os Assad), de forma similar à Líbia e às monarquias do Golfo Pérsico. Por isso, o regime foi empurrado a usar toda a violência ao seu dispor para manter a autoridade política. Achcar define o Estado patrimonialista segundo a tradição weberiana: um poder absoluto, autocrático e hereditário, que pode funcionar através de um ambiente colegiado (ou seja, familiares e amigos) e que é dono do Estado. Em outras palavras, dono das Forças Armadas, dominadas por uma guarda pretoriana (fiel aos governantes e não ao Estado), dos meios econômicos e da administração pública. Neste modelo de regime se desenvolve um tipo de capitalismo clientelista (ou capitalismo de compadres) controlado por uma burguesia de Estado. Ou seja, os membros das famílias governantes e seus círculos próximos frequentemente exploram sua posição dominante garantida pelo poder político para acumular consideráveis fortunas.

Somado à natureza patrimonial do Estado e ao mesmo tempo realçando essa tendência está o caráter rentista da maioria dos países na região, incluindo a Síria. Renda é definida como uma receita contínua cuja fonte não é o trabalho exercido ou comissionado por quem a recebe. Portanto, a maioria dos Estados patrimoniais no Oriente Médio e Norte da África são, em geral, caracterizados pela profunda corrupção trilateral de uma "elite do poder", segundo Achcar, "Um triângulo de poder constituído por pináculos entrelaçados do aparato militar, das instituições políticas, e de uma classe capitalista determinada politicamente (uma burguesia de Estado), em que todos os três estão atados à defesa feroz de seu acesso ao poder de Estado, principal fonte de seus lucros e privilégios". (Achcar, 2016, p. 7)

ocorreu através de políticas neoliberais e a substituição de setores da velha guarda por parentes do novo governante ou indivíduos próximos a ele. Serão também observadas as consequências socioeconômicas das políticas neoliberais ao longo dos reinos de ambos os ditadores.

No Capítulo 2, são analisadas a natureza e dinâmica dos atores nos protestos durante os primeiros anos do levante e sua subsequente militarização. É estudada a situação de poder quase-dual, ou pelo menos de uma alternativa potencial ao regime, criada pelo aprofundamento do processo revolucionário e o surgimento e expansão de conselhos populares na gestão de assuntos locais. A mensagem e postura agregadora da maioria das organizações e comitês locais constituíam as ameaças mais temidas pela ditadura – que caracterizava o movimento de protesto como uma conspiração estrangeira liderada por "terroristas extremistas" e "quadrilhas armadas". A intensificação gradual da violência e da repressão pelas forças do regime levou à crescente deserção de soldados e oficiais, bem como de civis que pegaram em armas. Isso resultou na formação do Exército Livre da Síria (ELS). O ELS era caracterizado no início pela pluralidade de seus inúmeros grupos – que se expandiram ao longo de 2011 e 2012. A dinâmica das redes do Exército Livre resultou de sua dura repressão e fragmentação, bem como pela falta de apoio organizado. Ao final do capítulo, examinaremos o processo gradual de marginalização das redes do ELS – produto de sua crescente dependência em governos estrangeiros, da ineficiência criada pela ausência de qualquer forma de coordenação centralizada e de uma direção política competente e enraizada capaz de unir os vários componentes armados da oposição em torno de um programa político próprio.

O Capítulo 3 trata da mobilização da base social do regime em apoio à repressão, principalmente o papel dos capitalistas de compadrio[3] e das agências de segurança. O governo usou conexões sectárias, tribais[4] e clientelistas para sufocar os protestos. Analisaremos nesse capítulo as várias estratégias de repressão e violência. Ao prover serviços e empregos públicos no contexto da guerra e do aprofundamento da crise socioeconômica, amplos segmentos da população passaram a depender do governo. Ao mesmo tempo, Damasco demonstrou flexibilidade com algumas regiões simpáticas a Assad lhes concedendo maior autonomia, ou ao menos ampliando o espaço político às suas populações locais.

O Capítulo 4 aborda o fracasso da oposição no exílio em apresentar uma alternativa crível, democrática e inclusiva capaz de expressar as exigências do

---

3. Capitalismo de compadrio, ou capitalismo clientelista, é tradução do termo inglês "crony capitalism". [Nota da Tradução]
4. Segundo Khedder Khaddour, 2017, "Uma tribo, no contexto sírio, é uma unidade sociopolítica baseada em famílias extensas que habitam um território definido – geralmente cidades e bairros inteiros."

movimento de protestos. Divisões fomentadas por diversos atores internacionais marginalizaram as várias entidades da oposição no exterior. O consequente surgimento das facções islâmicas fundamentalistas e jihadistas caminhou lado a lado do enfraquecimento e da divisão das redes do ELS, dos grupos civis e dos ativistas democráticos, abalando a mensagem agregadora do levante, que perdeu seu poder atrativo para setores da população. Os papéis do regime, em primeiro lugar, seguido dos atores estrangeiros na expansão dos movimentos fundamentalistas islâmicos e jihadistas é explorado em detalhe nesse capítulo, juntamente com o papel desempenhado pelo comportamento corrupto de algumas redes do ELS e o fracasso dos vários Estados que afirmavam apoiar o levante ao assisti-lo no campo financeiro, militar e político. As intervenções dos Estados regionais que alegavam apoiar a revolta apenas aprofundaram as divisões entre os grupos políticos e armados da oposição.

No capítulo 5, será examinado o envolvimento da população curda e suas organizações políticas no levante. Amplas parcelas da juventude curda integraram a rebelião contra o regime ao lado de diferentes setores do povo sírio, fomentando comitês locais de coordenação. Já os partidos políticos curdos, com poucas exceções, inicialmente evitaram se engajar nos protestos. No decorrer do levante, o trabalho conjunto entre os comitês de coordenação árabes e curdos, assim como nos movimentos de juventude, cessou ou foi muito reduzido, principalmente devido à recusa dos principais representantes no exílio da oposição árabe síria às demandas nacionais dos partidos curdos. Além disso, a influência crescente do Partido da União Democrática (conhecido pela sigla PYD, por conta de seu nome curdo, Partiya Yekitiya Demokrat) na cena política curda – com a benção do regime Assad – marginalizou cada vez mais os laços junto a outros setores da oposição e do levante em geral. O restante deste capítulo concentra-se no surgimento do PYD, em seus embates com várias forças armadas de oposição e, finalmente, no estabelecimento da região autogerida de Rojava (que significa o Oeste, em curdo) sob a sua autoridade.

No Capítulo 6, serão examinadas a internacionalização do levante sírio e as intervenções diretas e indiretas de vários atores internacionais e regionais. O envolvimento massivo dos aliados de Damasco – Rússia, Irã e Hezbollah –, bem como suas consequências políticas serão descritas em detalhes. A crescente dependência da Síria da Rússia e do Irã aumentaram suas influências políticas, econômicas e culturais. Por outro lado, serão analisadas as políticas dos chamados "amigos da Síria" (as monarquias do Golfo, a Turquia e os Estados ocidentais). Será explorada a questão da disposição dos Estados Unidos e de outros países ocidentais em intervir na Síria para derrubar o regime, assim como os projetos políticos das monarquias do Golfo e da Turquia, caracterizadas pela competição interna e falta de unidade. A criação do chamado califado pelo Estado Islâmico (EI) teve consequências sobre as prioridades dos países ocidentais em relação à Síria; concentrados cada vez mais na "Guerra ao Terror" dentro do país, ao invés da oposição ao regime Assad. Nesse ínterim, a consolidação e a expansão do PYD nas regiões habitadas pelos curdos também mudaram de forma contínua a orientação do governo turco no conflito. As monarquias do Golfo eram cada vez mais desafiadas por outros fatores – como a intervenção militar da Arábia Saudita no Iêmen desde a primavera de 2015, e as tensões existentes entre Qatar e Arábia Saudita devido às suas políticas divergentes durante os levantes de 2010-2011.

No Capítulo 7, focamos inicialmente nas consequências humanas e socioeconômicas do conflito militar. A expansão da economia de guerra permitiu o surgimento de novos atores econômicos associados ao regime. Isso foi acompanhado por políticas econômicas do governo sírio visando consolidar seu poder e as suas diversas redes de apoio, enquanto permitia surgir novas formas de acumulação de capital. Ao mesmo tempo ocorreu um processo ainda maior de concentração de poder no Palácio Presidencial, enquanto se consolidaram novas redes pró-regime. No entanto, a estabilidade do governo Assad estava longe de ser alcançada.

2. Geografia e demografia da Síria

No início de 2011, antes do levante, a Síria tinha uma população de 24 milhões de pessoas. Em 2010, cerca de 56% da população era urbana, com uma taxa de crescimento anual de aproximadamente 2,5-3%.[5] Pessoas com menos de 24 anos de idade constituíam 58% de sua população em 2011.[6]

Árabes muçulmanos sunitas representavam entre 65% e 70% da população, enquanto o restante era dividido entre várias minorias islâmicas – incluindo os alauitas (10-12%), os drusos (1-3%), xiitas (0,5%) e os ismaelitas (1-2%); várias denominações cristãs (5-10%) e minorias étnicas, incluindo curdos (8-15%), armênios (0,5%), assírios (1-3%), turcomenos (1-4%) e outros grupos.

Também há importantes populações estrangeiras na Síria – em particular iraquianos e palestinos – desde antes do levante. Cerca de 500 mil refugiados palestinos foram registrados na Síria em 2011 assim como 1,2-1,5 milhão de iraquianos, refugiados da invasão do Iraque encabeçada pelos EUA em 2003.[7]

---

5. Nasser e Zaki Mehchy, 2012, p. 3; Banco Mundial, 2017, p. 21.
6. IFAD, 2011.
7. UNRWA, 2011; Banco Mundial, 2017, p. 13.

Mapa 3. Composição étnica e sectária

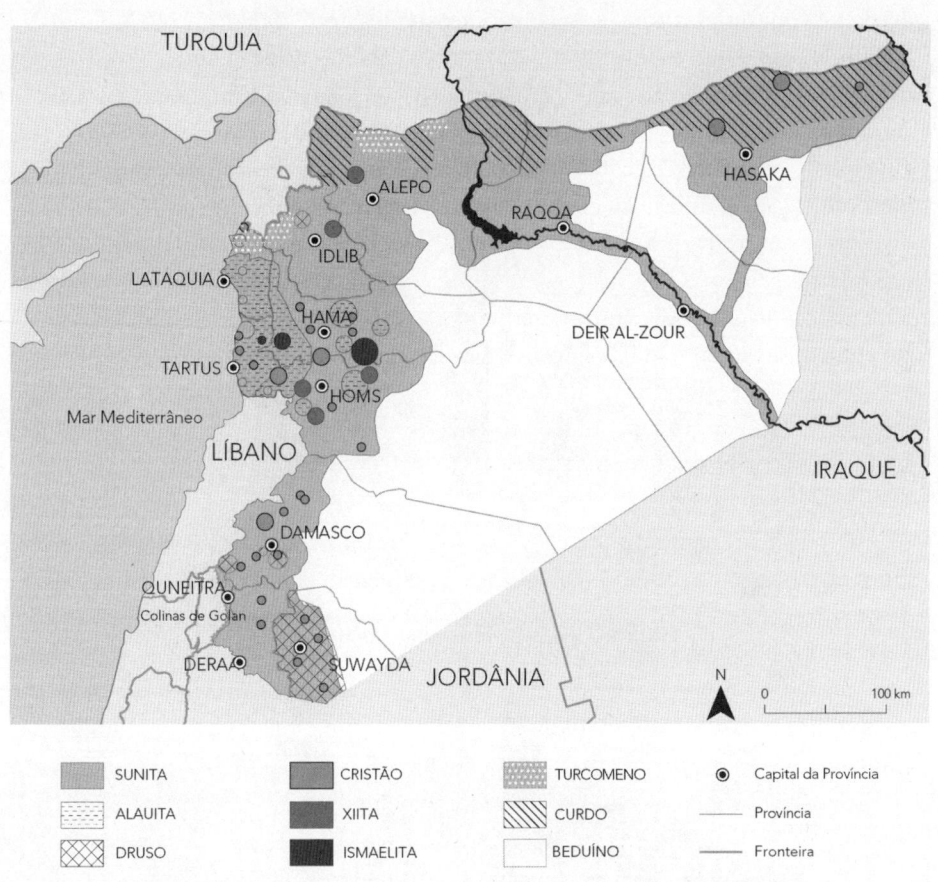

Gráfico 1. Crescimento populacional

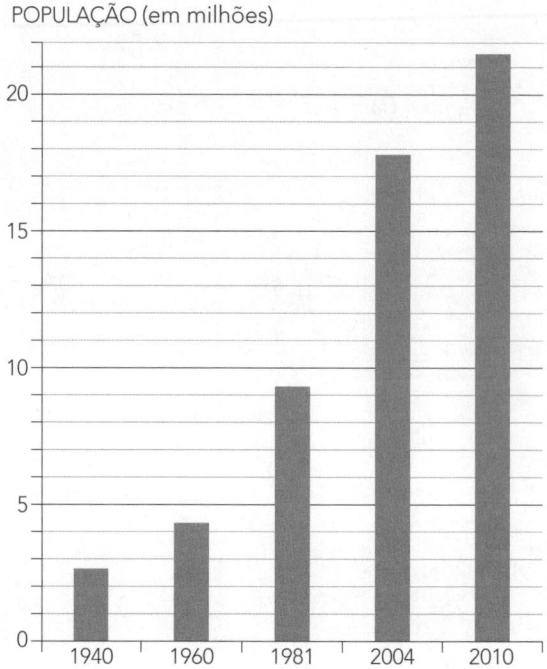

Gráfico 2. População segundo faixa etária

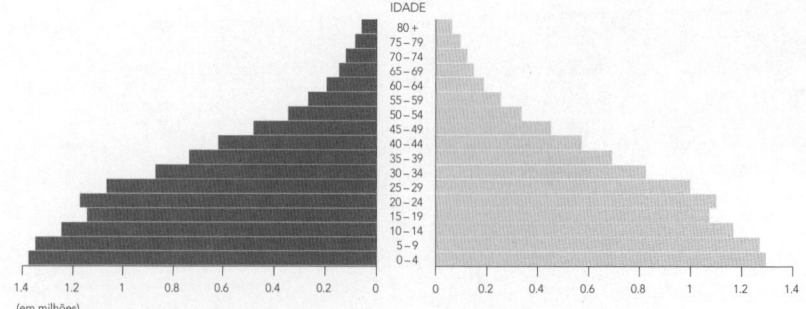

I construção de um regime patrimonial

Até os anos 1960, o domínio da sociedade síria era exercido por latifundiários e comerciantes. Com a independência do país, em 1946, essas classes dirigentes estiveram cada vez mais ameaçadas pelas correntes nacionalistas e de esquerda. O avanço do nacionalismo árabe, incluindo o Partido Baath, levou, de 1958 a 1961, à fusão entre Síria e Egito, produzindo a República Árabe Unida (RAU). A despeito de um golpe de Estado em 1961, que desfez a aliança, a medida significou apenas um curto revés antes do fim da dominação do país por sua elite política e econômica tradicional. Conquistas econômicas e sociais foram alcançadas pelas classes populares com o golpe militar nacionalista de 1963, dominado por elementos baathistas e acompanhado de uma série de políticas populistas até 1970. A ascensão do Partido Baath ao poder após 1963 marcou o fim do controle da burguesia urbana – baseado em boa parte na população árabe muçulmana sunita do país –, inaugurando uma nova era política, comandada por forças sociais vindas das áreas rurais e periféricas, assim como pelas minorias religiosas, em particular os alauitas, drusos e ismaelitas.[1]

A chegada de Hafez al-Assad ao poder em 1970 deu início à construção de um Estado patrimonialista, organizando ondas violentas de repressão contra qualquer forma de dissidência, desde os movimentos islâmicos até as organizações nacionalistas, de esquerda e liberais. Após Hafez al-Assad falecer, em junho de 2000, seu filho, Bashar, o sucedeu. Poucas horas após o anúncio da morte do velho Assad, o parlamento sírio reduziu a idade mínima para a presidência de 40 para 34 anos, autorizando Bashar a ocupar "legalmente" o cargo. Um mês e meio depois organizou-se um referendo, em que ele foi eleito com 97,3% dos votos oficiais.[2] Sa'ad Eddin Ibrahim refere-se à Síria como Jumlukiya, combinação das palavras árabes "república" (jumhuriya) e "monarquia" (malikiya), sintetizando bem esse processo.[3]

1. Haddad, 2012a, p. XIV.
2. Perthes, 2004, p. 7.
3. Citado em Stacher, 2011, p. 198.

1. Hafez al-Assad (1970-2000): as raízes do regime patrimonial

Após um referendo em 1971, Hafez al-Assad assumiu a presidência, montando um sistema que concentrava o máximo possível de poder político em suas mãos. A zona de influência do Estado e seu domínio sobre a sociedade evoluiu consideravelmente. Novas instituições foram criadas, enquanto as existentes eram adequadas às estruturas hierárquicas e despóticas emergentes.

Al-Assad solidificou seu regime por meio de uma estratégia neopatrimonial, concentrando poderes em uma presidência monarquizada e sustentada por seu bloco militar alauita, que incluía muitos de seus familiares no comando do exército da segurança. Este núcleo patrimonialista ligava-se à sociedade por meio de associações burocráticas corporativas e partidos populistas, que superavam as divisões sectárias e urbano-rural, integrando um eleitorado que atravessava a classe média e o campesinato, representando os interesses de uma considerável coalizão social.[4]

A partir da década de 1970, para consolidar seu regime, Assad teceu uma rede estreita de colaboradores. Membros da própria família e do clã do presidente, assim como da seita alauita em geral, obtiveram maior relevância. Dos 31 oficiais nomeados por Hafez al-Assad para liderar as forças armadas sírias entre 1970 e 1997, 19 (61,3%) eram alauitas, dos quais oito oriundos de sua própria tribo e outros quatro da tribo de sua esposa.[5] Todas as unidades militares, bem como a maioria dos serviços de segurança, estavam sob o comando dos integrantes da região da própria tribo do presidente.[6] Muitos alauitas do dakhel, ou interior (no eixo Homs-Hama), consideravam que os serviços de segurança eram geridos e dominados por alauitas vindos da costa mediterrânea, e que mesmo os alauitas urbanizados do interior careciam das conexões políticas dos alauitas da região do mediterrâneo. Esse sentimento persistiu até o levante de 2011. Queixas semelhantes ocorriam no exército. Para um alauita atingir um alto escalão ou uma posição de influência, fazia-se necessário pertencer a clãs específicos.[7] As diferenças entre os moradores dessas duas regiões diminuíram com o desenvolvimento do conflito armado no país após 2011, com novos sentimentos compartilhados de grupo e o ressurgimento da coesão social em toda a população alauita,[8] embora sem a extinção das disparidades socioeconômicas e suas diversidades internas.

---

4. Hinnebush, 2012, p. 97.
5. Batatu, 1981, p. 331.
6. Perthes, 1995, p. 181.
7. Khaddour, 2013a, p. 12; Goldsmith, 2015a, p. 151-153.
8. Khaddour, 2013a, p. 12.

Mapa 4. Divisões administrativas

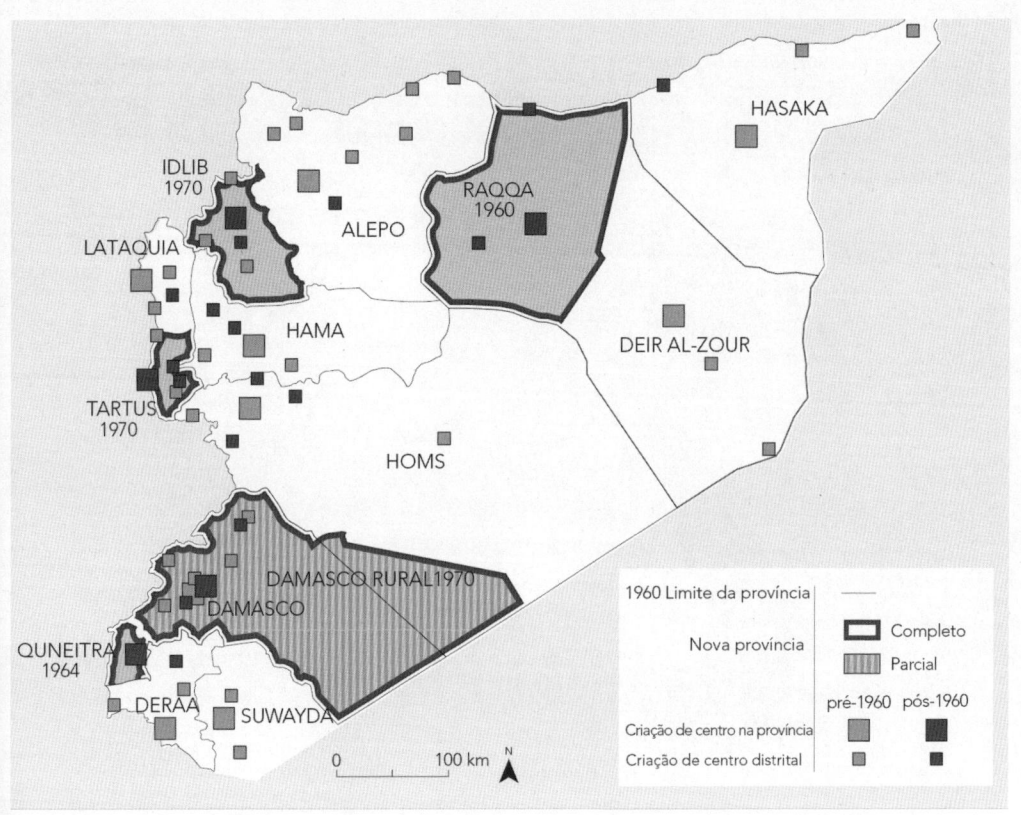

Mapa 5. Tribos árabes

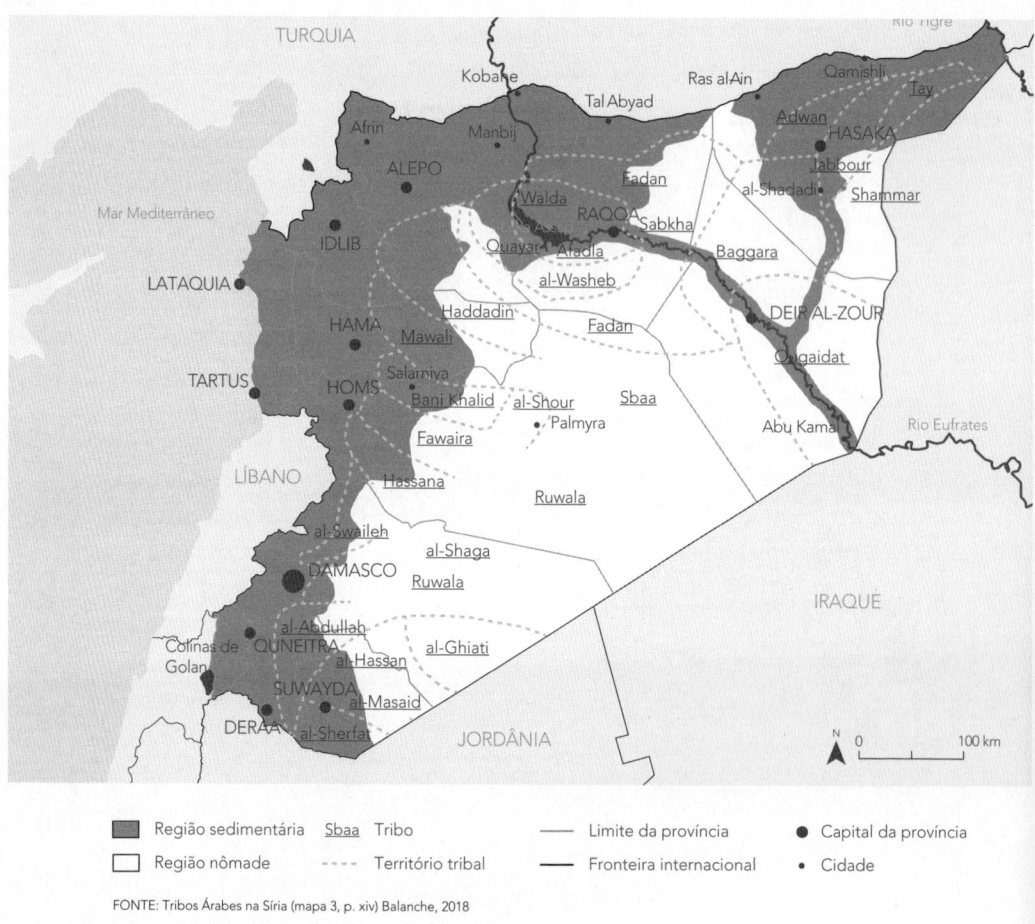

FONTE: Tribos Árabes na Síria (mapa 3, p. xiv) Balanche, 2018

O pesquisador palestino Hanna Batata[9] afirmou que o recrudescimento das tensões sectárias na Síria durante a década de 1970 (cujo pano de fundo incluía o crescente conflito entre os fundamentalistas islâmicos e o regime Assad, assim como a intervenção militar da Síria no Líbano) aumentaram a dependência de Hafez al-Assad dos seus familiares para garantir sua sobrevivência política, fortalecendo, assim, a identidade alauita do regime. A "alauitização" dos oficiais das forças armadas foi intensificada após um ataque em 1979 a cadetes alauitas da escola de artilharia de Aleppo por militantes islâmicos, e redobrado com o massacre de Hama em 1982, discutido mais adiante neste capítulo.[10] Desde o início dos anos 1980, os alauitas dominaram as posições de comando nos batalhões. A representação sectária ganhou maior intensidade na Guarda Republicana, na Quarta Divisão Blindada, na Inteligência da Força Aérea e na Segurança Militar, todas determinantes para a sobrevivência do regime.[11] A criação de empregos no Estado foi outro instrumento pelo qual o governo ligou-se à população alauita, gerando empregos para os alauitas das áreas rurais, principais beneficiários da expansão do setor público.

Vozes dissidentes dentro da comunidade alauita foram eliminadas. Os alvos de Assad voltaram-se contra possíveis rivais militares alauitas, bem como contra os que tinham relações com a burguesia sunita de Damasco, incluindo o general Muhammad Omran, assassinado no Líbano em 1971. Salah Jadid, que governou a Síria de 1966 a 1970, também foi mantido preso de 1970 até sua morte, em 1993.

A população alauita não se beneficiou particularmente das políticas econômicas em relação aos outros grupos nacionais, segundo análise de Alasdayr Drysdale.[12] As medidas dos baathistas de reduzirem as desigualdades regionais e urbanas melhorou a vida no campo graças à reforma agrária abrangente, extensos projetos de irrigação e recuperação de terras concomitante à criação de cooperativas e novas fábricas. Entre os alauitas que viviam nas regiões montanhosas, persistiu a queixa de que a maioria dos camponeses em suas áreas eram pobres e seguiam dependentes de condições climáticas imprevisíveis na agricultura.[13]

Como regra, o regime Assad buscou minimizar todos os sinais visíveis de religiosidade alauita, promovendo sua assimilação às convenções sunitas. Bashar e Hafez al-Assad participaram publicamente de orações em mesquitas sunitas, também construindo templos sunitas em áreas de maioria alauita. Eles promove-

---

9. Batatu, 1998, p. 215–226.
10. Seale, 1988, p. 329; Van Dam, 2011, p. 98–102.
11. Bou Nassif, 2015, p. 7–9.
12. Drysdale, 1981, p. 109.
13. Batatu, 1998, p. 341.

ram uma política de "islamização" dos alauitas.[14] Proibiram qualquer esforço civil em constituir um Conselho Supremo Alauita e não se referiam publicamente à própria religião. Os alauitas, por exemplo, continuaram seguindo as mesmas leis religiosas, na esfera pessoal, da comunidade sunita (regras de casamento, divórcio, herança, etc...), com educação religiosa sunita nas escolas, por meio da imprensa e das instituições públicas, assim como as outras minorias islâmicas no país, à exceção da comunidade drusa.[15]

Lideranças sunitas também ocuparam cargos importantes durante o regime Assad, incluindo o chefe de gabinete Hikmat al-Shihabi, o ministro da Defesa Mustafa Tlass, o vice-presidente Abd Halim Khaddam e todos os primeiros-ministros de seu governo. Esses e outros integrantes sunitas do círculo íntimo do presidente não obtiveram suas posições por representarem a maioria sunita, mas por serem seus leais seguidores.[16] Em todos os níveis das instituições estatais havia a presença de sunitas. Uma quantidade relevante deles nas grandes cidades, sobretudo em Damasco, foi cooptada para os altos escalões do partido governante, com muitos tecnocratas não partidários também incorporados ao governo.[17] Dito isso, todas essas personalidades, exceto, até seu exílio, Rif'at al-Assad (irmão de Hafez), tinham em Hafez al-Assad a fonte de sua autoridade e potência, com muito pouca ou nenhuma base própria. O centro da tomada de decisões permaneceu, em última instância, nas mãos do presidente.[18]

2. O Baath e as associações corporativistas

Segundo a constituição da Síria de 1973, cabia ao partido Baath dirigir o Estado e a sociedade. No entanto, suas credenciais ideológicas se perderam com a chegada de Hafez al-Assad ao poder, que o transformou em um instrumento de controle social e de mobilizações de apoio ao presidente.[19] Foram abandonadas as eleições internas, substituídas por um sistema imposto de cima, enquanto elementos contrários às políticas do regime eram reprimidos.[20]

A década de 1970 testemunhou a massificação do partido como estratégia para ampliar sua base popular, admitindo inclusive ex-membros da Irmandade

---

14. Hinnebush, 1996, p. 211.
15. Syria Exposed, 2005; Said, 2012; Wimmen, 2017, p. 73.
16. Perthes, 1995, p. 182.
17. Hinnebush, 2001, p. 83.
18. Batatu, 1981, p. 332.
19. Perthes, 1995, p. 154.
20. Seurat, 2012, p. 59.

Muçulmana (MB) e as elites tradicionais do campo.[21] Durante esse período, o partido passou a ser instrumentalizado como principal ferramenta para prolongar o controle do regime sobre a sociedade. De um total de 65.398 filiados partidários em 1971, saltou a 1.008.243 em junho de 1992.[22] A organização tornou-se uma estrutura clientelista; sua ideologia foi substituída pelo apadrinhamento como liga dominante, com o partido à sua frente.[23] Essas transformações também estenderam-se às outras instituições estatais:

> Assad é um homem de aparato, ele tem desconfiança das massas e das aventuras revolucionárias. Baseia-se nas grandes estruturas de poder do país: as forças armadas, a burocracia, o partido Baath e o setor público — possivelmente nessa ordem. Esses instrumentos são usados para prevenção, controle e policiamento, não para a mobilização.[24]

O partido, no entanto, manteve o papel de conectar o regime ao seu eleitorado. Primeiramente, seguiu articulando interesses individuais, negociando com a burocracia para retificar reclamações de seus integrantes, distribuindo empregos e, em geral, suavizando a maquinaria enferrujada do estado burocrático. Em segundo lugar, o partido manteve sua dinâmica de cooptação de figuras populares.[25]

A instrumentalização das associações corporativistas também ganhou fôlego. Após o golpe de 1970, os sindicatos foram continuamente desvirtuados para apoiar o regime, em vez de defender os interesses da classe trabalhadora. A conferência de 1972 da Federação Geral dos Sindicatos (GFTU) caracterizou como "político" o papel dessas entidades no estado baatista.[26] Em outras palavras, abdicou a autonomia e o papel político independente dos sindicatos, subordinando qualquer demanda material a um imperativo maior: o aumento da produção.[27] O principal papel político cumprido pela GFTU foi mobilizar seus filiados para esforços de expandir a produtividade e mobilizar apoio para as políticas do governo entre os trabalhadores. A GFTU, no entanto, continuou desempenhando papel social de destaque, apoiando seus filiados e outros segmentos da população fornecendo

---

21. Perthes, 1995, p. 155.
22. Batatu, 1998, p. 174.
23. Hinnebush, 1990, p. 166.
24. Richards e Waterbury, 1990, p. 201.
25. Hinnebush, 2001, p. 82-83.
26. Perthes, 1995, p. 174.
27. Longuenesse, 1980.

alguns serviços, quase sempre gratuitos ou mais baratos que outras entidades, em especial no campo da saúde pública.[28]

O contingente de associados nos sindicatos rurais aumentou consideravelmente. Em 1972, 213.000 pessoas, ou 40% da força de trabalho no campo detinha filiação sindical. Ao fim dos programas de reforma agrária, em 1973, a energia política passou a ser canalizada para a produção, deixando de lado a defesa dos interesses econômicos e sociais próprios dos agricultores.[29] A União Camponesa e as cooperativas rurais passaram a privilegiar os interesses de seus membros mais ricos (representados por camponeses com terras de porte médio), enquanto os sem-terra e pequenos proprietários rurais acabaram sem associação alguma para defender seus interesses. Graças às suas posições nas cooperativas, na União Camponesa e no partido, os camponeses de classe média tornaram-se o núcleo dirigente no campo, mesmo sem integrar o estrato rural mais rico.[30]

3. Liberalização gradual e seletiva

Sob o novo regime, incentivaram-se as boas relações com o Ocidente e os Estados árabes conservadores, fomentando o setor privado na economia e convidando o capital estrangeiro a investir no país. O regime procurou apoio do empresariado para a implementação de várias medidas de liberalização econômica logo após o golpe. A contribuição do capital privado para o crescimento do Produto Interno Bruto (PIB) aumentou de 30% na década de 1960 para 37% em 1980.[31] Ao longo dos anos 1970 os investimentos privados aumentaram mais do que os do setor público.[32] No entanto, esta inflexão econômica controlada não questionou o papel preponderante do Estado e do setor público como principais pilares da economia.[33]

O início dos anos 1980 marca o começo da crise fiscal que eclodiu em 1986. O Produto Nacional Bruto (PNB) real caiu cerca de 20% ao final da década.[34] Com o enxugamento das receitas, o regime respondeu com medidas de austeridade e um processo contínuo, embora limitado, de privatizações e liberalizações.

28. Perthes, 1995, p. 174-176.
29. Metral, 1980.
30. Perthes, 1995, p. 87.
31. Seifan, 2013, p. 4.
32. Perthes, 1995, p. 51.
33. Matar, 2015, p. 19.
34. Perthes, 1992b, p. 210.

A estratégia de liberalização econômica do regime procurava progressivamente expandir e transferir suas redes de apadrinhamento ao setor privado, controlando acesso aos recursos e ao mercado, restringindo e direcionando a entidades e indivíduos específicos as privatizações das empresas. Pela fusão de interesses públicos e privados, o Estado tornou-se uma impressionante máquina de acumulação de recursos, enriquecendo em particular os círculos próximos de Assad, sua família e seus seguidores mais fiéis. Multiplicaram-se as redes informais e o nepotismo que conectava os diversos setores do Estado ao empresariado, dando origem a uma burguesia de rentistas. Essa "nova classe" ligava-se a todo tipo de negócio com o Estado. Em riqueza e influência, logo ultrapassou o setor comercial predominantemente pequeno-burguês do país, assim como os remanescentes da velha burguesia comercial pré-Baath.[35]

Uma nova rodada de liberalização da economia foi organizada em 1991, parte de um processo de reformas intitulado al-ta'addudiyya al-iqtisadiyya ("pluralismo econômico"), que oficialmente equiparou a importância do setor privado ao setor público. O símbolo do novo processo de liberalização, o Decreto nº 10, de 1991,[36] destinava-se a promover e incentivar o investimento privado, nacional e estrangeiro, em atividades antes monopolizadas pelo Estado.[37] O setor privado, que representava cerca de 35% da formação bruta de capital fixo entre 1970 e 1985, aumentou sua participação para 66% em 1994.[38]

As diferentes áreas econômicas beneficiadas pelos investimentos autorizados na Lei nº 10, entre 1991 e 2005, não cumpriram seu propósito inicial de impulsionar os setores produtivos da economia: 60% voltaram-se a projetos de transporte, 37% a projetos industriais e 3% a projetos agrícolas.[39] Essa lei atendia os interesses em formação dessa nova classe, organicamente ligada ao Estado, que precisava investir suas riquezas em setores diversificados da economia. Assim, o decreto nº. 10 serviu de trampolim às distintas redes empresariais do país para lavar rendimentos não-declarados.[40] A participação dos salários e vencimentos no PIB diminuíram consideravelmente, atingindo 40% em 2004, enquanto as rendas e os lucros representavam cerca de 60% da economia.[41]

A transição de uma economia planificada para o capitalismo de compadrio, durante a década de 1980, acelerou-se com o abandono progressivo de uma es-

35. Perthes, 1992b, p. 214.
36. Haddad, 2012a, p. 7.
37. Perthes, 1995, p. 58; Marzouq, 2013, p. 39.
38. Hinnebush, 1997, p. 261.
39. Matar, 2015, p. 123.
40. Haddad, 2012a, p. XIV.
41. Khaddam, 2013, p. 77.

tratégia econômica marcada pelo planejamento central. As novas políticas de liberalização foram acompanhadas por outras medidas de austeridade na década de 1990. Os gastos públicos, enquanto parcela do PIB, caíram de forma drástica, de 48% em 1980 para 25% em 1997.[42] O final da década de 1990 testemunhou progressivos problemas socioeconômicos, com a pobreza atingindo 14,3% em 1996-97.[43] A desigualdade também saltou na sociedade síria. Na virada de 1990 para 2000 estimava-se que os 5% mais ricos do país controlavam cerca de 50% da renda nacional.[44]

Essas políticas foram acompanhadas por um recorte de gênero. A participação das mulheres na força de trabalho havia se expandido a partir da década de 1980, concentrando-se particularmente no setor público, estatal. A participação das mulheres nos empregos industriais públicos e privados aumentou de 13,4% em 1971 para 23% em 1981, caindo drasticamente depois durante as décadas de 1980 e 1990, atingindo o nível de 9,8% em 1995. A mesma evolução ocorreu no setor de serviços, no qual a porcentagem de mulheres trabalhadoras aumentou de 18,7% em 1970 para 47,2% em 1981, e depois caiu para 30,2% em 1995.[45] No setor público, a porcentagem de mulheres sempre foi superior ao setor privado, mas seu tamanho e sua participação na economia durante a década de 2000 diminuiu bastante, mantendo uma proporção de 30:70 em relação ao setor privado.

4. Banimento da oposição

O tecido social sírio como um todo, ao longo dessas três décadas, tornou-se cada vez mais controlado pelo regime. O Partido Baath era a única instituição política com permissão para promover eventos públicos, palestras e manifestações, assim como distribuir seus jornais nas universidades e quartéis militares. Mesmo os partidos aliados ao regime, incluídos na Frente Nacional Progressista, não tinham o direito de se organizar publicamente, fazer propaganda, ou mesmo manter uma pequena presença oficial nos espaços universitários.[46]

Politicamente, os fundamentalistas islâmicos, liderados pela Irmandade Muçulmana, representaram a principal ameaça ao regime entre 1976 e o massacre de Hama, em 1982. Hafez al-Assad primeiro tentou cooptar certos setores da IM ao

---

42. Goulden, 2011, p. 192.
43. Matar, 2015, p. 109.
44. Perthes, 2004, p. 10.
45. Perthes, 2004, p. 10.
46. Seurat, 2012, p. 138.

longo dos anos 1970, buscando alguma forma de acomodação com o movimento, embora esses esforços tenham sido acompanhados por períodos violentos de repressão.[47]

O domínio crescente de personalidades alauitas das instituições-chave do regime, em particular no exército e nos serviços de segurança, ao lado da repressão aplicada contra seus militantes, aprofundou a agressividade da Irmandade ao longo dos anos. Isso refletiu-se na intensificação dos ataques à identidade alauita do poder, diferente da década de 1960, quando o grupo se voltava contras as características mais "ateias" do governo. Em 1979-80, a Irmandade convocou uma revolta armada para derrubar o regime, defendendo o estabelecimento de um Estado Islâmico em seu lugar.[48] A IM apresentou-se como porta-voz natural da população sunita nacional e caracterizou sua luta contra os governantes sírios como uma batalha entre sunitas e alauitas.[49] Almejavam uma forma de solidariedade sunita que atravessasse as divisões de classe e região. A liderança do partido procurou o apoio das classes altas proprietárias de terras, que haviam acumulado inúmeras perdas com as políticas baatistas da década de 1960. As redes que ligavam a Irmandade aos latifundiários, estabelecidas na década de 1950, foram reativadas. A velha elite agrária logo começou a fornecer recursos importantes para a IM, participando dos planos para derrubar o regime. Eles também obtiveram o apoio político e até mesmo financeiro de quatro países com diferentes perspectivas políticas, mas igualmente hostis a Assad: Iraque, Egito, Jordânia e Arábia Saudita.[50]

Ao final da década de 1970 e início dos anos 1980, ganharam contornos sectários e violentos os confrontos militares recorrentes entre o aparato do regime e o grupo jihadista Vanguarda de Combate, uma facção oficialmente separada da Irmandade Muçulmana, apesar das fronteiras pouco nítidas entre ambas. Os líderes e militantes dos dois grupos compartilharam laços profundos durante essa fase.[51]

Os primeiros alvos de Hafez al-Assad foram os membros da oposição laica, não violenta, democrática e de esquerda. Esses representavam uma ameaça real ao regime durante os anos 1970 e 1980, contando com uma ampla base de apoio nos sindicatos, associações profissionais e na classe média. Sua composição refletia a diversidade da sociedade síria, incluindo importantes militantes oriundos das minorias. Após condenarem duramente a intervenção militar do governo sírio no Líbano em 1976, voltada contra a resistência palestina e o Movimento Nacional

---

47. Seale, 1988, p. 188; Pierret, 2011, p. 245; Lefèvre, 2013, p. 87.
48. Porat, 2010; Seurat, 2012, p. 145.
49. Batatu, 1982, p. 13.
50. Lefèvre, 2013, p. 50, p. 129.
51. Pargeter, 2010, p. 82; Lefèvre, 2013, p. 120.

Libanês (MNL), esses grupos e associações intensificaram sua oposição ao regime.[52] Ao mesmo tempo, o governo sírio aumentou a repressão contra sindicalistas associados ou identificados com a oposição.[53] Em 1980, todas as corporações profissionais foram dissolvidas por decreto presidencial.[54] A partir de então, o regime constituiu novas entidades profissionais, cujos dirigentes atuavam enquanto braços corporativistas do Estado e do partido governante.[55]

Quadro 1. MNL

Criado em 1969, o Movimento Nacional Libanês, sob direção do líder druso Kamal Jumblatt, do Partido Socialista Progressista, aliava-se a outras tendências de esquerda, como o Partido Social Nacional Sírio (SSNP) e aos nacionalistas árabes. Eles apoiavam a resistência palestina e exigiam o fim do sistema político sectário. No entanto, durante a guerra, o MNL aprofundou seus laços com as elites muçulmanas e alguns grupos islâmicos, levando-o a abandonar cada vez mais suas demandas socioeconômicas e o objetivo de laicizar as estruturas políticas. A posição do MNL tornou-se mais defensiva, com o abandono de seu programa de reformas e a adoção de um discurso nacionalista árabe marcado pelo sectarismo, com as seitas sendo divididas entre "patrióticas" e "não patrióticas". Desse modo, as posições do MNL e de alguns setores da esquerda, abriram caminho para o aumento do sectarismo religioso e a facilitação da ingerência estrangeira na política interna do país.

O MNL perdeu diversas correntes políticas desde sua criação, como o ramo pró-Síria do Partido Baath, o Movimento Amal e uma importante facção do SSNP, que deixaram a rebelião ou interromperam sua participação na medida em que suas relações com Damasco se deterioravam. O MNL foi dissolvido após a invasão israelense de 1982, aumentando o processo de sectarização na cena política libanesa.

Os anos 1980 também se caracterizaram por conflitos e repressão esporádica contra os membros da Organização pela Libertação da Palestina (OLP) e os palestinos residentes na Síria em geral. Em meados de 1990, cerca de 2.500 presos políticos palestinos lotavam as prisões do regime.[56] A oposição de esquerda e vozes críticas de dentro do partido Baath também foram alvos dos comandos de segurança.

---

52. Middle East Watch, 1991, p. 9.
53. Middle East Watch, 1991, p. 14.
54. Seurat, 2012, p. 100.
55. Middle East Watch, 1991, p. 19.
56. Middle East Watch, 1991, p. 106-108.

O ponto de inflexão, porém, deu-se em fevereiro de 1982, com o levante de Hama e a repressão brutal e sangrenta que se seguiu. A insurreição, convocada pelos minaretes, terminou numa emboscada contra agentes de segurança na cidade velha, organizada por militantes da Vanguarda de Combate e da Irmandade Muçulmana. Com revólveres e munições capturados nas delegacias de polícia, executaram cerca de 100 funcionários do governo e do partido.[57] Distribuíram armamento em massa, criando até um tribunal islâmico.[58] Só que o regime esmagou a rebelião armada, impondo uma violenta punição coletiva. Estima-se entre 5 e 10 mil o número de mortos, além de dezenas de milhares de feridos. Mais de um terço da cidade foi destruída, deixando entre 60 e 70 mil pessoas sem moradia.[59]

Após o massacre de Hama, as organizações de oposição na Síria foram quase inteiramente esmagadas. Prisões de ativistas políticos e defensores de direitos humanos continuaram, voltadas em particular contra grupos democráticos e de esquerda ao longo dos anos 1990.

5. Integração da burguesia e das camadas conservadoras

A repressão aos movimentos populares e partidos políticos de oposição caminhou paralela à intensificação das relações com setores do empresariado urbano, predominantemente sunita, por meio de políticas de reconciliação econômica e liberalização controlada.[60] Associações representativas do setor privado, como a Câmara de Comércio e Indústria, foram revigoradas em meados e final da década de 1980, enquanto novas redes econômicas começaram a se solidificar.[61]

Essa tendência ganhou expressão crescente nas instituições do Estado. Durante as eleições parlamentares de maio de 1990, dois membros da Câmara de Comércio de Damasco e um da Câmara de Comércio de Aleppo foram eleitos, com um dos novos deputados abertamente apresentando-se como representante do empresariado.[62] Na Assembleia Popular (instituição equivalente à Câmara baixa), dedicou-se maior voz e espaço aos empresários, xeques religiosos e alguns líderes tribais tradicionais, entre os parlamentares independentes ou sem filiação partidária. Eles ocuparam 33,2% das cadeiras no Parlamento em 1994.[63]

57. Lawson, 1982.
58. Seurat, 2012, p. 113.
59. Middle East Watch, 1991, p. 20; Lefèvre, 2013, p. 120.
60. Perthes, 1992b, p. 225.
61. Haddad, 2013, p. 84.
62. Perthes, 1992a, p. 15-18.
63. Batatu, 1998, p. 277.

O regime também passou a adotar um discurso religioso conservador, contrariando a imagem laica que afirmava representar. Assad multiplicou seu número de declarações de fé ao Islã,[64] e durante um discurso à Ulemá síria, alegou que o autointitulado Movimento Corretivo, de reformas políticas iniciadas após seu golpe de Estado em 1970, foi necessário para preservar a identidade islâmica do país contra as tendências marxistas dos antecessores.[65] Em 1973, ele ordenou uma nova impressão do Alcorão com sua foto na capa.[66] O regime construiu 8.000 novas mesquitas entre os anos de 1970 e 1990, também criando cerca de duas dúzias de institutos de ensino superior islâmico. Cerca de 600 associações religiosas semi-oficiais surgiram em todas as províncias e cidades sírias, visando substituir as que a Irmandade usava para recrutamento.[67] O regime fortaleceu as autoridades islâmicas conservadoras para se legitimar por meio da canalização das tendências religiosas.[68]

Nesse contexto, grupos islâmicos alternativos dispostos a cooperar com o regime passaram a receber patrocínios e a se institucionalizar. A ordem sufista Naqshbandi Kuftariya, sob direção do Sheikh Ahmad Kuftaro, assim como grupos associados ao Sheikh Sa'id al-Buti, tornaram-se as principais ordens islâmicas do país, expandindo consideravelmente na década de 1970.[69] Durante o mesmo período, o movimento islâmico Qubaysiyyat, criado pela Sheikha Munira al-Qubaysi enquanto ramo feminino autônomo da ordem Naqshbandi, recebeu sinal verde para abrir sua escola infantil em Damasco.[70] As autoridades sírias também incentivaram as atividades do Sheikh Saleh Farfour e seu Instituto Islâmico al-Fatih.

A ascensão das organizações de caridade islâmica refletiu um período de distensão entre o Baath e as correntes religiosas, iniciada em meados da década de 1990, na esperança de fortalecer a legitimidade do regime, melhorando suas relações com as forças islâmicas domésticas e regionais. Em 1994, por exemplo, os líderes da Jama'at Zayd, um grupo religioso muçulmano, retornaram do exílio na Arábia Saudita para ocupar um espaço de destaque na assistência social, popularizando-se entre amplos setores das classes médias e alta, o que permitiu ao grupo atrair recursos do setor privado.[71]

---

64. Seurat, 2012, p. 88.
65. Pierret, 2011, p. 244.
66. Talhamy, 2009, p. 566.
67. Khatib L., 2011, p. 90.
68. Hinnebush, 2001, p. 83.
69. Khatib L., 2011, p. 90.
70. Imady, 2016, p. 73.
71. Pierret e Kjetil, 2009, p. 596.

Presos ligados à Irmandade Muçulmana e grupos oposicionistas da corrente islâmica foram libertos pelo regime, alguns sendo até cooptados por Damasco como membros independentes no Parlamento. Ghassan Abazad, dirigente da irmandade em Daraa, que intermediou o retorno de membros exilados da IM na Jordânia, ganhou uma cadeira parlamentar no início da década de 1990.[72] Isso acontecia no contexto de novas negociações secretas entre o regime e a IM após a eleição de Ali Sadreddine al-Bayanouni à presidência da Irmandade em 1996.[73]

Tal aproximação com as camadas religiosas conservadoras da sociedade veio acompanhada por censura e ataques à literatura crítica à religião, enquanto se exigia respeito às sensibilidades dos crentes muçulmanos de autores que se identificavam enquanto ateus.[74]

A chegada de Assad ao poder também estimulou uma reaproximação entre as doutrinas alauita e xiita. Historicamente, esse processo se originou na década de 1930, intensificando-se com a consolidação da República Islâmica do Irã após 1979. Centenas de Hawzaz e Husseiniya foram construídas, financiadas e supervisionadas pelo Irã, assim como milhares de clérigos iranianos foram autorizados a entrar na Síria como professores e guias religiosos para a população alauita.[75] Na Síria esses missionários converteram milhares de pessoas, sobretudo em aldeias no nordeste de Jazirah, próximas à mesquita Uwais al-Qarni e do santuário Ammar ibn Yasir, templos xiitas onde eles estabeleceram sua base. Bashar al-Assad encerrou o proselitismo xiita em 2008, após críticas de autoridades e clérigos religiosos sunitas.[76]

Quadro 2. Sunitas e Xiitas

Quando Ali, genro, primo e "filho espiritual do Profeta", defendido desde o início por muitos como seu legítimo sucessor, ascende a quarto califa, sua legitimidade é questionada, em particular pelo clã Omíada da família de Uthman.

A partir desse momento o conflito pela sucessão transforma-se em uma divisão fundamental dentro do Islã, descrita pelos muçulmanos como "a grande discórdia" (al-fitna al-kubra). Os xiitas (de "Shi'a Ali", fração ou partido de Ali) partem de uma premissa política, reconhecendo-o como o primeiro e único sucessor do Profeta, e constituindo-se gradualmente enquanto formação religioso própria.

72. Hinnebush, 1996, p. 211.
73. Lefèvre, 2013, p. 175.
74. Khatib L., 2011, p. 89.
75. Khatib L., 2011, p. 94.
76. Balanche, 2018, p. 14.

Os sunitas, por outro lado, apoiavam o clã Omíada, ao qual pertencia Uthman e um de seus parentes, Mu'awiyya, nomeado por ele governador de Damasco durante seu califado. Ambas as correntes aderem à Sunna do Profeta, mas a definem de maneiras diferentes e não têm o mesmo corpo de Hadiz. Tendo como exemplo o Profeta, os xiitas reivindicam as tradições dos imames, afirmando uma cadeia de transmissão distinta dos sunitas.

A maior divergência teológica entre eles refere-se ao imamato. Para os xiitas, esse é incomparável ao califado reivindicado pelos sunitas, relacionando-se não apenas à sucessão do Profeta, mas a um fundamento religioso que ocupa espaço central na doutrina xiita. Ao reunir poderes temporais e espirituais, o imamato não se limita apenas ao exercício do poder temporal, como é o caso do Califado após a morte do Profeta.

O regime também incentivou uma política de reaproximação com os xeques tribais, cujos poderes haviam sido enfraquecidos pelas políticas de reforma agrária do Baath. Algumas tribos beduínas também foram convocadas pelo regime para apoiar a repressão à insurreição militar da Irmandade Muçulmana entre 1979 e 1982. Hafez al-Assad aliou-se a diversas tribos comuns (shawi)[77] que habitavam as áreas rurais do país, particularmente Deir ez-Zor, onde a de Ougeidat aderiu em massa ao exército e serviços de inteligência.[78] Na cidade de Aleppo, foi a tribo da família Berri que cuidou da repressão contra a IM, sendo recompensada com o controle sobre todos os tipos de tráfego fronteiriço.[79] Desde a década de 1980, o ministério da Agricultura é, em geral, concedido a um beduíno, assim como os principais cargos do Ministério do Interior e o Comando Regional de Baath. Alguns líderes tribais beduínos também foram promovidos a deputados no Parlamento.[80] Ao lado de outros privilégios, o regime sírio permitiu aos seus líderes maior influência sobre as comunidades locais de origem tribal.

6. Era de Bashar al-Assad até 2011

Após a morte de seu filho mais velho, Bassel, em um acidente de automóvel em 1994, Hafez al-Assad – que viria a morrer em junho de 2000 – iniciou o processo de preparação da sucessão para Bashar. Ao longo da década anterior ao

---

77. Segundo Dr. Haian Dukhan (citado em Mateo e Wilcox, 2017) "enquanto as tribos nobres criavam camelos, as tribos comuns criavam carneiros e bodes, sendo, por isso, chamadas de shawi. As tribos nobres, obviamente, desprezavam as tribos comuns."
78. Wilcox, 2017.
79. Donati, 2009, p. 299.
80. Chatty, 2010, p. 46.

levante de 2011, a natureza patrimonial do Estado nas mãos de Assad filho e seus parentes intensificou-se pela implementação acelerada de políticas neoliberais, assim como pela substituição de setores da velha guarda por parentes ou indivíduos próximos ao novo presidente.

Houve, no entanto, um sopro de esperança entre alguns setores do país com a ascensão de Bashar al-Assad ao poder. A temida penitenciária voltada a presos políticos no bairro de Mezzeh, em Damasco – símbolo da brutal repressão do regime –, foi fechada em setembro de 2000. Pouco depois, em novembro de 2001, cerca de 600 detentos foram soltos.[81] Também multiplicaram-se as organizações de direitos humanos e fóruns de debates durante o início do novo governo. Os partidos políticos, que eram aliados históricos do Baath, na Frente Nacional Progressista (FNP), foram proibidos de se manifestar publicamente e de conduzir propaganda política após o golpe de Estado que colocou Hafez al-Assad no poder. Com a chegada de seu filho ao governo, as organizações do FNP voltaram a publicar seus próprios jornais semanais, além de receberem permissão de abrirem escritórios nas províncias.[82]

No início de 2001, o primeiro jornal privado do país – al-Dommari, de propriedade do caricaturista Ali Ferzat – foi autorizado pelo regime a voltar a circular, após quase 40 anos de proibição. A imprensa pan-arabistas al-Hayat e al-Sharq al-Awsat, bem como a libanesa, jordaniana e do Golfo, ao lado de um pequeno número de revistas privadas, foram aos poucos sendo disponibilizadas ao público.[83] Mesmo assim, o país estava longe de qualquer tipo de liberdade ou pluralidade de expressão. Em setembro de 2001, o regime sírio adotou uma nova Lei de Imprensa (Decreto nº 50/2001), que deu ao governo amplos poderes sobre praticamente tudo que entrava em gráfica.[84] As autoridades não hesitaram em censurar conteúdos considerados inaceitáveis.[85]

O fenômeno do surgimento de fóruns de debates – o aspecto mais evidente das oportunidades utilizadas por ativistas e oposicionistas – expandiu rápido; em 2001 havia mais de 170 deles por todo o país, envolvendo centenas de pessoas.[86]

Algumas mobilizações de juventude, congregando estudantes universitários de camadas médias e populares, também surgiram desses fóruns – como o de ativistas antiglobalização na Síria (conhecido como ATTAC Syria), e a união

---

81. Ghadbian, 2015, p. 93.
82. Perthes, 2004, p. 20.
83. Ghadbian, 2015, p. 93.
84. Human Rights Watch, 2010.
85. George, 2003, p. 133.
86. Abbas, 2013, p. 18.

de jovens democratas, que levava o nome de "Shams"[87]. Ao mesmo tempo, começaram a aparecer agremiações clandestinas estudantis em Alepo e Damasco, onde os estudantes estavam melhor organizados. Eles denunciavam a corrupção de professores universitários, lançando campanhas de boicote ou colhendo assinaturas, enquanto exigiam maior autonomia e democracia dentro das associações e diretórios acadêmicos. O movimento também se mobilizou ao redor de algumas questões sociais. Em fevereiro de 2004, por exemplo, cerca de 500 estudantes protestaram contra um decreto que abolia a obrigação do Estado em prover empregos a engenheiros e arquitetos depois de suas graduações. Em resposta ao protesto, 64 alunos foram expulsos da Universidade de Alepo por suas atividades políticas, seguindo-se uma campanha de repressão contra os comitês clandestinos de estudantes em Alepo e Damasco, assim como de outras associações similares.[88]

Tais comitês estudantis também apoiavam a Intifada palestina, incluindo os protestos ocorridos entre 2000 e 2003. O regime via com alguma preocupação as ações de solidariedade com a Intifada. Em alguns casos, lançou uma campanha de intimidação (e até de prisões) contra os que participaram das várias manifestações e ocupações, obrigando-os eventualmente a pôr um fim às suas atividades. As autoridades temiam que, caso os protestos continuassem, eles poderiam evoluir em direção a pautas domésticas.[89]

A sociedade civil e as organizações políticas sírias, dessa forma, mobilizaram-se em meados dos anos 2000 exigindo reformas e a democratização do Estado. Esse foi o sentido da Declaração dos 99 ou do Comitê pela Retomada da Sociedade Civil (anunciada por um comunicado de imprensa sob o nome de Declaração dos 1.000), unindo intelectuais, artistas, escritores, pesquisadores e até representantes de alguns partidos políticos. A "Declaração dos 99", publicada pela imprensa libanesa em setembro de 2000, conclamava as autoridades a encerrar a lei marcial e soltar os prisioneiros políticos, assim como pela concessão de liberdades civis. Foi até mesmo permitido que alguns dos signatários publicassem artigos na imprensa local controlada pelo Estado com críticas ao regime – em particular no jornal al-Thawra.[90]

Durante o mesmo período, cerca de 20 deputados estabeleceram um "Bloco Parlamentar Independente", enquanto 70 advogados publicaram uma declaração exigindo o fim do Estado de Emergência em vigência desde 1963, a independên-

---

87. Hamsho, 2016.
88. Gauthier, 2005, p. 103; Emancipations, 2015.
89. Abdulhamid, 2005, p. 36; Emancipations, 2015.
90. Abbas, 2013, p. 18; Perthes, 2004, p. 13.

cia do judiciário e a legalização dos partidos políticos.⁹¹ Nesse período, também realizaram-se protestos periódicos na frente dos tribunais de Damasco e Alepo, enquanto as organizações políticas curdas multiplicavam suas ações contra as políticas do regime, denunciando a contínua discriminação política, econômica e cultural contra eles.⁹²

Aos poucos, o governo lançou um brutal contra-ataque retórico através da imprensa, acusando a oposição de antipatriotismo e de receberem apoio de países estrangeiros. Parte da agressão do regime também foi física, com prisões ou ataques a ativistas.⁹³ Ao final do verão de 2001, dez dos mais importantes líderes da sociedade civil encontravam-se presos. Praticamente todos os fóruns de debate foram fechados.⁹⁴ A mídia estatal evitava cada vez mais o uso de slogans como Al-islah wa-l-tajdid (reforma e renovação), antes usados para descrever a nova era, substituindo-o por Al-tatwir wa-ltahdith (desenvolvimento e modernização).⁹⁵

Em 2005, mais de 250 figuras importantes da oposição, assim como partidos políticos independentes, assinaram a "Declaração de Damasco". O manifesto pedia "uma mudança democrática e radical" na Síria, baseada no diálogo, no fim do estado de emergência e na soltura dos presos políticos. Os signatários da declaração incluíam a Aliança Nacional Democrática (uma coalizão formada por cinco partidos nacionalistas e da esquerda liberal), os Comitês pela Retomada da Sociedade Civil, a Coalizão Democrática Curda, a Frente Democrática Curda e diversas personalidades independentes – como o ex-parlamentar Riyad Seif. A Irmandade Muçulmana apoiou a Declaração de Damasco. Porém, em 2006, uniu-se a outros 15 grupos de oposição – junto com Abdul Halim Khaddam, o antigo vice-presidente da Síria, que havia recentemente rompido com o regime (processo analisado mais adiante neste capítulo) –, criando a Frente de Salvação Nacional (FSN). A "Declaração de Damasco" não foi subscrita por essa nova coalizão, que foi severamente criticada por diversos dos seus principais signatários.⁹⁶

Em dezembro de 2007, criou-se o Conselho Nacional da Declaração de Damasco, com a participação de 163 membros. Alguns dias depois, o regime lançou uma campanha de prisões contra seus membros, processando 12 de seus dirigentes, condenados em 2008 a penas de reclusão de três a seis anos.⁹⁷ As prisões de ativistas políticos continuaram até o final dos anos 2000. Ao mesmo tempo, a De-

91. Perthes, 2004, p. 16.
92. Gauthier, 2005, p. 102-103; Tejel, 2009, p. 112-114.
93. George, 2003, p. 48.
94. Landis e Pace, 2009, p. 121.
95. Perthes, 2004, p. 18-19.
96. Porat, 2010, p. 4.
97. Perrin, 2008; Kawakibi e Sawah, 2013, p. 13; Sawah, 2012, p. 10.

claração de Damasco e sua liderança foram progressivamente enfraquecidas por divisões internas.[98]

Em abril de 2009, o líder da Irmandade Muçulmana síria, Ali al-Din al-Bayanuni, anunciou o fim da participação do grupo na FSN, na perspectiva de se reconciliar com o regime. Esse processo começou poucos meses antes, com o anúncio, feito por al-Bayanuni durante a guerra de Israel contra Gaza, em janeiro de 2009, de uma "suspensão das atividades de resistência na luta contra o regime sírio". A ela seguiu-se uma reunião entre Bashar al-Assad e líderes religiosos, incluindo o Sheik Yusuf al-Qardawi, influente pregador associado à IM.[99] O início do levante na Síria em março de 2011 encerraria a reaproximação, com a Irmandade Muçulmana aderindo aos protestos em abril daquele ano.

Sobretudo nos anos anteriores ao início do levante, surgia uma nova geração de ativistas na Síria, em geral, de forma independente dos partidos políticos tradicionais. Eles organizaram uma série de atividades comunitárias em torno de questões sociais e econômicas. Entre 2004 e 2006, uma onda de ocupações surgiu por iniciativa desses jovens, tratando de várias questões relativas a direitos democráticos e sociais. Eles também lançaram várias campanhas públicas, incluindo uma contra os chamados crimes de honra, assim como pelo direito das mulheres em conceder cidadania a seus filhos. Nelas foram usadas as novas mídias (blogs, e-mails e mensagens de texto) junto com as redes sociais Facebook e Twitter, então proibidas na Síria.[100] Essas campanhas deram aos jovens a oportunidade de entrar em contato direto com as ruas e abrir novos canais de diálogo com um público mais amplo.[101]

Esses jovens também se envolveram na solidariedade às vítimas da seca que atingiu o leste do país, em que centenas de milhares de pessoas deixaram suas casas em cidades e vilarejos, migrando para a parte rural de Damasco. Os ativistas da sociedade civil organizaram a distribuição de alimentos, abrigos, brinquedos e educação para as crianças da população deslocada, arriscando a própria segurança, enquanto o regime se opunha a qualquer ação de assistência social fora do seu controle. Desafiando as restrições para prover políticas de cuidado, eles deram apoio para que as comunidades deslocadas pudessem retornar às suas escolas e lares.[102]

Organizações pelos direitos das mulheres passaram igualmente a desenvolver ações, especialmente nas campanhas acima mencionadas. O Grupo Al-Thara foi o primeiro a engajar-se por direitos para as mulheres e crianças. Sua página

---

98. Carnegie, 2012c.
99. Porat, 2010, p. 1-4.
100. Sawah, 2012, p. 14.
101. Al-Aous, 2013, p. 25.
102. Sawah, 2012, p. 2.

na internet era particularmente conhecida, atraindo grande interesse de civis.[103] Amplos setores dessa nova geração de ativistas viriam a desempenhar papéis de relevo no início do levante de 2011.

7. Conquista da velha guarda

Após a ascensão de Bashar al-Assad ao poder em 2000, foi estabelecida uma liderança coletiva com a velha guarda remanescente da era de seu pai. Seus primeiros anos concentraram-se na consolidação do poder contra as redes clientelistas da velha guarda. Ele projetou seus seguidores no exército e nas forças de segurança, e incorporou tecnocratas reformistas ao governo em um cabo-de-guerra contra o resto da direção do Partido Baath em torno das nomeações. Em menos de dois anos, aproximadamente três-quartos dos 60 altos funcionários, gestores e militares do país foram substituídos. Todos os editores-chefes da imprensa estatal acabaram substituídos. Alguns meses depois, a maior parte dos governadores de províncias e líderes locais do Partido Baath também foram removidos.

As eleições de 2002 para as direções de baixo escalão do partido geraram uma importante renovação entre seus funcionários. Naquele mesmo ano, o governo promulgou uma decisão de aposentar todos os servidores públicos acima de 60 anos. Esse decreto, que atingia 80 mil funcionários, permitiu a promoção de quadros mais jovens e abriu oportunidades a outros quadros. Algumas exceções à aposentadoria compulsória fizeram-se necessárias, especialmente no Ministério das Relações Exteriores, onde havia uma insuficiência de diplomatas experientes, assim como no aparato de segurança. Essa reorganização permitiu à nova liderança em torno de Assad dominar rapidamente o setor público. No parlamento de 2003, 178 dos 250 deputados eram novatos – porém, a coloração política geral não foi modificada, uma vez que a maioria das vagas já estavam legalmente pré-determinadas ao Partido Baath.[104]

Esse giro também refletiu-se no enfraquecimento dos baatistas em cargos de alto escalão, enquanto ampliou-se a nomeação de tecnocratas liberais. Ghassan al-Rifai, um economista do Banco Mundial com um doutorado na Universidade de Sussex, tornou-se Ministro da Economia e Comércio Exterior; Muhammad al--Trash, com doutorado em economia pela Universidade de Londres tendo no passado servido como assessor do Banco Mundial, virou Ministro das Finanças; Isam al-Zaim, que havia trabalhado no Conselho Nacional de Pesquisas Econômicas

---

103. Al-Aous, 2013; Kawakibi e Sawah, 2013.
104. Perthes, 2004, p. 8.

em Paris ocupou o Ministério da Indústria. Mais tarde, Abdallah Dardari – detentor de um mestrado na Universidade do Sul da Califórnia e antigo representante do Programa das Nações Unidas para o Desenvolvimento (PNUD) na Síria – converteu-se em Ministro do Planejamento, sendo promovido posteriormente a Vice-Primeiro-Ministro para Assuntos Econômicos.[105]

Dentro do Baath, uma troca massiva na direção e entre os quadros atingiu seu ápice no 10º Congresso do partido, em 2005, quando a velha guarda, liderada por Abdel Halim Khaddam, foi afastada do poder. A renúncia do primeiro vice-presidente Khaddam – a segunda figura mais importante na Síria, e um dos aliados mais próximos de Hafez al-Assad – representou a principal mudança. Bashar al-Assad marginalizou-o politicamente desde o início da década de 2000. No mesmo ano, Ghazi Kana'an – um associado de Khaddam e ex-Ministro do Interior, alçado ao posto após a retirada do exército sírio do Líbano, em 2005 – foi encontrado morto em casa, supostamente após cometer suicídio. Outras figuras da velha guarda também foram substituídas[106], na sua maioria, por tecnocratas sem qualquer base social própria de apoio.

Ao remover tais elementos, Assad reduziu de maneira considerável as resistências às suas novas reformas. Contudo, isso também enfraqueceu interesses poderosos ligados às redes clientelistas que representavam setores-chave da sociedade junto ao regime. O exército e as forças de segurança, instituições indispensáveis para garantir o poder de Bashar, também não foram poupados dessas substituições. Figuras hostis da velha guarda já haviam sido demitidas pelo seu pai, facilitando que Bashar pudesse indicar os sucessores. Grandes personalidades da velha guarda militar e os chefes da inteligência – incluindo os generais alauitas Ali Aslan, Adnan Badr Hasan, Shafiq al-Fayyad e Ibrahim al-Safi – foram expurgados do Comitê Central, enquanto Maher al-Assad, irmão de Bashar, e Manaf Tlass, um amigo íntimo da família e filho do antigo Ministro da Defesa Mustafa Tlass, tiveram suas filiações partidárias anuladas.[107]

Bashar al-Assad também nomeou membros da família para altas posições no exército, como seu irmão Maher, comandante de facto da 4ª Divisão Blindada; o primo, Zou al-Himma Shalish, encarregado das unidades responsáveis pela segurança de Bashar e da sua família; outro primo, Hafez Makhlouf, que chefiava o ramo interno do Diretório de Segurança Geral na filial de Damasco; e ainda um terceiro, Hilal al-Assad, comandante da Polícia Militar na 4ª Divisão Blindada;

---

105. Hinnebush, 2015, p. 29; Zisser, 2007, p. 67.
106. Hinnebush, 2015, p. 37.
107. Hinnebush, 2015, p. 29, p. 38.

além do seu cunhado, Asef Shawkat, o homem-forte do aparato de inteligência até a sua morte, em 2012.[108]

Mesmo que algumas figuras da geração anterior desempenhassem um papel no regime de Bashar, essas representaram as principais mudanças na composição da elite política em 30 anos, atingindo quase todas as esferas do Estado. Segundo o pesquisador Volker Perthes:

Da perspectiva presidencial, a forte renovação e rejuvenescimento da elite política e administrativa foi necessária não só para consolidar apoio às reformas, mas também para aumentar, mesmo que gradualmente, o número e a importância de indivíduos nas instituições de poder, cujos cargos e, portanto, a lealdade, deviam-se a Bashar – e não a seu pai nem ao velho regime.[109]

8. Enfraquecimento das instituições estatais e organizações corporativistas

A entrada no partido de novos membros com aspirações antagônicas ao Baath, seu declínio enquanto canal de recrutamento para altos cargos, assim como o número reduzido de quadros, enfraqueceu o papel da organização na sociedade síria. As decisões políticas passaram a ser monopolizadas por pequenos círculos de dirigentes ligados ao regime, sem possibilidade de questionamentos pela base partidária.[110] O enfraquecimento do Baath atravessou todos os níveis. As mobilizações políticas não eram mais prerrogativas do partido, tendo sido terceirizadas. Por exemplo, durante o referendo para confirmar a presidência de Bashar al-Assad, em 2007, em sua maior parte, foram as redes de Rami Makhlouf e de outros magnatas próximos à ditadura que mobilizaram os apoiadores do governo.[111] Em 2010, numa jogada para consolidar o poder, Assad dissolveu as direções partidárias de segundo e terceiro escalão, enfraquecendo o aparato às vésperas do levante contra Assad.[112]

Assim como no caso do Partido Baath, Assad também enfraqueceu os sindicatos e as federações de trabalhadores e camponeses – vistas como obstáculos às reformas econômicas neoliberais. A Federação Geral de Sindicatos dos Trabalhadores (FGST), a Federação Geral Camponesa (FGC)[113] e as associações profissio-

---

108. Bou Nassif, 2015, p. 17.
109. Perthes, 2004, p. 9.
110. Wael Sawah, citado em al-Om, 2018, p. 161.
111. Donati, 2013, p. 47-48.
112. Hinnebush, 2012, p. 100.
113. Após sua fundação em 1964, os membros não-baathistas foram logo expulsos da Federação Camponesa, o que

nais foram todas transformadas em braços corporativistas do Estado ao longo das últimas décadas, sob estrito controle partidário.

O regime esvaziou cada vez mais os recursos das várias corporativas populistas, atacando suas capacidades de assistência social, porém com terríveis consequências. Como explicou Raymond Hinnebush:

Isso debilitou a conexão do governo com sua base e afetou sua penetração nos bairros e vilarejos. O hiato foi parcialmente preenchido por brigadas de segurança mal pagas, corruptas e inadequadas. Além disso, ao restringir a possibilidade das instituições corporativas de garantir assistência ou isenções legais (como a tolerância ao contrabando), reduziu sua capacidade em cooptar personalidades da sociedade (como os chefes tribais). Sintomático disso foi a eclosão, em meados da década, de diversos conflitos sectários/tribais (entre beduínos e drusos em Sueida e entre alauitas e ismaelitas em Masyaf), que expressavam a erosão do regime. Anteriormente, os cidadãos procuravam os diretórios locais do partido ou as autoridades sindicais para mediações ou oportunidades, porém agora tornaram-se cada vez mais dependentes de líderes tribais, sectários ou religiosos. [114]

Como afirmou Ammar Abdulhamid sobre os confrontos de 2005 entre as populações alauita e ismaelita na cidade de Masyaf:

> Mesmo com todas essas questões de fundo, envolvendo exigências socioeconômicas bem documentadas, a dinâmica sectária e étnica dos distúrbios é bastante reveladora. [115]

Por conta das políticas e da repressão ao final dos anos 1970 e início dos 1980, notava-se um histórico de tensões sectárias em algumas regiões mistas. No litoral, as políticas neoliberais aplicadas durante a década de 2000 exacerbaram a competição entre as classes populares por reduzidos recursos públicos, em meio a crescentes desigualdades sociais. Essa competição ganhou recortes sectários em algumas ocasiões. Alauitas das classes populares passaram a ocupar postos poderosos nos setores de segurança e no exército, com acesso a vantagens profissionais e materiais, especialmente na esfera pública, beneficiando-se da corrupção sistêmica produzida pelas políticas clientelistas do regime. A população alauita estava com representação desproporcional no aparato de Estado. Um estudo de

---

levou à exclusão dos setores mais ativos do movimento agrário. Isso incluiu os membros do Partido Socialista Árabe, liderado por Akram Hourani, e as correntes aliadas aos camponeses comunistas curdos nas áreas de Jazira, Homs e Safita.

114. Hinnebush, 2012, p. 98-99.
115. Abdulhamid, 2005, p. 37.

2004 mostrou que, entre os alauitas empregados, 80% trabalhavam no exército, nas indústrias estatais ou no setor público.

Nas províncias de Lataquia e Tartus, as porcentagens de funcionários no setor público (54,6% na primeira e 39,5% na segunda) eram mais altas que a média nacional (26,9%). Em comparação com outras seitas religiosas, os alauitas estavam muito mais representados nesse setor. Em Lataquia, 81% da força de trabalho masculina alauita exerciam cargos no funcionalismo público, comparado a 57% de cristãos e 44% de sunitas.[116] Em 2011, durante a fase inicial do levante, os manifestantes em cidades mistas sunitas-alauitas – como em Baniyas, Lataquia e Tartus – levantaram esse tema, exigindo mudanças no que descreviam como um viés sectário no emprego em indústrias estatais e serviços públicos.

Youssef Abdo, um ex-funcionário do Escritório de Reflorestamento na província de Tartus, declarou, em uma entrevista:

> Dentre cerca de 60 empregados no projeto do Escritório de Reflorestamento no vilarejo de Derdara, na província de Tartus, quase a totalidade eram alauitas – exceto eu [sunita] e um cristão. Uma desproporção sectária similar ocorria no Departamento de Agricultura em Tartus. Apesar dessa área ser habitada majoritariamente por alauitas, havia um sistema de recrutamento baseado em contatos ligados às conexões tribais e familiares que os favorecia no departamento. Esse sistema era menos extremo nas zonas mistas de Tartus e Lataquia, apesar do número de funcionários alauitas em geral ser mais importante... [117]

Essa situação levou alguns setores da população a associarem os alauitas aos privilégios injustos e, muitas vezes, também a práticas abusivas – como as redes de proteção ou a extorsão, por meio de subornos, para acesso aos serviços públicos.

Quadro 3. Alauitas

A tradição alauita vem do nome de Ibn Nusayr (falecido em 864), um discípulo do décimo e décimo primeiro imames, cujos textos guiam o agrupamento religioso. Os alauitas representam entre 10% e 12% da população da Síria, cerca de 2 milhões de pessoas. Eles também estão presentes no norte do Líbano, na região de Akkar, e ao sul da fronteira entre o Líbano e a Síria, no vilarejo de Ghajar, ocupada por Israel. Na Turquia, residem na província de Hatay e nas cidades de Mersin, Adana e Tarso. Não devem ser confundidos com os alevis da Turquia.

---

116. Balanche, 2015, p. 91-92.
117. Abdo, 2018.

Mapa 6. Comunidades religiosas em Lataquia

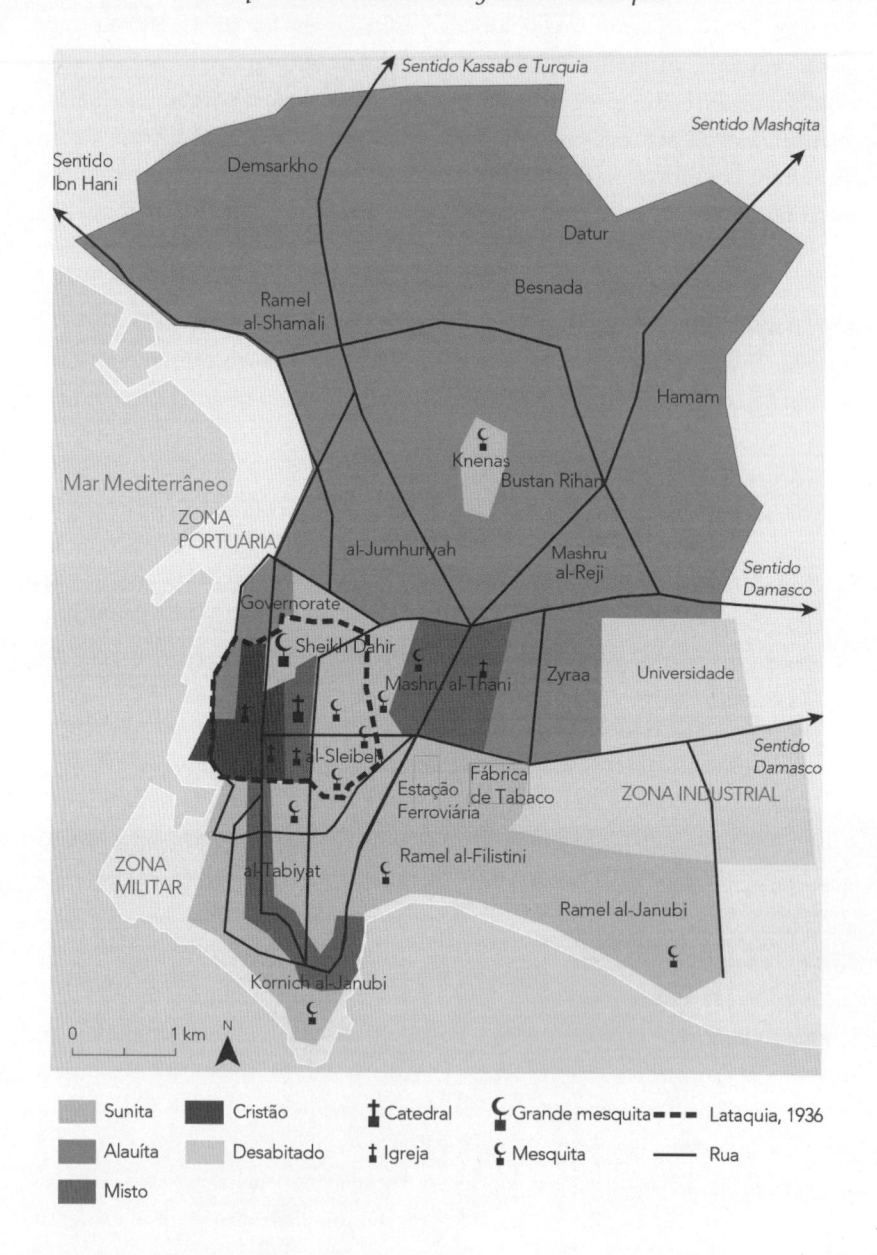

▨ Sunita	▨ Cristão	☦ Catedral	☪ Grande mesquita	▪▪▪ Lataquia, 1936
▨ Alauíta	▨ Desabitado	☦ Igreja	☪ Mesquita	—— Rua
▨ Misto				

No entanto, essas distorções na representatividade do setor público não expressaram uma localização socioeconômica especial na sociedade; grande número de alauitas acabaram excluídos dos círculos de privilégios comunal. As classes populares alauitas sofreram como as outras durante a liberalização da economia, o fim dos subsídios e a alta da inflação. A região das montanhas alauitas era uma das mais empobrecidas da Síria, perdendo apenas para o noroeste, habitado em sua maioria pelos curdos. Um relatório de 2011 do International Crisis Group declarava:

> A região rural alauita permanece surpreendentemente subdesenvolvida; muitos deles procuram o exército por falta de alternativa; os membros dos corpos de segurança são sobrecarregados e mal pagos. Em sua maior parte, os jovens da comunidade juntam-se ao aparato de segurança porque o regime não lhes oferece outras perspectivas. A maioria dos alauitas raramente ganha com a corrupção nos altos escalões – menos ainda sob Bashar.[118]

Divisões internas também os separavam. Por exemplo, inúmeros alauitas do dakhel ("interior", na região de Homs-Hama) consideravam que as agências de segurança eram gerenciadas e dominadas pelos alauitas da região costeira, e que os dakhel urbanizados não tinham as conexões políticas dos litorâneos. Reclamações similares circulavam no exército. Para alcançar uma patente alta ou um posto influente, a pessoa precisava pertencer a um clã específico.[119] As diferenças entre esses dois grupos diminuíram com a evolução do conflito armado após 2011, fortalecendo a afiliação comunal coletiva e fustigando uma coesão social entre os alauitas como um todo,[120] mesmo sem eliminar a diversidade e as disparidades socioeconômicas.

A crescente natureza patrimonialista do Estado, e o enfraquecimento do Partido Baath e das organizações corporativistas, tornaram as conexões clientelistas, tribais e sectárias ainda mais importantes. Essa tendência ocorreu em todo país, não só no litoral. Em Aleppo, o regime manteve as suas conexões com líderes tribais, além de outras redes, para exercer o seu controle e domínio político. A família tribal Berri, cuja colaboração com a ditadura remete aos anos 1980, gerenciava o aparato de segurança da cidade e mantinha um mandato no parlamento. Em Raqqa, as famílias tribais aliadas ao regime de Assad beneficiaram-se da privati-

---

118. ICG, 2011.
119. Khaddour, The Alawite Dilemma (Homs 2013), 2013, p. 12; Goldsmith, Alawi Diversity and Solidarity: From the Coast to the Interior, 2015, p. 151-153.
120. Khaddour, 2013, p. 12.

zação de fazendas estatais na região de Jazirah na década de 2000.[121] No entanto, a quantidade de conflitos tribais aumentou durante o governo de Bashar al-Assad, devido às políticas neoliberais que empobreceram ainda mais as áreas rurais, e também pelo enfraquecimento das relações clientelistas entre Hafez al-Assad e as comunidades rurais.[122]

Em Sueida, habitada, na sua maioria, por drusos, o regime administrou a região através de acordos com figuras locais. O governador e os chefes do exército e das agências de segurança vinham de outras províncias sírias, para evitar conluios com a população local; porém, os postos-chave do governo, a direção das instituições do Estado e o núcleo do partido em Sueida, eram alocados aos membros das famílias drusas mais importantes. Por exemplo, após um longo período de escassez de interesse do Estado entre os anos 1970 e 1980, na década de 1990 um membro da família Atrash foi nomeado chefe do poderoso Ministério da Administração Local e Meio-Ambiente. Isso garantiu aumentos expressivos de investimentos na região de Sueida, incluindo melhorias nos serviços públicos e a criação de milhares de empregos administrativos. O Estado também contou com o apoio das elites religiosas, especialmente dos três sheiks "al-Aql" – os mais altos representantes da comunidade drusa. Essas elites civis e religiosas constituíam a ponte entre o regime e a comunidade.[123]

A eficiência do Exército Árabe Sírio (EAS) também foi consideravelmente debilitada após a chegada de Bashar ao poder. O financiamento do EAS colapsou; suas atividades lucrativas no Líbano terminaram após a retirada do país vizinho em 2005, enquanto a qualidade de suas armas e equipamentos despencou, se comparado a Israel (em termos tecnológicos e de capacidade de combate). A preparação de guerra do EAS deteriorou-se continuamente ao longo dos anos 1990, chegando ao nível mais baixo na véspera do levante de 2011. A negligência em relação às forças armadas tornou-se ainda mais impressionante se considerado o status e tratamento especial dado às unidades controladas pelos parentes de Assad, e compostas quase inteiramente por alauitas – sobretudo a Guarda Republicana, a 4ª e a 11ª Divisões, as quais beneficiaram-se de financiamentos generosos, treinamento especial, armamento avançado, status privilegiado e acesso ao topo do Estado.[124]

Segundo Hicham Bou Nassif "os comandantes militares sunitas eram mais discriminados nas forças armadas sob Bashar al-Assad do que sob seu pai." Os

---

121. Donati, 2009, p. 299.
122. Wilcox, 2017.
123. Roussel, 2006, p. 148; Balanche, 2018, p. 15.
124. Abbas, 2011; Bou Nassif, 2015, p. 13-14; Kattan, 2016.

militares sunitas entrevistados por Bou Nassif explicaram que o controle de Hafez al-Assad sobre seus generais era mais forte que o do seu filho. Sob Bashar, o regime tornou-se mais descentralizado, com vários chefes militares poderosos manobrando por maior autoridade, e por cargos para seus seguidores alauitas nos diversos setores das forças armadas. Consequentemente, o número de sunitas em postos importantes diminuiu ainda mais na década anterior ao levante.[125]

A implementação de políticas neoliberais também afetou negativamente as condições de vida de muitos militares da ativa, compelindo diversos oficiais de baixa patente a procurar empregos adicionais no setor privado, devido à alta inflação e à depreciação dos salários, enquanto os influentes, de alta patente, beneficiavam-se de contratos com o setor privado na medida em que o mercado se abria, acumulando riquezas. A disparidade dentro do exército aumentou, afetando sua coesão. O peso das instituições militares econômicas também foi debilitado com a liberalização da economia. A Instituição Militar de Habitação (IMH), um dos maiores estabelecimentos econômicos do país, empregava 100 mil trabalhadores permanentes e outros 50 mil temporários nos anos 1980, monopolizando mais de 85% do mercado doméstico em contratos de construção. Essa instituição enfrentou um declínio importante nos anos 2000. Em 2011, ela empregava 25 mil pessoas, tendo perdido mais de um terço da sua fatia de mercado. A segunda maior empresa militar de construção (MATA) também desempenhava um papel importante em projetos de construção, permanecendo a principal empresa no setor, com monopólio em alguns segmentos da economia.[126]

Resumindo, ao caminhar para fortalecer e consolidar o seu poder dentro do regime que herdou, Assad enfraqueceu a capacidade institucional do Estado e do regime em preservar suas conexões e poder sobre a sociedade.

9. Aceleração das políticas neoliberais

Ao contrário de seu pai, Bashar permitiu que o Banco Mundial e o Fundo Monetário Internacional (FMI) interviessem no processo de liberalização econômica.[127] Em sua décima conferência regional, o Partido Baath adotou a economia social de mercado como nova estratégia. Em outras palavras, o setor privado tornou-se parceiro e líder no processo de desenvolvimento econômico e na provisão

---

125. Bou Nassif, 2015, p. 11.
126. Saíd S., 2018, p. 62-66.
127. Matar, 2015, p. 111.

de empregos, substituindo o Estado.[128] A meta era encorajar a acumulação privada, sobretudo através da mercantilização da economia, enquanto o Estado recuava nas principais áreas de provisão de bem-estar social. Essas políticas agravaram ainda mais os problemas socioeconômicos anteriores.

A atração de investimentos externos e o retorno de recursos sírios mantidos fora do país por cidadãos e residentes estrangeiros, sobretudo no setor de serviços, era fundamental para essa estratégia econômica. O Decreto Legislativo nº 8, redigido em 2007 para promover maiores investimentos no país, tornou-se o principal marco legal para interesses privados, substituindo a antiga Lei nº 10 de Investimentos, de 1991.[129] Junto a isso, criou-se a Agência de Investimento Síria (AIS), uma nova autarquia pública, substituindo o escritório que existia desde o início dos anos 1990. O Investimento Externo Direto (IED) aumentou de 120 milhões de dólares em 2002 para 3,5 bilhões em 2010, enquanto entre 2005 e 2011, o IED atingiu um total superior a 8 bilhões de dólares. A entrada de recursos gerou um boom no comércio, habitação, serviços financeiros, construção civil e turismo.[130] Apenas 13% de todo o investimento doméstico e estrangeiro ao longo dos anos 2000 foi direcionado ao setor de manufatura.[131] Indústria e mineração representavam 25% do PIB, ao passo que o setor manufatureiro[132] viu-se reduzido a apenas 6,9% do PIB em 2009, empregando cerca de 15% da força de trabalho.133 Dominado por pequenos e médios empreendimentos, o setor representava mais de 99% da manufatura privada.[134] Eles careciam de produtividade e competitividade no mercado global, devido à ausência de gestão moderna, tecnologia, treinamento e pesquisa.

Ao longo da década de 2000, o ramo financeiro desenvolveu-se de maneira similar, com o surgimento de bancos privados, seguradoras, casas de câmbio e uma bolsa de valores em Damasco. A primeira medida para liberalizar a esfera bancária deu-se em 2001, concedendo o direito de estabelecer bancos privados pela primeira vez após 40 anos de controle estatal. As elites dominantes e a burguesia comercial – como Rami Makhlouf, Nader Qalai, Issam Anbouba e Samir Hassan – tornaram-se os maiores acionistas dos diversos bancos privados, sem competirem entre si no mercado. Tal ressurgimento e desenvolvimento foi essencial para a burguesia estatal, permitindo-a operar suas contas bancárias e transfe-

---

128. Abboud, 2015, p. 55.
129. Matar, 2015, p. 112-113.
130. Hinnebush, 2012, p. 100.
131. Abboud, 2015, p. 55.
132. O "setor manufatureiro" refere-se a todo o setor industrial, exceto a mineração (petróleo, gás e fosfato) e a energia (eletricidade).
133. Lahham, 2010.
134. Matar, 2015, p. 12.

rir convenientemente seus depósitos para fora do país. Antes disso, era obrigada a contrabandear ou converter suas riquezas para dólares e depositá-las nos congêneres libaneses.[135]

A abertura dos bancos privados também aumentou o acesso do regime às crescentes fontes de capital de investimento das monarquias do Golfo. Ao final de 2011, registravam-se mais de vinte bancos privados, em paralelo aos públicos especializados[136]. Eles respondiam a 27% do total de ativos bancários – avaliados em 40 bilhões de dólares.[137]

O regime sírio progressivamente eliminou as barreiras comerciais, com a implementação da Grande Área de Livre Comércio Árabe (GALCA), assinada em 2005, concomitante a acordos bilaterais com os seus vizinhos Turquia e Irã. A liberalização do comércio levou a um aumento muito maior na importação de produtos estrangeiros que a exportação de produtos sírios. Essas subiram 34% entre 2005 e 2010, enquanto as importações aumentaram 62% no mesmo período.[138] A liberalização do comércio (especialmente o tratado com a Turquia e a enorme importação de seus produtos) contribuiu negativamente no deslocamento de recursos produtivos e culminou no fechamento de muitas indústrias manufatureiras locais – especialmente aquelas situadas nos subúrbios das maiores cidades, onde muitos dos protestos em 2011 tiveram inicio.[139]

A participação da iniciativa privada na economia cresceu sem parar, contribuindo em até 65% do Produto Interno Bruto em 2010 (ou até 70%, segundo algumas estimativas), com mais de 70% da força de trabalho na Síria empregada no setor privado.[140] Já o âmbito público permaneceu sendo o maior empregador individual na Síria, respondendo por cerca de 28,5% da força de trabalho em 2008.[141]

As políticas neoliberais satisfizeram as classes altas na Síria e os investidores estrangeiros, sobretudo os das monarquias do Golfo e da Turquia – às custas da vasta maioria dos sírios, que foram atingidos pela inflação e o aumento do custo de vida. Durante essa fase, o regime também reduziu significativamente os impostos sobre lucros do setor privado – tanto de grupos, quanto de indivíduos – de 63% em 2003 para 35% em 2004 e, depois, por uma segunda vez em 2005, de modo que passaram a variar entre 15% e 27%. Tais medidas não estancaram a evasão fiscal, que segundo algumas estimativas, alcançaram 100 bilhões de libras sírias

---

135. Matar, 2015, p. 117.
136. O Banco de Habitação, o Banco Cooperativo Agrícola e o Banco Industrial representavam os bancos públicos.
137. Butter, 2015, p. 7.
138. Seifan, 2013, p. 116.
139. Matar, 2015, p. 115.
140. Achcar, 2013, p. 24.
141. Banco Mundial, 2011, p. 46.

em 2009.[142] A maior parte das pequenas e médias empresas, que constituíam mais de 99% de todos os negócios no país, também foram negativamente afetadas pelas políticas pró-mercado e a liberalização econômica.[143]

A expansão da economia baseou-se acima de tudo na renda, dependente de entradas da exportação de petróleo, graças à localização geopolítica da Síria, e do fluxo de capitais, incluindo remessas do exterior. A participação dos setores produtivos diminuiu de 48,1% do PIB em 1992 para 40,6% em 2010,[144] enquanto a participação dos salários na renda nacional caiu a menos de 33% em 2008-2009, comparado com quase 40,5% em 2004, o que significa que os lucros e as rendas respondiam por mais de 67% do PIB.[145]

Na década após a ascensão de Bashar ao poder, o setor de serviços ganhou destaque, enquanto a agricultura perdeu espaço considerável (como será explicado mais adiante). A participação do valor agregado da esfera de serviços aumentou de 41,9% em 2000 para 55,5% em 2008. Durante os anos 2000, a participação do emprego no plano terciário subiu de 42,8% para 52,8%; esse representava 84% do crescimento registrado durante o período. Em 2008, mais da metade dos trabalhadores sírios estavam empregados no setor terciário, enquanto 30% trabalhavam no campo industrial – que incluía em até 15% a da construção.[146]

Tais medidas de liberalização foram acompanhadas pela diminuição de subsídios, a suspensão da expansão dos empregos no setor público e a redução do papel do Estado nos investimentos internos. Os gastos com seguridade social nos anos 2000 foram bastante reduzidos, com cortes no sistema de aposentadorias e pensões. Os investimentos em saúde e educação não seguiram o aumento da população. Os gastos aproximados nessas categorias antes de 2010 foram, respectivamente, de 4% e 0,4% do PIB. O regime embarcou na privatização gradual de escolas (especialmente as universidades e faculdades) e do sistema de saúde.[147] O processo foi acompanhado pela redução da qualidade e quantidade de serviços de saúde pública, obrigando as pessoas a usarem as instâncias privadas para acessar serviços básicos. Os subsídios também foram cortados de itens básicos de alimentação, bem como no gás de cozinha e outras fontes de energia. A liberalização de preços significou que os produtos essenciais do cotidiano tornaram-se cada vez mais inacessíveis para a maioria das famílias de baixa renda.[148]

142. Seifan, 2013, p. 109.
143. Abboud, 2017.
144. Marzouq, 2013, p. 40.
145. Marzouq, 2011.
146. Banco Mundial, 2011, p. 46.
147. Marzouq, 2013, p. 49-50.
148. Abboud, 2015, p. 55.

10. Terra: "Volta ao Feudalismo"

Nesse ínterim, a propriedade da terra concentrou-se em um número de mãos reduzidas. Um jornal satírico sírio definiu bem a situação em 2006: "Após 43 anos de socialismo, volta o feudalismo."[149] Na agricultura, a privatização da terra ocorreu às custas de centenas de milhares de camponeses do nordeste, em especial após a seca de 2007-2009, na qual 1 milhão de deles precisaram de ajuda internacional e suprimentos alimentares, enquanto 300 mil pessoas tiveram de migrar para Damasco, Alepo e outras cidades. No entanto, a catástrofe não deve ser entendida apenas como consequência de um desastre natural. Mesmo antes da seca, a Síria havia perdido 40% de sua força de trabalho agrícola entre 2002 e 2008, caindo de 1,4 milhões para 800 mil trabalhadores.[150] A participação do setor na geração de empregos despencou de 32,9-30% em 2000 para apenas 14-13,2% em 2011.[151]

As medidas de liberalização na agricultura, sob Bashar al-Assad, começaram no final de 2000, com a privatização das fazendas estatais no norte do país, após mais de quatro décadas de propriedade coletiva. No entanto, os verdadeiros beneficiários desse processo, segundo a pesquisadora Myriam Ababsa, foram os investidores e empresários, capazes de alugar ilegalmente tais áreas, antes estatais.[152] Os proprietários do período anterior à estatização conseguiram recuperar uma parte das suas propriedades; porém, os principais beneficiários foram a classe de empresários e investidores próximos ao regime que acumularam fortunas enormes, beneficiando-se da irrigação subsidiada pelo Estado em terras férteis, o que levou à criação de grandes latifúndios.[153] Ao mesmo tempo, a intensificação da exploração da terra por grandes empresas do agronegócio facilitaram a corrupção das administrações locais, que acompanhou a crise agrícola.

Outras leis que beneficiaram os latifundiários às custas dos camponeses também reduziram a força de trabalho rural. Uma lei sobre relações agrárias foi aprovada em 2004. A Lei 56 autorizava os proprietários cancelar todos os contratos de arrendamento após três anos, permitindo a expulsão de camponeses das ter-

---

149. Citado em Goulden, 2011, p. 192.
150. Ababsa, 2015, p. 200.
151. Nasser e Zaki Mehchy, 2012, p. 3; Banco Mundial, 2017, p. 9.
152. A Decisão Nº 83 de 16 de dezembro de 2000 garantiu a divisão de fazendas estatais em 3 hectares irrigados e 8 hectares não irrigados, a serem distribuídos primeiramente aos antigos proprietários e beneficiários da reforma agrária e, depois, aos trabalhadores das fazendas e detentores de contratos de exploração (muchakrin). Nota-se que esta não foi uma transferência de propriedade; ao invés disso, houve a concessão do uso da terra por 10 anos, sobre a qual o beneficiário adquire o direito à propriedade ao final. Assim sendo, foi proibido vender ou alugar essas terras nesse meio tempo (Ababsa, 2006, p. 218 e 224).
153. Ababsa, 2006, p. 229.

ras onde trabalhavam por duas gerações, em troca de pífias indenizações, muitas vezes nem mesmo pagas, e substituindo-os por trabalhadores temporários. Implementada em 2007, essa lei resultou na expulsão de milhares de arrendatários e trabalhadores, sobretudo na região litoral, em Tartus e Lataquia.[154] Os camponeses e agricultores também sofreram com a redução ou eliminação dos subsídios para alimentação básica e combustíveis.[155]

Em 2008, 28% dos agricultores exploravam 75% das terras irrigadas. Deles, 49% tinham acesso a apenas 10% dessas terras – uma prova das desigualdades no setor.[156] Os pequenos agricultores com terras nas periferias dos centros urbanos vendiam-nas por preços cada vez maiores, à medida que recursos do exterior (em particular das monarquias do Golfo) inundavam o país. A Lei Nº 15, de 2008, facilitava a aquisição da terra por estrangeiros. Entre 2004 e 2006, os preços das propriedades na Síria como um todo aumentaram cerca de 300%.[157]

ii. Políticas neoliberais e atualizações despóticas

As políticas neoliberais e o aprofundamento dos processos de privatização criaram novos monopólios, controlados pelos familiares e associados de Bashar al-Assad. Seu primo Rami Makhlouf, o homem mais rico da Síria, expressava o estilo mafioso do processo de privatizações encabeçadas pelo Estado. Seu vasto império incluía os setores de telecomunicações, petróleo e gás, bem como construção, bancos, empresas aéreas e de varejo.[158] Makhlouf também era o principal acionista da Cham Holding Company, detentora de mais de 300 licenças agenciadas a grandes companhias internacionais.[159] Segundo várias fontes, ele controlava, direta ou indiretamente, quase 60% da economia do país, graças a uma complexa rede de holding empresarial.[160]

A aliança Assad-Makhlouf aceitava atores externos a seu asabiyya[161] (círculo de laços sociais, ou de solidariedade em grupo), com pessoas como Muhammad

---

154. Ababsa, 2015, p. 200.
155. ICG, 2011, p. 23.
156. FIDA, 2009, p. 2.
157. Goulden, 2011, p. 192.
158. Seifan, 2013, p. 113.
159. Sottimano, 2016.
160. Leverrier, 2011.
161. Esse conceito tem origem nos trabalhos de Ibn Khaldoun, um estudioso do século XIV do Norte da África. Refere-se a um laço social específico que conecta grupos tribais e familiares ao longo de uma região. O conceito de Khaldoun foi desenvolvido mais tarde por pesquisadores do Oriente Médio, abrangendo a solidariedade de grupo baseada em redes construídas na sociedade através de relações familiares e pessoais (Roy, 1996, p. 6).

Saber Hamsho, um importante empresário sírio. Alguns anos antes do levante de 2011, ele tornou-se uma figura política e econômica poderosa, por sua associação com Maher al-Assad, o irmão de Bashar, após casar-se com a irmã da esposa de Maher. "Eleito" deputado do Parlamento em 2003 e 2007, fez o Grupo Hamsho ampliar sua participação na economia, incluindo desde equipamentos de tecnologia da informação até infraestrutura de turismo.[162] Multiplicaram-se os exemplos de membros da antiga burguesia de Estado transformando-se em burguesia do setor privado – como Mustafa Tlass e seus filhos, os de Abdel Halim Khaddam e os do General Bahjat Sulayman.[163] O espaço dos novos homens de negócios oriundos da burguesia de Estado e das altas autoridades teve seu papel ampliado na economia síria, conquistando cada vez mais postos antes ocupados pela burguesia tradicional.

Segundo o economista Samir Seifan, baseando-se numa lista dos 100 empresários mais importantes da Síria, publicada pela revista econômica al-Îqtisâd wa al-naql, 23% desses empresários eram filhos, parceiros ou agiam como "fachadas" das altas autoridades; 48% eram novos homens de negócios, a maioria dos quais tinham relações íntimas e corruptas com as agências de segurança; 22% advinham da burguesia tradicional de antes das políticas de nacionalização dos anos 1960 – as quais, para alguns, também tinham relações e parcerias corruptas com os líderes do Estado; e 7% contavam, as suas principais atividades, com negócios fora da Síria. Em termos de religião, 69% eram sunitas, 16% alauitas, 14% cristãos e 1% xiitas, ao passo que não havia drusos, ismaelitas ou curdos na lista. É importante notar que, dos dez homens de negócios mais ricos da Síria, a maioria eram alauitas e intimamente ligados aos Assad, como Rami Makhlouf. Em termos de distribuição regional, os principais empresários vinham de Damasco, seguidos por Alepo, Lataquia e, por fim, das cidades de Homs e Hama. Em contrapartida, não constava do rol um único homem de negócios das regiões de Raqqa, Deir ez-Zor e Hasakah.[164]ausentes

Dessa forma, regime expandiu suas atividades predatórias, do controle das "rendas derivadas do Estado" até uma posição que lhe permitia dominar as "rendas privadas", sem transparência alguma. Essas novas fontes também abriam às elites governantes a possibilidade de estabelecer uma rede de associados, cuja lealdade era comprada com proteção e participações no mercado.[165]

---

162. Donati, 2013, p. 40.
163. Matar, 2015, p. 110.
164. Seifan, 2013, p. 112-113.
165. Donati, 2013, p. 39-40.

A partir de 2005, o número de joint-ventures aumentou, em sua maior parte na forma de parcerias entre empresários locais e países estrangeiros, e que eram, em geral, controlados por homens de negócios com laços próximos ao regime.[166] O empresário Imad Greiwati, que ganhou espaço durante a era de Bashar al-Assad, liderava a Federação da Câmara de Indústria, criada em 2006. As eleições para as Câmaras de Comércio, em 2009, também refletiram a crescente influência de empresários associados ao governo. Algo expresso pela nomeação – através de um decreto presidencial – do empresário damasceno Bassam Ghrawi, próximo a Bashar al-Assad, secretário-geral da Federação de Câmaras Sírias do Comércio.[167] Kamil Ismail al-Assad, também parente, assumiu a presidência da Câmara de Comércio e Indústria de Lataquia e Tarif Akhràs, da família da primeira-dama Asma al-Assad e um dos maiores exportadores da Síria, passou a presidir a Câmara de Comércio e Indústria de Homs.[168]

A criação de conglomerados empresariais (como al-Cham, controlada por Rami Makhlouf, Muhammad Sharabati e al-Sourya e, mais tarde, a Companhia Holding Síria-Qatar, fundada em 2008 e baseada em Damasco, propriedade conjunta entre os regimes da Síria e do Qatar) representaram outro passo na renovação das redes do regime no mundo empresarial. Tais conglomerados funcionavam como instrumentos para a burguesia estatal dirigir negócios privados com uma emergente burguesia comercial. Al-Cham tinha 70 integrantes, incluindo, na sua maioria, empresários próximos ao regime e famílias da burguesia empresarial síria; a holding acumulava um capital de 80 milhões de dólares. Ela envolvia 25 jovens empresários, incluindo os filhos de autoridades Baathistas do antigo regime, reunidos ao redor de Haytham Joud, sobrinho de um próspero empresário sunita de Lataquia, ligado ao governo durante a era de Hafez.[169] Al-Sourya também estabeleceu o Conselho Sírio de Negócios, uma rede de 280 empresários que se aproveitaram de suas posições privilegiadas para consolidar e expandir conexões com a diáspora síria e comunidades empresariais árabes. O envolvimento e a participação desses atores estrangeiros (especialmente das monarquias do Golfo) na economia síria reforçou as posições do novo governo, enquanto a separação entre os atores públicos e privados acabou misturada por manipulação do regime.

O acordo entre o governo e o empresariado aprofundou-se, na medida em que essas duas holdings garantiram capital, redes e apoio político à ditadura. Em troca, seus proprietários desfrutaram dos benefícios econômicos através da expan-

---

166. Haddad, 2013, p. 84.
167. Donati, 2013, p. 41.
168. Valter, 2018, p. 52; International Business Publication, 2010, p. 192.
169. The Syria Report, 2016k.

são do mercado, levando os projetos mais lucrativos e se beneficiando de proteção política. Aqueles que não eram próximos ou conectados à família Assad também buscavam beneficiar-se da expansão do mercado e das políticas neoliberais; seus investimentos eram tolerados em setores menos lucrativos, e em parcerias com o capital estrangeiro, desde que não desafiassem politicamente o regime.[170]

Apesar da sua riqueza e de seus laços com o governo (Omar Sanqar era próximo de Hafez al-Assad e foi membro independente do Parlamento entre 1990 e 1998),[171] a família Sanqar, por exemplo, perdeu sua licença lucrativa de importação de automóveis de luxo para Rami Makhlouf. Em um outro caso, Ghassan Abboud, um abastado empresário que estabeleceu um canal via satélite chamado Orient TV, em 2008, teve que fechar sua sede em Damasco, em 2010, quando recusou-se a passar a maioria das ações de sua empresa a Rami Makhlouf, tendo inclusive seu escritório invadido pelas forças de segurança. A primeira conferência realizada pela oposição após o início do levante, em julho de 2011, teve apoio da Organização Nacional pelos Direitos Humanos na Síria, de Ammar al-Qurabi, sendo financiada por Abboud, assim como por Ali e Wassim Sanqar.[172] Tais manobras realizadas por capitalistas apadrinhados pelo governo contra os patrimônios e os contratos de outras seções da burguesia eram comuns – ilustrando o status precário e dependente desse segmento da elite vis-à-vis o regime.[173]

A liberalização econômica não levou ao fortalecimento de uma classe média independente de capitalistas, que desafiassem a ditadura ou direcionassem o país rumo à democracia – como difundido por uma vertente de literatura acadêmica dos anos 1990. A nova sociedade civil, constituída por associações e as chamadas ONGs, que formavam a nova elite ligada às redes de negócios próximas ao regime, tampouco incentivou a democratização. Bloqueando o surgimento de uma sociedade civil autônoma e democrática, o Fundo pelo Desenvolvimento da Síria – uma associação de cúpula estabelecida com o patrocínio da primeira-dama Asma al-Assad em 2007 – simbolizava esse processo.[174] O rápido aumento do número de ONGs organizadas pelo governo ocorreu concomitantemente à repressão de ativistas.[175]

O pesquisador Salam Kawakibi[176] explicou que as ONGs do governo tinham três propósitos: primeiro, substituir o Estado como provedor de serviços sociais no

---

170. Donati, 2013, p. 42.
171. Wieland, 2012, p. 170.
172. Marchand, 2011.
173. Abboud, 2013, p. 2.
174. Kawakibi, 2013, p. 172.
175. Donati, 2013, p. 44.
176. Kawakibi, 2013, p. 173-176.

\cenário de políticas neoliberais; segundo, estabelecer novas estruturas corporativistas para satisfazer grupos sociais emergentes, amarrando-os ao regime, pelo provimento de benefícios materiais (emprego), morais (fazer o bem). Assim, criava sua própria rede de clientela para ampliar o apoio popular ao regime, conduzindo-o numa direção mais liberal; e por último, essas ONGs do governo atraíram fontes importantes de financiamento estrangeiro.

A nova imprensa privada estava longe de constituir um espaço de debates abertos e democráticos. Os mais influentes magnatas da mídia constituíam uma casta de empresários ricos, com conexões íntimas com a ordem política, militar e empresarial do regime. Rami Makhlouf que fundou o jornal al-Watan. Majd Bahjat Sulayman, dono do principal império de mídia na Síria, acumulava os cargos de diretor-executivo do Grupo Alwaseet e presidente de um conglomerado de propaganda, marketing e publicações. Ayman Jaber e Muhammad Saber Hamsho, junto com diversos outros empresários sírios, criaram a Dunia TV, mais tarde renomeada Sama TV por satélite.[177]

Assim, a base do regime transferiu-se para as classes liberais mais elevadas. Essa forma de capitalismo clientelista ou de capitalismo mafioso – no qual as oportunidades econômicas dependem da lealdade ao regime – alienou e marginalizou alguns elementos da burguesia, que careciam dessas conexões e, por isso, não constituíam um elemento forte de apoio ao regime. Nenhum grande empreendimento era possível sem a participação de capitalistas com relações de compadrio com a ditadura.

12. Setor privado e as organizações religiosas de caridade

A promoção de serviços sociais para diminuir as crescentes desigualdades passou a ser cada vez mais terceirizada para as organizações filantrópicas privadas. Ou seja, às camadas conservadoras e burguesas da sociedade síria – em particular as associações religiosas. Em 2004, das 584 instituições de caridade existentes, 290 estavam registradas como islâmicas – a maior parte ativas em Damasco e subúrbios. Das mais de 100 organizações de caridade na capital antes do levante, quase 80% eram muçulmanas sunitas.[178] Esses grupos assistiam 73 mil famílias, com um orçamento de aproximadamente 18 milhões de dólares.[179]

---

177. Iqtissad, 2015b.
178. Pierret e Selvik, 2009, p. 601.
179. Khatib, 2011, p. 119.

As políticas neoliberais fortaleceram as associações religiosas na Síria, tanto islâmicas quanto cristãs, bem como a capilaridade de suas redes, aumentando seu papel na sociedade, às custas do Estado. Em 2009, das 1.485 instituições existentes, 60% voltavam-se à caridade, a maioria das quais eram religiosas.[180] Bashar seguiu a estratégia de seu pai, fomentando os setores conservadores islâmicos. Nos anos 1970, a ordem religiosa sufista Naqshbandi Kuftariya, com esse perfil, assim como o movimento feminino islâmico Qubaysiyat (criado como braço autônomo da ordem Naqshbandi) foram fortalecidos por Hafez al-Assad, para contrabalancear aquilo que ele descrevia como os desvios marxistas de governos anteriores.[181] Às vésperas do levante, a corrente Qubaysiyat somava cerca de 200 escolas. No início de 2008, o apoio ao islamismo atingiu o ápice quando um dos seus membros foi nomeado conselheiro religioso oficial do Ministro do Awqaf (o ministério encarregado das dotações religiosas), com a criação do "Escritório para a Instrução Religiosa das Mulheres".[182]

Uma das mais célebres e bem-sucedidas associações islâmicas chamava-se Jama'at Zayd, com laços enraizados na burguesia sunita de Damasco, sob direção dos irmãos Ussama e Sariya Rifa'i.[183] Essa associação também colaborou ocasionalmente com as autoridades antes de 2011. O Ministério do Awqaf permitiu ao Zayd arrecadar fundos para seus projetos de caridade ao final das orações de sexta-feira,[184] também obtendo controle sobre novas mesquitas às custas de outras congregações. Alguns dos seus integrantes conquistaram, da mesma forma, cargos importantes nas instituições religiosas do Estado.[185]

Durante esse período, o novo regime de Bashar impulsionou o simbolismo e o vocabulário islâmico, numa tentativa de construir sua legitimidade e popularidade entre muçulmanos sunitas devotos. Isso foi usado para mobilizar o apoio de amplos setores da sociedade síria contra um cenário internacional hostil, frente às ameaças a Damasco, após a invasão militar anglo-americana do Iraque, em 2003, e o isolamento que a Síria enfrentou em seguida ao assassinato do ex-primeiro-ministro libanês Rafic Hariri.[186] Como explicado pela pesquisadora Lina Khatib,[187] Bashar, em muitos dos seus discursos, entrevistas e apresentações públicas, promovia a ideia de "takrees al-akhlak wa nashr thaqafat al-tasamuh, wa isal al

---

180. Ruiz de Elivra, 2013, p. 30.
181. Pierret, 2011, p. 244.
182. Citado em Kannout, 2016, p. 28.
183. Pierret e Selvik, 2009, p. 603.
184. Pierret e Selvik, 2009, p. 608.
185. Pierret, 2011, p. 115.
186. Pinto, 2015, p. 158-159.
187. Khatib, 2012, p. 33.

risala al-haqiqiya lil-islam" (que, em árabe, significa "difundir moralidade, espalhar a cultura da tolerância e comunicar a verdadeira mensagem do Islã"). Cada vez mais, seu regime apresentava-se enquanto patrono do Islã moderado contra o "extremismo islâmico", realçando a imagem de um líder devoto e guardião dessa religião na Síria. A imprensa estatal com frequência noticiava sua participação nas orações de feriados nas mesquitas pelo país, enquanto proliferavam imagens que o retratavam como muçulmano zeloso.[188]

Tal política se fez acompanhar de um distensionamento contínuo, iniciado por Hafez al-Assad no início dos anos 1990, em relação aos grupos fundamentalistas islâmicos de oposição, por meio da soltura de presos políticos, e da tolerância às publicações e correntes islâmicas, desde que estas se abstivessem de envolvimento político. Em 2001, por exemplo, o Sheik Abu al-Fath al-Bayanuni, irmão do antigo chefe da Irmandade Muçulmana, obteve autorização de retornar à Síria, após 30 anos no exílio junto a seu filho, um empresário rico que participou da criação de um centro comercial.[189] Em 2003, Assad extinguiu uma antiga proibição de práticas religiosas em quartéis militares.[190] Em 2006, a academia militar deu boas-vindas às autoridades religiosas para palestrar aos cadetes pela primeira vez desde a ascensão do Partido Baath ao poder, em 1963.[191] Bashar também ofereceu aos grupos islâmicos e clérigos pró-regime um nível de acesso, antes inexistente, aos canais de rádio operados pelo Estado.[192]

Em 2006, o Estado promulgou um decreto que aumentava o número oficial de instituições islâmicas na Síria, fomentando uma faculdade dedicada à Sharia (jurisprudência islâmica) na Universidade de Alepo, além daquela já existente na Universidade de Damasco.[193]

Antes do início do levante, o país dispunha de 976 escolas e institutos islâmicos, e mais de 9.000 mesquitas ativas – das quais cerca de 7.000 fora do controle do Ministério do Awqaf.[194] Desde meados dos anos 1990, os grupos islâmicos conseguiram aliar-se a importantes empresários sírios, criando ao mesmo tempo laços com religiosos que enriqueceram trabalhando nos Estados do Golfo. Com isso, esses grupos islâmicos conseguiam prover serviços religiosos nos distritos mais afluentes, assim como nos mais pobres. No campo da educação, quase 200 das cerca de 400 instituições educacionais privadas do país achavam-se sob a influên-

---

188. Pinto, 2015, p. 158.
189. Pierret, 2011, p. 115.
190. Khatib, 2011, p. 116.
191. Khatib, 2012, p. 34.
192. Moubayed, 2006.
193. Khatib, 2011, p. 117.
194. Khatib, 2011, p. 162.

cia dos grupos islâmicos. Em Damasco, quase 25% dos secundaristas recebiam ensinamentos de professores que seguiam um currículo abertamente religioso; Além disso, os estudantes eram obrigados a assistir aulas extracurriculares, e fora do controle do Estado, sobre o Islã.[195]

Tais políticas coincidiam com a censura a trabalhos literários e artísticos, com a promoção de literatura religiosa para preencher as prateleiras das bibliotecas, concomitante à islamização da educação superior.[196] Ativistas e grupos feministas foram acusados, em público, por frentes religiosas conservadoras simpáticas ao regime, de heresia, atentado contra a moralidade social e de propagar valores ocidentais, além de reivindicarem a instituição de casamentos civis, direitos para LGBTs e liberdades sexuais.[197] Em 11 de abril de 2005, por exemplo, o Sheik pró-regime al-Buti conduziu um ataque virulento contra os direitos das mulheres e as ativistas feministas – descrevendo-as como "agentes sujas", "traidoras", "anãs" e "escravas cujos mestres buscam erradicar a civilização islâmica desde a raiz."[198]

Uma tal retomada religiosa ajudou as organizações islamistas a recrutar novos membros, sobretudo entre os jovens. Para além daquela do regime, sua mensagem era a única permitida na esfera pública, beneficiando-a de recursos vindos da região do Golfo, das organizações de caridade, da provisão de serviços sociais e do trabalho voluntário. A estratégia do regime de encorajar setores sociais não-contestatórios do reacionarismo islâmico levou à expansão das escolas e caridades islâmicas, das vestimentas conservadoras e do comparecimento às mesquitas. Junto a isso, intelectuais e empresários islâmicos foram incorporados ao Parlamento – entre eles, personagens influentes como o Sheik Muhammad Habbassh –, enquanto reconheceu-se oficialmente o Qubaysi, que pregava o islamismo entre as mulheres damascenas da classe alta.[199]

Nas eleições legislativas de abril de 2007, todas as principais listas de candidatos independentes em Damasco continham uma maioria de empresários – cada um destes acompanhados por uma figura religiosa.[200] O regime também esforçou-se para construir tratados com as elites religiosas e empresariais que se entrelaçavam na antiga oposição em Alepo; o governo nomeou o mufti de Alepo, Ahmad Badr al-Din Hassun, como o novo Grão Mufti da Síria. Igualmente, a cidade beneficiou-se da aliança e abertura econômica com a Turquia – o que trouxe

---

195. Khatib, 2011, p. 137-139.
196. Pierret, 2011, p. 115.
197. Al-Aous, 2013, p. 25.
198. Citado em al-Hallaq, 2013b.
199. Hinnebush, 2012, p. 105.
200. Pierret e Selvik, 2009, p. 601.

investimentos.²⁰¹ O Sheik Ahmad Badr al-Din Hassun vinha de uma conhecida família de sheiks de Alepo com diversos seguidores na burguesia sunita da cidade.²⁰² O pesquisador Raphael Lefèvre,²⁰³ descrevendo essa reaproximação do governo com setores sociais islâmicos conservadores, afirma que "nos primeiros dez anos do governo de Bashar al-Assad, o regime fez mais para acomodar os muçulmanos sírios do que em qualquer outro momento".

Essa política de integração dos setores islâmicos conservadores da sociedade não significou que todos foram incorporados politicamente ao regime. O governo procurou controlar a rebelião ao reprimir certos atores, e favorecendo outros. Alguns buscaram uma acomodação com o regime, ao estabelecer laços com as agências de segurança ou o Ministério de Awqaf, ampliando suas redes – mesmo sob o risco de perder credibilidade junto ao público. Ao mesmo tempo, figuras importantes dentro do islamismo, como os sheiks Salah Kuftaro e Sariya al-Rifa'l (bem como alguns seguidores deste último), tornaram-se mais críticos a algumas características do Estado, especialmente após a chegada de Bashar ao poder. Seus ataques concentram-se, em particular, nos aspectos laicos, assim como em grupos e personalidades não-religiosas.²⁰⁴

O regime também facilitou a presença de jihadistas na Síria, cuja influência aumentou no país após a guerra encabeçada pelos EUA e o Reino Unido contra o Iraque, em 2004. Grupos fundamentalistas e jihadistas começaram a fazer propaganda e recrutamento nos centros urbanos, buscando homens para combater pela resistência à invasão no Iraque.²⁰⁵ Estimava-se em 2008 que os cidadãos sírios eram o terceiro maior contingente de combatentes jihadistas estrangeiros, e o maior número de presos jihadistas no campo de Bucca, no Iraque. A Síria também serviu de ponto de entrada para 90% de todos os insurgentes estrangeiros viajando ao Iraque desde dezembro de 2008.²⁰⁶ Estabeleceu-se no país uma rápida e vasta rede de recrutamento e apoio a combatentes estrangeiros, com o objetivo expresso de suprir a insurgência jihadista iraquiana. Naquela época, o Grão Mufti da Síria, Sheik Ahmad Kaftaru, decretou uma fatwa (parecer religioso) tornando "fardh ayn" (religiosamente obrigatório) para todos os muçulmanos, homens e mulheres, resistir à ocupação, usando quaisquer meios possíveis – inclusive atentados suicidas.²⁰⁷

201. Hinnebush, 2012, p. 105.
202. Pinto, 2015, p. 162.
203. Lefèvre, 2013, p. 156.
204. Khatib, 2012, p. 45; Moubayed, 2006.
205. Lister, 2015, p. 34.
206. Lefèvre, 2013, p. 148.
207. Lister, 2015, p. 39.

A colaboração do regime com os jihadistas cumpriu um propósito geopolítico específico – serviu de instrumento para obrigar os EUA a colaborar e normalizar suas relações com Damasco, desviando ao mesmo tempo a atenção dos jihadistas para o Iraque e a guerra contra a ocupação estrangeira. A partir de 2008, a Síria tornou-se alvo dos ataques desses grupos pela sua suspensão gradual na colaboração (ou cumplicidade), de apoio na viagem dos jihadistas ao Iraque. Um dos desdobramentos, no mesmo ano, ficou por conta de uma revolta de presos fundamentalistas islâmicos no centro carcerário de Sednaya, próxima a Damasco. Isso levou, pela primeira vez na década, a uma campanha de prisões e repressão pelas agências de segurança sírias contra as redes jihadistas dentro do país.[208] As ameaças representadas por elas eram reais. Mais de 8.000 de seus integrantes viajaram ao Iraque através da Síria de 2003 a 2011.[209] As redes e experiências adquiridas em solo iraquiano alimentariam as malhas fundamentalistas islâmicas após o início do levante de 2011 na Síria.

Algumas seções do campo islâmico enfrentaram as consequências das medidas repressivas desencadeadas pelo regime. Em 2006, o diretor do Wafq (ou caridade islâmica) de Damasco, Muhammad Khaled al-Mu'tem, emitiu um decreto proibindo aulas de religião nas mesquitas da Síria, sendo que os cursos de Corão reduziram-se a uma ou duas vezes por semana, ao invés de serem ministrados diariamente.[210] Em agosto de 2008, o Ministro para assuntos religiosos, Muhammad Abd al-Sattar, promulgou três importantes decisões relacionadas às atividades de caridade na Síria. Primeiro, a ditadura proibiu que tais organizações e mesquitas fizessem "mawa'id al-rahme" (banquetes de caridade) durante o Ramadan. O objetivo era evitar que comerciantes, empresários ricos ou figuras religiosas usassem as celebrações públicas para proveito próprio, assim como impedir reuniões muito grandes. Em segundo lugar, ao final de 2008, todos aqueles que exerciam funções clericais – como os imames, líderes de orações nas mesquitas ou professores de instituições religiosas – foram obrigados a deixar seus postos oficiais em instituições de caridade. A decisão procurava evitar que figuras religiosas sunitas acumulassem excesso de capital político.[211] Por fim, enquanto medida de coerção, o regime manteve-se no direito de dissolver as diretorias das instituições de caridade quando bem desejasse.

O governo continuou tentando limitar a autonomia e a influência de alguns grupos islâmicos, que ganharam relevância nos anos anteriores. Em junho de

---

208. Lister, 2015, p. 44-45.
209. Khatib, 2011, p. 189.
210. Khatib, 2012, p. 48.
211. Ruiz de Elivra, 2012, p. 23-24.

2009, Salah Kaftaru acabou preso sob acusações de desvio de dinheiro; apenas dois meses antes, seu irmão Mahmud foi detido por 13 dias.[212] Em 2010, um decreto baniu cerca de 1.000 munaqabat (mulheres com véus negros que cobrem toda a face, ou nicabe) de dar aulas nas escolas. Alguns dias depois, elas também foram proibidas de se matricularem no ensino universitário.[213] Tais medidas culminariam com o Decreto N° 48, promulgado em 4 de abril de 2011, que anunciava a criação do Instituto de Altos Estudos Religiosos al-Sham, nacionalizando três faculdades religiosas antes financiadas e administradas por associações presididas por estudiosos islâmicos.[214] Em 2011, os ulemás (teólogos islâmicos) de Damasco atingiram seu ponto organizacional mais baixo, sem base popular ampla ou capacidade de desempenhar um papel relevante nos crescentes movimentos de protestos.

13. Consequências socioeconômicas das políticas neoliberais

As políticas de Bashar levaram a uma expansão da pobreza e da desigualdade. O PIB aumentou em termos reais em média 4,3% ao ano entre 2000 e 2010 – em outras palavras, dobrando de 28,8 bilhões de dólares em 2005 para cerca de 60 bilhões em 2010.[215] No entanto, apenas um estrato muito pequeno da sociedade beneficiou-se desse crescimento. Em 2007, a porcentagem de sírios vivendo abaixo da linha da pobreza era de 33%, o que representava aproximadamente 7 milhões de pessoas, enquanto outros 30% estavam pouco acima desse nível.[216] Até mesmo a Federação Geral de Sindicatos, controlada pelo regime, lamentou em 2009 que

> os ricos ficaram mais ricos e os pobres mais pobres... aqueles que têm baixa renda, que constituem 80% da população síria, estão tentando se sustentar com empregos adicionais...[217]

A participação de maiores de 15 anos de idade na força de trabalho diminuiu de 52,3% em 2001 para algo entre 39% e 43% em 2010. Resultado direto do fracasso das políticas neoliberais do regime, incapazes de absorver novos recrutas ao mercado de trabalho, sobretudo entre jovens com diploma universitário. A diminui-

---

212. Imady, 2016, p. 79-80.
213. Khatib, 2012, p. 30.
214. Imady, 2016, p. 79-80.
215. Banco Mundial, 2017; Statista, 2018.
216. Abdel-Gadir, Abu-Ismail e El-Laithy, 2011, p. 2-3.
217. Citado em Hinnebush e Zinti, 2015, p. 293.

ção na taxa de sua participação ocorreu nas áreas rurais, assim como nas urbanas, sendo porém mais aguda no campo. As mulheres sofreram de maneira desproporcional, com uma taxa de participação feminina no mercado de trabalho, entre maiores de 15 anos, caindo de 21% e 20,4% para 13,2% e 12,7% entre 2001 e 2010 – um dos índices mais baixos do mundo. A participação masculina também diminuiu de 81% a 72,2% durante o mesmo período.[218]

A taxa geral de desemprego estava estimada em cerca de 25% em 2010, ao contrário da taxa oficial de 8,6% anunciada pelo Estado.[219] Entre os jovens, o índice de desemprego beirava 48% em 2011.[220]

A liberalização econômica também afetou o mercado de trabalho. Antes do levante, o setor informal tinha participação importante na economia síria. Estimava-se que ele representava 30% dos empregos (1,5 milhão de pessoas), e cerca de 30-40% do PIB – segundo avaliação do décimo plano quinquenal. Vale notar que mais de 50% dos trabalhadores no setor informal tinham entre 15 e 29 anos, revelando as decrescentes oportunidades disponíveis para a juventude na Síria durante os períodos de liberalização.[221] Em 2010, segundo um relatório do Centro Sírio de Estudos para Políticas Públicas,[222] a informalidade atingia 65,6% dos trabalhadores, dos quais 89% encontravam-se no setor privado (formal e informal). Concentravam-se no comércio doméstico, restaurantes, hotéis, construção, negócios imobiliários, agricultura e manufatura, enquanto a maior parte do trabalho formal baseava-se em serviços e setores industriais e, em grau menor, em armazenagem e telecomunicações. A maior parte do trabalho formal centrava-se ao setor público.

Os bairros pobres da periferia expandiram consideravelmente, enquanto a especulação imobiliária urbana, desencadeada pelos fluxos de capitais do Golfo, junto ao fim do controle nos preços dos aluguéis, elevaram os custos habitacionais para amplos setores da classe média.[223] Isso forçou a migração de muitos rumo às áreas marginais das cidades, onde muitos eram, com frequência, compelidas a viver em moradias irregulares. Essa situação levou a uma crise habitacional, um déficit de cerca de 1,5 milhão de moradias formais em 2007, segundo o Centro Econômico Sírio,[224] com amplos setores da população sem-teto ou vivendo em áreas informais.[225]

---

218. Nasser e Zaki Mehchy, 2012, p. 3; SCPR, 2016b, p. 35; Banco Mundial, 2017, p. 9.
219. Nasser e Zaki Mehchy, 2012, p. 3-10; Banco Mundial, 2017, p. 9-10.
220. IFAD, 2011.
221. OIT, 2010, p. 3.
222. Centro Sírio de Estudos para Políticas Públicas, 2010, p. 174
223. Hinnebush, 2012, p. 102.
224. Citado em Goulden, 2011, p. 188-190.
225. Hinnebush, 2012, p. 102.

A resposta do regime para solucionar a crise foi terceirizar o problema para o setor privado, assim como com o resto da economia. Porém, o mercado privilegiou investir em habitações de luxo, direcionadas aos sírios ricos (dentro do país ou na diáspora) estrangeiros e turistas. Os investimentos em turismo de luxo e condomínios de elite atraíram cerca de 200 bilhões de dólares desde o início dos anos 2000 até meados de 2007, enquanto estimava-se em 24 bilhões de dólares os recursos necessários para elevar todas as habitações informais do país a um nível decente.[226] O fracasso dessa medida forçou Assad a tentar conceder direitos de propriedade à população dos bairros informais (Lei Nº 33, aprovada em 2008), em troca do pagamento de uma taxa às autoridades locais – o que, em sua maior parte, fracassou.

Estima-se que 30% a 50% da população síria vivia em habitações informais.[227] Em Alepo, havia 29 comunidades irregulares (de um total de 114 bairros registrados pela municipalidade) ocupando cerca de 45% da área urbana, e abrigando uma população estimada em 2,5 milhões.[228] Esses bairros, além de serem frequentemente mal construídos e, portanto, perigosos para morar, careciam de serviços médicos, com poucas instalações de saúde pública.[229]

Níveis elevados de pobreza atingiam as áreas rurais (62%) com maior peso do que as urbanas (38%),[230] com pouco mais da metade (54,2%) de todo o desemprego no país concentrado no campo.[231] As áreas mais empobrecidas eram as de maioria curda – como em Jazirah, a despeito de produzir dois terços dos grãos do país (70% do trigo) e três quartos dos hidrocarbonetos.[232] A região de Jazirah detinha o mais alto nível de pobreza, onde moravam 58% dos pobres do país antes da estiagem de 2004. Em 2010, o impacto de quatro secas consecutivas desde 2006 foi dramático, para ambos - pequenos agricultores e pastores. Nas regiões mais afetadas, a renda desses grupos caiu em até 90%.[233]

14. Conclusão

As origens do Estado moderno patrimonial deram-se sob a direção de Hafez al-Assad, através de diversas mediações, como o sectarismo, regionalismo, triba-

---

226. Goulden, 2011, p. 192.
227. Goulden, 2011, p. 188.
228. Ahmad, 2012, p. 8.
229. Goulden, 2011, p. 201.
230. FIDA, 2009, p. 4.
231. IFAD, 2011, p. 1.
232. Ababsa, 2015, p. 201.
233. ONU, 2011, p. 5.

lismo e clientelismo, gerenciados através de redes informais de poder e patronato. Junto a isso, uma dura repressão contra qualquer forma de dissidência. Tais instrumentos permitiram ao regime integrar, reforçar ou debilitar grupos de diferentes etnias e seitas religiosas. Em nível local, isso significou a colaboração de vários atores, incluindo autoridades do Estado ou do partido Baath, oficiais das agências de inteligência e importantes membros da sociedade local (clérigos, membros de tribos, empresários etc.). Como descrito pelo pesquisador Heiko Wimmen:

Essas autoridades garantiam a sua lealdade e proventos à direção em troca de franquias autoritárias de poder. Assim, a principal moeda nesse sistema disperso de governo, e a chave para acessar privilégios e recursos, não era tanto a afiliação sectária, mas, no lugar disso, a lealdade ao regime e sua funcionalidade para a manutenção da ordem...[234]

A ascensão política de Hafez também abriu as portas para a liberalização econômica, em oposição às políticas radicais dos anos 1960.

A chegada de Bashar al-Assad ao poder em 2000 fortaleceu de forma considerável a natureza patrimonial do Estado, com o crescente peso dos capitalistas de compadrio. As suas aceleradas políticas neoliberais levaram a um aprofundamento na mudança de sua base social, originalmente constituída por camponeses, funcionários públicos e alguns setores da burguesia, para uma coalizão com capitalistas que mantinham no seu cerne uma relação clientelista junto ao Estado – uma aliança em busca de rendas entre operadores políticos (liderados pela família da mãe de Assad) e o regime, apoiando a burguesia e a alta classe média. Essa nova localização ocorreu em paralelo ao esvaziamento político das organizações corporativistas tradicionais de trabalhadores e de camponeses, passando pela cooptação de grupos empresariais e da alta classe média.

A falta de democracia e o empobrecimento de amplas parcelas da sociedade síria, num clima de corrupção e crescentes desigualdades sociais, preparou o terreno para a insurreição popular – que necessitava nada mais do que uma faísca. Em uma entrevista ao Wall Street Journal, Bashar al-Assad, cheio de si, declarou após a derrubada do Presidente Ben Ali na Tunísia:

A despeito de circunstâncias mais difíceis do que a maioria dos países árabes, a Síria é estável. Por quê? Porque é preciso estar intimamente ligado às crenças do povo.[235]

O dirigente sírio enganou-se redondamente ao acreditar que seu regime não seria afetado pela onda de protestos.

234. Wimmen, 2017, p. 70.
235. Wall Street Journal, 2011.

2

levante popular
e militarização

Neste capítulo analisamos o movimento de protestos na Síria, no início pelo pluralismo e mensagem democrática, e como ele passou progressivamente a gerir amplas faixas de território, na medida em que o regime recuava ou ia sendo derrotado. As movimentações e práticas políticas dos comitês de coordenação, das redes de juventude e dos grupos que integravam as ações de protestos representavam a principal ameaça à ditadura, que reagia caracterizando todos os ativistas e a oposição como salafistas oriundos de grupos armados – um esforço para deslegitimá-lo e pacificar a população. O início do levante testemunhou o surgimento de inúmeras organizações civis e de juventude, compostas por vários grupos étnicos e religiosos. Durante esse período, os atos de resistência civil multiplicaram-se.

Os levantes aproximaram diversos segmentos da sociedade. De um lado, as classes populares que desejavam mudar suas condições materiais e conquistar mais democracia. Ao mesmo tempo, pequenas parcelas da burguesia e das classes médias altas aspiravam a um Estado mais liberal, livre do crescente poder político e domínio econômico das famílias governantes. Segundo Raymond Hinnebush, "a base social do levante era composta pelos excluídos, ou precariamente incorporados, na nova coalizão do regime".[1]

Desde o início, o governo em Damasco optou por reprimir duramente os protestos – levando a um número crescente de deserções entre soldados e oficiais, que se recusaram a atirar contra manifestantes pacíficos. Cada vez mais, civis também passaram a empunhar armas. Ao final do verão de 2011, surgiu o Exército Livre da Síria (ELS), assim como inúmeras outras brigadas. A resistência armada praticamente generalizou-se ao final de 2011, dando uma nova dinâmica ao levante.

A militarização ocorreu, na maior parte, como resultado da violenta repressão, com setores da oposição recorrendo à autodefesa. Os primeiros grupos armados de oposição em geral possuíam dinâmicas puramente locais e serviam para defender suas próprias regiões e bairros contra a agressão dos aparatos de segurança. O seu número rapidamente cresceu, organizando-se na rede do ELS – estrutura que nunca agiu como uma instituição única e unificada, sendo caracterizada, nos anos iniciais do levante, pelo pluralismo. Tal dinâmica mudou progressivamente com o surgimento de grupos maiores, intervenções estrangeiras e a crescente influência das facções islâmicas fundamentalistas armadas.

1. Hinnebush, 2012, p. 106.

Não obstante, a Síria testemunhava uma situação revolucionária, com incontáveis grupos de oposição desafiando a soberania do sistema.

1. Primeiras faíscas

A partir de janeiro de 2011, algumas iniciativas como pichações, pequenas manifestações e outras ações de dissidência deram-se em nível nacional, antes do início das primeiras manifestações de massas, impulsionadas pelos levantes na Tunísia e no Egito, que derrubaram seus respectivos ditadores. Nesse mesmo período, muitos defensores e ativistas dos direitos humanos tiveram que enfrentar uma série de táticas de intimidação, além do monitoramento dos seus e-mails, blogs e conversas telefônicas. Alguns deles foram alertados a não saírem do país.[2]

Em paralelo às campanhas de intimidação, prisões e repressões feitas pelas forças de segurança, os jornais legalmente permitidos na Síria (al-Thawra, Tishrin e al-Baath) celebravam os levantes de outros países árabes. A mídia oficial louvava em especial a derrubada de Hosni Mubarak no Egito, enfatizando que a saída dele incomodava muito Israel – com quem o Egito assinou um tratado de paz em 1979.[3] O governo tentava desviar a atenção popular para o espetáculo dos eventos políticos externos, promovendo sua própria narrativa, ao passo que impedia o acesso a outras redes de televisão, como a al-Jazeera.

Além da repressão, o governo organizou algumas respostas sociais aos protestos. Os ministros foram aconselhados a escutar as reclamações dos cidadãos, enquanto as autoridades locais demonstravam um interesse atípico pelas demandas populares.[4] Em meados de fevereiro, o governo anunciou a criação de um Fundo Nacional de Bem-Estar de 250 milhões de dólares. Aguardado há tempos, ele pretendia ajudar cerca de 250 mil famílias, enquanto aumentava em 72% os subsídios para aquecimento das casas no inverno e para os funcionários públicos e pensionistas (cerca de 2 milhões de pessoas). No início de março, o governo sírio também implementou uma série de medidas para reduzir os preços de gêneros alimentícios básicos.[5]

No dia 8 de março, Bashar al-Assad passou rapidamente pela província de Hasakah para anunciar o lançamento do projeto de irrigação do rio Tigre, a fim de desenvolver o nordeste da Síria – afetada pelas secas dos anos anteriores –, com

---

2. Williams, 2011.
3. Orient le Jour, 2011a.
4. ICG, 2011, p. 5.
5. Orient le Jour, 2011b.

mais de três décadas de atraso. O projeto, a um custo de 3 bilhões de dólares, prometia irrigar grandes extensões de terra, incrementar a produção agrícola e criar empregos para milhares de pessoas.[6]

Tais medidas, no entanto, seriam insuficientes, pois a economia do país enfrentava uma crise estrutural, que não dependia de intervenções pontuais.

Mapa 7. Mudanças na irrigação da terra no nordeste da Síria (2001-2009)

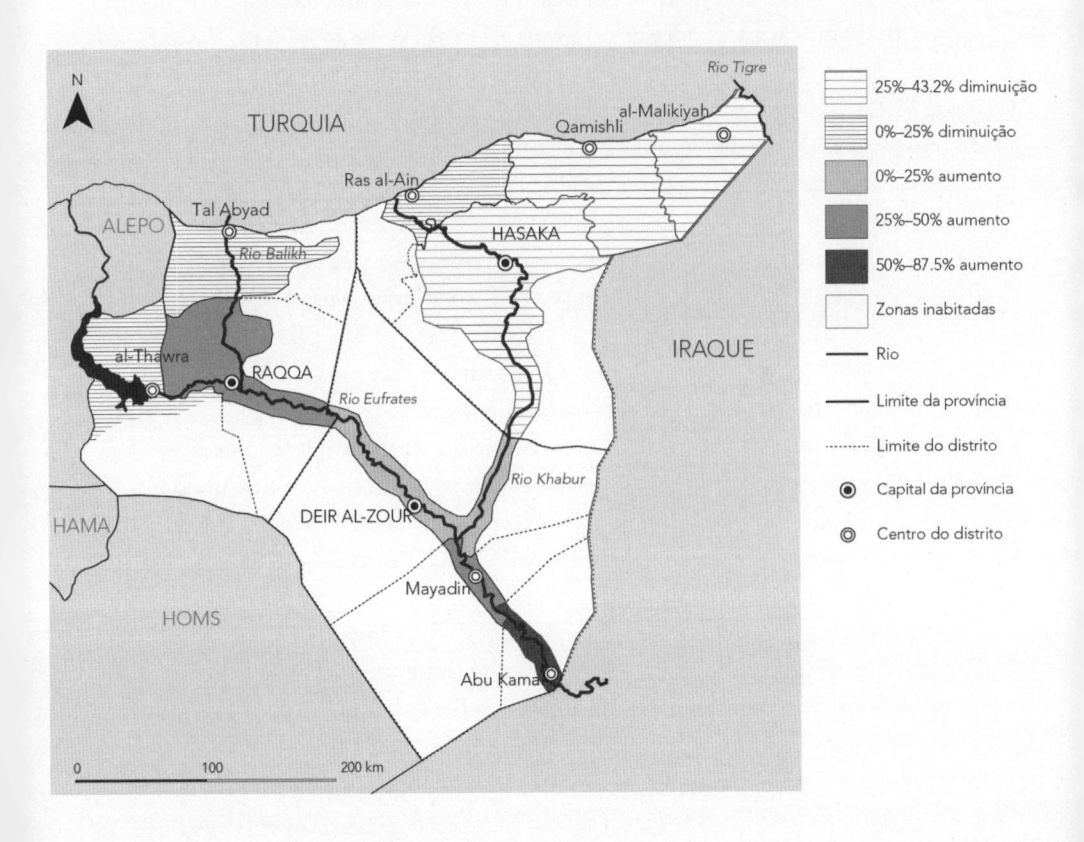

---

6. Yazigi, 2016b, p. 2.

Em 15 de março, mais de 100 manifestantes protestaram no mercado de Hammidiiya e em Hariqa, no centro da capital, pedindo liberdade e o fim das leis de emergência. A manifestação foi dispersada pelas forças de segurança, que prenderam seis pessoas.[7] Pela primeira vez a palavra de ordem "Deus, Síria e Bashar", dos apoiadores de Assad, foi substituída por "Deus, Síria e Liberdade". No dia seguinte, 16 de março, parentes de presos políticos organizaram um comício em frente ao Ministério do Interior, reunindo cerca de 150 participantes, dos quais 34 acabaram presos.[8]

Na mesma semana, a verdadeira faísca do levante acendeu-se na cidade sulista de Daraa – logo elevada a símbolo da resistência popular. Na noite de 22 de fevereiro de 2011, alguns estudantes rabiscaram palavras de ordem na parede da escola no distrito de Hay al-Arbeen, inspirados pelas revoluções na Tunísia e no Egito: "Sem aula, sem estudo, até a queda do regime Assad", "Fora, Bashar", "A sua hora está chegando, doutor" e "O povo exige a queda do regime". Identificadas pelas forças de segurança, as crianças foram presas com outros colegas.[9] Em 18 de março, as famílias dos meninos, junto a algumas centenas de cidadãos locais, manifestaram-se em várias partes da cidade, exigindo a libertação dos filhos, medidas contra a corrupção e a implementação de reformas democráticas reais no país.[10] No mesmo dia ocorreram protestos em diversas outras áreas– como na pequena Baniyas, localizada na costa, perto de Tartus, em que os participantes gritavm: "sunitas, alauitas, todos nós queremos liberdade".[11] Atos similares eclodiram em Damasco, Alepo, Lataquia, Raqqa, Qamishli e Hama.

Em alguns lugares, os protestos também continham reivindicações específicas, mesmo que sempre nos marcos gerais de reformas por maior liberdade política. Os residentes de Baniyas, por exemplo, pediram o cancelamento das medidas que discriminavam as funcionárias do Ministério da Educação, que vestiam nicabe. Em Daraa, havia um ressentimento voltado contra algumas autoridades consideradas particularmente incompetentes, brutais ou corruptas, e contra um decreto de 2008, que sujeitava a venda de terras nas cidades próximas à fronteira à aprovação das autoridades de segurança, à testa de um gigantesco esquema de extorsão.[12] As exigências em cidades mistas sunitas-alauitas – como Baniyas, Lataquia e Tartus – também voltamvam-se contra supostos preconceitos sectários pró-alauitas no acesso a empregos em indústrias estatais, e na administração pú-

7. BBC News, 2011b.
8. BBC News, 2011a.
9. Evans e al-Khalidi, 2013.
10. Daraafree Syria, 2011; SyriaFreePress, 2011.
11. Shaam Network S.N.N., 2011a; Darwish, 2016d; Abdo, 2016.
12. ICG, 2011, p. 5.

blica.¹³ Em Homs, a primeira manifestação na mesquita de Khaled Ibn al-Walid, reunindo quase 2 mil fiéis, foi também convocada para condenar o governador local. Ele havia sido alvo de críticas crescentes nos anos anteriores, sobretudo por corrupção, expropriações arbitrárias de terras e contratos imobiliários suspeitos, com destaque ao projeto urbano "Sonho de Homs"¹⁴ – despejando populações, na sua maioria dos estratos populares, de algumas áreas do centro para abrir espaço para shoppings comerciais e prédios de classe alta.

A 18 de março de 2011 ocorreu o primeiro do levante sírio, batizado "Sexta-feira da Dignidade", nome e data compartilhados com o movimento de protestos no Iêmen. Os eventos em Daraa marcaram o ponto de inflexão no país, como no caso do 28 de janeiro no Egito, conhecido como "Sexta-feira da Ira".

Nos dias seguintes os protestos espalharam-se por outras cidades. Nas semanas posteriores, escritórios do Partido Baath em várias cidades acabaram incendiados pelos manifestantes, enquanto retratos de Bashar al-Assad e do seu pai, Hafez, eram rasgados.¹⁵ Na sexta-feira, 25 de março, entoaram-se, pela primeira vez, palavras de ordem pela derrubada de Assad.¹⁶ Alguns dias antes, a agência local de telefonia celular pertencente ao primo de Bashar, o bilionário Rami Makhlouf, fora incendiada.

Tais ataques dirigiam-se a um símbolo claro da corrupção e nepotismo, em que os manifestantes não usavam eufemismos ao entoar: "Diremos claramente, Rami Makhlouf está nos roubando".¹⁷ A 27 de março, num raro gesto de desafio no Congresso Nacional – essencialmente constituído por membros fiéis a Bashar – o parlamentar Youssef Abou Roumiye, de Daraa, acusou as forças de segurança de abrirem fogo sem clemência, e criticou o presidente por não comparecer à região para se desculpar.¹⁸

Os atos prosseguiram num crescendo contra a repressão incessante. A primeira greve geral do levante foi marcada para 5 de abril em Daraa.¹⁹ Manifestações multitudinárias ocorreram em vários pontos nos meses seguintes, como as de Hama, em junho. Nesse meio tempo, tentativas de transformar a praça central de Homs em uma Praça Tahrir – quando entre 10 mil e 20 mil egípcios reuniram-se durante algumas horas – foram violentamente reprimidos, com diversos mani-

---

13. Balanche, 2011; Abdo, 2018.
14. The New York Times, 2011; Orient le Jour, 2011c; Wimmen, 2017, p. 78-79.
15. 42maher, 2011a.
16. اول مدينة تنتفض, 2011; 42maher, 2011b.
17. Shadid, 2011.
18. Abazeed, 2011.
19. Orient le Jour, 2011c.

festantes mortos durante a evacuação da praça.[20] Esforços similares no centro de Damasco receberam o mesmo tratamento dos batalhões de segurança. O levante se estenderia de maneira gradual, a todas as regiões do país – apesar, ou talvez devido às táticas empregadas pelo governo. Na prática, a violenta repressão radicalizou o movimento de protestos – passando das demandas por reformas às exigências pela queda do regime.

A eclosão do levante em Daraa torou-se simbólica, por ser um conhecido bastião do Partido Baath. Alguns dos principais veteranos do partido vinham dali, incluindo o vice-Presidente Faruk al Shareh; o líder tribal Mahmoud Zoubi, que serviu como primeiro-ministro entre 1987 e 2000; e Sulayman al Qaddah, chefe do partido entre 1985 e 2005.[21] Esses homens encarnavam a falência do Estado e suas elites. Durante anos, abandonaram à própria sorte as classes rurais e as cidades periféricas dasquais eram originários, promovendo políticas voltadas às classes burguesas e os estratos sociais mais elevados de Damasco e Alepo.

2. Classes sociais no levante

O protagonismo do levante ficou com os trabalhadores rurais economicamente marginalizados, os assalariados urbanos e os trabalhadores autônomos – os mais afetados pela violência das políticas neoliberais, em especial desde os anos 2000. Esses setores da população, porém, não construíram organizações baseadas em sua identidade de classe durante o levante. Na realidade, a ação coletiva encabeçada pelos trabalhadores permaneceu limitada, mesmo enquanto sua situação social regredia por conta do conflito armado. A ausência quase absoluta de organizações independentes da classe trabalhadora permanecia igual em 2020, apesar das críticas e protestos contra as políticas econômicas do governo sírio terem ganho peso desde o início daquele ano (ver capítulo 7).

Idlib, Daraa e outras cidades de médio porte, bem como outras áreas rurais nas quais as revoltas eclodiram, eram bastiões históricos do Partido Baath, tendo se beneficiado das políticas de reforma agrária dos anos 1960.[22] Como analisado no capítulo anterior, desde a década de 1980 as regiões agrícolas enfrentaram um empobrecimento contínuo, agravado pelas secas de 2006 em diante, e que intensificaram o êxodo rural. A situação exacerbou-se devido ao crescimento populacional anual de cerca de 2,5%, afetando sobretudo as pequenas e médias cidades,

---

20. The Guardian, 2011; Silent whisper2009, 2011.
21. Lister, 2015, p. 15.
22. Seifan, 2013, p. 123.

nas quais a população, desde os anos 1980, frequentemente multiplicava-se por cinco a dez. Ali, os serviços públicos oferecidos pelo Estado não aumentaram – ao contrário, com as políticas neoliberais eles frequentemente diminuíram, levando a uma deterioração nas condições de vida.[23] Como argumentado por Suzanne Saleeby,[24] os primeiros protestos expressavam, em parte, a erosão do contrato social entre o Baath e o campesinato. Nas cidades centrais de Damasco e Alepo, o recorte geográfico das revoltas acompanhava um mapa similar ao das divisões socioeconômicas.

Os subúrbios de Damasco e as cidades na sua periferia, onde os protestos se mantiveram desde o início do levante, eram conhecidos como o cinturão da pobreza, enquanto o mapa dos bairros de Alepo, dominados pela oposição desde o verão de 2012, constituíam, na prática, os mesmos bairros empobrecidos em que vivia a classe trabalhadora sunita: densamente amontoados, pouco planejados e com a expansão urbana relativamente recente.[25] Alepo ocidental, por outro lado, marcada por melhores acessos a serviços, compunha-se majoritariamente de funcionários públicos de classe média, certas seções da burguesia e algumas minorias.

Com exceção das áreas curdas e assírias (ver capítulo 5), as cidades preponderantemente habitadas por minorias, assim como as áreas rurais, não testemunharam mobilizações de massas similares às mencionadas acima, mesmo que formas de dissidência e protestos ocorreram também nelas – por exemplo, em Salamiyah,[26] com uma maioria de moradores ismaelitas, e Sueida, de maioria drusa.[27] Muitos ativistas de origem cristã também se engajaram nas atividades antirregime pelo país. Nos bairros cristãos de Damasco, eles eram mais cautelosos; em geral trabalhavam em parceria com ativistas de outras partes, sem que suas atividades se restringissem a uma área específica.[28]

Outro segmento importante do levante foram os estudantes universitários, os jovens recém-formados e setores das classes baixas e médias em Damasco, Alepo, Homs, Lataquia, Deir ez-Zor, Sueida, Hasakah e Raqqa[29]. O número de universitários cresceu em constância desde os anos 1970; as matrículas no ensino superior na

---

23. Baczko, Dorronsoro e Quesnay, 2016, p. 46-47.
24. Suzanne Saleeby, *Sowing the Seeds of Dissent: Economic Grievances and the Syrian Social Contract's Unraveling*, 2012.
25. Stack e Zoepf, 2011; Kilcullen e Rosenblatt, 2012.
26. Darwish, 2016b.
27. Ezzi, 2013.
28. Sabbagh, 2013, p. 80.
29. A Síria tinha cinco universidades públicas em 2011: em Damasco, Homs, Alepo, Lataquia e Deir ez-Zor, com sedes regionais em Daraa, Sueida, Idlib, Tartus, Hasakah e Raqqa.

Síria saltaram de cerca de 7% em 1970 para 26% em 2010.[30] Por isso, eles representavam uma força social própria, uma parcela destacada do movimento de protestos no início do levante. A União dos Estudantes Sírios Livres (UESLo, fundada em 29 de setembro de 2011, lutava contra Assad e por uma democracia civil e pluralista. Eles cresceram rápido em número, com base organizacional em diversas universidades.[31] Enfrentaram dura repressão por parte dos membros da união oficial dos estudantes pró-regime e das brigadas de segurança. Até julho de 2012, um quarto de todas as pessoas mortas nos protestos eram estudantes universitários, segundo a UESL.[32]

Quadro 4. Baath e as universidades

O movimento estudantil sírio tem amplo histórico de resistência e mobilização. Por sua importância social, as universidades na Síria, ao lado do exército, foram instituições mantidas sob total controle do governo. Todas as atividades políticas, exceto as do Partido Baath, eram proibidas. O Baath representava a única organização política com direito a organizar eventos, palestras e manifestações públicas em campi universitários e quartéis militares, e de publicar e distribuir jornais nesses locais.

Desde a ocupação francesa até o final do século passado, o movimento estudantil liderou diversas iniciativas contra ocupações estrangeiras e regimes autoritários. Foi o movimento dos estudantes que iniciou a revolta contra o domínio militar em 1954, antes do anúncio de um golpe contra o governo, pelo exército sírio em Alepo. Ele também teve um papel fundamental no enfrentamento contra a Aliança de Bagdá na década de 1950, exigindo a unificação entre Síria e Egito. Esse papel evoluiu na primeira metade do século XX até a chegada do Partido Baath ao poder, que levou o movimento estudantil ao aniquilamento.

Ao longo da era Baath, não se concedeu nenhum tipo de imunidade aos campi universitários. As agências de segurança podem, na prática, prender alunos em salas de aula ou no campus. É fato notório que a União Nacional dos Estudantes Sírios, pró-regime, trabalha com o Serviço de Inteligência Síria para suprimir a militância política ou as tentativas estudantis de mobilização por reformas e direitos humanos.

Por último, amplos setores da burguesia, que não tinham conexões fortes com o regime, a princípio adotaram uma linha de observação mais passiva – especialmente em Damasco e Alepo. A maioria relutava em participar do movimento,

---

30. Banco Mundial, 2018.
31. CCL, 2011a; Syria Untold, 2013a; Hassaf, 2018.
32. UESL, *Info*, 2012.

a não ser através de formas ambivalentes que não os colocassem em evidência[33], mesmo que alguns se envolvessem diretamente. No verão de 2011, em Deir ez-Zor, uma greve, duramente reprimida pelas forças de segurança, foi encabeçada por comerciantes, em apoio ao levante. A repressão resultou em protestos da Câmara de Comércio e Indústria da cidade – que publicou uma declaração denunciando a repressão, concluindo com a frase: "Viva a Síria livre! Glória aos mártires!". Segundo Jihad Yazigi,[34] não era surpresa que essas posições fossem adotadas em cidades menores, que viviam um declínio relativo em seus centros urbanos, bem como uma distância física e política das suas elites em relação a Damasco e Alepo – que se beneficiaram muito mais da liberalização econômica das décadas anteriores. Alguns setores da burguesia e das elites no exílio fundaram o Fórum Sírio de Negócios, que se alinhou abertamente à oposição. Eles apoiaram esforços de socorro e ajuda humanitária, enquanto desempenhavam um papel na oposição. Em Damasco e Alepo, a vasta maioria da burguesia tendia a favor de Assad.[35]

O apoio passivo ao levante por alguns segmentos da burguesia foi logo substituído por um desejo de retorno à estabilidade sob o domínio do regime, sobretudo após os saques nas zonas industriais de Alepo. Isso se fez acompanhar pela conquista de partes do leste da cidade por vários grupos armados de oposição no verão de 2011. A burguesia de Damasco temia que um destino similar recairia sobre suas instituições e propriedades, caso essas frentes conquistassem grandes áreas da capital.

O surgimento do Estado Islâmico e do movimento jihadista fundamentalista, a partir de 2013, também levou a maioria da burguesia tradicional e das camadas da alta classe média de Damasco e Alepo a apoiar o governo, ou pelo menos a permanecerem neutras, apesar dos crimes a ele imputados e da sua impopularidade. Em 2015, a queda da cidade de Idlib para vários grupos armados de oposição, liderados pela coalizão Jaysh al-Fateh – dominada por Jabhat al-Nusra e Ahrar al-Sham –, levou a saques sistemáticos de propriedades públicas e privadas.[36] Eles demonstraram, para muitos, a incapacidade da oposição em administrar regiões fora do controle do governo.

Com o aprofundamento da guerra, muitas elites empresariais decidiram abandonar a Síria e enviar boa parte dos seus capitais para fora do país. Segundo Samer Abboud, a retirada de dinheiro nos bancos totalizou cerca de 10 bilhões de dólares até o final de 2012 – a maior parte sendo reinvestida em países das redon-

---

33. Abbas, 2011.
34. Jihad Yazigi, *La guerre a transformé la communauté syrienne des affaires*, 2013.
35. Abboud, 2017.
36. Sarâj al-Dîn, Mû`min, 2015; The Syria Report, 2015d.

dezas. Alguns transferiram suas atividades para a Turquia, a Jordânia, o Egito e os Emirados Árabes Unidos. Com isso, importantes instalações industriais, ou partes delas (como as de propriedade da Nestlé, que sofreram um incêndio; o Grupo Bel, um produtor francês de queijos; e a Elsewedy Cables Syria), foram relocadas.[37] Os vizinhos beneficiaram-se das consideráveis injeções de dinheiro advindas do surgimento de novas empresas e fábricas de empresários sírios, bem como das joint-ventures com sócios locais. A maioria dessas elites empresariais que deixaram o país não eram ligadas às novas redes que tinham acesso às oportunidades abertas pela economia de guerra, enquanto seus contatos anteriores ao regime agora estavam ameaçados ou desaparecendo.[38]

3. Primeiras tendências políticas do movimento

Alguns dos ativistas que participaram do levante estavam envolvidos nas várias lutas contra o regime antes de 2011. A grande maioria compunha-se de democratas seculares de todas as comunidades, incluindo minorias étnicas e religiosas. Alguns desempenharam papéis importantes nos comitês de base e nas ações pacíficas contra o governo. Na sua maior parte, eram jovens das classes populares ou das classes médias, frequentemente universitários e usuários de redes sociais. Os ativistas de base da oposição civil constituíram o principal motor do levante popular. Sustentaram-no durante anos, organizando manifestações e atos de desobediência civil, e atuando para agregar pessoas aos protestos. Nos comitês de coordenação realizavam-se reuniões de bairros em locais espalhados por toda a Síria. Em geral, os comitês começavam com cerca de 15 a 20 pessoas, até atingir algumas centenas.[39]

Aos poucos, esses comitês desenvolveram estruturas internas, alguns tendo um papel especialmente importante em nível nacional, sobretudo a União de Coordenadores da Revolução Síria, a União dos Estudantes Sírios Livres (UESL) e os Comitês de Coordenação Local (CCLs). Seus quadros, em geral, eram compostos por jovens bem formados, de alto nível educacional, incluindo ativistas de direitos humanos e advogados. Alguns dos comitês de coordenação não estavam vinculados a nenhuma coalizão maior, o que não os impediu de colaborar com outros comitês similares nas áreas vizinhas.

---

37. Al-Mahmoud, 2015.
38. Abboud, 2013, p. 6.
39. Abi Najm, 2011; Khoury, 2013, p. 3.

> *Quadro 5. Movimento estudantil na revolução*
>
> A União Livre dos Estudantes Sírios (ULES) foi fundada em 29 de setembro de 2011 para lutar contra o regime enquanto polo democrático, político e sindical do movimento estudantil.
>
> A ULES desempenhou um papel importante nas greves e na campanha de desobediência civil entre janeiro e fevereiro de 2012. Também exigia o desmantelamento da União Nacional de Estudantes Sírios, filiada ao governo e ao Partido Baath, por atuar enquanto ferramenta da repressão e disseminação do terrorismo organizado pelo regime contra os estudantes.
>
> Os principais objetivos declarados da União Livre dos Estudantes Sírios são:
> • Catalisar a energia dos estudantes em todas as universidades sírias;
> • Organizar manifestações e greves gerais dentro e fora das universidades e escolas, de forma civil e humanitária;
> • Trabalhar junto aos demais grupos, sindicatos e comitês da revolução para derrubar o poder usurpador, preservando a unidade nacional;
> • Trabalhar pela construção de um estado civil com um sistema democrático e pluralista, garantindo liberdade, justiça e igualdade para todos os cidadãos.
>
> No dia 24 de janeiro de 2012 veio a público uma declaração do Sindicato Livre de Professores Universitários Sírios, delineando seus objetivos e apoio ao levante. A entidade afirma trabalhar com setores acadêmicos não só contra o regime, mas também pela reestruturação das universidades sírias, tendo como objetivo transformá-las em centros de excelência, expurgando a presença do serviço secreto e das agências de segurança.

Os comitês organizaram a resistência popular, incluindo protestos, campanhas de desobediência civil e greves, mais tarde desempenhando um crescente papel humanitário e de prestação de serviços sociais com a militarização do levante. Em 2011 e 2012, registrou-se uma eclosão de atividades civis nos bairros, vilarejos e cidades livres do regime, com grande participação popular. Manifestantes e ativistas descreviam os protestos como "carnavais da revolução". A relativa ausência das forças de Assad permitiu que as intervenções civis se espalhassem (incluindo discussões, debates, seminários e reuniões) e se conectassem com seus equivalentes em várias outras cidades.[40] Também começaram a surgir instâncias de auto-organização em áreas livres do governo, mesmo que temporariamente.

---

40. Darwish, 2016b.

Durante a segunda metade de dezembro de 2011, greves gerais e ações de desobediência civil paralisaram grande parte do país.[41] Denominada "Greve da Dignidade", a campanha envolveu múltiplos grupos, a exemplo dos Comitês de Coordenação Local, entre outras organizações.[42] Os aparatos de segurança de Assad responderam violentamente às tentativas dos lojistas de aderirem às greves.[43]

Tais organizações também proveram assistência humanitária aos que sofreram com a crescente destruição causada pela repressão e pelos conflitos, socorrendo sobretudo os deslocados internos do país. Eles também documentaram violações aos direitos humanos cometidas pelas forças do regime e por grupos armados. Publicaram numerosas declarações políticas nos primeiros anos do levante e, no caso dos Comitês de Coordenação Local (CCL), também editaram um jornal chamado Tli'na A'l Horriyeh (A liberdade se aproxima).[44] Outros comitês de coordenação e grupos de juventude ainda surgiram no início do levante, reunindo numerosas redes de jovens ativistas, que colaboraram de forma crescente entre si, por meio de coalizões em diferentes campanhas e ações civis.

O governo visava essas redes de ativistas. Diversos militantes foram presos, mortos ou empurrados ao exílio. Não obstante, tiveram um papel importante no processo revolucionário, ao tentarem articular as várias formas de resistência popular. No início de 2012, contavam-se cerca de 400 tansiqiyyat (comitês de coordenação), a despeito das campanhas intensas de repressão pelas forças de segurança.[45]

Havia outros grupos de oposição, em que clérigos religiosos desempenharam um papel importante em alguns bairros e áreas específicas. As visões políticas variavam de froma considerável entre os sheiks que se juntaram ao levante – desde salafistas até as tendências mais liberais.[46]

Por último, os membros da oposição mais tradicional também se envolveram nos protestos, dentre os quais alguns partidos políticos curdos, grupos de esquerda, nacionalistas, liberais e redes islâmicas. Muitos antigos ativistas ou militantes da oposição política atuaram de maneira independente nos vários CCLs e nas novas estruturas surgidas no coração do movimento, sem canalizá-lo necessariamente através de organizações políticas.

---

41. CCL, 2011b, 2011c.
42. Syria Untold, 2013c.
43. Al-Jazeera, 2011.
44. Abi Najm, 2011; Carnegie, 2012c.
45. Khoury, 2013, p. 3.
46. Hossino, 2013.

4. Uma plataforma plural

Durante os primeiros anos do levante, muitos enfatizaram o pluralismo e desafiaram o sectarismo religioso e étnico, entoando palavras de ordem como "Os sírios são um só povo". Ao mesmo tempo, desde o início, alguns pequenos grupos fundamentalistas expandiram-se em paralelo à sangrenta repressão, enquanto promoviam uma plataforma política sectária. No início do levante, certos manifestantes em Daraa e Lataquia, e mais tarde também em Hama, proclamavam, por exemplo: "Não ao Irã. Não ao Hezbollah. Nós queremos um muçulmano temeroso a Deus".[47] Apesar dos debates sobre o seu significado[48], essa palavra de ordem foi considerada por muitos (especialmente, mas não só, por xiitas e alauitas) como sectária – uma máxima anti-xiita, insinuando que Assad, enquanto alauita, não seria um verdadeiro muçulmano. Alguns meses depois, em outubro de 2011, em um bairro de Homs, o lema "Não ao Irã e não ao Hezbollah" foi acompanhado por "Queremos o Rei Abdallah" da Arábia Saudita.[49]

Em junho de 2011, em Halfaya, na região rural de Hama, os manifestantes acenavam com bandeiras turcas e enunciavam: "Nossa constituição é o Alcorão, fim ao Hezbollah e ao Irã... nosso líder é Adnan", referindo-se ao salafista Adnan Arour. Baseado na Arábia Saudita, depois de fugir da Síria na sequência ao Massacre de Hama, em 1982, o fundamentalista sunita mantinha uma base importante entre alguns setores da oposição.[50] Ele tornou-se célebre no início, por suas numerosas aparições em canais de satélite salafistas de propriedade saudita, que dedicavam a maior parte do tempo a atacar muçulmanos xiitas, com ampla audiência na Síria. Ele se opunha ao regime, mas o fazia através da promoção de uma campanha sectária de ódio contra os alauitas. A palavra de ordem entoada pelos manifestantes de Halfaya era uma posição sectária sunita, carente de apoio junto à maioria da população síria.

---

47. Shaam Network S.N.N., 2011b; نسيبة اللاذقية, 2011; No Irã, 2011.
48. Segundo o acadêmico Joshua Landis, as palavras de ordem "queremos um muçulmano que tema a Deus" foram usadas pela Irmandade Muçulmana nos anos 1970 e 1980 para desacreditar o regime sírio, assim como por Saddam Hussein contra os xiitas iraquianos. Respondendo a essa explicação, um usuário da internet afirmou "Alguém considerado como 'temendo a Deus' no contexto mais amplo da sociedade síria significa alguém virtuoso e moralmente justo, não necessariamente religioso. Essa frase é frequentemente usada no contexto de casamentos – p. ex.: 'gostaria de encontrar um homem jovem que teme a Deus para a minha filha.' A lógica subjacente deriva da crença de que alguém que teme a Deus não seria capaz de cometer os pecados que despertassem a sua ira, sendo, portanto, uma pessoa justa. O usuário da internet pode ter razão sobre o significado do termo em si, porém "temer a Deus" torna-se sectário, ou passa a ser entendido assim, quando combinado com *Iran*, *Hezbollah* e *muçulmano* na mesma frase.
49. Sadam al-Majid, 2011.
50. Shaam Network S.N.N., 2011c.

No entanto, tais exemplos constituíam uma exceção na Síria naquele período, enquanto a perspectiva dominante era pela liberdade e unidade popular contra o sectarismo.

Espaços, símbolos e vocabulários religiosos também tiveram importância em determinados setores do movimento de protestos. Nas manifestações, as palavras de ordem políticas exigindo liberdade, justiça e o fim do regime Assad foram associadas aos cânticos de Allahu akbar (Deus é grande) e La ilah illa Allah (Não há outro deus além de Deus). As manifestações começavam nas mesquitas, os únicos espaços nos quais os ativistas podiam se reunir e organizar, protegidos contra o aparato de segurança.[51] Isso não impedia que as organizações de base ficassem atentas, em especial à questão do sectarismo, transmitindo uma mensagem inclusiva para toda a população. Confrontados pelo regime com tentativas de dividir o movimento segundo linhas sectárias e étnicas, os ativistas reagiam utilizando palavras de ordem e cantos que promoviam a unidade da população em suas campanhas.

Palavras de ordem como "Somos todos sírios, continuamos unidos" eram constantemente repetidas nas manifestações e em redes sociais como Facebook ou Twitter. No início do levante, uma placa colocada na entrada da mesquita de Daraa dizia: "Não ao sectarismo, somos todos sírios". Nas manifestações da sexta-feira, 18 de abril, na cidade nordestina de Qamishli, os jovens curdos entoavam: "Nem curdos, nem árabes, o povo sírio é um só. Saudamos os mártires de Daraa". Já nos protestos na mesquita de Rifa'i de Damasco, no 1º de abril, e na Universidade de Damasco, o canto mais repetido era "Um, um, um, o povo sírio é um!". Essa iria tornar-se um dos lemas mais populares do levante. A maioria dos protestos enfatizava a unidade da Síria e a sua diversidade em expressões como "Nem sunitas, nem alauitas, queremos liberdade"[52] ou "Não ao sectarismo, sim à unidade nacional".[53] Respondendo às acusações do regime, de que os seus promotores não passavam de salafistas ou sunitas movidos por sectarismo, os ativistas enfatizavam o envolvimento e a participação das minorias religiosas e étnicas. Por exemplo, uma faixa usada em Zabadani, em abril de 2011, dizia: "Nem Salafistas, nem Irmandade Muçulmana... Minha seita é a liberdade". Frequentemente lançavam mão da ironia, como no cartaz em Baniyas, em abril de 2011, na qual se lia "O mártir Hatem Hann era um cristão salafista?" – referindo-se a um manifestante cristão morto pelas forças de segurança.[54]

---

51. Pinto, 2017, p. 125.
52. Wieland, 2015, p. 231.
53. Kalo, 2014.
54. Pinto, 2017, p. 128.

A solidariedade entre as diversas regiões e seitas religiosas existiu desde o início do levante. Salamiyah, habitada por uma população de maioria ismaelita, acolheu 20 mil refugiados de Hama durante o verão de 2011 – na sua maioria sunitas que fugiam da repressão do regime contra a cidade. O acampamento dos refugiados hamwis em Salamiyah foi, por si só, uma forma de ação política: o fato de que os hamwis, quase todos de origem sunita, encontraram refúgio em Salamiyah, dominado por minorias; e o fato de terem sido os seus ativistas os responsáveis por romper o cerco a Hama, demonstra uma solidariedade construída de baixo para cima.[55]

Quadro 6. Ismaelitas

Os ismaelitas são um ramo do xiismo que reconhece a existência de sete imames, o último dos quais é Ismail, o filho morto do sexto imame, Jaafar. Eles estão presentes na Índia, Paquistão e África Oriental. Seu ramo principal, chamado Nizari, tem o Aga Khan como seu líder espiritual. Na Síria, eles concentram-se sobretudo na província de Hama.

Palestinos residentes no campo de refugiados de Yarmouk juntaram-se, no início dos protestos, às "manifestações e comícios em diversos bairros de Damasco – como Midan, Hajar al-Asswad e al-Qadam (bairros próximos ao campo), ou um pouco mais adiante, em Douma e Harasta", afirmaram os ativistas palestinos Tareq Ibrahim[56] e Abu Zeed.[57] Antes do campo de refugiados transformar-se em alvo do regime, explicaram, o bairro acolhia "civis procurando abrigo, vindos de áreas próximas sob ataque", oferecendo assistência humanitária organizada pela juventude do acampamento.

A militante feminista Razan Ghazzawi explicou como, em 2012, a capital e o interior de Damasco foram marcados por altos níveis de participação das mulheres das minorias religiosas e, em grau menor, sunitas que não usam véus, consideradas menos suspeitas pelo regime do que as conservadoras sunitas, que cobriam o cabelo. Como essa últimas eram, não raro, dispensadas das revistas nas barreiras militares, elas aproveitavam para contrabandear medicamentos, alimentos e outros itens de primeira necessidade, assim como evacuar ativistas das várias áreas cercadas pelo regime:

---

55. Darwish, 2016b; Anônimo C, 2017.
56. Ibrahim, 2013.
57. Abu Zeed, 2014.

Ao final de 2012, o regime começou a notar que as mulheres das minorias religiosas e as sunitas que não vestiam véu estavam desempenhando um papel relevante de apoio aos ativistas e às áreas controladas pela oposição. Por isso aumentaram as restrições de segurança, controlando mais sistematicamente as barreiras.[58]

Outras iniciativas de diversos grupos e organizações de juventude pelo país faziam questão de rejeitar o sectarismo, e apoiar a revolução. Uma ativista declarou, naquele período, que o movimento não-violento

> fez cada uma de nós (manifestantes) sentir-se novamente síria. Era como se estivéssemos em casa nas diferentes cidades em que aconteciam os protestos... Nossas lealdades estavam unidas e todas pertencíamos a uma única família: a família da revolução.[59]

5. Mulheres desafiando o patriarcado

Os primeiros dois anos do levante contaram com a participação central das mulheres nas manifestações e outras atividades da oposição, com elas cumprindo funções indispensáveis no movimento de desobediência civil desde as suas fases iniciais.[60]

As atividades das mulheres e de grupos femininos foram amplas e diversas. Algumas organizações e comitês coordenavam quase diariamente manifestações apenas de mulheres, organizando-se em células de base para dar assistência e socorro às famílias de detidos, dos assassinados ou dos soldados do ELS. Alguns deles, como as Mulheres Sírias pela Intifada Síria, apoiavam ativistas de base que perderam seus empregos por suas posições políticas ou foram obrigados a se esconder quando procurados pelo regime. Elas juntaram fundos e apoiaram ativistas militando com ajuda humanitária, apoio midiático ou suplementos médicos.[61] Também engajaram-se na promoção da coexistência que rejeitava o sectarismo. Participaram em várias iniciativas de base, desde a prestação de assistência emergencial e humanitária, até a publicação de jornais locais – como o Enab Baladi em Douma e Daraya.[62]

---

58. Razan Ghazzawi, *Former feminist activist in Syria*, 2018.
59. Dawlaty, 2015, p. 19.
60. Syria Untold, 2014c; Anônimo A, 2014.
61. Ghazzawi, 2014; Ghazzawi, Afra e Ramadan, 2015, p. 11; Anônimo A, 2014; Anônimo B, 2014.
62. Syria Untold, 2013e, 2013f.

Elas também começaram a estabelecer seus próprios grupos dentro das organizações nas quais eram marginalizadas. Um estudo sobre o ativismo das mulheres pela paz, feito pela fundação Babel, observou um aumento significativo no número desses grupos em 2012, com o surgimento de onze deles em apenas um ano. Inicialmente, exerciam vários tipos de ajuda emergencial. Aos poucos, porém, se especializaram em direitos das mulheres – incluindo programas de empoderamento feminino nos níveis econômico e educacional –, documentando violações dos direitos humanos, sobretudo em relação às mulheres, e ampliando a percepção sobre a violência baseada em gênero.[63] Grupos importantes dessas ativistas desempenharam funções de destaque em suas localidades e regiões – como o Comitê de Coordenação das Mulheres em Salamiyah,[64] a iniciativa das Mulheres Livres de Daraya,[65] as Mulheres Sírias pela Intifada Síria[66] e organismos de mulheres em Douma[67] e Qamishli.[68]

Outro elemento significativo no envolvimento e participação feminina no levante foi a questão de romper com os códigos sociais e superar as barreiras tradicionais[69]. As ativistas concordavam com frequência que o início da revolução abriu as portas para que elas desafiassem convenções sociais restritivas, fossem legais, familiares, religiosas ou sociais.[70]

Em algumas áreas, no entanto, tal avanço foi dificultado por questões de segurança e também pelas tendências religiosas conservadoras. Em algumas manifestações as mulheres acabaram segregadas ou simplesmente proibidas de participar; em outras, recebiam proteção masculina obrigatória.[71] No levante, as mulheres também enfrentaram outras dificuldades. Razan Zaytouneh, a destacada revolucionária de direitos humanos e uma das fundadoras do CCL, explicou que um ativista do Comitê de Coordenação lhe disse que o CCL tinha má fama em sua cidade porque se dizia que o espaço era liderado por mulheres – o que debilitava as posições dos seus participantes. Ela respondeu argumentando que "o papel das mulheres era distinto, porém apenas um comitê era liderado por uma delas – algo natural, já que se tratava da As-

---

63. Ghazzawi, Afra e Ramadan, 2015, p. 11.
64. تنسيقية سلمية, 2011; Syria Untold, 2014f; Darwish, 2016b.
65. Abd al-Hak, 2011; Syria Untold, 2013f.
66. Ghazzawi, 2014.
67. Ghazzawi, Afra e Ramadan, 2015.
68. Darwish, 2016a.
69. As mulheres de Zabadani explicam em um vídeo, por exemplo, que suas manifestações não eram apenas contra o sistema político, mas também contra as tradições e costumes de uma sociedade conservadora que a revolução contribuía para superar. Essas mulheres foram capazes de romper normas sociais e superar barreiras tradicionais a fim de se tornarem uma parte vital do levante (Kayani WebTV, 2012).
70. Dawlaty, 2015, p. 39; Anônimo A, 2014.
71. Kannout, 2016, p. 37.

sembleia das Mulheres de Daraya".⁷² A ausência de mulheres nos CCLs locais pode ser identificada por uma enquete feita junto às unidades de CCLs em todo o país, referente ao número de ativistas. Razan Zaytouneh explicou o retorno da pesquisa:

> Apenas 16 comitês responderam, e os resultados falam por si só [...] todos os outros comitês não tinham ativistas mulheres. Com mais de quatro ativistas, havia apenas os CCLs de Shahba, Jdeidat Artouzz, Hanano, Misyaf, Hasakah e Inkhel! Contando com entre duas e quatro militantes femininas estavam Ariha, Atareb e Sanamayn, ao passo que os CCLs de Kafrouma e Zabadani incluíam apenas uma ou duas militantes. Quanto ao resto: zero mulheres.⁷³

Mesmo excluídas dos cargos de tomada de decisões, como na representação local dos CCLs, quatro dos oito ativistas do escritório executivo nacional da entidade eram mulheres.

Recortes de gênero também acompanhavam às funções designadas às mulheres nas atividades internas dos movimentos de protestos, mesmo com elas se envolvendo em profundidade nas várias frentes do levante. A ativista feminista Kannout explicou que isso era

> justificado pelo tipo de comentário de que as inclinações das mulheres eram diferentes das dos homens, e, portanto, seria melhor elas encarregarem-se das tarefas que eles preferiam evitar, ou as que exigissem um "toque feminino"... como a preparação das faixas, socorro médico, distribuição de cestas básicas ou cozinhar para os rebeldes.⁷⁴

As associações de mulheres também levantaram a questão da representação feminina nos conselhos locais dentro do país e em outras formas de militância.

Com o passar dos anos, a sua participação no movimento de protestos diminuiu, devido à violenta repressão do regime, a crescente militarização do levante e a ascensão das correntes jihadistas e fundamentalistas islâmicas.

6. Organização do movimento de protestos

Entre 2011 e início de 2012, os corpos do regime começaram a recuar ou foram expulsas de um crescente número de regiões pelos grupos armados de oposi-

---

72. Citado em Kannout, 2016, p. 42.
73. Citado em Kannout, 2016, p. 42.
74. Kannout, 2016, p. 43.

ção. Preenchendo o vácuo, as organizações de base passaram a evoluir para estruturas ad hoc de governos locais. Os ativistas dos Comitês de Coordenação Local, em muitas ocasiões, constituíram os principais núcleos dos novos conselhos. Tais administrações civis, em alguns desses espaços, passaram a compensar a ausência do Estado, assumindo tarefas de gestão das escolas, hospitais, estradas, sistemas de água, eletricidade e comunicações.[75] Omar Aziz,[76] um ativista anarquista de 63 anos de idade, preso em outubro de 2012 e morto sob tortura numa prisão do regime, em fevereiro de 2013, foi o primeiro a reivindicar conselhos locais, em outubro de 2011. Em Damasco e seus entornos, suas ideias convocando um autogoverno baseado em conselhos serviram de inspiração, mas a realidade prática e a necessidade dos militantes e das populações locais de organizar politicamente a sociedade, assim como cooperar com os grupos armados da oposição, com certeza também contribuíram para isso acontecer.

Segundo a pesquisadora Rana Khalaf, o primeiro Conselho Local surgiu na cidade de Zabadani, ao final de 2011, com o objetivo de organizar as relações entre os civis e os grupos armados da oposição. Essa cooperação, então, desenvolveu-se em um protótipo de governo local copiado em todas as áreas do país controladas pela oposição.[77] Os conselhos locais também espalharam-se pela zona rural de Damasco em princípios e meados de 2012 – como em Douma,[78] que tinha uma população acima de meio milhão de pessoas, ainda que esse número tenha diminuído ao longo dos anos.

Exemplos similares de conselhos locais efetivos também existiram no norte do país, em locais como Manbij, no nordeste da província de Alepo[79], e Raqqa,[80] até a queda de ambas as cidades para o Estado Islâmico em 2014. Em Alepo e seu interior, onde os insurgentes armados depararam-se com alguns milhões de indivíduos sob o seu controle após a expulsão territorial do regime em meados de 2012 e início de 2013, também ocorreu a expansão dos conselhos locais e de autogoverno.[81] Os insurgentes armados, em partes da cidade de Aleppo e seu interior, passaram a controlar regiões com alguns milhões de moradores após a expulsão do regime em meados de 2012 e início de 2013, momento em que os conselhos locais e de autogoverno também foram expandidos.

75. Khalaf, Ramadan e Stolleis, 2014, p. 9.
76. Omar Aziz, 2011.
77. Khalaf, 2015, p. 46.
78. Local Council of Douma, 2016; Khaddour, 2015a, p. 10.
79. Munif, 2017; Zaman al-Wasl, 2013a; Khoury, 2013, p. 5.
80. Arhim, 2013; Syria Untold, 2013d, 2013g.
81. Baczko, Dorronsoro e Quesnay, 2013; Zaman al-Wasl, 2013a; Chouikrat, 2016.

> **Quadro 7. Conselho local em Manbij**
>
> Em Manbij, um coletivo conhecido como Conselho Revolucionário foi fundado clandestinamente em abril de 2012, três meses antes da população local tomar o poder na cidade.
>
> No início, em coordenação com outros conselhos locais e revolucionários das cidades vizinha, o Conselho Revolucionário organizou manifestações para expulsar a polícia e as forças de segurança. Quando elas se retiraram, ao final de julho de 2012, o conselho assumiu o controle das instituições estatais abandonadas, trabalhando para sustentar o cotidiano dos habitantes. Apesar dos bombardeios aéreos, organizaram um sistema de seguro saúde, removeram escombros, arrecadaram fundos e prestaram assistência. A maioria das atividades ficava sob responsabilidade de um grupo de cerca de 50 jovens ativistas chamado "Movimento pela Mudança e Construção de Manbij". Eles também montaram um plano de seguro saúde gratuito por meio de uma campanha que contava com médicos e outros profissionais voluntários, beneficiando cerca de 100 famílias. Também elaboraram relatórios de saúde mensais sobre a situação de cada família, para garantir, sem atrasos, atendimento aos mais necessitados. A cidade caiu após sua ocupação pelo Estado Islâmico em 2014.

Isso não significa que neles não havia falhas, como a falta de representação das mulheres ou das minorias religiosas em geral. Um estudo sobre o ativismo civil na Síria em 2014 atestou como fraca a participação feminina. Quatro conselhos locais, centrados nas áreas de Hama, Raqqa e Alepo, registravam até 17% de mulheres.[82] A parca participação feminina prosseguiu na maior parte dos Conselhos Locais durante todo o levante. Segundo um estudo conduzido pelo Centro Omran para Estudos Estratégicos,[83] entre janeiro e maio de 2016, em 105 conselhos locais (dentre um total de 427 em toda a Síria), apenas 2% dos membros eram mulheres.

Havia ainda outros problemas. Huda Yahya, uma ativista da zona rural de Idlib, apesar de descrever tais entidades como mini-governos, que vinham substituir as instituições do Estado, sendo responsáveis pela provisão de serviços públicos para a população civil, argumentava que

> Esses conselhos padeciam de certa desorganização, de práticas não democráticas, por sobrerrepresentação de certas famílias e a baixa participação das mulheres. Eles tampouco conseguiram conquistar a confiança dos cidadãos...[84]

---

82. Khalaf, Ramadan e Stolleis, 2014, p. 20.
83. Centro Omran para Estudos Estratégicos, 2016, p. 16.
84. Yahya, 2017.

Os conselhos também estavam longe de serem consolidados em todas as áreas dominadas pela oposição. Eles encontravam-se em diferentes estágios de desenvolvimento, dependendo da situação de segurança, das rotas de acesso às áreas de fronteira, do tempo acumulado desde a sua criação e da existência de sabotadores ou de outras estruturas concorrentes.[85] Os conselhos civis tampouco eram completamente autônomos em relação aos grupos armados, com frequência dependendo deles para obter recursos,[86] e também porque os membros do conselho, na sua maior parte, eram selecionados segundo o peso dos grupos militares locais.[87]

Em geral, os membros dos conselhos não eram eleitos, sendo indicados com base na influência dos líderes militares locais, dos anciãos da comunidade, e das estruturas familiares ou de clãs. Segundo a pesquisadora Agnes Favier,

> a maioria dos conselhos locais (mais de 55%) não surgiu através das eleições, mas foram criados por mecanismos de "autosseleção das elites" (ex.: um grupo de líderes, guerrilheiros rebeldes, personalidades públicas, tribos, famílias e ativistas revolucionários concordavam em repartir entre si os assentos, de forma consensual, sem eleições).[88]

Outro problema relacionava-se à imposição de habilidades profissionais e técnicas específicas. Por exemplo, no governo da província de Idlib, uma das condições para eleger-se era ter formação universitária. Isso permitiu às classes altas o monopólio na representação dos conselhos.[89]

Apesar de tais limitações, os conselhos conseguiam restabelecer um nível mínimo de serviços locais nas suas regiões e desfrutar de um certo grau de legitimidade. Apesar das múltiplas ameaças e do aprofundamento da guerra, eles continuaram ativos ao longo dos anos em vários territórios controlados pela oposição. O seu número, no entanto, diminuiu progressivamente devido aos avanços militares pró-regime, que capturavam territórios dominados pela oposição, assim como pelos ataques dos grupos armados fundamentalistas islâmicos e jihadistas contra os conselhos civis, que depois substituíam pelos seus próprios órgãos.

---

85. Khalaf, 2015, p. 46.
86. Darwish, 2016c, p. 2.
87. Baczko, Dorronsoro e Quesnay, 2016, p. 158.
88. Favier, 2016, p. 11.
89. Baczko, Dorronsoro e Quesnay, 2016, p. 282.

7. Organização política da oposição

A construção de alianças políticas na oposição síria seguiu modelos anteriores de maneira acrítica. Após o início do levante, figuras como Burhan Ghalioun, Michel Kilo, Hussein al-Awdat, Aref Dalila, Habib Issa, Abdul-Aziz al-Khair e Hazem Nahar conclamaram todos os partidos de oposição a se unirem, apesar das diferenças políticas e pessoais, para construir uma plataforma conjunta. O Corpo de Coordenação Nacional para a Mudança Democrática (CCN) estabeleceu-se em Damasco em junho de 2011, reunindo quinze partidos políticos e algumas personalidades independentes.[90] Os membros do CCN dispuseram-se a cumprir três princípios: "não" à intervenção militar estrangeira, "não" à agitação religiosa e sectária e "não" à violência e à militarização da revolução.[91]

Alguns meses depois, na cidade de Istambul, em 2 de outubro de 2011, surgia o Conselho Nacional Sírio (CNS),[92] coalizão formada por grupos, incluindo os signatários da Declaração de Damasco,[93] a Irmandade Muçulmana síria, várias facções curdas e representantes dos Comitês de Coordenação Local. Segundo Ciwan Youssef, um dos fundadores dos Comitês de Coordenação Local, a liderança dos comitês mantinha posições ambíguas em relação ao CNS. Sua adesão deu-se por pressão de Burhan Ghalioun (primeiro presidente do CNS), e do Partido do Povo (o antigo Bureau Político do Partido Comunista, dirigido por Ryad al-Turk), visando legitimar a coalizão oposicionista dentro do país. Ao mesmo tempo, o CCL queria evitar compromissos políticos dentro da nova entidade da oposição. No entanto, essa situação durou pouco.

No início, a coalizão, contou com o suporte, em peso, do Qatar e da Turquia – países que financiaram e hospedaram o CNS. O grupo converteu-se no principal ponto de referência para países que a oposição, contando também com o financiamento de alguns empresários que se opunham ao regime Assad desde o início. Em 1º de abril de 2012, mais de 100 países do chamado grupo de Amigos da Síria reconheceram o CNS como a "organização mais abrangente sob a qual os grupos sírios de oposição se reúnem."[94] Desde cedo, o CNS adotou uma postura crítica em re-

---

90. Na sua origem, o CCN incluía figuras e partidos de oposição de origem nacionalista árabe e de esquerda, além do Partido da União Siríaca e dois movimentos curdos de esquerda – incluindo o Partido da União Democrática (conhecido como PYD) (Carnegie, 2012d).
91. Amir e Fakhr ed Din, 2012; Carnegie, 2012d.
92. O CNS foi primeiro convocado em meados de julho de 2011 para seu primeiro encontro, sob o nome de "Conselho de Salvação Nacional".
93. Declaração de Damasco, 2005.
94. Carnegie, 2013a.

lação a alguns congêneres domésticos de oposição, como o GCN, por defenderem a negociação e o diálogo com o regime, recusando qualquer intervenção externa.

Desde a fundação do CNS, a preponderância de um amplo componente islâmico, incluindo a Irmandade Muçulmana e um segundo bloco islâmico constituído pelo "Grupo dos 74" – composto em sua maioria por ex-membros da Irmandade (além de muitos empresários), foi alvo de críticas. Contando com quase um quarto dos 310 cargos do conselho, a Irmandade Muçulmana constituía, na prática, a maior e mais coesa facção dentro do CNS[95], com apoio do Qatar e da Turquia. Doha facilitava o acesso de seus membros ao canal de TV, al-Jazeera. A Irmandade também controlava dois dos escritórios centrais do CNS encarregados de assuntos militares e assistência humanitária – o que lhes garantia milhões de dólares de doação para constituir e revigorar suas próprias redes de apoio na Síria.[96] Faruk Tayfur, um dos líderes da Irmandade Muçulmana, presidiu a Associação Síria para Ajuda Humanitária e Desenvolvimento, fundada em Istambul em 2012, e a única organização reconhecida pelo CNS naquele período.[97]

Baseado no exílio, o movimento islâmico fundamentalista foi rapidamente capaz de cumprir um papel central no CNS.[98] O Conselho Nacional Sírio se dividiu entre interesses e políticas rivais, fortalecidos pela intervenção de atores estrangeiros no conselho, enquanto lhe faltava qualquer tipo de legitimidade na base.

As relações entre o CNS e o CCL – que antes apoiaram a entidade e a nomeação de Burhan Ghalioun para presidente[99] – se deterioraram gradualmente. Em 17 de maio de 2012, os Comitês de Coordenação Local emitiram uma declaração acusando o CNS de trair "o espírito e as exigências da Revolução Síria", marginalizando seus representantes. O CCL anunciou sua retirada formal do CNS em 9 de novembro, denunciando o conselho de estar sob o controle da Irmandade Muçulmana e de ser incapaz de adotar uma estrutura de fato representativa,[100] apesar da oposição, pelos representantes do movimento, que possuíam cargos no CNS.[101]

Alguns meses antes, em fevereiro de 2012, quatorze organizações e forças políticas democráticas e de esquerda, aglutinando uma gama de ativistas veteranos e da juventude oposicionista, estabeleceram uma coalizão chamada Watan.[102] Cria-

---

95. Carnegie, 2013a.
96. O'Bagy, 2012a, p. 16; Phillips, 2016, p. 110; Youssef, 2018.
97. Diaz, 2018, p. 214.
98. Becker, 2013, p. 2.
99. Youssef, 2018.
100. Carnegie, 2012c.
101. Carnegie, 2013b.
102. Estas organizações eram: (1) Harakat Ma'an por uma Síria Livre e Democrática; (2) a Congregação, o Bloco Nacional na Síria; (4) o Movimento Cidadão; (5) a Coalizão da Esquerda Síria; (6) o Comitê Nacional de Ação Democrática em Jaramana; (7) Visão para a Mudança; (8) a Esquerda Revolucionária na Síria; (9) o Comitê de Apoio à

da com o objetivo de atuar na revolução e de reforçá-la para derrubar o regime, visava construir um estado civil e democrático em seu lugar.[103] As organizações pertencentes ao grupo Watan tornaram-se alvos da repressão do governo desde o início. Aos poucos ela desapareceu, devido à severa perseguição e à impossibilidade de se estruturar, apesar de algumas de suas organizações-membros ainda agirem em certas regiões ao longo do levante.

Em 11 de novembro de 2012, o CNS foi englobado por uma nova e ampliada articulação chamada Coalizão Nacional das Forças Revolucionárias e Oposicionistas Sírias (conhecida como Coalizão), nomeando 22 dos 63 cargos do conselho político. Cerca de meia dúzia de outros membros do CNS também passaram a ocupar cargos voltados às lideranças independentes ou representantes de minorias. A coalizão surgiu na reunião de Doha, em resposta às crescentes pressões dos Estados Unidos e outros Estados ocidentais por uma articulação mais ampla que o CNS. A meta principal era criar uma entidade capaz de conquistar mais reconhecimento internacional, assim como apoio financeiro e material. Essa nova coalizão incluía representantes dos CCLs, sendo também apoiadas por amplos setores do Exército Livre da Síria (ELS).[104]

A nova entidade durou pouco. As críticas à Coalizão cresceram no movimento de protestos na primavera e verão de 2013. Em maio, o Movimento Revolucionário na Síria – uma coalizão de vários comitês espalhados pelo país, representando a Comissão Geral Revolucionária Síria –, os CCLs, a União dos Coordenadores da Revolução Síria e o Conselho Superior pela Liderança da Revolução Síria publicaram o seguinte comunicado:

> As forças revolucionárias que assinam esta declaração não reconhecem a legitimidade de qualquer corpo político que subverta a revolução ou ignore os sacrifícios do povo sírio, sem representá-los adequadamente. Consideramos esta declaração como uma advertência final à Coalizão, porque o povo sírio já se manifestou...[105]

A coalizão repetiu os erros do CNS, não conseguindo ganhar apoio dentro da Síria – seja dos ativistas civis ou dos grupos armados de oposição.

Ao mesmo tempo, pouco depois da sua fundação, a Coalizão ergueu diversas estruturas na Turquia para apoiar os conselhos locais: a Unidade de Coordena-

---

Revolução Síria; (10) Helem (Sonho); (11) a Congregação "al-Tariq"; (12) a Iniciativa Nacional em Jabal al-Arab; (13) Quadros Comunistas de Jabal al-Arab; e (14) o Movimento Iluminista Civil.
103. Abi Najm, 2011.
104. Carnegie, 2013b.
105. CCL, 2013a.

ção da Assistência, para prover ajuda humanitária dentro da Síria (dezembro de 2012); a Unidade de Administração dos Conselhos Locais, que tinha como meta a uniformização e estruturação dos conselhos (março de 2013); e, por último, o Diretório Geral dos Conselhos Locais (março de 2014), que aparece com a formação do Governo Interino Sírio (novembro de 2013) e seu Ministério de Administração Local, Refugiados e Ajuda Humanitária. No entanto, todas essas autarquias foram partidarizadas e polarizadas segundo interesses individuais e agendas políticas sustentadas por rivalidades regionais, em especial pelo reino Saudita e o Qatar. No auge das disputas, de 2013 e 2014, elas em geral competiam entre si, usando apoio financeiro para impor sua presença nos conselhos locais.[106]

Não faltavam tampouco críticas às funções dominantes da Irmandade Muçulmana. Por exemplo, Mustafa Sabbagh, ex-membro do CNS, eleito secretário-geral da Coalizão, tinha profundos laços com a Irmandade, apesar de ser categorizado como um membro independente do Conselho Nacional Sírio. Integrante do bureau militar do CNS, Sabbagh era visto como um dos principais organizadores do envio financeiro da irmandade à oposição síria durante os estágios iniciais do levante.[107] A nomeação de Ghassan Hitto como primeiro-ministro da Coalizão, escolhido pessoalmente pelo Qatar e próximo da Irmandade Muçulmana, confirmou essa tendência[108], levando diversas figuras a suspenderem sua participação na nova entidade.

A partir de maio de 2013, porém, a dominação do Qatar sobre a Coalizão Síria passou a ser eclipsada pela Arábia Saudita. Diversos fatores levaram a esse resultado, com destaque à renúncia, cinco meses após o início de seu mandato, do presidente da Coalizão, Ahmed Khatib, por suas críticas às intervenções externas que lhe impediam de trabalhar adequadamente, junto com a crescente frustração das potências ocidentais pela sua incapacidade em desenvolver conexões dentro da Síria.[109] A última gota que levou as potências ocidentais a frear o Qatar através da promoção de lideranças sauditas, foi a indicação de Ghassan Hitto, em meados de março.[110] No início de maio, uma delegação de doze membros da coalizão síria visitou a Arábia Saudita para uma inesperada reunião oficial, que durou dois dias. Antes dessa conferência, as autoridades sauditas repetidamente se recusaram a conversar com a oposição, apesar de diversas tentativas. Durante o encontro, Riyadh exigiu da delegação uma ampliação ainda maior da composição do grupo.[111]

---

106. Favier, 2016, p. 11.
107. O'Bagy, 2013, p. 25.
108. Karouny, 2013.
109. Phillips, 2016, p. 122.
110. Karouny, 2013; Lefèvre, 2017, p. 75.
111. Hassan, 2013a.

Ao final de maio, após uma semana de discussões tensas, a Coalizão Síria anunciou a inclusão de 54 novos membros, quase todos apoiados pelos sauditas,[112] incluindo figuras independentes como Ahmed al-Jarba – líder tribal e futuro presidente da Coalizão Síria –, novos representantes do movimento revolucionário, em grande parte vindos do espectro islâmico, 15 membros do ELS e um bloco liberal encabeçado pelo dirigente oposicionista Michel Kilo.[113]

Talvez sentindo os ventos de mudança, a própria Irmandade Muçulmana procurou manter boas relações com Riyadh. O vice-líder da IM, Mahmoud Farouq Tayfour, viajou ao reino para reunir-se exclusivamente com o Ministro das Relações Exteriores saudita, Saud al-Faysal. Segundo fontes próximas à oposição, Tayfour garantiu ao ministro que "a Irmandade na Síria não será como a Irmandade egípcia".[114]

Essas mudanças também refletiram uma sequência de derrotas regionais sofridas pelo Qatar. O sheik Hamad bin Khalifa al-Thani cedeu a seu filho o trono de emir do Qatar ao final de junho de 2013. Algumas semanas depois, em 3 de julho, o Ministro da Defesa egípcio e chefe do Conselho Supremo das Forças Armadas, Abdel-Fattah al-Sisi, anunciou a deposição do Presidente Mohamed Morsi. Executado após uma onda de protestos em massa, exigindo a renúncia do governo no Cairo, o golpe derrubou do poder a Irmandade Muçulmana egípcia (organização vinculada à Irmandade síria) aliada do reino do Qatar. A Arábia Saudita, os Emirados Árabes Unidos e o Kuwait rapidamente parabenizaram os militares egípcios, prometendo 12 bilhões de dólares ao país logo após a queda de Morsi em 2013.[115]

Em 6 de julho, a partir de sua nova composição, a Coalizão Síria elegeu presidente o empresário pró-Arábia Saudita Ahmad Jarba[116], líder tribal do clã Shammar, da província nordestina de Hasakah, conhecido por suas conexões com o reino saudita. Jarba derrotou o empresário Mustafa Sabbagh, ligado ao Qatar. As pragmáticas decisões pró-sauditas tomadas pela Irmandade Muçulmana síria resultaram na eleição de Tayfour como um dos vice-presidentes da Coalizão.[117] Em 8 de julho, Ghassan Hitto renunciou ao cargo de primeiro-ministro da Coalizão, sendo substituído em setembro pelo candidato pró-saudita, Ahmed Tu'mah.[118]

---

112. Phillips, 2016, p. 122.
113. Becker, 2013, p. 2.
114. Citado em Hassan, 2013a.
115. Khan e Lebaron, 2015.
116. Al-Jarba foi um dos fundadores da Declaração de Damasco, tendo sido preso pelo menos duas vezes pelo regime sírio devido às suas atividades políticas.
117. Reuters, 2013.
118. Phillips, 2016, p. 123.

Em janeiro de 2014, a maioria dos membros da Irmandade na Coalizão votou pela reeleição do presidente pró-saudita Ahmed Jarba. O pragmatismo dos irmãos permitiu que o braço sírio do movimento escapasse às consequências de uma decisão saudita de classificar a Irmandade Muçulmana de organização terrorista. Milhares de membros sírios da Irmandade continuaram vivendo na Arábia Saudita, enquanto as autoridades sauditas não se opuseram à eleição de Muhammad Walid (um cirurgião sírio vindo de Jeddah que, com sua nomeação, mudou-se para Istambul) como novo líder da Irmandade Muçulmana síria. Após sua eleição, ele agradeceu à Arábia Saudita por "proteger" a Irmandade síria no exílio e "apoiar" a revolução. Ele também descreveu o reino como uma "potência estratégica para todos os muçulmanos no mundo", assim como declarou apoio às suas políticas contra o Irã e a intervenção militar saudita no Iêmen.[119]

O mandato de Ahmed Jarba se encerrou em julho de 2014, sendo sucedido por seu amigo próximo, Hadi al-Bahra. A nomeação de Bahra fez parte de um grande acordo que manteve a Coalização sob controle saudita, mas deu à facção pró-Qatar a posição de secretário-geral e uma das vice-presidências.[120]

Em um esforço voltado a reunir vários setores da oposição para negociações futuras com o regime Assad, a Arábia Saudita organizou uma conferência em Riyadh em dezembro de 2015, reunindo grupos civis e armados da oposição, além de algumas personalidades políticas para produzir um documento conjunto, também selecionando uma equipe para negociar uma transição política com as autoridades sírias. O Comitê de Altas Negociações (CAN), composto por 34 membros, foi constituído nessa conferência. A Coalização contava com nove representantes, outros cinco vinham do CCN, e outros nove participaram enquanto independentes. Ao final, onze membros foram selecionados dentre os grupos armados de oposição, as redes do Exército Livre da Síria e grupos fundamentalistas islâmicos – como Muhammad Alloush, do Jaysh al-Islam.[121]

O Comitê participou e acompanhou diversas negociações de paz em Genebra, a partir de 2016. Não obstante elas fracassaram, sobretudo frente à recusa intransigente do regime em considerar qualquer transição na qual Bashar al-Assad fosse excluído, assim como pelas próprias limitações políticas do CAN. As vitórias militares do governo a partir de 2016 enfraqueceram ainda mais o comitê de negociações, fortalecendo a política do regime. O CAN sequer foi convidado às conversações de paz em Astana, no Cazaquistão, em 2016, ou aos encontros seguintes

---

119. Lefèvre, 2017, p. 75-76.
120. Oweis, 2014, p. 2.
121. Lund, 2015e.

patrocinados pela Rússia, Irã e Turquia. Apenas alguns grupos armados de oposição chegaram a participar, liderados por Muhammad Alloush.

No outono de 2017, sob crescente pressão da Arábia Saudita, o CAN abarcou as plataformas de "Moscou" e do "Cairo"[122] para unir de forma ainda mais ampliada a oposição nas negociações com o regime de Assad.

As divisões dentro dela continuaram sendo exacerbadas pelas potências estrangeiras ao longo dos anos, com foco na rivalidade Qatar - Arábia Saudita. Os atores regionais priorizavam seus próprios interesses, ignorando a necessidade da oposição. A reaproximação, ao final de 2018, (ver capítulo 6) entre o regime sírio e alguns estados árabes e monarquias do Golfo, em especial os Emirados Árabes Unidos, enfraqueceram ainda mais a oposição no exílio.

8. Militarização e as redes do Exército Livre da Síria

Desde os primeiros dias do levante, o regime reagiu com extrema violência às manifestações. A reação aos protestos iniciais foi particularmente dura, com cerca de 100 mortos na semana após a primeira manifestação em Daraa.[123] As forças de segurança continuaram nessa linha, intensificando a repressão durante os meses seguintes, enquanto prendiam os opositores políticos. Inicialmente o governo tentou cooptar, ou ao menos acalmar, alguns segmentos da oposição, através de diversas medidas e aberturas simbólicas. Porém, esses esforços não afetaram a decisão estratégica de Damasco em continuar sua dura repressão.

A violência do regime levou a um número crescente de deserções entre soldados conscritos e oficiais, que se recusaram a atirar em manifestantes pacíficos, enquanto, ao mesmo tempo, uma primeira resistência esparsa em termos geográficos, desorganizada e ocasionalmente armada contra os aparatos de segurança começava a surgir entre o final de maio e início de junho de 2011. Nos meses seguintes, o Exército Livre da Síria constituiu-se ao lado de outras brigadas. A resistência armada ao regime praticamente generalizou-se ao final de 2011, criando uma nova lógica dentro do levante. Muitos dos grupos armados da oposição anteriores seguiam dinâmicas puramente pontuais, para defender suas cidades e regiões da agressão das agências de segurança.

---

122. As plataformas de Moscou e do Cairo, denominadas pelas cidades nas quais primeiro se reuniram, agregavam, cada uma, um punhado de ativistas. Não controlavam territórios nem mantinham conexões fortes com grupos armados que participavam da guerra.
123. Orient le Jour, 2011d.

O primeiro levante armado de importância tática ocorreu em junho, quando guerrilheiros locais, provavelmente em coordenação com desertores do exército sírio, mataram um número relevante de tropas do regime em Jisr al-Shughour, ao norte do país, próxima à fronteira montanhosa com a Turquia.[124] Em 9 de junho de 2011, enquanto os batalhões do governo cercavam a cidade rebelde, o Tenente-Coronel Hussein Harmoush anunciou que ele e os seus companheiros, cerca de 150 soldados, desertariam do exército para "proteger os manifestantes desarmados, que exigem liberdade e democracia". Ao final da sua fala conclamava por "paz, paz, sem sectarismo, o povo sírio é um só povo".[125] Eles também anunciaram a criação do Movimento dos Oficiais Livres.

Em julho de 2011, ao desertar, o coronel da Força Aérea Ryad al-As'ad anunciou, a partir de um campo de refugiados na Província de Antakya, na Turquia, a fundação do Exército Livre da Síria, descrevendo como seu compromisso proteger a revolução e o povo de forma unitária, rejeitando o sectarismo religioso.[126] O processo se fez acompanhar por um número crescente de deserções no exército, sobretudo de altos oficiais, que se recusaram disparar contra manifestantes pacíficos. Ao final de setembro de 2011, As'ad anunciou a unificação do Movimento dos Oficiais Livres com o ELS, após a divulgação do sequestro de Harmoush pelas agências de segurança do regime, próximo a seu esconderijo no sul da Turquia.[127] No outono de 2011, um número crescente de ativistas passou a reivindicar e apoiar o Exército Livre, exigindo também a cooperação de atores externos. Em 9 de setembro de 2011, manifestações adotaram, enquanto palavra de ordem, pedidos por "proteção internacional"; em 28 de outubro, mobilizaram-se sob o lema de "estabelecer uma zona de exclusão aérea" similar àquela imposta à Líbia; e em 2 de dezembro afirmavam "nossa exigência é uma zona-tampão".[128] Mais tarde, em dezembro de 2011, o ELS estabeleceu relações oficiais com a oposição política no exílio, o CNS, formalizando seu status como a principal oposição armada na Síria.[129]

---

124. Halliday, 2012a, p. 11.
125. Freedom for Syria-Antakya, 2011.
126. Ugarit NEWS Channel, 2011.
127. Em meados de setembro, a mídia estatal síria transmitiu uma entrevista na qual Harmoush renegava suas declarações anteriores, dizendo que a oposição na verdade era constituída por "gangues armadas" de assassinos. Também afirmou que as primeiras pessoas que o contataram após sua deserção foram a Irmandade Muçulmana e Abdul Halim Khaddam, o ex-vice-presidente sírio que vivia no exílio. Ambas as declarações foram usadas pelo regime como provas de que uma conspiração estrangeira era culpada pela agitação na Síria. Entre os membros da oposição política e militar era consenso que Harmoush estava respondendo a ameaças ou a tortura. Reverenciado enquanto herói apesar de sua entrevista nociva, Harmoush foi executado em janeiro de 2012 (Halliday 2012a: 15).
128. ICG, 2012b, p. 2; Phillips, 2016, p. 84.
129. Lister, 2016b, p. 6.

Os guerrilheiros do ELS em geral vinham do setor majoritário do levante: trabalhadores (informais e formais) marginalizados das cidades e do campo,[130] membros das classes populares atingidos pela aceleração das políticas econômicas neoliberais e a repressão do regime. A oposição militar era baseada parcialmente em soldados desertores do exército sírio, mas a vasta maioria eram civis que decidiram empunhar armas.[131] Algumas brigadas foram aglutinadas de maneira descentralizada sob o guarda-chuva de entidades comuns, como o Exército Livre da Síria, mas a maioria eram constituídas localmente, atuando de forma restrita nas respectivas cidades. Sem unidade e centralização, se coordenavam em campos de batalha específicos, mas raramente cooperavam em decisões políticas e estratégicas. Em geral reuniam-se nos seus vilarejos ou em redes familiares, com pouca coesão ideológica.

Os guerrilheiros eram culturalmente conservadores e muçulmanos sunitas praticantes, oriundos dos bairros populares, em áreas rurais e urbanas, porém sem motivação religiosa associada à Al-Qaeda ou outros movimentos islâmicos fundamentalistas – como alegado pela propaganda do regime.[132] Os nomes com conotações religiosas sunitas adotados por alguns grupos armados no verão e outono de 2011 – como Khalid Ibn al-Walid (o conquistador muçulmano árabe da Síria no século VII) ou como o batalhão Umar Ibn al-Khattab em Deir ez-Zor – refletiam o meio social dos seus integrantes, em geral oriundos de ares rurais, socialmente marginalizados e que praticavam com frequência sua religião.

Dito isso, o Exército Livre da Síria era, no início, caracterizado pela variedade de visões políticas dos seus integrantes e, em alguma medida, de suas composições étnicas e religiosas. No começo, a brigada curda Salah al-Din, que lutava em Alepo e no norte da Síria, defendia um programa democrático para todos, sem discriminações.[133] As brigadas de Unidade Nacional (Kata'ib al-Wahda al-Wataniyya), criadas em 2012 na região rural de Damasco, expressaram suas aspirações democráticas e inclusivas logo na primeira linha de sua declaração, afirmando que a "religião é para Deus e a pátria é para todos". Também acrescentavam que "as brigadas de Unidade Nacional lutam por um estado civil e democrático para todas as etnias e identidades sociais".[134] Dois batalhões – Oussoud al-Ghouta e Oussoud Allah – eram ligados a partidos políticos nacionalistas e socialistas em Douma, região de Damasco, onde mantinham uma presença histórica, disputando com os

---

130. Darwish, 2016b, 2016e.
131. Halliday, 2012a, p. 13; Solomon, 2012a.
132. Jaulmes, 2012; al-Jazeera English, 2012; Legrand, 2016, p. 1.
133. Hossino, 2013.
134. Darth Nader, 2012.

movimentos fundamentalistas islâmicos.[135] Dentre as minorias religiosas, registava-se algum envolvimento na oposição armada, porém muito limitada, quase sempre na base individual.

Em uma pesquisa sobre a oposição realizada em junho de 2012 pelo Instituto Republicano Internacional e pela agência de sondagem Pechter, de Princeton, New Jersey, a maior parte dos guerrilheiros apoiava um sistema ou um processo democrático. O levantamento revelou que 40% prefeririam um governo de transição em Damasco, que resultasse em eleições, enquanto 36% declararam desejar uma assembleia constituinte, como na Tunísia pós-revolução, levando posteriormente a eleições.[136]

No início de 2012, os grupos armados do ELS agiam com eficácia crescente, assegurando espaços estratégicos perto de Damasco e do centro de Homs. O ELS conseguiu tais vitórias ao levar o regime a lutar simultaneamente em muitos locais, obrigando os aparatos de segurança a se estenderem além das suas capacidades, e assim forçando o regime a priorizar áreas específicas. Os sucessos das brigadas do ELS resultaram no seu crescimento, empurrando, em 2012, Assad a aumentar de forma considerável o uso de violência, lançando mão de canhões de artilharia[137]. Até março de 2012, cerca de 60 mil soldados sírios haviam desertado.[138]

9. Colaboração e crise entre protestos civis e armados

A repressão sangrenta contra protestos pacíficos, ao lado da perseguição aos dirigentes do movimento (que foram mortos, presos ou empurrados ao exílio), levou à radicalização geral do levante, ajudando a empoderar os ativistas inclinados à resistência armada. Cada vez mais, grupos de cidadãos empunharam armas para defender suas vidas e as manifestações contra os Shabihas[139], as agências de segurança e o exército. Nesse contexto, certas brigadas militares evoluíram a partir de grupos de ativistas civis.[140]

135. Al-Dik, 2016, p. 190-191.
136. Citado em Hassan e Weiss, 2015, p. 181.
137. Halliday, 2012a, p. 11.
138. Lister, 2016b, p. 5.
139. Inicialmente usado nos anos 1980 no vilarejo natal da família Assad, Qardaha, o termo *shabtha* servia para descrever membros da família estendida dos Assad e seus círculos próximos que atuavam por fora da lei, contrabandeando em larga escala e usando táticas de intimidação contra os moradores da região litoral. No entanto, desde março de 2011, a palavra *shabiha* tem sido usada na mídia, assim como pela oposição, para designar qualquer grupo paramilitar ou milícia com ligações ao exército, ao serviço secreto, ou ao Partido Baath. Em geral, os shabihas são civis que atuam como mafiosos em um bairro ou vilarejo, mantendo conexões com pessoas de dentro do regime (Khaddour, 2013a, p. 8-9).
140. Darth Nader, 2012; Darwish, 2015, p. 68-69; Darwish, 2016e.

Mapa 8. Levante de 2011 em Damasco

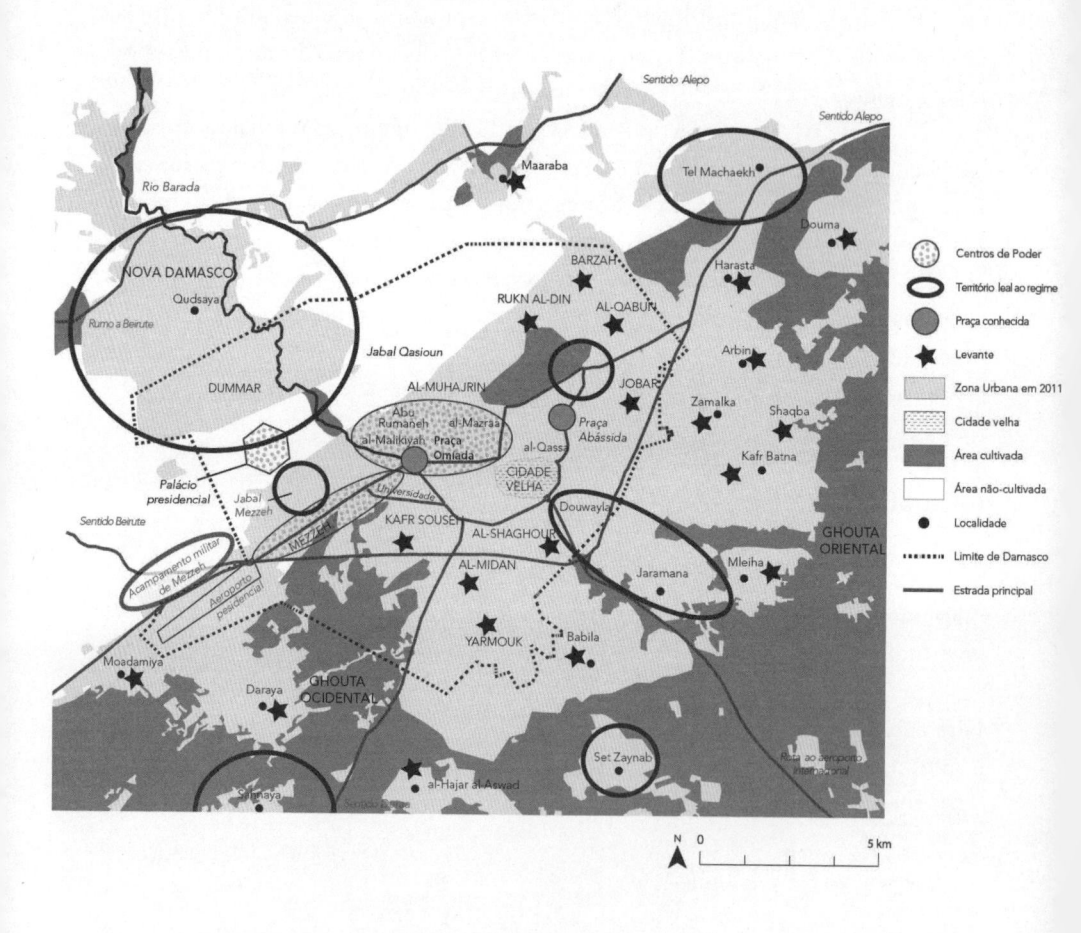

Igualmente, entre muitos dos comitês de coordenação que direcionavam as ações pacíficas, a militarização do levante e a repressão violenta mudaram as posições dos ativistas. Em meados de 2012, a Comissão Geral Revolucionária Síria passou a apoiar a intervenção militar estrangeira, colaborando de maneira ativa com os grupos armados dentro do país – como os do Exército Livre da Síria – em logística, fundos e inteligência territorial.[141] Os Comitês de Coordenação Local passaram a dar apoio logístico e tecnológico aos grupos do ELS, também fornecendo informações sobre as atividades do regime e os movimentos e paradeiros do exército sírio, enquanto seguiam concentrados na resistência pacífica para derrubar o regime.[142]

Em agosto de 2012, o CCL lançou uma nova campanha, chamada "Uma Revolução Digna e Moral", voltada a questões de princípios e metas aos quais todos os opositores do regime Assad se comprometeriam – incluindo grupos civis e armados da oposição. Um código de boas práticas para os batalhões do ELS foi criado por iniciativa do CCL – com destaque para um artigo exigindo respeito à lei internacional e oposição ao sectarismo religioso. Essa declaração foi assinada por muitos grupos armados de oposição,[143] mas desapareceu gradualmente ao longo dos anos, com a continuidade da guerra. Em tentativa similar, Farzand Omar, cardiologista e ativista dos direitos humanos em Alepo, lançou ao final de 2012 a Coalizão Nacional para Proteger a Paz Civil, voltada a unir grupos laicos da sociedade civil e organizações de apoio às brigadas laicas da oposição armada. Ele juntou as frentes democráticas do ELS, como a Brigada Salah al-Din e as Brigadas de Unidade Nacional, que operaram em partes de Idlib e Hama durante esse período, assim como pequenas brigadas cristãs criadas perto da cidade de Qamishli, com suas organizações de apoio, escolas e movimentos de base.[144] A relação inicial entre os ativistas sociais e a oposição armada em geral dependia da dinâmica entre as unidades do ELS e os conselhos locais.

Diversas razões explicam as relações tensas entre os ativistas e os batalhões do ELS em algumas áreas. Primeiro, a ausência de enraizamento direto dos guerrilheiros do ELS na região em que lutavam. Isso ficou bastante nítido na evolução do processo revolucionário, ao compararmos a capital da província de Alepo ao seu interior. Desde o início havia maior apoio no campo à luta armada, e os CCLs rapidamente atuaram para organizar atividades revolucionárias. À medida que os soldados desertaram do exército, os CCLs de seus locais de origem lhes garantiam segurança.[145]

---

141. Carnegie, 2012e.
142. CCL, 2012a.
143. CCL, 2012b.
144. Hossino, 2013.
145. Khoury, 2013, p. 6-7.

Já o apoio ao levante na área urbana de Alepo foi mais hesitante e conflituoso – em parte porque o regime mantinha, ali, um controle militar sólido até meados de 2012, e também porque grandes segmentos dos seus habitantes não estavam dispostos a se opor ao regime de peito aberto. Exceção feita ao amplo segmento dos estudantes universitários, que protestavam contra a ditadura desde os primeiros dias.

Cerca de 80% dos grupos armados da oposição que capturaram o leste de Alepo constituía-se de guerrilheiros oriundos da zona rural da Síria.[146] A separação entre campo e cidade em Alepo tinha raízes históricas. A burguesia urbana e a classe média caracterizavam os participantes das manifestações iniciais na universidade e na zona rural de Alepo como Abu Shehata, ou "pés-de-chinelo", referindo-se à origem social (inferior) dos manifestantes, tidos como estranhas à cidade, e pertencentes ao campo e outras partes da Síria. Ao mesmo tempo, setores da população armada do interior viam a zona urbana como rica e elitista. Um combatente de oposição declarou que "em Alepo eles só pensam em comércio, em dinheiro."[147] Os bairros pobres de Damasco (apesar de sua maior diversidade) assim como os de Alepo, compartilham características similares – eram relativamente conservadores e religiosos, com predominância da população trabalhadora muçulmana sunita de origem agrária, ignorados há décadas pelo regime e excluídos de serviços e oportunidades econômicas.[148]

Em alguns casos, as áreas controladas por batalhões do Exército Livre caracterizavam-se pela ilegalidade, com grupos envolvidos em furtos e roubos. Em 2012, durante manifestações conduzidas pelos CCLs e outros ativistas civis, um crescente número de faixas foi levantado criticando o ELS, com mensagens do tipo: "A arma inculta mata e não liberta", "Exército Livre da Síria, corrija seu caminho" e "Nossos erros são mais perigosos à nossa revolução que as balas da ditadura". Ativistas e Comitês de Coordenação Local também fizeram diversas exigências – incluindo a unificação do ELS, chamados contra o sectarismo religioso e pela preservação dos objetivos da revolução.[149] Em alguns casos, os ativistas criticam atitudes sectárias entre alguns guerrilheiros. Em Alepo, os da minoria alauita, que militavam com o Comitê de Coordenação pela Fraternidade Curda-Árabe foram assediados por facções armadas ligadas ao ELS.[150]

A crescente militarização do levante enfraqueceu de maneira considerável o movimento de protestos. Houve, no entanto, alguns casos de cooperação, mais ou

---

146. Solomon, 2012c.
147. Solomon, 2012a.
148. Stack e Zoepf, 2011; Kilcullen e Rosenblatt, 2012.
149. CCL, 2012c.
150. Syria Untold, 2014b.

menos bem sucedidos, entre os grupos civis e armados da oposição – em particular quando esses submetiam-se ao controle dos conselhos locais. Em Daraya, as facções do ELS mantinham-se sob autoridade direta do Conselho Local, que coordenava todas as ações militares. A cidade também dispunha de um único fundo econômico, que gerenciava doações e assistências financeiras enviadas. O Conselho Local encarregava-se da distribuição de fundos, alocados a vários serviços – como o apoio às facções do ELS, operações de socorro e ajuda humanitária, assim como a distribuição diária de ajuda à população sitiada. O Conselho Local ainda impunha às milícias proibições a quaisquer violações aos direitos humanos ou declarações e comportamentos sectários.[151] Daraya era frequentemente mencionada como exemplo de colaboração entre o Conselho Local e os grupos armados.

10. Tentativas de unificar o Exército Livre da Síria

Ao final de 2011 e início de 2012, começaram a surgir conselhos militares nas províncias, que conectavam grupos locais à liderança nacional do ELS, formando um novo nível de coordenação dentro do movimento armado. Os conselhos de Homs, Hama, Idlib, Daraa e Damasco chegaram a alguns resultados: se não foram capazes de conquistar o apoio dos principais grupos armados da oposição, conseguiram, porém, comandar setores relevantes dos batalhões que operavam sob o guarda-chuva do ELS. Em alguns casos, os conselhos militares trabalhavam em paralelo aos civis, que coordenavam ações locais de ativistas em protestos por toda a Síria. Em certos momentos, eles conseguiram coordenar pela base os componentes políticos e militares do levante.[152] No entanto, durante todo o processo, as várias unidades do ELS nunca conseguiram se unir formalmente para atuar enquanto uma organização conjunta, apesar dos esforços locais e estrangeiros.

Um dos elementos que impediu a unidade e a centralização residiu na falta de financiamento e apoio organizado. Por exemplo, na província de Deir ez-Zor, relatou-se que

> as primeiras operações do ELS foram financiadas através das redes sociais, dependendo centralmente de doações ou, não raro, das economias pessoais dos militantes. Muitas armas e munições foram tomadas do exército de Assad...[153]

---

151. Dawlaty, 2015, p. 33.
152. Halliday, 2012b, p. 10-17.
153. Darwish, 2016b.

A oposição militar síria não estava bem armada, nem bem financiada. Os guerrilheiros se equipavam graças aos contrabandistas dos mercados clandestinos de armamentos do Iraque, Líbano e Turquia, às vezes também capturando as armas das forças de segurança em ataques às bases militares do regime. Os próprios oficiais corruptos do aparato de segurança também vendiam armas à oposição. Em geral os guerrilheiros se armavam e se financiavam enquanto indivíduos ou em pequenos grupos.[154]

A má vontade dos Estados ocidentais em apoiar o Exército Livre da Síria persistia no começo de 2012. Numa entrevista à CNN no final de fevereiro daquele ano, o General Martin Dempsey, chefe do Estado Maior das Forças Armadas dos EUA, declarou ser "prematura qualquer decisão de armar o movimento oposicionista na Síria, porque ninguém consegue claramente identificar quem é, hoje, a oposição".[155]

No primeiro encontro do grupo Amigos da Síria na capital da Tunísia, em fevereiro de 2012, o Ministro de Relações Exteriores da Arábia Saudita, Príncipe Saud al-Faisal, descreveu o armamento do Exército Livre como uma "ideia excelente", enquanto o Ministro das Relações Exteriores do Qatar, sheik Hamad bin Jassim al--Thani, propôs a criação de uma frente árabe para "abrir corredores humanitários a fim de prover segurança ao povo sírio". Ao mesmo tempo, o CNS aos poucos deixou de se opor ao armamento das unidades do ELS e, em março de 2012, anunciou a criação de um corpo militar para supervisionar e organizar grupos armados de oposição dentro do país, sob uma direção unificada.[156] No entanto, a proposta não se concretizou, sendo apenas a uma, de diversas tentativas fracassadas de formar comandos militares conjuntos para a organização e financiamento dos grupos armados de oposição.

Tal situação piorou a realidade dos guerrilheiros do ELS, que passaram a buscar suporte e financiamento em outros lugares, sobretudo nas monarquias do Golfo. A principal consequência foi o aprofundamento do processo de islamização do levante e dos grupos armados de oposição. Segundo descrição de Steven Heydemann:

> No caso dos EUA e da Europa, por conta do riscos políticos associados ao envolvimento direto com a oposição armada ou de participação em qualquer forma de ação militar, incluindo a criação de zonas de segurança, os governos ocidentais passaram a ceder comando e direção à Arábia Saudita, Qatar e Turquia no provimento de apoio financeiro, político e militar à oposição – mesmo com eles sa-

---

154. Al-Jazeera, 2012.
155. Halliday, 2012a, p. 9.
156. Reuters Staff, 2012.

botando diretamente os interesses ocidentais, que incluíam evitar a radicalização sectária religiosa e a fragmentação política da oposição.[157]

As preferências conservadoras e religiosas dos financiadores do Golfo também passaram a refletir nas atitudes adotadas pelas brigadas armadas da oposição. Em junho de 2012, por exemplo, um pequeno grupo armado adotou o nome do sheik salafista Hajaj al-Ajami, do Kuwait, pelos fundos significativos recebidos. Tal situação não só fortaleceu as facções salafistas, mas também empurrou outros grupos armados e guerrilheiros da oposição a juntarem-se às brigadas fundamentalistas para obterem armas e munições essenciais. Cada vez mais, algumas facções do ELS passaram a adotar os lemas, a retórica e as barbas associadas ao salafismo, em troca de financiamento militar.[158] Depois do verão de 2011, símbolos tradicionalmente ligados à militância islâmica vieram à tona na Síria.

Um exemplo emblemático desse processo foi o caso das Brigadas Faruq. Originalmente alinhadas ao ELS, surgiu em Homs como um movimento de desertores do exército, com uma linguagem política marcada por um vocabulário militar e nacionalista não-religioso. Depois eles adotaram um logotipo negro sobre espadas cruzadas, e seus comandantes adotaram o uso da barba sem bigode, aderindo à estética salafista.[159] Em outro exemplo, um guerrilheiro na cidade de Qusayr, na Província de Homs, explicou que receberiam fundos desde que todos adotassem "barbas compridas", segundo os ditames da tradição islâmica.[160]

Muitos membros da oposição denunciaram o papel dos grupos islâmicos – desde os salafistas linha dura até a exilada Irmandade Muçulmana – por organizar o financiamento dos batalhões segundo suas afinidades religiosas.[161] Em maio de 2012, Mulham al-Drobi, integrante do comitê executivo da Irmandade Muçulmana, anunciou que eles abriram seu próprio canal de suprimento para os grupos armados, usando recursos de financiadores ricos e dinheiro das monarquias do Golfo Pérsico – incluindo a Arábia Saudita e o Qatar.[162] A certa altura de 2012, uma das principais facções financiadas pela Irmandade era a Comissão dos Escudos Revolucionários, enquanto outras brigadas espalhadas pelo país iam surgindo.[163] A partir daquele período aumentaram as vozes críticas à Irmandade Muçulmana dentre os grupos do ELS.

157. Heydemann, 2013a, p. 5.
158. ICG, 2012b, p. 10.
159. Lund, 2012, p. 11.
160. Sherlock, 2012a.
161. Solomon, 2012c.
162. DeYoung e Sly, 2012.
163. Sherlock, 2012a; Abu Rumman, 2013, p. 25.

Em abril de 2013, o comando conjunto do ELS emitiu uma declaração denunciando as tentativas da Irmandade Muçulmana de monopolizar e sequestrar a revolução.[164] Isso intensificou a competição entre as unidades do ELS por recursos. Um combatente descreveu as circunstâncias da seguinte forma: "no que se refere a conseguir as armas, os grupos sabem que estão sozinhos... é uma luta por recursos".[165] Tal competição, assim como a variedade de financiadores com pautas distintas, enfraqueceu a coesão interna da oposição armada. A disputa veio à tona com mais consistência em abril de 2012.[166] Ao agir de forma independente – e muitas vezes através de múltiplos canais autônomos baseados em contatos pessoais –, os Estados da região (como a Turquia, Qatar e Arábia Saudita) contribuíram para o declínio do ELS, segundo análise de Charles Lister.[167] Ele acrescenta que

> nunca existiu uma política centralizada voltada a evitar a situação caótica que se instaurou quando o Qatar, a Turquia e a Arábia Saudita começaram a distribuir dinheiro e armas para consolidar seus principais representantes.[168]

11. Fracassos na centralização da oposição armada

Cedendo à intensa pressão do Qatar e da Arábia Saudita, após diversas tentativas frustradas de unificação (incluindo a formação do Alto Conselho Revolucionário em fevereiro e do Comando Conjunto em setembro de 2012), os comandantes da oposição armada do ELS formaram em 7 de dezembro de 2012 uma nova entidade centralizada, o Supremo Comando Militar.[169] Os apoiadores estrangeiros visavam três objetivos por detrás da sua criação: unir forças no país para evitar a anarquia; isolar atores externos, limitando sua influência sobre a Síria; e impedir que extremistas tomassem os centros de poder no país. O SCM representava a convergência dos principais apoiadores dos grupos armados, o Qatar e a Arábia Saudita – que passaram a canalizar seu apoio por meio dessa organização.[170]

Oficialmente, o SCM operava em função da Coalizão Síria. Ambos assinaram uma declaração com a meta de derrubar o regime em Damasco e desmontar os aparatos de segurança. O SCM mantinha relações próximas à Coalizão por seu reco-

---

164. Syria Direct, 2013.
165. Solomon, 2012c.
166. Halliday, 2012b, p. 28.
167. Lister, 2016a, p. 8.
168. Citado em Young, 2017.
169. Macfarquhar e Saad, 2012.
170. O'Bagy, 2013, p. 16-18.

Mapa 9. Situação militar e agrupamentos religiosos (abril de 2013)

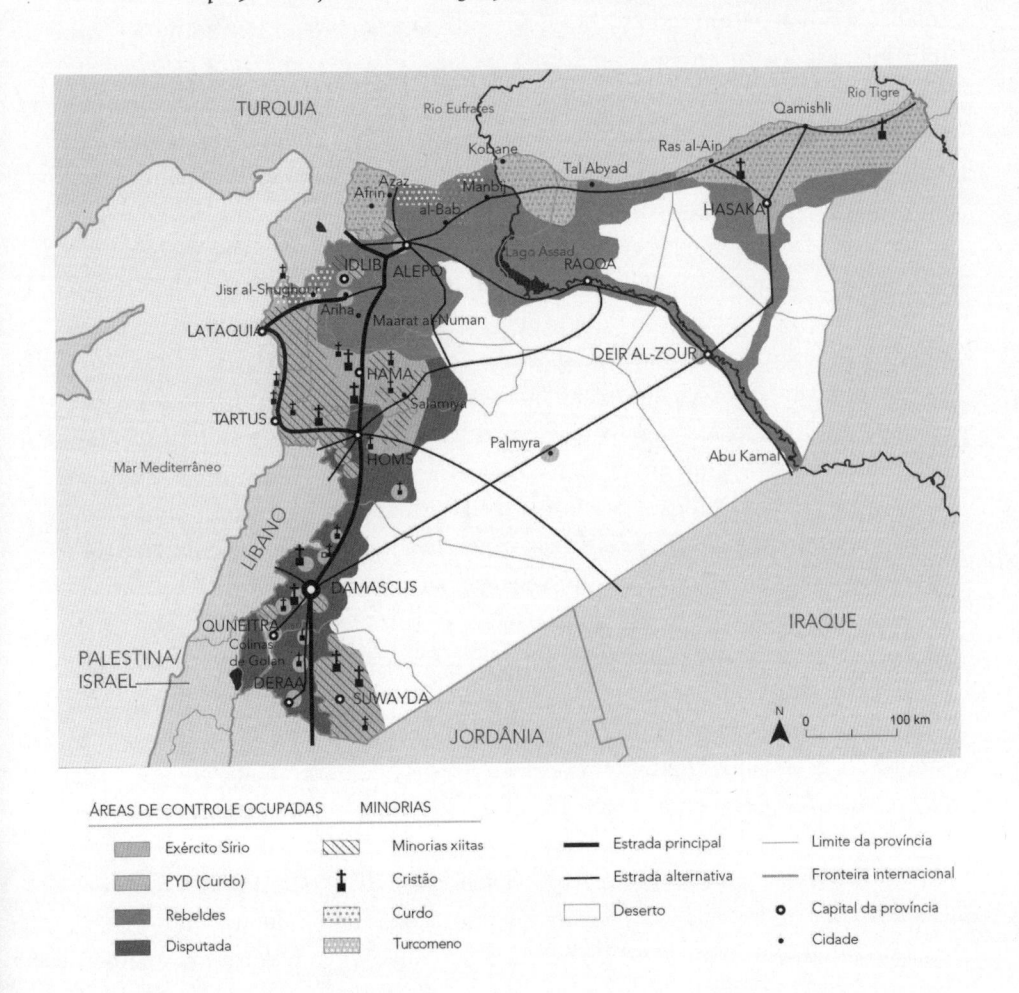

ÁREAS DE CONTROLE OCUPADAS
- Exército Sírio
- PYD (Curdo)
- Rebeldes
- Disputada

MINORIAS
- Minorias xiitas
- Cristão
- Curdo
- Turcomeno

- Estrada principal
- Estrada alternativa
- Deserto
- Limite da província
- Fronteira internacional
- Capital da província
- Cidade

nhecimento internacional, na esperança de receber mais apoio e recursos. Ao final de fevereiro de 2013, alguns meses após o surgimento do SCM, o governo norte-americano de Barak Obama anunciou oficialmente o envio de alimentos e remédios, com assessores dos EUA supervisionando a distribuição da ajuda aos guerrilheiros de oposição, que atuavam com o SCM, através da Coalizão. A Agência Central de Inteligência (CIA) usou canais ligados ao SCM para começar a transportar pequenas quantidades de armamento fabricados na Croácia (comprados pela Arábia Saudita), que começaram a aparecer na Síria a partir de janeiro de 2013. No entanto, essa assistência ficou aquém do armamento solicitado.[171] Além disso, o Qatar e a Arábia Saudita continuaram a atropelar o SCM, financiando diretamente grupos de base segundo interesses próprios. Assim, as competições e rivalidades entre países do Golfo fomentaram as divisões entre os grupos armados oposicionistas.

O SCM não se consolidou enquanto força eficaz e começou a colapsar, por disputas internas entre os membros de seu Estado Maior. Em junho de 2015, o presidente da Coalizão Síria, Khalid Khoja, decretou a dissolução do SCM.[172]

Mesmo antes do seu encerramento, os estados ocidentais e aliados na região, que apoiavam a oposição, estabeleceram, desde 2013, comandos militares na Jordânia e na Turquia, a fim de coordenar o suprimento de finanças, armas, logística e inteligência para grupos específicos do ELS. Cada comando compunha-se de oficiais militares de mais de uma dúzia de países. Enquanto o núcleo das decisões na Jordânia – conhecido como Centro de Operações Militares (COM) – operava de forma independente do SCM, as instalações na Turquia (MOM – M¨sterek Operasyon Merkezi), atuavam por meio do General Salim Idriss. A partir de outubro de 2013, os Estados regionais que davam suporte aos grupos armados de oposição – liderados pela Arábia Saudita e acompanhados pelo Qatar e Turquia – colaboraram com os Estados Unidos (em especial com a CIA) para facilitar uma série de fusões entre facções menores para grupos maiores. Assim elas seriam capazes de operar em níveis provinciais ou interprovinciais.

O processo de fusões entre grupos afiliados ao ELS contou com o apoio dos Estados Unidos, mas não se concretizou em qualquer tipo de aumento real no acesso a armamentos, mesmo que mantivessem relações com Washington. Ao invés disso, como explicou Liste,

> em sua maior parte, essas relações eram mantidas por alto nível de apoio externo vindos da Turquia e dos Estados do Golfo – algumas vezes supervisionadas ou

---

171. DeYoung e Gearan, 2013; Lister, 2016b, p. 8.
172. Lund, 2015c.

permitidas pelos EUA. Na prática foram os Estados regionais que preencheram o vácuo deixado pela inação norte-americana...[173]

A marginalização e fragmentação das redes do ELS, bem como sua submissão a várias influências locais e estrangeiras, não evitaram a realização, nos anos seguintes, de novas tentativas em formar um "exército nacional", unindo diversas forças armadas de oposição. Ela abarcaria desde as unidades do ELS até os movimentos fundamentalistas islâmicos, como Ahrar al-Sham e Jaysh al-Islam – excluindo, no entanto, os jihadistas (Jabhat al-Nusra e Estado Islâmico) e as forças curdas do Unidades de Proteção Popular (YPG). À medida em que os estados regionais, em particular o Qatar, a Arábia Saudita e a Turquia, competiam entre si pela influência sobre os vários grupos armados, a unidade organizacional do ELS enfrentava um cenário cada vez mais difícil.

O enfraquecimento contínuo do Exército Livre da Síria obrigou-o a se submeter por inteiro aos Estados estrangeiros, ou sucumbir à dominação dos jihadistas, fundamentalistas islâmicas, ou ambas.

12. Colapso do Exército Livre da Síria

A partir de meados de 2015, a maioria da guerrilha não-jihadista e não-salafista foi marginalizada na luta militar contra o regime. Primeiro, pela repressão de Assad e seus aliados russos e iranianos, mas também devido à pressão dos apoiadores regionais para que atenuassem o confronto contra Assad, concentrando-se em outros inimigos. Ao mesmo tempo, a dominação no campo militar por jihadistas e salafistas e seus ataques aos grupos armados da oposição contribuíram para o enfraquecimento geral das correntes autônomas do ELS.

Os principais apoiadores estrangeiros da rebelião armada, como mencionado acima, estabeleceram o Centro de Operações Militares na Jordânia e o MOM na Turquia, para apoiar algumas facções do ELS. A assistência era limitada, irregular e atrelada a condicionantes. Cada Estado criou e desenvolveu canais próprios para das suporte às facções armadas por fora desses centros de operação, sem coordenação com outros países. Ao longo do levante, os apoiadores estrangeiros pressionavam crescentemente os grupos locais do ELS a centrarem-se em organizações armadas secundárias e batalhas militares periféricas, voltadas a servir seus próprios interesses, desviando a atenção da luta contra o governo. Isso preju-

---

173. Lister, 2016a, p. 14.

dicou a legitimidade local dos grupos do ELS, ajudando o regime, assim como as divisões salafistas e jihadistas.[174]

A Jordânia e a Turquia passaram a usar as unidades locais do ELS e de outras facções armadas de oposição, compostas por milhares de guerrilheiros, para proteger suas fronteiras. Essa situação facilitou a conquista de territórios importantes para Assad em algumas regiões, e deu uma oportunidade aos jihadistas de se apresentarem enquanto os únicos de fato enfrentando o regime no campo de batalha. Em diversas ocasiões, o Comitê de Operações Militares suspendeu o pagamento de salários aos rebeldes no front sul para pressioná-los a lutar contra grupos jihadistas. No mesmo período, em meados de 2016, as tropas turcas (ao lado de grupos armados da oposição, desde batalhões do ELS até os fundamentalistas islâmicas) lançaram uma campanha militar dentro das fronteiras da Síria, para evitar que o Partido da União Democrática (PYD), organização-irmã do Partido dos Trabalhadores Curdos (PKK) (ver os capítulos 5 e 6), controlasse territórios ao longo da fronteira com a Turquia.

A intervenção militar turca demonstrou a mudança nas prioridades de Ankara em relação à Síria – de uma iniciativa voltada a derrubar o governo Assad a uma estratégia de contraterrorismo, jogando a oposição contra o PYD e o Estado Islâmico. Ankara chegou até mesmo a pedir que alguns segmentos armados da oposição recuassem do leste de Alepo, então sob sítio pelas forças pró-regime, para que se somassem à campanha militar turca contra os curdos.

Washington também facilitou o suprimento de armas e assistência a algumas facções do ELS, desde elas voltassem suas energias a combater o Estado Islâmico, próximo à tríplice fronteira entre Iraque, Síria e Jordânia[175] – como no front militar sul, na região de Daraa e entre várias facções do ELS na região de Tanf. Ao mesmo tempo, em meados de fevereiro de 2017, a consolidação militar dos salafistas e jihadistas, ao lado da marginalização do Exército Livre da Síria no noroeste do país, levou ao congelamento da ajuda militar coordenada pela CIA à oposição.[176] Em setembro de 2017, depois que as tropas do regime (apoiadas por milícias iranianas e pesada cobertura aérea russa) retomaram uma série de postos de fronteira com a Jordânia, abandonados nos primeiros anos do conflito, dois grupos do ELS – Usoud al-Sharqiya e Mártir Ahmad Abdo – foram instruídos pela CIA e pelos Estados jordaniano e saudita a cessar o combate ao exército sírio e às milícias pró-Irã no sudeste do país. Eles recomendaram que eles recuassem da área para se abrigarem na Jordânia.[177]

174. Legrand, 2016, p. 1-2.
175. Oweis, 2016, p. 6; al-Khalidi, 2017a.
176. Al-Khalidi, Perry e Walcott, 2017.
177. Al-Khalidi, 2017b.

Desde 2013, Israel também passou a apoiar, com dinheiro, comida, combustível e suprimentos médicos, algumas pequenas facções locais da oposição armada próximas à sua fronteira, como os Cavaleiros de Golã. O objetivo israelense era o de criar uma zona livre do Estado Islâmico e evitar que forças pró-iranianas e o Hezbollah entrassem em áreas que poderiam ser usadas para transportar armas para bases militares no sul do Líbano e na parte síria das Colinas de Golã. No total, havia ali cerca de 800 guerrilheiros da oposição em mais de uma dúzia de vilarejos.[178]

A marginalização, fragmentação e os conflitos internos das redes do ELS e da oposição armada em geral, além das pressões regionais e internacionais, tornaram o Exército Livre impopular em diversas localidades.[179] Em zonas fora do controle do regime e do Estado Islâmico – principalmente em Idlib, nas regiões rurais de Damasco e na província de Alepo –, os conselhos locais e grupos de ativistas lançaram campanhas para acabar com as disputas internas entre 2015 e 2017. Desejavam encerrar as práticas autoritárias de grupos armados da oposição contra civis, assim como evitar a intervenção desses na administração pública. Corria a exigência para que a guerrilha mantivesse suas bases militares ou depósitos de munições afastados das comunidades civis, para proteger as pessoas e as propriedades, evitando transformar as zonas urbanas em campos de batalha.[180]

Ao longo dos anos, outro fenômeno que enfraqueceu as redes do ELS foram as trocas de lado por dirigentes, que passaram a lutar pelo regime Assad. Algo que se explicava por oportunismo, ambições materiais e a perspectiva de ganhos financeiros. Muitos deles acumularam fortunas na economia de guerra, firmando parcerias obscuras com autoridades estatais. Outros líderes escolheram selar acordos com o regime, para garantir imunidade aos seus guerrilheiros, e evitar que a população em determinadas áreas sofresse com maior destruição e bombardeios aéreos. O abandono por aliados internacionais ou a necessidade de proteção também forçou algumas unidades do ELS a firmar um entendimento com o governo.[181] No entanto, os acertos de reconciliação não impediram que a ditadura logo em seguida prendesse ou matasse os antigos membros do Exército Livre (ver capítulo 3).

---

178. Jones, 2017.
179. Enab Baladi, 2018a.
180. SMART News Agency, 2017.
181. Zainedine, 2018.

13. Conclusão

Inspirados pelos levantes na Tunísia e no Egito, os manifestantes sírios enxergaram nos eventos em Daraa a oportunidade para desencadear um movimento de revolta. Havia, entre amplos setores da sociedade, menos receio, sobretudo entre os jovens, que não viveram a repressão dos anos 1980. As medidas repressivas contra os protestos e a ausência de avanços políticos no campo dos direitos humanos, e de medidas concretas por Bashar al-Assad levaram à radicalização dos manifestantes – suas exigências evoluíram de pedido por reformas a demandas pela queda do regime. Durante os primeiros dois anos da revolução, os comitês de coordenação tiveram sucesso na organização de campanhas nacionais através de suas redes de ativistas nos vilarejos, bairros e cidades. Mesmo que cada região permanecesse de certa forma isolada das demais, seguiam trocando mensagens de solidariedade entre si.

Diferentes formas de resistência possuíam distintas raízes políticas, econômicas e sociais. Em Alepo, a divisão entre o espaço urbano e o rural foi a principal linha divisória de destaque durante o levante. Na percepção de alguns setores das classes médias e dos empresários locais, o movimento de protestos era dirigido por religiosos conservadores do interior, que ameaçavam seu status social e estilo de vida. O bombardeio à zona oeste de Alepo pela oposição armada, que atingiu civis e infraestrutura não-militar, alienou ainda mais esses setores da população, mesmo que o leste da cidade tenha sofrido grande violência nas mãos do regime e da força aérea russa. Até certo ponto, Damasco foi marcada por uma dinâmica similar.

Em segundo lugar, segmentos significativos das minorias religiosas – em especial os alauitas e, em menor grau, os cristãos – mantiveram distância do processo revolucionário, por medo do salafismo e do jihadismo, ou do surgimento de um vácuo político em que acabariam vulneráveis, como ocorreu no Iraque após 2003. Isso não significava que não existiam membros ativos das minorias religiosas no levante, porém eles representavam apenas uma pequena parcela de suas comunidades.

O movimento de protestos sofreu algumas debilidades. Nenhuma direção unificada os representava e, no lugar disso, estabeleceram-se comitês de coordenação e organizações de juventude. Segundo estudo de mais de 100 ativistas não-violentos[182], esse consistiu no seu "maior erro", posto que a primeira opção teria "evitado que o movimento se fraturasse". A oposição política formada no exílio mostrou-se incapaz de cumprir esse papel por várias razões (ver capítulo 4), e não menos por suas divisões internas, corrupção crescente e as intervenções

---

182. Dawlaty, 2015, p. 25.

dos estados estrangeiros (Arábia Saudita, Qatar e Turquia). O alto nível de repressão aos ativistas civis e membros dos comitês de coordenação – principalmente as execuções e desaparecimentos forçados – abalaram de forma considerável os recursos humanos do levante, também isolando muitos dos ativistas sobreviventes em seus vilarejos, bairros e regiões. Muitos engajaram-se nos conselhos locais que surgiam, cumprindo um papel importante na gestão de suas áreas durante o levante sírio.

Alguns críticos responsabilizaram a militarização do levante na dependência do apoio estrangeiro, na crescente islamização e no desastre que o sucedeu, enquanto outros argumentavam que apenas a resistência armada seria capaz de derrubar o regime. Apesar de sua crítica à militarização, o veterano ativista da oposição Rateb Sh'abo colocou o dilema da seguinte maneira:

Está claro que a "opção" por militarizar a revolução síria resultou em um desastre total... Dito isso, é também óbvio que se tornara praticamente impossível manter uma revolução pacífica contra um regime obcecado pela própria sobrevivência, que enxergava como questão existencial a luta contra as mudanças políticas. Isso só para dizer que o debate intenso e a guerra de certezas que persistiu ao longo da revolução entre os defensores da militarização por um lado, e aqueles que lamentavam o fim dos meios pacíficos por outro, tinha pouco sentido.[183]

Podemos concluir que o fracasso na construção de um sistema político e social organizado e independente, com alguma forma de centralização, criou um vácuo no qual outros atores internos e externos foram capazes de intervir, instrumentalizando a oposição armada e civil, em detrimento dos movimentos de protestos. Apesar de tais limitações, um processo revolucionário foi desencadeado na Síria, expresso na irrupção das massas populares na cena política, desafiando radicalmente o domínio e as estruturas do regime.

---

183. Rateb Sh'abo, 2016.

3
a repressão do regime

Em resposta à situação revolucionária, o governo resolveu tratá-la como uma conspiração estrangeira articulada para instigar uma guerra civil entre grupos religiosos. Tal posição ganhou contornos claros em janeiro de 2012, quando, em um discurso, Bashar al-Assad associou os manifestantes aos ataques terroristas de 11 de setembro e ao grupo Al-Qaeda.[1] Porém, desde o início do levante, o regime reprimiu com brutalidade a onda de protestos, dirigindo sua violência, em particular, contra os ativistas pacíficos, não-sectários e democráticos. Muitos foram presos e torturados até a morte, outros tiveram que fugir do país. Em reação a tamanha selvageria, passou a adotar posições cada vez mais radicais, exigindo a derrubada de todo o sistema político.

Assim como nas décadas de 1970 e 1980, a estrutura política seguia dominada pelas agências de segurança. Em março, antes do início do levante, vazou a notícia de que Bashar al-Assad havia formado um Comitê Especial para estudar a hipótese do alastramento dos protestos até a Síria e como impedi-los. A entidade concluiu que o movimento pela derrubada dos presidentes egípcio e tunisiano saiu vitorioso por não ter sido esmagado no nascedouro. Assim, segundo o pesquisador Hassan Abbas,[2] optou-se, logo de início, por tratar as manifestações como questão de segurança pública.

As lições deduzidas por Damasco a partir do Egito e da Tunísia exemplificam o chamado "aprendizado autoritário" que, de acordo com Haydemann e Leenders[3], ocorre quando um regime como o de al-Assad absorve ideias, práticas, modelos ou políticas de outros países. Ao mesmo tempo, estruturas próprias e experiências passadas também balizaram as ações da ditadura.

As transformações estruturais de Assad, sobretudo após a sua ascensão ao poder, forçaram o governo a depender de uma base social limitada, muito menor que nos anos 1970, sem poder contar com organizações populares em escala nacional para apoiar a repressão. Com isso, o regime ancorou-se em relações sectárias, tribais e clientelistas para mobilizar sua base popular, através de várias redes e estruturas informais. Inicialmente, os capitalistas de compadrio, afiliados ao governo, moveram pessoas para protestos pró-governo, contribuindo em peso no desenvolvimento e financiamento das milícias a ele favoráveis. Porém, o papel

---

1. Citado em Pinto, 2017, p. 127.
2. Abbas, 2011.
3. Heydemann e Leenders, 2011.

central, o de criar e expandir essas milícias, coube aos serviços de segurança. Por último, a prestação contínua de serviços pelo Estado foi importante nesse contexto. Ao longo da guerra, ele seguiu como o maior empregador e provedor de infraestrutura e comodidades no país.

1. Mobilização da base popular

A) Capitalistas de compadrio e empresários

Para quem esperava deserções em massa dos capitalistas de compadrio e empresários próximos ao regime, sabemos que elas não aconteceram; ao longo do conflito, eles desempenharam um papel cada vez mais político. No começo, financiaram as campanhas de relações públicas e as grandes mobilizações orquestradas pelo regime,[4] enquanto os conglomerados de imprensa, sob propriedade de alguns deles, caluniaram os protestos, promovendo a propaganda estatal.[5] Mais tarde, passaram a financiar as milícias pró-regime (comentado mais adiante neste capítulo) e os vários serviços – incluindo tratamentos médicos e casamentos para seus membros, soldados do Exército Árabe Sírio (EAS) e agentes de segurança[6]. Através da sua empresa de telefonia Syriatel, o empresário Rami Makhlouf envolveu-se especialmente nesses tipos de conveniências. Em meados de 2018, ele também estabeleceu a Fundação Nour de Microfinanças, voltada a oferecer ajuda financeira a indivíduos de baixa renda[7].

As primeiras sanções internacionais aplicadas por Estados estrangeiros desestimularam a elite síria a romper com o regime, exceto alguns, como Manaf Tlass. Nenhuma pessoa sob sanção se aliou ou aderiu à oposição. Elas levaram alguns empresários a se acomodarem ainda mais no seio do regime, na medida em que surgiam oportunidades econômicas durante o conflito. A elite integrada, de todas as seitas religiosas, permaneceu firmemente entrincheirada na Síria[8].

O regime de Assad puniu os empresários que apoiaram o levante sem meias medidas, confiscando suas propriedades e promovendo falsas acusações jurídicas em supostos tribunais antiterrorismo criados ao longo do conflito[9]. Após fugir do país por manifestar apoio à oposição, Firas Tlass, por exemplo, teve o seu patrimô-

---

4. Haddad, 2012b.
5. Abbas, 2011; Iqtissad, 2015a.
6. Eqtisad, 2017.
7. Kharon Brife, 2018.
8. Abboud, 2013, p. 3; Younes, 2016.
9. Kattan, 2014.

nio arrestado[10]. Em agosto de 2014, sua empresa MAS foi oficialmente adicionada ao Estado[11]. O regime também confiscou os bens daqueles que tinham relações diretas com Bashar al-Assad, porém não manifestaram o apoio esperado. Imad Ghreiwati, um dos principais empresários do país, teve o seu espolio apreendido pelo Estado, mudando-se para Dubai após renunciar à direção da Federação Síria de Câmaras de Indústria, em 2012[12]. Da mesma maneira, em 2014, confiscou-se o patrimônio de Mouaffaq al-Gaddah[13] (um dos maiores investidores sírios, outrora provido gratuitamente de terras públicas em Damasco), sob a acusação de "financiar organizações terroristas" e de "contrabandear armas para Daraa"[14]. Seu nome foi retirado da lista antiterror em maio de 2018, possivelmente indicando sua reconciliação com o regime. No entanto, a maioria desses cidadãos jamais deu qualquer declaração oficial em oposição ao governo ou em apoio ao levante.

Tais medidas serviram para disciplinar o empresariado sírio, sobretudo dentro do país, mas também no exterior. Conforme o regime retomava a maioria do território, Jamil Hassan, chefe da Agência de Inteligência da Força Aérea, declarou, numa reunião em julho de 2018, que mais de 150 mil inquéritos de pessoas ricas e empresários sírios, que "apoiaram os terroristas", haviam sido compilados. A ideia era mantê-los para assédio e pressão, concomitante à total apreensão dos seus recursos – que seriam usados para "reconstruir aquilo que destruíram"[15]. Verdadeiros ou não, os números indicam que a pressão sobre o empresariado continua.

B) Enfraquecimento do exército

Em março de 2011, devido a décadas de corrupção, o Exército Árabe Sírio (EAS) encontrava-se em baixo nível operacional e de combate. Enfraquecido durante o levante, enfrentou uma queda em seu contingente de 220-300 mil para 80-100 mil integrantes, segundo diferentes estimativas. Até o início de 2018, mais de 119 mil combatentes pró-regime morreram nos confrontos militares – incluindo 62 mil membros do EAS[16].

---

10. *The Syria Report*, 2014a.
11. Al-Iqtisadi, 2014b.
12. Baladi News, 2017.
13. Al-Gaddah é um empresário que enriqueceu nos Emirados Árabes Unidos (EAU) voltando à Síria em meados dos anos 2000, em meio à abertura econômica. Ele investiu principalmente em diversos projetos imobiliários de luxo no distrito de Yaafour, no entorno de Damasco.
14. *The Syrian Observer*, 2013; al-Iqtisadi, 2014a.
15. *The Syrian Reporter*, 2018.
16. Balanche, 2016; Davison, 2016; Zaman al-Wasl, 2018b.

As forças armadas identificaram potenciais desertores. Comandantes suspeitos, mesmo aqueles que detinham cargos importantes, foram suspensos ao primeiro sinal de desacordo. Manaf Tlass, por exemplo, acabou exonerado do comando da sua brigada da Guarda Republicana e até mesmo posto em prisão domiciliar. Nenhuma unidade militar importante desertou com os seus dirigentes. O aparato de segurança também reforçou essa dinâmica com assassinatos ou prisão e tortura de soldados que não cumpriam ordens para atirar nos manifestantes[17]. Isso explica, em parte, por que a maioria das deserções ocorreu individualmente ou em pequenos grupos. Milhares de soldados e oficiais foram detidos sob suspeita de simpatia à revolução[18].

Em julho de 2015, Bashar reconheceu a escassez de contingente no exército, abandonando algumas áreas para defender melhor aquilo que descreveu como as "regiões importantes da Síria, garantidas pelas forças armadas para impedir o colapso das outras áreas"[19]. Essas zonas cruciais englobavam Damasco, Homs, Hama e o litoral ao redor de Lataquia.

Deserções e a indisposição dos jovens em servir no exército explicavam as dificuldades em recrutar novos soldados. Após serem convocados por escrito ou chamados a se apresentar à reserva militar, diversos deles partiram rumo à Europa e outros países. Desde março de 2012, os canais locais da imprensa relataram que o regime estava proibindo todos os homens sírios entre as idades de 18 e 42 anos (e algumas vezes até os de 50 anos), de viajar ao exterior sem permissão do departamento de recrutamento militar[20]. Milhares deles esconderam-se, por medo da conscrição forçada.

Ao longo dos anos, a propaganda do exército na imprensa estatal, os cartazes de recrutamento espalhados por toda Damasco ou as várias anistias concedidas aos desertores e aos que escaparam da conscrição, em nada mudou o cenário. O regime continuou a sofrer com a falta de pessoal, em uma situação que se tornou cada vez mais problemática, em especial após a retomada de novas áreas pelas forças pró-regime e seus aliados em 2016.

Em novembro daquele ano, o governo anunciou a criação da sua primeira força militar oficial baseada em recrutamento voluntário – a Quinta Unidade de Ataque –, que visava "lutar contra o terrorismo", e que seria empregada junto a outras unidades do exército e forças aliadas estrangeiras. A Rússia foi a principal força motriz na criação desse setor, que gerenciava e financiava. Os alvos iniciais

17. Halliday, 2013, p. 13.
18. Bassiki e Haj Hamdo, 2016.
19. Citado em Bassam, al-Khalidi e Perry, 2015.
20. *The Syria Report*, 2012; We Are All Syria, 2017.

*Mapa 10. Ofensiva do Exército Sírio na região de Damasco
(março de 2013 a maio de 2017)*

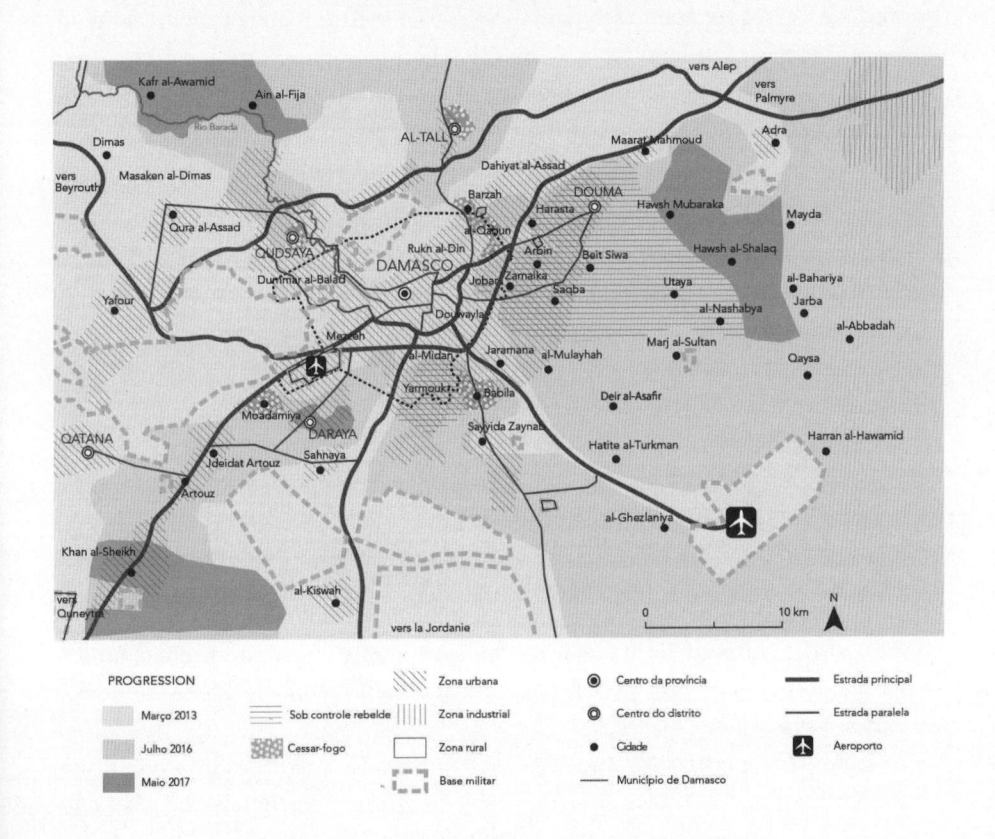

eram os civis que ainda não tinham sido conscritos ao serviço militar, desertores do exército e servidores públicos. A Quinta Unidade fornecia aos recrutas um salário mensal e resolução jurídica em casos de deserções militares passadas. Voluntários que ocupavam cargos públicos se beneficiaram dos novos contratos anuais, enquanto continuavam recebendo seus salários anteriores, além do soldo na Quinta Unidade. Essas condições tornavam-se atrativas para grandes segmentos da juventude síria, que enfrentavam um alto índice de desemprego e inflação crescente. Ao mesmo tempo, o regime propagandeou massivamente a Quinta Unidade – como folhetos em pacotes de pão produzidos pelo governo, anúncios na imprensa e chamados religiosos para incentivar o recrutamento. O Ministério de Assuntos Religiosos ordenou que os imames-chefes das mesquitas localizadas em áreas ocupadas pelo governo mobilizassem a juventude ao recrutamento[21]. Ela também passou a integrar às suas fileiras combatentes das milícias pró-regime – como as Forças de Defesa Nacional (FND) – e ex-integrantes de grupos armados de oposição, que firmaram pactos com o regime. Em meados de 2018, essa unidade contava com dezenas de milhares de soldados, incluindo conscritos pró-regime, membros das milícias criadas pelo governo, e de russos, junto com os antigos grupos armados de oposição, que assinaram acordos com Moscou[22].

Ao invés do Exército Árabe Sírio, unidades libanesas do Hezbollah, voluntários iranianos e iraquianos, milícias sírias e empresas militares privadas assumiram as ações contra grupos armados de oposição; apenas uma fração das forças do EAS (entre 20 mil e 40 mil soldados) podiam ser empregadas com confiança nas ofensivas. Tais unidades, em sua maioria, serviam enquanto destacamentos de elite – como a Guarda Republicana, as Forças Especiais e a Quarta Divisão Blindada, cujos integrantes provinham, em maior parte, dos alauitas sírios[23]. Para reprimir o movimento de protestos e a insurgência, Bashar, assim como o seu pai, confiava em um número limitado de unidades militares, cuja maioria era composta por alauítas e quase sempre lideradas por indivíduos com conexões familiares ou tribais à sua família.

Segundo um especialista militar russo, o Estado Maior da Síria não tinha planos estratégicos coerentes de curto ou médio prazo. Os generais de Assad não acreditavam que suas tropas conseguiriam colocar o país em ordem, sem assistência militar de Estados estrangeiros. Eles não tinham quaisquer projetos de operações em larga escala, dada a ostensiva capacidade de combate da guerrilha, a falta de munição e equipamento moderno do regime e o temor de incorrer em perdas

---

21. Al-Masry, 2017.
22. Semenov, 2017; Oudat, 2018.
23. Kozak, 2017.

pesadas e derrotas em combate. Ele acrescentou que, em 2016, a maior parte das unidades do EAS posicionava-se em cerca de 2 mil postos de controle espalhados pela Síria[24]. Mais da metade do exército, portanto, operava sem conexão com as respectivas unidades. Estacionados nesses pontos, os soldados regulares incumbiam-se de ações defensivas e da extorsão de dinheiro da população local. A única exceção ficava por conta da Força Aérea Árabe Síria, que conduzia diariamente um número relevante de incursões (chegando até a 100 por dia em 2015), 85% das quais eram bombardeios. Ela foi responsável por 70% da destruição causada por incêndios, após ataques aéreos conduzidos por várias dúzias de caças e cerca de 40 helicópteros da aviação do exército.[25]

Selecionados para o treinamento de oficiais, seus recrutas passaram a assumir uma identidade profundamente sectária e localizada: eram quase todos alauitas provindos das regiões litorais de Lataquia e Tartus, enquanto os de Homs tendiam a se filiar à FND, ao invés de entrar para o exército. Desde 2011, 10 mil novos estudantes alistaram-se no programa de educação militar da Síria, reduzido de três para dois anos. Enquanto o corpo de oficiais facilitava o alistamento de alauitas, essa não era, de maneira alguma, uma instituição apenas dessa corrrente. Antes do levante de 2011, por exemplo, a Academia Militar de Alepo e a Faculdade Militar de Homs recebiam todos os anos centenas de candidatos de diversas origens, apesar do sistema de cotas de admissão para a Faculdade Militar favorecer recrutas das províncias de maior população alauita (Hama, Homs, Lataquia e Tartus). A transformação do exército em uma organização baseada em alauitas pré-selecionados pelas agências de segurança não era reconhecida de forma aberta, mas se tornou, na prática, uma política de recrutamento efetiva[26].

Isso não impediu esforços em recrutar rapazes sunitas para combater no EAS nas áreas controladas pelo regime[27]. Além disso, em alguns casos, mesmo que de forma residual (comentado mais adiante neste capítulo), os acordos de reconciliação absorveram nas milícias locais do regime – principalmente no FND ou no EAS[28] – antigos grupos da oposição armada, compostos na esmagadora maioria, de combatentes sunitas.

O EAS, as forças sírias de segurança e as milícias também incluíam influentes figuras sunitas no regime e suas instituições. No EAS e nos grupos de segurança, encontramos:

24. Khodarenok, 2016.
25. Khodarenok, 2016.
26. Khaddour, 2016a.
27. Alous, 2015.
28. Ezzi, 2017.

I. Ali Mamlouk, chefe da segurança nacional, supervisionando todas as outras agências de segurança;
II. General Fahd Jassem al-Friej, ex-Ministro da Defesa e Vice-Comandante-em--Chefe do Exército e das Forças Armadas (de julho 2012 a janeiro 2018)[29];
III. Major-General Mahmoud Ramadan, comandante do 35º Regimento das Forças Especiais, designado para a proteção da área leste de Damasco;
IV. Brigadeiro-General Jihad Muhammad Sultan, comandante da 65ª Brigada que defendia Lataquia;
V. Coronel Khalid Muhammas, sunita de Daraa, encarregado da segurança de Damasco para o Departamento 40 da Segurança Interna;
VI. Muhammad Deeb Zeitun, chefe da segurança de Estado;
VII. Muhammad Rahmun, chefe da segurança política;
VIII. Mahmoud al-Khattib, chefe do braço investigativo do diretório político;
IX. General Ali Diab, chefe do braço de segurança militar em Hasakah;
X. General Hayez al-Moussa, governador de Hasakah desde outono de 2016.

Dentre as milícias, o comandante da FND em Daraa era um sunita de origem palestina, assim como os comandantes do FND em Qunaytra, Raqq e Alepo. Muhana al-Fayad, membro sunita do parlamento, foi um dos principais milicianos a combater o Estado Islâmico (EI), encabeçando a tribo Busaraya, uma das maiores na região entre Deir ez-Zor e Hasakah[30].

Os altos oficiais sunitas foram contratados, promovidos e consolidados individualmente. Havia sunitas em instituições do Estado, e também na chefia da inteligência estrangeira, Ministro da Defesa, altos oficiais da inteligência da força aérea, Ministro do Interior, na direção e entre a maioria dos líderes do Partido Baath, assim como o presidente do parlamento (ao menos até 2017, quando elegeram Hamoudeh Sabbagh, um cristão). Para completar, os postos de vice-presidente e Ministro do Exterior são ocupados por personalidades sunitas desde os anos 1980.

Baseadas em políticas sectárias, tribais e clientelistas do regime, essas ações individuais tiveram pouco ou nenhum impacto sobre suas comunidades de origem, como demonstrado por Emile Hokayem[31]. Em alguns casos, certos subordinados desafiavam as autoridades junto aos serviços de segurança, quando fortalecidos por ligações e conexões com a família Assad[32].

---

29. Karouny, 2012.
30. Alam, 2016; Malik, 2016; Zaman al-Wasl, 2018a.
31. Hokayem, 2016.
32. Belahdj, 2013, p. 20.

A despeito de tais problemas, o exército permaneceu intacto. As deserções dentro das Forças Armadas no início do levante não afetaram a sua organização. À exceção de casos isolados de desertores de alto escalão, que já estavam fora dos círculos confiáveis, a maioria delas vinha de oficiais não-comissionados ou soldados conscritos. Eles juntaram-se, em sua maioria, ao Exército Livre da Síria (ELS) ou fugiram do país com suas famílias[33]. Houve deserções na infantaria, porém nenhuma unidade combatente importante o fez em massa. O cerne do corpo de oficiais permaneceu ao lado do regime ou ao menos não desertou. Isto ocorreu independentemente da afiliação sectária/religiosa.

A dependência, em algumas brigadas específicas, compostas na sua maioria por alauitas, para combater a insurgência sem envolver diretamente os oficiais sunitas, assim como uma série de concessão de privilégios socioeconômicos, explicam tal dinâmica. Os oficiais do exército tinham acesso a um sistema de benefícios que os atrelava ao regime em quase todos os aspectos das suas vidas profissionais e pessoais, colocando-os numa relação antagônica com o resto da sociedade. No bairro de *Dahiet al-Assad*, ou "subúrbio de Assad", na zona nordeste de Damasco, sede do principal complexo residencial militar do país, muitos tiveram a oportunidade de adquirir propriedades na capital. Para alguns oficiais – sunitas e alauitas – que provinham de contextos rurais pobres, tornar-se dono de um imóvel em Damasco representava um salto no patamar financeiro e no status social[34].

O exército permaneceu como o fator central para a sobrevivência do regime, devido aos seus investimentos em várias funções, além do combate militar direto. Durante a guerra, ele serviu enquanto plataforma central para coordenar e prover apoio logístico às várias milícias pró-regime espalhadas pelo país – em especial, abastecendo e distribuindo armas para os grupos paramilitares. A instituição também era o segundo maior proprietário de terras no país, logo atrás do Ministério da Administração Local; ela operava a empresa militar de construção (a maior da Síria), sendo também responsável pelo fornecimento de moradias aos seus integrantes. Enquanto maior construtor de imóveis do país, o exército continuava provendo seus oficiais com moradia, soldos e outros benefícios. Por último, ele desempenhava o papel central de conceder legitimidade simbólica à direção do regime[35].

---

33. Kattan, 2016.
34. Khaddour, 2015b.
35. Khaddour, 2017a.

C) *Serviços de Segurança e o surgimento das milícias*

A fragilidade militar do EAS levou à criação de milícias espalhadas pelo território, em particular dos serviços de segurança e dos capitalistas de compadrio. Essas substituíram as do Partido Baath e de outras organizações corporativistas populares, que auxiliaram o exército e o serviço secreto a reprimir a insurgência da Irmandade Muçulmana no início dos anos 1980[36]. As entidades corporativas populares do regime, usadas também nos anos 1980 para reprimir protestos e manifestações, perderam importância e relevância numérica no regime de Bashar al--Assad. As políticas do governo abalaram o Partido Baath, que se tornou burocrático e inerte demais para servir à repressão, tendo sofrido inúmeras deserções no início do levante. Politicamente, o papel e a influência dos serviços de segurança cresceram de maneira considerável ao longo de todo o processo.

Já a Inteligência da Força Aérea ganhou importância central em 2011. O órgão tratou de montar milícias pró-Assad e lançou uma caça aos dissidentes. A influência de Jamal Hassan, chefe da entidade, cresceu em paralelo à dependência do regime da sua organização – que passou gradualmente a ter um desempenho mais convencional no campo de batalha[37]. Ele até chegou a criticar Bashar al-Assad por excesso de prudência no início do levante – diferente do seu pai, Hafez, ele teria agido com maior "sabedoria" em Hama, em 1982, ao eliminar por inteiro a oposição[38].

A *milicianização* do conflito começou com o surgimento dos Comitês Populares. Alguns deles apareceram de forma espontânea; em geral, no entanto, eram articulados pelos serviços de inteligência e empresários pró-Assad, para dispersar as manifestações ao lado das forças de segurança. Os aparatos de repressão de várias regiões começaram a organizá-los, fornecendo-lhes armas, carros e documentos de identidade. O Bureau Nacional de Segurança, comandado pelo Major-General Ali Mamlouk, supervisionava os Comitês Populares em toda a Síria. O escritório dividiu o país em setores sob responsabilidade dos órgãos de repressão em Damasco e no entorno rural. Cada braço assumiu o controle direto e distribuição de armas a grupos de jovens para estabelecerem comandos armados, representando as autoridades e garantindo a lei nas zonas controladas pelo regime[39].

Tais comitês auxiliaram os braços de segurança e o exército em incursões e operações de busca de homens procurados, enquanto garantiam proteção às ins-

36. Khaddour, 2013a, p. 20.
37. Lund, 2016c.
38. Sputnik News Araby, 2016.
39. Al-Sheikh, 2013.

talações do regime e gerenciavam postos de vigilância, com dinheiro e armas dos serviços de controle do governo[40]. Seus membros recebiam salários mensais entre 20 mil e 25 mil SYP (libras sírias) assim com privilégios no acesso à gasolina, combustíveis em geral, e pão[41]. Muitos adquiriram má reputação e não raro eram alvo de reclamações por seu comportamento agressivo e abusivo[42].

O regime também encorajava os vigilantes de bairro, encorajando jovens moradores a controlar a área, e encaminhar informações sobre o que acontecia ao redor, para a identificação de ativistas. Em geral forneciam-lhes uma arma registrada e um documento de segurança. Os bloqueios de rua e grupos locais multiplicaram-se rapidamente ao longo de 2011[43]. Em meados de 2012, o governo começou a armá-los de forma mais sistemática em Damasco, enquanto alguns integrantes recebiam treinamento de um a três meses em campos militares no Irã e no Líbano[44].

Em escala menor, recrutados sem critério ideológico, os Batalhões Baath, criados por Hilal Hilal, um ex-chefe do Partido Baath em Alepo, participaram da defesa da cidade no verão e outono de 2012. Eles também foram usados pelos serviços de segurança para controlar bairros e debelar protestos. O grupo manteve-se forte em Alepo, porém apareceram ramificações em várias áreas do país – incluindo Damasco, Lataquia, Tartus e Hasakah[45]. Em 2017, sobretudo em Homs e Hama, estudantes universitários leais ao regime fundaram algumas brigadas do Baath que agiam sob a liderança da Quinta Unidade do Exército. Os integrantes desses batalhões tinham contratos de 18 meses, sendo dispensados do serviço militar obrigatório. Seus membros também recebiam salário de no mínimo 200 dólares, segundo suas qualificações.[46]

Em 2013, com importante assistência política, econômica e militar iraniana, o regime criou o *Quwat al-Difaa al-Watani*, ou Força Nacional de Defesa (FND), aglutinando de 100 mil a 150 mil combatentes nos anos seguintes[47]. Ela despontou como uma organização guarda-chuva e reformulou todas as unidades de *Shabiha* e Comitês Populares. O arranjo contratual do FND baseava-se em recompensas financeiras aos voluntários e a manutenção de status civil (ou não-militar). O FND também aparece enquanto resposta à alta evasão militar em toda a Síria. Alguns

---

40. Halliday, 2013, p. 18.
41. Al-Sheikh, 2013.
42. Mashi, 2012.
43. Sabbagh, 2013, p. 83.
44. Reuters, 2012c.
45. Lund, 2015b.
46. Zaman al-Wasl, 2017c
47. Kozak, 2017; Lund, 2015b.

se interessavam pelas características das novas forças paramilitares e juntavam-se ao FND, ao invés do exército, para permanecer nas suas províncias de origem, trabalhando em horários limitados e regulares. Apenas certos batalhões do FND eram enviados para áreas distantes de seus locais de origem. Em algumas regiões, o recrutamento por ele levado a cabo também embasava uma estratégia divisória e sectária ao extremo. A nova força paramilitar tornou-se poderosa, gerenciando muitos bloqueios de vias e conduzindo patrulhas regulares de segurança[48].

Em paralelo ao FND havia outras milícias – como a Força Local de Defesa (FLD), criadas pela primeira vez em Alepo e periferia, entre 2013 e 2014. Suas unidades mantinham seus combates nas respectivas áreas de origem. Elas foram montadas com a ajuda de Teerã e, em alguns casos, do Hezbollah, que teve função de relevo, auxiliando e treinando os grupos. Os membros das FLD eram oficialmente considerados integrantes das forças armadas sírias[49].

A criação dessas milícias gerou uma dinâmica específica nas áreas costeiras habitadas por alauitas, que compunham a base do exército e das milícias. O regime abriu centros de recrutamento nos vilarejos do litoral, sob o patrocínio dos quatro grupos armados principais: FND, Suqur al-Sahara, Brigadas Baath e Bustan. A chefia compunha-se, em sua maior parte, de oficiais da ativa ou da reserva do exército, cujos principais recrutas também eram alauitas como eles. O movimento xiita libanês Hezbollah também mobilizou e recrutou, mesmo que apenas para objetivos militares e não para a construção de qualquer base política própria[50].

Integrantes de outras minorias religiosas – em especial cristãos e drusos – também se juntaram às unidades da FND. Em algumas áreas, os sunitas eram recrutados por conexões clientelistas e tribais anteriores, consolidadas pelo regime nas décadas passadas. Em Alepo, os recrutas da FND, liderados pelo ex-empresário e latifundiário Samy Aubrey, provinham da própria juventude local, de vilarejos leais, bem como de clãs e tribos como os Berri – cujo dirigente, Zeno, foi executado no verão de 2012, quando a oposição armada tomou a cidade de assalto.[51] Aubrey ainda usava a FND e outras milícias para fins pessoais, inclusive na proteção e expansão de seus próprios negócios. Membros da família estendida de Aubrey, como o magnata da construção civil Muhammed Jammoul, foram igualmente acusados de abusos em Alepo[52].

---

48. Ezzi, 2013, p. 64; Massouh, 2013, p. 95-96.
49. Al-Tamimi, 2017a.
50. Khaddour, 2016b, p. 13-14.
51. Schneider, 2017.
52. Zambelis, 2017.

Milícias palestinas pró-regime também despontaram, a exemplo do Exército Palestino de Libertação, as Forças da Galileia e as Brigadas Quds, em Alepo (sendo a última provavelmente a principal delas). Essas brigadas, dirigidas pelo engenheiro Muhammad al-Sa'id, formaram-se no campo de refugiados de Nayrab – cercado pelas forças de oposição entre 2012 e 2013 – e no de Handarat, em Alepo. Auxiliares das forças pró-regime desde 2013, as milícias eram constituídas por centenas de soldados[53]. Elas desempenharam um papel importante, ao lado do governo e das milícias xiitas estrangeiras, no outono de 2016, conquistando áreas controladas pela oposição no leste de Alepo (retomada em dezembro de 2016), e na investida para recuperar Deir ez-Zor ao final de 2017, entre outras campanhas militares. Em outubro de 2018, as Brigadas Quds passaram a recrutar também no leste de Ghouta, alguns meses após a região ser tomada pelo regime, oferecendo aos cidadãos altos salários e isenção do serviço militar[54].

Outro facilitador decisivo no recrutamento de combatentes sunitas para as forças do regime em Alepo foi o decreto sem precedentes, do início de 2013, que permitia aos conscritos da área realizar o serviço militar obrigatório dentro da própria cidade e, opcionalmente, junto a uma milícia leal ao regime de própria escolha. No passado, sem exceções, o governo obrigava os conscritos a servirem em regimentos distantes das suas origens, mas isso mudou depois do início do levante. Assim, inúmeros aproveitaram a oportunidade de alistamento ao invés de desertar, já que poderiam voltar para casa todos os dias. Isso expandiu de forma considerável as fileiras das milícias assadistas – como as Brigadas Baath, quase exclusivamente constituídas por sunitas, e que em 2013 assumiram a posição de segunda principal unidade do regime em Alepo, logo depois da Guarda Republicana[55].

Na região de Idlib, aliados de longa data do regime também lideraram pequenas redes de milícias pró-Assad a partir de 2012, todas compostas por sunitas locais. Três figuras proeminentes, todas sunitas, tiveram destaque na criação desses grupos paramilitares. A começar por Khalid Ghazzal, o primeiro empresário baathista com ligações antigas aos serviços de inteligência sírios e que trabalhou com o regime para identificar e liquidar simpatizantes da Irmandade Muçulmana durante a insurgência de 1979-1982. Ele levantou recursos para financiar os Comitês Populares, cujos membros eram parentes seus, baathistas e moradores de Idlib. Também sobressai Jamal Harmoush,[56] responsável pelas facções dos Comitês Populares,

---

53. Al-Tamimi, 2015b.
54. Syria Call, 2018.
55. Dark, 2014a.
56. Harmoush era um parente distante do Tenente-Coronel Hussein Hannoush – um dos primeiros oficiais a desertar do EAS.

que depois uniram-se à Frente Nacional de Defesa. Por último, Jamal Suleiman gerenciava um grupo de vigilantes, conhecido como Comitê Popular pelas agências de segurança em 2011. Conforme o conflito se aprofundava, essa força crescente passou a contar com armas mais pesadas, adquirindo uma função militar cada vez mais convencional no policiamento da cidade e arredores. Com a conquista da cidade de Idlib por islamistas do Jaysh al-Fateh em março de 2015, muitos chefes desse comitês fugiram junto com seus patrocinadores, e o grupo se desintegrou[57].

Na região de Hasakah, o regime também formou milícias assadistas baseadas em ligações com as famílias de tribos árabes locais – como os do Comando Mag, que contaram com forte envolvimento do Exército Árabe Sírio. Muhammad al-Fares, sheik da tribo Tai, ex-membro do parlamento sírio e chefe do clã do território de Qamishli, cujos membros atuavam como representantes do regime, encabeçava a milícia[58]. A Guarda Revolucionária Islâmica do Irã, assim como instrutores do Hezbollah libanês, ainda colaboraram, fortalecendo as milícias governistas[59].

Com as crescentes vitórias militares das forças pró-regime no campo de batalha ao final de 2016, alguns líderes tribais que antes aderiram à oposição agora retornavam aos braços do governo e, em alguns casos, formando milícias para combater militarmente a oposição. O Sheikh Nawaf al-Bashir – líder da tribo Baggara na província de Deir ez-Zor, no leste da Síria, e ex-membro do parlamento, e que abandonara o governo em 2012 – voltou para Damasco em janeiro de 2017 e jurou lealdade a Assad. Em seguida, abriu escritórios de alistamento em Alepo e Homs, para recrutar árabes para uma milícia pró-regime apoiada pelo Irã, e chefiada por Muhammed al-Baquir. Também pretendia ocupar espaços futuros em Deir ez-Zor – a terra natal de Bashir[60]. Na região de Jazirah, em termos gerais, muitas tribos árabes preocupavam-se com a hipótese do PYD, grupo armado curdo, assumir o controle, assim como temiam novos conflitos com a tribo Shammar (ver capítulo 5), fatos que os levaram a apoiar Assad. Assim, não poucos fundaram milícias interligadas ao exército[61].

Empresários pró-regime também criaram suas próprias milícias. Apesar de ter surgido com fins de caridade, a associação Bustan, controlada por Rami Makhlouf, desenvolveu um braço armado desde o início do levante, recrutando sobretudo alauitas do litoral de Lataquia e Tartus. Makhlouf ainda armou algumas seções do Partido Social Nacionalista Sírio, sob a direção de Issam Mahayri[62],

57. Lund, 2016b.
58. Lund, 2015a.
59. Jamestown Foundation, 2015.
60. Van Wilgenburg, 2017a.
61. Khaddour, 2017b.
62. Massouh, 2013, p. 93.

assim como a milícia Força dos Tigres a partir de 2013, sob o comando do General Suheil al-Hassan – oficial de inteligência alauita e celebridade entre os apoiadores do regime. Tratava-se de uma unidade de elite, mais bem equipadas que o exército regular, composta por alguns milhares de homens[63] – a maioria oficiais alauitas da Quarta e Décima-Primeira Divisões, contando ainda com alguns grupos e subgrupos sunitas[64]. A Direção de Inteligência da Força Aérea também recrutava e treinava civis (na sua maioria alauitas) para juntarem-se às forças especiais.[65] Suspeitava-se que outras milícias eram financiadas por Makhlouf – como Daraa Qalamoun, Kataib al-Jabalawi, os Leopardos de Homs e Dir' al-Watan[66].

Muhammad e Ayman Jaber fundaram a Brigada Falcões do Deserto (*Liwa Suqur al-Sahara*), e os Comandos do Mar (*Mughaweer al-Bahr*), no início de 2013. Graças a centenas de milhões de dólares obtidos em negócios lucrativos com o regime, recrutaram ex-soldados das Forças Especiais do exército, oferecendo aos mercenários salários generosos e equipamentos comprados, em geral, por contrabandistas de armas do ocidente. Os Comandos do Mar forneceram milhares de combatentes para auxiliar o exército de Assad na batalha para recapturar Palmira do Estado Islâmico em 2016. Eles também participaram das ofensivas em outras regiões, incluindo as áreas rurais de Raqqa e Homs. Suas milícias receberam treinamento das forças armadas russas e iranianas na Síria[67]. George Haswani, nativo de Yabrud, perto de Damasco, envolvido no comércio de petróleo dos campos controlados pelo Estado Islâmico, foi outro empresário próximo ao regime que fundou o Escudos Qalamoun, que incluía de dois a quatro mil milicianos combatendo próximos à fronteira com o Líbano[68].

A Lei do Serviço Militar, estrutura jurídica oficial que controlava o exército, autorizava o uso de grupos paramilitares, permitindo às "forças auxiliares" e "outras que se tornem necessárias pelas circunstâncias", combater ao seu lado. As milícias foram incluídas nesta última categoria, caracterizadas como grupos armados autônomos operando dentro da estrutura militar[69].

63. As unidades de ataque das Forças do Tigre eram estimadas em 4.000 soldados de infantaria, ao mesmo tempo que havia um número desconhecido de tropas de artilharia e de carros armados. O número total de indivíduos afiliados provavelmente era muito maior do que 4.000 (Waters, 2018, p. 1).
64. Havia dois grupos e uma variedade de subgrupos que consistiam em indivíduos sunitas: os pequenos grupos Abu Arab de Harasta, Damasco; os grupos tribais Mubarak Bani 'Az de Abu Dali, Idlib; o Regimento Sahabat, recrutados parcialmente de Kawkab, Hama; o grupo Maskana do Regimento Ali Taha, do bairro misto sunita-cristão de Homs; e os subgrupos Khattab Ma'ardes e Taybat al-Iman do regimento Tarmeh, cada qual oriundo das suas respectivas cidades no norte de Hama (Waters, 2018, p. 4).
65. Khaddour, 2016a; Schneider, 2016; Waters, 2018.
66. Hayek e Roche, 2016.
67. Ahmed, 2016; Khaddour, 2016a; Enab Baladi, 2017a.
68. Ahmed, 2016; Fadel, 2016; Khaddour, 2016a.
69. Khaddour, 2016a.

As milícias privadas também despontaram quando o regime abandonou sua função de proteger instalações e comboios comerciais, legando aos investidores particulares a formação de suas próprias empresas de segurança para proteger seus negócios. Em agosto de 2013, um decreto legislativo formalizou as sociedades privadas de segurança, colocando-as sob supervisão do Ministério do Interior[70]. Segundo a jornalista Nour Samaha[71] inúmeras delas pertenciam a homens de negócios próximos a Assad. Em agosto de 2016, o regime sírio aprovou a criação de uma companhia que "ofereceria proteção a grupos de turistas e aqueles que quisessem aproveitar os seus serviços", incluindo sírios que retornavam do exterior, empresários e jornalistas. Entre suas atribuições estava a de zelar pelas propriedades e hotéis operados pelo Ministério de Turismo da Síria[72]. No início de 2019, 78 empresas privadas de segurança tinham licença para atuar na Síria[73].

A importância das milícias privadas aumentou no decorrer da guerra. Em 2015, o contingente delas atingiu entre 125 mil e 150 mil filiados[74]. Diversas razões explicam a situação. A primeira residia no enfraquecimento e na deterioração do Exército Árabe da Síria, como já vimos. A segunda deveu-se à degradação da posição fiscal do regime, sem fundos para combater. Por último, a piora da situação econômica no país rebaixou a maioria dos sírios à pobreza. Combater em uma milícia consistia, não raro, no trabalho mais bem pago disponível aos homens, oferecendo-lhes ao mesmo tempo a possibilidade de permanecer em suas regiões. Isso, sem mencionar a anistia aos que escaparam da conscrição militar obrigatória[75]. Ainda por cima, ao contrário dos soldados do exército, eles tinham em geral a permissão, e muitas vezes até o incentivo, de saquear casas quando atacavam áreas controladas pela oposição[76].

Não poucas diferenças registravam-se entre as diversas milícias pró-regime. Algumas contavam em seus arsenais com a maior parte dos principais sistemas de armamentos existentes antes da guerra, além de armas fornecidas pelo Irã e Rússia.[77] Outras eram organizações semi-criminosas, indisciplinadas, ou gangues sectárias em trajes civis.[78] O regime tentou, após pressão russa, integrar ao exército

---

70. Zaman al-Wasl, 2013b; al-Mahmoud, 2015.
71. Samaha, 2016.
72. Now, 2016.
73. Khatib, 2019.
74. Barnard, Saad, e Schmitt, 2015; Balanche, 2016.
75. Hayek e Roche, 2016.
76. Reuters Staff, 2013.
77. Hayek e Roche, 2016.
78. Lund, 2015b.

algumas dessas milícias, como as FND, em particular com o estabelecimento da Quarta e Quinta Divisão[79].

Desde o início de 2018, determinadas milícias foram dissolvidas, na maioria das vezes porque seus financiadores pararam de sustentá-las, conforme o regime aumentava a pressão para encerrarem suas atividades; enquanto isso, alguns dos seus efetivos alistaram-se no exército[80]. Ao longo daquele ano, outras milícias pró-regime tiveram seus contratos encerrados, na medida em que Damasco retomava o controle de grandes áreas do país[81]. No entanto, a maioria delas, em especial as mais relevantes, não se deixarão desmantelar com facilidade numa fase pós-conflito, por terem integrado a estrutura de poder, operando cada vez mais sob a cobertura das forças regulares do exército[82].

D) Instituições Religiosas

Em abril de 2011, semanas após o início do levante, o regime procurou se aproximar dos setores religiosos conservadores da sociedade, fechando o único cassino do país e anulando uma decisão judicial que proibia as professoras de usarem nicabe. O sheik Buti pronunciou-se sobre ambos os assuntos antes da revolta. Ironicamente, no início, os apoiadores do regime trataram a demanda de alguns manifestantes para autorização do porte da veste muçulmana como prova de seu extremismo religioso[83]. Assad também prometeu o retorno de um instituto nacional para estudos árabes e islâmicos, com campi em todo o país, assim como a criação de um canal exclusivo de satélite baseado na Síria para pregar "o verdadeiro Islã", segundo as palavras do sheik Buti[84]. O governo ainda promoveu encontros com diversos dignitários religiosos de diferentes cidades para tentar apaziguar o movimento de protestos.

A maioria do alto escalão religioso sunita deu suporte às autoridades, em especial aos aliados de longa data – como o Ministério da Caridade Religiosa (*Awqaf*), liderado por Abdul Sattar Sayyed, o grão mufti Ahmad Hassun e o sheik Buti. Pelos profundos vínculos como núcleo governamental, tinham muito a perder com uma possível queda de Assad. Buti condenou de imediato os protestos, chamando-os de conspiração estrangeira, ao passo que elogiava o exército, em meio à matança de milhares de civis. Ele morreu em março de 2013, em um ataque a bomba, enquan-

---

79. Al-Masry, 2017.
80. Zaman al-Wasl, 2018b.
81. Enab Baladi, 2018p.
82. Khaddour, 2018.
83. Wimmen, 2017, p. 72.
84. Qureshi, 2012, p. 76.

to lecionava em uma mesquita. Poucos líderes religiosos apoiaram o regime com tanta intensidade quanto Buti, porém muitos advertiram contra a discórdia, ou se escondiam no silêncio[85].

Durante todo o período, a influência e as atividades organizacionais dos dois movimentos religiosos sunitas mais próximos ao regime, Kaftariyya e Qubaysiyyat, reduziram-se a Damasco. A maior parte das escolas construídas por seus membros foi fechada ou destruída. Na capital, o complexo Abu al-Nur tornou-se a sede do Alto Instituto al-Sham, administrado e supervisionado pelo Ministério de *Awqaf*. A ordem sufista de Kaftariyya, chefiada por Rajab Deeb, permaneceu em silêncio frente ao levante, assim como os discípulos mais antigos de Ahmad Kaftaru. Qubaysi, o chefe do Qubaysiyyat, optou por uma posição parecida de neutralidade – como fizeram também todos os membros do seu círculo mais próximo[86].

Nos chamados acordos de reconciliação, o governo usou clérigos sunitas. Uma combinação de promessas e coerção veio substituir estruturas administrativas da oposição por autoridades locais a ele fiéis. Implementaram-se acordos em inúmeros circuitos, com diversas delegações formadas por sheiks e imames de mesquitas (nomeados em sua maioria pelo Ministério do *Awqaf* antes do levante de 2011), que mais tarde chegaram a participar da oposição, principalmente nos movimentos islâmicos. A sua reabilitação ocorreu pelo controle, nas mãos do governo, das políticas de reconstrução para os setores da oposição, reproduzindo a ordem religiosa pró-regime existente antes da guerra. Comerciantes e autoridades tradicionais também foram, com frequência, incluídos nas delegações de reconciliação[87]. O poder central ampliou as redes religiosas locais simpáticas a ele nas áreas reconquistadas, consolidando o domínio sobre elas.

A expansão das responsabilidades e estruturas internas do Ministério da Caridade Religiosa, promulgado em setembro de 2018, buscou provavelmente compensar os grupos religiosos pelo apoio ao regime. O Decreto Nº 16 ampliava os poderes do ministério em diversos níveis, e serviu para tentar evitar mobilizações religiosas não controladas.

Primeiro, ele permitia ao ministério criar os próprios empreendimentos comerciais, cuja receita iria direto aos seus cofres sem passar antes pelo Banco Central ou o Ministério da Economia. Autorizava a concessão de suas propriedades, permissão para montar projetos de turismo como restaurantes, hotéis e cafés, e alugar terras a investidores. O decreto 16 também concedia isenção fiscal permanente aos funcionários do setor religioso, nas instituições de caridade islâmicas e

---

85. Pierret, 2014, p. 5.
86. Imady, 2016, p. 81-82.
87. Ezzi, 2017; Lund, 2018a.

no Ministério do Wqaf, que já era a instituição mais rica da Síria, por conta do fluxo constante de fundos de caridade e suas grandes extensões de terras registradas como doações desde o Império Otomano.

Igualmente, o decreto permitia ao ministério gerir instituições financeiras e educacionais, além de comandar a produção artística e cultural, validando uma entidade chamada "Grupo de Jovens Religiosos", para treinar e supervisionar os pregadores, monitorar vícios públicos e garantir a obrigatoriedade do imposto *zakat* para os sunitas[88]. Também tolerava a fundação de escolas pré-universitárias de Sharia e conselhos religiosos nas mesquitas, independente do Ministério da Educação. A medida levou ao fortalecimento do Ministério da Caridade Religiosa às custas do grão Mufti, fruto da disputa de poder entre as duas instituições religiosas sunitas por influência e benefícios materiais (sobretudo no controle de doações financeiras a instituições religiosas de caridade). O decreto deu poderes ao ministro do *Awqaf* para nomear o grão Mufti da República – um direito antes exclusivo da Presidência – com mandato limitado a três anos, agora renováveis só com a sua aprovação. Ao mesmo tempo, retirava do mufti a prerrogativa de chefiar o Alto Conselho do *Awqaf*, exercido por eles desde 1961, e passando a função ao ministro. Isso gerou forte oposição e críticas tanto nos círculos pró-regime quanto na oposição, que denunciavam o aprofundamento no processo de islamização da sociedade[89]. O decreto foi submetido pelos membros do parlamento a numerosas emendas, limitando alguns dos poderes do ministério (em especial a isenção de impostos para os funcionários e independência em relação a outros ministérios), porém confirmou-se a expansão do seu alcance no âmbito religioso.

A direção das várias igrejas cristãs, por sua vez, mantinha fortes laços com o regime, em especial em Damasco e Alepo[90]. Em 29 de março de 2011, na sua primeira declaração sobre a situação na Síria, o Conselho de Bispos de Damasco descreveu-a como "uma conspiração estrangeira com mãos nacionais, agitada por uma imprensa tendenciosa", afirmando "parabenizar o nosso grande povo pelas reformas iniciadas pelo Presidente Dr. Bashar al Assad, o protetor da nossa pátria, reformas que esperamos sejam aprofundadas"[91]. Em 16 de junho de 2011, o Con-

---

88. Esse artigo também foi visto como uma jogada clientelista. O filho do ministro se beneficiou do decreto, já que o seu movimento de juventude – criado alguns meses antes – foi citado, dando-lhe assim reconhecimento oficial. Segundo as novas emendas, o nome do grupo foi trocado para Jovens Imames.
89. Apesar do seu chamado a "combater o pensamento Wahhabi e da Irmandade Muçulmana" e apelos por "moderação" religiosa, o decreto foi considerado uma extensão do papel do ministério em todos os assuntos da sociedade (al-Akhbar, 2018; Rose, 2018; Zurayk, 2018).
90. Wieland, 2012, p. 90.
91. Citado em Sabbagh, 2013, p. 78.

selho de Bispos de Damasco publicou outro anúncio, enfatizando que não queria ver a Síria transformada em um segundo Iraque[92].

No ano inicial do levante, os líderes das igrejas continuaram a emitir declarações pró-regime, tanto em canais oficiais de televisão quanto em artigos nos jornais assadistas. Alguns clérigos também apoiaram a formação dos grupos de justiceiros incentivados pelos serviços de segurança nos bairros cristãos. Dentre eles, o reverendo Gabriel Daoud ganhou fama por aproximar as milícias cristãs de Homs e Qamishli ao general Ali Mamlouk, chefe de segurança nacional, visitando as autoridades oficiais para formar grupos paramilitares cristãos. Em outubro de 2016, Mor Ignatius Aphrem II, patriarca da Igreja Ortodoxa Siríaca, emitiu uma decisão oficial impedindo que Daoud continuasse seus trabalhos na Igreja Siríaca devido às suas atividades militares.[93] A crescente militarização do levante levou à diminuição de aparições e declarações a favor do regime,[94] já que os líderes cristãos temiam retaliações contra suas comunidades. Tal tendência mudaria com o passar dos anos, na medida em que o regime consolidou seu poder.

O governo ainda colaborou com os três sheiks Aql, as personalidades religiosas mais importantes da comunidade drusa. No início do levante, esse triunvirato compunha-se de Hussein Jarbua, Hammud al-Hinnawi e Ahmad al-Hajari – sendo Jarbua considerado o *primus inter pares*[95]. Em 2014, após a morte de dois deles e sua substituição por familiares jovens, apenas Hammud al-Hinnawi, da geração mais velha, permaneceu[96]. O sheik Hinnawi e o sheik Hussein Jarbou apoiavam abertamente o regime e denunciavam o movimento de protestos como "uma conspiração estrangeira"[97]; no entanto, desde o início se recusaram a delatar os drusos que desertaram do exército, como exigido pelo governo.

Quadro 8. Drusos

O druismo originou-se do ismaelismo, no século XI. Seus integrantes são chamados *muwahhiduns* (aqueles que professam a unidade divina). Estão presentes sobretudo no Líbano, Síria e Palestina.

---

92. Sabbagh, 2013, p. 78-79; Wieland, 2012, p. 90.
93. All4Syria, 2016.
94. Sabbagh, 2013, p. 81.
95. Gambill, 2013.
96. Lang, 2014.
97. Choufi, 2012.

Mais moderado em suas posições, o sheik Ahmad al-Hajari chegava até mesmo a expressar insatisfação com a repressão aos manifestantes, apesar de não mobilizar seus apoiadores para o movimento de protestos. Ele também se recusou a publicar declarações de apoio a Bashar al-Assad. O sheik Ahmad al-Hajari faleceu em circunstâncias suspeitas, após um acidente de automóvel, em março de 2012. Alguns dizem que o regime estava por detrás do assassinato[98]. Seu sucessor, sheik Hekmat al-Hajari, era um fiel adepto do governo e tinha relações próximas com os serviços de segurança. Após a morte de Hussein Jarbua, o sheik Yusuf Jarbua ocupou o seu lugar. Ele respaldava o regime, apesar de ter emitido uma fatwa condenando todos os civis que combatiam ao lado das forças pró-governo fora da região de Sueida[99].

Entre os três sheiks, a tendência tem sido a de continuar a permanecer com o regime. Eles proferiram uma declaração determinando limites e banindo críticas "à pátria, ao líder da pátria e às instituições do Exército Sírio Árabe (EAS)"[100]. Excomungaram o sheik Boulos, que chefiava o movimento Rijal al-Karama (Juventude Digna), (explicado mais adiante neste capítulo), que defendia um caminho independente em relação a ambos os lados, angariando alguma importância na região de Sueida[101]. Os sheiks Jarbua e Hanawi também promoveram a organização pró-Assad, Dir' al Watan, que competia por influência com a corrente do sheik Boulos.[102]

2. Sectarismo e violência como estratégias de repressão

A propagação do sectarismo religioso tornou-se crucial para enfraquecer a mensagem inclusiva do levante. Massacres foram cometidos pelas milícias pró-regime e/ou os shabihas, em sua maioria de origem alauita, atacando os vilarejos e bairros populares sunitas em várias regiões multiétnicas, com destaque para as províncias de Homs, Hama e a costa, nas quais as populações alauita e sunita viviam lado a lado[103].

Segundo Paulo Gabriel Hilu Pinto, a dinâmica da repressão e do uso estratégico da truculência foram indispensáveis para a sectarização do processo:

---

98. Metransparent.net, 2012; Aboultaif, 2015; Gambill, 2013.
99. Ezzi, 2015.
100. Ezzi, 2015.
101. Ezzi, 2015.
102. Al-Tamimi, 2015a.
103. Darwish, 2016d; Satik, 2013, p. 398.

O regime também fez uso seletivo da violência para aprofundar as clivagens entre os manifestantes, dividindo-os e isolando-os. Sempre que os protestos ocorriam em cidades com populações combinadas sunita/alauita ou sunita/alauita/cristã – como Lataquia e Baniyas –, mesmo quando membros de todas elas participavam dos protestos, a violência militar e paramilitar era direcionada sobretudo aos bairros sunitas[104].

Tinham, como objetivo, intensificar o medo e o sectarismo entre os locais. A estratégia funcionou, com destaque para Homs e algumas cidades do litoral, como em Baniyas. Uma das primeiras aparições dos shabiha deu-se em Homs. Ali, as forças de segurança mobilizaram os alauitas, em especial os jovens e os desempregados, para evitar oposição nos seus territórios, enviando-os às zonas sunitas para organizarem manifestações de apoio ao regime Assad[105].

Desde o início do levante, os incidentes em Homs, centrados contra alauitas ou até suas famílias, reforçaram na maioria da comunidade religiosa as posições favoráveis ao regime, ou a de não-adesão à oposição.[106] Os assassinatos eram amplamente publicizados e as filmagens de corpos mutilados e de funerais ganhavam extensa cobertura televisiva.[107] A propaganda acusava os grupos armados salafistas pelos crimes, ao mesmo tempo provocando tensões sectárias na cidade[108]. As autoridades também espalhavam rumores entre os alauitas e sunitas que moravam próximos uns aos outros, em particular em Homs, sobre futuros ataques contra os respectivos bairros[109].

O surgimento do fenômeno *shabiha* em Homs, ou ao menos seu início, pode ser atribuído mais à militarização da comunidade alauita do que a uma estratégia planejada para derrotar o levante[110]. Os alauitas constituíam a ampla maioria dessas milícias em Homs, Lataquia, Baniyas e Jableh[111], mas os shabiha também incluíam indivíduos de todas as seitas religiosas e etnias.

Esses últimos cumpriram um papel importante na estratégia do regime, intensificando a sectarização do país e transformando o levante popular em uma guerra sectária. Estavam, com frequência, inseridos entre as tropas do exército nas ofensivas contra vilarejos e bairros. Em maio de 2012, por exemplo, os shabihas que

---

104. Pinto, 2017, p. 135.
105. Khaddour, 2013a, p. 13.
106. Satik, 2013, p. 400.
107. Khaddour, 2013a, p. 15.
108. Satik, 2013, p. 400.
109. Dibo, 2014.
110. Khaddour, 2013a, p. 13.
111. Satiq, 2013, p. 398.

Mapa 11. Comunidades religiosas em Banias

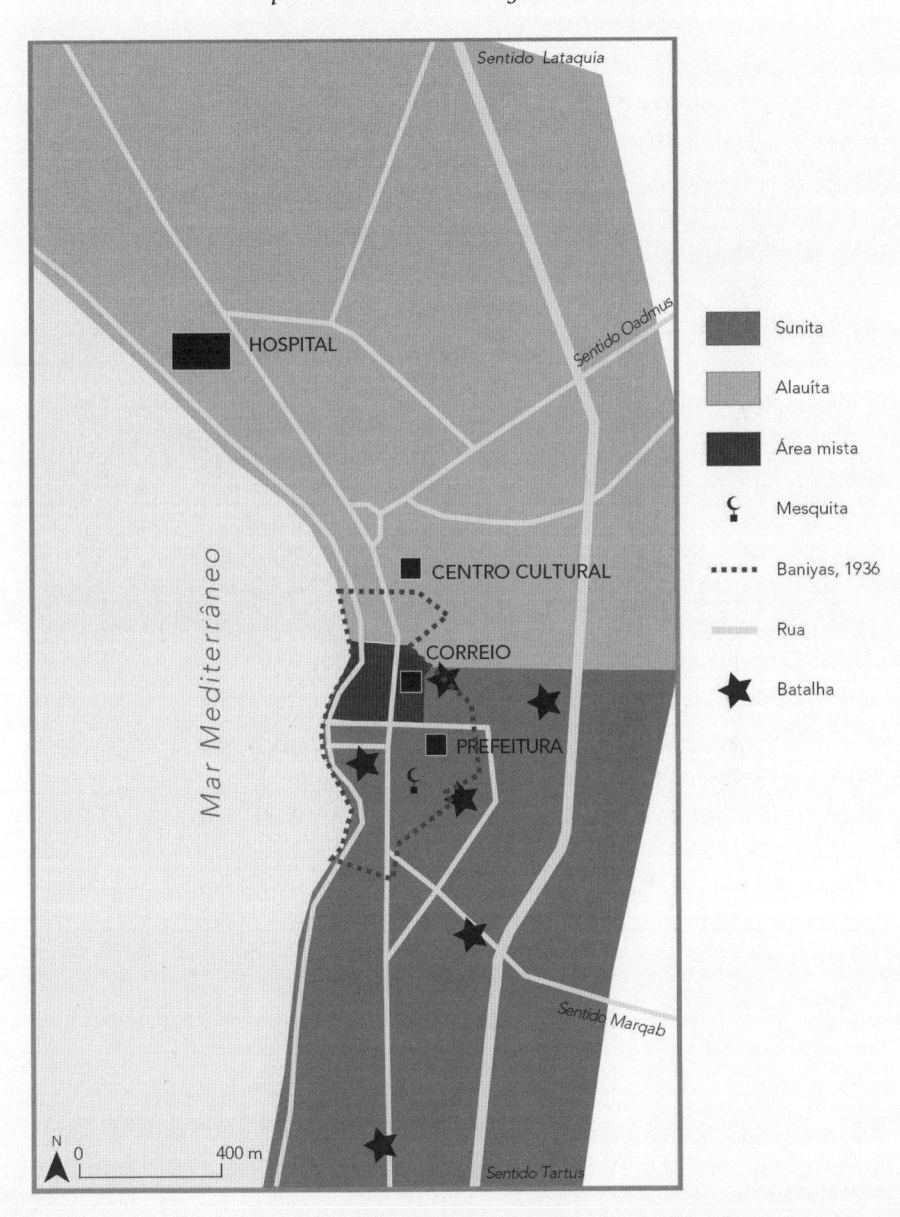

acompanhavam o EAS, após uma campanha de bombardeios na cidade de Taldou, região Houla de Homs, entraram de casa em casa, degolando mais de 100 pessoas, incluindo mulheres e crianças[112].

A Rede Síria pelos Direitos Humanos[113] contabilizou 49 massacres sectários cometidos pelo regime e seus aliados, resultando no assassinato de 3.074 pessoas entre março de 2011 e junho de 2015. Ataques às mesquitas sunitas, que muitas vezes serviam de santuários públicos para os manifestantes, eram vistos como expressão da natureza sectária do regime, e não como tentativas de extinguir centros de dissidência[114].

Nas regiões habitadas por minorias, primeiro o regime tentou recrutar e mobilizar shabihas da mesma comunidade (rapazes em geral desempregados com antecedentes criminais), para reprimir os manifestantes. Os serviços de segurança, ao não interviem de forma direta, contribuíram para que os protestos fossem retratados enquanto conflitos locais. Foi esse o caso de Sueida ou de áreas de maioria drusa e cristã, como Bab Touma, em Damasco[115]. No bairro de Jaramana, também na capital, ambas, no outono de 2012, formaram milícias para a gestão de postos de controle na entrada das comunidades.[116]

Os Comitês Populares também começaram a se expandir nos territórios em que não ocorreram protestos, como Wadi Nassara.[117] No início, enfrentavam uma oposição relevante, sua presença sendo vista pelas pessoas como geradora desnecessária de problemas[118]. No entanto, a situação mudou progressivamente em meados de 2012, depois que os grupos armados da oposição tomaram Hosn, Zara e Krak des Chevaliers – próximos aos vilarejos de Wadi Nassara. Temendo a guerra e após diversos incidentes que ampliaram as tensões, a juventude local começou se juntar ao EAS e às milícias pró-regime – incluindo o FND ou o braço armado do Partido Nacional Social Sírio (SSNP), que acumulava diversos seguidores na região[119]. Os temores da comunidade só aumentaram quando seu espaço foi tomado pela organização jihadista Jund al-Sham[120], que matou dezenas de cristãos em agosto de 2013[121].

112. Hassan e Weiss, 2015, p. 137.
113. SNHR, 2015, p. 8.
114. Wimmen, 2016.
115. Ezzi, 2013, p. 46.
116. Reuters, 2012c.
117. A região de Wadi Nassara (que significa "o Vale dos Cristãos" em árabe) fica na área rural de Homs. A maioria dos seus habitantes são cristãos, e o seu maior vilarejo é Marmarita.
118. Massouh, 2013, p. 94.
119. Al-Monitor, 2014a.
120. De maneira similar, grandes números de residentes árabes sunitas do vilarejo de al-Hussein, próximo ao Crac des Chevaliers, não conseguiram retornar depois que as forças do regime recapturaram o castelo na primavera de 2014 (Balanche, 2018, p. 26).
121. Mashi, 2013a.

Outros eventos também reforçaram o medo das comunidades, como a saída em massa dos cristãos de Homs e, em grau menor, de Qusayr (ver capítulo 4), assim como sua chegada a Wadi Nassara, após o agravamento da guerra em ambas, e as intervenções dos grupos armados da oposição[122]. Marmarita, a maior cidade cristã em Wadi Nassara, inchou, em 2014, de uma população de 7 mil para 30 mil[123].

No princípio, em Jaramana, nos subúrbios de Damasco, os comitês populares também foram criticados pelos habitantes, que denunciavam seu comportamento criminoso de quadrilha, forçando os moradores a pagarem por proteção, abusando dos desalojados e desrespeitando a lei[124]. As queixas diminuíram depois que Jaramana, e em escala menor Bab Touma, tornaram-se alvos de vários carros-bomba e da artilharia das forças armadas[125]. A organização Human Rights Watch[126] coletou dados sobre ataques de 17 carros-bomba e outros artefatos explosivos improvisados no subúrbio, entre janeiro de 2012 e abril de 2014.

Grupos aliados ao regime ainda foram mobilizados para controlar populações de distintas origens. No campo de refugiados palestinos de Yarmuk, em Damasco, coube à Frente Popular para a Libertação da Palestina – Comando Geral (FPLP-CG), chefiada por Ahmed Jibril, aliado de longa data do regime Assad – a função de fiscalizar e aniquilar qualquer sinal de dissenso[127]. No bairro cristão de Aziziya, em Alepo, o partido armênio Tashnag – que organizou manifestações a favor do regime – montou sua própria milícia no princípio do levante, para monitorar a área e retaliar as incursões do Exército Livre da Síria e outros grupos armados da oposição, que haviam capturado extensos territórios na vizinhança de Jdayde[128].

Ao mesmo tempo, o regime usou a difusão do medo entre algumas minorias religiosas para mobilizar civis locais para as ações e campanhas de repressão. Por exemplo, um jovem cristão de Bab Touma recorda:

> Quando sabotadores quiseram começar uma manifestação na Mesquita Umayyad, o serviço de segurança chamou a mim e alguns rapazes, e nos disse que a Irmandade Muçulmana faria uma demonstração lá e depois iriam se deslocar em direção a Bab Touma e Bab Sharqui, para entrar nos bairros cristãos. Teríamos que cercar a mesquita e ajudar a impedi-los. Naquele dia, nós trouxemos algumas

---

122. *Al-Monitor*, 2014a.
123. Choufi, 2014.
124. Sinjab, 2012.
125. Sherlock, 2012b; *The Guardian*, 2013.
126. Human Rights Watch, 2015.
127. Satik, 2013, p. 398; Ibrahim, 2013; Abu Zeed, 2014; Salameh, 2014.
128. Balanche, 2015, p. 40.

facas; eram as únicas armas que nos foram permitidas. Rodeamos a mesquita, esperando o fim da reza, porém os que saíram pareciam ser frequentadores comuns. Eles estavam apavorados. Não vi nenhum deles tentando romper o cerco. Me surpreendi com o medo deles. Quando olhei em volta, me dei conta que éramos nós, ao lado dos homens do serviço de segurança, que os assustavam.[129]

Junto com seus amigos, explicou terem sido escolhidos porque "nós éramos rapazes locais que se envolviam em todos os conflitos. O serviço de segurança nos conhecia e sabia da nossa força e entusiasmo"[130]. Segundo testemunhos coletados pela pesquisadora Randa Sabbagh, a maioria dos jovens recém-armados eram desempregados e tinham antecedentes criminais[131]. Já a jornalista Lina Sinjab entrevistou uma colega de Jaramana, que declarou que na sua região:

> Os encarregados da segurança recrutaram todos os criminosos condenados na prisão, soltaram-nos após uma anistia e os armaram, sob o pretexto de proteger a área dos bandos salafistas.[132]

Raed Abu Zeed, um ativista palestino do campo de refugiados de Yarmouk, em Damasco, também explicou que, no seu bairro, alguns meses após o início do levante

> Os serviços de segurança sírios e seus aliados da facção FPLP-CG começaram a armar algumas milícias locais formadas por criminosos recém-libertos da prisão, após a anistia presidencial, recebendo salários atraentes para reprimir protestos e perseguir ativistas...[133]

A despeito da repressão às regiões habitadas por minorias religiosas, esses ativistas estavam menos expostos ao pior do poder de fogo e às ondas de assassinatos do regime. Segundo Mazen Ezzi, a estratégia visava evitar antagonizar as minorias.[134] O fogo mais pesado, de ataques de franco-atiradores a bombas de barril, era direcionado às cidades e áreas de maioria sunita, cujas manifestações tinham caráter de massas.[135] As regiões sunitas onde não havia manifestações, em geral não se tornavam alvos da repressão.

129. Sabbagh, 2013, p. 82.
130. Sabbagh, 2013, p. 82.
131. Sabbagh, 2013, p. 87.
132. Sinjab, 2012.
133. Abu Zeed, 2014.
134. Mazen Ezzi, 2013, p. 49.
135. Al-Hallaq, 2013a, p. 105.

Em algumas ocasiões, as zonas sunitas que testemunharam protestos expressivos também foram completamente destruídas. Em 2012 e 2013, bairros inteiros acabaram em escombros, desmantelados por explosivos e escavadeiras (como em Damasco e Hama, duas das maiores cidades da Síria). As autoridades e os veículos de imprensa governistas alegavam que as demolições faziam parte de projetos de planejamento urbano ou da remoção de ocupações ilegais. Porém, segundo relatório da Human Rights Watch:

> As demolições eram supervisionadas por forças militares e, muitas vezes, aconteciam ao lado das áreas de combate entre o governo e guerrilheiros da oposição. Essas circunstâncias, bem como declarações de testemunhas e posicionamentos mais diretos das autoridades governamentais relatadas na imprensa, relacionavam as demolições ao conflito armado – em violação à lei humanitária internacional e às leis de guerra.[136]

Tais demolições, segundo o relatório, "não serviam a qualquer propósito militar e pareciam voltadas a punir a população civil". O governador da zona rural de Damasco, Hussein Makhlouf, declarou explicitamente em uma entrevista em outubro de 2012, que elas eram essenciais para afastar os guerrilheiros do seu território. Assim, milhares de famílias perderam seus lares[137].

Interessava, portanto, ao regime, retratar o levante como sectário e chefiado por extremistas religiosos. Essa política intimidava as minorias e também alguns setores da população sunita, sobretudo os segmentos mais liberais.

3. Mudança demográfica sectária?

Setores da oposição acusaram o regime de provocar mudanças na demografia síria, removendo os muçulmanos sunitas das áreas consideradas sensíveis[138]. Segundo essa perspectiva, o governo estaria tentando diminuir a porcentagem de árabes sunitas que ameaçariam seu poder, repovoando tais territórios com outras comunidades religiosas – sobretudo xiitas locais e estrangeiros. Como analisado, a dinâmica da repressão e o uso estratégico da violência foram fundamentais para a intensificação do sectarismo no país, incluindo cercos militares e remoções forçadas. Ao final de 2015, mais de 80% dos sírios que deixaram o país eram árabes

---

136. Human Rights Watch, 2014a.
137. Human Rights Watch, 2014a.
138. McDowall, 2016.

sunitas, dado compreensível pelo status de comunidade majoritária e pelo fato de que a maioria das batalhas ocorreram em áreas em ebulição após o levante (habitadas em geral por árabes sunitas)[139].

Homs é um exemplo das relevantes mudanças demográficas impostas pelas forças do regime e pelo conflito. Terceira maior cidade da Síria antes do levante, tinha uma população estimada entre 800 mil e 1,3 milhão de pessoas. Dizimada pela guerra, baixou para cerca de 400 mil habitantes. Grande parte dos seus espaços construídos foram danificadas ou destruídos: em 2014, 50% dos bairros encontravam-se severamente avariados, contra 22% parcialmente atingidos[140].

Em janeiro de 2018, o governador de Homs, Talal Barazi, afirmou à agência de notícias *Associated Press* que 21 mil famílias voltaram à cidade[141]. Essas, na sua maioria, tiveram que usar dinheiro próprio ou a assistência das Nações Unidas para tornarem suas casas em alguma medida habitáveis. No entanto, negou-se a muitos ex--moradores o direito de retorno; as autoridades alegavam falta de comprovação de residência – resultado do incêndio no Cartório de Registro de Imóveis de Homs[142]. Apesar de um pequeno número ter regressado, inúmeros desalojados reclamaram que o governo dificultou sua volta, exigindo aparições na televisão estatal – considerada uma forma de humilhação pública - ou que estivessem acompanhados de seus filhos em idade para servir no exército[143].

Concomitante a tal situação, o Irã foi acusado de participação engajada nos esquemas de mudança demográfica em algumas áreas, enquanto comerciantes eram denunciados por promoverem uma onda de aquisições de propriedades imobiliárias sírias em diversas cidades[144] (ver capítulo 7). Esses eventos, independente da escala ou do grau de realidade em cada região, aumentaram de forma significativa as tensões sectárias.

As forças governamentais e aliados executaram massacres sectários e remoções forçadas em áreas sunitas empobrecidas, em diversos setores identificados com o levante ou, ao menos, tidos como simpatizantes. Da mesma maneira, milícias sectárias xiitas, nacionais ou estrangeiras (e, algumas vezes, as suas famílias), foram assentadas em áreas consideradas sensíveis por razões políticas e de segurança – como em Qusayr e outras zonas rurais de Damasco[145]. Em outubro de 2018, o conselho de Qusayr anunciou um projeto de reconstrução urbana, dando

---

139. Balanche, 2018, p. 21.
140. Azzouz e Katz, 2018.
141. Citado em Hayden, 2018.
142. Chulov, 2017.
143. Solomon, 2017.
144. Al-Souria Net, 2016e.
145. Iqtissad, 2016; Zaman al-Wasl, 2017e.

Mapa 12. Comunidades religiosas em Homs

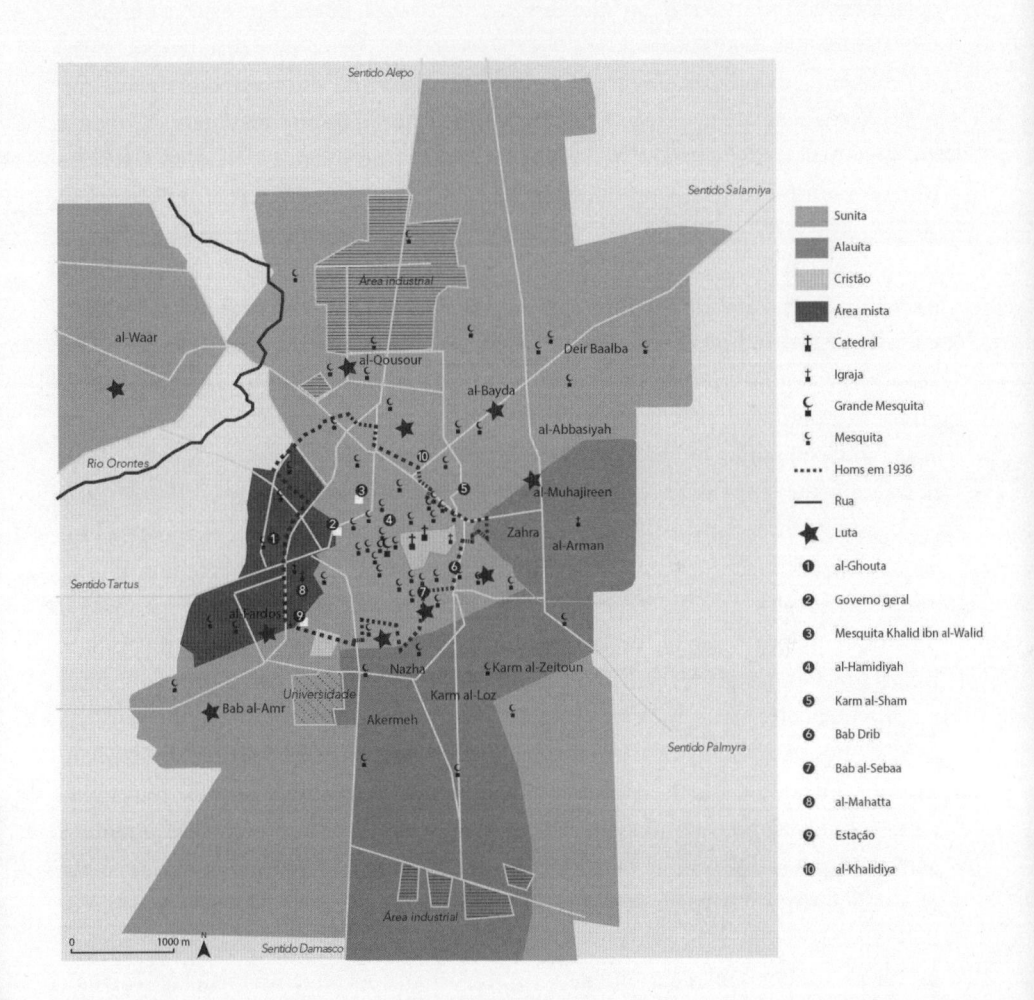

- Sunita
- Alauita
- Cristão
- Área mista
- ☦ Catedral
- ✝ Igreja
- ☪ Grande Mesquita
- ☪ Mesquita
- ••••• Homs em 1936
- —— Rua
- ★ Luta
- ❶ al-Ghouta
- ❷ Governo geral
- ❸ Mesquita Khalid ibn al-Walid
- ❹ al-Hamidiyah
- ❺ Karm al-Sham
- ❻ Bab Drib
- ❼ Bab al-Sebaa
- ❽ al-Mahatta
- ❾ Estação
- ❿ al-Khalidiya

aos proprietários um mês para apresentarem suas contestações. No entanto, uma grande quantidade de moradores estava refugiada fora do país, quase nenhum conseguindo reivindicar direitos ou contestar no prazo de um mês – o que, na prática, levou a inúmeras expropriações (ver capítulo 7)[146].

Essa não era, no entanto, uma política estratégica ou linha sistemática em escala nacional. O objetivo do regime, através das suas medidas repressivas, não consistia na mudança demográfica em si, mas em debelar os protestos e aniquilar todas as formas de dissidência.

Assad aplicou variadas abordagens para recapturar e governar territórios antes controlados pela oposição, que mudavam segundo as circunstâncias. Com um aumento nas regiões conquistadas entre o final de 2016 e início de 2017, o regime buscou recrutar os locais para formar milícias pró-regime. Em junho de 2017, no subúrbio de Barzeh, periferia de Damasco, por exemplo, jovens moradores juntaram-se à nova força, o Escudo Qalamoun, apoiado pela inteligência militar síria para combater o Estado Islâmico[147]. Enquanto isso, o governo seguia a política de acordos de reconciliação nas áreas dominadas pela oposição. Também ocorreram adesões de ex-guerrilheiros do Exército Livre às milícias pró-regime – como o Regimento Golan de 2014, ligado ao FND[148]. Esse processo continuou ao longo de 2017 e 2018, à medida em que o governo aumentava o controle sobre espaços antes dominados pela oposição.

Esses acordos, no entanto, não impediram que, mais tarde, as forças de segurança prendessem ex-membros do Exército Livre ou civis que aceitaram a reconciliação, sob o pretexto de crimes anteriores. Alguns desapareceram ou foram mortos em "circunstâncias desconhecidas". Só ente julho e novembro de 2018, as forças pró-regime detiveram pelo menos 23 ex-comandantes e figuras da oposição na província de Daraa, após retomarem o seu controle[149].

Contudo, a narrativa sobre a questão demográfica coloca em segundo plano a importância do apoio de setores árabes sunitas ao regime, sobretudo em Damasco e Alepo, assim como dos sunitas presentes nas instituições governamentais. Milícias sunitas pró-regime existiram desde o início do levante, com outras sendo criadas em 2017 e 2018 para combater ao lado das forças de Assad e de seus aliados.

Cerca de um milhão de pessoas em Alepo e Idlib – na maioria árabes sunitas de várias origens socioeconômicas – estabeleceram-se nas províncias de Tartus e

---

146. *The Syria Report,* 2018d.
147. Zaman al-Wasl, 2017f.
148. Samaha, 2017b.
149. A-Noufal e Clark, 2018.

Lataquia durante a guerra[150], desafiando a noção de um possível "Alauistão" para os alauitas se refugiarem. Em média, cerca de 80% dos deslocados internamente residiam em áreas sob o comando do regime[151]. A algumas daquelas antes controladas pela oposição e retomadas pelo governo – como Zabadani e Moadmiyeh –, os moradores eram autorizados a retornar, segundo a instituição de direitos humanos Human Rights Watch[152].

Gráfico 3. Refugiado segundo agrupamento religioso

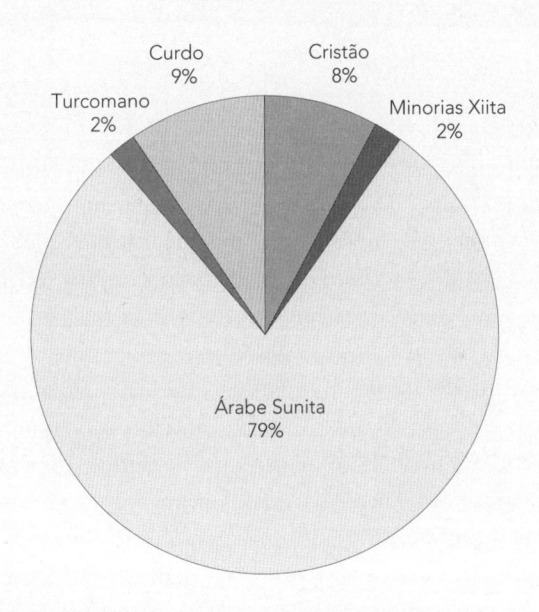

- Curdo 9%
- Cristão 8%
- Turcomano 2%
- Minorias Xiita 2%
- Árabe Sunita 79%

---

150. Sada al-Sham, 2017.
151. Balanche, 2018, p. 20.
152. Human Rights Watch, 2018b.

Mais do que outras comunidades religiosas e étnicas no país, os árabes sunitas sírios não mantinham uma linha política unitária; suas posições eram produto de diversos elementos (classe, gênero, origem regional, religiosidade etc.), tornando-os plurais em termos políticos. O regime não se opunha às populações sunitas, nem a uma identidade sunita específica, mas sim aos bairros hostis – basicamente espaços de origem popular sunita em áreas rurais empobrecidas e cidades médias, além das periferias de Damasco e Alepo.

Os movimentos jihadistas e islâmicos fundamentalistas (como o Estado Islâmico, Jabhat al-Nusra, Ahrar al-Sham e Jaysh al-Islam) também levaram a cabo massacres sectários e impuseram mudanças demográficas em alguns setores (ver capítulo 4), embora não no mesmo nível.

4. Repressão e violência de gênero

Participando do levante ou não, os shabihas e o aparato de segurança visavam as mulheres em áreas consideradas simpáticas à revolução. Eles usaram o estupro como arma poderosa de repressão e terror. Desde a primavera de 2011, muitas foram atacadas ou estupradas por milicianos nos postos de controle. Pior ainda, campanhas de estupro por parte das milícias pró-regime ocorreram dentro das casas, diante das famílias. Mulheres encarceradas nas prisões do regime foram sujeitas a abusos sexuais desumanos e degradantes.

Várias organizações de direitos humanos relataram a ocorrência de dezenas de milhares de casos de estupro nas prisões,[153] apontando para a existência do crime organizado em larga escala. A natureza sistemática, planejada e amplamente difundida dessas violações fazem delas crimes de lesa-humanidade. As estatísticas relatadas foram consideradas conservadoras, uma vez que inúmeras sobreviventes não queriam se expor aos estigmas e tabus relacionados à violência sexual. Por isso, as torturas sofridas por elas nas prisões acabaram mais difíceis de documentar.

É preciso lembrar que as mulheres encarceradas foram isoladas e sofreram um duplo processo de vitimização; pelo regime, mas também por suas próprias famílias e as comunidades que as rejeitavam, em alguns casos até mesmo matando-as. O perfil patriarcal da sociedade reforçava a tortura organizada pelo regime Assad, que instrumentalizava tais estruturas: o estupro era utilizado de forma cons-

---

153. Tahrir Institute for Middle East Policy, 2017.

ciente para "desonrar" a família toda e até mesmo um clã ou bairro.[154] Uma ativista de Daraya refletiu sobre essa situação:

> Enquanto se considerava as detenções dos homens como medalhas de honra, as das mulheres eram vistas como símbolos de desgraça e desonra, pelas probabilidades de estupros que humilhavam e quebravam as famílias...[155]

5. Aniquilando alternativas democráticas

O regime agiu para evitar a unidade entre as diferentes seitas religiosas, reprimindo com violência as manifestações – como durante a ocupação da praça central em Homs, que poderia ter evoluído para uma Praça Tahrir síria. O objetivo dos serviços de segurança em algumas cidades (como Homs e Lataquia) era primeiro restringir os protestos apenas às áreas habitadas pela maioria sunita, impedindo seu desenvolvimento em outros espaços, para depois aniquilar o movimento por inteiro.[156]

O governo visava em particular centros urbanos da oposição e os bairros mais populosos, com destaque aos dominados por forças desassociadas do Estado Islâmico, para forçar seus moradores a fugir para regiões simpáticas controladas por Assad. Segundo Khaddour,

> Tais fluxos de migração interna favoreceram o regime: despovoaram as áreas dominadas pelos rebeldes, aumentaram o número de sírios vivendo sob o governo, reforçaram a propaganda do regime sobre o crescente apoio popular a Assad e justificaram os bombardeios indiscriminados a espaços oposicionistas.[157]

Através deles e de cercos[158] às regiões controladas pela oposição, o regime operou para destruir os contínuos esforços dos setores democráticos do movimento, na criação e organização de alternativas viáveis para serviços públicos essenciais.[159]

---

154. Cojean, 2014; Loizeau, 2017.
155. Citado em Kannout, 2016, p. 38.
156. Satik, 2013, p. 403.
157. Khaddour, 2016b, p. 6.
158. Cercos do regime impediram que mercadorias e civis entrassem ou saíssem dessas áreas através do uso de postos de controle militares e minas antipessoais. Em alguns casos, os sírios sitiados morreram de fome.
159. Berti, 2016.

Ao lado das ações militares destrutivas, o governo centralizou funções administrativas, garantindo serviços essenciais a partir das capitais das províncias sírias, em que suas forças ou as milícias governistas estavam implantadas, sem fazê-lo através de postos avançados no interior – como ocorria antes de março de 2011. As instituições do Estado estavam relativamente bem protegidas pelas forças de segurança do regime e pelas milícias. Assim, o governo incentivou massas de civis desalojados a se deslocarem para áreas controladas por eles, graças à garantia de certos serviços públicos, assim como segurança, já que os territórios em poder da oposição eram bombardeados por terra e ar[160].

Ao longo do levante, o governo Assad promoveu a estratégia de forjar acordos localizados com cidades ou distritos, que eram cercados e bombardeados sem parar, deslocando à força seus moradores (ou ao menos grande parte deles), que se opunham ao regime. As agressões pressionaram as pessoas a trocarem suas casas por regiões sob poder do governo, ao invés de áreas dominadas pela oposição. Na prática, isso significava atacar locais controlados pelos oposicionistas para destruir sua infraestrutura e cortar suas redes de fornecimento, assim como para investir contra civis de forma deliberada, visando hospitais, escolas ou mercados. Exemplo dessa estratégia foi a campanha contra equipes e instalações médicas; 382 investidas ocorreram na Síria entre março de 2011 e junho de 2016 – segundo dados coletados pela organização Médicos pelos Direitos Humanos. Desses, ao menos 344, ou 90%, foram perpetrados pelo regime sírio ou por forças russas, que também mataram mais de 700 pessoas dentre o pessoal médico[161]. Impedir aos civis acesso a bens e serviços básicos – incluindo ajuda humanitária – foi outra tática empregada à exaustão para garantir o deslocamento forçado de civis ou a rendição de territórios e populações pelas forças oposicionistas[162].

O regime também usava acordos de reconciliação para destruir as instituições da oposição, desmontando suas estruturas políticas e sociais nas áreas recém-conquistadas. A maioria dos indivíduos que foram deslocados à força de Idlib nesses acertos participaram no desenvolvimento de estruturas públicas, conselhos locais da oposição e organizações da sociedade civil. Inicialmente, o regime considerava tais conselhos civis da oposição, e as organizações populares como principais ameaças ao seu retorno nos territórios reconquistados. Elas capacitavam a oposição e as comunidades locais a se auto-organizarem, oferecendo à população uma alternativa às instituições do Estado na provisão de conveniências essenciais[163].

160. Khaddour, 2015a, p. 6-7.
161. Williams, 2016.
162. Berti, 2016.
163. Ezzi, 2017.

6. Papel dos funcionários públicos

A ajuda militar e econômica iraniana e russa foram os elementos indispensáveis de sustentação e sobrevivência do regime (ver capítulo 6). Mas a capacidade do Estado sírio em permanecer suprindo serviços públicos essenciais, mesmo nas áreas fora de seu controle, representou também um fator chave em sua resiliência. Em setembro de 2016, o jornal pró-regime *Sahibat al-Jalala*[164] estimou em cerca de 300 mil pessoas, de um total de 2 milhões a 2,5 milhões no país todo (ou seja, 12-15%), o número de servidores públicos civis e cidadãos beneficiados com salários ou pensões pagas pelo governo, morando em áreas da oposição ou fora do controle do regime.[165]

Apesar da perda territorial, o poder central priorizou garantir o funcionamento das agências estatais, mantendo grandes setores da população sujeitos à sua autoridade. Os sírios, que já eram bastante subordinados a ele antes do levante, por conta do conflito e sua destruição, tornaram-se ainda mais dependentes do Estado, de longe o maior empregador no país durante a guerra.[166] Os salários dos servidores e funcionários públicos diminuíram em termos reais desde o início do conflito em 2011, mas permaneceram importantes em termos nominais, representando 25% do orçamento de 2016.[167] A remuneração dos funcionários, pensionistas do Estado e militares aumentaram repetidas vezes, ainda que não o suficiente para compensar a crescente inflação desde 2011.[168]

Subsídios para a maior parte dos produtos e serviços diminuíram, mas as agências públicas estatais seguiram suprindo itens essenciais como pão, combustível subsidiado e serviços de saúde e educação.[169] Contrastando com as imagens caóticas de algumas áreas controladas pela oposição, a provisão de serviços constituiu uma das fontes mais poderosas de legitimação do regime.[170]

Durante a guerra, o governo também aprovou novas medidas para conquistar a lealdade – ou pelo menos a neutralidade – do funcionalismo público e do exército, duas instituições-chave do regime. Em novembro de 2015, uma nova lei regulamentando os aluguéis baniu despejos de funcionários públicos, soldados

---

164. O editor-chefe era Abdul Fattah al-Awad, que detinha vários postos governamentais – incluindo o de editor-chefe do jornal *al-Thawra*, e escrevia frequentemente para o jornal *al-Watan*, controlado por Rami Makhlouf (al-Akhbar, 2016).
165. *The Syria Report*, 2016i.
166. Khaddour, 2015a, p. 3.
167. *The Syria Report*, 2016b.
168. Enab Baladi, 2018g.
169. Khaddour, 2015a, p. 3.
170. Yazigi, 2016c, p. 3-4.

e respectivas famílias[171]. Em meados de janeiro de 2017, um decreto presidencial registrou como servidores públicos milhares de funcionários em contratos temporários de trabalho (cerca de 40 mil, segundo o Ministério de Assuntos Sociais). A medida estipulava que os filhos de "mártires" (em outras palavras, dos combatentes que morreram lutando pelas forças do regime, sob contratos anuais temporários), bem como aqueles com "contratos de estágio" fossem registrados como servidores públicos plenos a partir de fevereiro de 2017. Assim, receberiam bônus, seguro de saúde, pensões e outros benefícios[172]. Em setembro de 2018, um decreto isentou os mártires e pessoas feridas em até 1 milhão de libras sírias de dívidas de empréstimos para pessoas de baixa renda nos bancos públicos[173]. No final de dezembro de 2018, o Estado emitiu um novo decreto, depois de outro de junho do mesmo ano, novamente elevando, em cerca de 8%, os salários dos militares e as pensões de militares aposentados.[174]

Ao mesmo tempo, o emprego público era usado como instrumento para construir e comprar alianças, com a parcela de postos no setor público reservada aos alauitas aumentando com frequência – favorecidos de forma desproporcional também antes de 2011. Em dezembro de 2014, o governo anunciou que 50% dos novos cargos no setor público caberiam às famílias dos chamados mártires, em sua maioria alauitas.[175] Isso resultou em alguns conflitos entre os familiares dos mortos, pela discriminação em favor dos que pereceram nas forças de segurança em detrimento do exército ou das milícias[176]. Em outubro de 2018, o Conselho de Ministros impediu quem não cumprira o serviço militar e da reserva a se candidatar a concursos públicos, apesar da anistia presidencial de algumas semanas antes, perdoando os casos encaminhados às autoridades[177]. Em fevereiro de 2019, foram adotadas múltiplas medidas para apoiar os feridos e desmobilizados das forças armadas e dos serviços de segurança. Um mês depois, foi promulgado um novo decreto que duplicava as compensações pagas aos que perderam filhos nos serviços de segurança, igualando-as aos militares. Os pais de integrantes dos serviços de segurança e das forças armadas mortos, após 15 de março de 2011, passaram a receber mensalmente até 100% dos salários dos seus filhos, que antes ficava em torno da metade.

---

171. *The Syria Report*, 2015f.
172. *The Syria Report*, 2017b.
173. Sabbagh, 2018.
174. SANA, 2018i.
175. Yazigi, 2016c, p. 4.
176. Al-Souria Net, 2016d.
177. Damas Post, 2018d.

7. Insatisfações nas áreas controladas pelo regime

Os constantes conflitos sectários entre sunitas e alauitas não implicaram na ausência de tensões entre a comunidade alauita e o regime Assad. A crescente taxa de mortalidade no exército incluía inúmeros alauitas; a insegurança e a intensificação das dificuldades econômicas alimentaram as animosidades. Em outubro de 2014, o primeiro-mnistro Wael Halqi inaugurou diversos projetos comerciais de luxo e turismo na cidade litorânea de Tartus, num valor total de 100 milhões de dólares, incluindo um shopping center de 30 mil metros quadrados, ao custo de cerca de 100 bilhões de libras sírias (52 milhões de dólares), de propriedade do empresário Ali Youssef Nada. Essas iniciativas irritaram os apoiadores de Bashar, que consideravam os projetos indecentes, enquanto o país era devastado pela guerra. As críticas expressaram-se com palpável amargura, mesmo na imprensa pró-regime, sobretudo após as consideráveis perdas entre soldados e a morte de cerca de 50 crianças após ataques em Homs. A promoção de outros projetos turísticos intensificou as críticas. Apoiadores leais acusaram o regime de abandoná-los "enquanto cerca de 60% da população em Tartus não consegue fazer compras no novo shopping", disse uma mensagem indignada em uma página pró-regime no Facebook[178].

Em agosto de 2015, mais de 1.000 pessoas participaram de uma ocupação na circulatória central de Ziraa, em Lataquia, protestando contra o assassinato do Coronel Hassan al-Sheikh diante da família, por Sulayman al-Assad, filho do primo de Bashar al-Assad, quando seu carro foi ultrapassado pelo do coronel. Os manifestantes carregavam fotos do morto, exigindo o julgamento de Sulayman.[179] Em 2 de outubro do mesmo ano, após uma explosão que matou dezenas de crianças, um importante protesto aconteceu nos distritos pró-regime de Homs contra as autoridades, em especial o governador da província[180], Talal Barazi, empresário nomeado ao cargo em julho de 2013[181]. A manifestação ocorreu um mês após a prisão de ativistas pró-regime, que iniciaram uma campanha chamada "Onde Estão?", denunciando o abandono de uma base militar no norte da província de Raqqa, em que centenas de soldados do EAS foram massacrados pelo Estado Islâmico.[182] Em janeiro de 2016, o chefe do conselho de segurança de Homs, Louay Mouala, acabou enfim derrubado, após exigências e protestos criticando as autoridades

---

178. AFP e *Orient le Jour*, 2014c; *The Syria Report*, 2014b.
179. SOHR, 2015a.
180. Os governadores são os representantes formais do presidente sírio em todas as províncias do país.
181. *The Syria Report*, 2013b.
182. Dark, 2014b.

pela falta de segurança; o governador Barazi, porém, permaneceu no cargo.[183] Um mês depois, moradores do bairro de Zahra, em Homs, exigiram sua destituição, após um ataque terrorista que matou dezenas e feriu centenas de pessoas[184].

Em julho de 2016, as autoridades impediram uma ocupação por apoiadores do regime nas regiões do litoral, contra a decisão do governo de aumentar em cerca de 40% os preços dos combustíveis. Temia-se que elas se espalhassem ao longo das áreas pró-Assad depois de um protesto em Damasco, organizado por diversos aliados do governo, no mês anterior[185]. No final de setembro de 2016, a destruição de dezenas de pequenos cafés e lojas em Jableh gerou descontentamento no município costeiro, bastião tradicional de suporte ao regime. Os lojistas queimaram pneus e enfrentaram os serviços de segurança que arrasaram seus negócios. A decisão oficial para demolir os estandes foi tomada por serem eles supostamente ilegais, apesar de operarem há anos pagando aluguel ao conselho municipal. Nas redes sociais, os internautas pró-regime concordavam que elas haviam sido demolidas para abrir espaço para um grande empreendimento imobiliário, provavelmente um resort.[186]

O site oposicionista *Zaman al-Wasl*[187] descreveu 2016 como o ano mais difícil para os centros urbanos do litoral desde o início do levante. Os problemas incluíam da falta de segurança à proliferação dos grupos criminosos shabiha, assim como ausência de serviços públicos e a alta dos preços. Indivíduos armados e quadrilhas cometiam assassinatos, sequestros e saques, além de assédios e humilhações contra a população local – mesmo entre os que apoiavam o regime. A corrupção no sistema de justiça de Lataquia generalizou-se, com a prática de subornos e sentenças injustas. Comida podre também se espalhou no litoral, com destaque a Lataquia, onde os habitantes não tinham outra opção a não ser consumir tais produtos com preços baixos. Medicamentos não-regulamentados e com data vencida proliferavam nas farmácias, a maior parte contrabandeada pelos shabiha e membros de várias forças do regime. Em 15 de janeiro de 2017, dezenas de pessoas manifestaram-se em frente à Diretoria de Eletricidade de Lataquia, contra os cortes de luz de até 23 horas por dia[188]. Por último, a fragilidade e corrupção das forças do Estado facilitaram ataques terroristas em várias cidades de grande ou pequeno porte do litoral.

---

183. Khaddour, 2017c.
184. Homs, 2016.
185. Al-Souria Net, 2016b.
186. *The Syria Report*, 2016h.
187. Zaman al-Wasl, 2017d.
188. Hourani, 2017.

Em maio de 2017, a convocação pelo regime de novos reservistas para o exército vindos da província de Tartus provocou mais uma onda de revolta entre seus habitantes. O balneário já sofria com a falta de jovens e homens com menos de 50 anos, por engajamento nas forças pró-regime, imigração ou mortes nos campos de batalha. Um usuário de redes sociais escreveu em uma postagem dirigida ao regime:

> Por que deveríamos lutar por vocês? Por um punhado de batatas ou um pão? Se alguém morrer por vocês, são compensados com um relógio de apenas 100 libras sírias (...) Nós não somos escravos dos governantes ou dos sedentos por poder...[189]

No litoral, ex-combatentes do regime, feridos ou inválidos, também manifestaram descontentamento com o governo que os negligenciou, sem lhes oferecer apoio ou empregos para ajudar a retomar a sua vida. Em geral, as famílias dos combatentes eram pobres e muitas vezes dependentes das parentes mulheres para sustentar as famílias[190].

Em janeiro de 2019, um vídeo postado por um ex-combatente das forças de segurança de Assad, que residia na cidade de Tartus, dizia: "viva a Síria e abaixo Assad"[191]. A manifestação refletia o descontentamento e a frustração contínua entre a base popular do regime no litoral, causada pela piora da situação socioeconômica e falta de serviços básicos.

Parte da população alauita acumulava frustrações; a maioria dessas pessoas não era ligada a membros da família Assad, nem aos seus compadres alauitas. A corrupção e a repressão continuavam, e muitos dos alinhados do governo começaram a reconsiderar o seu apoio leal – sem, no entanto, qualquer disposição de se juntarem às fileiras da oposição.

8. Adaptações políticas do regime

A decepção dos alauitas da zona costeira, somada aos efeitos da guerra, levou o regime a adotar novas práticas na gestão dessas regiões, para garantir a continuidade de sua base. O governo permitiu a criação de organizações locais de caridade, que em pouco tempo se multiplicaram, voltadas a apoiar os que sofreram perdas pesadas com os conflitos e aprofundando, ao mesmo tempo, a privatização

---

[189]. Zaman al-Wasl, 2017g.
[190]. Zaman al-Wasl, 2017h.
[191]. Al-Souria Net, 2019.

dos serviços sociais. As novas instituições começaram a surgir a partir de 2011, na sua maioria, por iniciativas de indivíduos ligados à burocracia estatal e ao regime, através de redes familiares e profissionais. Elas abordavam demandas imediatas, em geral atendidas pelo Estado, antes do levante.[192]

Essas novas estruturas assumiram um papel intermediário, conectando o governo à costa, que contava com outras seitas religiosas além dos alauitas. Elas contribuíram para a expansão dos sistemas de organização e dominação do regime sobre a população local, em um contexto instável de guerra. As entidades assistencialistas mediaram, em nível local, os esforços do governo em conter ressentimentos pelos altos custos das perdas nos campos de batalha. Segundo Khedder Khaddour, isso criou "um vínculo entre os alauitas do litoral e o regime, dependentes uns dos outros para sobreviver", afirmando também que

> Através das organizações de caridade, o regime não apenas conseguiu consolidar suas redes de indivíduos, mas também a perpetuar sua dominação e cultura política sobre as comunidades alauitas litorâneas... [193]

Efetivamente, esses permanecem entrincheirados no sistema do regime, com formas locais de gestão – como as organizações de caridade – criadas e conduzidas com a colaboração ativa das redes do poder central.

Os investimentos do Estado nessas regiões, ao mesmo tempo, cresceram. Muitos dos projetos foram lançados e até mesmo executados meses ou anos antes, com seus anúncios voltados a amenizar as crescentes frustrações com o regime Assad. O seu valor total alcançava cerca de 30 bilhões de libras sírias (70 milhões de dólares) nas províncias de Tartus e Lataquia, enquanto para Alepo foram destinados 500 milhões de libras sírias (1,16 milhão de dólares) – apesar de muito mais afetada pela guerra e com maiores necessidades de ajuda.[194] No início de 2015, fundou-se a Universidade de Tartus, a sétima instituição de ensino superior estatal do país. A outra universidade criada após o levante, a de Hama, inaugurada em 2014, foi montada em resposta a uma onda de estudantes deslocados de outras partes do país.[195]

Em abril de 2016, o governo anunciou uma série de investimentos novos em Tartus e Lataquia, totalizando cerca de 37 bilhões de libras sírias (86 milhões de dólares), cada uma delas recebendo, respectivamente, 17 e 20 bilhões de libras sí-

---

192. Khaddour, 2016b, p. 11-12.
193. Khaddour, 2016a, p. 11-12.
194. *The Syria Report*, 2015g.
195. *The Syria Report*, 2015j.

rias[196]. O governo também aumentou em até 260% o valor pago aos agricultores de tabaco – localizados em sua maioria na zona costeira e nas montanhas, parte relevante das atividades econômicas locais.[197]

Essa política continuou em 2017. Em meados de abril, uma delegação de doze ministros, chefiados pelo primeiro-ministro Imad Khamis, passou cinco dias na província de Tartus inaugurando diversos projetos de desenvolvimento em larga escala, anunciados nos anos anteriores sem se concretizarem. O primeiro-ministro formou um comitê de acompanhamento, responsável por produzir um relatório bimestral sobre a implementação dos vários programas prometidos durante a visita. A delegação reuniu-se com os conselhos locais do Estado e líderes empresariais, também homenageando as famílias de 80 mártires do EAS.[198]

Khamis refez a visita às áreas litorâneas em outubro, comprometendo-se mais uma vez com futuros investimentos na região[199]. Em 2017, 5,2 bilhões de libras sírias foram gastos na área costeira, de um total de 11 bilhões alocados à reparação e construção de novas estradas pelo país[200].

Apesar disso, muitos dos projetos alardeados pelo governo nos meses e anos anteriores ainda não foram materializados. Em outubro de 2017, o jornal privado *Watan*, de propriedade de Rami Makhlouf, publicou críticas duras ao desempenho do governo após a ida de Khamis ao litoral. O jornal denunciou o abandono de muitos dos locais visitados, em especial em Tartus. O artigo alegava falta de respostas às inúmeras demandas das famílias dos mártires, criticando as parcas nomeações dos inválidos de guerra para empregos públicos – ambas questões delicadas para o regime[201]. Longe de constituir uma fonte independente, a matéria do Watan refletia o ânimo popular entre os defensores de Assad.

As promessas de novas iniciativas em Tartus e Lataquia continuaram com grande alarde em 2018. Em outubro, Khamis inaugurou projetos estimados em 27 bilhões de libras sírias, segundo a agência de notícias SANA[202].

As políticas do regime adaptaram-se às necessidades das regiões da costa para garantir o apoio (ou, pelo menos, a neutralidade) da população local. No entanto, o descontentamento permaneceu alto, pelo crescente número de mortos e as duras condições socioeconômicas.

196. *The Syria Report*, 2016d.
197. *The Syria Report*, 2017d.
198. *The Syria Report*, 2017g.
199. *The Syria Report*, 2017o.
200. *The Syria Report*, 2018a.
201. *The Syria Report*, 2017o.
202. SANA, 2018f, 2018g.

9. Tolerância às críticas da imprensa independente pró-regime

A mídia independente, operada por ativistas da oposição, proliferou durante o levante. Veículos de imprensa e páginas de Facebook pró-regime também se multiplicaram, transformando a fundo o panorama midiático. Em sua maioria, eles eram baseados na internet e nas redes sociais, produzindo conteúdo sem necessidade de licença operacional. As páginas pró-regime no Facebook funcionavam de forma autônoma, a partir de uma rede específica de pessoas em um vilarejo, bairro ou cidade, geralmente reforçando a narrativa governamental, servindo ao mesmo tempo como fontes centrais de informações sobre movimentos militares, e incidentes locais ignorados pela imprensa estatal.

Segundo o pesquisador Antun Issa:

> Elas expressavam o clima das comunidades governistas, assim podiam servir de barômetro quanto ao apoio ao regime...[203] Isso ocorreu também quando esses sites criticavam certos aspectos do governo – como a sua imprensa oficial – ou quando condenavam algumas de suas ações, incluindo os saques cometidos por seus soldados.[204]

Em fevereiro de 2017, críticas contra o regime irromperam após uma crise nacional de combustíveis – sobretudo na província de Lataquia, onde a maioria dos postos de gasolina foi fechada. Muitos motoristas de microônibus anunciaram uma greve. A maioria da população perdeu direito ao combustível porque a milícia, agentes de segurança e os militares monopolizaram as poucas reservas disponíveis. As páginas das redes sociais dos apoiadores do regime culparam o governo Khamis e o Ministério do Petróleo pelas repetidas promessas vazias de garantir o acesso a todos os cidadãos.[205]

As redes sociais pró-regime, no início de 2019, inflamaram-se com postagens e mensagens atacando e insultando os membros do governo Assad. Na prática, até ele foi culpabilizado.[206]

O regime, de forma alguma, se envolveu na repressão a esses veículos de imprensa, apesar de suas críticas ocasionais. Tal tolerância indica um ambiente mais representativo e reflexivo das opiniões da comunidade, ao invés de atuarem como uma simples máquina de propaganda dominada pelo governo e suas elites asso-

---

203. Issa, 2016, p. 18.
204. Hayek e Roche, 2016; Issa, 2016, p. 19.
205. Zaman al-Wasl, 2017b.
206. Al-Souria Net, 2019.

ciadas. A liberdade de imprensa nas regiões dominadas pelo regime permaneceu mais restrita que nas áreas controladas pela oposição, pelo menos até o surgimento do Estado Islâmico e outros grupos jihadistas. As novas mídias criaram a base para uma mudança na cultura da imprensa síria no contexto pós-guerra. Enquanto a de oposição foi e continua sendo reprimida, é difícil imaginar o regime atacando seus próprios apoiadores online – figuras instrumentais na promoção da sua narrativa. Mesmo dentro da esfera de controle do governo, uma cultura mais aberta pôde sobreviver, com a continuidade de alguma tolerância às críticas ao regime.[207]

10. Sueida: entre controle e autonomia

O enfraquecimento do governo aumentou a autonomia local em Sueida, que ainda dependia dele para alimentos, combustíveis e serviços vindos pela estrada de Damasco. Para a maioria da população drusa da cidade, desde o início de 2013, a principal preocupação era impedir seus jovens de cumprirem o serviço militar obrigatório fora da província. Até o início de 2015, mais de 1.500 drusos morreram no EAS. Diversos casos foram registrados, na primeira metade de 2015, de habitantes da província atacando estações da polícia militar e centros de conscrição, tentando libertar seus filhos aprisionados nos postos de controle para o alistamento no exército.[208] O regime trocou o chefe da inteligência militar de Sueida após manifestações lideradas por sheiks religiosos drusos em abril de 2014[209]. Em agosto de 2016, um grupo de moradores de Sueida tentou ocupar o prédio do governo, protestando contra o assassinato de um morador, cometido por milicianos do FND. Uma mobilização na frente do prédio exigia a execução dos assassinos e a reavaliação da situação de segurança.[210]

Foi nesse clima que o sheik Wahid Boulos ganhou enorme prestígio entre a população drusa. Ele liderava um grupo chamado *Rijal al-Karama* (Mocidade Digna), centrado em proteger os drusos na província, em oposição aos aparatos de segurança do regime e dos reacionários islâmicos. Ele encabeçou campanhas contra o recrutamento pelo EAS de rapazes nascidos em Sueida, evitando que fossem enviados para combates longe de casa, impedindo também que retirassem armas

---

207. Issa, 2016, p. 19.
208. Ezzi, 2015.
209. Lang, 2014.
210. Orient News, 2016.

pesadas dali, deixando-os sem defesa. Rijal al-Karama cresceu e ganhou relevância, com uma força que incluía 27 mil militantes que se recusaram a servir no EAS.[211]

Boulos também lançou cruzadas contra a corrupção. Ele defendia uma perspectiva de "terceira via", que exigia reformas por dentro do sistema existente, ao invés de uma revolução.[212] Mesmo após seu assassinato no verão de 2015 – responsabilizado por alguns como obra de aliados do regime –, o grupo Rijal al-Karama continuou crescendo, tornando-se um ator militar chave na província de Sueida. O movimento manteve uma posição de neutralidade e agiu para evitar a entrada de qualquer grupo armado de oposição vindo de fora, proibindo ao mesmo tempo a conscrição forçada na região.[213]

As milícias drusas pró-regime, no entanto, ainda atuavam por ali, dentre as quais a *Humat ad-Diyar*, chefiada pelo filho de um ex-sheik, que recebia financiamento do regime, de grupos drusos no Líbano e do FND; e a milícia *Dir al-Jabal*, cujos 1.000 combatentes carregavam documentos militares e permissão para portar armas providas pelo Ministério da Defesa.[214] Além disso, milhares de drusos serviram no exército regular.[215]

As manifestações e os protestos ganharam volume na província, após o assassinato de Boulos.[216] Ao longo dos anos, manifestações esporádicas continuaram a ocorrer em Sueida contra o regime, suas políticas, a corrupção e a falta de serviços públicos.[217]

O governo respondeu de várias maneiras, inclusive, investindo na região. Em 2014, mais de 6 bilhões de libras sírias (25 milhões de dólares) foram gastos nos serviços de água, saúde e eletricidade na província, apesar da maior parte dos fundos vir como subsídios para o setor de eletricidade ao invés de implementar novos projetos. Outros anúncios incluíam uma compensação de 20 milhões de libras sírias (por volta de 85 mil dólares) oferecidas a cerca de 1.430 agricultores que sofreram com uma onda de frio no inverno de 2014-2015, assim como de 70 milhões de libras sírias para microempresas em 2015.[218] Território mais beneficiado do ano, Sueida contou com 17 projetos da Agência Síria de Investimentos em 2015. O regi-

---

211. Ezzi, 2015.
212. Al-Tamimi, 2015a, 2015c.
213. Al-Tamimi, 2017b.
214. Ezzi, 2015.
215. Gambill, 2013.
216. Rollins, 2016.
217. I'lâm al-sûwaydâ', 2016; Noufal e Wilcox, 2016a; Szakola, 2016.
218. *The Syria Report*, 2015a.

me também teve de lidar com a afirmação cada vez maior da identidade drusa na região – incluindo postos de controle com bandeiras e insígnias drusas.[219]

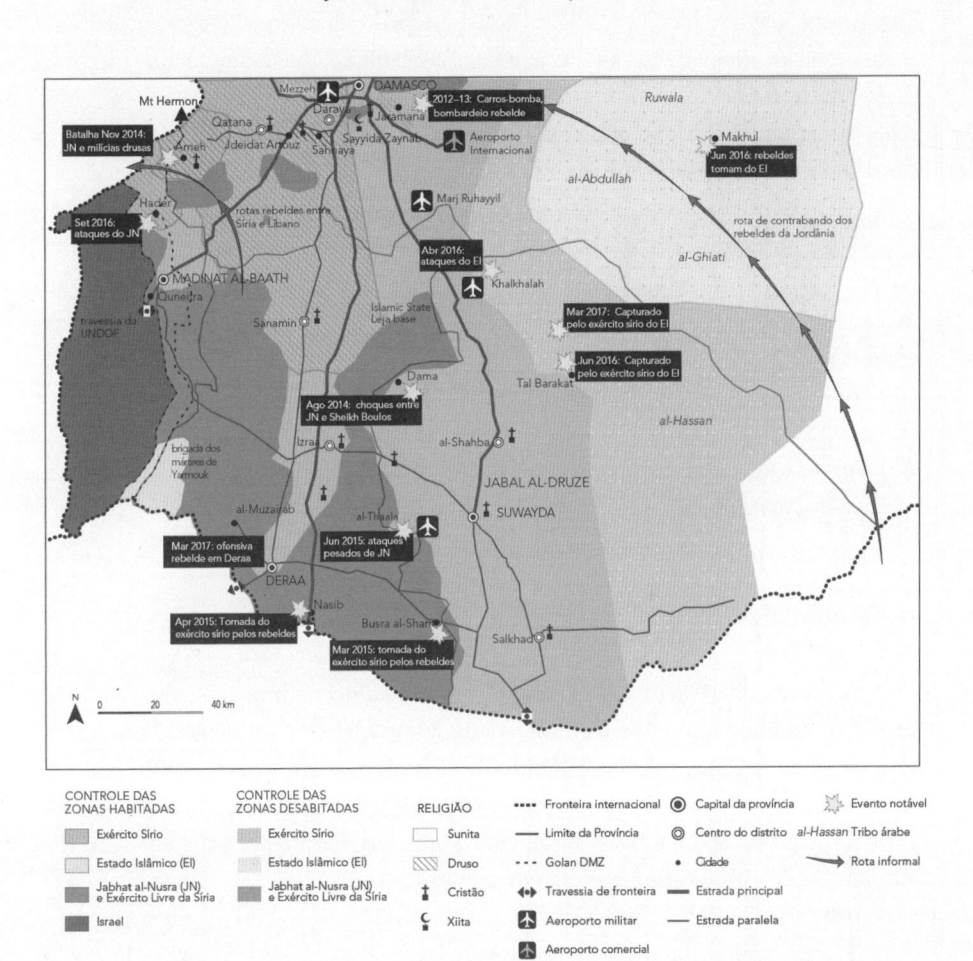

Mapa 13. Jabal al-Druze e o fronte sul

219. Ezzi, 2015.

As tensões, contudo, continuaram. A insatisfação atingiu seu ponto mais alto no verão de 2018, depois que o Estado Islâmico assassinou pelo menos 250 civis em um ataque repelido, após horas de confronto, por combatentes drusos locais (a maioria da milícia de Rijal al-Karama). Os jihadistas, ao longo da batalha, capturaram mais de duas dúzias de mulheres e crianças, com as quais fugiu para o deserto. As forças do regime intervieram apenas após 36 horas de luta. A indignação da população intensificou-se pelo fato de o ataque do Estado Islâmico ter ocorrido logo depois da visita de uma delegação russa à Sueida, que exigiu a apresentação de 50 mil homens ao serviço militar. Alguns ativistas locais acusaram o governo sírio de ter retirado da província grande parte de seus contingentes, abrindo o caminho para o Estado Islâmico. Em alguns casos, a população expulsou as autoridades do governo das cerimônias fúnebres dos mortos no assalto.[220]

Por não terem aderido à oposição, eles receberam algumas concessões do governo, que outorgou a certas forças locais mais autonomia e um nível limitado de dissidência. Mas a situação tende a ser provisória, principalmente com a consolidação de poder do regime em todo o país. No início de 2019, houve crescentes relatos de reforços militares e políticos feitos em Sueida pelas tropas do poder e dos serviços de segurança. Os chefes da comunidade religiosa drusa, os sheiks Akl, deram uma "aprovação tácita" ao aumento da sua presença ali, desde que não processassem os cerca de 40 mil indivíduos que se recusaram a se filiar ao EAS.[221]

ii. Conclusão

A estratégia de repressão para sobrevivência do regime centrava-se na sua principal base de apoio: os capitalistas de compadrio, os serviços de segurança e as altas instituições religiosas ligadas ao Estado. Ao mesmo tempo, usava suas redes fisiológicas por meio de conexões sectárias, clientelistas e tribais para mobilizar apoio popular. Ao longo da guerra, o aprofundamento dos aspectos sectários alauitas e clientelistas do regime evitou maiores deserções, enquanto relações fisiológicas ligavam interesses díspares de diversos grupos sociais ao governo.

Sua base popular expressava a natureza do Estado e a maneira pela qual a elite governante se relacionava com o resto da população ou, neste caso em particular, com a sua base popular, que não se deu só através da sociedade civil, mas misturando formas de relações modernas e arcaicas. O regime apoiava-se sobretudo, porém não apenas, em seus poderes coercitivos; contando também com a

---

220. Clark e Hamou, 2018; Suwayda, 2018, p. 24.
221. Halabi, 2019.

passividade de grande número de funcionários públicos urbanos e, de forma mais geral, de estratos das classes médias nas duas principais cidades – Damasco e Alepo –, apesar da sublevação insurrecional de seus subúrbios. Isso fez parte da hegemonia passiva imposta pelo regime.

A situação demonstra, também, que sua base popular não se limitava aos setores e grupos oriundos dos cidadãos alauitas ou das minorias religiosas, apesar da sua importância. Pelo contrário, incluíam pessoas oriundas de várias seitas e etnias que prometiam apoio ao regime. Grandes setores atuaram cada vez mais como agentes do governo na repressão. Segundo Steven Heydemann, "as relações regime-sociedade foram definidas, em um grau perturbador, pela participação compartilhada na repressão."[222]

No entanto, essa resiliência teve um custo, paralela à dependência crescente do governo em relação a estados e atores estrangeiros. Características e tendências pré-existentes foram ampliadas. Os capitalistas de compadrio aumentaram o seu poder de forma considerável, conforme largas frações da burguesia síria deixaram o país, retirando em massa seu apoio político e financeiro. Tal situação forçou o governo a adotar um comportamento predatório em sua extração de recursos, cada vez mais necessários. Ao mesmo tempo, as características clientelistas, sectárias e tribais do regime foram reforçadas. A identidade alauita saiu fortalecida, com destaque para as instituições-chave como o exército e, em grau menor, as administrações estatais.

A autoridade do Estado também foi enfraquecida, assim como a de suas instituições, abrindo mais espaço para as milícias. Paralelamente, no caso da administração pública em Sueida, a província foi capaz de ganhar mais autonomia na medida em que Damasco procurava acalmar as tensões. O regime de Bashar al-Assad não via Sueida como um desafio ou uma ameaça, pela improbabilidade de a maioria da população local se juntar à oposição. No entanto, essa autonomia relativa foi mais e mais questionada, conforme o governo consolidava seu poder no país, conquistando novos territórios.

Em outras palavras, o fim da guerra e a derrota da oposição armada não asseguraram ao regime o fim de seus problemas e dificuldades de para se estabilizar, que exige iniciativas e intervenções autoritárias.

222. Heydemann, 2013b, p. 71.

4
os fracassos da oposição

Este capítulo trata das derrotas e limitações da oposição no exílio enquanto alternativa confiável, democrática e plural, para canalizar as aspirações das mobilizações populares. As extensas e díspares alianças das forças oposicionistas pouco alterou essa situação. O Conselho Nacional Sírio (CNS) e a Coalizão Síria, dentre as diversas entidades da oposição no exílio, fragmentaram-se frente às intervenções de atores estrangeiros, submetendo-se de forma crescente aos seus interesses. A conjuntura incentivou o surgimento e a expansão dos movimentos fundamentalistas islâmicos, às custas das forças armadas da oposição ligadas às redes locais do Exército Livre da Síria (ELS) e dos grupos e ativistas civis e democráticos.

A repressão do regime contra os setores democráticos dos protestos, incluindo suas organizações civis e armadas, foi a principal responsável pelo seu esgotamento. O movimento e suas instituições, assim como seu programa democrático, enfraqueceram-se diante da eclosão das correntes religiosas fundamentalistas e jihadistas. A sua presença afastou diversas minorias religiosas e étnicas, assim como parcelas da população árabe sunita. Amplos setores das classes médias sunita e da burguesia de Damasco e Alepo não se sentiram atraídos pela política fundamentalista islâmica – mas não foram os únicos, dado que as áreas rurais e cidades de porte médio controladas por esses grupos testemunharam inúmeros protestos e dissidências contra as suas práticas autoritárias.

As facções islâmicas reacionárias também atacaram ativistas dos movimentos sociais democráticos, impondo seu controle sobre as instituições criadas pelos moradores locais nas zonas que se libertavam de Assad. Em geral, a influência dessas forças extremistas se fortaleceu em inúmeros setores, limitando a atuação de outros militantes. Desde o final de 2013, as atividades e presença das frentes populares diminuíram de forma contínua nos territórios fora do controle do regime.[1]

Visando aprofundar o sectarismo religioso durante o levante, o governo, no início, incentivou e favoreceu os fundamentalistas islâmicos e jihadistas. Assim, trabalhou para transformar em realidade a sua propaganda, caracterizando os manifestantes como pessoas movidas por ódio sectário e extremismo religioso. Ao mesmo tempo, as monarquias do Golfo Pérsico e a Turquia, por motivações políticas, apoiavam esses grupos. Tais organizações expandiram-se também por conta das divisões, problemas e fragilidades das redes do ELS – como examinado no capítulo 2.

---

1. Khalaf, Ramadan e Stolleis, 2014, p. 16.

1. Oposição no exílio

Os obstáculos enfrentados pelo levante aumentaram ao longo dos anos, com a queda do regime tornando-se cada vez mais improvável. No entanto, o CNS e, depois, a Coalizão, fracassaram na unificação dos vários segmentos oposicionistas, sem conseguirem estruturar uma alternativa política que respondesse às aspirações do movimento de protestos dentro do país, apesar de seu reconhecimento internacional. Também foram incapazes de influenciar a opinião pública dentro da Síria ou entre os refugiados. A falta de uma estratégia política por aprovação popular, incluindo sua dependência em forças estrangeiras, explicam seu fiasco, assim como as tentativas iniciais em apoiar uma intervenção externa na Síria através de um setor de exclusão aéreo, ou até mesmo uma zona-tampão ao longo da fronteira com a Turquia[2]. Em novembro de 2011, o CNS e, principalmente, os representantes da Irmandade Muçulmana, discutiram com as autoridades turcas a possibilidade de sua aeronáutica impor um espaço de exclusão no espaço aéreo sírio[3]. Depois de fevereiro de 2012, a nova posição oficial do CNS abandonou a linha inicial, que recusava intervenções militares externas na Síria, e o armamento da oposição. Essas se tornariam as exigências centrais da coalizão para as potências ocidentais e seus aliados regionais. O CNS tampouco teve a habilidade de configurar uma estratégia política, consolidar a administração civil local, assumir uma autoridade confiável na relação com os grupos armados de oposição, prover ajuda humanitária ou contribuir para dividir o regime[4].

A recusa das potências estrangeiras em intervir diretamente na Síria para derrubar o regime levou o CNS e, depois, a Coalizão, a legitimar ao longo do tempo as várias forças fundamentalistas islâmicas, à medida em que a influência dos islamistas crescia dentro do país. Em março de 2013, o ex-presidente da Coalizão Síria, Moaz al-Lhatib, justificou a chegada de jihadistas estrangeiros como um contrapeso à presença de especialistas militares russos, iranianos e os combatente do Hezbollah, descrevendo-os como irmãos e hóspedes honrados[5]. O grupo Jabhat al-Nusra foi caracterizado como parte do movimento revolucionário pelo presidente do CNS, George Sabra – um liberal e dirigente do Partido do Povo (o antigo Partido Comunista-Bureau Político chefiado por Ryad al-Turk), em declaração oposta à inclusão, pelos Estados Unidos, da organização jihadista na lista

---

2. Peterson, 2011.
3. AFP, 2011.
4. Sayigh, 2013.
5. Al-î`tilâf al-watanî li-qûwa al-thawra wa al-mu'ârada al-sûrîya, 2013.

de agremiações terroristas[6]. A princípio, Michel Kilo refutou todas as acusações contra Jabhat al-Nusra, que a caracterizam enquanto fundamentalista[7]. Ele também rejeitou qualquer comparação entre o Estado Islâmico (EI) e Jabhat al-Nusra, argumentando que o grupo al-Nusra reivindicava "um sistema eleitoral islâmico", buscando um Estado Islâmico por consenso nacional, enquanto o EI queria alcançar essa meta por meios despóticos[8].

Quadro 9. Salafismo

Surgido no século XIX, o salafismo contemporâneo tem origem no Egito, Síria, Iraque e Índia. Os primeiros deles eram reformistas, usando o termo Islah (reforma) como palavra de ordem. Reivindicavam uma linhagem que remonta ao Profeta Maomé, visto como o primeiro dos reformadores; genealogia que legitima a definição de crenças e direitos.

Corrente intelectual, os salafistas eram impulsionados por estudiosos da religião voltados a combater:

- certas práticas de religiosidade popular consideradas estranhas ao Islã
- o projeto de modernização do islamismo
- a dominação ocidental

A tradição salafista, hoje, baseia-se na veneração do legado dos primeiros líderes e juristas muçulmanos, reivindicando um retorno aos princípios do islã. Sua referência suprema são as formas que os muçulmanos pioneiros – ou salaf al-salih (piedosos ancestrais), segundo a expressão consagrada – entendiam e aplicavam o Islã na Arábia do século VII.

Segundo os salafistas, a sunna do profeta Maomé – a compilação de suas palavras, gestos e atitudes –, e não o exercício da razão individual, deve guiar a interpretação do Corão. O texto corânico precisa ser compreendido à luz de tudo o que o profeta fez e disse para iluminar seus contemporâneos sobre o significado da palavra divina.

Jaysh al-Islam, uma organização salafista, passou a integrar alguns dos órgãos oficiais da oposição exilada, enquanto a facção armada fundamentalista Ahrar al-Sham participou de determinadas reuniões e debates, mas optou por não se filiar. Ambas foram denunciadas por violações aos direitos humanos, incluindo ataques contra ativistas e práticas autoritárias nas áreas que controlavam. A Coalizão se recusou a condenar tais ações, ou se mobilizar para exigir a liberação de ativistas sequestrados (comentado mais adiante neste capítulo). Em julho

---

6. Ali, 2015.
7. Syrian4all, 2013.
8. Radio Rozana, 2014.

de 2013, Zahran Alloush, comandante militar da Frente Islâmica e líder do Jaysh al-Islam, fez a seguinte declaração:

> Os mujahidin de al-Sham limparão a sujeira dos *rafidha*[9] e os rafidha de al-Sham, serão varridos para sempre, se Deus quiser, até purificar al-Sham da imundície dos *majus* que combateram a religião de Deus. Apoiem os seus irmãos, oh, *mujahidin*, apoiem os seus irmãos; nós, do Jaysh al-Islam, damos as boas-vindas aos *mujahidin* do mundo inteiro para que nos ajudem a lutar nas nossas fileiras, as fileiras da sunna, a sunna do mensageiro de Deus, erguendo alto o estandarte do *tawhid* [monoteísmo puro], até que a humilhação e a destruição abata-se sobre os *majus*, os inimigos de Allah.[10]

Já Hassan Aboud, líder do Ahrar al-Sham, expôs sua visão em uma entrevista da seguinte forma:

> O que acontece na Síria é que o país é governado por uma ideia nusairita [termo difamatório para descrever os alauitas], um grupo xiita que tomou o poder e começou a perseguir o povo sunita. Eles impediram-nos de praticar sua religião, criando uma imagem do Islã distante da realidade, com tradições e práticas de forma alguma islâmicas. Eles quiseram varrer do país o verdadeiro Islã (...)[11]

Apesar das práticas autoritárias e sectarismo religioso, Muhammad Alloush (dirigente do grupo Jaysh al-Islam entre janeiro e maio de 2016, após a morte do seu primo Zahran Alloush), tornou-se o chefe da Alta Comissão de Negociações (ACN), baseada na Arábia Saudita durante as tentativas de paz com Assad em Genebra. Alloush demitiu-se em 30 de maio de 2016, afirmando que os diálogos eram "uma perda de tempo", porque o regime não estava disposto a "negociações sérias"[12]. No entanto, ele continuou integrando o ACN, convertendo-se em figura-chave em outras tratativas de paz patrocinadas pela Rússia, Turquia e o Irã ao final de 2016 e 2017.

O grupo armado Ahrar al-Sham também integrou, no início, o ACN, com Labid Nahhas participando como seu representante na cerimônia de fundação em Riad. A liderança da associação salafista, porém, fez uma declaração pública logo

---

9. Esse termo faz referência ao xiismo duodeciman. *Rafidha* significa rejeicionista e refere-se aos xiitas, porque, segundo aqueles que usam o termo, eles não reconhecem Abu Bakr e seus sucessores como soberanos legítimos após a morte de Muhammad, o Profeta do Islã. No contexto sírio, *rafidha* também tem sido usado para referir-se ao Irã (Zelin e Smyth, 2014).
10. Citado em Smyth e Zeilin, 2014.
11. Abu Arab, 2013.
12. Stanford University, 2016.

após a cerimônia de encerramento, retirando-se da conferência. O grupo Ahrar al-Sham já havia criticado a inclusão de outras organizações no encontro, como o CCN (vistos como alinhados à Rússia), e rejeitado a declaração final, por tendências demasiadamente laicas, opondo-se também à inserção de participantes considerados hostis às forças islâmicas[13]. No entanto, eles envolveram-se na ofensiva militar liderada pela Turquia contra a região de Afrin em janeiro de 2018, apoiada pela Coalização Síria (ver capítulo 6).

O CNS e a Coalizão também fracassaram pela ausência de uma alternativa socioeconômica de interesse das classes populares; em vez disso, promoveram políticas neoliberais e uma "economia equilibrada de livre-mercado",[14] sem se diferenciarem das propostas defendidas pelo regime. Em 2013, os principais técnicos ligados à oposição publicaram um documento de políticas públicas chamado Mapa da Transição Síria, propondo a privatização das empresas públicas; liberalização de preços; suspensão de subsídios; enxugamento do setor público; a devolução de todo o patrimônio nacionalizado pelo Partido Baath (terra, empresas, fábricas, casas e prédios) aos seus donos de direito; e a entrada do país em instituições multilaterais como a Organização Mundial do Comércio (OMC)[15]. A nota concluía da seguinte forma:

> (...) a Síria precisa abandonar gradualmente seu padrão econômico dirigista liderado pelo Estado, em favor de um modelo baseado no mercado... neste caso, o objetivo principal é aumentar a produtividade e competitividade da economia síria, colocando-a no caminho do crescimento e da geração de empregos liderados pelo setor privado.[16]

Tais propostas ressaltavam a influência da antiga burguesia e das famílias proprietárias de terras entre a liderança da oposição política.

A falta de representação feminina nas instituições da oposição também foi objeto de críticas. As mulheres com frequência eram reduzidas a uma presença simbólica[17], sem funções reais no CNS, na Coalizão e, depois, no ACN. O CNS somava apenas 24 mulheres entre 444 membros, enquanto na Coalizão elas não passavam de três[18].

---

13. Lund, 2015e.
14. Syrian National Council, 2011.
15. Syrian Center for Political and Strategic Studies e Syrian Expert House, 2013, p. 202-215.
16. Syrian Center for Political and Strategic Studies e Syrian Expert House, 2013, p. 203.
17. Syria Untold, 2014e.
18. Hossino e Kanbar, 2013.

Em março de 2014, a ativista Khawla Dunia declarou que a situação das sírias estava em estado constante de rebaixamento

> (...) não apenas em termos de direitos – que é o caso para ambos os sexos – mas, em particular, no desequilíbrio entre sacrifícios e conquistas.[19]

A participação feminina na Alta Comissão de Negociações, durante sua fundação em 2015, foi limitada a apenas duas, entre 33 integrantes. As ativistas caracterizam com frequência os grupos de oposição como "não confiáveis", "discriminatórios" e "elitistas", delegando às representantes, assim como no regime Assad, "posições decorativas", sem papel efetivo nos processos de tomada de decisões[20].

O controle da Irmandade Muçulmana e outras forças conservadoras também se deu na abordagem dos direitos das mulheres. Na conferência da oposição em julho de 2012, realizada no Cairo sob o patrocínio da Liga Árabe, o documento da Convenção Nacional sobre os direitos delas declarava:

A Constituição garante a eliminação de todas as formas de discriminação contra as mulheres, buscando criar o ambiente legislativo e legal necessário que possibilite seu empoderamento político, econômico e social, segundo todas as convenções internacionais relevantes, em harmonia com a cultura da sociedade.[21]

> A última frase - "em harmonia com a cultura da sociedade" - foi acrescentada por exigência de indivíduos e grupos conservadores islâmicos. O trecho foi amplamente denunciado entre as feministas como justificativa para cercear direitos. Em geral, inúmeras militantes criticaram membros do CNS, assim como da Coalizão e do ACN, que ao final cederam às pressões dos fundamentalistas islâmicos, sufocando assim as conquistas das mulheres[22].

Segundo a ativista feminista Lama Kannout[23], desde o início do levante, "os políticos laicos sempre cediam aos islamistas, sacrificando os direitos das mulheres no processo."

Membros da Coalizão e da oposição também adotaram posições sectárias. O ex-parlamentar oposicionista Mahmoun Homsi declarou, no início do levante: "Desprezíveis alauitas, renunciem a Assad, ou a Síria se tornará seu cemitério",

---

19. Citado em Syria Untold, 2014d.
20. Ghazzawi, Afra e Ramadan, 2015, p. 19.
21. Al-Awsat Asharq, 2012.
22. Abdeh, 2018; al-Hallaq, 2018.
23. Kannout, 2016, p. 59.

acrescentando: "Abaixo o desdenhável xiismo político. A partir de hoje, vocês verão do que nós, sunitas, somos capazes"[24]. O CNS não condenou esse tipo de linguagem.

No dia 1º de julho de 2013, Anas Ayrout, um sheik salafista, integrante da Coalizão e líder da Frente Islâmica Síria de Libertação, convocou a oposição armada a investir contra os vilarejos alauitas nas áreas costeiras. Propôs alvejarem seus quarteirões, casas e redutos. "Devemos mirar sua infraestrutura e evitar que tenham uma vida normal e tranquila (...) Devemos expulsá-los dos seus lares assim como eles nos expulsaram. Eles têm que experimentar a dor que nós sentimos (...)"[25]. Um membro do CNS, Saleh al-Mubarak, apoiou um ataque à região rural de Latáquia, afirmando precisar "transferir a batalha para a terra natal da família governante, e informar os alauitas que eles não estarão seguros se o resto do povo também não estiver"[26].

Setores da imprensa pró-levante foram igualmente responsáveis por difundir mensagens de sectarismo religioso. A TV Orient, do empresário exilado Ghassan Abboud, conhecido por suas invectivas sectárias,[27] apresentou o massacre de mais de 40 civis, incluindo crianças, executados em maio de 2015 por milicianos do Estado Islâmico na cidade mista de Mabujah (habitada por sunitas, ismaelitas e alauitas), na província de Hama, como se tivessem sido realizadas pelas forças do regime. A notícia falsa provocou inúmeras controvérsias, utilizadas mais tarde para justificar futuros crimes sectários[28].

Com atitudes chauvinistas, a Coalizão também se recusou a reconhecer os direitos nacionais dos curdos. Apoiaram, inclusive, as hostilidades e agressões militares do governo turco contra o Partido da União Democrática/Partido dos Trabalhadores Curdos (PYD/PKK), descrevendo seus organismos como terroristas (ver os capítulos 5 e 6).

A falta de pluralismo na Coalizão e na oposição no exílio repetiu-se nos Princípios Gerais do plano de transição apresentado pela ACN em setembro de 2016, que mencionava apenas a cultura árabe islâmica como fonte da "produção intelectual e das relações sociais entre todos os sírios"[29]. Alguns grupos afiliados ao ACN, sobretudo curdos e assírios, denunciaram a medida, por esconder a diversidade da população.

24. MEMRI, 2011.
25. Citado em Oweis, 2013a.
26. Citado em Mouzahem, 2013.
27. Uma de suas postagens no Facebook, por exemplo, atacava os alauitas e outras minorias religiosas (ver Abboud, 2015).
28. Arif, 2015.
29. Comitê de Altas Negociações, 2016, p. 9.

Além de tudo, a Coalizão deixou-se permear por rivalidades, rupturas internas e deserções ao longo dos anos. Em dezembro de 2016, Samira Masalmeh, sua vice-presidente, declarou desconhecer os métodos de financiamento da entidade, exigindo um inquérito sobre os gastos. Afirmou também concentrar seu trabalho no combate às "ideias extremistas" dentro da organização, mas que foi impedida de se pronunciar por "facções sectárias", reunidas enquanto conjunto dentro da Coalizão[30]. Após tais declarações, Masalmeh passou a ser investigada internamente pelo comitê jurídico da entidade[31]. Ela renunciou logo em seguida.

Ao deixar a Coalizão, em janeiro de 2017, o oposicionista veterano Fayez Sara elencou diversos problemas, incluindo a incapacidade da entidade em executar reformas nas suas instituições políticas, com blocos e indivíduos impondo o controle sobre o governo temporário. Criticou a falta de disposição da Coalizão em se posicionar sobre as forças "islâmicas" - desde o Estado Islâmico até grupos como Jund al-Aqsa e al-Nusra – que cumpriam um papel "maligno", implementando as políticas do regime. Acrescentou que a Coalizão surgiu com os mesmos problemas do CNS, sofrendo também com intervenções regionais e internacionais, que a submetiam às suas pautas, interesses e figuras.[32]

O crescente foco dado à "guerra ao terror" pelos principais Estados regionais e internacionais, assim como o consenso sobre a permanência de Bashar al-Assad no poder, diminuíram a importância da Coalizão, levando até à reconciliação com o regime por parte de alguns de seus integrantes. Bassam al-Malak, comerciante de Damasco e membro de sua Câmara de Comércio antes do levante em 2011, por exemplo, anunciou sua retirada da Coalizão em agosto de 2017, retornando à Síria[33].

A dependência contínua da Coalizão dos Estados estrangeiros levou a uma espiral de problemas, uma vez que os interesses desses divergiam entre si. Em novembro de 2017, o dirigente do Alto Comando de Negociações, Riyad Hijab; o negociador-chefe, Muhammad Sabra; e oito outros integrantes, renunciaram ao comitê às vésperas da Conferência de Riad, devido às pressões internacionais para aceitarem a permanência de Bashar al-Assad no poder – segundo Suheir al-Atassi, um dos que se retiraram[34].

---

30. Enab Baladi, 2016c.
31. Zaman al-Wasl, 2017a.
32. Madar al-Youm, 2017.
33. Citado em Syria News, 2017.
34. *Middle East Monitor*, 2017b.

2. Sectarismo fomentado pelas monarquias do Golfo

O apoio ao CNS e à Coalizão pelos países do Golfo vinha acompanhado de uma orientação sectária. As monarquias e suas imprensas promoviam uma narrativa marcada pelo sectarismo religioso, voltada a transformar o levante em um conflito confessional entre xiitas e sunitas. Para isso, seus canais midiáticos serviam de instrumento à promoção de discursos de ódio por sheiks salafistas.

Quadro 10. Origens do Salafismo

Os salafistas árabes do século XIX expressavam orientações modernas, defendendo governos constitucionais, métodos científicos na educação, aprendizado de tecnologias contemporâneas e interpretações flexíveis e adaptáveis da lei religiosa.

Os primeiros salafistas favoreciam uma abordagem eclética na interpretação da religião, adotando elementos de distintas escolas teológicas islâmicas, enquanto a corrente wahabita aderiu de forma exclusiva à escola teológica Hanbali de jurisprudência. Salafismo, portanto, designa em sua origem o reformismo islâmico inspirado nos veneráveis antepassados, privilegiando seu espírito inovador e autorizando-se a reinterpretar, nessa perspectiva, o corpus religioso.

Essa noção de salafismo será mais tarde modificada por Rachid Rida, que irá atrelar a adesão literal de vertente fundamentalista à herança do islã nos seus primórdios.

Com o fim do califado (em 1924), Rida torna-se o símbolo da contrarreforma islâmica ocorrida durante a imposição, pelas potências europeias, de mandatos coloniais nos países do Oriente Médio, após a Segunda Guerra Mundial. A reforma islâmica, portanto, não deve ser entendida como um processo com uma proposta inicial autocrática, como foi a contrarreforma católica, produto da reforma protestante.

A contrarreforma islâmica, ao mesmo tempo, é muito mais reacionária em seu conteúdo do que sua antecessora católica dos séculos XVI-XVII.

Quadro 11. Salafistas e hanabalismo

Rida e seus seguidores orientaram-se pela política antixiita, antijudaica, anticomunista e antikamelista. Também opunham-se a intelectuais religiosos reformistas, como Ali Abd Al-Raziq e Taha Husayn. Um dos discípulos de Rashid Rida, Hassan al-Banna, fundou, no Egito, o movimento da Irmandade Muçulmana.

A evolução do pensamento de Rida aproxima-o da doutrina puritana do hanbalismo e, em particular, de seus apoiadores, os wahabitas. Ele próprio apresentava-se como defensor de primeira hora do regime saudita e do wahabismo, colaborando e apoiando o rei Abdel Aziz al Saud em sua conquista da Península Arábica. Os salafistas combatem também as irmandades sufistas e seus seguidores, defendendo o retorno do califado, a despeito da sua abolição.

Uma nova tradição salafista, portanto, foi difundida por intelectuais como Rashid Rida nas décadas de 1920 e 1930, disseminada mais tarde socialmente por grupos como a Irmandade Muçulmana no Egito e em outros países da região. No caso egípcio, a perspectiva de Rida inspirou a Irmandade a concentrar sua agenda política na islamização da legislação.

Desde o início do processo, em 25 de março de 2011, Yusuf al-Qardawi, o conhecido sheik egípcio vinculado à Irmandade Muçulmana, baseado no Qatar, onde ele apresenta seu programa semanal no canal de televisão al-Jazeera, declarou:

> O Presidente Assad trata o povo como se fosse um sunita, é educado e jovem, pode ser até muito capaz, mas seu problema é que ele é prisioneiro de seu entorno e de sua seita religiosa (...)[35]

Em agosto de 2012, o parlamentar do Bahrein, Abd al-Halim Murad, declarou ser possível a vitória contra a matança promovida pelos "safávidas sanguinários", referência à dinastia de 1501 a 1736 que converteu o Irã ao xiismo.[36]

Em maio de 2013, o sheik Yusuf al-Qardawi declarou jihad contra o regime sírio em um comício no Qatar, conclamando os muçulmanos sunitas a se engajarem no combate a Assad e sua base social xiita, descrevendo os alauitas como "mais infiéis que cristãos e judeus."[37] Qardawi acrescentou: "Como poderiam 100 milhões de xiitas no mundo inteiro derrotar 1,7 bilhões de sunitas?".[38] Seu anúncio foi elogiado depois pelo grão mufti da Arábia Saudita, Abdul Aziz al-Sheikh.[39] Igualmente, a organização *Râbitat al'âlam al-îslâmi* (Liga Mundial Muçulmana) – uma associação de clérigos islâmicos fundada em 1962, que opera como instrumento político da Arábia Saudita em escala internacional – caracterizou de forma sistemática o governo sírio como um "regime dissidente nusairita", enfatizando "a obrigação de apoiar os muçulmanos da Síria e salvá-los da conspiração sectária" - em outras palavras, dos xiitas.[40]

---

35. Satik, 2013, p. 396.
36. Smyth e Zeilin, 2014.
37. Pizzi e Shabaan, 2013.
38. Pizzi e Shabaan, 2013.
39. Al-Arabiya, 2013.
40. Muslim World League, 2013.

Os canais de televisão do Golfo também alimentaram tensões sectárias. Faisal al-Qassim, da al-Jazeera, apresentou um programa debatendo se a população alauita da Síria deveria ou não ser objeto de genocídio, enquanto o canal al-Arabiya recebeu o clérigo salafista sírio Adnan al-Arour, que declarou a pretensão de "esquartejar os alauitas e jogá-los aos cachorros."[41]

Doações privadas do Golfo sustentaram movimentos armados fundamentalistas islâmicos. A Comissão Popular de Apoio ao Povo Sírio, associada à família Ajami, do Kuwait, direcionou milhões de dólares em fundos e ajuda humanitária para movimentos salafistas como o Ahrar al-Sham. O grupo armado agradeceu em público à comissão pelo envio de 400 mil dólares.[42] O clérigo salafista, Dr. Shafi al-Ajmi, um dos mais raivosos disseminadores do sectarismo religioso no Kuwait, conclamou pela tortura de soldados sírios e a demonização os xiitas.[43] Na Arábia Saudita, sheiks dos grupos fundamentalistas islâmicos sauditas do movimento Sahwa[44] foram importantes financiadores da oposição armada, em sua maioria entidades islâmicas.

Em maio de 2012, as autoridades sauditas proibiram diversos sheiks importantes do Sahwa de coletar dinheiro para a Síria fora dos canais oficiais. No entanto, doações privadas continuaram sendo transferidas ao país conflagrado pelas redes do Sahwa, enquanto os captadores de recursos passaram a adotar um perfil mais discreto. Os grupos armados salafistas foram os principais beneficiários, sobretudo a Frente Síria Islâmica de Libertação, apoiada politicamente pelos sauditas, além do movimento Sahwa. Alguns sheiks próximos ao Sahwa – como Muhammad al-'Arifi e Abdallah al-Ghunayman – também defendiam o envio de sauditas para combater na Síria. Os membros das redes do Sahwa descreviam o levante, desde o seu início, em termos sectários: uma guerra religiosa entre sunitas e o regime nusairita, cujos aliados principais seriam os xiitas e judeus.[45]

---

41. Citado em Carlstrom, 2017.
42. MacCants, 2013.
43. Wehrey, 2013, p. 3.
44. O movimento fundamentalista islâmico saudita, conhecido como Sahwa, foi influenciado pela Irmandade Muçulmana em suas concepções ideológicas, ao mesmo tempo em que manteve uma relação próxima e não-conflituosa com o reino Saudita durante algumas décadas. No início da década de 1990, eles exigiram a abertura do sistema político, criticaram a convocação por apoio de infiéis ao reino para a libertação do Kuwait da ocupação iraquiana promovida pelo Rei Fahd, defendendo a islamização das iniciativas do Estado nas esferas econômica, social, política, de mídia e militar. O Sahwa Acabou reintegrado às esferas religiosas e políticas sauditas, após um período de repressão, depois que seus líderes concordaram em evitar críticas ao governo. Os levantes do Oriente Médio e Norte da África, que se iniciaram em 2011, desafiaram essa acomodação, na medida em que o Sahwa foi tentado a aproveitar a oportunidade para renovar suas posições políticas (al-Rasheed, 2010, p. 185; Lacroix, 2014a).
45. Lacroix, 2014b, p. 4-5.

A militarização do levante aumentou a influência estrangeira. As facções armadas que assumiam uma identidade islâmica saíram favorecidas por doadores muçulmanos, como Estados e indivíduos dos países do Golfo, enquanto os batalhões do Exército Livre da Síria tornaram-se cada vez mais enfraquecidos. Nessas condições, números maiores de combatentes juntaram-se aos grupos islâmicos, que ganharam terreno ao longo dos anos, enquanto vozes democráticas e seculares acabaram marginalizadas.

Essa tendência parece ter repercutido, em grau menor, entre os ativistas civis. Um conhecido órgão de imprensa em língua árabe, segundo militantes de Salamiyah, recusou transmitir as imagens de suas campanhas revolucionárias na cidade por não incluir cenas com bandeiras carregando a inscrição da *Shahada* (declaração da fé islâmica). Eles também argumentavam que algumas emissoras, em especial as do Golfo, mostravam imagens de atividades revolucionárias na Síria apenas se contivessem palavras de ordem e discursos religiosos.[46] Em geral, foram criticados pelo espaço muito maior dado aos representantes islâmicos, comparado ao dos indivíduos seculares ou intelectuais da oposição. Durante o início do levante em Dar'a, por exemplo, os ativistas denunciaram "a marginalização, nas redes de televisão via satélite, das figuras públicas da esquerda."[47]

3. O surgimento das organizações fundamentalistas islâmicas

A política do regime Assad de liberar da prisão conjuntos importantes de jihadistas e fundamentalistas islâmicos começou ao fim de março de 2011, com a soltura de 260 presos do complexo carcerário de Sednayya – em grande parte, conhecidos fundamentalistas e jihadistas.[48] Em 31 de maio, Assad anunciou uma anistia geral aos detentos sírios. Na verdade, tratava-se de uma anistia seletiva, que manteve a maioria dos manifestantes e ativistas na cadeia, enquanto livrava inúmeros jihadistas salafistas.

Três desses homens esquematizariam as principais brigadas armadas do movimento fundamentalista islâmico:

I. Zahran Alloush, filho de um famoso sheik sírio radicado na Arábia Saudita, fundou o Liwa al-Islam em Duma, nos subúrbios de Damasco, em março de 2012. A primeira base de recrutamento do Liwa al-Islam foi uma rede de

---

46. Al-Hallaq, 2013a, p. 109.
47. Citado em Nir Rosen, 2012.
48. Lister, 2015, p. 53.

ativistas salafistas existente antes da guerra, de ex-presos, amigos e alunos de seu pai na mesquita Tawhid, em Douma. O grupo também contou com o apoio financeiro de clérigos salafistas baseados no Golfo – como Aduan al-Arour, exilado na Arábia Saudita e velho conhecido da família Alloush. Arour elogiou Zahran Alloush em várias aparições em canais sauditas de televisão.[49] O Liwa al-Islam seguia uma orientação salafista e reivindicava em seu programa um Estado Islâmico. Apresentavam-se como um grupo militante jihadista independente, apesar de colaborarem com o Exército Livre da Síria.[50] Em setembro de 2013, após encabeçar a unificação com ao menos 50 grupos, cujas operações davam-se no entorno de Damasco, o movimento mudou de nome para Jaysh al-Islam.[51] A fusão foi arquitetada pelo serviço de inteligência saudita para construir um contrapeso às corporações Jabhat al-Nusra e ISIS.[52]

II. Hassan Aboud, um dos fundadores, ao final de 2011, do Kataib Ahrar al-Sham na região de Idlib e Hama, manteve contato com algumas células secretas ativas na região desde o início do levante.[53] A organização, em sua origem, era composta por ex-detentos da prisão de Sednayya, incluindo veteranos da guerra civil no Iraque. Seu financiamento foi logo garantido por simpatizantes estrangeiros como Hajaj al-Ajami e outros clérigos do Golfo, muitos ligados ao Partido Salafista Umma do Kuwait[54] e de fontes privadas no Kuwait, Qatar e Arábia Saudita.[55] Seu objetivo principal consistia na promoção de jihad contra a projeção de poder xiita (vinculado ao Irã) na região do levante, assim como substituir o regime de Assad por um Estado islâmico, segundo sua declaração fundacional.[56] O grupo Ahrar al-Sham sempre deixou claro sua entidade separada do Exército Livre da Síria. Apesar de algumas conexões com o movimento Al Qaeda – que incluíram a cooperação de alguns de seus dirigentes com Osama bin Laden no Afeganistão – o Ahrar al-Sham não se reivindicava uma estrutura jihadista transnacional. Declararam de forma constante que sua luta se limitava à Síria, procurando alianças pragmáticas junto aos que lutavam contra o regime – desde o grupo Jabhat al-Nusra até

---

49. Fî sabîl âllah, 2015.
50. Lund, 2017a.
51. Hassan, 2013c.
52. Oweis, 2013b.
53. Abou Zeid, 2012.
54. Lund, 2014c.
55. Lister, 2015, p. 56-58; Solomon, 2012b.
56. ICG, 2012b, p. 15.

o ELS.[57] Ahrar al-Sham enxergava os Talibãs como um exemplo vitorioso de projeto islâmico, declarando luto oficial no dia 1º de agosto de 2015, pela morte do Mullah Muhammad Omar, seu principal dirigente.[58]

III. Ahmad Issa al-Sheikh foi um dos fundadores, em novembro de 2011, do grupo Liwa Suqur al-Sham, inicialmente uma brigada do ELS, que logo se transformou em uma entidade salafista. Reivindicavam a criação de um Estado Islâmico, enquanto sua imprensa promovia mensagens rejeitando qualquer identidade nacional ou pan-arabista – a união entre sunitas, alauitas e cristãos era descrita como proibida pela lei islâmica.[59]

Uma foto célebre mostrava essas três figuras alinhadas, sorrindo, pouco depois de soltas pela anistia de Assad, na primavera de 2011.

Futuros integrantes do Estado Islâmico do Iraque e do Levante (ISIS) também foram liberados na ocasião – incluindo Awwad al-Makhlaf, que se tornou emir local em Raqqa, e Abu al-Ahir al-Absi, detido na prisão de Sednayya em 2007 por integrar a Al-Qaeda. Em meados de julho de 2014, al-Absi converteu-se no líder do Estado Islâmico em Homs.[60] No início de fevereiro de 2012, o regime sírio soltou Abu Musab al-Suri – um importante ideólogo jihadista e alto quadro da Al-Qaeda, com experiência militar relevante contra o regime de Assad, adquirida entre o final dos anos 1970 e princípios de 1980.[61] Esses foram apenas alguns exemplos de um amplo fenômeno.

4. O surgimento de Jabhat al-Nusra

Em agosto de 2011, diversos grupos armados fundamentalistas islâmicos despontaram em Damasco e no norte da Síria. Nesse contexto, o Estado Islâmico do Iraque enviou um alto comandante, Abu Muhammad Jolani, natural de Damasco, junto com outros seis dirigentes (uma mescla de sírios, iraquianos e jordanianos), para montar um braço do grupo no país. Nas semanas seguintes à chegada de Jolani, ele desenvolveu contatos com diversas pequenas células ligadas a seu congênere iraquiano. Cerca de 50% do orçamento do Estado Islâmico do Iraque

---

57. Abu Arab, 2013; Lund, 2014d.
58. Lister, 2016a, p. 28.
59. ICG, 2012b, p. 17-18.
60. Hassan e Weis, 2015, p. 145.
61. O'Bagy, 2012b, p. 15.

reverteu ao novo front na Síria, que contou com apoio adicional das redes privadas pré-existentes da Al-Qaeda no Golfo.[62]

O braço sírio do Estado Islâmico do Iraque executou a sua primeira operação – um bombardeio suicida duplo – em 23 de dezembro de 2011, na entrada das instalações da inteligência militar, no bairro de Kafar Souseh, sudoeste de Damasco, matando ao menos 40 pessoas.[63] Uma segunda investida teve lugar em 6 de janeiro de 2012, quando um homem-bomba detonou explosivos ao lado de vários ônibus que transportavam soldados da tropa de choque no distrito al-Midan, Damasco, com um saldo de 26 mortos.[64] O grupo reivindicou a autoria do primeiro ataque em 23 de janeiro de 2012, em que formalizou a criação de seu novo braço sírio, o *Jabhat al-Nusra li-Ahl al-Sham min Mujahidin al-Sham fi Sahat al-Jihad* (Frente de Apoio ao Povo do Levante pelos *Mujahidins* do Levante no campo da Jihad) através de sua rede de imprensa, al-Manara al-Bayda. A segunda ação foi assumida apenas no dia 26 de fevereiro. Seu terceiro assalto ocorreu em Alepo, dia 10 de fevereiro, quando dois combatentes sírios detonaram seus veículos carregados de explosivos em frente aos prédios das agências de segurança nos bairros al-Arkoub e Nova Alepo, matando 28 pessoas e ferindo outras 200. Essa operação, assim como a de 6 de janeiro, foram justificadas sob o pretexto de "vingar o povo de Homs", então sob o cerco do regime.[65]

No vídeo que anunciava a formação do Jabhat al-Nusra, Jolani declarava guerra a Assad. Acrescentava que se tratava somente de metade da luta, a outra parte sendo a aplicação da lei islâmica em toda *Bilad al-Sham*.[66] Afirmando que a Jabhat al-Nusra era composta por *mujahidins* de diversos fronts, revelou também as influências internacionais e provavelmente iraquianas na operação. O seu vocabulário indicava uma fraseologia similar à da Al-Qaeda. O fórum online *Shumukh al-Islam*, também usado pela Al-Qaeda e o Estado Islâmico do Iraque, serviu como seu principal canal de imprensa. Ao mesmo tempo, Jolani teve o cuidado de esconder seus vínculos programáticos com o braço da Al-Qaeda no Iraque.[67]

Jolani ainda denunciou os Estados ocidentais e suas assistências a setores da oposição síria, convocando-a a recusar quaisquer dessas ofertas. Atacou a Liga Árabe e a Turquia pela proximidade e submissão aos Estados Unidos, afirmando que o surgimento do Estado de Israel em 1948 e da República Islâmica do Irã em 1979 faziam parte da mesma campanha de guerra permanente contra o Islã sunita.

62. Lister, 2015, p. 56-68.
63. Casey-Baker e Kutsch, 2011.
64. Shadid, 2012.
65. Lister, 2015, p. 64.
66. *Bilad al-Sham* refere-se à Grande Síria e, geralmente, inclui a Síria, o Líbano, a Palestina e o oeste do Iraque.
67. Lister, 2015, p. 51, 59, 64; Hassan e Weiss, 2015, p. 149-150.

O grupo Jabhat al-Nusra apresentava-se de forma agressiva como defensor da comunidade sunita contra os "inimigos alauitas" e "agentes xiitas". Desde o início usou uma retórica sectária, empregando termos depreciativos como *rawafidh* (plural de *rafidhi*, que significa "os que rejeitam") em referência aos xiitas – prática comum entre os insurgentes jihadistas salafistas iraquianos, além da expressão nusairita,[68] ao invés de *alauita*.[69]

Quadro 12. Salafismo contemporâneo

Atualmente, há distintas formas de salafismo:
I. Quietista: defendem a imersão do crente no universo dos textos religiosos, rejeitando as diferentes maneiras de participação política. Reprovam, por isso, a Irmandade Muçulmana, que acusam de preferir a conquista do poder à defesa do islã. Em seus aspectos mais rígidos, excluem o uso da televisão ou o reconhecimento através de fotos. Essa expressão de salafismo é amplamente identificada com o wahabismo saudita, mesmo com algumas correntes quietistas se opondo com vigor ao reino da família Saud na Arábia Saudita. Seus representantes insistem em obedecer ao poder político existente – de forma incondicional se esse governante for muçulmano. Aspiram mudar a vida das pessoas através da pregação, da educação, da força positiva da fé e, sempre que possível, combatendo o mal.
II. Reformista: corrente mais politizada, um híbrido das doutrinas wahabi e das aspirações políticas da Irmandade Muçulmana da década de 1960 em diante, quando o reino saudita acolheu muitos membros da organização. Os salafistas reformistas adotam um repertório moderno de ação para atingir seus objetivos políticos, fundando partidos, infiltrando sindicatos, criando associações, redigindo abaixo assinados, participando de debates, chamando manifestações e competindo com instituições religiosas tradicionais.
III. Jihadista: encontro das doutrinas Wahabi e das ideias, elaboradas a partir de 1979, por Sayyed Qotb e seus seguidores. O salafismo jihadista também subdivide-se segundo a identidade e a estratégia dos seus fiéis. Ele coloca o dever da jihad no cerne da crença religiosa, concedendo a todo muçulmano o direito de pronunciar uma jihad obrigatória e individual caso o imã – ou o líder de um Estado muçulmano – não cumprir suas obrigações religiosas. O salafismo jihadista compartilha com o wahabismo saudita uma leitura literal dos textos sagrados, numa tendência

---

68. Nusairita refere-se ao fundador da religião alauita, Abu Shuayb Muhammad Ibn Nusayr. Essa denominação é usada para caracterizar a religião alauita como seguidora de um homem, e não de Deus e, portanto, sem inspiração divina.
69. ICG, 2012b, p. 11.

a supervalorizar as tradições proféticas dentro do islã aliada a uma rejeição da política moderna (partidos, eleições, etc.). No entanto, ao não reconhecer qualquer legitimidade religiosa na família governante saudita, são muito mais politizados que os do wahabismo tradicional, colocando a jihad no centro da crença e denunciando qualquer forma de subordinação ao Ocidente.

Após surgir em janeiro de 2012, a organização Jabhat al-Nusra recebeu declarações de apoio de ideólogos jihadistas famosos.[70] A partir de 2012, o líder da A-Qaeda, Ayman al-Zawahiri, convocou os muçulmanos do Iraque, Jordânia, Líbano e Turquia a somarem-se ao levante contra o "regime pernicioso, cancerígeno" de Assad, aconselhando os combatentes de oposição sírios a não contarem com a ajuda do ocidente.[71] Em março de 2012, Jabhat al-Nusra intensificou suas operações por todo país, integrando ações de pequena escala em campos de batalha, levadas a cabo por coletivos incipientes de insurgentes, participando de emboscadas guerrilheiras, executando assassinatos, e armando dispositivos explosivos improvisados (IEDs) nos subúrbios de Damasco e nas áreas rurais de Idlib, Hama e Homs.[72]

O grupo al-Nusra apresentava-se como uma ordem jihadista local da Síria, lutando contra o regime Assad, enquanto forjava alianças com outras forças militares de objetivos similares, evitando inimigos e se abstendo, pelo menos no início, da implementação de uma interpretação conservadora da sharia e de ataques às minorias religiosas. Essa foi a linha seguida pela liderança da Al-Qaeda em diversos países entre 2011 e 2013.[73] A estratégia resultou do seu fracasso em conquistar maior popularidade no Iraque devido à sua violência ou pela aplicação acelerada e extrema da sharia.[74]

A tentativa de apresentar o grupo Jabhat al-Nusra como uma corrente síria relativamente moderada, ao menos em comparação às práticas anteriores da Al-Qaeda no Iraque, não evitaram sua impopularidade no início do levante. O clima geral dentro do nascente movimento de protestos discordava das políticas da Al-Qaeda. Em princípios de 2012, o al-Nusra teve dificuldades em encontrar aliados em campo, sendo acusado até mesmo de constituir uma criação do regime. Nas ruas, os manifestantes rejeitavam o uso de bombardeios suicidas contra prédios do Estado.

70. Lister, 2015, p. 59-60; O'Bagy, 2012b, p. 31.
71. *The Guardian*, 2012.
72. Lister, 2015, p. 71.
73. Lister, 2015, p. 67.
74. Hassan e Weiss, 2015, p. 150; Lister, 2015, p. 56-58.

A tática suicida em praças públicas ou locais com concentrações civis foi cada vez menos adotada, enquanto outros tipos de operações militares passaram a ser empregadas ao longo de 2012 pelo grupo al-Nusra. A organização jihadista tentou reduzir as vítimas civis e limitar suas operações estritamente a alvos militares. Diferente da Al-Qaeda no Iraque, durante os dois primeiros anos do levante, Jabhat al-Nusra demonstrou uma forte sensibilidade à percepção pública. Os conselhos de Zawahiri e as lições da guerra no Iraque começaram a surtir efeito. O al-Nusra esforçou-se para evitar o descontentamento da população em geral, tentando angariar apoio.[75] Sua composição, formada sobretudo por sírios, também influenciou o comportamento de seus integrantes, que estavam atentos às reclamações dos moradores.

Entre abril e maio de 2012, Al-Nusra foi pela primeira vez alvo de uma ofensiva maior das forças do Exército Livre da Síria contra Damasco. Os subúrbios do norte da cidade tornaram-se sua fonte de recrutamento. A organização multiplicou as operações contra o regime no local, ao mesmo tempo que reivindicava atividades em Hama, Idlib, Dar'a e Deir ez-Zor.[76] Em junho, al-Nusra atingiu a taxa de 60 ataques por mês, disparando, em relação às apenas sete investidas mensais realizados em março.[77]

Em meados de 2012, diversas organizações jihadistas estrangeiras convocaram apoio ao levante sírio, encorajando-as a juntarem-se à luta.[78] Jabhat al-Nusra foi endossado por importantes intelectuais jihadistas internacionais e regionais, passando a ser visto pela comunidade salafista-jihadista mundial como "seu" grupo na Síria.[79]

Os combatentes estrangeiros começaram a chegar de modo mais ordenado à Síria em meados de 2012. A maioria dos blocos jihadistas recém surgidos, compostos na maioria por estrangeiros, diferenciava-se do Exército Livre, adotando perspectivas sectárias agressivas e recusando a linha nacionalista reivindicada quase sempre pelas brigadas do ELS, assim como substituindo a bandeira da revolução síria pela jihadista, de cor negra.[80] O isolamento ou a debilidade relativa dos jihadistas na Síria até meados de 2012 refletiu-se em uma entrevista com Omar al-Chichani, chefe militar do Estado Islâmico (EI), publicada na primeira edição do jornal do grupo, *Sana al-Cham*. Ao chegar em março de 2012, ele explicou ter ficado surpreso ao ver

---

75. O'Bagy, 2012b, p. 36-37; Lund, 2012, p. 29.
76. Lister, 2015, p. 73.
77. ICG, 2012a, p. 11.
78. O'Bagy, 2012b, p. 30-31; Lister, 2015, p. 73.
79. Lund, 2012, p. 25.
80. Macfarquhar e Saad, 2012.

as pessoas fumando, raspando as barbas em vez de deixá-las crescer. Escutavam canções. E as bandeiras da revolução não continham a afirmação da unicidade de Deus, *la ilaha illa Allah*. Eu me questionava porque estava naquele lugar. Todas essas coisas pareciam desanimadoras...[81]

Àquela altura, a cobertura de campo da imprensa britânica, francesa, árabe, alemã e em outras línguas, relatava entre 800 e 2 mil militantes estrangeiros na Síria, menos de 10% dos combatentes da oposição. A maioria chegou no início de 2012. dos países vizinhos como Líbano, Iraque e Jordânia. Um contingente menor, norte africano, veio da Líbia, Tunísia e Argélia. A presença de ocidentais durante esse período era mínima. Os combatentes vindos do exterior engajaram-se em particular nas organizações jihadistas, como Jabhat al-Nusra.[82] Aqueles que lutaram no Iraque e no Afeganistão acrescentavam habilidades militares à insurgência, na construção de artefatos explosivos improvisados para emboscadas. Essas táticas foram introduzidas pelos grupos Jabhat al-Nusra e Kataib Ahrar al-Sham.[83]

5. O surgimento do Estado Islâmico na Síria

No dia 9 de abril de 2013, o líder do Estado Islâmico do Iraque, Abu Bakr al-Baghdadi, declarou em público que a Jabhat al-Nusra se resumia a uma fachada colateral de seu grupo iraquiano.[84] Na mensagem, ele anunciou que ambas as ordens jihadistas operariam sob um único nome: ISIL (Estado Islâmico do Iraque e Levante). Dois dias depois, o líder do Jabhat al-Nusra, Abu Muhammad Jolani, admitiu ter lutado no Iraque sob o comando de Baghdadi e que o Jabhat al-Nusra angariou fundos, armas e combatentes enviados pelo Estado Islâmico do Iraque. Jolani agradeceu aos iraquianos, mas rejeitou a unificação anunciada por Baghdadi. Ao finalizar sua resposta, reafirmando a identidade jihadista do Jabhat al-Nusra, renovou sua fidelidade ao líder da Al-Qaeda, Ayman al-Zawahiri, um árbitro em potencial do conflito, que Jolani sabia ser favorável ao seu grupo.[85]

Deserções, brigas internas e um colapso nas operações começaram a proliferar no seio do al-Nusra, enquanto seus integrantes se dividiam cada vez mais sobre quem comandava o campo de batalha. Dois meses após as declarações de

---

81. Sana al-Sham, citado em Syrian Freedom Forever, 2013c.
82. Zelin, 2012.
83. ICG, 2012b, p. 19.
84. Hassan e Weiss, 2015, p. 184.
85. Caillet, 2013.

Baghdadi, a arbitragem de Zawahiri veio redigida em uma carta desautorizando-o a confirmar a fusão sem lhe consultar, ou notificar a direção da Al-Qaeda. Ao mesmo tempo, argumentava que Jolani também errou ao anunciar a sua rejeição ao ISIL, e divulgar seus vínculos à Al-Qaeda sem a sua autorização prévia. Zawahiri dissolveu o ISIL e resolveu manter o espaço institucional da Síria com o Jabhat al-Nusra, comandado por Jolani, enquanto a jurisdição de Baghdadi se limitava ao Iraque. Ele nomeou Abu Khaled al-Suri, ex-membro da Al-Qaeda e integrante, na época, do grupo Ahrar al-Sham, como delegado da Al-Qaeda para arbitrar entre as duas entidades.[86]

Baghdadi reprovou a epístola de Zawahiri, recusando-se a se submeter às suas ordens. Insistia que as fronteiras entre a Síria e o Iraque constituíam limites artificiais e ilegítimos, impostos pelas potências imperialistas do Ocidente ao final da Primeira Guerra Mundial.[87]

A maioria dos soldados do Jabhat al-Nusra aderiram ao ISIL, em particular os voluntários não-sírios. Estimou-se que 80% dos *muhajiin* (combatentes estrangeiros) na Síria juntaram-se às fileiras do ISIL.[88] No início de maio de 2013, a maioria das forças do comando *Muhajirin wa-Ansar* – uma brigada de combatentes vindos quase todos do Cáucaso e da Ásia Central – também fundiram-se ao ISIL. Seu emir, Omar al-Shishani, jurou fidelidade à Baghdadi e foi nomeado *wali* (governador) das regiões de Alepo, Idlib e Lataquia. O ISIL recebeu aprovação também das tribos sírias que juraram lealdade a Baghdadi, em especial no norte de Alepo e Raqqa. Na província de Deir ez-Zor, o grupo Jabhat al-Nusra conquistou o respaldo das tribos, dado que diversos de seus comandantes vinham da região. Muitos líderes regionais também atuaram para controlar os poços de petróleo, cujos lucros enriqueceram al-Nusra e as tribos em pouco tempo.[89]

Porém, antes do verão de 2013, a relação entre os dois atores oscilava muito por região, algumas áreas sendo marcadas pela oposição prolongada entre ambos os grupos, enquanto, em outras, colaboraram com frequência.

6. Avanço militar das forças fundamentalistas

As forças islâmicas fundamentalistas e jihadistas da oposição armada na Síria surgiram e cresceram nos primeiros seis meses de 2012. Elas conseguiram

---

86. Atassi, 2013; Hassan e Weiss, 2015, p. 184-185.
87. Hassan e Weiss, 2015, p. 185-186.
88. Ghaith, 2013.
89. Caillet, 2013.

prosperar em um cenário político marcado pela falta de apoio financeiro e institucional aos grupos de oposição ou ao Exército Livre da Síria pelos Estados ocidentais. A despeito do apoio moral, esses países fracassaram no envio do armamento necessário ao Exército Livre da Síria para a realização de ofensivas sérias contra o regime. Sob tais condições, grupos não relacionados ao ELS puderam expandir-se, controlando a maioria do financiamento através de redes privadas das monarquias do Golfo. Nesse período, contingentes de um importante grupo de ativistas em Homs explicaram em um relatório aos pesquisadores do ICG que "as doações dos expatriados sírios e de outros árabes nos países do Golfo fomentaram uma crescente tendência islamista desde o início de 2012 entre os militantes", com a maior parte da verba recebida pelos corpos armados em Homs vindos de movimentos ou grupos fundamentalistas islâmicos.[90] Em julho de 2012, os líderes locais do ELS reclamaram que a sua própria direção na Turquia era incapaz de oferecer apoio e financiamento similares.[91]

Outros fatores contribuíram na construção de um clima propício ao desenvolvimento do fundamentalismo islâmico e jihadista. Alguns combatentes do Exército Livre desiludiram-se ante a desorganização dos grupos associados ao movimento armado, e sua incapacidade em atacar o regime, enquanto os salafistas (Jaysh al-Islam e Ahrar al-Sham) ou jihadistas, como o Jabhat al-Nusra, tinham mais experiência militar, salários melhores e maior coesão organizacional.[92] A corrupção entre setores da oposição, principalmente o CNS e a Coalizão, e de alguns dos comandantes oposicionistas, também levou à adesão aos grupos jihadistas, vistos como menos desonestos e com menores divisões internas.[93] A quantidade de facções independentes que alegavam pertencer ou serem afiliadas ao ELS era problemática. No início de 2013, segundo David Shedd, então vice-diretor da Agência de Inteligência de Defesa dos Estados Unidos, havia cerca de 1200 blocos armados de oposição na Síria.[94] A tendência a se fraccionar, os desvios de dinheiro e a incompetência dos grupos do ELS começaram a afastar as pessoas ao final de 2012.[95] Enquanto isso, as forças fundamentalistas islâmicas e jihadistas ampliavam suas bases, conforme provaram-se como uma oposição mais efetiva do que os diferentes batalhões do ELS, tanto em termos de governança, quanto de combate.

90. ICG, 2012b, p. 9-10.
91. ICG, 2012a, p. 10.
92. Ghaith Abdul-Ahad, 2012.
93. Lund, 2012, p. 20.
94. Atlas, 2013.
95. Hassan e Weiss, 2015, p. 225.

A situação obrigou os batalhões armados do ELS a um progressivo engajamento junto às forças fundamentalistas islâmicas na luta contra Assad – em meio a dificuldades e conflitos ocasionais. Como consequência, muitos grupos do ELS começaram a islamizar sua retórica política, formando novas coalizões militares dominadas pela oratória mulçumana, no campo de batalha e fora dele.[96] Os ataques químicos aos subúrbios de Damasco funcionaram, nesse caso, como um corte epistemológico.

7. Os ataques químicos em Ghouta – um ponto de inflexão

O regime usou armas químicas, em 21 de agosto de 2013, em áreas controladas pela oposição nos subúrbios de Damasco, nas regiões leste e oeste de Ghouta, matando mais de mil civis. Após o ataque, Barack Obama, presidente dos Estados Unidos, anunciou que desencadearia uma ofensiva militar contra o regime, porém apenas após a autorização do Congresso para o uso de força.[97] A decisão vinculava, segundo se acreditava, qualquer ação militar dos EUA à necessidade de aprovação majoritária em um congresso norte-americano cronicamente dividido ao meio. Como resultado, os aliados de Washington desmoralizaram-se diante da oposição síria, que esperava a implementação da chamada "linha vermelha"[98] de Obama diante do uso de armas químicas. Tivessem os Estados Unidos intervindo, a relevância das forças do ELS e da coalizão teriam melhorado, debilitando a capacidade militar do regime.

A situação mudou drasticamente, poucas semanas depois, quando Washington chegou a um acordo com Moscou para eliminar o arsenal químico, destruindo-o até o final de junho de 2014. Esse tratado contribuiu para desacreditar as ameaças de intervenção militar dos EUA, ao mesmo tempo em que Bashar al-Assad era alçado a parceiro no processo de desarmamento, que contou com monitores internacionais. As esperanças da Coalizão Síria, baseadas em parte na chegada de apoio militar dos EUA para reverter a situação na guerra, frustrou-se. Tais ocorrências constituíram um sério golpe na Coalizão Síria, cuja suposta capacidade de instigar uma intervenção militar ocidental havia-lhe assegurado apoio relevante

---

96. Lister, 2015, p. 71-72; Rafizadeh, 2014, p. 319.
97. The White House, 2013.
98. O ataque ocorreu um ano e um dia após a declaração do presidente dos EUA, Barack Obama, sobre a "linha vermelha", em 20 de agosto de 2012, na qual ele advertiu: "Nós fomos muito claros com o regime de Assad, porém também com outros atores no terreno, de que a linha vermelha para nós é [quando] começamos a ver um monte de armas químicas sendo movimentadas ou sendo utilizadas. Isso mudaria o meu cálculo. Isso mudaria a minha equação" (CNN, 2012).

entre a oposição, incluindo os fundamentalistas islâmicos como Jaysh al-Islam e o Suqur al-Sham, que no início colaboraram com o Supremo Comando Militar (SCM), além de outras facções do ELS.

A opção por um pacto com Moscou, ao invés da intervenção, teve consequências diretas para a oposição armada como um todo. Desencorajou os batalhões do ELS a evitar acordos com os grupos jihadistas, como o Jabhat al-Nusra, que apesar das diferenças ideológicas, atuava com eficácia relevante na batalha contra o regime. O papel central das potências ocidentais em qualquer futuro arranjo político internacional também aumentou as suspeitas e temores de um compromisso favorecendo os oposicionistas exilados, às custas dos oposicionistas que lutavam em território sírio.[99] Assim, os movimentos fundamentalistas islâmicos e jihadistas fortaleceram-se, com o ELS em descrédito e uma oposição exilada tida como distante e subordinada aos países ocidentais.

Em setembro de 2013, onze grupos assinaram uma declaração conclamando à reordenação da oposição a Assad, em uma nova estrutura islâmica, baseada na lei sharia e operada apenas por combatentes dentro da Síria. Os signatários incluíam diversos movimentos – como Jabhat al-Nusra, Ahrar al-Sham, Liwa al--Tawhid e Jaysh al-Islam. Eles rejeitavam a autoridade do CNS e o governo exilado de Ahmad Tumeh.[100]

A Frente Islâmica (FI) foi formada, em meados de novembro de 2013, por algumas das principais frentes fundamentalistas muçulmanas: a Brigada Suqur al--Sham, o Exército do Islã, o Movimento Islâmico Ahrar al-Sham, Liwa al-Tawhid, Liwa al-Haq, Kataib Ansar al-Sham e a Frente Islâmica Curda. Essa nova coalizão islâmica surgiu após o distanciamento simultâneo, no início de setembro do mesmo ano, de vários desses movimentos da Coalizão, do seu governo no exílio, e do SCM.[101] A carta de princípios da FI contou com a aprovação de diversos ideólogos salafistas importantes, incluindo Iyad al-Qunaybi, radicado na Jordânia (defensor consistente do Jabhat al-Nusra), e de Abu Basir al-Tartusi, sheik baseado em Londres.[102]

Algumas correntes da Frente Islâmica não hesitaram em atacar grupos e ativistas democráticos, bem como seções do ELS. Além disso, a FI coligou-se ao emergente ISIL para investir contra civis curdos e militantes das Unidades de Proteção Popular (YPG).[103] Os grupos integrantes da FI eram apoiados por diversas potências regionais. O Tawhid, assim como o Ahrar al-Sham, mantinham relações

---

99. ICG, 2014c, p. 2-3.
100. Solomon, 2013.
101. Lund, 2013a.
102. Lister, 2015, p. 106.
103. Lund, 2014a.

amigáveis com o Qatar e a Turquia, enquanto a Jaysh al-Islam era apoiada pela Arábia Saudita. A aliança permaneceu uma entidade guarda-chuva, pois ao invés de se fundirem, cada um manteve sua estrutura separada.[104]

Qatar, Turquia e Arábia Saudita, sentindo-se traídos pela inversão da política dos EUA após os ataques químicos contra civis em Ghouta, no verão de 2013, tiveram papel central ao incentivar a formação do FI como um protesto às consequências das políticas ocidentais na Síria.[105]

Membros da FI, em 9 de dezembro de 2013, assumiram o controle dos depósitos do Supremo Comando Militar do Exército Livre da Síria, próximos ao posto de fronteira em Bab al-Hawa, na divisa com a Turquia. Eles estavam repletos de armamentos fornecidos pela Arábia Saudita e Qatar, além de veículos, vestimentas militares e suprimentos médicos dos EUA, Reino Unido, França e outros países. Esse amplo posto entre a Turquia e a província síria de Idlib era um importante ponto de entrada de provisões para a oposição. Como isso, os Estados Unidos e o Reino Unido suspenderam o apoio ao SCM.[106] O episódio representou o início do fim do Supremo Comando Militar, fomentando a descentralização do ELS e de sua direção, apesar das tentativas fracassadas, nos anos seguintes, de implementar novas formas de unidade.

Na oposição armada, a cada vitória militar do regime e seus aliados, os movimentos salafistas e jihadistas saíam fortalecidos. Alguns anos depois, a queda das forças oposicionistas na zona leste de Alepo, em dezembro de 2016, reforçou a presença jihadista e fundamentalista islâmica no noroeste do país, à medida em que as divisões e os confrontos entre os grupos armados de oposição continuaram se multiplicando. As populações locais das áreas controladas pela oposição, enquanto isso, experimentavam um rancor crescente face às divisões e brigas internas entre esses vários grupos, exigindo unidade após a derrota no leste de Alepo.

8. Rivalidades entre fundamentalistas

A repressão imposta pelo regime impediu de maneira decisiva o desenvolvimento de uma alternativa democrática na Síria, com as fragmentações entre os grupos do ELS, e a inação das potências ocidentais, minando a oposição secular e favorecendo os fundamentalistas islâmicos e os jihadistas. Concomitantemente, o aumento dessas forças no campo militar incluiu também seu fortalecimento nas

---

104. ICG, 2014c, p. 18-19; Lund, 2014b.
105. Lister, 2016b, p. 12.
106. Lund, 2013b; ICG, 2014c, p. 4.

áreas controladas pelos grupos de oposição. Esse novo poder criou instituições próprias – como os comitês Sharia – para consolidar a gestão de recursos e instalações públicas.[107] Eles começaram a despontar nas áreas livres do regime, chocando-se com os conselhos pré-existentes. Ainda que tenham conseguido, no início, restaurar alguma estabilidade e segurança em certos desses locais,[108] tudo indica que tais conselhos serviram de espaço para julgamentos injustos, ilegais e retaliatórios.[109] Eles impuseram a autoridade das organizações fundamentalistas e jihadistas, islamizando as leis e a população, enquanto supostamente davam legitimidade à repressão contra forças e grupos opositores.[110]

Os conselhos locais, em diversos bairros e cidades, sofreram também com a intervenção dos grupos armados de oposição, sobretudo das forças fundamentalistas islâmicas nas zonas oposicionistas. O judiciário, uma das funções que esses conselhos tentavam garantir, foi sujeito a inúmeras transformações. A maior parte das instituições judiciárias que começaram como "tribunais" civis independentes, converteram-se em "Comitês ou Conselhos de Sharia", sob pressão das brigadas de oposição. Eles não reconheciam qualquer outra autoridade, exceto a sua própria. Isso contribuiu para o declínio dos conselhos locais, cuja influência limitava-se aos civis, sem alçada sobre os combatentes da oposição armada. A repressão contra os líderes do ELS e dos ativistas da sociedade civil também aumentou com a proliferação dos conselhos Sharia, levando a prisões generalizadas em torno das acusações de espionagem e apostasia.[111] Os clérigos que não compartilhavam das ideias dos conselhos eram expulsos da região, substituídos por outros que adotavam correntes de ensinamentos jihadistas ou salafistas.[112]

As entidades salafitas e jihadistas também criaram sua polícia religiosa. Em Idlib, o grupo Hay'at Tahrir al-Sham (HTS), chefiado pela Jabhat al-Nusra, começou com uma agência *Hisbah* (polícia religiosa) e, depois, um Comitê para a Promoção da Virtude e Prevenção do Vício – impondo uma série de restrições sobre vestuário, barbearias, fumo, música e o convívio entre gêneros nas festas. As ações dos comitês ainda incluíam o monitoramento comportamental nos hospitais, centros de saúde e escolas, através de patrulhas diárias. Vigiavam as equipes médicas, obrigando trajes segundo diretrizes Sharia, e cuja violação resultava em

---

107. Hassan e Weiss, 2015, p. 225.
108. Sly, 2013.
109. Hanna, 2016.
110. Pierret, 2013.
111. Al-Haqq, 2016.
112. Darwish, 2015, p. 65-69.

sanções.[113] Em junho de 2017, o HTS estabeleceu o Sawa'id al-Khair, ou "Corpo da Boa Vontade", filiado à polícia da moral religiosa, decretando suas leis nas ruas e vigiando as pessoas.[114] O grupo Jaysh al-Islam, de maneira similar, criou a sua Instituição, uma forma de polícia religiosa, na parte leste de Ghouta. Por cerca de 200 dólares ao mês os informantes relatavam violações, incluindo críticas ao Jaysh al-Islam, "blasfêmia", emprego de linguagem vulgar, e o uso, pelas mulheres, de "roupas indecentes".[115] Segundo Sabr Darwish, a propagação da anarquia e do caos foram catalisadas por essas iniciativas, com vários grupos armados de oposição competindo para tentar impor suas próprias medidas autoritárias nas zonas de influência dos demais.[116]

O controle e a distribuição de recursos, nas áreas oposicionistas, também foi objeto de disputa. Em algumas zonas que dominavam, membros do grupo jihadista al-Nusra confiscavam com frequência suprimentos destinados aos conselhos locais, prejudicando o abastecimento em seus próprios bairros.[117] O Jaysh al-Islam também aumentou seu poderio na partilha de alimentos através de túneis próprios (comentado mais adiante neste capítulo), monopolizando ainda a distribuição dos postos de trabalho em Douma nos anos seguintes. O grupo abriu uma central que alocava os candidatos disponíveis, quase sempre sob o domínio da facção armada. Eles exigiam autorização até para iniciativas privadas, como abertura de lojas, instituições de caridade e farmácias.[118]

O acesso aos recursos, na esfera política e militar, foi essencial. O controle dos postos de fronteira com a Turquia, por exemplo, contribuiu de maneira vital para alguns grupos de oposição acumularem capital. A Brigada Tempestade do Norte, filiada ao ELS, usou a captura da estação de Bab al-Salama, na divisa com a Turquia, em 2012, para monitorar as rotas-chave de suprimentos e distribuição de bens para grupos armados da oposição. Junto às suas atividades paralelas de contrabando e sequestros, o domínio da fronteira transformou-se em negócio lucrativo. Principal posto na divisa síria-turca, Bab al-Salama era o ponto de entrada da maioria dos produtos e da assistência humanitária à Síria. Após tensões com outros batalhões pela travessia, a brigada vinculada ao ELS foi forçada a selar um acordo com o grupo Liwa al-Tawhid pela gestão compartilhada da fronteira (e provavelmente dos lucros), enquanto diminuíram as taxas e encargos sobre a cir-

---

113. Souriatna, 2018.
114. Arfeh, 2018.
115. Zaza, 2017.
116. Darwish, 2016e, p. 3.
117. Arfeh, 2016.
118. Zaza, 2017.

culação de mercadorias e pessoas.[119] O Ahrar al-Sham, única autoridade a controlar a travessia de Bab al-Hawa, obtinha entre 3,6 e 4,8 milhões de dólares por mês entre 2015 e 2016.[120] Esses postos eram responsáveis pelas principais disputas militares internas entre os diversos grupos armados de oposição, principalmente nos conflitos entre o HTS e o grupo Ahrar al-Sham, iniciados em julho de 2017.

O setor petroleiro também estimulou confronto e embates no seio da oposição. Entre 2012 e 2013, uma nova economia do petróleo surgiu ao leste e ao norte da Síria. Tribos e clãs em Deir ez-Zor e ao sul de Hasakah tomaram as operações dos poços em dezenas de campos. A maioria localizava-se em áreas antes sob comando das empresas Shell (al-Furat) e Total (Jafra). Os novos operadores negociavam acordos com os grupos militares governantes na região, vendendo o óleo cru a comerciantes, que o transportavam para centros e refinarias próximas à divisa turca, em cidades como Manbij, Ras al-Ayn (Serekaniye) e Tal Abbyad. Os círculos armados de oposição e seus caudilhos locais criaram refinarias básicas nesses territórios, encomendando canos, cilindros e os tanques necessários às empresas siderúrgicas turcas.[121]

Diversas facções lucraram com a exploração desses campos. Inicialmente, a economia petroleira no setor sírio de Jazira era controlada pelos grupos Jabhat al-Nusra e Ahrar al-Sham, supervisionados pelas cortes Sharia, estabelecidas por eles nas principais cidades. O ISIL começou a envolver-se nas transações entre o início e meados de 2013, enquanto expulsavam seus rivais de Raqqa.[122] Ao final de 2014, os campos de petróleo e gás estavam divididos entre o regime sírio, as forças curdas do Partido da União Democrática (PYD) e o Estado Islâmico, que comandava a maior parte deles, assim como, em 2015, diversos campos de gás. Essas extensões foram perdidas ao longo dos anos, após os avanços militares das forças pró-regime, mas, acima de tudo, das Forças Democráticas Sírias (FDS), lideradas pelas facções armadas curdas das Unidades de Proteção Popular (YPG), com a assistência dos EUA (ver capítulo 5). Ao final de 2018, as áreas sob o FDS continham 90% das reservas sírias de ambos os insumos, incluindo a unidade de gás natural de Conoco, o maior da Síria antes do conflito, e o de petróleo de Al Omar, o mais extenso e lucrativo do país.[123]

Alguns batalhões da oposição também lucraram com os cercos, confiscando sem remorso os principais suprimentos civis para o próprio batalhão, ao passo

---

119. Abboud, 2016; Baczko, Dorronsoro e Quesnay, 2016, p. 140.
120. Tokmajyan, 2016, p. 3.
121. Butter, 2015, p. 7.
122. Butter, 2015, p. 18.
123. Kabalan, 2018; Osseiran, 2018.

que as frentes populares e os conselhos locais tentavam atender as necessidades básicas dos cidadãos. Na região sitiada no leste de Ghouta, por exemplo, determinados setores dessa oposição cavaram túneis até os bairros de Barzeh e Qaboun para tirar proveito do tráfico de inúmeras mercadorias. O Jaysh al-Islam e os empresários associados a entidades monopolizaram, na prática, as importações de alimentos, ao dominarem tais áreas, em particular depois de 2016. Permitiam aos comerciantes circular produtos não alimentícios como cigarros, com altos lucros comerciais.[124] O controle dos túneis desencadeou uma onda de choques entre vários desses grupos armados. Ghouta foi cenário de não poucos protestos de rua, em que os civis os acusavam de lucros abusivos, e do confisco de víveres e outros artigos, ao invés de superar as divisões entre si, unindo-se contra o regime.[125]

Conflitos e rivalidades entre os numerosos blocos armados também aumentaram a partir de meados de 2015, com destaque às áreas do norte, sob a coalizão Jaysh al-Fateh, e os subúrbios de Damasco. As lutas internas na província de Idlib e nos subúrbios de Damasco levaram a manifestações recorrentes entre habitantes locais. Eles exigiam uma frente única das oposições armadas, rejeitando, ao mesmo tempo, em suas regiões, o domínio autoritário desses grupos.

A queda da região leste de Ghouta, em março de 2018, resultou também das contínuas hostilidades e rixas entre os diferentes grupos que controlavam essas áreas, em particular o Faylaq al-Rahman e o Jaysh al-Islam. A rivalidade persistiu inclusive ao longo da ofensiva do regime no setor, com ambos trocando acusações mútuas de traição.[126]

O mesmo problema eclodiu com frequência no noroeste do país.[127] De meados até o final de 2018, a maior parte das tensões e divergências internas nessas áreas centraram-se em torno dos dois principais agrupamentos armados de oposição – a coalizão jihadista do HTS (liderada pelo Jabhat al-Nusra, cuja origem remete à Al--Qaeda), contra uma confederação de facções apoiada pela Turquia (dominada por grupos salafistas como Jaysh al-Islam e Ahrar al-Sham, ao lado de outros menores e ex-integrantes do ELS), sob o guarda-chuva da Frente de Libertação Nacional (FLN). Em fins de 2018, o HTS controlava cerca de 60% da província de Idlib. Novos confrontos ocorreram entre ambos em princípios de janeiro de 2019. O HTS ganhou território, capturando quase uma dezena de cidades e vilarejos dos rivais da oposição síria.[128] As conquistas militares do HTS levaram ao colapso das facções Harakat

---

124. Lund, 2016d.
125. Lund, 2017c.
126. Lund, 2018a.
127. O Noroeste pode ser dividido em três áreas: al-Bab, Afrin e Idlib.
128. Clark e Hourani, 2019.

Nour a-Din al-Zinki, do FLN no oeste de Alepo, e do Ahrar al-Sham na região de Sahel al-Ghab, no norte da Província de Hama. Ao mesmo tempo, o Governo de Salvação Sírio, o órgão de gestão afiliado ao HTS, ampliou sua autoridade sobre os espaços capturados, assumindo tarefas administrativas, civis e judiciárias.[129]

9. Crescentes conflitos entre movimentos

Os conselhos locais alternativos e movimentos sociais de juventude, a partir de 2013, aumentaram sua oposição aos conselhos sharia, quase sempre dominados por movimentos fundamentalistas islâmicos e jihadistas. Os diversos comitês de coordenação e outras coletividades democráticas intensificaram as denúncias de violações aos direitos humanos cometidos por eles. Em 28 de julho de 2013, o Comitê de Coordenação Local (CCL)[130] declarou "a tirania é uma só, seja em nome da religião ou do secularismo", rejeitando ambos os autoritarismos, tanto dos grupos fundamentalistas islâmicos quanto do regime. Em 2 de agosto de 2013, o CCL enviou um novo aviso aos fundamentalistas, dizendo:

> Reafirmamos, em nossa mensagem unificada da revolução ao mundo, que o sequestro de ativistas e figuras essenciais da revolução, ao menos que estejam a serviço da tirania, abala a liberdade e a dignidade da revolução...[131]

Revoltas denunciando as políticas intransigentes e repressivas dos fundamentalistas islâmicos e jihadistas multiplicaram-se por todos os espaços fora do controle do regime. Em setembro de 2013, por exemplo, uma declaração assinada por onze grupos civis,[132] representando o movimento de protesto do interior de Damasco, agregou inúmeras pessoas em torno de Razan Zaytouneh

> ameaçada e assediada por membros das facções armadas no leste de Ghouta, na Província de Damasco, apenas por ser uma mulher independente que não usa véu e está entre os principais quadros orgânicos de nossa revolução (...).[133]

---

129. Abdulssattar Ibrahim, Hamou e al-Maleh, 2018.
130. Comitê de Coordenação Local (CCL), 2013c.
131. Citado em CCL, 2013d.
132. Os grupos eram: Secretaria de Coordenação da Revolução e de Intermediação do leste de Ghouta; Escritório Unido de Socorro do leste de Ghouta, Setor Médio; Secretaria Síria de Serviços Unida do leste de Ghouta; Conselho Local revolucionário da cidade de Kafr Batna; Conselho Local revolucionário da cidade de Saqaba; Conselho Local revolucionário da cidade de Hazzah; Conselho local revolucionário da cidade de Douma; Conselho Local revolucionário da cidade de Hamouriya e Conselho local revolucionário da cidade de Irbeen.
133. Movimento de Não-Violência da Síria, 2013.

A declaração também dizia que:

> (...) dia 9 de setembro de 2013, milicianos tidos como integrantes da Brigada Liwa al-Islam dispararam tiros na frente da porta da casa de Razan Zaytouneh. Três dias depois, membros de facções armadas jihadistas iniciaram uma campanha de difamação e calúnia contra Zaytouneh, acusando-a de ser uma agente do regime sírio, incitando assim potenciais violências contra ela (...)[134]

Em meados de outubro, um novo confronto eclodiu, mobilizando os conselhos e as organizações locais contra Zahran Alloush, líder do grupo armado Jaysh al-Islam. A corrente publicou uma "Declaração do movimento civil na Síria sobre as declarações de Alloush, Comandante do Exército do Islã", rejeitando

> qualquer tentativa, de quem quer que seja, de exercer o autoritarismo sobre as tomadas de decisões e trabalho dos cidadãos. Também repudiamos toda ação de impor instituições não-eleitas sobre o povo, independente de seu poder, riqueza, relevância ao bem público ou patriotismo (...)[135]

Esse anúncio foi publicado depois da manifestação de Zahran Alloush contra a expansão do Conselho Civil de Douma, exigindo consulta prévia ao órgão que ele próprio havia montado.

Em dezembro de 2013, figuras públicas do movimento de protestos que refletiam as aspirações democráticas do levante, como Razan Zaytouneh, Wael Hammdeh, Samira Khalil e Nazem Hammadi foram sequestradas em seu local de trabalho, o Centro de Documentação das Violações em Douma, por milicianos armados e mascarados. Debita-se ao grupo Jaysh al-Islam a responsabilidade pelo sequestro e assassinato dos ativistas.[136]

Os oponentes do Jaysh al-Islam foram cada vez mais reprimidos, com a prisão da maioria de seus críticos. Em 2014, informações começaram a circular sobre a 'Prisão do Arrependimento', localizada em Douma – uma cela secreta na qual os opositores do Jaysh al-Islam eram torturados e mortos por ordens dos tribunais religiosos.[137] No leste de Ghouta, mulheres ativistas passaram a articular o Movimento das Mães – manifestando-se em diferentes ocasiões pela soltura dos

---

134. Movimento de Não-Violência da Síria, 2013.
135. Citado em Syria Freedom Forever, 2013b.
136. Mroue, 2018b.
137. Lund, 2017a.

seus filhos, aprisionados pelo Jaysh.[138] Até a reconquista total do leste de Ghouta pelo governo, em Damasco, em abril de 2018, as lideranças do Jaysh al-Islam continuaram minando as iniciativas da sociedade civil, fechando seus escritórios e reprimindo ou encerrando suas atividades. Em agosto de 2017, por exemplo, a revista *Levante pela Liberdade* foi banida em Douma, com a prisão de dois dos seus jornalistas, decretada por um tribunal controlado pelo grupo, em resposta a um artigo publicado no mesmo ano.

Centenas de casos de militantes presos, reprimidos e sequestrados por forças fundamentalistas islâmicas foram relatados. Durante 2013, as populações locais, em particular em Raqqa, uniram-se contra o autoritarismo do Estado Islâmico.[139] Com a consolidação da sua presença em Raqqa, após a saída do grupo Jabhat al-Nusra, no verão de 2013, a organização jihadista lançou uma campanha de intimidação contra ativistas e jornalistas na cidade – forçando fugas em massa por temor de detenções, torturas e assassinatos.[140] Firas Hajj Saleh e o Padre Paolo Dall'Oglio estão entre os sequestrados. Rami Jarrah, co-diretor do órgão de imprensa alternativa *Activists News Association* (Associação dos Ativistas de Notícias), declarou o término quase completo da imprensa independente em Raqqa, "temos registo, em todo o norte do país, da piora na repressão dos dois últimos meses, incluindo o sequestro pelo Estado Isâmico de cerca de 60 jornalistas da imprensa independente." [141]

Em 2014, o estabelecimento do ISIL no leste da Síria eliminou quase todas as formas de ativismo pacífico daquele espaço.

10. Participação ameaçada das mulheres

A presença feminina no levante também foi abalada. A diminuição do papel das mulheres, com o passar do tempo, empurrou-as quase sempre às funções de ajuda humanitária e prestação de primeiros socorros.[142] No início de 2014, a ativista Yara Nassir explicou que as sírias "seguiam golpeadas pela repressão do regime, enfrentando ao mesmo tempo o autoritarismo vindo da oposição", afirmando:

> A situação é dramática, já que as mulheres continuam sofrendo nas zonas controladas pelo regime, enquanto em muitas zonas livres estão sendo forçadas a aban-

---

138. Ghazzawi, Muhammad e Ramadan, 2015, p. 27.
139. Syria Untold, 2013b.
140. Syria Untold, 2014a.
141. Beals, 2013.
142. Dawlaty, 2015, p. 39.

donar os espaços públicos e deliberativos. Elas continuam procurando esferas nas quais possam se expressar e se desenvolver em liberdade. A revolução não ter incorporado os direitos das mulheres em seu cerne é parte do problema. A igualdade de gênero não estava no eixo do movimento por mudanças.[143]

Nas palavras da ativista Razzan Ghazzawi, "enquanto homens entravam nas áreas livres ou em disputa, as mulheres enfrentavam uma multiplicidade de restrições", tendo que "tomar precauções redobradas e medidas de segurança contra todo tipo de perigo". Ghazzawi denunciou a situação e a incapacidade dos ativistas de questionarem e condenarem "esses obstáculos colocados contra suas supostas companheiras de revolução".[144]

Tal comportamento expandiu-se nos territórios dominados pela oposição, principalmente pelo aumento da influência das forças fundamentalistas islâmicas e jihadistas. No leste de Ghouta, por exemplo, as ativistas explicaram a piora no quadro quando o Jaysh al-Islam tomou o poder, reprimindo a militância civil e impondo códigos sociais restritivos. Nos primórdios da revolução, as ativistas eram respeitadas, desfrutando de bons canais de comunicação e acesso às negociações com algumas das facções armadas de oposição – sobretudo os grupos do ELS, que até ajudavam a implementar e facilitar os projetos das mulheres.[145]

Mesmo entre as forças do ELS, algumas barreiras seguiram existindo. Segundo a ativista Mahwash Sheiki

> Uma das minhas amigas que vestia o véu, animada com a revolução, me contou que após atravessar circunstâncias drásticas, conseguiu chegar a Daraya para distribuir ajuda. Naquela época, nem o Daesh, nem a Frente Nusra controlavam a área. Foi o Exército Livre Sírio, que apoiamos, que a deteve e a aprisionou por viajar sem um *mahram* (parente masculino não casável).[146]

Em geral, o avanço das forças fundamentalistas agravou a exclusão das mulheres na vida pública, assim como sua mobilidade e livre circulação, restringindo seus direitos de trabalhar e estudar.[147] A jornalista Zaina Erhaim[148] documentou suas experiências nas áreas controladas pelos grupos armados de oposição, em sua maioria composta por fundamentalistas islâmicos. No seu relato, ela narra as

---

143. Syria Untold, 2014c.
144. Syria Untold, 2014c.
145. Ghazzawi, Mohammad e Ramadan, 2015, p. 20.
146. Sheiki, 2017.
147. Kannout, 2016, p. 56.
148. Erhaim, 2014.

restrições impostas ao movimento das mulheres – inclusive ter sido forçada por um homem a vestir o *niqab* enquanto passava por um posto de controle. Referindo-se à província de Idlib, Ghazzawi[149] afirma

> em algumas ocasiões, fui impedida de trabalhar (em acolhimento das pessoas desalojadas, aulas para filhos de refugiados e outras atividades de assistência humanitária) e até fui ameaçada por grupos fundamentalistas islâmicos e jihadistas por não usar véu.

Na região de Idlib, a organização Jabhat al-Nusra tentou limitar o papel das mulheres na sociedade, impondo a separação por gênero nos locais de trabalho, enquanto atacavam grupos de empoderamento econômico feminino – como no caso do centro de Mazaya.[150] O Jabhat al-Nusra também atuou impedindo as jovens de Idlib de frequentar faculdades em Alepo, enquanto seus integrantes ficavam do lado de fora das escolas, distribuindo hijabs pretos e longos para as estudantes.[151] No final de dezembro de 2015, o tribunal de assuntos religiosos associado ao Jaysh al-Fateh em Idlib, impôs às mulheres a necessidade de seguirem o vestuário religioso "legítimo" (ou seja, hijab preto e longo) nas ruas e mercados públicos.[152]

Medidas autoritárias e reacionárias também foram baixadas após o surgimento, pelo grupo Jaysh al-Fateh, da Universidade Livre de Idlib. A instituição, em novembro de 2015, instituiu políticas de segregação de gênero, proibindo as estudantes do sexo feminino de frequentarem cursos de engenharia civil e mecânica, e até mesmo de entrarem no instituto médico em casos de emergência. Ao mesmo tempo, apenas alunas eram admitidas no instituto de obstetrícia. A administração da universidade obrigou-as a adotarem a "vestimenta da sharia" na Universidade Livre de Idlib, em janeiro de 2016, ameaçando "impedir àquelas que não a usem de entrarem e fazerem seus exames". As estudantes que não aderissem ao código de traje islâmico determinado pelo *Rijal al-Hisbah* (a autointitulada polícia religiosa), eram reprimidas em público e banidas das aulas. As professoras também foram perseguidas pelas autoridades islâmicas.[153]

Os comitês de coordenação local e outros coletivos de mulheres tentaram permanecer visíveis como defensoras das causas femininas em geral, e de sua participação no levante em particular, mesmo com seu papel boicotado. Dentre

---

149. Ghazzawi, 2018.
150. Syria Untold, 2015; Enab Baladi, 2016a.
151. Ghazzawi, 2018.
152. Kannout, 2016, p. 57.
153. Damascus Bureau, 2016.

eles destacou-se o 'Mulheres pelo desenvolvimento já', dirigido pela ativista Samar Yazbeck. O grupo visava capacitar as sírias para o engajamento coletivo, tanto econômico quanto político, integrando-as no processo de tomada de decisões políticas do movimento social em nível local e internacional.[154]

11. Sectarismo, fundamentalismo islâmico e minorias

Entre as comunidades religiosas minoritárias da Síria, desde o início do levante uma sensação de medo e incerteza manifestava-se diante de qualquer mudança política. Ainda que as razões pudessem variar um pouco segundo cada seita religiosa, assim como entre classes e gêneros, um incômodo geral e uma preocupação sobre o levante marcavam essas comunidades. Amplos setores de alauitas, que trabalhavam na administração pública, no exército e nos serviços de segurança, temiam perder seus empregos na contingência de mudança do regime, ou de se tornarem alvos de vingança, seja por suas afiliações próximas a Assad, seja apenas por sua seita religiosa. Outros, como os cristãos, drusos e xiitas, também temiam a queda do governo, e que a possível propagação do caos prevalecesse no país, tornando-os alvos fáceis dos grupos de oposição.

Nas comunidades cristãs, por exemplo, lembravam o caso do Iraque, em que eles foram transformados em alvos das forças fundamentalistas islâmicas e jihadistas. Mais da metade da população cristã deixou o país após a invasão liderada pelos EUA e o Reino Unido em 2003, e seus contingens continuam a decrescer desde então.[155] Entre os cristãos, o medo e a incerteza concretizaram-se na passividade e neutralidade em relação ao movimento de protestos.

A repressão militar às manifestações populares, a elevação das tensões sectárias e o aumento acentuado dos assassinatos e sequestros aumentaram o receio, desencadeando consequências drásticas nas relações entre as denominações religiosas. Na província de Homs, a violência sectária ganhou corpo a partir do verão de 2011, com a banalização de assassinatos por vingança e ataques entre as populações alauita e sunita. As consequências foram dramáticas para as relações entre as duas comunidades. Antes do levante de março de 2011, os bairros de Homs em geral dividiam-se por seita religiosa – sunita, alauita, cristã ou xiita –, mas em um clima geral pluralista e pacífico. Era possível encontrar, por exemplo, lojas de sunitas em bairros alauitas. Havia uma população mista em algumas das novas áreas construídas

---

154. Syria Untold, 2016c.
155. Ufheil-Somers, 2013.

em meados dos anos de 1990.[156] Tal pluralismo decresceu quando, alguns meses após o início do levante, grupos *shabiha* de vilarejos periféricos começaram a ocupar casas e negócios de sunitas nos setores identificados aos protestos. A maioria das famílias sunitas foi expulsa dos bairros mistos. Os shabiha saqueavam e vendiam seus bens em um espaço que passou a ser conhecido como "mercado sunita".[157]

Com o ascenso nas tensões religiosas, hostilidades públicas passaram a ser expressas por alguns manifestantes. O autor Johnathan Little documentou diversas provocações contra alauitas entre os manifestantes em Homs e Qusayr em 2012, até entre pessoas que reivindicavam o ELS, que proclamaram admirar Osama bin Laden ou o jihadista jordaniano Abu Musab al-Zarqawi, por ele ter "ido ao Iraque enfrentar o Irã e os xiitas".[158] A palavra nusairita, termo pejorativo para a seita alauíta, que vinha sendo usado por esses grupos, ganhou espaço entre os combatentes da oposição.[159] Algumas unidades do ELS prenderam efetivos em seus postos de controle em função da sua seita religiosa, com as minorias – em especial os alauitas – considerados, à época, apoiadores do regime.[160]

Alguns ativistas alauitas e de outras minorias expressavam um crescente medo, experimentando discriminação, ódio e violência nas regiões controladas pelos grupos fundamentalistas islâmicos. Realidade oposta ao início do levante, quando os manifestantes recebiam as minorias de forma calorosa.[161] Ainda que Homs não tenha atingido níveis similares de agressões, os casos de raptos e sequestros aumentaram em vários lugares no início do levante e entre comunidades locais, como em Sueida, uma cidade de maioria drusa, Dar'a, sunita, e entre cristãos e muçulmanos em Qusayr, na Província de Homs.[162]

Em Qusayr,[163] a presença cada vez maior de combatentes jihadistas estrangeiros na primeira metade de 2012, concomitante ao aumento de sequestros e raptos de cristãos, dificultaram a manutenção da comunidade. Em meados de junho, a Igreja de São Elias transformou-se no quartel-general de um grupo fundamentalista islâmico.[164] No verão de 2012, após a sua conquista completa por forças armadas de oposição, o pregador e comandante miliciano, Abdel Salam Harba, exigiu nas mesquitas que os cristãos deixassem Qusayr, sob o pretexto de que

156. Khaddour, 2013a, p. 11.
157. Khaddour, 2013a, p. 18.
158. Citado em Littell, 2015, p. 48.
159. Zelin e Smyth, 2014.
160. Anônimo C, 2017.
161. Wieland, 2015, p. 242.
162. Satik, 2013, p. 407.
163. Qusayr era uma cidade de 30 a 40 mil habitantes, localizada a alguns quilômetros da fronteira libanesa. No passado tinha uma população três-quartos muçulmana sunita e um quarto cristã.
164. Ashkar, 2013.

apoiavam Bashar al-Assad e recusaram a luta armada contra o regime.[165] O ELS local expressou surpresa com a notícia e rejeitou o ultimato, dizendo que não era sua responsabilidade e que não partilhava de maneira alguma dos sentimentos de Harba.[166] Esse ameaçou novamente os cristãos num sermão em outubro de 2012, dizendo que "nada resta para eles em Qusayr ... não há volta para eles aqui" e que "os cristãos de Qusayr são traidores".

A maioria deles deixou a cidade no verão de 2012, após a advertência, com poucos permanecendo até o final do ano.[167] Eles começaram a voltar à área apenas depois que o Exército Árabe Sírio e o Hezbollah retomaram o controle de Qusayr, em junho de 2013, apesar da enorme destruição. Uma minoria da população sunita local, envolvida com a oposição, também retornou,[168] enquanto a maior parte ainda segue deslocada.

De meados até o final de 2013, os pesquisadores Baczko, Dorronsoro e Quesnay[169] descreveram o sectarismo crescente em algumas áreas dominadas pela oposição, em particular aquelas cada vez mais influenciadas por fundamentalistas islâmicos e jihadistas. As minorias tornaram-se alvos regulares de saques, sendo atacadas ou acusadas de colaborar com o regime. Tais ações levaram ao deslocamento, por grande parte dos integrantes das minorias religiosas, às áreas controladas pelo regime. Muitos ativistas de minorias, que se opunham ao governo desde o início do levante, não eram bem-vindos em certas zonas, sendo até ameaçados por alguns grupos. A maioria da população local nas áreas ocupadas pela oposição parecia não compartilhar desse sentimento. Foi a influência e o controle das forças fundamentalistas islâmicas e jihadistas, junto com facções do ELS, que criaram uma situação tão hostil às minorias religiosas. Tais sentimentos sectários tiveram efeito negativo no levante.[170]

Os ataques sectários e as campanhas militares contra minorias religiosas aumentaram no decorrer de 2013 e nos anos seguintes, com bombardeios suicidas mais frequentes e dirigidos contra os bairros cristãos e alauitas de Damasco,[171] assim como os inúmeros ataques e sequestros da população cristã assíria na região da Jazira. As ofensivas do EI forçaram 3000 deles a fugirem de suas cidades, quando outras centenas foram sequestros em fevereiro de 2015.[172]

165. Putz, 2012; Wood, 2013.
166. Citado em Ashkar, 2013.
167. Ashkar, 2013.
168. Mashi, 2013b.
169. Baczko, Dorronsoro e Quesnay, 2016, p. 324-325.
170. Khoury, 2013, p. 7.
171. Lister, 2015, p. 153.
172. Isaac, 2015.

Outro exemplo de ataque sectário ocorreu no verão de 2013, em que uma coalizão de grupos armados de oposição, liderados por Ahrar al-Sham, ISIL, Jabhat al-Nusra, Jaysh al-Muhajireen wal-Ansar e Suqur al-Izz, lançou uma ofensiva de grande escala na região rural da província de Latáquia. Eles ocuparam mais de dez vilarejos alauitas durante vários dias em agosto, cometendo repetidos massacres. A insituição de direitos humanos Human Rights Watch registrou os nomes de 190 civis mortos por essas forças na sua ofensiva nos vilarejos – incluindo 57 mulheres, 14 homens idosos e pelo menos 18 crianças.[173]

Ataques similares ocorreram nos anos seguintes. Em maio de 2016, explosões múltiplas e coordenadas abalaram duas cidades tidas como seguras na costa da Síria, Jableh e Tartus, matando mais de 120 pessoas e ferindo muitas outras em bombardeios suicidas, atingindo civis em estações de ônibus e em um hospital. Após as agressões – em supostos atos de "retaliação" - um grupo de rapazes, a maioria integrantes das milícias das Forças de Defesa Nacional, incendiaram o acampamento Karnak, ao sul de Tartus, em que moravam cerca de 400 famílias de refugiados sunitas.[174]

Um relatório do grupo Human Rights Watch[175] documentou ações indiscriminadas de grupos armados da oposição, com carros-bomba, morteiros e foguetes não-guiados, entre janeiro de 2012 e abril de 2014, no centro e zona rural de Damasco, em Sayyida Zeinab e Jaramana, nos bairros de al-Zahra, Akrama, al-Nazha e Bab Sba' em Homs, e no vilarejo de Thabtieh, perto dali.[176] As zonas relatadas pela Human Rights Watch como as mais vulneráveis às investidas das forças oposicionistas eram quase sempre habitadas por minorias religiosas, incluindo xiitas, alauitas, drusos e cristãos, e próximas aos bairros controlados pela oposição. As exceções eram Bab Sba', distrito de maioria sunita, com alguns residentes cristãos, e a parte central de Damasco, um bairro misto com várias denominações religiosas. O relatório conclui:

> Nas áreas que pode visitar, a Human Rights Watch averiguou, nos bairros controlados pelo governo, habitados quase sempre por minorias religiosas, que eles estavam sujeitos a mais ataques indiscriminados por grupos de oposição que as com grandes maiorias sunitas. Declarações públicas dos grupos armados de oposição carregam fortes indícios que eles consideram as minorias religiosas como apoia-

---

173. Human Rights Watch, 2013.
174. Noufal e Wilcox, 2016b.
175. HRW, 2015.
176. Esses bairros foram selecionados pela Human Rights Watch por se encontrarem entre os mais prováveis de serem atacados pelos grupos de oposição, e pela possibilidade de serem visitados

doras do governo, ou que os ataques seriam represálias às investidas do governo contra civis sunitas em outras partes do país.[177]

O relato mostrava as contínuas práticas sectárias que atingiam as forças armadas da oposição síria.

A preponderância das ideologias e discursos sectários podem ser entendidos na dominação das forças fundamentalistas islâmicas e jihadistas no campo militar. Após os ataques com armas químicas em Ghouta, Jolani publicou uma declaração em 25 de agosto de 2013, na qual anunciava que o grupo Jabhat al-Nusra realizaria ataques retaliatórios contra regiões do governo e pró-regime, baseados no conceito islâmico de *qisas*. A ação foi denominada "Operação Vulcão da Vingança", com retaliações equivalentes ao "olho por olho". Um vilarejo alauita seria tomado de assalto para cada foguete com armas químicas disparado ao leste de Ghouta, segundo a promessa de Jolani.[178] A captura da cidade de Ma'lula foi expressa pelo comunicado oficial do grupo Jabhat al-Nusra como parte da campanha de vingança. Uma das fotos publicadas pelo Nusra na rede social Facebook sobre o ataque a Ma'lula acompanhava um verso do Corão, afirmando: "Que Deus nos dê paciência e a vitória sobre os infiéis." Em novembro de 2015, dois dias depois que as arremetidas de aviões de Assad mataram pelo menos 40 pessoas em um mercado na cidade de Douma, nos subúrbios de Damasco, o Jaysh al-Islam colocou oficiais alauitas do exército e suas famílias em jaulas, exibindo-os pelas ruas. Isso supostamente para proteger a área de novos bombardeios.[179]

Grupos armados oposicionistas de Alepo, em agosto de 2016, usaram o nome de Ibrahim Youssef para suas tentativas em romper o cerco. Militante do jihadista Vanguarda de Combate, que se opunha ao regime nas décadas de 1970 e 1980, Youssef chefiou a captura da Escola de Artilharia de Alepo em junho de 1979, separando os cadetes alauitas e sunitas antes de executar 83 dos primeiros.[180] Durante a ofensiva militar em Alepo, um porta-voz das brigadas lideradas pelo Jabhat al-Fateh al-Sham declarou pretender fazer o mesmo aos alauitas. Nenhum dos grupos associados – dos batalhões do ELS aos jihadistas – se opuseram à escolha do nome, expressando a islamização das forças armadas de oposição.[181] Semanas depois, facções militantes na zona rural de Hama nomearam de "Invasão mártir

---

177. HRW, 2015.
178. Lister, 2015, p. 164.
179. Mackey e Samaan, 2015.
180. Lefèvre, 2016.
181. Hassan, 2016.

Marwan Hadid" sua ofensiva militar contra as posições controladas pelo regime. Hadid foi o fundador carismático do grupo Vanguarda de Combate e seu primeiro líder, que se referia com frequência de maneira depreciativa aos alauitas como "cães nusairitas", enquanto reivindicava a criação de um Estado islâmico na Síria.[182]

A influência das forças fundamentalistas islâmicas e jihadistas forçou as minorias, entre outros, a abandonarem as cidades, por medo da violência ou das retaliações. A conquista de Idlib, em março de 2015, pela oposição armada dirigida pelos grupos Jabhat al-Nusra e Ahrar al-Sham, forçou o êxodo de quase toda a população cristã pouco antes de sua captura. Entre os que ficaram, muitos tiveram as casas saqueadas ou acabaram mortos pelo Jabhat al-Nusra. O padre Ibrahim Farah e um jovem farmacêutico foram raptados. A imprensa usou as famílias remanescentes de Idlib como marionetes, incluindo uma mulher que, em um vídeo oficial do grupo, louvava o tratamento dado pelos insurgentes aos cristãos locais. Os que ainda restaram decidiram fugir em segredo, combinando com alguns muçulmanos de Idlib e escapando para a província de Hama.[183]

Grande número de servidores públicos, entre outros sem relações diretas com o regime também fugiram, por diferentes motivos. Preferiam Assad ao Jaysh al-Fateh, ou escapavam por causa dos combates e, mais tarde, aos bombardeios aéreos da Força Aérea Árabe Síria.[184] Em 9 de abril, o Crescente Vermelho [equivalente à Cruz Vermelha no Brasil] em Idlib enterrou cerca de 300 corpos em uma vala comum, que também continha os despojos de supostos bandidos, que foram mortos por militantes do Jabhat al-Nusra.[185] Ao final de 2018, as autoridades dirigentes da coalizão jihadista salafista HTS, de Idlib, confiscaram as propriedades das famílias cristãs desalojadas dos territórios que controlavam.

Na perspectiva de grandes setores das comunidades minoritárias da Síria, assim como em segmentos da sua população sunita, o surgimento dessas forças e sua dominação contínua do campo militar oposicionista eliminou os objetivos iniciais do levante por democracia, igualdade e justiça social. O crescimento do Estado Islâmico, do Jabhat al-Nusra e outros serviu aos interesses políticos do regime ao minar diferentes setores de oposição, reforçando, ao mesmo tempo, a ideia de que apenas o regime poderia salvar o país de uma amedrontadora alternativa extremista. O surgimento das facções fundamentalistas provocou temor não só nas minorias religiosas, mas na população em geral, e ainda empurrava os alauitas aos

182. Lefèvre, 2016.
183. Slaytin, 2015.
184. Lund, 2016b.
185. Slaytin, 2015.

braços do regime, conforme viravam alvos dos bombardeios suicidas, movido por sectarismo explícito ou implícito.

Algumas figuras da oposição, em particular entre os alauitas, também começaram a recuar das suas posições iniciais, como Nabil Suleiman, que se afastou da revolução. Fateh Jamous, dirigente histórico do Partido da Ação Comunista, preso entre 1982 e 2000, e novamente entre 2003 e 2006, declarou durante a votação da nova constituição, em maio de 2012, que o objetivo da oposição não deveria ser a derrubada do regime, mas sim abrir caminho para uma transição do poder. Ele rejeitou a Coalizão e assumiu a secretaria-geral do Partido do Caminho pela Mudança Pacífica, integrando a chamada oposição oficial, que contava com a aceitação pública do regime.[186]

12. Conclusão

Os grupos de oposição no exílio – o Conselho Nacional Sírio e a Coalizão Síria – foram incapazes de constituir uma alternativa confiável, nem de representar os objetivos iniciais do movimento de protestos e sua diversidade. Eles também fracassaram na construção de uma direção e estratégia política capazes de unificar a oposição e conduzir o movimento de derrubada do regime. Seus fiascos sucessivos contribuíram também para a dominação dos fundamentalistas islâmicos e jihadistas na esfera militar síria.

A evolução dessas forças reduziu a capacidade do movimento de protestos de expressar uma mensagem inclusiva e democrática para amplos segmentos da população síria – em especial entre as pessoas sem envolvimento direto no levante, mas que simpatizavam com suas metas iniciais. Ativistas implicados na tendência democrática foram alvo dos fundamentalistas e jihadistas, que também perseguiam seus membros para impor seus objetivos e autoridade, contrários aos propósitos originais de democracia e igualdade da rebelião popular.

Havia uma estratégia clara do regime para favorecer a formação de facções fundamentalistas islâmicas e jihadistas salafistas. Sua existência ajudaria a desacreditar o levante, ao mesmo tempo em que reprimia os componentes democráticos do movimento de protestos e as forças do Exército Livre da Síria. O governo Assad conseguiu tirar vantagem do medo que esses grupos geraram em amplos segmentos da população, que temiam tais organizações. Ele optou pela estratégia de permitir o seu desenvolvimento, incluindo o Estado Islâmico, realçando a ideia

---

186. Wieland, 2015, p. 235.

de uma nação controlada por fundamentalistas islâmicos, como a única alternativa ao regime. A propaganda do governo enfatizou esse conceito desde princípios do levante, para aumentar as divisões na oposição. Entre abril de 2013 e o verão de 2014, a força aérea síria evitou, na sua maior parte, bombardear prédios e instalações discerníveis do EI em Raqqa. Segundo estudo conduzido pelo Carter Center, ficou claro que antes dos avanços militares do EI em toda a Síria e Iraque, em julho e agosto de 2014, o regime sírio

> Em boa medida se absteve de enfrentar o Estado Islâmico, a não ser quando estivesse sob ameaça direta (...) Antes das suas ofensivas, o governo sírio dirigiu 90% de todos os ataques aéreos contra alvos da oposição...[187]

O Estado Islâmico não era a principal preocupação de Assad, segundo admitiu o ministro de relações exteriores do país, Walid al-Muallem, após declarar que os grupos armados de oposição – que também estavam lutando contra os grupos jihadistas – representavam uma ameaça maior ao poder de Damasco.[188]

Cada derrota dos setores democráticos do movimento de protestos, civil ou armado, fortalecia e ajudava os fundamentalistas islâmicos e jihadistas que, ao longo dos anos, dominaram a cena militar. Seu avanço provocou vários conflitos internos entre diversos membros da oposição armada, incluindo as forças islâmicas.

Os diferentes movimentos fundamentalistas islâmicos e jihadistas defendiam um Estado islâmico, apesar de suas diferenças de estratégia. Tratava-se, por pressuposto, de um projeto excludente e antagônico para amplos setores da sociedade síria (mulheres, minorias religiosas, ou quem entendia o Islã de forma diferente).

Similar à Irmandade Muçulmana síria dos anos 1980, mesmo que tenham conseguido aumentar a distância entre o regime e diversos setores da população, as correntes fundamentalistas e jihadistas foram incapazes de desetabilizá-lo de forma decisiva. Sua propaganda sectária e a defesa explícita da violência contra as minorias afugentaram segmentos da população que discordavam e não se identificavam com tais ideologias. Ao invés de dividir os alauitas, enfraquecendo sua influência no exército e serviços de segurança, a retórica e violência sectária anti-alauita assustou a ampla maioria da comunidade, aproximando-a de Assad.[189]

Nesse contexto, os ativistas democráticos viam-se ameaçados não só pelo regime, mas também por outras facções dentro da oposição – em particular pelos

---

187. Citado em Hassan e Weiss, 2015, p. 198.
188. The New Arab, 2016b.
189. Batatu, 1982.

fundamentalistas islâmicos e jihadistas, que rejeitavam as aspirações democráticas do levante. Essas forças foram eficazes e eficientes na criação de estruturas civis opostas aos conselhos locais e comitês de coordenação, reprimindo qualquer dissidência às suas políticas e ideologia.

A oposição dupla enfrentada pelo movimento democrático de protestos foi simbolizada, no verão de 2013, pela prisão de Maisa e Samar Saleh, uma pelo regime Assad e outra pelo Estado Islâmico. Em 23 de abril, a primeira foi presa pelas forças do governo no mercado de Sarua, no centro de Damasco. Ela era conhecida pela participação ativa nos protestos pacíficos e iniciativas de desobediência civil. Em 8 de agosto, sua irmã Samar foi detida pelo EI na região de Tahuna, em Alepo, por reivindicar direitos civis e igualdade perante a lei.[190] Durante o levante, multiplicaram-se os casos semelhantes de ativistas presos, tanto pelo regime, quanto pelas forças fundamentalistas islâmicas.

Como mostra essa história, o movimento original de protestos e seus objetivos democráticos acabaram esmagados por numerosos lados, e não apenas pelo regime, mesmo sendo essa a força mais perigosa do país.

---

190. Syria Untold, 2013d.

5
a questão curda na Síria

A organização dos primeiros partidos curdos na Síria tem origem nos anos 1950. Surgiram em meio a uma guinada agressiva e chauvinista do nacionalismo árabe, assim como das frustrações crescentes dos filiados curdos do Partido Comunista Sírio, visto por muitos como desinteressado, ou até contrário, aos direitos nacionais curdos[1]. A vasta maioria desses novos movimentos curdos adotavam ideologias socialistas, apesar da elite tribal ter permanecido bem representada em suas direções. As notáveis exceções a essa dinâmica, já mencionadas, foram o Partido dos Trabalhadores Curdos (*Partiya Karkerên Kurdistanê*, ou PKK) e, depois, o Partido da União Democrática (*Partiya Yekîtiya Demokrat*, ou PYD) – organizações que, desde o início, buscaram representar as classes populares curdas, tratando a elite tribal como colaboradores na colonização do Curdistão.[2] Em grau menor, o Partido Yekiti também mobilizou inúmeros seguidores nos anos 1990 e 2000, antes de sua fragmentação[3].

Esse capítulo relata o papel das forças políticas e a participação curda no levante sírio. No início, manifestantes curdos organizaram-se como os ativistas das outras áreas, criando Comitês de Coordenação Local (CCL). Porém, a colaboração entre os comitês de coordenação e as juventudes árabe e curda diminuiu com o tempo. Elas cessaram devido à divisão e aos desacordos com os grupos árabes sírios de oposição no exílio, bem como pela crescente tensão étnica, em geral, entre ambas as comunidades.

Ao longo do tempo, o PYD – com o beneplácito do regime de Assad – fortaleceu-se na cena política curda síria. O partido tirou vantagem das divisões entre os vários atores internacionais que intervinham no país – especialmente ao receber ajuda dos Estados Unidos (e, em grau menor, da Rússia) para avançar interesses políticos próprios. No entanto, esse apoio dos estrangeiros aos poucos diminuiu, tornando-se menos garantido. A autonomia assegurada pelo PYD nas regiões curdas converteu-se em foco de conflito entre diversos sujeitos locais e regionais.

---

1. Tejel, 2009, p. 48.
2. Van Bruinessen, 2016, p. 7.
3. O Partido Yekiti foi criado em 1992, depois da unificação de diversos grupos curdos, a partir de origens da esquerda e nacionalistas. Estudantes, intelectuais e profissionais liberais dominavam suas fileiras, apesar de ser possível encontrar membros de todos os estratos (Tejel, 2009, p. 112).

1. A questão curda antes de 2011: repressão e cooptação

Nos anos 1950 e 1960, os curdos tornaram-se os principais bodes expiatórios do crescente nacionalismo árabe na Síria – incluindo o período da República Árabe Unida (RAU)[4] seguida, a partir de 1963, pelo domínio do Partido Baath. Os curdos acabaram retratados como agentes trabalhando a serviço de poderosos inimigos estrangeiros, em particular Israel e o imperialismo norte-americano.[5]

Eles foram objeto de políticas discriminatórias e repressivas, como nas primeiras medidas do "Cinturão Árabe". Iniciado em 1962, consistia em um *cordão sanitário* entre os sírios árabes e os curdos ao longo da fronteira do país com a Turquia e o Iraque, locais que formavam o perímetro norte e nordeste da região de Jazira, majoritariamente curda. Um "censo excepcional" da população realizada ali em 1962 negou nacionalidade a cerca de 120 mil curdos, declarados estrangeiros. Seus filhos tampouco foram contemplados com direitos civis básicos, sendo condenados à pobreza e à discriminação.[6]

A descriminalização racial contra os curdos, em particular pelo projeto do Cinturão Árabe, foi institucionalizada pelo regime de Assad. Entre 1972 e 1977, como parte de uma política de colonização, cerca de 25 mil camponeses árabes – cujas terras haviam sido inundadas pela construção da barragem Tabqa – acabaram enviados à Jazira, onde o regime sírio assentou a nova população em "vilarejos modernos" ao lado dos lugarejos curdos.[7]

Durante esse período, para fomentar a política externa do governo, o regime Assad procurou cooptar certos segmentos da sociedade curda (ao final dos anos 1970 e início dos anos 1980, no contexto da crescente oposição mencionada no capítulo 1). Algumas elites curdas participaram do sistema político do regime, a exemplo dos líderes curdos das irmandades religiosas, como Muhammad Sa'id Ramadan al-Buti, e sheiks oficiais como Ahmad Kuftaro, Mufti da República entre 1964 e 2004.[8] Diversos curdos obtiveram cargos de autoridades locais, enquanto outros

---

4. Em agosto de 1960, as autoridades da República Árabe Unida (RAU) lançaram uma dura campanha de repressão contra o principal partido curdo à época, o Partido Democrático do Curdistão Sírio. Mais de 5000 indivíduos terminaram presos e torturados, enquanto cerca de 20 de seus líderes foram aprisionados e acusados de separatismo. (118; Allsopp, 2015, p. 21; Tejel, 2009, p. 49). Alguns dos líderes do movimento migraram ao Curdistão iraquiano em busca de refúgio (Allsopp, 2015, p. 77).
5. Tejel, 2009, p. 41.
6. Seurat, 2012, p. 181. Entre 120 mil e 150 mil curdos foram classificados como estrangeiros não-cidadãos (*ajanib*) nos seus documentos de identidade e não podem votar, ter propriedades ou obter empregos governamentais. Porém, não são isentos do serviço militar obrigatório e, assim como os chamados *maktumin* (não-registrados), não têm direito sequer a receber tratamento nos hospitais estatais, nem obter certificados de casamento. Os *maktumin* não são reconhecidos oficialmente de maneira alguma e não possuem documentos de identidade.
7. Seurat, 2012, p. 183.
8. Pinto, 2010, p. 265.

Mapa 15. Arabização dos nomes dos vilarejos

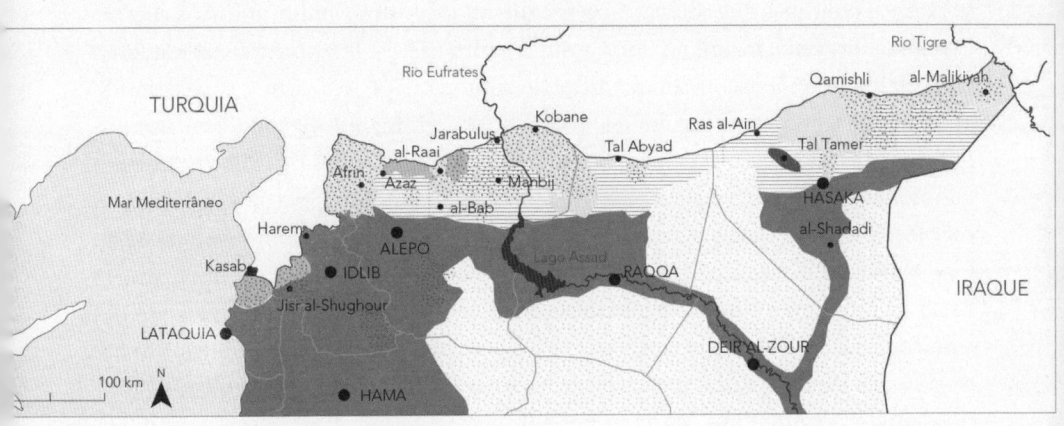

GRUPO ÉTNICO

- Armênios
- Turcomanos
- Assírios
- Curdos
- Árabes
- Curdos e Árabes
- Zona de deserto População árabe
- Arabização dos nomes dos vilarejos 1958-1970
- Centro da província
- Localidade
- Limite da província
- Fronteira internacional

alcançavam altos postos nacionais, tais quais o Primeiro-Ministro Mahmud Ayyubi (1972-1976), ou Hikmat Shikaki, chefe da inteligência militar (1970-1974) e Chefe do Estado-Maior (1974-1998). No entanto, isso ocorria sob a condição de que não demonstrassem qualquer consciência étnica curda, em particular na retórica ou estratégia política. No final da década de 1970 e durante os anos 1980, alguns curdos também foram absorvidos nas divisões de elite do exército, ou ligados a grupos militares específicos que serviam ao regime. Outra forma de cooptação foi a cumplicidade dos serviços locais de segurança com certas famílias de contrabandistas curdos ativos na região da Jazira, nas fronteiras da Síria com a Turquia e Iraque.[9]

Essa política de cooptação também incluía alguns partidos políticos curdos. O regime de Assad forjou acordos políticos com o PKK, transformando seu líder, Abdullah Öcalan, em convidado oficial do regime no início dos anos 1980, quando as tensões entre Síria e Turquia explodiram. O PKK foi autorizado a recrutar militantes e combatentes, organizando de 5 mil a 10 mil pessoas nos anos 1990,[10] enquanto lançava operações militares contra o exército turco a partir da Síria. Com escritórios em Damasco e em diversas cidades no Norte, seus militantes assumiram o controle *de facto* de fatias do território sírio, especialmente na província de Afrin.[11] Outros partidos políticos curdos também colaboraram com o regime sírio, como a União Patriótica do Curdistão (PUK)[12] dirigida por Jalal Talabani, presente no país desde 1972; seguido, mais tarde, a partir de 1979, pelo Partido Democrático Curdo (KDP)[13], afiliado a Masoud Barzani.[14]

A condição *sine qua non* para obter apoio do regime sírio era o compromisso de que os movimentos curdos do Iraque e Turquia se abstivessem de qualquer tentativa de mobilizar curdos sírios contra Assad. Damasco foi capaz de instrumentalizar esses grupos, usando-os como ferramenta de relações internacionais para alcançar algumas ambições regionais e, em nível doméstico, desviar a questão curda para fora da Síria, em direção aos Estados turco e iraquiano.

Entre o final dos anos 1990 e início dos 2000, as relações entre os partidos políticos curdos e o regime sírio deterioraram-se. Uma melhora nas relações entre Turquia e Síria induziu as forças sírias de segurança a lançar várias ondas de

---

9. Tejel, 2009, p. 66-67.
10. Bozarslan, 2009, p. 68; Allsopp, 2015, p. 40.
11. McDowall, 1998, p. 65; Tejel, 2009, p. 78.
12. A União Patriótica do Curdistão (*Partiya Demokrat a Kurdistanê*, conhecido pela sigla PUK) foi originalmente um partido político iraquiano-curdo de esquerda, que se separou do Partido Democrata do Curdistão (*Yekêtîy Nîştimanîy Kurdistan*, conhecido pela sigla KDP) em meados dos anos 1970.
13. O KDP é o mais antigo partido político curdo no Curdistão iraquiano. Foi fundado em 1946 na região curda do Irã, onde os curdos iraquianos, liderados por Mustafa Barzani, se refugiavam (The Kurdish Project, 2017).
14. Tejel, 2009, p. 72-78.

repressão contra os elementos remanescentes do PKK no país[15]. Após o exílio de Öcalan em 1998 e a prisão de inúmeros militantes, o grupo estabeleceu novas organizações, com o duplo objetivo de se proteger da repressão estatal e oferecer apoio social aos seus milhares de membros e simpatizantes. O PYD, criado em 2003 como um sucessor do PKK na Síria,[16] era parte da estratégia regional do partido de estabelecer braços locais nas nações vizinhas. Paralelo a isso, a partir de 2000, os vínculos do regime com o KDP e o PUK foram enfraquecendo, enquanto Damasco tentava normalizar suas relações com o governo em Bagdá, colocando um termo à sua interferência nas questões curdas no Iraque.[17]

Quadro 13. PKK

O PKK foi formado no final da década de 1970, na Turquia, sendo sua ideologia, originalmente, uma fusão de marxismo, terceiro-mundismo e nacionalismo curdo. Contudo, a ideologia do grupo evoluiu para além disso, refletindo a influência do teórico socialista estadunidense Murray Bookchin, um pensador que advogava o "comunalismo libertário."

O ano de 2004 marca o início de um levante curdo na cidade de Qamishli, que se espalhou pelas regiões habitadas majoritariamente por curdos – Jazira, Afrin, mas também Alepo e Damasco, onde as manifestações foram reprimidas com brutalidade pelas forças de segurança. O regime apelou à colaboração de algumas tribos árabes do Nordeste que mantinham ligações históricas com a família Assad. Cerca de 2 mil manifestantes foram presos e 36 mortos, enquanto outros eram forçados a deixar o país.[18] A *Intifada* curda, assim como a evolução política do Curdistão iraquiano, que ganhou crescente autonomia, hasteando bandeiras e símbolos próprios, levantaram o ânimo dos curdos sírios e sua autoconfiança na mobilização por direitos, fortalecendo a consciência nacionalista da nova geração, e encorajando seu desejo por mudanças.

O TCK, Movimento da Juventude Curda na Síria (*Tevgera Ciwanên Kurd*) surgiu de forma clandestina em março de 2005, um ano após a repressão ao levante curdo, tornando-se o maior grupo político de juventude no país após 2004. Ele se tornaria um dos principais atores nos protestos de 2011 nas áreas de maioria curda.[19]

---

15. ICG, 2013, p. 12.
16. Tejel, 2009, p. 79.
17. ICG, 2011, p. 21.
18. Lowe, 2006, p. 5.
19. Schmidinger, 2018, p. 76.

Os curdos seguiram afirmando sua identidade étnica, organizando atividades culturais e mobilizando contra as políticas anticurdas do regime. Estudantes de vários grupos políticos também mantiveram atividades intensas ao longo desse período nos campi universitários – em particular em Damasco e Alepo.

2. O início do levante popular

Os protestos nas áreas de maioria curda começaram logo ao final de março de 2011, em Amuda e Qamishli, onde as palavras de ordem exigiam liberdade e irmandade entre árabes e curdos, assim como solidariedade com Dar'a[20]. As manifestações rapidamente alastraram-se por outras cidades curdas.

O movimento nessas regiões foi despertado pelos grupos de juventude preexistentes, como o TCK ou pelos Comitês de Coordenação Local que surgiam como parte de um movimento nacional de protestos contra o regime. Ao longo do ano de 2011, como explicado pelo ativista curdo sírio Alan Hassaf,[21]

> Através de diversas redes, os comitês locais curdos coordenavam e cooperavam com as entidades equivalentes no movimento das diferentes cidades sírias.

Os protestos continuaram durante todo mês seguinte, apesar de o regime tentar conquistar apoio (ou, pelo menos, a não-oposição) dos partidos políticos curdos. No início de março de 2011, por exemplo, o Ministério de Assuntos Sociais decidiu normalizar o status dos curdos em todas as questões relacionadas a emprego, revogando também o Decreto Nº 49, que havia impedido a transferência de terras nas regiões fronteiriças que afetavam a população curda.[22] Em 20 de março, o regime reconheceu e celebrou o Nowruz, o Ano Novo persa e curdo, que pela primeira vez foi transmitido na televisão estatal e coberto em diversos ângulos pela agência nacional de notícias.[23] Nos anos seguintes, o festival seria celebrado de forma muito pública pelo regime.[24] No entanto, os Comitês Curdos de Coordenação cancelaram as comemorações seguintes do Nowruz em março de 2012, transformando-as em manifestações pela derrubada do regime.[25]

---

20. Kurd Watch, 2012a; Aziz Abd El-Krim, 2016; Darwish, 2016a; Hassaf, 2018.
21. Hassaf, 2018.
22. Kurd Watch, 2013b, p. 4.
23. ICG, 2011, p. 22.
24. Sabbagh, 2016b.
25. Abdallah, al-Abd Hayy e Khoury, 2012.

Após reuniões com representantes curdos, em abril de 2011, Bashar al-Assad publicou um decreto estendendo a nacionalidade síria na província de Hasakah a pessoas registradas como estrangeiros. Os *ajanib*, enquanto curdos sem registros, conhecidos como *maktumin*, foram excluídos da medida, ao mesmo tempo em que 48 presos, a maioria curda, também foram soltos[26]. Apesar dessas decisões, milhares marcharam pacificamente em diversas cidades – sobretudo em Qamishli, Amuda e Hasakah – cantando "Não queremos só nacionalidade, queremos também liberdade"[27].

A partir do verão de 2011, a bandeira curda passou a ser erguida com frequência por manifestantes ao lado da bandeira Síria. Em outubro, ocorreram manifestações massivas na cidade de Qamishli, após o assassinato do respeitado militante curdo-sírio Mishal Tammo. Dirigente do Movimento Futuro Curdo na Síria (*Şepêla Pêşeroj a Kurdî li Sûriyê*) e solto após mais de dois anos nas prisões do regime, Tammo também integrou o comitê executivo do Congresso Nacional Sírio (CNS). Com a notícia de sua morte, milhares de manifestantes saíram às ruas contra o regime.[28]

Os protestos de massa continuaram em Qamishli, atingindo seu ápice em meados de 2011. Elas diminuíram consideravelmente depois, devido à militarização do levante e o crescimento progressivo do PYD nas cidades.[29]

A colaboração entre os grupos de juventude árabe e curdo, e os CCLs, continuaram até meados de março de 2012. Depois desse período, os ativistas curdos começaram a usar palavras de ordem próprias, com referência a questões curdas que não haviam sido previamente aceitas como slogans gerais. No entanto, o uso de algumas palavras de ordem religiosas por vários grupos árabes também gerou discórdia entre os curdos.[30]

Parte dos ativistas e dos comitês curdos foram inicialmente receptivos ao surgimento do Exército Livre da Síria (ELS). No entanto, passaram a se opor cada vez mais a ele na medida em que o ELS recorria à ajuda e patrocínio de potências ex-

---

26. A capacidade de avaliar as implicações do decreto de 2011 é prejudicada pelo fato de que o país entrou num conflito violento, compelindo grandes segmentos da população a deixar seu território. Nesse ínterim, houve complicações para sua aplicação. Além disso, uma das principais críticas ao Decreto N. 49 foi de que, não sendo retroativo, não oferecia compensações para a destituição de propriedades ou de direito à terra resultante da perda da nacionalidade de 1962 (Al-Barazi, 2013, p. 24). Apesar de milhares de curdos terem conseguido obter cidadania síria após a aprovação do decreto, 19 mil deles permaneceram privados dela, enquanto outros 46 mil não foram registrados em 2018, segundo a ONG Syrian for Truth and Justice (Sírios pela Verdade e a Justiça) (Sheikho, 2018).
27. *Orient le Jour*, 2011e.
28. Nono Ali, 2011.
29. Darwish, 2016a.
30. Kurd Watch, 2013b, p. 4; Hassaf, 2018.

teriores, em particular da Turquia, práticas religiosas extremistas e atitudes hostis às demandas políticas e aos símbolos curdos.³¹ Ao mesmo tempo, o apoio tácito, ou até a adoção por inúmeros ativistas árabes da retórica anticurda, desde o início do levante, produziu rusgas. Militantes curdos eram acusados de separatismo e de buscar a independência do Curdistão. Quando ativistas da comunidade criticavam as práticas da oposição, ou se mencionassem os direitos nacionais curdos, eram frequentemente acusados de traição. Como relatado por um ativista curdo de Alepo, ver os revolucionários árabes tratando-os como fazia o regime, empurrou cada vez mais a comunidade em direção ao PYD.³²

Simultaneamente, os comitês curdos de juventude seguiam capazes de organizar mobilizações eficientes e protestos contra o regime sírio, assim como diluir tensões árabes-curdas em muitas áreas durante os primeiros anos do levante.³³ Ao longo do tempo, a influência da maioria desses comitês, porém, foi perdendo força na sua base.

Os manifestantes curdos não se limitavam às exigências ditas corporativas, como a concessão de nacionalidade síria aos curdos apátridas; eles integravam um movimento de protesto muito maior, em todo o país. Essa perspectiva era endossada por diversos ativistas curdos-sírios, que se viam parte da construção plural de um novo país.³⁴ Isso não significava que as demandas nacionais curdas tradicionais fossem postas de lado pela juventude e os manifestantes, elas também integravam seus horizontes e lutas mais amplas contra o regime Assad.

Apesar de ativos no levante, os CCLs curdos enfrentavam o ceticismo e a oposição dos partidos políticos curdos tradicionais, na sua maioria pouco inclinados a participar ou a ter um papel de direção nos protestos contra o regime.³⁵ Apenas o Movimento Futuro, liderado por Mishal Tammo, e o Partido Yekiti apoiaram publicamente o levante desde o início. Muitos ativistas da juventude do partido estavam entre os organizadores dos protestos nas regiões curdas.³⁶ O Congresso Político Curdo,³⁷ fundado em 2009, cresceu com o início do levante na primavera de 2011. Ao final de abril, criou o Movimento Nacional dos Partidos Curdos, que incluía três novas organizações; entre eles, o PYD. Em maio de 2011, o Movimento

---

31. Youssef S., 2016; Abd el-Krim, 2016; Hassaf, 2018.
32. Lundi Matin, 2018.
33. نزيسيقة الختطي الكرديه, 2011; All4Syria, 2013.
34. Youssef S., 2014; Abd El-Krim, 2016; Hassaf, 2018.
35. ICG, 2013, p. 9.
36. Kurd Watch, 2013b, p. 4; Othman, 2016.
37. Em 2009, dez partidos políticos curdos estabeleceram o que ficou conhecido como o Congresso Político Curdo: o Partido Democrata Curdo Sírio, o Partido de Esquerda Curdo, o Partido Democrata Curdo na Síria, o Comitê de Coordenação Curdo, o Partido Yekiti Curdo na Síria, o Partido Azadi Curdo na Síria e o Movimento Futuro Curdo (Hossino e Tamir, 2012).

Nacional dos Partidos Curdos anunciou seu programa, incluindo o fim do unipartidarismo na Síria, igualdade para todos os cidadãos e um Estado laico.[38]

Uma nova conferência foi organizada em outubro de 2011, reunindo a maioria dos partidos políticos curdos, ativistas independentes, organizações de mulheres curdas, movimentos de juventude, ativistas de direitos humanos e representantes de categorias profissionais, com o objetivo de unir a oposição curda na Síria.[39] Isso levou à criação do Congresso Nacional Curdo (KNC), logo após a do Congresso Nacional Sírio. Fundado em Erbil, no Iraque, o KNC surgiu sob o patrocínio de Massoud Barzani, então presidente do Governo Regional do Curdistão, no Norte do Iraque,[40] um importante aliado da Turquia, à época. Barzani exerce grande influência sobre diversos grupos de oposição sírios e curdos. A missão declarada do KNC era encontrar uma "solução democrática para a questão curda, enfatizando ao mesmo tempo sua participação na revolução".[41]

Registravam-se ainda problemas dentro do KNC, pelo pouco poder nas mãos de ativistas independentes e organizações de juventude, se comparados aos partidos políticos. Quarenta e cinco pessoas foram eleitas para o comitê executivo inicial, incluindo 20 representantes de partidos e seis de organizações de juventude. Depois, em janeiro de 2012[42], o comitê executivo foi ampliado para 47 membros, integrando novos partidos políticos. Alguns grupos de juventude também foram absorvidos pelos partidos existentes, perdendo, assim, a sua independência e muitas vezes diminuindo seu papel nas ruas. Enquanto isso, os movimentos de juventude que permaneceram independentes eram cada vez mais marginalizados pelos partidos que dominavam o KNC.[43] Algumas organizações e partidos continuaram filiados à entidade apenas simbolicamente, ao passo que outros a abandonaram ou deixaram de cooperar com ela.[44]

Dois dos partidos que participaram da conferência de fundação optaram por não integrar o KNC: o PYD e o Movimento Futuro. Esse último citou quatro pontos de objeção ao KNC: falta de comprometimento com a derrubada do regime, apoio insuficiente ao movimento de juventude, excesso de influência e intervenção estrangeira na entidade, e falta de maior relevância na representa-

---

38. Kajjo e Sinclair, 2011.
39. Allsopp, 2015, p. 201.
40. Carnegie, 2012b.
41. Hossino e Tanir, 2012, p. 3.
42. O Partido da União do Curdistão na Síria, o Partido Democrata Curdo na Síria e o Partido do Acordo Democrático do Curdistão entraram no KNC no início de 2012.
43. Allsopp, 2015, p. 203-204.
44. Halhalli, 2018, p. 40; Hassaf, 2018.

ção de ativistas independentes no conselho.[45] O PYD participou da conferência de fundação do KNC após seu lançamento, em outubro, antes de decidir boicotar o grupo e integrar o Comitê de Coordenação Nacional.[46] O PYD opunha-se ao papel e à influência turca na criação do Conselho Nacional Sírio, assim como do Congresso Nacional Curdo, pela relação próxima de seu principal patrocinador, Massud Barzani, com o governo em Ancara. Em períodos distintos, ambos os militares turcos e os *peshmergas* (combatentes curdos) de Barzani atacaram bases militares do PKK no Iraque.

Em dezembro de 2011 o PYD fundou o Conselho Popular do Curdistão Ocidental, constituído como alternativa ao KNC, ao qual recusara-se a se unir. O Conselho Popular foi descrito pela organização como uma assembleia local eleita, voltada a construir instituições civis e prover serviços sociais à população local.[47] A declaração da conferência apoiou o levante popular na Síria e em outros países da região, "visando estabelecer uma democracia pluralista"[48]. As cinco organizações que compunham o Conselho Popular (Movimento de Rojava por uma Sociedade Democrática - TEV-DEM, Organização de Mulheres Yekîtiya Star, União das Famílias dos Mártires, Instituto de Educação e Linguagem e o Movimento da Juventude Revolucionária do Curdistão Ocidental) eram todas associadas ao PYD. Na verdade, o Conselho Popular funcionava como um guarda-chuva para abrigar grupos e movimentos filiados ao partido curdo.[49]

As atividades do Conselho Popular tinham como objetivo mobilizar apoio para o PYD nas regiões que enfrentavam um vácuo de poder, erguendo instituições civis como os Comitês Populares, responsáveis por atividades específicas nas áreas curdas sob seu controle, assim como as instituições de segurança, incluindo os Comitês e as Unidades de Proteção Popular (*Yekîneyên Parastina Gel*, ou YPG).[50]

Um termo de paz social selou-se entre o PYD e o KNC em janeiro de 2012, para evitar choques entre eles, porém o acordo jamais foi implementado, resultando em diversos ataques e repressão promovidos por apoiadores do PYD contra outros ativistas curdos.[51] Em meio à multiplicação de choques entre apoiadores

---

45. Allsopp, 2015, p. 204.
46. Hossino e Tanir, 2012.
47. ICG, 2013, p. 13.
48. CPCO, 2011.
49. Allsopp, 2015, p. 205.
50. ICG, 2013, p. 14.
51. Hossino e Tanir, 2012; Human Rights Watch, 2014; Abdelkrim, 2014; Othman, 2016; Youssef S., 2016; Hassaf, 2018; Kurd Watch, 2018.

do PYD e do KNC, os movimentos de juventude curdos e seus apoiadores começaram a se opor à dominação e controle do PYD nas áreas curdas[52].

Na cidade de Amuda, os protestos evidenciaram a política da dura repressão levada a efeito pelo YPG. Em 17 de junho de 2013, forças policiais curdas (*Asaish*) prenderam três ativistas. Contra essas detenções, grupos de oposição curdos e seus apoiadores ergueram uma tenda, ocupando sua praça principal, que se transformou no centro de uma greve de fome.[53] Em 27 de junho de 2013, soldados do YPG locais dispararam contra uma multidão de manifestantes, matando três homens.[54] Já as forças de segurança do PYD tiraram a vida de mais duas pessoas naquela noite, e de uma terceira no dia seguinte, sempre em circunstâncias obscuras. Na noite de 27 de junho, o **PYD também** deteve cerca de 50 membros e apoiadores do Partido Yekiti em Amuda, espancando-os em uma base militar do YPG.[55] Após tais incidentes, os Comitês de Coordenação Local[56] publicaram uma declaração "A Respeito dos Atos de Violência contra Civis Curdos Sírios", condenando o ocorrido.

As manifestações nas regiões habitadas por curdos tornaram-se cada vez mais fragmentadas segundo os diferentes partidos ou alianças políticas: em Qamishli, Amuda e Hasaka, por exemplo, de três a cinco mobilizações paralelas eram organizadas toda sexta-feira.[57]

O PKK prosseguiu com suas duras críticas ao partido de Barzani, o PDK, e grupos simpáticos a ele, pela associação a práticas corruptas e feudais. Já o PDK culpava o PKK e a seu partido-irmão, o PYD, por políticas violentas e indisposição em colaborar com outras organizações, exceto quando na sua direção.[58] Ao mesmo tempo, o PYD mantinha uma posição hostil em relação ao Congresso Nacional Sírio – visto como marionete da política externa turca, caracterizando de "colaboradores" os grupos e figuras curdas que se juntavam a ele. Os líderes do PYD argumentavam que o CNS não havia respondido de forma suficientemente positiva à questão das relações sunita-alauita na Síria pós-Assad ou à problemática curda, e que seu objetivo era o de facilitar a intervenção de potências estrangeiras, especialmente da Turquia (ver Capítulo 6), enveredando por um regime islâmico moderado que oprimiria os curdos no país.[59]

52. ICG, 2013, p. 10; Allsopp, 2015, p. 210.
53. Syria Freedom Forever, 2013a.
54. Zakwan Hadid, 2013
55. Human Rights Watch, 2014, p. 4.
56. LCC, 2013b.
57. IRIN, 2012; Allsopp, 2015, p. 211; Schmidinger, 2018, p. 90.
58. Van Bruinesse, 2016, p. 11.
59. Hossino e Tanir, 2012.

3. O regime, o PYD e Rojava

Logo após o início do levante, em 2011, a liderança do PYD pôde retornar à Síria, apesar da banição do partido no país. Saleh Muslim, seu líder a época, voltou à cidade síria de Qamishli em abril de 2011. Ele havia se refugiado em um acampamento do PKK no Iraque em 2010, depois de ser preso junto com sua esposa, na Síria.[60]

Com o retorno da direção do PYD, a organização começou a realizar ações políticas e paramilitares para mobilizar apoio entre os curdos sírios. Nesse quadro, o PKK transferiu entre 500 e 1000 combatentes armados para criar a ala militar do PYD, o YPG[61], que operava como exército. Em outubro de 2011, o regime liberou diversos presos políticos curdos e, logo depois, Damasco permitiu que o PYD abrisse seis "escolas de língua" curda no norte da Síria, que o grupo usava, na prática, para fazer trabalho político. Em março de 2012, o PKK foi capaz de transferir entre 1500 e 2000 militantes do enclave montanhoso de Qandil (na fronteira entre Iraque e Irã) para a Síria. Já a Turquia adotava uma posição mais hostil em relação ao regime Assad entre meados e o final de 2011.[62] Assad permitiu que o PYD desenvolvesse e ampliasse sua influência para pressionar os turcos. Do ponto de vista militar, a direção exilada do PKK, baseada nas montanhas Qandil, exerceu autoridade sobre o YPG durante todo o levante, cuja liderança era dominada por combatentes sírios e estrangeiros (curdos de outras nacionalidades) do PKK, treinados em Qandil.[63]

O regime sírio retirou parcialmente suas forças de algumas áreas habitadas por maiorias curdas em julho de 2011, ou pelo menos deixou de atuar naquelas regiões. O PYD e as forças curdas mais tarde unificadas no KNC competiam pela representação dos interesses curdos na Síria. A capacidade do PYD de se organizar abertamente pelo país levantou suspeitas de que o partido havia firmado um acordo com o regime, que lhe permitiria reestabelecer sua presença e livre operação. Em troca, o PYD cooperaria com as forças de segurança para suprimir os protestos antirregime nas áreas de maioria curda e marginalizar outros partidos políticos

---

60. Carnegie, 2011. Sua liderança foi reconfirmada no quinto Congresso Extraordinário do PYD, realizado em 16 de junho de 2012, em que o Comitê Central do partido foi expandido, introduzindo-se a liderança dupla para aumentar e promover a representação das mulheres no partido, e elegendo Asiyah Abdullah copresidente do partido (Carnegie, 2012a). No sétimo congresso do PYD, em setembro de 2017, ocorrido na cidade de Rmeilan, no nordeste da Síria, elegeu-se uma nova liderança. Shahoz Hasan e Aysha Hisso substituíram Saleh Muslim e Asya Abdullah como novos copresidentes do PYD (Aarafat, 2017b). No entanto, Saleh Muslim prosseguiu como figura-chave e influente no partido.
61. ICG, 2013, p. 2.
62. Cagaptay, 2012; IRIN, 2012.
63. ICG, 2014a, p. 5; Grojean, 2017, p. 125.

curdos, a fim de conquistar a hegemonia no cenário político curdo na Síria. O PYD dispunha-se a preencher com vigor o vácuo de poder deixado pelo regime.[64]

Paralelo a isso, durante esse período, o PYD utilizou-se cada vez mais das redes sociais para projetar suas credenciais antirregime e de apoio ao levante, principalmente a partir do início de 2012.[65] Nessa fase, as tensões entre o regime e o PYD tornaram-se mais agudas em algumas áreas, a exemplo da batalha armada ocorrida em Kobani entre o PYD e os apoiadores do regime, assim como contra membros do Serviço de Inteligência da Força Aérea. Um tribunal militar em Alepo condenou quatro apoiadores do PYD a 15 anos de prisão por pertencerem à organização. Ademais, na véspera do referendo constitucional do regime Assad, em 26 de fevereiro de 2012, o PYD fez campanha pelo boicote às urnas, alegando que a nova constituição nada oferecia aos curdos.[66]

Mapa 16. Expansão do PYD

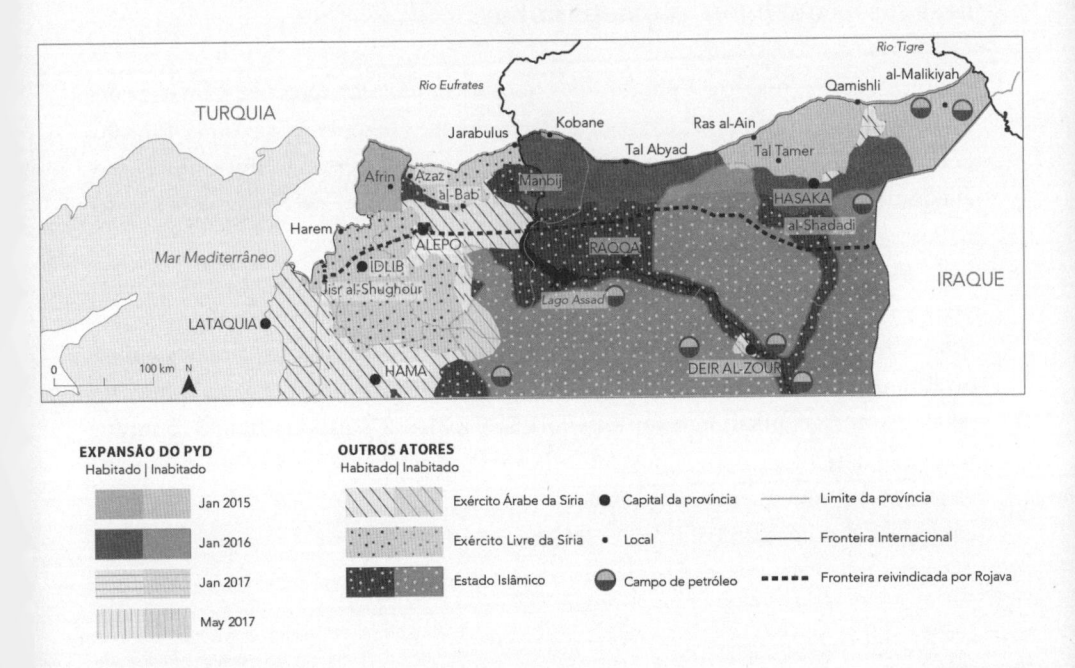

64. IRIN, 2012; ICG, 2013, p. 2; Grojean, 2017, p. 123.
65. IRIN, 2012; ICG, 2013, p. 14.
66. Hossino e Tanir, 2012.

Longe de uma marionete de Assad, o PYD desempenhava um papel mutuamente benéfico a si mesmo e ao regime. Ele projetou-se na falta de segurança e expandiu a área que controlava, a fim de alcançar seus objetivos políticos, garantindo alguma forma de autonomia para os curdos nas regiões onde eram maioria. Ao mesmo tempo, o regime foi capaz de concentrar suas forças militares em outras regiões onde ocorriam protestos e resistência armada, enquanto o PYD, em geral, mostrava-se hostil a vários grupos armados de oposição, evitando que eles entrassem em seus territórios. A presença do PYD ao longo da fronteira norte do país também privava algumas forças da oposição síria de suas bases e linhas de suprimento, que atravessavam a Turquia. Como mencionado, a expansão da influência do PYD também foi um instrumento utilizado por Damasco para pressionar a Turquia, cuja hostilidade ao regime, e intervenção a favor das forças de oposição, cresciam na Síria.

4. Recusa a qualquer autodeterminação curda

Os dilemas históricos em torno da questão curda reapareceram com o levante popular.[67] A oposição árabe rejeitou as demandas da oposição curda síria e do KNC, assim como do PYD. Em meados de julho de 2011, representantes curdos no encontro de Istambul retiraram-se em protesto à negativa de alterar o nome do país de República Árabe Síria para República Síria.[68]

As relações entre o CNS e o KNC foram difíceis desde o início. O primeiro presidente do CNS, Burhan Ghalioun, recusou a principal demanda do KNC por um modelo federativo na Síria pós-Assad, chamando-o de "delírio". Em novembro de 2011, Ghalioun também enfureceu os curdos sírios ao compará-los a "imigrantes na França", explicitando sua exterioridade à Síria.[69] Respondendo à contínua recusa às demandas curdas nos conselhos da oposição, em 30 de março de 2012, os ativistas e movimentos curdos denominaram as manifestações de sexta-feira como "dos direitos curdos."[70]

---

67. Apesar de a Declaração de Damasco de 2005 reconhecer explicitamente a questão curda, os quatro partidos curdos que a assinaram ainda não ficaram satisfeitos com a maneira como a grande maioria dos partidos políticos sírios e associações de direitos humanos limitaram a questão curda a um único item do censo de 1962, deixando os curdos privados de sua cidadania. A maioria não estava pronta para reconhecer os curdos como uma nação separada, nem estava disposta a escutar as exigências de federalismo e descentralização (Tejel, 2009, p. 127).
68. Kajjo e Sinclair, 2011.
69. Abdallah, Abd Hayy (al-) e Khoury, 2012.
70. Allsopp, 2015, p. 206.

As tensões entre o KNC e o CNS aumentaram consideravelmente depois da publicação, pelo CNS, de "Carta Nacional: A Questão Curda na Síria", em abril de 2012. O documento abandonava formulações anteriores que reconheciam uma nação curda dentro da Síria, presentes na proposta final de declaração do encontro dos Amigos da Síria, reunidos na Tunísia. Isso resultou na saída do KNC dos diálogos de unidade com o CNS, e que depois acusou a Turquia de influência excessiva na política do CNS.[71] Dentro da Síria, respondendo à recusa dos direitos nacionais curdos pelo CNS em 20 de abril, grupos de juventude e partidos políticos levantaram faixas afirmando "Aqui está o Curdistão". Duas semanas antes, na sexta-feira de 6 de abril, os protestos tinham como palavra de ordem central, "Direitos curdos acima de qualquer conselho."[72]

A oposição árabe síria acertou outro duro golpe no KNC ao recusar a menção do termo "povo curdo na Síria" em seu encontro no mês de julho de 2012, no Cairo.[73] Mais tarde, em 27 de agosto de 2013, o KNC juntou-se à Coalizão Nacional Síria da Oposição e das Forças Revolucionárias, esperando obter resultados melhores, porém sem sucesso. O CNS e a Coalizão Nacional continuaram obstruindo os partidos e ignorando os interesses curdos. O KNC também foi incluído no Comitê de Altas Negociações (CAN)[74] após a Conferência da Oposição em Riyadh, em dezembro de 2015. Isso não evitou a contínua recusa aos direitos curdos, nem afirmações chauvinistas pelos membros árabes da Coalizão Nacional. Em 29 de março de 2016, por exemplo, o chefe da delegação do CAN em Genebra, o ex-general As'ad al-Zo'abi, declarou à televisão Radio Orient:

> Os curdos representam 1% da população e apenas queriam receber seus documentos durante a era de Hafez al-Assad, para provar que eram "seres humanos" (...)[75]

Respondendo a tais afirmações racistas, organizaram-se protestos contra o CAN em diversas cidades de maioria curda.[76]

O CNS e a Coalizão mantiveram uma atitude de confronto em relação ao PYD, caracterizando-os como inimigos da revolução. Em janeiro de 2016, o então presidente do CNS, George Sabra, alegou que o PYD não integrava a oposição, e que politicamente era muito próximo ao regime, além de integrar o PKK, classi-

---

71. Carnegie, 2012b.
72. Allsopp, 2015, p. 206.
73. Sary, 2015, p. 9.
74. KNC, 2016a.
75. Smart News Agency, 2016.
76. Smart News Agency, 2016.

ficado como organização terrorista. A declaração, portanto, endossava a posição oficial da Turquia em relação ao grupo.⁷⁷

A grande maioria dos movimentos políticos curdos sírios, incluindo ambos PYD e KNC, ficaram descontentes com o plano de transição proposto em setembro de 2016 pelo Comitê de Altas Negociações, da oposição. O KNC reiterou que

> O documento não é parte da solução, ele representa uma ameaça a uma Síria democrática, plural e unida, garantidora dos direitos culturais, sociais e políticos de todos os seus grupos étnicos, religiosos e linguísticos.

E acrescentou:

> Nota-se de partida que o primeiro ponto dos "Princípios Gerais" lista apenas a cultura árabe e o Islã como fontes da produção intelectual e das relações sociais. Essa definição claramente exclui outras culturas – sejam elas etnias, grupos linguísticos ou religiosos – e estabelece a cultura majoritária como principal. Enquanto curdos sírios, repudiamos essa percepção estreita do povo sírio. As semelhanças entre tal conceituação e as políticas chauvinistas do regime Assad são inegáveis.⁷⁸

Novos atritos ocorreram em março de 2017, durante outra rodada das negociações de paz em Genebra, quando representantes do CCN e do CAN se recusaram a juntar um documento redigido pelo KNC para o enviado especial da ONU, Staffan de Mistura. Esse afirmava a representação curda no processo de negociação de paz, exigindo a inclusão da questão curda e os interesses de outros segmentos da população síria na agenda de negociações. Em resposta, o KNC suspendeu sua participação nas negociações e nas reuniões com o Comitê de Altas Negociações.⁷⁹

O CCN não foi muito diferente do CNS e do Comitê de Altas Negociações na problemática. Sua posição original previa uma "solução democrática para a questão curda como parte da unidade da terra síria sem contradizer a Síria como parte integrante do mundo árabe." Em fevereiro de 2012, os partidos curdos que pertenciam ao CCN (excluindo o PYD) retiraram-se, para se unir ao KNC. A Coalizão modificou levemente suas posições em abril do mesmo ano, endossando a implantação de "princípios descentralizados" numa futura Síria, porém, sem

---

77. Al-Jazeera English, 2016.
78. KNC, 2016b.
79. KNC, 2017.

conseguir atrair o retorno dos partidos curdos.[80] Mantiveram, ainda assim, sua oposição a um sistema federativo na Síria.

O Exército Livre da Síria (ELS) não mantinha uma posição oficial, mas a maioria da sua direção era hostil aos direitos e demandas nacionais curdas. O Coronel Riad al-As'ad, um dos líderes do ELS, declarou que o grupo não permitiria que qualquer território fosse separado da Síria e que "nós jamais deixaremos Qamishli (...) Não cederemos nem um metro de solo sírio e nos dispomos ir à guerra por isso".[81]

5. Autoadministração do PYD

Em junho de 2012, Massud Barzani mediou um acordo de partilha de poder entre os dois principais grupos curdos, o Conselho Nacional Curdo e os Conselhos Populares do Curdistão Ocidental. Conhecido como a Declaração de Erbil, afirmava disposição das partes em governar o conjunto das regiões curdas da Síria durante um período de transição, por meio de um recém-criado Comitê Supremo Curdo.[82] No entanto, a Declaração de Erbil permaneceu letra morta, já que as posições do PYD na Síria se fortaleciam por sua recusa em dividir o poder com outras forças políticas curdas.

Apenas em 19 de julho de 2012, 17 meses após o início do levante, as forças do regime se retiraram de nove cidades majoritariamente curdas, que passaram ao controle do PYD. Os militantes do PYD afirmaram que os representantes do regime se retiraram após um ultimato e ameaça de ataques pelo partido nas 24 horas seguintes, enquanto o CNS e alguns rivais curdos acusaram o PYD de operar um acordo com o regime.[83]

Muito provavelmente, a retirada das forças de Assad resultou de um acordo tácito com o PYD, que conseguiu se reorganizar alguns meses após o início da revolta. O regime sírio precisava de todas as suas forças armadas para reprimir as manifestações em outras partes do país, evitando abrir uma nova frente militar, apesar de manter uma pequena presença em algumas cidades, como em Qamishli e Hasaka. Isso também incluía a estratégia assadista de fragmentar o levante em divisões étnicas e religiosas, na medida em que o PYD adotou inicialmente uma posição neutra em relação a grandes setores da oposição, negando-se a colaborar com grupos e ativistas populares nas áreas majoritariamente árabes e tentando, ao mesmo tempo, dominar e controlar a população curda na Síria.

---

80. Carnegie, 2012b.
81. Citado em *Dunya Times*, 2012.
82. Kurd Watch, 2012b.
83. ICG, 2013, p. 14; Ayboga, Flach e Knapp, 2016, p. 56-57.

O PYD ocupou os prédios municipais do regime em ao menos cinco de seus redutos – Kobani, Amuda, al-Malikiyah (*Derek*), Afrin e Jinderes – substituindo a bandeira síria por seus símbolos. O controle do PYD sobre tais territórios, tão próximos à fronteira turca, alarmou o governo em Ancara. Seu primeiro-ministro, Recep Tayyip Erdoğan, condenou quaisquer planos de estabelecer uma região autônoma curda na Síria antes da visita de Salih Muslim, líder do PYD, para discussões em Ancara em julho de 2013.[84] Apesar das garantias afirmadas pelo líder do PYD ao governo turco de que a exigência por autonomia local nas regiões curdas da Síria não significariam uma divisão do país,[85] as relações entre ambos os lados se deterioraram rapidamente, reforçadas também pelo fim do processo de paz na Turquia entre o PKK e o governo de Erdoğan.

O pleno controle do PYD sobre as regiões de maioria curda levou a organização a recusar a proposta na Declaração de Erbil de partilhar o poder, defendida por Barzani. Propuseram, em seu lugar, formar um conselho independente temporário para gerir o Curdistão Ocidental (noroeste da Síria) até o final da guerra civil, voltado às necessidades da população local, de melhorar a economia e responder aos ataques do regime Assad, das forças islâmicas e do exército turco. O PYD recusou a entrada no país dos combatentes *peshmerga* – afiliados ao KDP de Barzani – fora do comando direto do YPG. O KNC discordou dessas condições e reafirmou a importância da cooperação e diálogo com as forças revolucionárias e a oposição nacional na Síria.[86]

A crescente hegemonia política e militar do PYD e a incapacidade do KNC em projetar sua influência dentro da Síria enfraqueceu ainda mais a organização, aprofundando suas divisões internas. Alguns partidos dentro do KNC viam a cooperação com o PYD como a única maneira de manter uma base política na Síria e se defender das forças de oposição, islâmicas ou jihadistas que atacavam as regiões habitadas pelos curdos. A campanha "O Curdistão Ocidental para seus filhos", organizada pelo PYD no verão de 2012 contra os ataques de grupos armados, também diminuiu as críticas ao partido, unindo temporariamente os curdos sírios de todo o espectro político[87]. O ativista curdo sírio Shiyar Youssef explicou:

> Mesmo os mais críticos ao PYD começaram a vê-lo como "o menor de dois males" após os ataques do ELS e das forças islamistas e jihadistas contra as áreas habitadas pelos curdos. Eu conheço muitos ativistas em Qamishli, Amuda e em outras

---

84. Naharnet, 2013.
85. Khoshnawi, 2013.
86. IRIN, 2012; ICG, 2014a, p. 2-3.
87. ICG, 2014a, p. 3.

áreas que, antes, organizavam manifestações e escreviam contra o PYD. Mas agora, na nova conjuntura, começaram a se voluntariar nas fileiras do YPG para lutar contra os islamistas, porque, se eles vencerem, dominarão tudo, impondo seus valores, que são estranhos à população local (...)[88]

Argumentações similares foram expostas por outros ativistas[89], fortalecendo o discurso do PYD em ser a única defesa viável curda síria contra as ameaças externas. Esse sentimento consolidado entre os curdos na Síria só aumentou ao longo do levante.

As relações entre o KNC e o PYD seguiram deteriorando-se, pois não havia espaço na cena política para o KNC e suas várias facções. A fronteira entre a Síria e a região curda do Iraque, controlada pelo chefe do KNC, Massud Barzani, tornou-se uma arena para a competição intercurda. Temendo que o PYD aumentasse sua influência e protagonismo, controlando a distribuição de ajuda humanitária, o Governo Regional do Curdistão no Iraque fechou por alguns períodos o acesso ao seu lado da fronteira, impedindo a entrada de suprimentos. Com isso, as condições de vida deterioraram-se rapidamente nas áreas curdas da Síria.

Sofrendo com a falta contínua de eletricidade, água, alimentos e gás, em meados de 2013, um fluxo populacional seguiu em direção ao Curdistão iraquiano. Ao mesmo tempo, diversas áreas habitadas por curdos no nordeste da Síria sofreram ataques de grupos fundamentalistas islâmicos e jihadistas. Em 15 de agosto, o KDP abriu a fronteira, mas fechou-a novamente três dias depois. Nesse período, entre 40 e 70 mil curdos fugiram para o Curdistão iraquiano. O número de refugiados na região iraquiana chegou a quase 200 mil até o início de agosto de 2013. As relações se deterioraram ao ponto do KDP proibir que os membros do PYD entrassem na província de Erbil, reprimindo alguns dos seus militantes. Em resposta, o PYD impediu que líderes pró-Barzani cruzassem para a Síria, igualmente reprimindo seus apoiadores.[90]

6. PYD e o regime Assad

Conforme o PYD expandia seu domínio sobre as áreas habitadas por curdos, as forças do regime mantinham presença nos maiores enclaves nominalmente sob o controle do partido, com destaque para a Qamishli e Hasakah. Os serviços esta-

---

88. Youssef, 2016.
89. Abd El-Krim, 2016; Hassaf, 2018.
90. IRIN, 2013; Eakin, 2013; ICG, 2014a, p. 10-11.

tais, por exemplo, seguiam de responsabilidade de Damasco, enquanto o regime continuava pagando os salários dos funcionários públicos e gerenciar os escritórios administrativos, o que lhes dava uma vantagem importante.[91] O aeroporto de Qamishli, que em 2016 se tornou o segundo maior do país (atrás apenas do de Damasco), manteve-se sob controle do Exército Árabe Sírio.[92] O YPG foi acusado de se coadunar com o regime em algumas ocasiões, ou, pelo menos, ter programado alguns ataques para distrair a oposição, forçando-os a combater em múltiplas frentes.[93]

Em várias ocasiões, Saleh Muslim negou qualquer aliança com Damasco, afirmando, desde setembro de 2011, que o PYD clamava pela queda do regime e todos os seus símbolos.[94] Ao mesmo tempo, as autoridades do PYD reconheciam a decisão tática de não enfrentar suas forças, ainda que refutassem as acusações de conluio, descrevendo a si mesmos como uma "terceira via" entre um "regime opressivo e os militantes rebeldes linha dura."[95] Suas posições também devem ser contextualizadas no quadro de hostilidades políticas vindas da oposição árabe exilada, representada primeiro pelo CNS e depois pela Coalizão, assim como por amplos setores dos grupos armados de oposição no norte da Síria. Esses atores estavam aliados à Turquia e eram considerados pelo PYD/PKK como inimigos centrais, que rejeitavam as demandas nacionais curdas na Síria.

Ao mesmo tempo, o TEV-DEM – dominado pelo PYD – mantinha canais discretos de comunicação com as autoridades em Damasco, centralizando seus esforços em combater o Estado Islâmico e construir uma forma localizada de governo.[96] As autoridades oficiais em Damasco recusavam repetidamente qualquer forma de autonomia curda na Síria.

Como argumentado em um relatório do ICG[97]:

> Poucos duvidam que a relação entre o PYD e o regime se baseava mais na conciliação que no enfrentamento, buscando, ao menos no curto prazo, um *modus vivendi* útil a ambos. Seus rápidos avanços iniciais apenas foram possíveis com a retirada das forças de Damasco, em junho de 2012, das áreas curdas; uma medida benéfica a ambos os lados, com o regime podendo concentrar-se nas outras regiões ao norte, enquanto o PYD impedia que a oposição armada tomasse as áreas curdas.

91. ICG, 2014a, p. 9.
92. *The Syria Report*, 2016f.
93. Haid, 2017a.
94. Kurd Watch, 2013a.
95. ICG, 2014a, p. 7.
96. Sary, 2015, p. 4.
97. ICG, 2014a, p. 7-8.

As relações entre Assad e o PYD mantiveram-se sem choques por anos, apesar de conflitos armados localizados explodirem em alguns momentos, com destaque ao de Qamishli, onde o regime mantinha presença armada. Em dezembro de 2015, depois que as Forças Democráticas Sírias (FDS), chefiadas pelo YPG (comentado mais adiante, neste capítulo), assinaram uma trégua com a sala de operações da oposição comandada por Fatah Halab, as tropas das FDS enfrentaram os militares em lugares com o bairro curdo de Sheikh Maqsood (em Alepo) que se tornou alvo da força aérea do regime. Entre meados e final de agosto de 2016, dois SU-24 sírios bombardearam forças curdas na cidade de Hasakah. A coalizão liderada pelos EUA mobilizou seus próprios caças na área para interceptar os caças sírios e proteger os assessores estadunidenses trabalhando com as forças curdas. Os aviões do regime, porém, se retiraram antes. O porta-voz do Pentágono, Capitão Jeff Davis, descreveu o ato como uma "medida para proteger as forças da coalizão."[98] Isso permitiu aos comandos do YPG assumir o comando quase integral de Hasakah após um cessar-fogo, consolidando seu controle sobre os curdos no nordeste da Síria após uma semana de combates contra o regime.[99]

Apesar de perder influência após os confrontos armados, o regime sírio enviou a Hasakah os ministros da Saúde, Nizar Yazigi, e da Administração Local e Meio Ambiente, Hussein Makhlouf, para visitar autoridades locais e reafirmar sua influência na região.[100] Essas tensões entre o regime e o PYD eram visíveis nos enfrentamentos sobre as línguas ministradas nas instituições educacionais sírias. O PYD advogava o ensino da língua curda nas escolas públicas, enquanto o regime ameaçava congelar os salários dos professores que não seguissem o currículo oficial. Nos casos em que o partido curdo impôs seu programa didático, o regime obrigou algumas escolas a fecharem.[101]

Em meados de outubro de 2016, o regime nomeou, para a província de Hasakah, um novo governador, Jayed Sawada al-Hammoud al-Moussa, ex-comandante militar e membro do aparato de segurança, conhecido pela sua truculência contra civis.[102] Seu currículo militar serviu de mensagem clara ao PYD sobre a persistência do regime pelo controle da área.[103] O recém nomeado cortou toda a verba pública do Hospital Nacional de Hasakah, o maior da região, depois que as

---

98. The New Arab, 2016a.
99. Perry e Said, 2016.
100. Al-Sultan, 2016; *The Syria Report*, 2016d.
101. Jamal, Nelson e Yosfi, 2015; *The Syria Report*, 2016i.
102. Ele participou da repressão aos civis, especialmente nas Montanhas Qalamoun, ao longo da estrada Damasco-
-Homs, onde relata-se que tropas sob o seu comando cometeram diversos massacres contra civis, em especial na cidade de Dumeir (Zaman al-Wasl, 2016c).
103. SANA, 2016b; Zaman al-Wasl, 2016c.

Mapa 17. Composição étnica no Norte

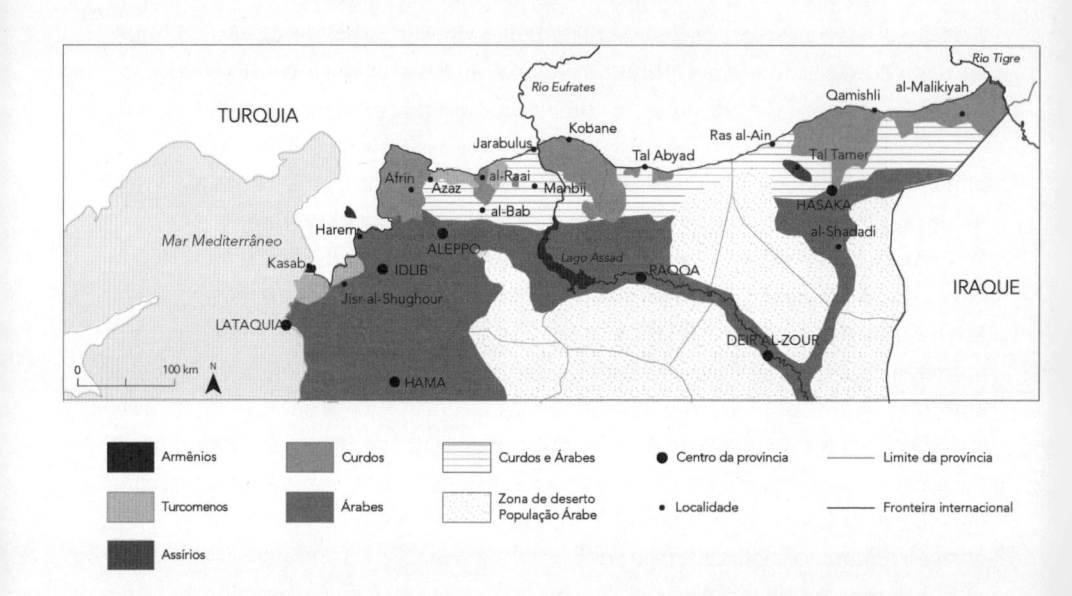

forças policiais e militantes curdas se recusaram a deixar o edifício no início de 2017. Comparado ao nível de atividade de poucos meses antes, o Hospital passou a funcionar com menos de 15% de sua capacidade, com sessões inteiras fechando as portas. A redução sem precedentes dos serviços afetou mais de um milhão de residentes da cidade, especialmente aqueles que não podiam pagar por cuidados médicos em um dos cinco centros médicos privados da capital provincial.[104]

Durante o mesmo período, em março de 2017, o regime sírio e apoiadores do Partido Baath formaram uma nova organização paramilitar, recrutando entre membros das tribos locais e funcionários públicos na província de Hasakah, ao norte, e assim reunindo cerca de 3000 combatentes. O sentimento crescente de oposição ao governo do PYD serviu de base para a construção do grupo.[105] Outras milícias pró-regime com formato e objetivos similares também surgiram na mesma região.

Em meados de junho de 2017, ocorreram novos confrontos entre as forças de Assad e as FDS (encabeçadas pelo PYD), na medida em que ambos capturavam territórios ocupados pelo Estado Islâmico, aproximando-se perigosamente um do outro. Os aviões de guerra dos EUA também derrubaram um jato do Exército Árabe da Síria durante esse período, na região rural ao sul de Raqqa, após bombardeio às posições das FDS.[106]

Um mês depois, em meados de setembro, a força aérea russa atacou posições das FDS, causando destruição ao leste do Rio Eufrates, perto da cidade síria de Deir ez-Zor.[107] Durante a mesma fase, um alto funcionário do regime, Bouthaina Shaaban, declarou a disposição do governo em lutar contra as FDS:

> Sejam elas as Forças Democráticas Sírias (FDS) ou o Daesh (Estado Islâmico), ou qualquer presença estrangeira ilegítima no país (...), os combateremos e trabalharemos contra eles, para libertar toda nossa terra de qualquer agressor. (...) Não digo que isso acontecerá amanhã (...), mas essa é a meta estratégica (...)[108]

As tropas das FDS foram em seguida atacadas por forças russas e do regime na província de Deir ez-Zor, em 25 de setembro[109].

Em meio ao agravamento das tensões militares e políticas entre Damasco e seus aliados, assim como em suas relações com o PYD, o Ministro das Relações

---

104. Abdulssattar Ibrahim, Nassar e Schuster, 2017.
105. Zaman al-Wasl, 2017d.
106. Al-Khalidi e Spetalnick, 2017.
107. Van Wilgenburg, 2017b.
108. Dadouch e Perry, 2017.
109. SDF General Command, 2017.

Exteriores afirmou, no final de setembro, que o governo sírio estava aberto às negociações com os curdos sobre a demanda por autonomia dentro das fronteiras nacionais. Declaração retórica, ela deixava em aberto o conceito de autonomia usado pelas autoridades em Damasco, buscando, em vez disso, sinalizar algum entendimento com o PYD. O Ministro das Relações Exteriores sírio publicou tal declaração no mesmo dia do referendo sobre a independência curda no Iraque, ao qual o regime sírio se opunha, apoiando em seu lugar a unidade nacional iraquiana.[110]

Em meados de dezembro de 2017, Bashar al-Assad caracterizou o SDF como "traidor" e uma "força estrangeira ilegítima", apoiada pelos Estados Unidos, que deveria ser expulsa da Síria. Ele fez declarações similares durante todo o ano de 2018. O comando-geral das FDS respondeu, declarando que a sua ditadura era "a definição da traição", e que o povo se rebelava contra aquele "regime policial autoritário e opressivo."[111] O regime também declarou repetidas vezes que Raqa, sob controle das FDS após a expulsão do Estado Islâmico, ainda era uma cidade ocupada, prometendo restaurar a autoridade do Estado em todo o país.[112]

Apesar de confrontos ocasionais entre 2012 e 2016, ambos os lados mantiveram um pacto pragmático de não-agressão, colaborando taticamente em algumas ocasiões, nas quais interesses estratégicos, fossem geográficos ou em períodos específicos), convergiam. No entanto, não faltavam desacordos estruturais que reapareceriam de 2017 em diante, conforme as forças do Estado Islâmico nessas áreas foram progressivamente eliminadas e o regime retomou inúmeros territórios. Além disso, Damasco deixava de ceder regiões ricas em recursos naturais, principalmente agrícolas e energéticos.

7. O PYD, a oposição, o ELS e as forças fundamentalistas islâmicas

Além de considerarem, na prática, a tomada pelo PYD, em julho de 2012, das áreas habitadas por curdos, como um presente de Damasco, amplos setores da oposição árabe acusaram a organização de rupturas desonestas nos acordos de cessar-fogo, com certos indícios de que agiam a serviço do regime.[113] O sentimento anti-PYD dentro da oposição árabe síria aumentou com o tempo, contribuindo para a violência que, em última instância, colocou em conflito curdos e a oposição árabe desde meados de 2012. Esses confrontos se alimentaram da desconfiança

---

110. Reuters, 2017d; Tejel, citado em Souleiman, 2017.
111. Rudaw, 2017b.
112. SANA, 2017f.
113. ICG, 2014a, p. 8.

mútua, competição por recursos escassos (terras ao longo da fronteira turca, petróleo e gás em Hasakah) e a crescente influência e presença de grupos jihadistas combatendo junto às unidades do ELS.

Isso também levou à expulsão de uma brigada do ELS, *Jabhat al-Âkrad* (Frente Curda) ligada ao PYD, de diversas áreas conjuntas geridas pelo ELS e Jabhat al--Nusra no verão de 2013. As forças do YPG e os civis curdos sofreram sérias violências nas mãos de grupos como Estado Islâmico e Jabhat al-Nusra[114]. Por mais de um ano, o Jabhat al-Nusra, facções fundamentalistas islâmicas e grupos afiliados ao ELS, bloquearam os enclaves curdos em Afrin e Kobani, a fim de pressionar o YPG a ceder territórios.[115] Essa situação levou uma leva de curdos na Síria a aderirem ao YPG. Inúmeros deles, na Turquia, também aderiram ao YPG, atravessando a fronteira Síria através da cidade de Qamishli.[116]

Os confrontos entre grupos do ELS e o PYD diminuíram em escala ao final de 2013. Uma trégua assegurada em Afrin incentivou, na zona oeste de Alepo, a oposição militar árabe a concentrar naquela ali seus combates contra o regime.[117] Em março de 2014, uma nova situação estimulou a reaproximação entre o ELS e o PYD. Tratava-se da presença de um inimigo comum, o Estado Islâmico, na zona rural de Alepo. Tal situação reverteu-se no verão de 2013. O líder do PYD, Salih Muslim, acusava agora o regime Assad de apoiar os ataques jihadistas contra os curdos[118]. O Jabhat al-Akrad voltou a cooperar com o ELS contra o EI, realizando operações em Tal Abbyad, Jarablus e Alepo[119].

Em setembro, a ameaça de um avanço contínuo do Estado Islâmico para o oeste e o norte de cidades como al-Bab, Manbij e Jarablus, estimularam a criação de uma aliança entre o YPG, seis batalhões do ELS e o grupo aramado Liwa al--Tawhid.[120] As batalhas ao longo do cerco militar à cidade de Kobani deslocaram, na base da força, cerca de 200 mil pessoas dos vilarejos ao seu redor. Entretanto a cidade curda foi defendida não apenas pelo YPG, como também por ao menos três batalhões de combatentes árabes, incluindo o corpo revolucionário de Raqqa, o "Sol do Norte" e o de Jarablus. Em 4 de outubro, o ELS enviou tropas adicionais para defender Kobani.

Numa declaração de 19 de outubro de 2014, o YPG reconheceu a participação do ELS na resistência ao cerco de Kobani feito pelo Estado Islâmico:

114. Human Rights Watch, 2014, p. 15-16.
115. Van Wilgenburg, 2014a.
116. Itani e Stein, 2016, p. 7.
117. ICG, 2014a, p. 8.
118. Van Wilgenburg, 2014b.
119. Van Wilgenburg, 2014a.
120. Lister, 2015, p. 285.

A resistência demonstrada por nós, Unidades de Proteção Popular (YPG), e os grupos do Exército Livre da Síria (ELS), são uma alavanca para derrotar o terrorismo do dito Estado Islâmico na região. O antiterrorismo e a construção de uma Síria livre e democrática foram a base do acordo que assinamos com os grupos do ELS. Como podemos ver, o sucesso da revolução está sujeito ao desenvolvimento dessa relação entre todas as facções e as forças de bem neste país. (...) Também confirmamos a coordenação entre nós e importantes círculos do ELS na região rural ao norte de Alepo, em Afrin, Kobani e Jazira. Neste momento, há grupos e vários batalhões do ELS combatendo ao nosso lado contra os terroristas do EI.[121]

A batalha por Kobani exacerbou tensões com o governo turco, ao passo que Ancara impedia as pessoas de atravessarem a fronteira síria para lutar com o YPG, apesar de eventualmente terem permitido a entrada das forças *Peshmerga* do Curdistão iraquiano.[122]

Apesar de outras colaborações infrequentes - como em dezembro de 2015, entre a Sala de Operações Fateh Halab e o YPG, na região rural ao norte de Alepo[123] - as relações entre as diversas forças armadas árabes da oposição e o YPG novamente se deterioraram. A expansão dos territórios controlados pelo YPG crescia no norte da Síria a partir de seus confrontos com unidades do ELS e de grupos jihadistas islâmicos e salafistas. Números crescentes de militantes do PKK, incluindo não-sírios, desceram das montanhas de Qandil para juntarem-se à luta. Ao mesmo tempo, para os curdos que queriam defender suas comunidades, a cooperação com o YPG muitas vezes era a única opção. Efetivamente, na proporção em que as batalhas com os grupos armados salafistas e jihadistas se expandiam, o papel do YPG como único protetor viável dos curdos na Síria era intensificado.[124] O YPG expandiu o seu controle sobre as áreas curdas ao longo da fronteira com a Turquia, ocupando grande parte da província de Hasakah, no nordeste.

Diversos fatores estimularam as hostilidades entre o YPG e o ELS. A começar pelo apoio do PYD à intervenção militar russa em setembro de 2015, a favor de Assad. Também pesou a assistência militar fornecida ao YPG pela força aérea russa contra grupos armados árabes da oposição, em fevereiro de 2016, na região de Afrin, que serviu para a tomada de áreas controladas pela oposição e cidades de maioria árabe ao norte de Alepo, incluindo Tal Rifaat. Por último, a colabora-

---

121. Comando Geral do YPG, 2014.
122. Itani e Stein, 2016, p. 7.
123. SOHR, 2015b; Enab Baladi, 2015.
124. ICG, 2014a, p. 5-7.

ção do YPG com as forças do regime para impor um cerco a Alepo oriental, em 28 de julho de 2016, aumentou as hostilidades entre os dois grupos. Ao longo de 2016, as forças de oposição e o YPG enfrentaram-se repetidamente, enquanto o bairro curdo de Sheikh Maqsud esteve sob sítio durante meses pelas forças armadas da oposição em Alepo.[125]

Ao final de novembro e início de dezembro de 2016, durante a ofensiva das forças pró-regime em Alepo oriental e sua subsequente captura, as forças do YPG – que caracterizaram oficialmente esses confrontos como "combates entre o regime sírio e o Congresso Nacional Sírio, apoiada pela Turquia"[126] – participaram da batalha, conquistando alguns distritos e entregando-os ao regime Assad. Em troca, foi permitido ao YPG o controle dos bairros Sheikh Maqsud e Ashrafia, de maioria curda.[127] Foi, no entanto, um controle provisório, já que as forças do regime os cercaram. Em dezembro de 2017, a bandeira síria foi ali erguida, com o YPG obrigado a aceitar o retorno parcial das forças do regime. Ao final de fevereiro de 2018, o YPG retirou-se por completo de Alepo, para integrar a defesa de Afrin (comentado mais adiante neste capítulo).[128]

Um setor da oposição armada (algumas unidades do ELS, assim como forças fundamentalistas islâmicas) participou de uma ofensiva, em janeiro de 2018, contra Afrin (ver Capítulo 7). Comandados por Ancara, justificaram sua participação alegando que os curdos, na prática, eram aliados do regime, tornando-se importante manter a Síria unida contra grupos separatistas, como o PKK/PYD.[129] Vídeos de combatentes sírios apareceram durante esse período, expondo uma retórica racista e repleta de ódio contra os curdos, bem como palavras de ordem em favor de Saddam Hussein e Erdoğan.[130]

Moradias e comércios foram saqueados em Afrin, e a estátua de Kawa, figura simbólica das celebrações do festival Nowruz, destruída. Os cadáveres mutilados de soldados curdos do YPG e de civis apareceram nas redes sociais. Ao final de 2018, estimava-se que cerca de 151 mil pessoas haviam sido expulsas dos seus lares na província de Afrin, por conta da operação militar turca "Ramo de Oliveira", em janeiro de 2018 e durante a ocupação subsequente. A maioria foi deslocada para as áreas de Tal Refaat, Nubul, Zahra e Fafin, na província de Alepo.[131] As forças do YPG decidiram retirarem-se de Afrin em meados de março de 2018, a fim de

---

125. Shocked, 2016.
126. ANHA Hawar News Agency, 2016.
127. Orton, 2016; SOHR, 2016.
128. Schmidinger, 2018, p. 258.
129. Rudaw, 2018c.
130. Facebook, 2018a, 2018b.
131. UNHCR, 2018.

permitir que os civis deixassem a cidade, enquanto anunciavam o início da sua resistência armada em toda a província.[132]

Com o passar do tempo, as tensões entre o PYD e os vários grupos armados oposicionistas não só se exacerbaram, intensificando choques militares, mas também aprofundaram as divisões étnicas entre árabes e curdos. A situação deteriorou-se mais ainda em dezembro de 2018, quando grupos armados de oposição se dispuseram formalmente a participar de uma operação liderada pelos turcos nas regiões ao leste do Rio Eufrates, na Síria, controladas pelo PYD, após um anúncio de Ancara.[133] A coalizão síria também apoiou a ofensiva, apesar da oposição de seus membros curdos e setores de sua direção.

8. Autogoverno em Rojava

Em novembro de 2013, o PYD assumiu a autoridade governante *de facto*, gerenciando uma administração transitória no território chamado por eles – e pelos curdos em geral – de *Rojava* (Curdistão Ocidental). Rojava inclui três enclaves não--contíguos: Afrin, Kobani e Cezire (região da Jazira na província de Hasakah). A administração interina unificada era composta por assembleias legislativas e governos locais, assim como uma assembleia geral incluindo representantes curdos, árabes, siríacos e assírios de todos os três cantões. Tinha, como meta declarada, formar uma administração autônoma dentro de uma Síria federativa.[134] Ao final de setembro de 2017, no sétimo Congresso do PYD, seus membros confirmaram o federalismo como a solução mais apropriada para a região.[135]

A construção de Rojava enquanto projeto era descrita como uma forma de "autonomia democrática" ou de "autoadministração", cujas forças militares e policiais garantiriam a segurança, gerenciariam os tribunais e prisões e distribuiriam assistência humanitária. O PYD defendia o autogoverno local, unido na prática mais por uma visão comum de reforma social do que pelo domínio de um governo centralizado.[136]

No entanto, apesar da ênfase pública sobre o pluralismo, o PYD também dominava politicamente as instituições locais. Como descrito pelo ICG:

---

132. Schmidinger, 2018, p. 260.
133. Dadouch, 2018.
134. ICG, 2014a, p. 15.
135. Arafat, 2017b.
136. ICG, 2014a, p. 2, p. 12.

Os integrantes e dirigentes dos conselhos populares, teoricamente responsáveis pela administração local, incluindo representantes de todos os partidos políticos curdos, assim como de populações não-curdas das áreas mistas, são nomeados pelo PYD. Da mesma maneira, o movimento mantém a autoridade geral sobre a tomada de decisões, consignando aos conselhos – além da distribuição de gás e auxílio humanitário - um papel na maior parte simbólico (...)[137]

A instituição comunal foi um dos principais elementos no novo sistema de Rojava para a implementação da dominação por organizações ligadas ao PYD. As organizações e ONGs fora da estrutura do PYD precisavam passar pelo sistema das comunas (ou outras instituições de Rojava) para obterem autorização operacional nessas regiões.[138]

O PYD implementou políticas similares na expansão e institucionalização das suas forças militares. As campanhas de recrutamento eram abertas a indivíduos de diversas origens, mas, ao mesmo tempo, tinham garantido seu comando ao PYD. O YPG abriu academias militares que forneciam aos recrutas três meses de treinamento tático e ideológico. O YPG também tentou integrar não-curdos (árabes, siríacos e assírios) sob a sua direção. Ao final, incorporaram combatentes não-curdos no sistema de segurança de Rojava em brigadas independentes, mantendo direção própria, enquanto atuavam sob o comando do YPG.[139]

As administrações de Rojava também estabeleceram Tribunais Populares, sem promotores ou juízes treinados, já que quase nenhum curdo havia sido aceito nessas profissões no sistema anterior do partido Baath. Criaram-se tribunais junto a uma força policial, o Asaiysh, que trabalhava para implementar a lei e a ordem.[140] Nomeados pelo PYD, eles administravam a justiça em toda a Rojava, sob um código penal híbrido. Assim como as forças policiais, eles foram duramente criticados por entidades rivais curdas, ativistas e organizações de defesa de direitos fundamentais, por numerosas violações dos direitos humanos.[141]

Em março de 2014, publicou-se o Contrato Social de Rojava, proposto como carta constitucional provisória da região. Seu texto dedicou os artigos de 8 a 53 para princípios básicos de direitos, representação política e liberdades pessoais correspondentes aos ideais da Declaração Universal dos Direitos Humanos. O PYD também promoveu normas progressivas para a igualdade de gênero em suas

---

137. ICG, 2014a, p. 13.
138. Al-Darwish D., 2016, p. 18.
139. ICG, 2014a, p. 14.
140. Human Rights Watch, 2014, p. 14.
141. ICG, 2014a, p. 14.

estruturas administrativas, com paridade em todos os governos e a criação de um ministério para a "Liberação das Mulheres", medidas amplamente adotadas, incluindo dentro das forças militares.[142] O Artigo 28 declara de forma direta que "as mulheres têm o direito de se organizar e desmantelar todos os tipos de discriminações baseadas no sexo."[143]

A carta reivindicava igualdade cultural e étnica para os vários povos em Rojava. Também assinalava a descentralização com resposta aos múltiplos conflitos religiosos, étnicos e regionais na Síria, bem como à ditadura, enfatizando a integridade territorial do país como parte de um sistema federativo.[144] Essa política aberta era verificável na diversidade populacional entre moradores nas áreas controladas pelo PYD. Isso, porém, não evitou tensões entre a sua administração e outras comunidades – incluindo as populações árabes sunitas (comentado mais adiante neste capítulo). Igrejas e representantes cristãos também protestaram contra diversas decisões tomadas pelas gestões do PYD sempre que sentiam seus interesses ameaçados.

Em setembro de 2015, 16 organizações armênias, assírias e cristãs publicaram uma declaração opondo-se a um decreto do Conselho Legislativo da região da Jazira, instituição estabelecida pelo PYD para legislar em um dos três distritos sob seu controle. Essas organizações confiscaram as propriedades dos moradores que oficialmente deixaram a região, a fim de "proteger" seus patrimônios contra terceiros e usá-los em benefício da comunidade. Após algumas semanas, o PYD viu-se forçado a recuar e as propriedades dos cristãos foram cedidas às várias igrejas[145]. Na mesma declaração, as organizações também afirmaram ser "inaceitável qualquer interferência nas escolas privadas das igrejas na província de Jazira."[146] Em agosto de 2018, as autoridades da zona autoadministrada anunciaram a decisão de fechar mais de uma dezena de escolas privadas geridas pela igreja assíria e outras denominações cristãs em todo o nordeste da Síria, que ainda não haviam adotado o novo currículo estabelecido pelas autoridades curdas. Ao final, após enfrentar diversas resistências, a decisão acabou revertida.[147]

A intimidação e a violência contra personalidades da oposição cristã e assíria também ocorreu pelas mãos das forças do YPG, incluindo o assassinato de David Jendo, um líder assírio na região de Khabour, em abril de 2015.[148] No entanto,

---

142. Sary, 2015, p. 11-12; Perry, 2016.
143. Citado em Sheikho, 2017.
144. Sary, 2015, p. 11-12; Perry, 2016.
145. Ulloa, 2017; Yazigi, 2017, p. 10.
146. Citado em Ulloa, 2017, p. 10.
147. Edwards e Hamou, 2018.
148. Ulloa, 2017, p. 11.

essas figuras foram visadas devido às suas opiniões políticas, e não pelas origens étnicas ou religiosas.

Em diversas ocasiões, as forças do YPG foram acusadas de promover políticas discriminatórias e repressivas contra as populações árabes em certos vilarejos no nordeste da Síria, um ponto refutado pelo YPG, que alegou relações com o Estado Islâmico entre alguns moradores.[149] As ofensivas militares lideradas pelo YPG resultaram, em diversos momentos, no deslocamento forçado de populações. A captura, pelas Forças Democráticas Sírias da cidade de Tal Rifaat, por exemplo, com a ajuda do esquadrão aéreo russo, após a derrota dos grupos de oposição árabe, em fevereiro de 2016, levou a população árabe local (cerca de 30 mil pessoas), a fugir para a fronteira turca.[150] No entanto, em março de 2017, a Comissão Internacional Independente de Inquérito sobre a Síria, vinculada à ONU, não encontrou evidências para apoiar as acusações, feitas por alguns integrantes da oposição árabe síria e por membros do Partido da Justiça e Desenvolvimento (AKP) na Turquia, de que o YPG ou forças das FDS procuraram sistematicamente mudar a composição demográfica nos territórios sob o seu controle.[151]

A eficácia do PYD na provisão de serviços sociais também valeu como um fator central em sua construção de legitimidade no território. As administrações locais do PYD, chamadas de Administração Autônoma Democrática (AAD), foram capazes de prover bens e serviços, incluindo combustível, educação, empregos, eletricidade, água, saneamento, alfândega, saúde e segurança. A AAD teve resultados exitosos ao atender as necessidades locais, compensando a escassez de itens essenciais como botijões de gás e alimentos, indisponíveis no mercado. Ao prover tais produtos, o PYD tornou-se indispensável à população local e fortaleceu sua posição em sua jurisdição.[152]

Ao mesmo tempo, novas instituições foram criadas para licenciar investimentos em negócios, escolas e veículos de imprensa. O PYD também ergueu novas estruturas educacionais, como a Academia Mesopotâmica de Ciências Sociais. A primeira universidade da região foi criada no distrito de Afrin em outubro de 2015, com 180 estudantes.[153] No verão de 2016, inauguraram em Qamishli a Universidade de Rojava, com aulas em árabe, curdo e inglês. O projeto incluía uma faculdade de medicina, uma de educação e ciência, e outra de engenharia.[154] Em setembro de 2015 introduziu-se no sistema escolar, em Qamishli, um currículo inteiramente

---

149. Nassar e Wilcox, 2016.
150. Al-Homsi, 2017.
151. Rudaw, 2017a.
152. Khalaf, 2016, p. 17-20.
153. Yazigi, 2016c, p. 5; Khalaf, 2016, p. 17.
154. Abdulhalim, Mohammed e Van Wilgenburg, 2016.

em curdo para os primeiros três anos de alfabetização, que depois foi estendido a outras áreas, substituindo o antigo arcabouço didático oficial da era Baath.

A esmagadora maioria das escolas no estado de Hasaka, no nordeste da Síria, eram administradas pelo PYD. As exceções ficaram por conta de um conjunto de escolas dentro das áreas controladas pelo regime e alguns estabelecimentos privados cristãos em Hasaka e Qamishli.[155] Segundo o jornalista Mahir Yilmazkaya,[156] simpatizante do PYD, o Instituto de Língua Curda cresceu, em 2012, de um professor e 12 estudantes para, em maio de 2016, 1700 docentes e 20 mil alunos em 200 escolas.

A administração das AADs também promovia os direitos e a participação das mulheres em todos os níveis – uma conquista admitida até por seus críticos, apesar das contradições. A ativista civil Mahwash Sheiki,[157] de Qamishli, uma das fundadoras da associação *Komela Şawîşka*, reconheceu as melhorias na área de direitos das mulheres, apesar de caracterizar o PYD como um "partido ideológico totalitário, que não aceita outros com ideologias distintas":

> Segundo a teoria, as leis e os princípios gerais publicados pela AAD, as conquistas são enormes. Enquanto mulheres ativistas, talvez nos acostumávamos a exigir esses direitos sem muita esperança em vê-los reconhecidos (...) o que a AAD aprovou equivale às leis de países de primeiro mundo com relação aos direitos das mulheres (...)
> No entanto, o princípio mais importante ao qual a AAD aderiu foi o da participação igualitária em todas as instituições. Ele foi seguido ao pé da letra, e também ocupa o centro da estrutura do PYD (...)
> O PYD foi capaz de mobilizar e incluir grupos marginalizados da região, incluindo as mulheres, que foram impelidas à vida militar e política. Longe de natural, essa mudança foi forçada, e não acompanhada pelo desenvolvimento das mulheres enquanto entes independentes, com suas próprias necessidades, direitos e obrigações. Além disso, a mudança não ocorreu devido a uma transformação no sistema socioeconômico. Na realidade, foi resultado de uma decisão vinda de cima para baixo, ditada pelo partido, disposto a ganhar mulheres para seu campo ideológico. Constituiu uma política vitoriosa (...)

Sheiki explica que os direitos e a participação das mulheres em Rojava é único e diferente das outras regiões na Síria, estejam elas sob controle do regime

---

155. Shiwesh, 2016.
156. Yilmazkaya, 2016.
157. Sheiki, 2017.

ou "libertas" e controladas pela oposição. Em relação às leis ligadas aos direitos das mulheres e o seu empoderamento militar e político, ela argumenta que "isso não significa que as mulheres são plenamente emancipadas, porque o empoderamento do povo e dos indivíduos também significa empoderamento econômico e social, assim como a ampliação da democracia."[158]

Esse testemunho poderia ser estendido às outras áreas de intervenção do PYD nos três cantões de Rojava. Essas se caracterizavam por dinâmicas vindas do alto, em vez de mudanças radicais e participação pela base, apesar de nem sempre haver a completa separação entre ambos. Segundo a ativista Shiyar Youssef,[159] comentando o controle do PYD sobre tais áreas:

> Parece, por um ângulo, que a experiência começou a produzir ganhos dignos de celebração, como a administração laica do aparato estatal, maiores direitos garantidos às mulheres e a integração de minorias no governo, assim como participação maior e mais autonomia para a população local no gerenciamento de seus assuntos – especialmente com a ausência de um Estado forte e consolidado.
> O PYD, é preciso lembrar, carrega uma experiência muito rica de autogoverno, acumulada no Curdistão turco. Ao mesmo tempo, suas práticas podem levar à consolidação do partido no poder e a um aumento da repressão em defesa dessa nova ordem, o que seria um verdadeiro desperdício. Um risco que segue real e possível.

Thomas Schmindiger,[160] especialista na questão curda e autor do livro *Rojava: Revolution, War, and the Future os Syria's Kurds*, afirma, de maneira similar, que suas pesquisas de campo resultaram em uma situação intermediária, na qual "o quartel-general do PKK nas montanhas Qandil tem a palavra final nas questões decisivas", ao mesmo tempo que "o sistema de conselhos assume um papel importante nas pequenas decisões diárias e no suprimento da população."

No entanto, alguns não reconhecem as entidades administrativas do PYD, ou os enxergam com desconfiança. A maioria dos partidos do KNC condenava essas instituições por considerá-las dominadas pelo PYD e compostas por uma variedade de personalidades curdas, árabes, siríacas e assírias que tinham pouco a perder ao engajarem-se na iniciativa.[161]

158. Sheiki, 2017.
159. Youssef, 2016.
160. Schmindiger, 2018, p. 135.
161. ICG, 2014a, p. 15.

Essas novas instituições careciam de legitimidade aos olhos de segmentos significativos de árabes sírios vivendo sob sua jurisdição. Por exemplo, o sheik Humaydi Daham al-Hadi al-Jarba, chefe da tribo árabe al-Shammar, foi nomeado em 2014 cogovernador do Cantão da Jazira, em Rojava. Seu filho tornou-se comandante das forças al-Sanadid, uma das principais milícias árabes que combatiam junto ao YPG. Al-Sanadid era conhecido previamente como Jaysh al-Karama, tendo sido acusado de expulsar e aprisionar apoiadores da revolução.[162] Ainda em 2013, Daham al-Hadi al-Jarba havia feito uma aliança com o YPG para manter os grupos de oposição e as organizações salafistas e jihadistas fora das áreas de Shammar, na fronteira entre Iraque e Síria.[163] A Al-Shammar de Humaydi Daham al-Hadi al-Jarba, na província de Hasaka, mantinha vínculos com a população curda da Jazira, uma das poucas tribos que se recusaram a participar na repressão ao lado das forças de segurança do regime durante o levante curdo, em março de 2004. Daham também cultivava boas relações com o líder curdo Masoud Barzani antes de sua nomeação como presidente da região autônoma do Curdistão iraquiano, em 2005.[164] Ele residiu em Erbil entre 2003 e 2009, retornando depois à Síria.[165] A colaboração com o PYD permitiu-lhe manter controle sobre os recursos do petróleo, mesmo após a retirada das forças do regime Assad e das agências de segurança locais.[166]

No entanto, o papel de Daham al-Hadi al-Jarba era relativamente simbólico, voltado a exibir a inclusão de diferentes etnias no projeto político de Rojava. O poder real permanecia nas mãos do PYD. Até mesmo Ciwan Ibrahim, comandante geral da polícia curda no norte da Síria, argumentava que apenas uns poucos árabes apoiavam a tribo al-Shammar.[167] Do ponto de vista político, eles tinham pouco ou quase nada em comum, expresso na resposta de Hadiya Yousef, copresidente do Cantão da Jazira, sobre as visões políticas de Daham al-Hadi al-Jarba. "Hadi certamente não é feminista (...), mas ele nos apoia." Quanto à sua colaboração com Hadiya Yousef, Daham al-Hadi al-Jarba respondeu, "Não pedi para compartilhar o poder com uma mulher (...) Eles, do PYD, me obrigaram."[168]

---

162. Orient News, 2015.
163. Orton, 2017.
164. Van Wilgenburg, 2014c.
165. Orton, 2017.
166. Khaddour, 2017b.
167. Citado em Van Wilgenburg, 2014c. Hoje em dia, os Shammar são uma tribo relativamente pequena na Síria, e seus ramos principais estão no Iraque e na Península Arábica. Porém, historicamente, eles têm angariado prestígio e poder e, antes do estabelecimento do Estado moderno sírio, exerciam um controle efetivo sobre o nordeste do que é hoje a Síria (Khaddour, 2017b).
168. Citado em Enzinna, 2015.

De maneira parecida, após a conquista de Manbij pelas FDS em agosto de 2016 e de Raqqa em outubro de 2017, ambas cidades até então ocupadas pelo EI, os novos conselhos nomeados pelo PYD, que representavam a diversidade étnica e religiosa da cidade, tinham cota de gênero,[169] nas quais alguns dos dignatários da cidade estavam representados. O conselho civil de Raqqa conservava dupla liderança: Leila Mustafa, mulher curda da cidade fronteiriça de Tal Abbyad, e seu equivalente masculino árabe, Mahmoud al-Borsan, ex-membro do parlamento sírio e líder da influente tribo Walda, de Raqqa.[170] Também foram delegadas 20 das vagas no conselho a prepostos das tribos árabes locais.[171] Em Manbij, o principal representante dos árabes era Faruq al-Mashi, primo de Muhammad al-Mashi, membro do parlamento sírio. A família al-Mashi, que havia colaborado com o PYD antes que as FDS recapturassem Manbij, voltando à área depois disso, foi acusada de ter atacado violentamente os manifestantes no início do levante de 2011, cumprindo o papel de *shabiha* na cidade.[172] Em uma entrevista, Faruq al--Mashi negou ter dado qualquer apoio ao regime, declarando:

> (...) junto à minha tribo, posicionei-me contra o regime, mas rejeitei a agressão armada. Porém, muitos a apoiavam e os árabes tinham opiniões divididas. Quase ninguém estava ao lado do regime (...)[173]

Em ambos os casos, no entanto, prevaleceu o PYD. Expressando a importância simbólica do momento, enormes retratos do fundador do PKK, Abdullah Öcalan, foram erguidos na praça central de Raqqa, Naeem. Enquanto isso, os comandantes das FDS, após a conquista da cidade entre meados e final de outubro de 2017, dedicaram a vitória a Öcalan e à Coalizão de Mulheres,[174] após expulsarem o Estado Islâmico com apoio militar aéreo dos EUA.[175]

Nesse arranjo, preservou-se a relevância dos líderes tribais nas instituições de Rojava, sem grandes contestações. O pesquisador Khedder Khaddour[176] explicou que o YPG:

169. Ayboga, 2017.
170. Al-Hayat, 2017; Lund, 2017e.
171. Al-Maleh e Nassar, 2018.
172. Khalaf, 2016, p. 20.
173. Citado em Ayboga, 2017.
174. Reuters, 2017f.
175. No entanto, o custo em termos de vidas humanas e infraestrutura foi terrível. Ao todo, pelo menos 1800 civis acabaram mortos na luta, enquanto mais de 80% da cidade ficou inabitável ou completamente destruída (Oakford, 2017). Cerca de 312 mil pessoas tiveram que fugir da província de Raqqa como resultado da ofensiva militar (Lund, 2017e).
176. Khaddour, 2017c.

contava com o apoio das tribos locais para se relacionar com as populações sob o seu controle, porém os líderes das comunidades tribais frequentemente usavam esses grupos armados para garantir seus próprios interesses materiais e ganhar vantagens em relação a outros atores tribais (...) os esforços do PYD para tratar separadamente com cada tribo árabe – estratégia similar à adotada pelo EI – reflete um legado das políticas do Estado sírio que visavam criar divisões entre os grupos e até mesmo entre seus membros. Isso demonstra uma preocupação com a ameaça, mesmo remota, do que uma população tribal unificada possa representar para atores externos.

Como argumentado pelo pesquisador Haian Dukhan,[177] "historicamente, a fidelidade das tribos aos diferentes partidos era determinada por relações pragmáticas de clientelismo – acesso à terra para pasto, representação nas instituições de governança local, assim como oportunidades de emprego." Efetivamente, as FDS não foram as únicas a tentar mobilizar as tribos de Raqqa em função de interesses próprios.

Não obstante, apesar da nomeação de Daham para cogovernador do Cantão da Jazira e de outros líderes tribais para os conselhos civis, muitos chefes de tribos árabes locais seguiam temerosos das intenções do PYD, sentindo-se atraídos pela Operação Escudo Eufrates. Essa iniciativa militar turca coordenada com o ELS e grupos armados islâmicos visavam evitar que as FDS e as forças curdas expandissem seu controle aos territórios oeste do Rio Eufrates, ou permanecessem próximas ao comando do regime. Também não era incomum, durante o levante, que líderes tribais trocassem lealdades e jurassem fidelidade, segundo um equilíbrio incerto de poder e atores dominantes no momento. Em várias ocasiões, as FDS enfrentaram dissidências de tribos locais nas regiões sob sua autoridade.[178]

Além disso, como explicou o pesquisador Kheder Khaddour, o PYD enfrentou reveses em cooptar as elites urbanas escolarizadas que atuavam com autonomia em relação às tribos às quais originalmente pertenciam, mesmo em cidades como Qamishli, sob o seu controle desde o verão de 2012.[179]

Ao mesmo tempo, o processo descentralizado de tomada de decisões promovido pela administração em Rojava estava longe de ser um sucesso retumbante, à medida que o Asayish e outras forças de segurança geralmente atropelavam as estruturas organizacionais, alegando motivos de segurança. Isso levou a atrasos na

---

177. Citado em al-Maleh e Nassar, 2018.
178. Al-Maleh e Nassar, 2018.
179. Lund, 2017e.

implantação de projetos e afetou negativamente o crescimento econômico.[180] O faturamento das áreas administradas pelo PYD dependia, em sua maior parte, da produção de petróleo e gás para cobrir gastos. Segundo um relatório publicado por Jihad Yazigi,[181] as receitas do petróleo chegavam a 10 milhões de dólares por mês. As outras fontes incluíam a provisão de bens e serviços (isto é, fornecimento de água e eletricidade, alimentos e outros produtos comercializados). A AAD também aumentou taxas e impostos sobre autorizações para construções, terras, lucros de negócios, carros, agricultura, comércio fronteiriço e até a entrada e saída de pessoas em Rojava. Além disso, a AAD continuava recebendo apoio financeiro das redes na diáspora e de grupos simpatizantes.[182]

A administração local do PYD, em 2016, ainda não controlava vastos setores da economia que eram intensamente gerenciados pelo regime sírio. O fornecimento de trigo continuou monitorado de perto pelo novo governo, porém os comerciantes e importadores, assim como aqueles que se beneficiavam da economia de guerra e de monopólios, transformaram-se no poder decisivo do mercado.[183] As regiões autoadministradas do PYD, apesar de clamarem por justiça social e pela formação de cooperativas agrícolas, não testemunharam qualquer mudança relevante. A propriedade privada foi oficialmente protegida na carta, em uma provisão que garantia privilégios aos donos de terra, ao mesmo tempo que os encorajava a investir em projetos agrícolas patrocinados pelas autoridades de Rojava.[184] Algumas das antigas elites e homens de negócios também integraram-se às novas instituições criadas pelo PYD, incluindo Akram Kamal Hasu, um dos empresários mais ricos da região, que acabou se tornando, como político independente, o primeiro-ministro do Cantão da Jazira.[185]

9. Proclamação federalista

Em 17 de março de 2016, fundou-se oficialmente o Sistema Democrático Federativo de Rojava nas áreas no norte da Síria controladas pelo PYD, após uma reunião com mais de 150 representantes dos partidos curdos, árabes e assírios na cidade de Rmeilan, no nordeste da Síria. Os participantes votaram a favor da união dos três cantões (Afrin, Kobani e Jazira). Durante a reunião de Rmeilan, ele-

---

180. Sary, 2016, p. 14.
181. Yazigi, 2015.
182. Khalaf, 2016, p. 18.
183. Sary, 2016, p. 13.
184. Glioti, 2016.
185. Schmindiger, 2018, p. 129.

geu-se uma assembleia constituinte com 31 membros e dois copresidentes: Hadiya Yousef, uma curda, presa por dois anos antes do levante, e Mansour Salloum, um árabe sírio.[186]

O regime Assad, assim como setores da oposição organizados na Coalizão, declararam sua oposição à proclamação, enquanto Washington (apesar de seu apoio ao PYD), a Turquia e a Liga Árabe declararam não reconhecer a nova entidade federal.[187] Um total de 69 grupos armados da oposição, incluindo Jaysh al--Islam e as várias forças do ELS, também assinaram um documento opondo-se ao projeto federalista curdo.[188] A maioria das forças árabes sírias opostas ao regime Assad viam no federalismo um passo em direção ao separatismo e à divisão do país.[189]

Reagindo à proclamação, o dirigente oposicionista Michel Kilo declarou que os sírios não permitiriam a formação de uma entidade similar a Israel em solo sírio e que ali inexistiria uma terra curda, mas apenas cidadãos curdos.[190] A declaração de Kilo lembra os discursos de 1960, que comparavam os curdos a Israel (mencionado acima neste capítulo).

Apesar de a maioria dos partidos curdos no país reivindicar um sistema federativo na Síria, o KNC se opôs à medida, argumentando que tal sistema deveria ser criado após um amplo debate com membros da oposição síria. De maneira similar, muitos ativistas curdos criticaram o processo, descrevendo-o como uma decisão realizada basicamente pelo PYD, sem caráter democrático ou consultas feitas a outros partidos e ativistas curdos.[191]

Até Riza Altun, considerado Ministro das Relações Exteriores do PKK, desaprovou a medida:

> Nós, do PKK, também criticamos o anúncio, feito antes de uma sólida discussão na base, e que deu a impressão de um fato consumado, cujo resultado foi danoso [ao movimento]. O plano deveria ter sido explicado antes. Nós preferimos o uso de Federação do Norte da Síria e pedimos a remoção de Rojava do nome, porque isso denota uma federação de identidade curda. O norte da Síria é o lar de todos seus integrantes, a liberdade dos curdos estando sujeita ao mesmo grau desfrutado pelos outros moradores da região (...).[192]

---

186. Said, 2016; Kurdish Question, 2016.
187. Said R., 2016; Sly, 2016.
188. DW, 2016.
189. Al-Souria Net, 2016a; Syria Freedom Forever, 2016.
190. ADN Kronos International, 2016.
191. Youssef, 2016.
192. Citado em Noureddine, 2016.

Em dezembro de 2016 o sistema federativo mudou seu nome para Sistema Democrático Federal do Norte da Síria. A remoção da palavra *Rojava* gerou revolta entre os vários grupos curdos dentro do país e na diáspora.

Mapa 18. Rojava: população e projeto de organização administrativa

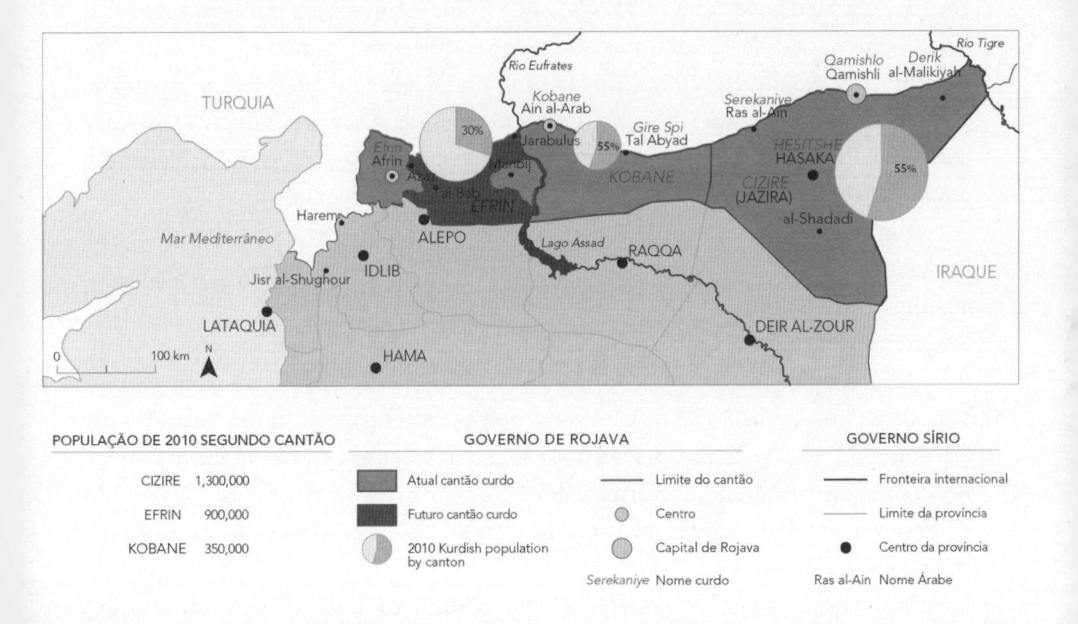

Em julho de 2017, a unidade autoadministrada do PYD anunciou eleições nas três províncias administrativas da federação (al-Jazirah,[193] al-Furat[194] e Afrin[195]), divididas em três turnos.[196] O primeiro dia de votação, em 22 de setembro, para cargos de direção em todas as comunas locais (cerca de 3.700), seguiu-se de uma segunda rodada, em dezembro, para representantes das vilas, cidades e conselhos regionais. A terceira e última etapa deveria ter ocorrido em janeiro de 2018, mas foi postergada para uma data ainda não prevista.

A Alta Comissão Eleitoral das unidades autoadministradas anunciou, em 5 de dezembro de 2017, durante uma conferência de imprensa em Amuda, que a participação na segunda fase das eleições para os conselhos locais atingiu 69%. O pleito incluiu 21 partidos que representavam curdos, árabes, cristãos e assírios de Rojava, com mais de 12 mil candidatos. A Lista Nação Democrática Solidária, encabeçada pelo governo do PYD e aliados, conquistou ampla maioria – mais de 4.600 de um total de 5.600 – nas três regiões que participaram das eleições de dezembro. A Aliança Nacional Curda na Síria (*Hevbendi*), que incluía o partido Yekiti e ex-membros do KNC, também tomou parte, abocanhando 152 cadeiras. Uma terceira chapa, a Aliança Nacional Síria, conquistou oito cadeiras, elegendo também diversas candidaturas independentes associadas ao grupo.[197]

No entanto, partidos curdos de oposição fizeram críticas às restrições de liberdades políticas ao longo do processo. O KNC declarou boicote às eleições, taxando-as de ilegítimas. Alguns membros árabes da oposição no exílio também boicotaram o processo. Outro problema ocorreu com os chamados árabes al-Ghamar, ou árabes da enchente (removidos da província de Raqqa para Hasaka nos anos 1970 após a criação de uma represa no rio Eufrates), que foram barrados na terceira rodada de votação. Fouzah Youssef, copresidente do Comitê Executivo da Federação Democrática do Norte da Síria, caracterizou a chegada dos árabes al--Ghamar à província de Hasaka nos anos de 1970 como "uma política racista e injusta contra os curdos."[198]

Para consolidar-se no poder, o PYD também não deixou de promover campanhas repressivas e atacar seus críticos, fossem eles indivíduos ou organizações

---

193. A região de Jazira incluía os cantões de Hasaka e Qamishli. O Cantão de Hasaka compreende as cidades de Hasaka, Darbasiya, Serekaniye (Ras al-Ayin), Tel Tamir, Shadi, Arisha e Hula. O de Qamishli abrangia as cidades de Qamishli, Derik, Amuda, Tirbesiye, Tel Hamis e Tal Barak.
194. Al-Furat incluía o Cantão Kobani e as suas cidades (Kobani e Sirrin), e o Cantão de Tal Abbyad e as suas cidades (Ain Issa e Suluk).
195. Afrin abarca o Cantão Afrin e as suas cidades (Afrin, Jandairis e Raqqa), e o Cantão Sheba e as suas cidades (Tal Rifaat, Ehraz, Fafeyn e Kafr Naya).
196. Arafat, 2017a.
197. Drwish, 2017b; Schmidinger, 2018, p. 133.
198. Citado em Abdulssatar Ibrahim e Schuster, 2017.

políticas em suas regiões administrativas. As forças do YPG chegaram a visar a imprensa local independente, como a Radio Arta, em ao menos duas ocasiões (2014 e 2016).[199] O presidente do KNC, Ibrahim Berro, foi preso em agosto de 2016 num posto de controle da Asayish em Qamishli e exilado para o Curdistão iraquiano no dia seguinte.[200] Protestos ocasionais acontecem contra o PYD e suas práticas em Rojava.

Desde outubro de 2014, também decretou-se a conscrição compulsória para cidadãos entre 18 e 30 anos de idade, obrigados a alistarem-se no Serviço de Defesa e integrar o YPG durante seis meses nas áreas sob seu controle. O KNC rejeitou a lei de conscrição, substituindo-o por um apelo voluntário, sob o argumento de que uma conscrição compulsória resultaria na migração em massa dos jovens para fora do Curdistão.[201] Ao mesmo tempo, inúmeros partidos políticos siríacos cristãos, árabes e curdos, assim como organizações da sociedade civil e de direitos humanos, também se opuseram à lei. A medida fez com que setores da juventude de todas as comunidades partissem a fim de evitar serem presos por se recusarem a servir.[202] Em alguns territórios de maioria árabe sob controle curdo, a conscrição obrigatória foi recusada com frequência, especialmente devido ao aumento dos confrontos domésticos entre o PYD e as forças do ELS. Em novembro de 2017, por exemplo, moradores e ativistas na cidade de Manbij, zona rural ao leste de Alepo, organizaram uma greve protestando contra a nova conscrição decretada pelo conselho legislativo das FDS. As Forças Democráticas Sírias publicaram uma declaração no dia seguinte à greve, em 6 de novembro, suspendendo a decisão de impor a conscrição aos habitantes de Manbij. Ao invés disso, conclamaram os moradores a se voluntariarem "no exército de autodefesa".[203]

Algumas figuras autônomas do espaço político e social curdo, próximas aos PYD, continuaram tentando projetar suas vozes. Esse processo incluiu a construção de uma imprensa independente nas áreas controladas pelo PYD, apesar da forte concorrência com os veículos de comunicação vinculados aos partidos, que tinham mais recursos e maior estrutura[204] (como a TV Ronahi, Orkes FM e Agência de Notícias Hawar).

Como mencionado, a AAD era dirigida por uma dinâmica a partir do alto e controlada pelo PYD de maneira autoritária. Os muitos retratos do líder do PKK curdo, Abdullah Öcalan, que cobriam as paredes dos escritórios do governo do PYD, expressavam essa realidade. No entanto, outras transformações importantes

---

199. Human Rights Watch, 2014, p. 1-2.
200. Sary, 2016, p. 13.
201. Yekiti Media, 2014.
202. Syria Direct, 2014; Ahmad e Edelman, 2017.
203. Osman, 2017.
204. Issa, 2016, p. 13.

ocorriam, em particular o aumento da participação ativa das mulheres na sociedade, a codificação de leis seculares e a inclusão das minorias religiosas e étnicas. A gestão e os serviços providos pelo PYD também contavam com apoio e simpatia relevantes de amplos setores da população local.

10. O PYD e a arena internacional: colaborações e ameaças

A falta de legitimidade internacional do PYD – produto de sua relação com o PKK, organização caracterizada como terrorista pelos Estados Unidos e pela maioria dos Estados europeus – foi seu calcanhar de Aquiles desde o início do levante, impedindo sua participação nas conferências de negociação em Genebra. Além disso, a participação do KNC na Coalizão e nos órgãos de oposição isolou o PYD, dificultando seus planos.[205]

Em meados de 2015, mesmo que restrito ao campo militar, uma nova dinâmica se abriu, marcada por relações e colaborações mais próximas com atores internacionais. Com a estratégia principal de "foco no Estado Islâmico" e o fracasso absoluto no apoio às forças do Exército Livre da Síria para combater o EI, Washington, sob iniciativa do Pentágono, passou a apoiar cada vez mais o PYD e a Coalizão encabeçada pelo YPG, conhecida como Forças Democráticas Sírias (FDS). Segundo sua declaração, foi oficialmente criada em outubro de 2015 para combater "o terrorismo representado pelo EI, suas organizações irmãs, e o criminoso regime Baath".[206] Esse novo grupo era controlado pelo YPG, enquanto outros que o integravam (grupos siríacos e do ELS, como *Jaysh al-Thûwar*[207]) tinham papel auxiliar. Na prática, as Forças Democráticas Sírias surgiram para dar cobertura legal e política ao apoio militar dos EUA ao grupo do PYD na Síria, vinculado ao PKK.[208] As FDS tornaram-se a principal força parceira do Pentágono contra o EI daquele momento em diante.

O predomínio dos comandantes curdos do YPG sobre o resto das unidades armadas gerou alguns problemas nos anos seguintes, principalmente com as unidades árabes das FDS, que se consideravam marginalizadas nas tomadas de decisões. Tal dinâmica levou, ao final, à renúncia de algumas dessas figuras e dissolução de certas unidades. Em junho de 2018, por exemplo, as FDS enfrentaram seus

---

205. ICG, 2014a, p. 21-22.
206. Jaysh al-Thûwar, 2015.
207. Mustapha, 2015.
208. Lund, 2015d.

ex-aliados da facção rebelde árabe Liwa Thuwwar al-Raqqa, resultando na prisão de cerca de 200 combatentes da divisão.[209]

Em dezembro de 2015, formou-se o Conselho Democrático Sírio (CDS), ramo político das FDS. A nova coalizão, também dirigida pelo PYD, era copresidida por Riad Darar, político árabe opositor ao regime de Assad[210], além de Ilham Ahmed, membro do TEV-DEM. O CDS, na sua maior parte, era composto por forças políticas árabes, curdas e assírias, e outras minorias das regiões curdas do norte da Síria. O SDC apoiava um estado federativo, democrático e secular, mas permanecia relativamente fraco em termos políticos.[211]

Apesar do apoio militar recebido pela Rússia e pelos Estados Unidos desde meados de 2015, o PYD passou a ser submetido a pressões crescentes. Moscou exigiu que as forças curdas do YPG colaborassem de maneira mais sistemática e direta com o regime Assad contra o Estado Islâmico.[212]

Em agosto de 2016, o exército turco interveio diretamente na Síria, coligada às forças armadas da oposição, que atuavam como agentes de Ancara, numa operação militar chamada Operação Escudo do Eufrates. Contava com o apoio de vários atores internacionais, incluindo os Estados Unidos e a Rússia (ver Capítulos 4 e 6). No início de dezembro de 2016, o Vice-Primeiro-Ministro Nurettin Canikli reconheceu que a Turquia "não teria se movido com tanto conforto", não fosse sua reaproximação com a Rússia, que efetivamente controlava partes do espaço aéreo no norte da Síria.[213]

As relações entre as autoridades dos EUA e comandantes do YPG permaneceram, em sua maior parte, informais e limitadas ao combate contra o EI. Os Estados Unidos mantiveram o PKK em sua lista de organizações terroristas ao longo de todos esses anos, deixando claro seu suporte ativo à luta da Turquia contra o grupo curdo. Eles também evitaram prover apoio econômico às áreas controladas pelo YPG e o PYD, o que incomodaria ainda mais a Turquia.[214] Em diversas ocasiões, Washington chegou a anunciar que tomaria de volta as armas fornecidas ao YPG após a derrota do EI, porém, a medida não foi aplicada.[215] Como expresso em 2016 pelo líder do PKK, Riza Altun, analisando o comportamento dos EUA

---

209. Al-Maleh e Nassar, 2018.
210. Ele foi um ativista político do ano 2000 em diante, trabalhando com grupos da sociedade civil. Preso pelo regime de Assad por cinco anos (2005-2010), devido às suas posições políticas, sendo acusado de apoiar a causa curda. Ele foi membro fundador do Comitê Nacional de Coordenação para a Mudança Democrática, do qual demitiu-se mais tarde, em agosto de 2014 (Drwish, 2017a).
211. Drwish, 2017a.
212. Rudaw, 2015.
213. Osborn e Tattersall, 2016.
214. ICG, 2017, p. 14.
215. Reuters, 2017c.

frente à questão curda na Síria, "o papel dos EUA, a depender dos seus interesses, funciona como uma faca de dois gumes. A relação com Washington, portanto, é de natureza tática."[216]

O PYD enfrentou os interesses contraditórios dos russos e norte-americanos. Ambos os Estados apoiavam seu braço armado, o YPG, na medida em que isso avançasse seus próprios objetivos.[217] Ao mesmo tempo, nenhuma das duas potências estava disposta a prejudicar sua relação com o Estado turco. A reaproximação, ao final de 2016, entre Irã, Turquia e Rússia, ameaçou ainda mais os interesses curdos. A Rússia foi incapaz, ou não tinha a disposição, de passar por cima do veto da Turquia diante da participação do PYD nos diálogos de paz em janeiro de 2017, no Cazaquistão.[218]

A Rússia tentou controlar as relações entre as forças do PYD e o regime de Assad entre 2016 e 2017.[219] Ao final desse ano, militares russos promoveram uma reunião na sua base aérea em Hmeimim, com diversos representantes dos movimentos curdos, incluindo o TEV-DEM, assim como o KNC, para mediar futuras relações entre eles e o regime Assad. As autoridades submeteram uma lista de condições que regulariam as relações entre Damasco e o enclave curdo, que o regime se recusava reconhecer. Assad, em particular, propôs estender seu apoio aos curdos no país, sob a condição de que abandonassem suas exigências por um sistema federal e erguessem a bandeira síria em todos os edifícios e escritórios públicos.[220] Como imaginado, as demandas não foram atendidas. A ofensiva militar turca em Afrin, em janeiro de 2018, auxiliada por forças armadas da oposição e com o apoio da Coalizão Síria, concretizou a ameaça crescente às populações curdas em geral e aos territórios dominados pelo PYD.

A intervenção contou com a aquiescência e relativa passividade das principais potências envolvidas na Síria. Moscou, que controlava grande parte do espaço aéreo sírio, deu à Turquia sinal verde para a invasão, retirando suas armas[221] das áreas visadas pelas forças turcas nas cidades de Nubl e Zahra, ambas sob controle do regime. As autoridades russas exigiram que o YPG entregasse Afrin ao regime sírio, condição para cessar os ataques turcos na região.[222] Em meados de fevereiro,

216. Citado em Noureddine, 2016.
217. Barrington e Said, 2016.
218. Stewart, 2017.
219. Yalla Souriya, 2016; Haid, 2017a.
220. Rudaw, 2016.
221. Em setembro de 2017, a Rússia mobilizou-se para operar como polícia militar e evitar confrontos e possíveis conflitos entre as unidades armadas da oposição síria apoiadas, de um lado, pela Turquia e o exército turco, e do outro lado, pelas FDS. Assim, forças militares foram enviadas para consolidar uma nova zona-tampão na área de Tal Rifaat (Iddon, 2017).
222. Asharq al-Awsat, 2018; Shekhani, 2018.

Damasco e o PYD chegaram a um acordo que permitiria que milícias alinhadas ao regime entrassem na cidade, mas o grupo curdo recusou ceder o controle total de Afrin, e de entregar suas armas pesadas. O acordo significava apenas que as milícias pró-regime se juntariam aos combatentes do YPG nas equipes dos seus postos de controle. Isso não era aceitável para Moscou nem para Ancara. A Rússia também via a operação como uma forma de aprofundar as divisões e contradições entre Ancara e Washington, à luz do apoio americano ao YPG. Por sua vez, os Estados Unidos permaneceram passivos até o fim, declarando entender as preocupações de segurança de Ancara, que os avisou previamente sobre a operação.[223]

O YPG condenou diretamente a Rússia e a Turquia pela ocupação, culpando a comunidade internacional pelo seu silêncio frente à terrível situação enfrentada pela cidade. Também prometeu que a resistência em Afrin continuaria até que cada polegada estivesse liberta, e o povo retornasse às suas casas.[224] Já Erdogan reiterou que as forças turcas estenderiam sua ofensiva contra os combatentes do YPG curdo ao longo da sua fronteira com a Síria e, se necessário, no norte do Iraque.[225]

Após a conquista de Afrin, os dois principais atores políticos curdos-sírios, o PYD e o KNC, boicotaram a conferência de Sochi, na Rússia, convocada pelo Congresso de Diálogo Nacional Sírio, para promover negociações de paz, no final de janeiro de 2018. A reunião perdeu sentido depois que a Rússia fracassou em se opor à ofensiva militar turca em Afrin, efetivamente colaborando com Ancara. O KNC decidiu não participar depois que Moscou se recusou a aceitar a exigência de incluir a causa curda na Síria como uma das principais questões do congresso, estremecendo suas posições após a cooperação de Moscou com a ofensiva turca.[226]

Em junho de 2018, Washington e Ancara firmaram um plano para a retirada dos combatentes curdos do YPG de Manbij, no norte da Síria, para serem substituídos por tropas estadunidenses e turcas. A partir de novembro de 2018 as forças da Turquia e dos EUA iniciaram patrulhamentos conjuntos próximos a Manbij. As autoridades do PYD criticaram cada vez mais Washington e seus acordos, assim como a aceitação da ocupação turca em Afrin. Além disso, o presidente dos EUA, Donald Trump, anunciou em diversas ocasiões sua disposição de retirar as forças dos EUA da Síria após a derrota do EI. Isso, porém, sem especificar uma data e, não raro, por meio de mensagens confusas e contraditórias sobre o tema

---

223. Gall, Landler e Schmitt, 2018; Rudaw, 2018a.
224. Citado em ANF News, 2018.
225. Caliskan e Toksabay, 2018.
226. Rudaw, 2018b.

(ver Capítulo 6).²²⁷ Sua postura incomodou a liderança do PYD, preocupada com o futuro social e político dos territórios sob seu controle.

Confrontando pressões regionais e internacionais e, ao mesmo tempo, premido pela necessidade em responder à crescente ofensiva do regime em reconquistar a Síria por inteiro, as autoridades do PYD buscavam cada vez mais algum tipo de reconciliação com Damasco, a fim de manter suas instituições e preservar sua estrutura organizacional dentro do país. Como argumentado, por exemplo, por Aldar Khalil, copresidente do TEV-DEM, ligado ao PYD, "As condições mudaram. Chegou o momento de encontrar uma solução com Damasco." Com os ventos soprando a favor de Assad, certos dirigentes do PYD declararam, ao final de 2017, sua disposição em dialogar com o regime.²²⁸ Paralelamente, ao longo de 2018, Damasco permitiu que o PYD organizasse manifestações partidárias e atos de solidariedade por Öcalan em áreas controladas pelo regime, a exemplo dos bairros curdos de Sheikh Maqsoud, em Alepo (novembro) e Zor Afar, em Damasco (janeiro).²²⁹

Nesse contexto, junto à crescente pressão externa, e sobretudo da Turquia, o CDS admitiu publicamente, pela primeira vez, dialogar com o regime, em favor de uma agenda que caminhasse rumo a uma Síria democrática e descentralizada. No entanto, como as próprias autoridades dos CDS reconheceram, inúmeros desafios impediram novas conversas – especialmente a contínua recusa em reconhecer os direitos dos curdos e a possibilidade de um modelo político federativo.²³⁰ Nesse momento, apesar das confabulações contínuas, o regime não aceitou qualquer das condições do PYD, enquanto as autoridades do Estado e da imprensa seguiam atacando o partido curdo. Em janeiro de 2019, após o anúncio de Trump da retirada das forças da coalizão dos EUA da Síria, o PYD procurou a mediação russa para negociações com Damasco, visando evitar uma invasão das forças turcas nas regiões que administravam (ver Capítulo 6). A Rússia declarou, em diversas ocasiões, que o regime sírio deveria assumir o controle das províncias no norte do país, em particular para retomar o controle das reservas de petróleo.

11. Conclusão

A erupção do levante popular na Síria abriu um espaço inédito na história do país para a questão nacional curda. No início, os grupos e redes independentes

---

227. Abdulssattar Ibrahim e al-Maleh, 2018.
228. Zaman, 2017.
229. Enab Baladi, 2018q.
230. Abdulssattar Ibrahim e al-Maleh, 2018.

de jovens curdos tiveram um papel importante no movimento de protestos, mas foram consideravelmente enfraquecidos com o passar dos anos.

O PYD viu o levante como uma oportunidade para transformar-se na força dirigente entre os curdos da Síria. As áreas governadas pelo PYD foram celebradas por suas políticas inclusivas e pela participação das mulheres em todos os níveis da sociedade, incluindo a atuação militar, assim como pela secularização das leis e instituições e, em certa medida, pela integração e incentivo à participação das várias minorias étnicas e religiosas. No entanto, as práticas autoritárias das forças do PYD contra atores políticos curdos e ativistas rivais de outras comunidades tornaram-se objeto de crítica.

A insularidade crescente do movimento popular curdo dentro da onda de protestos nacional resultou de dois fatores. Primeiro, o fortalecimento da influência política do PYD através das suas próprias unidades armadas, para controlar áreas de maioria curda e aplicar uma forma de autonomia que conectasse geograficamente os cantões isolados de Rojava. Isso se deu por meio de uma atitude não-confrontativa com o regime – ocupado por batalhas em outras frentes. O regime via a influência crescente do PYD como um instrumento útil para pressionar a Turquia.

Outro fator que explica o aumento do isolamento da questão curda no levante foram as posições beligerantes da oposição árabe-síria no exílio, representada primeiro pelo Conselho Nacional Sírio, e depois pela Coalizão Síria - em ambos os casos, entidades dominadas pela Irmandade Muçulmana e forças aliadas ou simpáticas ao governo do AKP na Turquia. Dentro do país, a grande maioria dos grupos armados de oposição árabe posicionavam-se contra as exigências do povo curdo na Síria e do seu representante político. Eles também apoiavam as ofensivas militares turcas e/ou os grupos armados de oposição contra o YPG, visando a população civil curda. Isso foi acompanhado por declarações chauvinistas de árabes contra os curdos. Em geral, o CNS e a Coalizão foram incapazes de propor um programa inclusivo que pudesse atrair a população curda, resultando no aprofundamento das tensões étnicas entre árabes e curdos. Tal situação empurrou cada vez mais os jovens curdos para os braços do PYD, visto como o único defensor da comunidade na Síria.

A partir de meados de 2016, os cantões de Rojava estiveram cada vez mais ameaçados por mudanças políticas em escala internacional e regional. As sucessivas vitórias das forças pró-regime no norte do país, desde 2016, ampliaram as ameaças ao PYD. Em dezembro de 2018, por exemplo, o YPG anunciou a retirada de Manbij, dando ao regime sírio domínio sobre as áreas da cidade controladas antes pelos curdos,[231] após as ameaças de uma ofensiva turca contra as áreas controladas pelo PYD ao leste do Rio Eufrates. Sem apresentar prazos e mais tarde modificando seus próprios planos (ver capítulo 6), Trump anunciou, diante dos avanços do regime Assad, a retirada de dois mil soldados americanos da Síria.

O EAS (Exército Árabe Sírio) não entrou na cidade, mas manteve presença na periferia, enquanto essa ainda era controlada por forças aliadas aos EUA e às FDS. A polícia militar russa também começou a patrulhar a cidade. Ao mesmo tempo, à medida que o regime consolidava poder no país e as ameaças contra as regiões controladas pelo PYD cresciam, alguns antigos parceiros das FDS passaram cada vez mais a tentar uma reconciliação com Damasco. Em fevereiro de 2019, o Sheik Hamidi Daham al-Habi Jarba, cogovernador do cantão da Jazira, viajou do aeroporto de Qamishli para a base militar russa em Hmeimim, na província de Latáquia, para Assad e tratar da integração de sua milícia ao EAS.[232]

Da mesma forma que o levante popular empurrou o regime Assad a buscar acordos temporários e ocasionais com o PYD, o desaparecimento dessa ameaça fortaleceu o regime, que passou a recuperar novos territórios com apoio de aliados. Assim, Damasco conseguiu direcionar mais e mais suas forças contra as regiões habitadas pelos curdos ou minar sua autonomia, sobretudo com os atores internacionais, Rússia e Estados Unidos, abandonando ao longo do tempo o grupo curdo conforme seus objetivos mudavam.

Como vimos, o destino do povo curdo na Síria guarda uma ligação umbilical com as causas e condições do levante sírio. Por isso, seu futuro segue ameaçado enquanto enfrenta múltiplos ataques, bem como o resto do movimento de protestos.

---

231. YPG, 2018.
232. Jesr Press, 2019.

6

relações internacionais e intervenções

A internacionalização do levante sírio foi rápida, desde o início envolvendo a participação direta de forças regionais e internacionais. Antes de 2011, o país atravessava um processo de reaproximação com o Ocidente, após um período de isolamento no cenário mundial. A situação mudou em 2008, com a eleição do presidente francês Nicolas Sarkozy, que rompeu com a política anterior, de Jacques Chirac, alinhada aos EUA na segregação de Damasco. Em 2009, a Síria se posicionou com sucesso entre duas redes globais, mantendo conexões estreitas com o Irã e a Rússia, seus aliados mais próximos, enquanto reanimava um período de *détente* com nações ocidentais, como a França e os Estados Unidos. Em fevereiro de 2010, o governo Obama nomeou Robert Ford embaixador dos EUA na Síria, um posto vago há cinco anos.

Essa localização, entre os correligionários de Damasco e os Estados ocidentais, ou pelo menos as tentativas de Assad em alcançá-la, foi desafiada da noite para o dia com a erupção do levante e o surgimento de protestos. Damasco tornou-se cada vez mais dependente da assistência russa e iraniana, cuja relevância disparou na Síria. Ao mesmo tempo, a falta de unidade e de um projeto político coerente pelos países organizados em torno do grupo Amigos do Povo Sírio[1] alimentou divisões na oposição, conforme seus objetivos evoluíram, sofrendo transformações ao longo de todo o levante.

A dinâmica principal das intervenções imperialistas internacionais e regionais, no começo, foram motivadas mais por considerações geopolíticas que por objetivos econômicos. A Síria ocupava o centro de muitos jogos nos âmbitos regionais, e sua derrubada poderia mudar o equilíbrio de forças de maneira decisiva. Para se manter no poder, o regime de Assad se beneficiava dessas fragmentações na esfera internacional e da assistência recebida por seus parceiros. Esse foi, sem sombra de dúvida, o aspecto mais importante da resiliência do regime.

O clima político regional no Oriente Médio atravessou mudanças importantes na véspera dos levantes, sobretudo considerando os fracassos da invasão militar liderada pelos EUA no Iraque em 2003, e a disposição de Obama de recuar parcialmente da região, para se concentrar nos desafios representados pela China. Tal situação permitiu que outros atores internacionais e regionais assumissem papéis cada vez mais relevantes no Oriente Médio e Norte da África.

---

1. Nome que esses países deram às conferências em apoio à oposição exilada do CNS e, depois, à Coalizão Síria.

1. A busca por aliados contra sanções internacionais

As sanções internacionais impostas à Síria pelas potências ocidentais, Turquia e monarquias do Golfo Pérsico, assim como o aprofundamento da guerra ao longo dos anos, obrigaram o regime a procurar a assistência rápida e abrangente dos seus parceiros regionais e internacionais. Ao longo da guerra, as autoridades sírias tentaram aumentar as reuniões com investidores e dirigentes dos estados caracterizados como amistosos, em particular os países do BRICS[2], que se posicionaram ao lado do regime na arena internacional. Com certeza, dentre os BRICS, a Rússia tornou-se o principal simpatizante da Síria, porém sua relação com a China também teve relevância ao longo do levante.

Antes da primavera árabe, em 2010, a China era classificada como terceira maior fornecedora da Síria, suprindo o Estado com 300 milhões de dólares em armas entre 2007 e 2010[3]. A partir de 2011, Beijing se referia com frequência às suas políticas mútuas de não-intervenção, respeito à soberania e não-agressão, ao comporem com Assad. As lideranças chinesas se posicionaram ao lado da diplomacia russa, vetando seis das sete resoluções submetidas ao Conselho de Segurança da ONU (CSNU), condenando o regime sírio por usar de violência contra seus cidadãos entre março de 2011 e abril de 2017.[4] No entanto, a China desempenhou um papel pequeno nas iniciativas internacionais pelo fim da guerra, incluindo as tentativas no CSNU e do Grupo Internacional de Apoio à Síria, apesar da nomeação de um enviado especial à crise em março de 2016. Em termos de respaldo material a Damasco, a China vendeu apenas 500 mísseis antitanques para o país em 2014[5]. Na mesma época, Beijing passou a se preocupar cada vez mais com a adesão de membros da sua população uighuri[6] em batalhões combatentes jihadistas na Síria e Iraque.[7]

Em 2017, o vasto país converteu-se no principal parceiro comercial da Síria. Empresas chinesas forneciam diversos equipamentos e matérias-primas, em especial às indústrias, desabastecidas devido às sanções europeias.[8] No outono de 2018, depois da Feira Internacional de Damasco, o Ministério de Obras Públicas assinou contratos com empresas chinesas para comprar um total de 94 máquinas

---

2. Os países do BRICS são Brasil, Rússia, Índia, África do Sul e China.
3. Human Rights Watch, 2012.
4. Hindy, 2017.
5. Hindy, 2017.
6. Os uigures são um povo, na maioria muçulmano, que fala um dialeto turco, e tem suas origens na região de Xinjiang, no extremo oeste da China. A população uigur sofre massiva repressão do Estado chinês. Segundo relatórios, 1 milhão deles estavam detidos em um estabelecimento semelhante a "um massivo campo de concentração", em agosto de 2018 (Nebehay, 2018).
7. Blanchard, 2016.
8. Euro News, 2017.

pesadas, quase todas destinadas ao setor de construção, por um valor de 7 bilhões de libras sírias, equivalentes a cerca de 15.3 milhões de dólares.[9] Diversos Memorandos de Entendimento (MOU) foram assinados entre China e Síria, com a notável entrega, por Beijing, de assistência técnica e humanitária a Damasco em mais de 70 milhões de dólares, englobando o suprimento de centenas de geradores elétricos.[10] Junto a isso, a Corporação Nacional de Petróleo da China dispunha de significativas participações acionárias na Companhia Síria de Petróleo e na Furat Petroleum, as duas maiores petroleiras do país árabe.[11]

Mesmo considerando o envolvimento chinês, o regime contou, acima de tudo, com seus aliados próximos - Rússia, Irã e o Hezbollah. Uma dependência que cresceu em todos os níveis no decorrer do levante.

2. Federação Rússia

Antigo partidário do regime sírio, Moscou deixou claro seu comprometimento com Damasco e a família Assad desde o início do levante, em março de 2011. A Rússia vetou e bloqueou contínuas tentativas dentro do CSNU de impor sanções e outras medidas punitivas ao regime sírio. Moscou considerava a possível derrubada de Assad como ameaça enorme aos seus próprios interesses regionais. Temia um enfraquecimento de sua influência, com o reforço das posições dos EUA e seus correligionários na região, assim como uma expansão do impacto dos movimentos fundamentalistas islâmicos, considerados pelo governo russo como um desafio em potencial, não somente à sua posição no Grande Oriente Médio, mas também no Cáucaso e na Ásia Central.[12] Isso não impediu o Serviço Federal de Segurança da Rússia em facilitar o livre trânsito das redes fundamentalistas islâmicas do norte do Cáucaso à Síria, talvez como forma de expulsá-las de seus próprios territórios. A quantidade de ataques terroristas no norte do Cáucaso, de fato, reduziu-se entre 2014 e 2015, de 525 a estimados 260. No entanto, os serviços de inteligência russos se preocupavam com o retorno dos jihadistas.[13]

A intervenção militar ocidental e a derrubada do ditador líbio Muammar Gaddafi também contribuíram para a recusa russa em aceitar qualquer resolução da ONU que autorizasse uma intervenção contra Assad. As autoridades de Mos-

---

9. *The Syria Report*, 2018s.
10. *The Syria Report*, 2018v.
11. Hemenway, 2018.
12. Heydemann, 2013a, p. 4-5.
13. Citado em Valenta e Valenta, 2016.

cou consideravam que haviam sido enganadas por Washington, de forma deliberada, no caso da Líbia, quando os americanos persuadiram Moscou a não vetar uma resolução do CSNU contra Gaddafi. A Secretária de Estado dos EUA, Hillary Clinton, descrevera a operação como uma missão humanitária para evitar a matança de civis líbios pelas tropas governistas. Porém, conforme os contingentes da Organização do Tratado do Atlântico Norte (OTAN) aumentaram e expandiram sua campanha de bombardeios aéreos, ficou evidente que a intervenção internacional visava derrubar Gaddafi.[14] A empresa Rosoboronexport, especializada na venda de produtos de defesa russa, perdeu ao menos 4 bilhões de dólares em contratos, enquanto a companhia de energia Gazprom foi privada de bilhões de dólares nos negócios de exploração e extração assinados com o regime, antes da sua queda, em 2011.[15] Além disso, com a saída de Gaddafi de cena, a Rússia também perdeu um coligado político que mantinha relações relativamente amigáveis com Moscou.

O regime Assad consome armamentos russos há décadas. Segundo o Instituto Internacional de Pesquisas para a Paz, de Estocolmo, entre 2007 e 2012, a Rússia representava 78% das compras de armas da Síria, enquanto entre 2007 e 2010, as vendas de armas russas para Damasco alcançaram a soma de 4,7 bilhões de dólares, mais do que o dobro dos quatro anos anteriores. Mais do que isso, as companhias daquele país detinham 20 bilhões de dólares de investimentos na Síria às vésperas do levante,[16] com destaque para o setor de energia.[17] Em 2004, Moscou também concordou em cancelar 9,8 bilhões de dólares da dívida síria de 13,5 bilhões à antiga União Soviética,[18] postergando o pagamento dos 3,61 bilhões restantes.

O centro naval russo na cidade de Tartus também era um ativo relevante para os interesses geopolíticos do país, sendo a única base militar fora da antiga União Soviética com acesso direto ao Mar Mediterrâneo, alavancando a sua capacidade operacional na região. Após a visita de Bashar al-Assad a Moscou, em 2005, e com a intensificação do relacionamento entre os dois países, ocorreu uma renovada cooperação militar russo-síria, incluindo a reforma do porto de Tartus para acomodar navios de maior calado, um processo iniciado em 2008 e completado em 2012. Segundo especialistas,[19] a instalação enfrentava reformas para servir como base de apoio a uma presença naval permanente da Rússia no Mar Mediterrâneo. Ela estava alinhada com a visão do presidente russo Vladimir Putin para o

14. Valenta e Valenta, 2016.
15. Blas e Champion, 2016.
16. Borshchevskaya, 2013.
17. Syria Report, 2017h.
18. Rainey, 2015.
19. *Global Security*, 2016.

seu terceiro mandato, cuja campanha tinha como um dos seus pilares, a expansão do poder marítimo.[20]

Mesmo antes do levante, a importância da base naval de Tartus crescia na Síria. As forças armadas russas ampliaram sua pequena base náutica para receber embarcações de guerra e transporte maiores, como parte de uma ampliação geral de suas tropas militares. Em meados de 2015, foram destacados 1700 especialistas militares russos, um aumento drástico de pessoal em uma base que, até 2012, era operada por um punhado de militares e civis.[21] A expansão militar na Síria fazia parte de um projeto russo ambicioso, que incluía a construção de bases militares em vários outros países.[22]

O Estado russo seguiu entregando quantidades críticas de armas, munições, peças de reposição e materiais recondicionados para os batalhões pró-regime.[23] Em janeiro de 2014, aumentaram o suprimento de material militar para o regime sírio, compreendendo veículos blindados, drones e bombas teleguiadas.[24] O corpo militar russo também treinou alguns soldados e aconselhou oficiais do Exército Árabe da Síria,[25] enquanto desenvolvia vínculos com as milícias pró-regime, incluindo a Brigada palestina Quds, em Alepo,[26] e as milícias dos irmãos Jaber.[27] Em agosto de 2015, novos equipamentos militares russos chegaram à Síria, enquanto Moscou sofisticava seu programa de compartilhamento de inteligência com o regime. No mesmo mês, foi assinado um acordo entre Moscou e Damasco permitindo à Rússia estabelecer uma base aérea em Hmeimim para o lançamento de operações.[28] O acordo, que exigia um ano de aviso prévio para ser encerrado por qualquer uma das partes, elevava a autonomia dos militares russos na Síria, permitindo a entrada e saída de seus carregamentos e pessoal com liberdade, e não sujeitos ao controles dos sírios, enquanto os próprios sírios eram proibidos de entrar nessas bases sem previa autorização. Por fim, a Rússia renunciava a qualquer responsabilidade a danos causados por suas atividades na Síria.[29]

Após este acordo, em 30 de setembro de 2015, o patamar de envolvimento militar russo foi elevando-se, com seus jatos realizando seus primeiros ataques na Síria. A operação visava a retomada de territórios perdidos por Assad para as vá-

20. Borshchevskaya, 2013.
21. Bodner, 2015.
22. Al-Saadi, 2015b.
23. Heydemann, 2013a, p. 4.
24. Saul, 2014.
25. Kureev, 2016.
26. Toumaj, 2016.
27. Hayek e Roche, 2016.
28. Stratfor, 2015.
29. Birnbaum, 2016.

rias frentes de oposição.[30] O Estado russo justificou sua intervenção militar direta e massiva, no contexto da guerra ao terror, em particular contra o Estado Islâmico (EI), protegendo a Síria. No entanto, a desagregação do regime Assad constituiu a motivação central para o apoio político e militar vindo de Moscou, voltado a liquidar toda forma de oposição interna. Isso foi provado pela baixa proporção de ataques aéreos russos na Síria visando o EI. Se nos três meses de 2016, 26% deles se voltavam contra o EI,[31] o número baixou para 22% no segundo trimestre e para 17% no terceiro. Como defendido por Alex Kokcharov, principal analista russo da empresa de Serviços de Gerenciamento de Informações Markit

> a prioridade da Rússia é prover apoio militar ao governo Assad e, em especial, transformar a guerra civil, de um conflito multipartidário, para um conflito binário entre o governo sírio e os grupos jihadistas como o EI (...)[32]

Moscou acumulou forças terrestres relevantes em vários locais da Síria. Em 2016, as tropas envolvidas em combates, estimadas em algumas milhares, incluíam diversas empresas militares privadas (entre elas E.N.O.T. Corp, Wagner PMC e Morgan Security Group PMC)[33] assim como a polícia militar russa, manobrando infraestruturas e armamentos modernos.[34] Enquanto a Rússia implantava o sistema de mísseis de defesa aérea S-300 para garantir a segurança de sua base naval em Tartus, os navios da sua marinha, ao longo da costa do Mediterrâneo, carregavam mísseis de defesa aérea S-400 e o sistema Pantsir de mísseis de curto alcance. Moscou também enviou três embarcações carregadas com mísseis, para fortalecer sua frente naval na costa da Síria.[35] Em janeiro de 2017, os dois países assinaram acordos para prolongar o controle de Moscou sobre o porto estratégico de Tartus. A concessão, com validade de 49 anos, permitia que a Rússia dragasse o porto mediterrâneo, instalando ancoradouros flutuantes, qualificando os serviços de reparo. Caso não haja objeções, o tratado tem renovação automática por um período adicional de 25 anos.[36] Em abril de 2019, as autoridades russas declararam que o aluguel do porto de Tartus também contemplaria a expansão e modernização das instalações para a sua esquadra.

30. Bassam, 2015.
31. AFP, 2016a.
32. AFP, 2016a.
33. Hayek e Roche, 2016; Spencer, 2016.
34. *Moscow Times*, 2016.
35. The New Arab, 2016c.
36. DW, 2017.

Ao final de 2016 e início de 2017, a polícia militar russa foi destacada na Síria para treinar seus colegas sobre como fazer patrulhas conjuntas, inclusive nas "zonas de desescalonamento"[37] e nos espaços em que ocorreram os chamados acordos de reconciliação entre o regime e a oposição. O presidente Putin recebeu, em pessoa, os membros das empresas militares privadas, apesar delas serem ilegais na Rússia. No entanto, no final de dezembro de 2016, Putin assinou uma emenda legal referente à Lei nº 53, que permitia a alocação de mercenários russos em todo o mundo, autorizando a subcontratação de empresas militares privadas pelas forças armadas russas.[38]

A Rússia também utilizou a intervenção militar na Síria como "uma maneira de exibir seus armamentos para exportação", segundo Omar Lamrani, ex-analista da Stratfor, em particular com os jatos de combate SU-34 e mísseis teleguiados.[39] Vladimir Shamanov, antigo comandante russo e atual membro do parlamento, mencionou em uma sessão em fevereiro de 2018, que mais de 200 novas armas desenvolvidas por cientistas de Moscou foram testadas na Síria.[40]

Em agosto de 2018, segundo o Kremlin, 63.012 militares russos "receberam treinamento de combate" na Síria, incluindo 25.738 altos oficiais e 434 generais, assim como 4.349 especialistas em artilharia e foguetes.[41]

O papel econômico da Rússia também evoluiu depois de 2015. Novas oportunidades comerciais e de mercado abriram-se para seus investidores durante o período, em especial na venda de cereais e trigo. A firma russa Adyg Yurak, sediada na província de Adygea, tornou-se agente fundamental nas trocas econômicas entre ambos os países, estabelecendo contatos privilegiados com inúmeras figuras do regime, dentre as quais o empresário em ascensão, Samer Foz, proprietário do Grupo Aman[42] (ver Capítulo 7). Em setembro de 2018, entidades estatais sírias também assinaram contratos no valor de 19,7 milhões de dólares para comprar maquinário pesado da Rússia, a ser usado pela indústria de construção na Síria.[43]

O objetivo de Moscou era capitalizar as reservas de petróleo e gás, dentre outras indústrias sírias que atraíam o interesse de empresas russas. Em dezembro de 2016, a Europolis, propriedade de um empresário próximo a Vladimir Putin, assinou um tratado com o regime, estipulando receber um quarto de todas as re-

---

37. Acordos assinados pela Rússia, Turquia e Irã, pedindo um fim às hostilidades entre a resistência e as forças pró-regime em quatro regiões (AFP, 2017).
38. Dobbert e Neumann, 2017; Mardasov, 2018.
39. Citado em Brown, 2017.
40. The New Arab, 2018b.
41. AFP, 2018.
42. *The Syria Report*, 2017j.
43. *The Syria Report*, 2018q.

servas de petróleo e gás do território sírio recuperados pelo governo. Em troca, a Rússia forneceria mercenários que contribuiriam no combate para expulsar o Estado Isâmico dessas áreas.[44]

Em junho de 2017, Damasco concedeu à Stroytransgaz[45] um contrato para extrair 2,2 milhões de toneladas de fosfato por ano das suas minas na região central da Síria, por um período de 50 anos. A empresa, que figurava entre as mais ativas na Síria antes do levante, recebeu 70% das receitas, contra apenas 30% destinados ao governo.[46] O total de exportações de fosfato antes da guerra, em 2010, foi estimado em mais de 200 milhões de dólares. De 2009 a 2011, a Síria forneceu quase um quinto das importações de fosfato da União Europeia (UE), mas as vendas colapsaram durante a guerra. No início de 2018, à medida que o regime continuava a consolidar seu poder, alguns países da UE começaram a comprar novamente o produto da Síria, mesmo que em níveis muito abaixo do pré-guerra. As importações gregas aumentaram de 5.000 a 16.900 toneladas entre dezembro de 2017 e abril de 2018, em um valor estimado em cerca de 900 mil euros.[47]

A Stroytransgaz conseguiu diversos outros contratos para projetos de infraestrutura naquele ano, abrangendo duas usinas de processamento de gás.[48] Em junho de 2018, assumiu o desenvolvimento e gerenciamento da Companhia Geral de Fertilizantes (GFC), um dos maiores complexos do gênero do país, próximo a Homs. O acordo incluía 200 milhões de dólares de investimentos pela Stroytransgaz para reabilitar e aprimorar as três usinas produtoras de ureia, superfosfato triplo e nitrato de amônia operadas pela GFC. Ao final, a produção aumentaria e os fertilizantes seriam vendidos nos mercados locais e de exportação. Em troca, a Stroytransgaz assumiria o controle e o gerenciamento da empresa e receberia 65% dos seus lucros por um período de pelo menos 25 anos, prorrogáveis por mais 40 anos. Os 35% restantes iriam para o governo.[49] Em janeiro de 2019, o Conselho do Estado de Homs anunciou a reabertura da usina de fertilizantes de fosfato, após anos de suspensão, com uma capacidade de produção de 400 toneladas anuais.[50]

---

44. *The Syria Report*, 2017k.
45. A Stroytransgaz pertencia a Gennady Timchenko. Tanto a empresa, quanto o seu proprietário foram incluídos na lista de sanções dos EUA, em 2014, após a invasão da Crimeia pela Rússia.
46. *The Syria Report*, 2017i.
47. Marks, 2018.
48. A mina contabilizava reservas totais estimadas em cerca de 1,8 bilhão de toneladas, mas o trato cobria um bloco específico com 105 milhões de toneladas. A parte síria do acordo era o Estabelecimento Geral de Geologia e Recursos Minerais, empresa-mor da Companhia Geral de Fosfato e Minas (GECOPHAM, na sigla em inglês) – a estatal diretamente envolvida na extração de fosfato (*The Syria Report*, 2018k).
49. Kayali, 2018; *The Syria Report*, 2018n.
50. Enab Baladi, 2019a.

Damasco e Moscou assinaram uma série de acordos nos últimos anos, cobrindo vários setores. No entanto, a exceção dos voltados a energia e mineração, poucos se materializaram. As lideranças russas diziam com frequência às contrapartes sírias a necessidade de garantir o financiamento para os projetos de desenvolvimento, enquanto os investidores privados demonstravam pouco interesse em investir na Síria fora dos setores citados.

A dependência do regime Assad da Rússia intensificou-se ao longo da guerra, enquanto suas manobras militares e diplomáticas eram coordenadas com Moscou. Isso não evitou que ocorressem alguns desacordos ou incidentes menores entre os dois. Por exemplo, em várias ocasiões, Damasco minou os esforços de Moscou para formar um governo de unidade nacional na Síria, indicando sua pouca motivação para envolvimento com quaisquer representantes e figuras de oposição, mesmo os que reivindicavam diálogos com o regime e mantinham conexões próximas com a Rússia.[51] De maneira similar, Moscou estava mais inclinado a promover um cessar-fogo nacional no país e uma resolução política internacional para o conflito, ao passo que Assad discordava. Damasco preferia cessar-fogos locais, procurando alcançar cada um nos seus próprios termos, em áreas conquistadas ou contestadas, enquanto também explorava a calma produzida para deslocar seus grupos, escalonando o conflito em outros lugares.[52] A capacidade de Assad para obstruir essas iniciativas demonstraram sua habilidade em manter algum grau limitado de autonomia da influência russa.

A intervenção militar na Síria ajudou a Rússia a se tornar o ator estrangeiro decisivo no país e nos acordos pós-conflito, enquanto suas novas capacidades militares e políticas foram reveladas no cenário internacional. De maneira mais ampla, conseguiu expandir os limites da rivalidade geopolítica e da competição entre Moscou e o Ocidente (ou a OTAN), para longe da fronteira russa, enquanto deixava claro que qualquer ação a favor dos EUA ou da OTAN precisaria levar em conta os interesses russos para uma solução viável.

3. República Islâmica do Irã

O regime iraniano teve um aumento qualitativo em sua influência e posição regional, principalmente através da Guarda Revolucionária Iraniana (ou *Pasdaran*) durante a década anterior ao levante sírio. O fracasso, em 2003, da intervenção militar norte-americana e britânica no Iraque, e sua subsequente ocupação,

---

51. Al-Saadi, 2015b.
52. Bonsey, 2017.

Mapa 19. Situação militar na Síria e Iraque (2017)

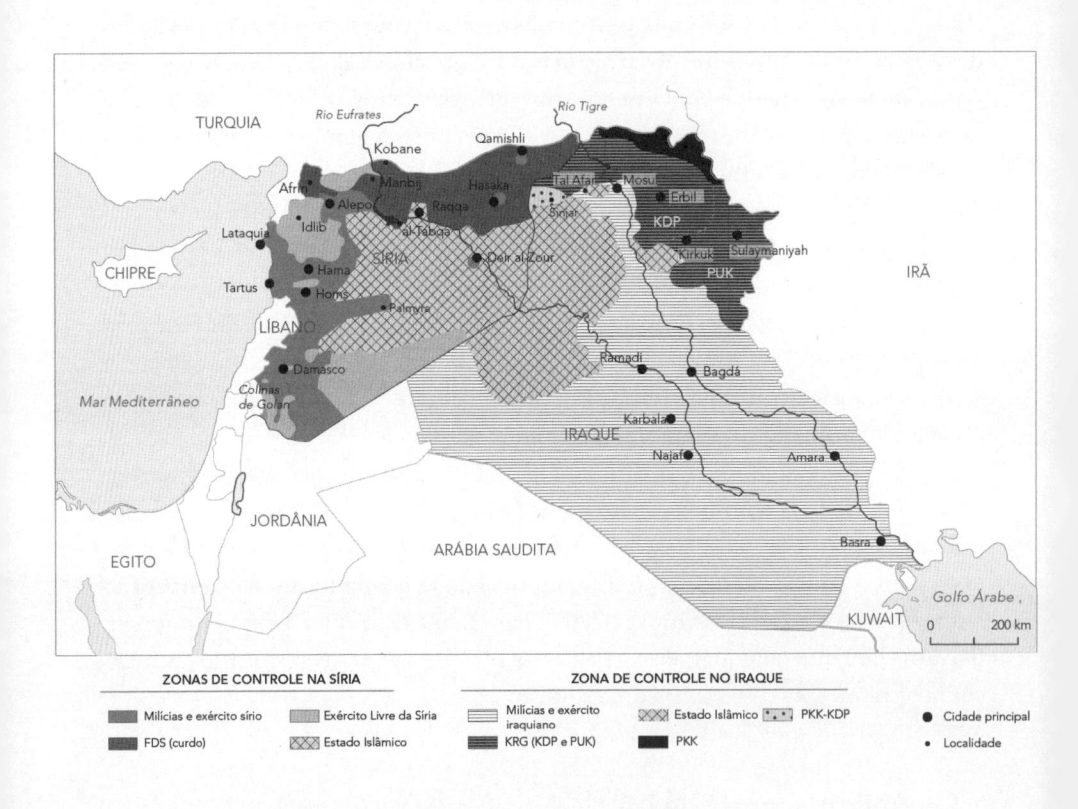

permitiu a Teerã (e aos fundamentalistas islâmicos xiitas em particular) maior influência no país, aprofundando sua dominação sobre várias instituições estatais, enquanto suas redes religiosas e de milícias na Iraque eram expandidas. A influência iraniana foi revigorada após o confronto entre Israel e o Líbano, através da crescente popularidade do Hezbollah no país, notadamente depois da sua vitória autodeclarada na guerra israelense de 2006. A expansão desse prestígio ocorreu também junto a outros partidos políticos da região, incluindo no Iêmen e os Territórios Ocupados da Palestina.

Esse ganho em autoridade regional pelo Irã foi conduzido em particular pela Pasdaran, uma formação político-militar e, em certa medida, um Estado dentro do Estado. Além de controlar um setor importante da economia nacional, a Guarda Revolucionária Iraniana representa a face armada do expansionismo do país, manifesto nas intervenções no Iraque, na Síria e no Líbano.[53]

O Irã tem sido um aliado-chave de Bashar al-Assad, advertindo contra o enfraquecimento do governo e estabelecendo uma linha vermelha para sua queda. Damasco tem atuado como um provedor e fornecedor essencial para o Hezbollah, o representante do Irã no Líbano, que joga um papel importante em garantir sua segurança territorial em relação a Israel e aos Estados Unidos. O regime protege as rotas iranianas de fornecimento ao Hezbollah, tornando improvável que Teerã colabore com qualquer entidade síria não associada a Assad para realizar essa operação.[54] A teocracia também enxergou o perigo real em perder um dos seus correligionários na região, caso o levante sírio fosse vitorioso. Seria não só a derrota de um amigo próximo do país persa, mas também beneficiaria em peso seus rivais regionais, com destaque às monarquias do Golfo.[55]

Os serviços de segurança e inteligência da República Islâmica do Irã aconselharam e assistiram o regime sírio, dentro do próprio país, desde o início do levante. Teerã forneceu suprimentos militares essenciais para Assad e ajudou a estabelecer milícias pró-regime em termos nacionais. O chefe do Pasdaran em Teerã, Quassem Suleimani, desempenhou papel direto na criação das redes milicianas da Forças de Defesa Nacional, um dos primeiros exemplos, a nível local, dos iranianos assumindo uma direção militar para apoiar os batalhões do governo.[56]

Entre 2012 e 2013, o Irã também ajudou Assad a criar e formar inúmeras milícias locais e regionais, contendo as facções da rede Liwa Abu Fadl al-Abbas (LAFA) baseadas em Damasco, cujos comandantes xiitas iraquianos viviam no

---

53. Houcarde, 2008; Achcar, 2018.
54. Lister e McCants, 2014.
55. Aboudi, 2013.
56. Hayek e Roche, 2016.

país desde o início dos anos de 1980, após fugirem do regime de Saddam Hussein.[57] As várias milícias da rede LAFA recrutavam números crescentes de combatentes estrangeiros, especialmente xiitas iraquianos, mas também paquistaneses e afegãos (mobilizando entre 10 e 20 mil xiitas afegãos), alinhados e organizados pelo Irã.[58] As facções da LAFA combateram ao lado de outras milícias pró-regime em toda a Síria contra a oposição armada.[59]

O contingente inicial de 1.000 a 1.500 guardas revolucionários iranianos na Síria cresceu para cerca 3 mil no outono de 2015, paralelo ao início da intervenção direta dos militares russos, e sua campanha de bombardeios aéreos no país. O Irã aumentou mais uma vez seus destacamentos na Síria durante 2016, participando na operação de cerco e recaptura de bairros no leste de Alepo.[60] As autoridades iranianas também permitiram que os russos utilizassem a base aérea de Shahid Nojeh, em Hamedan, para bombardear alvos sírios, uma ação sem precedentes, relevando a importância da Síria para a política externa de Teerã na região.[61] O Irã expandiu sua infraestrutura na Síria, instalando três bases centrais para supervisionar as operações nas áreas maiores - uma próxima de Alepo, no norte, e duas ao sul de Damasco – além de sete bases táticas menores próximas a linhas do front, onde atuava com seus subordinados.[62]

A intervenção iraniana na Síria tem tido custos elevados para a economia do país, com os gastos variando, desde 2012, entre 16 e 48 bilhões de dólares em apoio militar e econômico.[63] Em comparação, segundo o IHS Jane's Information Group (fornecedor de inteligência para governos e a indústria de defesa), o valor do envolvimento russo foi estimado entre 2,4 milhões a 4 milhões de dólares por dia, totalizando entre 2,5 bilhões a 4,5 bilhões de dólares, desde setembro de 2015.[64] O Irã realizou quatro importantes empréstimos ao regime Assad entre 2013 e 2017:

O primeiro, de 1 bilhão de dólares, veio em janeiro de 2013, depois das receitas do regime despencarem a 50% dos seus níveis pré-guerra. Assad destinou-o ao pagamento de bens alimentícios importados, e para elevar as reservas estrangeiras oficiais do país. O acordo foi assinado entre o Banco Comercial da Síria e o

---

57. Hage Ali, 2017.
58. Spencer, 2016; Majidyar, 2017a.
59. Hayek e Roche, 2016.
60. Bucala, 2017, p. 4.
61. Geranmayeh e Liik, 2016, p. 4.
62. Barnard, Hubbard e Kershner, 2018.
63. Farhang, citado em Daragahi, 2018; Hatahet, 2019, p. 3.
64. Hatahet, 2019, p. 3.

Banco Saderat – voltado ao financiamento das exportações iranianas. Ambas são instituições estatais sob sanção dos EUA.

Um segundo empréstimo, mais robusto, de 3,6 bilhões de dólares, ocorreu em agosto de 2013. Esse dinheiro foi reservado para a aquisição de petróleo cru e derivados, depois do governo sírio perder quase todos os campos do insumo no leste do país. Segundo a Agência Internacional de Energia, a Síria importou uma média de 30 mil barris de petróleo cru por dia do Irã em 2013.

Em junho de 2015, o Irã aprovou uma nova linha de crédito de 1 bilhão de dólares, usada para apoiar as importações e compensar a queda aguda no valor da libra síria.

Em janeiro de 2017, o Irã concedeu mais 1 bilhão de dólares ao regime. O novo empréstimo foi utilizado para saldar as importações sírias. Metade do valor seria alocado para os suprimentos de petróleo, enquanto o restante para produtos agrícolas e industriais, que precisariam ser comprados do Irã ou através de empresas iranianas.[65]

Tais acordos aprofundaram os investimentos e os laços econômicos entre ambos os regimes, até então frágeis e, na sua maior parte, sem efetivação até o início dos protestos de 2011. O comércio entre os dois países cresceu de cerca de 300 milhões de dólares em 2010, para 1 bilhão em 2014.[66] Segundo o Ministério da Economia, o Irã foi o principal fornecedor da Síria em 2014, contribuindo em cerca de 34% do total das importações, comparado a menos de 2% em 2010.[67] Essas exportações aumentaram novamente depois da concessão de duas linhas de créditos de Teerã a Damasco entre 2013 e 2015. Em alguns ramos, como no de equipamentos e maquinários para o setor elétrico, a Síria passou a depender no Irã.[68]

Em junho de 2018, Hussein Sheikh al-Islam, conselheiro do ministro das relações exteriores do Irã, celebrou a presença de uma maioria de empresas iranianas nos leilões de energia hidroelétrica na Síria.[69] No entanto, as empresas iranianas de capital privado demonstraram pouco interesse em investir no mercado sírio, com apenas uma sociedade limitada (Ltda) e um escritório de representação comercial abertos na capital síria entre 2011 e 2015.[70]

Em abril de 2016, o acordo preferencial de comércio entre os dois países foi finalmente cumprido, com a redução da alíquota de impostos para 4% entre ambos. O favorecimento iraniano era óbvio, dado que suas exportações, em 2016,

65. Al-Saadi, 2015a; *The Syria Report*, 2015e; *The Syria Report*, 2017e.
66. Al-Saadi, 2015a.
67. *The Syria Report*, 2015e.
68. *The Syria Report*, 2015e.
69. Enab Baladi, 2018h.
70. *The Syria Report*, 2015e.

eram 20 vezes maiores que as sírias.⁷¹ A dependência de Damasco garantiu a Teerã um acordo, em 2011, para a criação de um gasoduto iraniano destinado à Europa,⁷² através do Iraque e da Síria, criando futuras oportunidades econômicas.

Em meados de janeiro de 2017, cinco grandes tratados econômico foram firmados entre Damasco e Teerã, enquanto um sexto era esperado para a possível transferência do gerenciamento de um porto sírio para uma empresa iraniana. Todos os convênios envolveram a transmissão de importantes recursos e ativos sírios ao Irã, sem compensações claras. Um dos cinco acordos tratava da entrega ao Irã, em um arrendamento de longo prazo, das minas de fosfato de al-Sharqiyeh, localizadas próximas a Palmira. Os outros três acordos envolviam o arrendamento de terras sírias por empresas iranianas.⁷³ Por fim, foi concedida uma licença de telefonia celular para a Companhia de Telecomunicação Móvel Iraniana (MTCI),⁷⁴ uma subsidiária da Companhia de Telecomunicação Iraniana, detentora do monopólio da rede fixa do Irã, privatizada em 2009. A empresa é controlada e operada por um consórcio, abrangendo a Mobin Trust Consortium e Toseye Eatemad Mobin, ambas afiliadas à Guarda Revolucionária Iraniana.⁷⁵ No entanto, em setembro de 2017, na Feira Internacional de Comércio de Damasco, o ministro sírio das telecomunicações, Ali al-Zafir, questionou o acordo, argumentando que o seu governo estava discutindo "com diversos países amigos da Síria, incluindo o Irã, perspectivas de investimento em uma terceira operadora de telefonia móvel."⁷⁶ Dois motivos explicam a resistência à possível licença para o MTCIs: risco de concorrência como a Syriatel, controlada por Rami Makhlouf, indisposto a ver mais competição no seu setor; e as incertezas e preocupações dos serviços de segurança com a perspectiva das forças militares iranianas acessarem a rede de telecomunicações do país.⁷⁷

Esses tratados revelaram o peso crescente do Irã na economia Síria e sua evolução a favor de Teerã, assim como no campo da segurança, com no desenvolvimento de uma rede de telecomunicações por uma afiliada à Pasdaran. Em 2010, Damasco iniciou a concessão de uma terceira licença, voltada a atrair empresas globais, expandindo o mercado sírio. Seis delas apresentaram lances – France Telecom; Turkcell; Etisalat; QTEL, do Catar; Saudi Telecom e Toseye Eatmad Mobin, do

---

71. *The Syria Report*, 2016h.
72. Al-Saadi, 2015a.
73. Cerca de 5000 hectares seriam usados para o cultivo agrícola, outros 1000 hectares para criação bovina, e 5000 para tanques e reservatórios destinados à armazenagem de petróleo. Porém, a localização dessas terras não foi especificada (*The Syria Report*, 2017d; Francis e Sharafedin, 2017).
74. Em língua persa, *Hamrahe Aval* significa "O Primeiro Companheiro", uma referência a Ali bin Abi Taleb, um correligionário do Profeta Mohamed e primeiro imã do islamismo xiita.
75. Hamidi, 2017; *The Syria Report*, 2017c; Francis e Sharafedin, 2017.
76. Citado em *The Syria Report*, 2017m.
77. Yazigi, 2019, p. 22.

Irã. O governo selecionou cinco finalistas, excluindo a iraniana. No início de 2011, diversos candidatos se retiraram, mencionando insatisfação sobre os termos do contrato, até que o início do levante acabou por levar o regime a anular o negócio.[78]

Outros acordos econômicos foram concluídos ao longo dos anos. Em maio de 2018, por exemplo, a Federação Geral de Agricultores Sírios assinou um contrato[79] com a Companhia de Manufatura de Tratores do Irã para a aquisição de 3000 tratores agrícolas com motores de 47 e 75 cavalos.[80] Teerã também atuou em diversos projetos de reconstrução pelo país (ver Capítulo 7).

Em fevereiro de 2018, o Major-General Yahya Rahim Safavi, mais alto conselheiro militar do Líder Supremo Aiatolá Ali Khomeini, declarou que o Irã recuperaria os custos dos seus investimentos na guerra síria com a exploração dos recursos naturais do país, salientando os interesses econômicos pelos espólios da guerra.[81]

No entanto, no início de 2018, as autoridades e a imprensa iranianas criticaram a falta de implementação dos tratados econômicos mencionados acima e concluídos nos anos anteriores. Após algum progresso, em junho de 2018 Teerã assegurou o direito de desenvolver suas reservas de fosfato pela ratificação, no parlamento sírio, do "acordo assinado entre os governos sírio e iraniano, associados ao desenvolvimento das minas de fosfato localizadas perto de Palmira."[82]

Uma semana depois, durante a visita do ministro sírio da economia e comércio exterior à capital iraniana, Muhammad Samer al-Khalil comentou com o ministro iraniano de Assuntos Econômicos e de Finanças, Masoud Karbasian, sobre a necessidade de "encontrar as melhores maneiras para implementar acordos assinados entre os dois lados, firmar novos convênios e encorajar os setores públicos e privados a realizarem projetos conjuntos."[83] As autoridades de ambos os lados também discutiram meios para aumentar a cooperação estratégica nos setores econômico, comercial, de investimento e de serviços, enfatizando a importância de uma ferrovia conectando a Síria, o Irã e o Iraque, para facilitar o acesso ao Mar Mediterrâneo e à Europa, além da necessidade de criar um mercado livre comum entre os três Estados.[84] Em outubro de 2018, durante uma reunião do Fórum Empresarial Sírio-Iraniano, foram assinados diversos Memorandos de Entendimento

---

78. *The Syria Report*, 2016m.
79. Segundo *The Syria Report* (2018k), acreditava-se que o acordo seria financiado pela linha de crédito do Irã, em benefício do governo sírio. Nesse ínterim, o Banco Agrícola Cooperativo, de propriedade do Estado, proveria empréstimos concessionários para agricultores individuais.
80. *The Syria Report*, 2018l.
81. The New Arab, 2018a.
82. Citado em *The Syria Report*, 2018m.
83. Citado em SANA, 2018b.
84. SANA, 2018b.

entre os dois países, nas áreas de comércio, investimentos, economia e produção, incluindo um acerto para formar uma Câmara de Comércio Conjunta entre a Federação das Câmaras de Comércio Sírias e a Câmara de Comércio, Indústria, Minas e Agricultura do Irã.[85] Em março de 2019, avançaram as tratativas de transferência do terminal de contêineres do Porto de Latáquia de Damasco para o Irã.

Rumores e outras notícias[86] sobre indivíduos e instituições iranianas comprando grandes extensões de terras em toda a Síria são difíceis de avaliar, seus números sendo, em geral, exagerados.[87] Como uma das únicas certezas nesse sentido, podemos citar o caso do subúrbio de Sayyida Zeinab, em Damasco, sede de um santuário xiita, onde de fato ocorreram investimentos e aquisições iranianas.[88]

Nesse ínterim, a influência política, religiosa e cultural iraniana difundiu-se por diversas partes do país, em particular nas áreas costeiras, em Damasco, na zona rural de Alepo e Deir ez-Zor. As instituições ligadas ao Irã se multiplicaram, oferecendo atividades sociais, médicas e educacionais, assim como academias e espaços religiosos.[89] A sua criação serviu alguns propósitos, incluindo o desejo do governo iraniano de construir uma base popular, garantindo a lealdade das populações locais. O Irã também estendeu algumas das suas empresas e instituições para território remotos e mal atendidos, com destaque aos setores rurais e entornos de Alepo e Deir ez-Zor.[90]

Desde 2012, a comunidade xiita síria também vem desenvolvendo suas entidades através das intervenções iranianas, do Hezbollah e dos xiitas iraquianos no levante sírio. Isso englobou desde a construção de uniões de escoteiros (como em Homs e Damasco) até a elevação da própria liderança religiosa da comunidade no país, por meio da criação do Conselho Supremo Islâmico Ja'fari na Síria, surgido em 2012 seguindo o modelo do Conselho Supremo Islâmico Xiita do Líbano. O Conselho Superior Islâmico Ja'fari na Síria, comandado por Sayyed Muhammad Ali al-Misky, adotou posições políticas khomeinistas, mantendo proximidade às milícias pró-Irã que combatem na Síria.[91]

A influência social iraniana no país também expressou-se nas ruas de Damasco antes mesmo da criação e estímulo das milícias fundamentalistas xiitas, em

---

85. SANA, 2018h.
86. Um jornalista, por exemplo, escreveu no website al-Modon que, entre 2015 e o final de 2018, mais de 8000 propriedades em Damasco e cercanias foram transferidas de sírios para "xiitas iraquianos e iranianos", segundo uma fonte privada do Departamento de Registro de Imóveis (Haddad, 2019b).
87. The Syria Report, 2015e; Jedinia e Kajjo, 2016.
88. Yazigi, 2019, p. 22.
89. Jaber, 2015; al-Hal, 2018; Sada al-Sham, 2018.
90. Hatahet, 2019, p. 6.
91. Hage Ali, 2017.

eventos próprios como a Ashura,[92] ou nas grandes festas celebrando a Revolução Islâmica do Irã por toda a Síria, abrangendo Alepo, Damasco e Latáquia. Esses eventos todos, organizadas por entidades governamentais iranianas ou por organizações culturais e religiosas financiadas por Teerã, demonstraram a sua crescente influência política e cultural persa.[93]

Em geral, ao longo do levante sírio, o Irã foi capaz de expandir sua rede regional xiita de organizações de tipo miliciana, como as seguintes:[94]

I. As*aib Ahl al-Haqq*, grupo xiita iraquiano subordinado ao Irã, que canaliza combatentes à Síria

II. *Kataib Sayyid al-Shuhada*, no início uma organização iraquiana obscura apoiada pelo Irã, cuja meta anunciada é defender todos os santuários xiitas pelo mundo, porém limitando seu envolvimento apenas à Síria e ao Iraque

III. A organização subordinada ao Irã *Harakat Hezbollah al-Nujaba*, que anunciou a criação do *Liwa Ammar ibn Yasir*, milícia xiita iraquiana cujo nome ecoa um santuário em Raqqa, dedicado ao religioso Ammar ibn Yassir, destruído por jihadistas sunitas

IV. A Organização *Badr*, na origem um braço militar do antigo Conselho Islâmico Superior do Iraque, mais tarde o Conselho Supremo para a Revolução Islâmica no Iraque, principal facilitador da Guarda Revolucionária Iraniana para operações no Iraque.

O confronto permitiu a difusão da ideologia fundamentalista do Estado iraniano de maneira mais ampla. Além disso, a presença de militantes xiitas de muitas nacionalidades combatendo na Síria permitiu ao Irã projetar o seu poder nas comunidades xiitas no mundo todo.[95]

Durante os anos de guerra, a Síria continuou considerada como um ativo estratégico iraniano, expresso na declaração de Ali Akbar Velayati, alto conselheiro de Khamenei, referindo-se à Síria como "anel dourado da frente de resistência." Acrescentou: "se Assad e o povo sírio fracassarem em sua luta contra os grupos Takfiri (...) seus próximos alvos serão o Iraque, seguido pelo Irã."[96] Teerã tratou cada vez mais a Síria como sua mais importante linha de defesa, contra um esforço conjunto

---

92. Al-Souria Net, 2016c; al-Hal, 2018.
93. Majidyar, 2017b.
94. Smyth, 2015, p. 1-5.
95. Smyth, 2015, p. 1-5.
96. Hafezi, 2016.

de inimigos regionais e internacionais, não apenas para derrubar o regime em Damasco, encerrando sua aliança com os iranianos, mas também, como parte de uma estratégia de longo prazo, para isolar e derrubar a República Islâmica do Irã.

4. Hezbollah

O Hezbollah cultiva há décadas uma proximidade com o regime sírio, um pacto que se fortaleceu com o passar do tempo, sobretudo após a morte de Hafez al-Assad. Ele tratava o grupo como uma ferramenta útil para fortalecer os elos entre Síria e Irã, explorando os seus ataques para pressionar Israel durante negociações de paz. A situação mudou com Bashar al-Assad, sendo transformada ainda mais após a retirada das forças armadas sírias do Líbano em 2005, e a guerra de 2006 entre Israel e o Hezbollah. O regime passou a ver sua relação junto ao Hezbollah evoluir, de uma aliança tática e provisória, como à época de Hafez, para uma profunda aliança estratégica. Bashar intensificou a colaboração síria com o grupo nas esferas política e militar.[97]

A erupção do levante sírio, em março de 2011, assim como a subsequente intervenção militar do Hezbollah em apoio a Assad, demonstrou a natureza estratégica entre ambos. Em maio de 2011, no seu primeiro discurso sobre a Síria, Hassan Nasrallah caracterizou o regime Assad como "a espinha dorsal da resistência" no país, e sua derrubada um objetivo estratégico favorecido pelos interesses dos EUA e de Israel.[98] Além disso, Nasrallah alegava que o apoio do Hezbollah ao regime sírio não servia apenas aos xiitas, mas também ao Líbano e todas suas comunidades religiosas, contra as ameaças terroristas da *Takfiri*.[99] Desde meados de 2011, o Hezbollah começou a formar milhares de jovens libaneses e sírios em seus campos de treinamento.[100] A presença do Hezbollah na Síria foi confirmada com os primeiros, assim chamados, mártires, a partir de junho de 2012.[101] Em novembro de 2013, Hassan Nasrallah finalmente reconheceu em público a presença do Hezbollah na Síria.[102]

A atuação do Hezbollah na Síria tomou várias formas, incluindo a mobilização de combatentes veteranos para o comando de esquadrões de soldados sírios, atuando na prática como suboficiais não-comissionados junto às tropas regulares sírias,

97. Blanford, 2011, p. 337.
98. Al-Muqâwama al-Islâmiyya, 2011.
99. Al-Manar, 2012.
100. Itani, 2014.
101. Ashkar H., 2014.
102. Al-Manar, 2013.

menos experientes nos combates de rua.[103] Treinaram algumas das milícias pró-regime, incorporando unidades das Forças de Defesa Nacional[104] e alguns dos novos recrutas do Exercito Árabe da Síria (EAS).[105] O Hezbollah ainda atuou em várias ofensivas militares ao lado dos batalhões pró-regime no país inteiro – como a ofensiva no leste de Alepo ao final de 2016, e na Província de Dar'a, em meados de 2018.

Mais tarde, durante a guerra, o Hezbollah criou diversas milícias na Síria. A *Quwat al-Ridha* foi considerada seu núcleo estratégico no país, e que supervisionava e dirigia as operações militares. O novo grupo compunha-se de jovens sírios, na sua maioria xiitas da província de Homs, mas também de alauitas e sunitas, vindos das áreas rurais de Homs, Alepo, Dar'a e Damasco).[106] O Hezbollah também participou da formação de milícias xiitas menores, como a *Liwa al-Imam Zain al-Abidain*, atuante em Deir ez-Zor,[107] e o *Jaysh al-Imam al-Mahdi al-Muqawama al-Watani al-Aqaidiya fi Suriya* (Exército do Imam al-Mahdi, Resistência Ideológica Patriótica Síria).[108] O movimento islâmico libanês organizou, treinou e equipou entre 10 e 20 mil milicianos, na sua grande parte xiitas, mas também membros de outras denominações religiosas, abrangendo alauitas, sunitas e drusos.[109]

Calcula-se entre 7.000 e 9.000 o número de combatentes do Hezbollah na Síria desde 2013. Entre as suas fileiras estão tropas de elite, especialistas e reservistas, mantendo rotatividade de 30 dias dentro e fora do país.[110] Sua importância militar na Síria também se traduziu em termos políticos e sociais, aumentando, com o passar do tempo, as tensões sectárias e queixas dos sunitas. Algumas das milícias xiitas sírias, constituídas com a ajuda de quadros iranianos e do Hezbollah, adotavam a ideologia chamada *wilayat al-faqih,* associada à forma de governo iraniana.[111] O Hezbollah também acelerou a expansão do escopo de suas atividades na Síria, formando no país um ramo de seu conjunto de escoteiros, Imam Mahdi, atuante ao menos desde 2012.[112]

---

103. Blanford, 2013.
104. Nakhoul, 2013.
105. AFP e *Orient le Jour*, 2014a.
106. Al-Hadath News, 2014.
107. Al-Tamimi, 2016b.
108. Smyth, 2015, p. 47.
109. Alipour, 2015; Alami, 2017.
110. AFP e *Orient le Jour*, 2014b; Alami, 2016.
111. Smyth, 2016. A teoria do *wilayat al-faqih* é que a tutela da jurisprudência ou o jurisconsulto deve ter o poder político em última instância. Ela foi inicialmente conduzida pelo aiatolá Khomeini e, depois, pelo aiatolá Khamenei.
112. Al-Tamimi, 2016a.

5. Os aliados de Assad – convergências profundas com algumas diferenças

As relações entre Rússia e Irã, durante o período anterior à eclosão do levante de março de 2011, vinham se deteriorando há alguns anos, em especial porque o então presidente, Dmitry Medvedev, apoiou as sanções da ONU contra o país em 2010 e ratificou a proibição da entrega do sistema russo de mísseis de defesa S-300 à Teerã.[113] No entanto, Rússia e Irã, os dois principais defensores de Assad, viram seus interesses e sua dependência mútua aumentarem no decorrer do levante sírio, assim como a importância de sua enorme assistência cedida a Damasco. A colaboração provou-se forte e eficaz, apesar da existência de pequenas diferenças políticas. A prova mais reveladora disso podia ser encontrada no processo de preparação da intervenção da aviação militar russa ao final de 2015, como explicado pelo analista Arun Lund:[114]

> Em julho de 2015, o comandante iraniano da Força Quds, Qassem Suleimani, fez uma suposta visita a Putin para preparar uma intervenção conjunta. Um acordo bilateral russo-sírio legalizando a iniciativa foi assinado em 26 de agosto de 2015. O Irã, então, abriu o seu espaço aos aviões russos a caminho da Síria e começou a transportar reforços por via ar com ampla antecedência aos primeiros ataques aéreos por Moscou. Ao final de setembro, os iraquianos anunciaram a criação de um centro de coordenação de inteligência conjunto russo-iraniano-iraquiano-sírio em Bagdá. O bombardeio começou em 30 de setembro e, duas semanas depois, o Irã lançou uma ofensiva perto de Alepo, com cobertura aérea russa. No mês seguinte, Putin voou a Teerã, para uma reunião com o Aiatolá Ali Khamenei, em que os dois líderes louvaram sua política conjunta e salientaram "pleno acordo" sobre a questão síria (...)

Essa cooperação militar aumentou em termos qualitativos a capacidade de planejamento e condução de operações convencionais complexas por Teerã. A colaboração próxima entre as forças russas e iranianas a nível operacional e tático permitiu a transferência de conhecimento militar entre os dois exércitos.[115]

As relações políticas e econômicas entre ambos os países também melhoraram. Ali Shamkhani, secretário do Conselho Superior de Segurança Nacional do Irã, declarou em uma entrevista em junho de 2017, que a Rússia e o Irã haviam

---

113. Notte, 2017, p. 25.
114. Lund, 2016d.
115. Bucala e Casagrande, 2017.

estreitado laços diplomáticos, comerciais e militares após o fim da maioria das sanções e ao programa nuclear iraniano, em janeiro de 2016.[116] Desde então, Teerã recebeu armas avançadas da Rússia, incluindo o aguardado sistema de mísseis de defesa S-300. Moscou e Teerã também negociaram o suprimento de cerca de 10 bilhões de dólares em armas e equipamentos militares para o Irã. O volume de comércio entre ambos aumentou em cerca de 80%, chegando a 2 bilhões de dólares em 2016, após a revogação das sanções do Conselho de Segurança da ONU.[117] Moscou também criticou a retirada unilateral de Washington, em maio de 2018, do acordo nuclear iraniano de 2015, que incluía como signatários o Reino Unido, China, França, Rússia, Alemanha e a União Europeia. O tratado aliviou as sanções ao Irã, em troca de restrições ao seu programa nuclear. O governo Trump não só restaurou as penalidades contra Teerã, mas, em novembro, impôs novas proibições para setores cruciais da sua economia, como petróleo, bancos e transportes.[118]

Sem dúvida, o resultado da guerra era mais importante para Teerã, fazendo com que se tornasse menos flexível do que Moscou em várias questões relativas à paz e às negociações de cessar-fogo, ou quando representavam uma ameaça direta aos interesses da Síria. Isso gerou certas divergências.

Por uma aliança estreita com a família Assad e seu aparato de segurança, articulada por mais de três décadas, os líderes iranianos consideravam o regime sírio essencial para o seu programa de segurança regional e uma rota-chave no envio de armas ao Hezbollah. Após as sucessivas vitórias militares das forças pró-regime a partir de 2016, a Rússia procurou uma solução política para terminar a guerra na Síria, desde que seus interesses estratégicos fossem assegurados. Aos iranianos, no entanto, interessava uma vitória militar total do regime e a consolidação dos seus representantes no país, seguindo uma pauta regional mais ampla, voltada contra Israel e seus rivais regionais, como a Arábia Saudita.[119]

As relações entre Rússia e Israel foram outro ponto de discórdia. Moscou procurava fugir de tensões sérias com o Estado judeu, em particular evitando associar-se à retórica anti-Israel específica para a direção iraniana. Elas evoluíram de forma positiva durante a presidência de Putin, aprofundando as transações. Desde o início dos ataques aéreos russos na Síria, Rússia e Israel coordenaram suas atividades militares ao longo da fronteira sírio-israelense, a fim de evitar aci-

---

116. No entanto, deve ser lembrado que a Rússia começou a trabalhar com Teerã para desenvolver a infraestrutura de portos e ferrovias no Irã, no final dos anos 1990. Moscou construiu lentamente sua presença no país, desenvolvendo um quase-monopólio na área, no final do século (Esfandiary e Tabatabai, 2018).
117. Majidyar, 2017c.
118. Bezhan, 2018.
119. Majidyar, 2017c.

dentes.[120] As autoridades israelenses também declararam em público sua oposição à presença de quaisquer tropas iranianas ou do Hezbollah perto das suas divisas, apelando à Rússia impedir a concretização desse cenário.

Nesse contexto, Israel multiplicou ataques a alvos do Hezbollah ou associados ao Irã na Síria, sobretudo após 2017. O ex-chefe da força aérea israelense, Amir Eshel, declarou, em setembro de 2017, ter atacado quase 100 vezes os comboios de armas do exército sírio e seus correligionários do Hezbollah desde o início de 2012.[121] Israel continuou expandindo suas campanhas de bombardeios na Síria do final de 2017 até 2019, contra alvos iranianos e grupos associados.

Em maio de 2018, o exército de Israel aproveitou a decisão norte-americana que encerrou o acordo nuclear com Teerã para executar novos ataques contra alvos na Síria. O Irã respondeu disparando mísseis da Síria contra os postos avançados do exército israelense nas colinas de Golan, terras sírias ocupadas. Israel, então, lançou uma rodada sem precedentes de ataques aéreos contra dezenas de instalações militares e de segurança iranianas na Síria. Contudo, Teerã, assim como Tel-Aviv, clamaram por calma, desescalonando as tensões militares entre os dois países.

A crescente presença iraniana na Síria nos anos recentes tem sido contestada com veemência por Israel, Arábia Saudita e Estados Unidos. Até mesmo a Rússia, parceira do Irã na assistência ao regime sírio para reprimir o levante popular, aceitou em termos táticos as ressalvas israelenses. Israel, na prática, estava pressionando Moscou retirá-los da Síria, ameaçando bombardear posições iranianas próximas às suas fronteiras, ou em qualquer outro lugar dentro do país, se permanecessem.[122] Em julho de 2018, o primeiro-ministro israelense, Benjamim Netanyahu, declarou que Israel não tinha objeções à retomada do país por Assad e a estabilização de seu poder e regime, mas advertiu que Israel agiria para proteger suas fronteiras contra os militares sírios caso necessário, como feito no passado. Acrescentou: "não tivemos problema algum com o regime Assad, nenhuma bala foi disparada durante 40 anos nas Colinas de Golã."[123] Essa posição não era nova, já que Israel evitava quaisquer mudanças significativas nas suas fronteiras, contentando-se com o atual governo sírio enfraquecido. O objetivo principal de Israel ao lidar com a Rússia era a remoção de mísseis sírios voltados a seu território, a saída dos iranianos e do Hezbollah e a preservação dos acordos de retirada das Colinas de Golã, de 1974, assinados com a Síria.

120. Notte, 2017, p. 28.
121. Lombardi, 2014, p. 121; Dadouch e Heller, 2017.
122. Daragahi, 2018.
123. Citado em Landau, 2018.

Os Estados Unidos também queriam substituir a influência iraniana pela russa na Síria. O secretário de Estado dos EUA, Mike Pompeo, listou, em maio de 2018, a retirada do Irã da Síria como uma das doze condições para remover as sanções, depois que o governo Trump abandonou o acordo nuclear.[124] Washington detinha as alternativas diplomáticas para encorajar e convencer a Rússia a empurrar o Irã para fora da Síria, como suspender as penalidades impostas pelos EUA, que afetavam as empresas de energia russas, ou encerrar sua oposição à construção do gasoduto Nord Stream 2, que levaria gás russo à Alemanha e região.[125]

No entanto, a disposição e capacidade russa para atender as exigências de Israel e dos EUA eram limitadas. Ao final de julho de 2018, o embaixador de Moscou em Tel Aviv declarou ser impossível a Rússia obrigar as forças iranianas a deixarem a Síria, afirmando também que Moscou não pretendia intervir nos ataques militares israelenses contra alvos iranianos naquele país. Esse anúncio ocorreu após a Rússia sugerir manter os iranianos a pelo menos 100 quilômetros da linha de cessar-fogo das Colinas de Golã. Considerada insuficiente, a oferta foi rejeitada por Israel.[126]

Após o incidente da derrubada de um avião russo de reconhecimento, um Ilyushin-20, sobre o Mar Mediterrâneo, envolvendo Israel, a Rússia forneceu sistemas S-300 ao exército sírio, realçando sua capacidade de combate. Netanyahu considerou irresponsável a decisão de Moscou de suprir sistemas antiaéreos avançados à Síria, mas confirmou que Israel estava comprometido com a desescalada de conflito com Moscou em suas operações militares na região.[127] No entanto, Israel executou novos ataques à Síria no final de dezembro de 2018 e início de janeiro de 2019, contra supostos alvos iranianos e do Hezbollah nos arredores de Damasco. Outro ponto de dissidência pode ser creditado à melhoria na relação política da Rússia com os principais inimigos do Irã, a Arábia Saudita, ao longo de toda a guerra na Síria (comentado mais adiante neste capítulo).

A influência nos espaços dentro do país foi distribuída e implementada de maneira diferente e com consequências futuras. As forças de Moscou se firmaram em áreas com economias estratégicas (uma base militar em Hmeimem, perto do porto de Tartus, controlando o mercado de comércio; outra em Palmira, no centro da Síria, para a gestão dos campos de petróleo e gás, assim como uma base maior em Hama), trabalhando na reforma e reconstrução dos núcleos do Exército Árabe da Síria (criando a Quarta e Quinta Unidades de Ataque). A Rússia desempenhou

---

124. Daragahi, 2018.
125. Mamadov, 2018.
126. Reuters Staff, 2018b.
127. Agencies e TOI Staff, 2018.

papel central na reestruturação do EAS, iniciada em 2018, e resultando em uma grande onda de transferências, promoções, demissões e prisões, que afetaram centenas de oficiais do regime.[128] Assim, Moscou tentou levar a cabo um plano abrangente para reestruturar a instituição militar e fortalecer as redes de oficiais leais à Rússia. Essas ações causaram tensão entre uma rede de comandantes do regime pró-Moscou, de um lado, e a malha pró-Irã, do outro, segundo o instituto Strategy Watch:[129]

> A operação de reestruturação das forças armadas sírias também coincidiu com a adoção, pelo comando russo, de um plano visando enfraquecer a influência iraniana, desmantelando as coalizações e as milícias leais à Teerã. O Diretório de Inteligência da Força Aérea, por exemplo, rescindiu os contratos de cerca de 6.500 membros de uma milícia fiel ao Irã, dissolvendo também os Comandos Ba'th e milícias da FDN em Barzeh e Qudisiyeh, além do Escudo Qalamoun. Como se não bastasse, ainda prenderam membros da milícia das Forças de Defesa Nacional em Deir ez-Zor.[130]
>
> Por outro lado, Teerã contava, na prática, com milícias fundamentalistas xiitas (libaneses, iraquianos e afegãos) e com as frentes paramilitares auxiliares sírias (a FDN e as Forças de Defesa Local). O país também encorajava os aliados sírios locais em algumas áreas a penetrar na economia local, investindo em geral em propriedades imobiliárias ou terras, nos transportes e comércio de petróleo.[131]
>
> Ao mesmo tempo, isso não impediu que o Irã aumentasse seu poder através de redes terrestres, cedendo apoio financeiro a alguns candidatos do partido Ba'th, comandantes de milícias, líderes tribais e outros grupos próximos a Teerã durante as eleições municipais de 2018.[132] No final de agosto de 2018, o Irã e a Síria concluíram, em Damasco, um novo acordo militar entre os respectivos ministros da Defesa, consolidando os seus laços, enquanto expunham suas profundas ligações estratégicas.[133]

Essas discordâncias, no entanto, não se transformaram ou evoluíram em direção a rivalidades concorrenciais na Síria, nem mesmo na arena econômica, na qual ambas as partes aguardavam se beneficiar no processo de reconstrução e na exploração dos recursos naturais do país. Os dois Estados continuaram destacan-

---

128. Haddad, 2019a.
129. Think Tank Strategy Watch, 2019.
130. Strategy Watch, 2019.
131. Hatahet, 2019, p. 6-7.
132. Khatib, 2018.
133. Al-Frieh, 2018a.

do sua forte cooperação e interesses mútuos na Síria. Rússia e Irã, em geral, compartilhavam interesses comuns em diversas questões, como argumentado pelos acadêmicos Leonid Issaev e Nikolay Kozhanov:[134]

> Ainda que Rússia e Irã tenham muitos pontos de debate, ambos também têm uma variedade de interesses comuns na Síria, no Iraque e no Afeganistão, nas rotas de trânsito eurasianas, na situação da Transcaucásia e na Ásia Central, assim como sobre os mercados de petróleo e gás.

6. Estados Unidos – diferenças entre Síria e Líbia

Os estados ocidentais foram bastante cautelosos em suas críticas à repressão dos protestos durante as semanas iniciais, por conta da política de reaproximação com Damasco iniciada nos anos anteriores. Uma delegação do congresso dos EUA, liderada pelo Senador Richard Shelby, visitou a Síria em fevereiro de 2011. Em 28 de março, a secretária de Estado norte-americana, Hillary Clinton, diferenciou Bashar al-Assad de seu falecido pai e antecessor, Hafez, afirmando que "diversos membros do Congresso, de ambos os partidos, que foram à Síria nos meses recentes, disseram vê-lo como um reformador."[135] Ela declarou que os Estados Unidos "não entrariam no conflito sírio como fizeram na Líbia", argumentando que "cada uma dessas situações é singular."[136]

De fato, era menor o interesse estratégico dos Estados Unidos na derrubada do regime sírio comparado à Líbia. Diferente dela, a Síria não tinha relevância como exportadora de petróleo. Essa advinha, na sua maior parte, da localização, das fronteiras com Turquia, Iraque, Líbano e Israel, e da sua ligação com o Irã e o papel no conflito árabe-israelense. A Síria estava longe de constituir uma alta prioridade para Washington naquele período. Obama havia rompido com a política de isolamento de Damasco do presidente George W. Bush, porque servia a outros objetivos dos EUA na região. Dentre eles, ajudar a estabilizar o Iraque antes da retirada do exército dos EUA, assegurando que Damasco evitaria a reativação do fluxo de combatentes jihadistas através de suas redes e território. Além disso, o presidente Obama foi eleito, ao menos em parte, criticando as políticas de intervenções militares do seu antecessor – com destaque para a guerra no Iraque, de 2003. O exército dos EUA se retirou dali em dezembro de 2011, após Bagdá e

---

134. Issaev e Kozhanov, 2017.
135. Goodenough, 2011.
136. Goodenough, 2011.

Washington assinarem um acordo, em 2008, com a retirada das tropas estadunidenses.[137] O governo Obama diminuiu a atividade dos EUA na região antes dos levantes de 2011, aplicando suas políticas de antiterrorismo através do crescente uso da guerra de drones e pela execução de Osama bin Laden em 2011.[138]

Nos meses seguintes, à medida que o regime continuava a reprimir os protestos e os soldados começaram a abandonar o exército, os escritórios de inteligência dos EUA identificaram oficiais alauitas com potencial para derrubar Bashar al-Assad. A política de Washington em 2011 pretendia garantir uma transição na Síria através de rachaduras no regime, e oferecendo incentivos para as pessoas abandonarem Assad. Porém, a coesão do regime foi mantida e a repressão intensificada.[139] No final de abril de 2011, Washington deu seus primeiros passos em resposta à sangrenta repressão aos protestos, impondo sanções a personalidades consideradas responsáveis por abusos de direitos humanos, em particular na agência de inteligência da Síria e na Guarda Revolucionária Iraniana, acusadas de apoiar Damasco na repressão aos manifestantes.[140] Em agosto de 2011, o presidente Obama defendeu em público a renúncia de Assad, porém sem mudar o cerne da política dos EUA para a Síria. O regime deveria ser mantido apenas com mudanças superficiais, integrando atores rebeldes ligados aos países ocidentais, à Turquia e às monarquias do Golfo – representadas primeiro pelo CNS, e depois pela Coalizão.

Ao final do verão de 2011, após as intervenções conduzidas pelo ocidente para derrubar Gaddafi, o espectro do modelo líbio foi mencionado para o caso sírio e até encorajado por segmentos da oposição exilada, organizada no CNS. Por várias razões, as potências ocidentais hesitaram, limitando seu envolvimento. Os Estados Unidos e a maioria dos Estados ocidentais, com exceção da França, não assumiram uma linha ativa no levante na Síria e o enfrentamento com Assad. Desde o início, de Washington até o quartel general da OTAN, em Bruxelas, ficou clara a ausência de qualquer disposição de intervir na Síria para derrubar o regime.

Em agosto de 2012, o secretário de Defesa dos EUA, Leon Panetta, explicou:

> A melhor maneira de preservar esse tipo de estabilidade é mantendo ao máximo os contigentes militares e policiais, assim como as de segurança, esperando que façam a transição em direção a uma forma democrática de governo. Essa é a chave (...).[141]

---

137. Quando a retirada foi anunciada, havia menos de 3000 soldados e uma única base, a de Contingência Operacional Adder, ao sul de Bagdá (Logan, 2011). Em resposta ao surgimento do Estado Islâmico, aumentaria o número de militares dos EUA no Iraque nos anos seguintes.
138. Phillips, 2016, p. 23-27.
139. Lee e Malas, 2015.
140. Hosenball e Spetalnick, 2011.
141. Reuters, 2012d.

Ele acrescentou ser importante não cometer os mesmos erros de Washington no Iraque, relembrando o desmantelamento das forças de segurança e do exército.

O desinteresse em uma mudança radical do *status quo* na relação com o regime na Síria se refletia na clara recusa de qualquer tipo de assistência militar mais ampla, organizada e decisiva pelos Estados Unidos, Estados ocidentais, ou de ambos, à oposição síria. Os governos ocidentais deram apenas apoio "não-letal" e assistência humanitária, resistindo aos pedidos para armar as frentes oposicionistas ou estabelecer zonas seguras, ou criar zonas de exclusão aérea.[142] Os Estados Unidos também se opuseram a fornecer às várias resistências do Exército Livre da Síria mísseis antiaéreos (*manpads*), capazes de derrubar aviões de guerra,[143] o que reduziria, até certo ponto, os mortíferos e destrutivos ataques, em especial os de baixas altitudes. As autoridades dos EUA se opuseram à introdução de tais armas na Síria, citando antigos temores de caírem nas mãos de grupos que as usariam contra alvos ocidentais ou linhas aéreas comerciais. Em julho de 2012, os Estados Unidos impediram o fornecimento aos sírios de pelo menos 18 *manpads* provenientes da Líbia.[144]

Durante a gestão Obama, a secretária de Estado Hillary Clinton, junto a David Petraeus, então diretor da CIA e ex-comandante dos EUA no Afeganistão e Iraque, divergiam dessa linha, propondo treinar e equipar os rebeldes sírios. Essa posição, no entanto, não incluía a pretensão de derrubar Assad. Clinton estava interessada em preservar as instituições do Estado e sua integridade, sobretudo a infraestrutura de segurança, para evitar repetir um cenário parecido ao do Iraque após a queda de Saddam Hussein. O objetivo de armar alguns segmentos da oposição buscava criar parcerias na Síria, com as quais Washington pudesse trabalhar, e ajudasse a persuadir Assad e seus apoiadores da impossibilidade de uma vitória militar.[145]

O surgimento do Estado Islâmico do Iraque e do Levante, e a formação do seu califado em junho de 2014, após a conquista de Mosul, no Iraque, forçou Washington a retomar com mais vigor sua presença na região. Em setembro de 2014, o presidente Obama anunciou o surgimento de uma ampla coalizão internacional, composta, no seu auge, por quase 60 Estados, para derrotar o grupo jihadista. No entanto, apenas alguns desses países participaram, na prática, da campanha na Síria (cinco Estados) e no Iraque (oito Estados), com os estadunidenses realizando,

---

142. Entous, 2015.
143. Reuters, 2014.
144. Malas, 2012.
145. Clinton, 2014, p. 386-394.

em 2015, por volta de 85% do total das missões de combate nesses dois países.[146] Washington desenvolveu a estratégia "Estado Islâmico em primeiro lugar", com o objetivo de derrotá-lo – e que foi descrito, pelo ex-diretor de inteligência dos EUA, James Clapper, como uma "ameaça terrorista preeminente" aos Estados Unidos.[147]

Nessa perspectiva, ao lado da criação de uma coalizão internacional dirigida pelos EUA para combater, no outono de 2014, o Estado Islâmico, Obama apresentou e aprovou no mesmo ano um plano no Congresso para suprir o equivalente a 500 milhões de dólares em armas e equipamento para 5 a 10 mil homens da oposição armada síria. O objetivo não visava a derrubada de Assad, mas em combater o Estado Islâmico, como descrito no texto da resolução:

> O secretário de Defesa está autorizado, em coordenação com o secretário de Estado, a prover assistência – contemplando treinamento, equipamento, suprimentos e sustento - aos elementos devidamente selecionados entre os rebeldes sírios e outros grupos e indivíduos com selecionamento devido para os seguintes propósitos:
>
> Defender o povo sírio dos ataques do Estado Islâmico do Iraque e do Levante e proteger o território controlado pela oposição síria.
>
> Proteger os Estados Unidos, seus amigos e aliados, e o povo sírio, das ameaças representadas pelos terroristas na Síria.
>
> Promover as condições para um acordo negociado para encerrar o conflito na Síria.[148]

Esse programa, no entanto, acabou um fiasco, somando apenas algo entre 100 e 120 recrutas treinados até setembro de 2015.[149] Além disso, inúmeros combatentes se retiraram do programa "treinar-e-equipar" do Departamento de Defesa dos EUA, após se recusarem a assinar um contrato se comprometendo a não lutar contra os aparatos do regime.[150] Ao final de setembro de 2015, o projeto foi encerrado após ataques do Jabhat al-Nusra a dois pequenos grupos de recrutas enviados ao norte de Alepo, que não suportaram a violência brutal dos combates.

Em outubro de 2015, o conhecido senador Lindsey Graham questionou o secretário de Defesa, Ashton Carter e o chefe conjunto do Estado-Maior, general Joseph Dunford, sobre a estratégia dos EUA na Síria. Ao comentar a possibilidade

---

146. European Parliament, 2015, p. 8.
147. Stein, 2017, p. 5.
148. Belasco e Blanchard, 2015.
149. Ackerman, 2015.
150. Hamidi, 2015.

de queda de Bashar al-Assad, afirmou "essa é, na melhor das hipóteses, uma estratégia pouco estruturada".[151]

De forma geral, segundo argumento de Gilbert Achcar:[152]

> Menos por uma falta de confiança nas habilidades militares da oposição, é crível Washington não ter apoiado com seriedade as diferentes vertentes oposicionistas sírias por eles não garantirem lealdade aos interesses dos EUA.

É desse contexto que surge o esquema da estratégia "Estado Islâmico em primeiro lugar", e que depois do completo fracasso na assistência ao Exército Livre da Síria nas zonas do norte, os Estados Unidos passaram a apoiar o YPG curdo através da coalizão conhecida como Forças Democráticas da Síria, explicado no Capítulo 5. Os militares dos Estados Unidos e seus associados da França e Reino Unido aconselharam e assistiram os rebeldes locais em seus próprios espaços, enquanto facilitaram o suprimento de armas e munições para as FDS no campo.[153] Washington considerava-as como as organizações armadas mais eficazes contra o EI,[154] apesar de não estarem dispostos a apoiar os direitos nacionais curdos na Síria e nos países vizinhos.

Essa política dos EUA, no contexto de guerra ao terror, levou a algum grau de reaproximação com os russos. O presidente norte-americano declarou de forma explícita no seu discurso na Assembleia Geral da ONU, em 28 de setembro de 2015, sua disposição de trabalhar com a Rússia e o Irã para encontrar uma solução na Síria, enfatizando, enquanto isso, a impossibilidade de retornar a "um status quo pré-guerra."[155] O início das campanhas de ataques aéreos russos na Síria, em 30 de setembro, a favor do regime Assad, não foram contestadas pelos Estados Unidos.[156] Em 15 de dezembro de 2015, após se encontrar com o presidente Vladimir Putin na capital russa, o então secretário de Estado, John Kerry, disse aos repórteres que "os Estados Unidos e nossos parceiros não buscam uma suposta mudança de regime."[157] Tendência similar foi observada entre as nações europeias, focando na guerra ao terror sem exigir, ao menos no curto prazo, a saída de Bashar al-Assad.

---

151. C-SPAN, 2015.
152. Achcar, 2016, p. 20-21.
153. Stein, 2017, p. 5.
154. The New Arab, 2016a.
155. Halawi, 2015.
156. ISW Research Team, 2015.
157. Taranto, 2015.

A eleição de Trump nos EUA e a sua chegada ao poder em janeiro de 2017 não mudaram o posicionamento estratégico de Washington na Síria (a prioridade continuava sendo a guerra ao terror e a manutenção das estruturas do regime), apesar da política mais firme e agressiva contra Assad, para obrigá-lo a respeitar os limites estabelecidos pelos EUA no país. A influência do Irã em algumas regiões da Síria também foi colocada em disputa. Washington não hesitou em bombardear as bases militares ou as forças do regime sírio em várias ocasiões, como em abril de 2017, em resposta aos ataques químicos na cidade de Khan Sheikhou, no Estado de Idlib, executados pela esquadrilha síria, que mataram mais de 70 civis.[158] No entanto, a forma de bombardeio norte-americano evidenciou a preocupação em atingir Damasco com demasiada potência. Moscou confirmou o aviso prévio dos Estados Unidos sobre o ataque à Síria, ao mesmo tempo condenando-o. Segundo testemunhas, os partidários de Assad foram avisados por autoridades russas com antecedência, retirando com rapidez seu pessoal e equipamentos da área.[159] Vinte e quatro horas após a ação, os aviões de guerra do regime já estavam decolando da base aérea bombardeada de Shayrat.

O governo dos EUA, em aliança com o Reino Unido e a França, também lançou ataques aéreos na Síria em meados de abril de 2018, oficialmente em resposta ao uso de armas químicas pelo governo em Douma alguns dias antes, que matou ao menos 70 civis, ferindo mais algumas centenas. As três potências ocidentais em teoria investiram contra três lugares em Damasco e Homs onde, em teoria, desenvolviam, fabricavam e armazenavam armas químicas. Os ataques não causaram vítimas e a maior parte das instalações foi evacuada alguns dias antes, graças a alertas da Rússia. Os Estados Unidos, o Reino Unido e a França afirmaram que as hostilidades não visavam paralisar as defesas, nem provocar uma "mudança de regime", mas dissuadir Assad de usar arsenais químicos. O ministro das Relações Exteriores da Rússia, Sergey Lavrov, também declarou, antes dos ataques dos EUA contra alvos sírios, que a Rússia disse às autoridades dos EUA quais partes da Síria seriam "linhas vermelhas" para Moscou, a não serem ultrapassadas pela ação militar dos EUA.[160]

Concomitantemente, após a eleição de Donald Trump para presidência dos Estados Unidos, a coalizão encabeçada pelos EUA em sua luta contra o EI aumen-

---

158. Lynch, 2017. A agressão também mostrou que o acordo entre os Estados Unidos e a Rússia, para se livrarem das armas químicas controladas pelo regime, fracassou. A Rede Síria para os Direitos Humanos documentou 139 ações com substâncias tóxicas, entre setembro de 2013 e agosto de 2016. O regime sírio concentrou o uso de gases venenosos nas áreas controladas pela oposição: 97% dos seus ataques químicos atingiram áreas sob a oposição, enquanto 3% deles foram executados em regiões dominadas pelo EI – revelando mais uma vez as prioridades da repressão do regime (SNHR, 2016).
159. The Daily Beast, 2017.
160. Reuters, 2018.

tou o apoio às FDS, fornecendo pela primeira vez veículos blindados, voltados a uma nova fase na campanha para capturar Raqqa. A missão foi executada pelas FDS no outono de 2017, dominadas pelo contingente do YPG, com soldados dos EUA também participando na ofensiva. Em julho de 2017, a Agência Anadolu, operada pelo Estado turco, forneceu informações detalhadas sobre dez bases estadunidenses no norte da Síria, abarcando o número de soldados e um mapa da presença militar dos EUA.[161]

Em fevereiro de 2018, cerca de 300 homens que trabalhavam para uma firma militar russa ligada ao Kremlin foram mortos ou feridos em Deir ez-Zor, durante um confronto entre as tropas dos EUA e seus parceiros, de um lado, e as pró-regime, compostas na sua maioria de mercenários russos, do outro.[162] Após o evento, um porta-voz do Pentágono declarou que Washington "não buscava um conflito com o regime."[163] Os ataques aéreos dos EUA, que mataram centenas de mercenários russos, marcaram o mais sangrento choque entre os dois Estados em décadas. No entanto, o incidente não provocou uma crise política entre Moscou e Washington, que ainda pretendia manter sua influência nessa área da Síria, por diversos motivos políticos, inclusive a eliminação completa do EI e a contenção do prestígio iraniano.[164]

Apesar desta política mais firme, desde o início de 2018, houve um crescente debate dentro do governo Trump sobre manter, ou não, tropas dos EUA na Síria e continuar a colaboração com as forças curdas chefiadas pelas FDS. Em abril, o presidente declarou que pretendia uma rápida retirada dos seus contingentes da Síria – cerca de 2.000 soldados, compreendendo brigadas de operações especiais – e concordando apenas em mantê-los por um período um pouco maior, a fim de derrotar o EI, mas sem a disposição de endossar um compromisso de longo prazo.[165] Simultaneamente, Trump conclamou, em várias ocasiões, por maior engajamento na Síria de aliados como a Arábia Saudita, os Emirados Árabes Unidos, o Catar e outros, procurando garantir que o Irã não tirasse vantagens da erradicação do EI.[166]

Em agosto de 2018, o Departamento de Estado anunciou o cancelamento dos 230 milhões de dólares em verbas, que havia alocado para reconstruir partes da Síria antes dominadas pelo EI. Em vez disso, Washington garantiu 300 milhões em doações financeiras para essas regiões, abrangendo 100 milhões de dólares da Arábia Saudita e 50 dos Emirados, ao lado de valores menores dos componentes

---

161. Bilgic e Harvey, 2017.
162. Tsvetkova, 2018.
163. Barthe, Kaval Paris e Zerrouky, 2018.
164. Savage, 2018; C-SPAN, 2018.
165. Hirschfeld Davis, 2018.
166. Al-Monitor, 2018.

da coalizão, para substituir seu próprio financiamento. A assistência monetária veio depois da exigência de Trump de que seus associados contribuíssem nos custos da guerra.[167] Entretanto, esses aportes ficaram longe das expectativas dos EUA. Após essa decisão, o governo britânico declarou também o fim do subsídio a alguns programas de ajuda em áreas controladas pela oposição na Síria, englobando projetos que bancavam conselhos locais.[168]

Em setembro de 2018, o governo estadunidense redefiniu seus objetivos, adicionando neles a saída de todas os militares iranianos e seus associados da Síria, e assim, não se limitando mais à derrota do EI.[169] No entanto, em meados de dezembro de 2018, Trump anunciou mais uma vez a retirada das tropas dos EUA, declarando vitória na sua missão de derrotar o EI – razão pela qual seus soldados deixavam de ser necessários no país. A decisão provocou amplas críticas entre autoridades e servidores públicos dos EUA, levando o secretário de Defesa, Jim Mattis, e o chefe de gabinete do Pentágono, Kevin Sweeny, a pedirem demissão em protesto. O abandono da Síria foi visto como contraditório não apenas na luta antijihadista, mas também no tocante à prioridade número um de Washington na região: contrapor-se à influência do Irã

Não obstante, pouco depois, a decisão inicial de Trump por uma retirada rápida em 30 dias, parecia mais uma vez postergada. Os EUA anunciaram a ausência de um calendário fixo. Embora a saída fosse, a princípio, incondicional, acabou sendo vinculada à garantia da Turquia de não atacar os espaços controlados pelas brigadas do YPG – uma exigência que levou o presidente turco, Recep Tayyip Erdoğan, a ignorar o conselheiro de Segurança Nacional estadunidense, John Bolton, durante sua visita à Ancara, no início de janeiro de 2019.[170] Trump advertiu a Turquia sobre a devastação econômica que seria desencadeada caso atacassem as FDS. Até o final de janeiro de 2019, nenhuma tropa dos EUA saiu da Síria, com apenas alguns equipamentos removidos, enquanto as FDS continuavam suas operações militares contra o Estado Islâmico, com o apoio de ataques aéreos e artilharia da coalizão militar liderada pelos EUA.[171]

Apesar da confusão em torno da estratégia de Trump na Síria, a política dos EUA para o governo Assad não atravessou mudanças radicais ao longo dos mandatos de Obama e de Trump, centrada em uma transição política favorecendo a estabilidade e a manutenção das estruturas do poder, assim como a guerra ao ter-

---

167. Wroughton, 2018.
168. Singh, 2018.
169. Kube e Lee, 2018.
170. Dobbins, 2019.
171. Holland, Stewart e Wroughton, 2019.

ror. Como mencionado antes, a principal diferença estava nas políticas de Trump contrárias ao Irã e voltadas a diminuir sua influência na Síria.

7. Arábia Saudita, Catar e o Conselho de Cooperação do Golfo (CCG)

Com altos índices de investimento no país, muitas das monarquias do Golfo, antes do levante, mantinham nexos moderadamente positivos com Damasco, em particular os dois principais protagonistas, Catar e Arábia Saudita. Sheik Hamad, do Catar, patrocinou a reabilitação internacional de Assad contra o seu isolamento pelos Estados Unidos, Europa e outros Estados árabes. Damasco e Doha trabalharam alinhados em diversas questões regionais durante a década de 2000.[172] As relações da Arábia Saudita com a Síria melhoraram bastante antes do levante, após um período de alta tensão, em particular depois do assassinato de Rafic Hariri em 2005, no Líbano. Os vigorosos laços políticos e econômicos entre Hariri e o governo saudita incentivaram a crise, com Damasco sendo acusado de orquestrar a operação.

A animosidade atingiu seu nível mais alto com o boicote à cúpula da Liga Árabe de Damasco, em março de 2008, pela Arábia Saudita, com muitos outros Estados seguindo Riad. Ao final de 2008, os vínculos começaram a ser recompostos. Bashar al-Assad e Abdullah bin Abdul al-Aziz trocaram uma série de cartas, delegações políticas e até visitas pessoais. As ligações aqueceram de fato entre 2009 e 2010, com Assad indo a Riad três vezes, e o rei saudita viajando a Damasco.[173] Muhammad al-Jasser, diretor da Agência Monetária da Arábia Saudita, anunciou novos empréstimos de 140 milhões de dólares para a Síria em 2010, após a segunda estadia do monarca saudita em Damasco. O vínculo entre ambos mantinha-se estável às vésperas do levante. O regime sírio, ao contrário do Irã, apoiou a intervenção militar 'Força Escudo da Península', de março de 2011, realizada pelo Conselho de Cooperação do Golfo (CCG) e liderada pela Arábia Saudita, voltada a aniquilar o levante no Bahrein.[174]

No início da revolta popular, os governantes do Golfo tentaram se aproximar do regime para mediar uma solução pacífica, evitando uma resposta militar repressiva. Eles não estavam preparados para testemunhar a destituição de Assad. A preocupação da Arábia Saudita centrava-se, em especial, contra a ten-

172. Fielding-Smith e Khalaf, 2013.
173. Hassan, 2013b.
174. Wieland, 2012, p. 55.

Mapa 20. Países membros do Conselho de Cooperação do Golfo

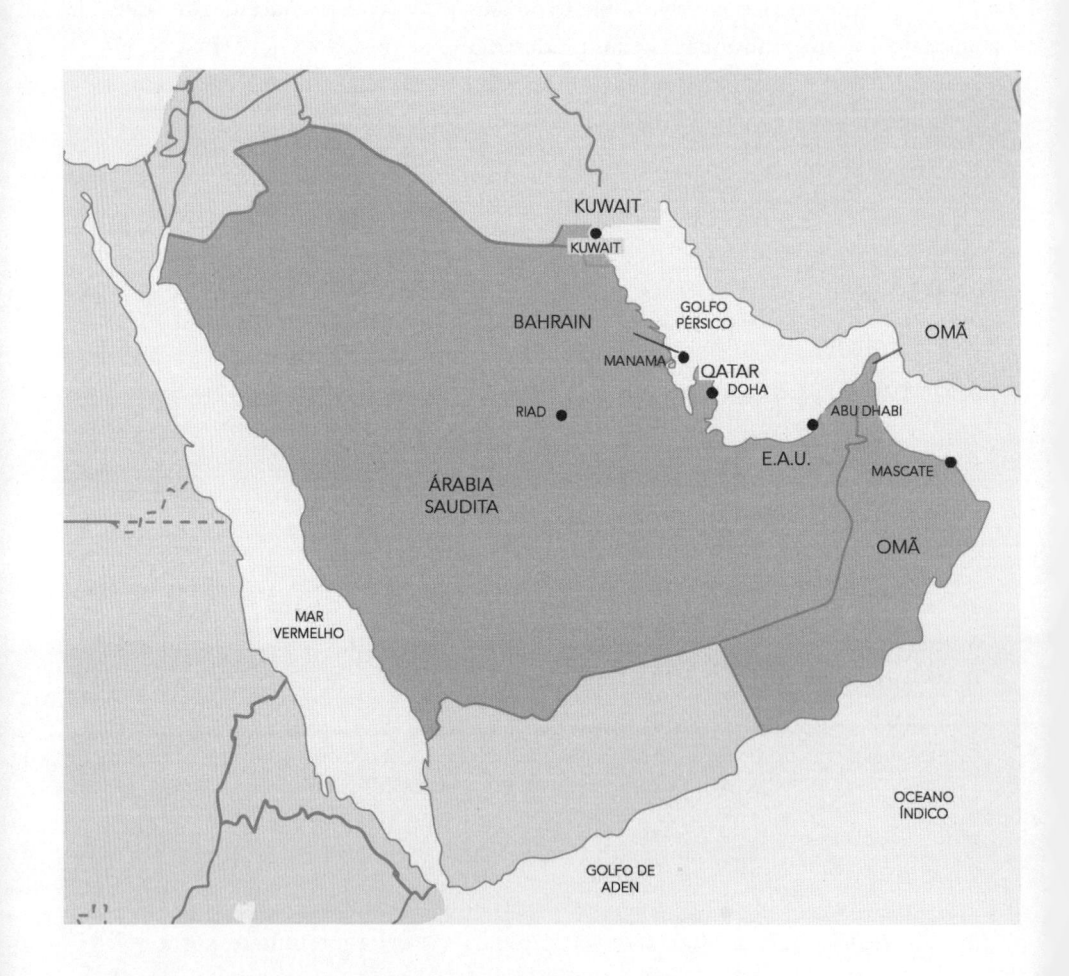

dência regional dos levantes, enquanto o Catar queria manter suas boas relações com Damasco. O rei saudita Abdullah enviou seu filho, o príncipe Abdulaziz bin Abdullah, três vezes a Damasco, enquanto o emir do Catar, Hamad, mandou seu herdeiro, Tamim, para tentar convencer Bashar al-Assad a conter a repressão aos manifestantes e se engajar em certas reformas superficiais, formando um governo de unidade.[175] Na ocasião, Riad continuou desenvolvendo conexões econômicas com Damasco. Em abril de 2011, a Arábia Saudita afirmou um acordo de financiamento para a construção de uma usina elétrica, no valor de 375 milhões de dólares, em Deir ez-Zor. Já em agosto de 2011, a Arábia Saudita e os Emirados Árabes Unidos pagaram 4 bilhões de dólares ao Banco Central da Síria.[176] A reação inicial do Catar foi marcada pela cautela, com críticas ao seu canal de televisão, al-Jazeera, por subestimar as primeiras manifestações.

A situação transformou-se com o passar dos anos, deixando claro para as monarquias do Golfo ser impossível fortalecer sua influência regional e atingir algum tipo de entendimento com o regime, afastando Damasco de Teerã. Entre meados e final do verão de 2011, a Arábia Saudita e o Catar tornaram-se os atores mais importantes e expressivos, a exigir a remoção de Bashar al-Assad do poder. Foi, em grande medida, a pressão saudita e do Catar que alinhou as organizações regionais e do mundo islâmico contra Assad – incluindo a Liga Árabe (cuja representação da Síria na entidade, em março de 2013, foi cedida à oposição, através da Coalizão Síria), assim como a Organização da Conferência Islâmica e o Conselho de Cooperação do Golfo (CCG).[177]

Minar a influência iraniana estava no centro das metas da Arábia Saudita na Síria. Desde 2003, Riad passou a se preocupar com o crescimento da presença de Teerã no Iraque e na região em geral, entendida como uma ameaça militar e ideológica que promovia uma versão distinta de poder islâmico. A Arábia Saudita, que no passado intervia com seu enorme poder financeiro para conduzir sua política externa e neutralizar atores rivais, sem a necessidade de intervenção direta, passou a assumir o papel de dirigir a oposição à crescente influência do Irã na região (com destaque ao Líbano, Iraque e Iêmen). A eleição de Barack Obama nos Estados Unidos, em 2019, não aplacou os temores de Riad. Ao contrário, o novo presidente tentou um desengajamento progressivo da área, procurando alguma forma de distensão com Teerã.[178]

---

175. Phillips, 2016, p. 68-69.
176. Said H., 2016.
177. Heydemann, 2013a, p. 10.
178. Phillips, 2016, p. 19-20, p. 33-37; Matthiesen, 2017, p. 46.

No plano de fundo da guerra fria Arábia Saudita-Irã, o Catar aprofundou como nunca seu peso na região durante os anos anteriores aos levantes no Oriente Médio e Norte da África. A decisão, no início dos anos 1990, de desenvolver a infraestrutura energética do Catar, explorando as gigantes reservas de gás natural do país, permitiu a Doha aumentar seu poder e influência externa. A riqueza do emirado multiplicou-se entre 2001 e 2013, seu PIB saltando de 25 a 200 bilhões de dólares. Contratos de longo prazo de gás natural liquefeito (GNL) ligaram questões de segurança energética à estabilidade interna do Catar, acumulando enorme capital investido na península do Catar e no exterior, na forma de altas aquisições e investimentos. O GNL deu ao Catar a opção de diversificar suas ramificações internacionais, criando uma gama de países interessados na estabilidade de Doha. Essa riqueza e enorme diversificação externa capacitou a direção do Catar a ocupar um papel importante na região, com desempenho e participação ativa na mediação de crises e conflitos regionais – incluindo no Iêmen (2008-10), no Líbano (2008) e na província de Darfur, no Sudão (2008-10). Além disso, o canal de televisão al-Jazeera, do Catar, popularizou o emirado no mundo árabe, com a sua cobertura anti-Israel e anti-EUA. Isso enquanto o Catar recebe a maior base militar norte-americana na região, a Base Aérea de al-Udeid, hospedando também o Comando Central dos EUA desde 2003. Foi, ainda, o primeiro Estado do CCG a reconhecer *de facto* Israel, após a visita do seu primeiro-ministro Shimon Peres, em 1996.

O início dos levantes no Oriente Médio e Norte da África abriram uma nova oportunidade para Doha ampliar seu poder e presença na região, através do envolvimento direto na intervenção militar na Líbia, e depois pela assistência aos fundamentalistas islâmicos. Essa assistência se tornou, talvez, mais notável pelo apoio político e econômico aos ramos da Irmandade Muçulmana (IM) em toda a região, em particular no Egito e na Tunísia.[179] No Egito, por exemplo, Doha supriu um total de 5.5 bilhões de dólares ao governo do presidente Mohamed Mursi, sendo 4 bilhões de dólares em depósitos no Banco Central do Egito, bem como várias doações e embarques de GNL. Além disso, em 2012, o Catar anunciou a implementação de um programa de investimentos no Egito de 18 bilhões de dólares nos cinco anos seguintes, porém esse compromisso foi abandonado após o golpe militar de julho de 2013, que o derrubou do poder.[180]

As condições na Síria foram vistas por Riad e Doha como uma oportunidade para a criação de um regime amigável aos sunitas, abrindo a hipótese de incrementar suas posições na região. No Iraque, isso significava pressionar o governo liderado pelo Dawa, entidade fundamentalista xiita aliada a Teerã e, de quebra,

---

179. Ulrichsen, 2014; Matthiesen, 2017, p. 54.
180. Khan e Lebaron, 2013.

fortalecer os partidos sunitas iraquianos. No Líbano, a queda de Assad ajudaria a impulsionar os parceiros da Arábia Saudita, a coalizão 14 de Março, dirigida por Saad Hariri, em detrimento do Hezbollah e outros partidos simpáticos à Síria. Como argumentado por Hassan Hassan:[181]

> Para os Estados do Golfo, o conflito na Síria é uma batalha central pelo controle de um Estado chave na região. Afastar Damasco do campo de influência do Irã é visto como uma maneira de consolidar um comando regional mais amplo no Levante, reestabelecendo um equilíbrio de poder regional mais favorável, perdido após a ocupação do Iraque pelos EUA em 2003.

À medida que a militarização do levante se aprofundou, a Arábia Saudita e o Catar tornaram-se os principais apoiadores financeiros e militares da oposição armada na Síria, no início de 2012, enviando equipamentos através da Turquia para as diversas brigadas, apesar de diferirem quanto às organizações armadas e elementos da oposição política apoiarem. Como exposto, a Arábia Saudita e Catar custearam inúmeros grupos armados da oposição – desde o Exército Livre da Síria até os movimentos fundamentalistas islâmicos.

Na prática, Arábia Saudita e Catar discordavam sobre o conflito sírio e permaneceram com relevantes divergências de opinião. Durante o conflito, o Catar colaborou mais junto à Turquia, se comparado à Arábia Saudita, com Doha enxergando uma chance de promover os interesses do seu cliente regional mais antigo, a Irmandade Muçulmana e outros fundamentalistas islâmicos na Síria. Já a Arábia Saudita patrocinava rebeldes que servissem aos seus objetivos, procurando evitar o empoderamento de duas das principais forças na Síria: a Irmandade e os jihadistas.

O reino se opunha de forma moderada à Irmandade Muçulmana síria, tratando-a como rival regional, considerando-a uma ameaça, por sua influência notável junto ao al-Sahwa, de oposição fundamentalista ao governo saudita.

A Arábia Saudita respaldou a IM de meados dos anos 1950 até 1991, ano em que as relações foram rompidas após a sua declaração de apoio ao regime de Saddam Hussein, contra a intervenção liderada pelo Ocidente e apoiada pelo reino saudita. Em 1992, o emirado do Catar, que mantinha uma amizade de longa data com a IM, hospedando o mais influente dos seus líderes, Sheik Yusuf al-Qardawi, substituiu a Arábia Saudita como o principal apoiador da organização.[182]

A mobilização do exército dos EUA em solo saudita, durante a intervenção de 1991 contra o Iraque, também levou a Al-Qaeda a se opor ao reino saudita, en-

181. Hassan, 2013b.
182. Achcar, 2013, p. 149.

quanto, nos anos 1980, foi financiada por Riad na guerra do Afeganistão contra a União Soviética. Os líderes da Al-Qaeda e do Estado Islâmico lançaram ataques na Arábia Saudita no passado e conclamaram em aberto pela sua derrubada.[183] Em março de 2014, a Arábia Saudita classificou a Irmandade como uma organização terrorista, junto com importantes correntes jihadistas que lutavam na Síria – incluindo o Jabhat al-Nusra, o ramo da Al-Qaeda na Síria.[184]

Riad e Doha, portanto, seguiram políticas diferentes ao longo dos levantes na região, exceto no Bahrein, onde Arábia Saudita e Catar intervieram, assistindo a aniquilação dos protestos populares. A Arábia Saudita, em geral, concordou com a manutenção dos antigos regimes em toda a região, opondo-se aos protestos, com exceção da Líbia, onde permaneceu neutra, e da Síria. A instância islâmica mais importante da Arábia Saudita, o grão-mufti Abdul-Aziz al-Sheikh, declarou que os levantes de 2011 no Oriente Médio e Norte da África eram uma conspiração dos inimigos do Islã para dividir as nações muçulmanas árabes e espalhar a instabilidade.[185] Salvo o Bahrein, como mencionado acima, o Catar aplaudiu os levantes, aumentando seu apoio à Irmandade Muçulmana e outros fundamentalistas islâmicos, expandindo sua influência política e econômica, às custas da Arábia Saudita e dos Emirados Árabes Unidos.

O convívio entre Doha e Riad continuaram piorando, devido aos objetivos concorrentes nos levantes, gerando uma primeira crise em 2014 e uma segunda em junho de 2017. A Arábia Saudita, os Emirados Árabes, Bahrein e Egito, romperam relações diplomáticas, fechando suas fronteiras com o Catar em junho de 2017, e acusando o país de sustentar o terrorismo, fomentar a agitação regional dando suporte a movimentos como a IM e o Hamas, e por se aproximar demais do Irã – algo negado por Doha. Acima de tudo, a Arábia Saudita queria disciplinar as políticas independentes do Catar e sujeitá-lo ao projeto regional de Riad. A crise enfraqueceu ainda mais a situação da rebelião síria, tanto na esfera politica quanto na militar, aprofundando divisões. Durante todo o processo, a Arábia Saudita e o Catar isolaram-se cada vez mais, reduzindo suas capacidades em expandir o apoio às forças armadas de oposição na Síria. A Arábia Saudita estava girando em falso no Iêmen, enquanto o Catar adotava um discurso de apoio às brigadas da oposição, mas sem medidas práticas.[186]

Pouco a pouco, ambos passaram a enfrentaram obstáculos nas campanhas para isolar a política e diplomacia do regime Assad na região do Oriente Médio

---

183. Porter, 2017.
184. Lacroix, 2014a.
185. Reuters, 2012a.
186. Finn e Maclean, 2016.

e Norte da África. O Egito e a Jordânia indicaram ao longo do tempo ambivalências sobre o futuro de Assad, enquanto apoiavam iniciativas formais contra o regime na Liga Árabe e na Organização de Cooperação Islâmica.[187] O Estado egípcio mostrou sinais de reaproximação com o regime sírio. Em outubro de 2016, o seu comando nas Nações Unidas rejeitou a resolução gerenciada pela França, no Conselho de Segurança, que exigia o término de todos os bombardeios em Alepo. Em lugar disso, favoreceram a resolução russa, enquanto o chefe da segurança nacional na Síria, Ali Mamlouk, se encontrava no Cairo com uma alta figura da inteligência egípcia, Khaled Fawzi. Na reunião, ambos os lados concordaram em coordenar a política de combate ao extremismo armado que os dois países enfrentavam.[188] Em novembro de 2016, o secretário-geral da Liga Árabe, Ahmed Aboul Gheit, disse em uma entrevista à televisão egípcia, que Assad poderia continuar no poder se vencesse as futuras eleições. Paralelamente, defendia um governo de unidade nacional entre ele e a oposição.[189]

Simultaneamente, Rússia e os estados do Golfo selaram uma série de acordos para cooperação em áreas de interesses estratégicos comuns. As monarquias do Golfo procuravam cada vez mais um consenso com Moscou, abrangendo a Síria. Em dezembro de 2016, a Rússia mediou o primeiro tratado em 15 anos, entre a Organização dos Países Exportadores de Petróleo (OPEP) e os países de fora dela, reduzindo a produção global do insumo, enquanto assegurava um investimento de 5 bilhões de dólares, pelo Catar, na gigante petrolífera russa, Rosneft PJSC.[190] Ao final de maio de 2017, após uma visita à Rússia do vice-príncipe herdeiro, Muhammad bin Salman, para discutir com o presidente Vladimir Putin sobre o mercado do óleo e a situação na Síria, as autoridades em Moscou afirmaram que "as relações entre a Arábia Saudita e a Rússia estão atravessando um de seus melhores momentos históricos."[191] Em setembro de 2017, a Arábia Saudita assegurou ao país apoio no processo gradual de negociações de cessar-fogos locais e a criações de "zonas de desescalada" na Síria.[192]

Tais vínculos, em geral, continuaram a progredir, à medida que ambas concordaram em cortar a produção através de um pacto da OPEP, visando elevar preços.[193] Em outubro, foi a vez do rei saudita Salman bin Abdul Azziz viajar à Rússia, concretizando bilhões de dólares em acordos de investimento em energia, comér-

---

187. Ibish, 2016, p. 21.
188. Aboulenein, 2016.
189. *Middle East Eye*, 2016.
190. Blas e Champion, 2016.
191. Issaev e Kozhanov, 2017.
192. Akram, 2017.
193. Carey e Meyer, 2017.

cio e defesa – e acrescentando a possível compra do avançado sistema de mísseis de defesa S-400 Triumf.[194] No mesmo mês, Moscou e Doha assinaram um tratado governamental conjunto sobre cooperação técnica militar, feito às margens da visita do ministro da defesa russo, Sergei Shoigu, à Doha.[195] No final de março de 2018, a Qatar Airways anunciou planos para comprar participação acionária em 25% no aeroporto de Vnukovo, o terceiro maior na região de Moscou.[196]

A Rússia apoiou os esforços de unificação da oposição política síria pela Arábia Saudita, garantindo a presença dos representantes de Moscou e dos grupos do Cairo nas negociações com o regime, e pressionando por uma solução política com Damasco (ver Capítulo 4). Assim, Arábia Saudita e Catar reduziram sua capacidade em garantir a derrubada de Assad (sendo também menos incentivados a fazê-lo). No entanto, Riad manteve seu foco principal no combate à influência iraniana na Síria – refletido em uma entrevista concedida pelo príncipe herdeiro da Coroa Saudita, Muhammad bin Salman, em março de 2018, quando afirmou que Bashar al-Assad permaneceria no poder, mas esperava que ele não se tornasse uma "marionete" do Irã.[197] O reino saudita e os Emirados Árabes também buscavam, ainda que em menor grau do que os persas, combater a influência da Turquia, vista como uma partidária do Catar.

No verão de 2018, uma dinâmica de distensão política e reaproximação sucediam-se entre algumas monarquias do Golfo e Damasco. Os Emirados Árabes,[198] que buscavam normalizar as suas conexões com os sírios, assumiram a liderança nesse processo. Visitas de representantes de segundo escalão dos Emirados à Síria tornaram-se mais frequentes, enquanto os Emirados Árabes enviavam equipes de manutenção para inspecionar a sua embaixada em Damasco, sinalizando alguma retomada potencial das atividades. Em maio de 2018, os Emirados Árabes também

---

194. Borshchevskaya, 2017.
195. *Middle East Monitor*, 2017a.
196. Reuters Staff, 2018a.
197. Hennigan, 2018.
198. Apesar de os Emirados Árabes Unidos terem seguido a oposição inicial da Arábia Saudita ao regime de Assad, observa-se que, após a eclosão do levante na Síria, os Emirados Árabes abriram as portas a vários parentes próximos de Assad, dentre eles a sua mãe, Anisa, a irmã, Bushra e seus filhos. Diversos empresários pró-Assad, que sofriam sanções internacionais, continuaram fazendo negócios nos Emirados sem problema algum, incluindo o primo de Assad, Rami Makhlouf. Em 2014, muitos indivíduos e empresas sediadas nos Emirados Árabes ajudaram de forma ativa os esforços de guerra de Assad. Enquanto alguns forneceram o regime com o combustível necessário para operar a máquina de guerra, outros, como a Yona Star, sediada em Dubai, funcionaram como despachantes marítimos para a Força Aérea Síria, seus serviços de Inteligência, para o Bureau de Suprimentos do Exército e para o Centro de Pesquisas e Estudos Científicos, que desenvolviam os recursos biológicos e químicos do governo. Muitos outros empresários dos Emirados Árabes, conhecidos pela proximidade com as autoridades públicas, também mantiveram relações com o governo sírio muito depois da eclosão do levante. Alguns estabeleceram novas empresas na Síria, abriram filiais nos Emirados Árabes, ou ambas as coisas. Na verdade, os Emirados nunca chegaram a romper ao todo seus vínculos diplomáticos com Damasco, e a embaixada síria continuou operando em Abu Dhabi (Bakeer, 2019).

anunciaram o retorno da linha aérea entre a província síria de Latáquia e o emirado de Sharjah.[199]

Em junho de 2018, o ministro das Relações Exteriores dos Emirados Árabes, Dr. Anwar Gargash, afirmou "considerar um erro a expulsão síria da Liga Árabe."[200] Um mês depois, o jornal libanês al-Akhbar revelou que o vice-chefe do Conselho Supremo de Segurança Nacional dos Emirados, Ali Muhammad bin Hammad al--Shamsi, visitou Damasco, reunindo-se com um representante do regime – possivelmente o chefe administrativo da Inteligência Geral, General Deeb Zeitoun. O periódico registrou que Shamsi discutiu questões de segurança com a autoridade síria e possíveis formas de restaurar os liames entre ambos os países. Abu Dhabi se preocupava, porém, em não provocar a ira de Riad, com al-Shamsi sugerindo a possibilidade de retomar ligações indiretas, encarregando o embaixador dos Emirados Árabes em Beirute, Hamad Saeed al-Shamsi, de gerenciar os assuntos da embaixada em Damasco, a partir da sua base na capital libanesa.[201]

O processo continuou após o verão. Em outubro de 2018, em paralelo à Assembleia Geral da ONU, registrou-se uma troca pública de abraços, seguida por uma breve conversa entre Walid al-Muallen, ministro do exterior sírio e seu equivalente do Bahrein. Khalid bin Ahmed Al Khalifa, ministro de Relações Exteriores do Bahrein, disse à TV al-Arabiya, operada pelos sauditas, ter tido outros encontros com seu "irmão", o ministro sírio. Mas afirmou que aquilo não havia sido planejado, enquanto os demais, já programados, não haviam sido registrados pelas câmeras. Acrescentou que "o governo de Bahrein opera até com os países com os quais discordamos. Não trabalhamos com aqueles que tentam derrubar esses países." O ministro também afirmou o apoio do Bahrein à extensão da soberania do governo em todos os territórios sírios.[202]

Alguns dias depois, em uma entrevista ao jornal *al-Shâhed*, do Kuwait, Bashar al-Assad elogiou as posições do governante kuwaitiano. Ele descreveu a atitude política de Amir Sheikh Sabah al-Ahmad como "nobre", destacando novos entendimentos de Damasco com muitos países, quando delegações ocidentais e árabes já montavam arranjos para retornar à Síria.[203]

Em dezembro de 2018, a situação acelerou-se mais uma vez rumo à e reabilitação de Assad entre seus equivalentes árabes. Antes de tudo, o presidente sudanês Omar al-Bashir, próximo da Arábia Saudita, Catar e Turquia, viajou à Síria

---

199. Qanso, 2018.
200. Al-Wasmi e Macmillan, 2018.
201. Qanso, 2018.
202. Associated Press, 2018.
203. *Al-Shâhed*, 2018.

em meados de dezembro, tornando-se o primeiro líder da Liga Árabe a visitar o país desde o início do levante, em março de 2011, enquanto os Emirados Árabes reabriram a sua embaixada ali em 27 de dezembro, após sete anos. Um dia depois, o Bahrein fez o mesmo. Ambos os Estados justificaram sua decisão pela necessidade de reativar uma presença e um papel árabe no país, mas também para se contrapor à crescente influência da Turquia e do Irã.[204] Em princípios de janeiro de 2019, o jornal libanês *Joumhouria*, citando fontes anônimas, divulgou que o major-general Ali Mamlouk, chefe da segurança nacional síria, esteve na Arábia Saudita no final de dezembro para discutir a restauração das relações diplomáticas.[205]

8. Turquia, expandindo sua relevância na Síria

Os vínculos entre o governo do Partido da Justiça e Desenvolvimento (AKP) na Turquia e o regime sírio, após a chegada de Bashar al-Assad, expandiram-se de forma significativa, em particular depois de 2004. Ambos os Estados organizaram encontros conjuntos, mencionando "laços de família", ao referirem-se aos contatos bilaterais. Erdogan costumava passar as férias com a família Assad.[206] O Acordo de Livre Comércio de 2007 e o de Isenção de Vistos de 2009 reforçaram ainda mais as conexões sírio-turcas. O volume comercial subiu de 796 milhões de dólares em 2006 para 2,5 bilhões em 2010, dando grandes vantagens à Turquia, como mencionado no Capítulo 1. Em fevereiro de 2011, durante o lançamento da pedra fundamental de uma "represa da amizade" conjunta no rio Orontes, Erdogan declarou "sempre afirmamos que não deve haver problemas entre irmãos".[207]

Antes de 2011, sob a direção do AKP, a Turquia aumentou em termos qualitativos sua influência política e econômica na região, após a invasão liderada pelos EUA e o Reino Unido no Iraque, em 2003. A sua economia, impulsionada por exportações, cresceu de modo acelerado, abrindo novos mercados no Oriente Médio.[208]

Após o início do levante sírio em março de 2011, Erdogan aconselhou Assad a fazer algumas concessões aos manifestantes, reformas menores, para apaziguá-los, ao invés de uma modificação radical na composição do Estado. No entanto, as vinculações começaram a piorar após a visita à Damasco do ministro turco de Relações Exteriores, Ahmed Davutoglu, em 9 de agosto de 2011, quando entre-

---

204. Bakeer, 2019.
205. The New Arab, 2019.
206. Wieland, 2012, p. 57.
207. Davis e Ilgit, 2013.
208. Phillips, 2016, p. 35.

gou uma mensagem pedindo o fim à violência e a aprovação de um plano de paz bancado pela Turquia. Assad e os integrantes do governo rejeitaram a mediação e as propostas de Ankara. Ao final, a recusa do regime de se engajar a qualquer uma das recomendações turcas, somada a um forte incentivo oficial dos Estados Unidos, levou o então primeiro-ministro Erdogan a pedir em público, no início de setembro de 2011, a renúncia de Bashar al-Assad. Uma última tentativa aconteceu em outubro, com nova visita do Ministro do Exterior turco, porém mais uma vez não foi possível chegar a qualquer acordo político patrocinado pela Turquia.[209]

A partir de 2012, as armas compradas pela Arábia Saudita e pelo Catar foram transferidas às diversas correntes de oposição, através do aeroporto turco de Esenboğa, em Ancara. O governo turco estava ciente da operação, integrando e monitorando as entregas transportadas por terra para a Síria.

Logo, no entanto, a principal preocupação da Turquia era a crescente influência do PYD e o seu controle nas regiões sírias de maioria curda, após a retirada do regime de algumas áreas próximas à fronteira turca, no verão de 2012. Para combater a progressivo prestígio das forças do PYD, desde o final de 2011 até 2014, o governo turco fez vista grossa aos fluxos de combatentes estrangeiros ao longo da fronteira síria. Isso forneceu recrutas e liberdade de ação aos fundamentalistas islâmicos e jihadistas, permitindo o desenvolvimento de redes transfronteiriças, que ajudavam na preservação econômica desses grupos.[210] O governo turco via alguns benefícios em seu progresso, à medida em que combatiam o PYD e o regime sírio. A Turquia também apoiou outros batalhões importantes no noroeste da Síria – incluindo o Faylaq al-Sham e o al-Jabha al-Shamiyeh, que mantinham conexões com a Irmandade Muçulmana e diversas organizações turcomenas armados, criadas e equipadas por Ancara. O Jaysh al-Islam, antes próximo da Arábia Saudita, também passou a ser influenciado pela Turquia, após a retirada de seus destacamentos do leste de Ghoutha para o norte da Síria, conforme o regime assumia o controle dessas áreas em abril. Como mencionado antes, no verão de 2018 a Turquia respaldou o surgimento da Frente de Libertação Nacional, que juntou várias forças armadas da resistência, em especial as fundamentalistas islâmicas, atuando como subordinadas a Ancara.

O governo turco, no início, também resistiu em se juntar à coalizão internacional dirigida pelos EUA contra o Estado Islâmico do Iraque e Levante, argumentando que a guerra não deveria ser limitada ao grupo jihadista, tendo que se voltar também à derrubada do regime sírio. Recusaram o uso das bases aéreas turcas de Incirlik e Diyarbakir pelos Estados Unidos para fazer operações de bom-

---

209. Wieland, 2012, p. 57.
210. Chivers e Schmitt, 2013; Itani e Stein, 2016, p. 7-8.

bardeio contra alvos do EI na Síria até julho de 2015. No entanto, Ancara mudou sua posição depois que um soldado turco foi morto em um ataque do Estado Islâmico, e após um bombardeio suicida na cidade turca de Suruc, em 20 de julho, contra o centro cultural de Amara. O local sediava um encontro de 300 jovens turcos de esquerda, membros da Federação de Associações de Jovens Socialistas. O homem-bomba, um cidadão turco e membro do EI, matou 32 pessoas. Depois dessa tragédia, a Turquia enfim tomou a decisão, em meados de 2015, de lançar uma ofensiva de bombardeios contra vários locais do EI na Síria, permitindo o uso das suas bases militares por aviões dos EUA.[211] No entanto, a força aérea turca continuava a priorizar alvos curdos, não os do Estado Islâmico.

Ancara mantinha uma atitude ambivalente no que tangia outro grupo jihadista, o Jabhat al-Nusra, apoiando a coalizão Jaysh al-Fateh, liderada pelo Jabhat al-Nusra e Ahrar Sham, acompanhados por frentes islâmicas e do Exército Livre da Síria, além de vários outras pequenas facções próximas ao ELS.[212] Em outubro de 2017, soldados turcos receberam uma escolta armada da coalizão jihadista HTS (Hay'at Tahrir al-Sham ou Organização para a Liberação do Levante)[213] ao entrarem em Idlib, permitindo que as tropas turcas monitorassem e contivessem unidades curdas do YPG no seu reduto de Afrin. Em uma entrevista ao canal al-Jazeera, o chefe do bureau político do HTS, Yousuf al-Hajar, disse que sua organização mantinha vínculos estreitos com a Turquia, descrita como aliada.[214] Em geral, o HTS se convivia de forma pragmática junto à inteligência turca, sem se submeter por inteiro, como em agosto de 2018, ao rejeitar o decreto de Ancara em Idlib, ordenando a sua dissolução e fusão à coalizão da Frente Nacional de Libertação, liderada por Ahrar al-Sham, Jaysh al-Islam, Nour a-Din al-Zinki e grupos armados próximos da Irmandade, apoiados por Ancara. Após essa recusa, a Turquia designou o HTS como terrorista, continuando a pressioná-lo,[215] estimulando divisões internas, enquanto mantinha contatos com a organização. No início de janeiro, o líder do HTS, Abu Muhammad Jolani, chegou a declarar apoio à meta turca para controlar o leste do rio Eufrates, então dominado pelo PYD e considerado um inimigo da revolução pelos jihadistas.[216]

Em 2016, em particular após a tentativa fracassada de golpe de Estado por uma fração do exército na Turquia, em julho, Ancara deixou de considerar a queda de Assad uma prioridade, concentrando-se a derrotar as correntes nacionalis-

---

211. Ackerman, Letsch e Shaheen, 2015.
212. Itani e Stein, 2016, p. 8; Tokmajyan, 2016, p. 5.
213. O HTS surgiu do que era a Frente Nusra, o braço oficial da Al-Qaeda na Síria.
214. MEMRI, 2018.
215. Lund, 2018b.
216. Rudaw, 2019.

tas curdas, na Turquia assim como na Síria. Durante esse período, o AKP realizou uma nova reaproximação com o governo russo, após quase um ano de altas tensões.[217] Em dezembro de 2016, jatos russos assistiram aos destacamentos militares turcos, pela primeira vez, em suas operações no norte da Síria, bombardeando alvos do EI, integrando a campanha mais ampla do "Escudo do Eufrates".[218] A operação teve sucesso na erradicação do EI da fronteira turca, evitando também que o PYD-YPG conectassem o seu território principal no nordeste da Síria com a cidade de Afrin.

As repetidas intervenções militares por tropas turcas na Síria, desde o verão de 2016, no quadro da operação Escudo do Eufrates, e depois em Afrin, em março de 2018, expandiram com velocidade a influência de Ancara sobre as regiões recém-conquistadas. Apoiaram a retomada de serviços, como instalações médicas, hospitais e escolas, nas regiões antes ocupadas pelo EI, impondo seu próprio domínio e desconsiderando as estruturas de governança local em Jarablus, após a expulsão do Estado Islâmico em 2016,[219] e substituindo as antigas estruturas do PYD em Afrin. O correio turco abriu filiais em Jarablus, al-Bab e Cobanbey (em árabe, al-Rayi),[220] também erguendo torres para as empresas turcas de telecomunicações e abrindo universidades patrocinadas pela Turquia em várias cidades. Treinaram centenas de sírios, formando uma nova guarda armada de segurança, composta pela polícia comum e unidades especiais. Junto a essa política, as famílias dos combatentes armados de oposição, vitimados na campanha militar "Ramo de Oliveira", e durante a subsequente ocupação turca de Afrin, em março de 2018, também receberam pagamentos de gratificação por morte do governo da Turquia.[221]

Mulham Jazmati, pesquisador do Fórum Econômico Sírio, declarou que as metas da Turquia nessa área não eram apenas militares, mas também econômicas. Como os grandes investimentos na cidade de Qabsein, na região de al-Bab, em dezembro de 2017, onde o conselho local assinou um Memorando de Entendimento com uma empresa turca de construção para erguer um projeto residencial na área, incluindo 225 apartamentos e cerca de 30 lojas no estilo turco. Ele argumentava que Ancara queria "impor a sua administração na região norte, devido ao seu valor estratégico e, mais importante, para evitar a formação de um futuro Estado curdo unificado nas suas fronteiras."[222]

217. Nashashibi, 2016.
218. Coskun e Karadeniz, 2016.
219. Haid, 2017b, p. 9.
220. All4Syria, 2017b.
221. Tastekin, 2018.
222. Citado em Enab Baladi, 2018b.

Sob os auspícios da Turquia, a construção da Primeira Cidade Industrial no norte da Síria, a alguns quilômetros a noroeste de al-Bab, também foi inaugurada em fevereiro de 2018, com a cooperação do conselho de al-Bab e de um grande número de industriais e comerciantes. Esperava-se que essa cidade industrial impulsionasse a economia local, promovendo oportunidades de emprego para milhares de jovens.[223] Em meados de março de 2018, o conselho de Azaz assinou um acordo com uma empresa turca chamada ET Energy, para construir uma usina geradora de energia com capacidade de 30 megawatts, fornecendo eletricidade para a cidade e entornos, e provando a disposição de Ancara em investir e permanecer na região.[224] Em julho de 2018, o conselho de al-Bab emitiu novos documentos de identidade (cerca de 140 mil), para a população urbana e arredores – traduzidos ao turco e compartilhados com as autoridades turcas.[225]

Através dessas políticas e do desenvolvimento de infraestruturas para fomentar uma base popular, Ancara também almejava a possibilidade de relocar setores de refugiados sírios residentes na Turquia a essas áreas. Em março de 2018, 140 mil refugiados sírios da Turquia retornaram a essas zonas,[226] uma quantidade pequena, se comparada aos cerca de 3,4 milhões deles. Na verdade, a polícia de fronteira evitava cada vez mais que os refugiados sírios cruzassem para a Turquia, usando de violência, e até mesmo atirando para matar em uma série de casos. Em 2014, como parte de medidas extraordinárias de segurança para evitar a chegada em massa de refugiados, o país começou a construir um muro na divisa com a Síria.

Bandeiras turcas, cartazes e testemunhos de apoio a Erdogan multiplicaram-se nos territórios controlados pela Turquia, promovidos, notadamente, por patentes militares locais turcas e seus subordinados sírios. No entanto, sua crescente influência não se deu sem oposição. As forças turcas e a Brigada Sultan Murad, uma frente oposicionista de maioria turcomena estabelecida pela Turquia, foram acusadas de favorecerem seus compatriotas no Distrito de Jarablus, cedendo a eles os melhores serviços e a maior parte dos empregos. Nesse ínterim, a interferência turca nos assuntos locais foi condenada em inúmeras ocasiões, como durantes protestos por manifestantes contra o hasteamento de bandeiras turcas em uma escola de Jarablus.[227] A Turquia também restringiu, ou até baniu, o trabalho humanitário de entidades sírias e internacionais em Jarablus, e outras áreas que controlava, permitindo somente às organizações turcas esse tipo de atividade.[228]

223. Al-Khateb, 2018.
224. Enab Baladi, 2018c.
225. *The Syria Report*, 2018q.
226. Uras, 2018.
227. Enab Baladi, 2016b; Haid, 2017b, p. 18.
228. Haid, 2017b, p. 15.

Em outubro de 2018, um relato do sítio eletrônico Syria Direct expôs a profunda influência e dominação da Turquia sobre todos os aspectos da sociedade, nos territórios em que mantinham seus destacamentos, afirmando:

> moradores, rebeldes e autoridades locais da oposição sugerem ter ocorrido uma expansão gradual do papel da Turquia no norte da Síria, partindo do setor de segurança, atingindo a maior parte dos aspectos da vida política e civil – tribunais, escolas e líderes religiosos – e mesmo as minúcias de prestações de serviços e registro civil. Os próprios conselhos locais – corpos administrativos civis que antes respondiam direto ao Governo Interino da resistência síria – agora operavam sob a direção dos "walis" turcos ou dos governadores das províncias turcas vizinhas (...).[229]

Como mencionado no capítulo anterior, as ambições e interesses da Turquia na Síria mudaram ao longo do conflito, direcionando-se cada vez mais contra as forças do PYD curdo. Suas iniciativas abrangiam a ocupação direta de territórios por múltiplas intervenções, e o uso de seus subordinados nas zonas de fronteira do norte da Síria, construindo uma frente local que lhe permitisse influenciar a política no país a serviço dos seus interesses. Isso foi simbolizado pelas declarações de Erdogan após o anúncio da retirada do YPG de Manbij e a entrada do exército do regime sírio em dezembro de 2018: "A Turquia não terá mais nada a fazer na cidade de Manbij, visto que as "organizações terroristas" do YPG deixarem a área."[230] Concomitantemente, o ministro de Relações Exteriores turco, Mevlut Cavusoglu, também declarou no Fórum de Doha, no Catar, que Ancara estava preparada a se engajar com Damasco se Assad realizasse e vencesse eleições livres e justas.[231] A ideia de derrubar o regime há muito havia desaparecido.

9. A estabilização do regime Assad por forças regionais e internacionais

O fracasso dos intensivos diálogos e conferências de paz organizadas e supervisionadas pelas Nações Unidas, desde 2012, entre o regime e representantes da oposição, em Genebra, aumentaram os canais paralelos de negociações entre os países envolvidos no levante sírio. Em meados de dezembro de 2016, uma nova

---

229. Brignola, Hamou e al-Maleh, 2018.
230. Yeni Safak, 2018.
231. Al-Jazeera English, 2018.

reaproximação ocorreu entre o Irã, a Turquia e a Rússia, após a conquista do leste de Alepo por brigadas pró-regime. Os ministros de Defesa e das Relações Exteriores desses países se encontraram em Moscou, em 20 de dezembro, para discutir o futuro da Síria, ao passo que os Estados Unidos não foram convidados a participar. Uma declaração conjunta foi publicada após o encontro, propondo uma rota de ações para um cessar-fogo, com potencial de encerrar a guerra. Em termos gerais, afirmava que Rússia, Turquia e Irã estavam prontos para ajudar a mediar um acordo de paz, com um ponto crucial: a priorização da luta contra o "terrorismo" na Síria, em vez da mudança de regime.[232] Por sua parte, os Estados Unidos apoiaram as conversas de paz na Síria preparadas pela Rússia, em Astana, capital do Cazaquistão, esperando um passo positivo em direção à paz.[233]

Os elos entre Turquia e Irã também atravessaram, em agosto de 2017, uma nova reaproximação após o encontro do chefe das forças armadas iranianas, Mohammad Hossein Bagheri, o presidente turco Tayyip Erdogan e seu ministro da Defesa, Nurettin Canikli, em Ancara, para discutir o fortalecimento das relações bilaterais de defesa, coordenando esforços conjuntos em antiterrorismo. Isso foi atingido com operações militares conjuntas contra o PKK e seus ramos na Síria e Irã, e pela reconciliação das diferenças políticas dos dois países em torno da Síria e Iraque. Ambos os lados também condenaram o referendo de independência do Curdistão iraquiano (cujo resultado foi de 92% a favor), de setembro de 2017, responsabilizando-o por desestabilizar o Iraque com efeitos regressivos na região como um todo.[234] Teerã e Ancara foram veementes na rejeição da independência do Curdistão iraquiano, ambos multiplicando suas ações contra Erbil, em colaboração com o governo central de Bagdá.

Em setembro de 2017, após novas conversas em Astana, um pacto conjunto foi firmado entre a Rússia, Irã e Turquia, para alocar observadores no perímetro da zona de desescalada, na Província síria de Idlib, cuja maior parte estava sob controle da coalizão jihadista HTS. Na realidade, apenas as forças armadas turcas foram alocadas à área, onde ergueu doze observatórios militares até meados de maio de 2018. Três outras zonas de desescalada foram incluídas nos vários encontros em Astana: no leste de Ghouta, no setor rural ao norte de Homs e no sul da Síria (Quneitra e partes do Estado de Dar'a).[235] Esses tratados, porém, não impediram o regime e seus amigos estrangeiros de atacar ou sitiar essas regiões, enquanto o leste de Ghouta e o sul da Síria passaram para o controle do regime em abril

---

232. Reuters, 2016.
233. Wroughton, 2017.
234. Majidyar, 2017d; Medawar, 2017.
235. Beals, 2017; Majidyar, 2017e.

e meados de julho de 2018, como já mencionado. Idlib permaneceu ameaçada por uma ofensiva militar do regime no decorrer de 2018 até o início de 2019, sofrendo bombardeios contínuos.

No entanto, Rússia, Irã e Turquia continuaram a colaborar para avançar as conferências de discussões paralelas às Negociações de Genebra, supervisionadas pelas Nações Unidas, em particular por meio do Congresso de Diálogo Nacional Sírio, patrocinado pela Rússia e realizado em janeiro de 2018, no balneário de Sochi. No entanto, a conferência foi boicotada por amplos setores da oposição, incluindo a Coalizão e os partidos políticos curdos (o PYD e o Conselho Nacional Curdo). Em uma reunião de cúpula convocada pelo presidente turco em Ancara, em abril de 2018, Turquia, Rússia e Irã se comprometeram a um "cessar-fogo duradouro" para "proteger os civis" e encontrar uma solução política para o conflito.[236]

No verão de 2018, conforme o regime consolidava seu poder, a Rússia intensificou esforços para encorajar os países vizinhos – abrangendo Jordânia, Líbano e Turquia – a facilitar o retorno de refugiados sírios.

À medida que os atores internacionais e regionais intensificavam esforços para estabilizar a Síria governada por Assad, encorajando o retorno de refugiados e implementando o processo de reconstrução, Damasco consolidava seu poder, conquistando novos territórios. No início de agosto de 2018, o regime sírio, com a assistência dos seus correligionários, já controlava mais de 60% da superfície síria e 75% da população.

10. Conclusão

O fracasso da invasão norte-americana do Iraque, e a crise financeira global de 2007-2008, representaram golpes severos na economia e no prestígio do modelo neoliberal estadunidense, gerando um enfraquecimento geral no poder dos EUA. Essa dinâmica, além de abrir espaço para as operações de outras potências imperialistas globais, como a Rússia, também serviu às forças regionais, que passaram a agir com maior independência. Nações como Irã, Turquia, Arábia Saudita e Catar, diante do enfraquecimento relativo do poder dos EUA após seu fracasso no Iraque, desempenharam papel crescente na região e nos levantes populares após 2011, apoiando os esforços de vários atores para aumentar uma influência política própria, ou realizar intervenções diretas. O sectarismo também foi ferra-

---

236. AFP, 2018.

menta útil para mobilizar bases eleitorais específicas a serviço dos objetivos políticos desses Estados.

Os norte-americanos estavam menos dispostos do que antes a ingerências militares na região, tentando evitar o envio de grandes contingentes de soldados por terra, resultado da sua derrota no Iraque e a catástrofe desencadeada no país. O objetivo de Washington, em geral, era o de manter as antigas estruturas, apenas com mudanças pequenas e superficiais. O caso sírio não constituiu exceção.

Nesse contexto, várias intervenções ocorreram na Síria. A assistência da Rússia, do Irã e do Hezbollah ao regime foram indispensáveis à sua sobrevivência em todos os níveis: político, econômico e militar. Esses atores investiram em massa para proteger seus próprios interesses (em geral geopolíticos). O contínuo aprofundamento dessa conexão também obteve, com o tempo, ainda maior relevância na sobrevivência do regime que no início do levante. A colaboração internacional também permitiu que o regime se beneficiasse das transferências de conhecimentos de experiencias autoritárias, conseguindo, assim, adaptações significativas na escala e organização do seu aparato coercitivo, aperfeiçoando sua capacidade em se contrapor à insurgência popular armada.[237]

Por outro lado, a Turquia e as monarquias do Golfo, lideradas pela Arábia Saudita e Catar, mudaram de forma radical as suas relações com um regime que era antes tido como amigável, se tornando os oponentes mais importantes contra Assad. A Arábia Saudita e, em um grau menor, o Catar, também viam o levante como uma ferramenta para enfraquecer o Irã na região. Ancara, Doha e Riad contribuíram com a divisão e fragmentação do Exército Livre da Síria, patrocinando com seletividade algumas brigadas em detrimento de outras, servindo a seus próprios interesses políticos, enquanto, de forma inadvertida, fortaleciam os fundamentalistas islâmicos. Eles contribuíram para a islamização da resistência armada e o aprofundamento do sectarismo e das tensões curdo-árabes no seio da oposição.

O crescente sucesso do regime contra as diversas regiões controladas pela oposição levou os chamados Amigos da Síria a se concentrarem em seus interesses nacionais, livres do objetivo de tirar Assad do poder. A Turquia direcionou esforços para minar e derrotar o PYD curdo na Síria, enquanto as monarquias do Golfo foram diminuindo a assistência dada à oposição, após várias derrotas para agrupamentos pró-regime, até encerrá-la em definitivo. A Arábia Saudita e os Emirados Árabe Unidos buscavam cada vez mais uma resolução do conflito que limitasse a influência do Irã, da Turquia e dos atores jihadistas na Síria – como

---

237. Heydemann, 2013b, p. 67.

o Estado Islâmico. Ao final de 2018, eles também iniciaram um processo de normalização com o regime em Damasco. Essa iniciativa com os Emirados Árabes e, possivelmente no futuro próximo, com a Arábia Saudita, poderia permitir ao regime conquistar algumas vantagens e maior independência visa vis ao Irã e, em um grau menor, à Rússia.

O Catar, enquanto isso, ficou enfraquecido com o isolamento político imposto pela maioria das monarquias do Golfo, reduzindo sua capacidade de ação política independente na Síria, ao apoiar sua correligionária, a Turquia. Além disso, as nações ocidentais, conduzidas pelos Estados Unidos, concentraram-se, no decorrer dos anos, no Estado Islâmico e na guerra ao terror – servindo à pauta de Damasco – e encorajando uma resolução ao conflito que estabilizasse o país, sem desafiar o regime Assad.

Apesar das rivalidades entre as várias potências imperiais e regionais, esses países mantiveram posições comuns na contenção dos jihadistas, e para que a guerra civil na Síria não se espalhasse pelas áreas vizinhas. Pouco a pouco, concordaram com a necessidade de pôr fim ao levante na Síria – cuja coesão e perspectivas desviaram para longe dos objetivos iniciais do movimento de protestos, eclodido em março de 2011.

7

a economia política uma década depois do conflito

Mais de dez anos após a transformação do levante popular em guerra assassina, com a intervenção de potências regionais e internacionais no país, a situação na Síria é catastrófica em todos os níveis, em particular quanto à perda humana. Estima-se que 2,3 milhões de pessoas, cerca de 11,5% da população, foram mortas, feridas ou mutiladas ao longo do conflito armado até 2015.[1] Com o aumento da taxa de mortalidade, a expectativa de vida colapsou para todos os grupos, com destaque aos jovens, cuja faixa etária caiu de 69,7 em 2010 para 48,4 em 2015.[2] Até o final de 2015, 85,2% dos sírios estagnaram na pobreza,[3] enquanto 69% dos habitantes seguia na miséria até 2017.[4]

A guerra transformou a maioria da população em deslocados internos ou refugiados. Sobrevivendo em condições de pobreza extrema e exploração, a maioria dos refugiados sírios nas nações vizinhas são também submetidos a políticas discriminatórias. Há cerca de seis milhões de refugiados sírios em todo o mundo, a maioria empurrados para países no entorno, com apenas uma pequena fração voltando à Síria. Os deslocamentos compulsórios de populações continuaram ocorrendo em 2017[5] e 2018.[6]

No contexto de guerra, a economia dilacerou-se. Os recursos, reservas e receitas fiscais do regime encolheram no decorrer do tempo, com o governo aplicando novas medidas de austeridade e diminuição de subsídios em bens essenciais, piorando a condição de vida das classes populares. Ao acumular vitórias militares e captura de novos territórios com a ajuda de aliados estrangeiros, o regime Assad começou a vislumbrar possíveis medidas de reconstrução como ferramenta importante para consolidar seu poder e suas redes após a deflagração.

O Índice de Desenvolvimento Humano na Síria, de 0,472, caiu do grupo de nações em "desenvolvimento humano médio" para o de "baixo desenvolvimento humano", em grande parte pelo enfraquecimento do desempenho em educação, saúde e renda. O sistema de saúde foi afetado a fundo pelos danos e destruição à sua infraestrutura e instalações, à imigração de profissionais do setor, à morte e

---

1. SCPR, 2015, p. 51.
2. SCPR, 2016b, p. 9.
3. SCPR, 2016a, p. 37, p. 45-46.
4. Humanitarian Needs Overview, 2017.
5. Ao todo mais de 900.000 pessoas.
6. AFP e *Le Monde*, 2018; UN News, 2018. Mais de um milhão de pessoas foram deslocadas na Síria durante os primeiros seis meses de 2018.

ferimento dos membros do corpo médico e o colapso da indústria farmacêutica.[7] Até 2016, quase metade dos 493 hospitais do país foram afetados pelos cinco anos de confrontos, enquanto a proporção de pessoas por médico subiu de 661 em 2010 para 1.442 em 2015.[8]

A parcela da população com acesso à educação desabou de 95% em 2010 para menos de 75% em 2015, devido à perda de infraestrutura e à escassez de professores. Mais de 27% das escolas relataram falta de pessoal em 2015, em comparação com 0,3% em 2010.[9] Cerca de 45,2% das crianças em idade escolar perderam o ano letivo de 2014-15. A taxa de evasão escolar foi mais alta em Raqqa e Deir ez-Zor, atingindo 95%, devido à decisão do Estado Islâmico de fechar escolas nas áreas sob seu controle. Nas províncias um pouco mais seguras, a taxa de evasão ficou mais abaixo, quase zero por cento em Tartus, 16% em Damasco e 17% em Latakia.[10] Fatores econômicos também influenciaram o processo, como o aumento dos preços, a inflação e a diminuição de oportunidades de emprego, empurrando famílias a recorrerem ao trabalho infantil para suprir as necessidades básicas. A mendicância e os casamentos infantis também aumentaram ao longo dos anos.[11]

Embora a taxa de pobreza tenha crescido em todas as províncias, as regiões que atravessaram conflitos intensos ou tinham taxas históricas de pobreza superiores sofreram com maior intensidade. Raqqa, a mais pobre das províncias, tinha 91,6% de seus habitantes vivendo abaixo da linha geral de pobreza, enquanto aqueles em Idlib, em Deir ez-Zor e na zona rural de Damasco também padeceram com altas taxas de empobrecimento. A menor delas registrou-se em Suwayda, com 77,2%, seguida por Latakia, com 79,8%, Damasco, com 82% e Tartus, com 82,4%.[12]

A piora na situação econômica teve sérias consequências sociais, com o aumento das taxas de divórcio e poligamia no decorrer da guerra. Segundo dados do governo, os relacionamentos polígamos representaram 30% dos casamentos registrados em Damasco em 2015, contra apenas 5% em 2010.[13] Além disso, argumentam Lana Khattab e Henri Myrttinen:[14]

> Embora a violência de gênero estivesse bastante difundida na Síria antes da guerra, a realidade do conflito exacerbou-a. Diversas formas de abuso sexual e de gê-

---

7. SCPR, 2014, p. 6.
8. ESCWA e Universidade de St. Andrews, 2016, p. 31.
9. ESCWA e Universidade de St. Andrews, 2016, p. 30.
10. SCPR, 2016a, p. 48.
11. Syria Untold, 2016a, 2016b.
12. SCPR, 2016a, p. 45.
13. AFP, 2016b.
14. Khattab e Myrttinen, 2017.

nero, exploração e abuso aumentaram, desde o casamento precoce de meninas, escravidão sexual, agressão homofóbica e transfóbica, ou tortura sexualizada de homens, mulheres, meninas e meninos em situações de detenção.

As mulheres sírias, dentro do país ou no exílio, enfrentaram barreiras concretas ao tentarem estabelecer novos meios de subsistência. Elas representavam 57% do total de deslocados internos na Síria, excedendo 70% em algumas áreas.[15]

Ao mesmo tempo, a súbita escassez de homens na sociedade, devido à guerra ou à emigração, assim como à falta de funcionários por causa de lesões ou prisão, abriu espaço para as mulheres ocuparem nichos específicos na sociedade e na força de trabalho, antes dominados pelo sexo masculino ou inacessíveis às mulheres. Segundo estimativas da FAO de 2015, por exemplo, 65% da população economicamente ativa na agricultura em 2015 eram mulheres, um aumento de 6% desde 2009. Em algumas áreas, elas chegaram a constituir até 90% da mão de obra agrícola.[16] Como consequência, até 2016, domicílios chefiados por mulheres constituíam 12-17% da população na Síria, atingindo até um terço da população síria em países que acolhem refugiados.[17] Esse processo continuou ao longo dos anos. Em abril de 2018, um funcionário do Ministério do Trabalho e Assuntos Sociais afirmou que a presença de mulheres no mercado de trabalho era quatro vezes superior à dos homens. No setor público, a proporção foi estimada em 3:1 em um relatório recente emitido pelo ministério.[18]

A participação de gênero na economia, no entanto, estava longe de ser igualitária, com as mulheres recebendo salários rebaixados, enfrentando discriminações e barreiras no local de trabalho. A renda agregada das famílias chefiadas por mulheres tendia a "ser inferior ao das famílias chefiadas por homens", segundo as avaliações da investigação "Mulheres, Trabalho e Guerra", publicada pela CARE em 2016.[19] Enquanto isso, em setembro de 2018, nas chamadas eleições municipais nas áreas controladas pelo regime, o denominador comum das várias listas de "unidade nacional", encabeçadas pelo Partido Baath, tinham representação feminina minúscula na maioria das províncias, com candidatos do sexo masculino formando 95% dos representantes em Aleppo e Suweida.[20]

---

15. SCPR, 2016b, p. 69.
16. Citado em Aniyamuzaala e Buecher, 2016, p. 31.
17. Aniyamuzaala e Buecher, 2016, p. 4.
18. *The Syria Report*, 2018t.
19. Aniyamuzaala e Buecher, 2016, p. 5.
20. Mashi, 2018.

1. Custos da reconstrução

Foram intensos os efeitos da guerra e da destruição na economia, resultando em significativas mudanças estruturais. A crise financeira libanesa desde 2019, e a pandemia da COVID-19 ampliaram ainda mais os problemas socioeconômicos do país, com os níveis de pobreza (mesmo antes do surto de COVID-19 na Síria) atingindo mais de 85%. Em fevereiro de 2021, o Programa Mundial de Alimentos da ONU estimou em 12,4 milhões, cerca de 60% da população, o número de sírios sofrendo de insegurança alimentar.

O conflito aprofundou o processo de urbanização, levando ao deslocamento massivo das áreas rurais. Estima-se que 72,6% da população (13,7 milhões de pessoas) vivia em áreas urbanas em 2019, comparado a 56% em 2010. Latakia, Tartous e algumas partes de Damasco testemunharam um fluxo relevante de pessoas, enquanto o leste de Aleppo e Homs tiveram êxodo de moradores. Partindo de uma população total estimada em cerca de 20,8 milhões em fevereiro de 2020, pouco mais de 15 milhões viviam em espaços controlados pelo regime.[21] O deslocamento populacional de regiões específicas seguiu a estratégia repressiva do governo, visando centros urbanos sob a oposição e bairros com alta concentração populacional, em particular os que não eram administrados pelo Estado Islâmico. Ao fazer isso, o regime obrigou massas de deslocados internos civis a viajar para áreas comandadas pelo governo por questões de melhor segurança e serviços públicos. Damasco também tentou impedir a criação e organização de diferentes iniciativas dos setores democráticos do movimento de protestos, inviabilizando uma alternativa viável às funções públicas essenciais oferecidas pelo regime. Na prática, essa política se deu pela destruição de infraestrutura e corte às linhas de abastecimento das áreas controladas pela oposição. A partir de 2016, o governo Assad também promoveu a realização de "acordos de reconciliação local" com cidades sitiadas e continuamente bombardeadas. Esses pactos levaram a novas ondas de mudanças forçadas. As regiões que permaneceram chefiadas pelo governo receberam grande número de deslocados internos, enquanto aquelas fora de seu controle sofreram com deslocamentos intensos.

Em paralelo à guerra, desenvolveu-se um mercado clandestino de tráfico de todos os tipos, levando ao surgimento de novos agentes econômicos associados ao regime. Eles vieram acompanhados de políticas do governo, voltadas a consolidar seu poder, ressaltando diversas redes de clientelismo, que permitiam novas formas de acumulação de capital. A orientação da sua política econômica acompanhou e

---

21. Banco Mundial, 2020a, p. 24.

intensificou essas mudanças, expandindo as políticas neoliberais. Enquanto isso, com a redução considerável dos recursos, reservas e receitas fiscais do regime, o governo aplicou novas medidas de austeridade e diminuiu subsídios a produtos essenciais, piorando as condições de vida das classes populares.

A queda no PIB, de US$ 60,2 bilhões em 2010 para cerca de US$ 21,6 bilhões em 2019, foi acompanhada por uma perda econômica acumulada durante o conflito, cujo total, até o final de 2019, estava estimado em US$ 530,1 bilhões. As destruições maciças de anos de guerra transformaram a estrutura do PIB. Os números oficiais devem, claro, serem lidos com cautela, em particular no que se refere à economia informal. Essas estatísticas, no entanto, refletem importantes tendências e mudanças na estrutura da economia síria desde 2011.

2. Comércio e Contrabando

O contrabando ilegal de mercadorias vem de longe na Síria, e os apadrinhados do regime Assad foram seus principais ganhadores na década de 1980, período marcado pela proibição da importação de bens de consumo no país. A subsequente liberalização do comércio nas décadas de 1990 e 2000 fez com que as atividades de contrabando diminuíssem em alguns setores. Além disso, a invasão do Iraque pelos EUA em 2003 resultou no envolvimento direto da Síria em várias delas, focadas no petróleo, em particular. No entanto, outras operações ilegais surgiram neste período. O tráfico de drogas, por exemplo, aumentou, impulsionado por novos produtos e novas rotas, assim como o contrabando transfronteiriço com o Iraque, fortalecido durante os anos seguintes à invasão. Na maioria dos casos, o governo sírio foi incapaz de controlar ou conter o aumento das transações ilícitas.[22] Esse tipo de contrabando, no entanto, não ameaçou a produção industrial nacional da época, ao contrário dos anos posteriores a 2011.

A disseminação de mercadorias chinesas (legais e ilegais), assim como das turcas, contrabandeadas ou legalmente exportadas para o mercado sírio, aceleraram após 2011. Inúmeros empresários vieram a público denunciar os impactos negativos do contrabando na indústria local. As principais estradas para o contrabando saem da Turquia, passam por Idlib, a região do rio Eufrates controlada hoje pela Turquia (em que ocorre a Operação Escudo do Eufrates), e Afrin (através de passagens fronteiriças controladas pelos rebeldes). E depois, também pelas das áreas sob o regime, através de uma significativa rede de comerciantes, cujos diver-

22. Herbert, 2014, p. 73-74.

sos contatos permitem transitar produtos pelos postos de controle do exército. Em 2019, a Turquia exportou US$ 1,7 bilhão em mercadorias para a Síria, segundo a agência nacional de estatística turca, subindo de US$ 1,3 bilhão em 2018.

O comércio oficial, e as importações em particular, passaram a constituir fonte lucrativa considerável no país, pelos baixíssimos níveis de produção econômica, ausência de investimentos e a demanda por bens específicos como alimentos, produtos farmacêuticos e derivados de petróleo. A balança comercial permaneceu negativa, caindo de USD 4,7 bilhões em 2015 para USD 5,7 bilhões em 2019. Importava-se USD 6,4 bilhões em 2019 enquanto se exportava cerca de USD 700 milhões. Em 2011, o valor total das exportações atingiu cerca de US$ 12,2 bilhões.[23]

O acesso a mercados externos para impulsionar as exportações de produtos sírios permaneceu limitado, apesar da reabertura das fronteiras com a Jordânia, em meados de outubro de 2018 em Nassib-Jaber, e com o Iraque, no dia 1º de outubro de 2019 em al-Boucamal.

Os produtos importados legalmente vêm, em sua maioria, dos países aliados do regime. A China tornou-se o maior parceiro comercial da Síria nos últimos anos, ao lado da Turquia. Empresas chinesas fornecem equipamentos e matérias-primas, contornando as sanções europeias. Seus produtos são, no entanto, os principais rivais da produção local, pois costumam ser mais baratos, como no caso da indústria de móveis. Os russos vendem, basicamente, cereais e trigo. As exportações iranianas também dispararam desde 2011, compostas em sua maioria por suprimentos de petróleo e insumos agrícolas e industriais.

As transformações nas importações e exportações foram incentivadas pelas necessidades da população por alimentos, roupas e energia. As principais exportações giraram em torno de legumes e hortaliças, produtos alimentícios e tecidos.[24] Já quanto às importações, elas limitaram-se a esses mesmos produtos, acrescidos de combustível.

O governo sírio seguiu flexibilizando as restrições às importações, aprofundando a terceirização das responsabilidades para o setor privado. Em março de 2020, incentivou o relaxamento das limitações à importação de gás natural, permitindo um número maior de agentes do setor privado a trazer combustível por três meses. Também permitiu, no mesmo período, que todos do setor, incluindo as empresas privadas, trouxessem de fora farinha de trigo, independente de sua origem.

Esse processo começou nos anos 2000, com a liberalização e privatização da economia síria, porém atravessou considerável aumento e intensificação nos

---

23. Abu Suheil, 2018.
24. SCPR, 2020, p. 55.

últimos anos, com o controle da economia nacional por comerciantes e novos empresários filiados ao regime.

3. Agricultura

Ao longo do conflito, o setor agrário desempenhou papel central, fornecendo uma base mínima de segurança alimentar e renda à população. As atividades desse âmbito têm ajudado a manter os níveis mínimos de condições de vida para milhares de famílias sírias, implicadas de forma direta ou indireta com a agricultura. Sua produção representou entre 25 e quase 41 por cento do PIB desde 2013, servindo como rede de amparo relevante para 7,6 milhões de sírios, incluindo os deslocados internos.

A participação maciça do ramo agrícola no PIB não foi, no entanto, resultado de seu dinamismo interno. Em 2016, o Programa Mundial de Alimentos constatou que as perdas no meio rural chegaram a US$ 16 bilhões desde 2011, quase 40% em termos absolutos, consequência da enorme destruição ocorrida em outras esferas econômicas. Enquanto problemas mais antigos, como a má gestão da água e a recorrência de secas repetiam-se, as sanções, o colapso da libra síria e as interrupções na cadeia de abastecimento pioraram o setor. Além disso, o alto custo da produção continuou um grande problema. O Ministério da Agricultura e Reforma Agrária anunciou, por exemplo, em julho de 2020, que mais de 70% dos criadores de frangos interromperam seus trabalhos por causa dos altos custos de manutenção (ingredientes alimentares, como soja e milho, em particular).[25]

A queda na produção agrária atingiu em especial o mercado de trigo, um dos principais componentes básicos na dieta síria. Sua produção interna anual, cerca de 4,5 milhões de toneladas (das quais 3,5 milhões destinadas à alimentação), é insuficiente para satisfazer as necessidades do país. Em 2020, estimou-se que a produção do grão na Síria atingiria cerca de 2,8 milhões de toneladas, com apenas cerca de 800 mil toneladas fruto de áreas controladas pelo governo. Os campos de trigo, concentrados nas províncias de Aleppo, Raqqa e Hasakeh, no nordeste, regiões em que se encontram 60% de todas as terras cultiváveis, estão em muitos casos sob os guerrilheiros curdos das Forças Democráticas Sírias, ou, em menor escala, sob as forças armadas da ocupação turca e seus subordinados sírios.

Ao final de outubro de 2020, Damasco dobrou o preço do pão subsidiado, de 50 para 100 libras sírias, depois de não conseguir garantir trigo suficiente para

---

25. Business 2 Business, 2020.

atender à demanda, agravando ainda mais o risco de escassez alimentar com a chegada do inverno. O aumento foi o primeiro desde 2015, quando o governo elevou o preço de um pacote de pão de 35 para 50 libras. Em julho de 2021, o Ministério do Comércio Interno e Defesa do Consumidor[26] duplicou o seu valor subsidiado, de 100 para 200 libras.

4. Manufatura

O setor manufatureiro foi um dos mais afetados pela guerra, com enormes dificuldades para recuperar seu nível de produção anterior a 2011. O valor dos danos e da destruição nos setores industriais público e privado foi estimado entre US$ 3 e US$ 4,5 bilhões.[27] Em escala nacional, os cerca de 130 mil empreendimentos industriais anteriores ao levante reduziram-se a cerca 80 mil em maio de 2020. Das 103 empresas estatais de manufatura que operavam em 2011, apenas 34 estavam em pleno funcionamento e 20 parcialmente. Desde então, os dados aumentaram pouco. As principais instalações fabris ou suas partes mais relevantes foram realocadas dentro do país, voltando-se para as áreas costeiras, ou para o exterior. A criação de novas empresas e fábricas em países vizinhos por sírios, e joint ventures com parceiros locais, sobretudo no Egito e Turquia, beneficiaram esses empresários com injeções consideráveis de dinheiro, mas também representaram uma perda enorme para a produção interna.

Em outono de 2013, mais de 90% das instalações fabris na zona industrial de Alepo, localizadas fora da zona de controle do regime, foram fechadas, enquanto 40% das instalações manufatureiras em Adra, na província rural de Damasco, tiveram suas atividades suspensas.[28] Nos últimos anos, não obstante, essas duas cidades industriais atravessaram uma leve melhora.

As atividades industriais em Adra recuperaram-se mais rápido que em Alepo, por terem sofrido menos destruição. Depois que as forças armadas do regime retomaram os subúrbios residenciais próximos ao centro industrial, em fins de 2014, o retorno dos serviços básicos (eletricidade, água e transporte) permitiu o reinício das operações econômicas. Desde então, algumas instalações industriais também transferiram suas atividades para a Adra. Ali, em 2020, os cerca de mil empreendimentos empregavam de 50 a 60 mil trabalhadores.[29] Já a zona indus-

---

26. The Syria Report, 2020.
27. Economy2Day, 2019.
28. Al- Modon, 2016.
29. Shalhoub, 2020.

trial de Sheikh Najjar conseguiu apenas recobrar sua programação depois da recaptura completa de Alepo pelo regime e parceiros, ao final de 2016, restaurando a infraestrutura básica durante os primeiros meses de 2017. Em agosto de 2020, o seu governador, Hussein Diab, contabilizou cerca de 650 indústrias em Sheikh Najjar.[30] Embora os dados oficiais devam ser lidos com cautela, o número impressiona comparado aos apenas 50 estabelecimentos existentes até 2016.

As funções econômicas na cidade, no entanto, seguem em baixo nível. O isolamento continua a afetar Alepo, depois que seus vínculos junto às regiões vizinhas foram rompidos nos últimos anos, deixando-a ainda muito depende das mercadorias contrabandeadas da Turquia ou produzidas em Damasco e áreas costeiras. Novas vias comerciais, além de tudo, surgiram ao norte da Síria, em particular pela conexão com a Turquia, fragilizando as atividades comerciais de Aleppo e seu espaço enquanto nódulo econômico central. Ao mesmo tempo, durante a guerra, surgiram outras figuras empresariais atuando em torno de Damasco de forma isolada, enquanto a antiga classe empresarial de Aleppo integrava as "antigas redes de poder do regime, sem tratamento preferencial".[31]

A elevação nos custos de produção continuou prejudicando os fabricantes, em particular após o aumento, em outubro de 2020, nos custos dos combustíveis.[32] Essa decisão encareceu os preços na economia como um todo, comprimindo a competitividade dos fabricantes e agricultores sírios e o poder de compra da população. Em julho de 2021, o governo aumentou o valor do gás de cozinha em 178% - de 180 para 500 libras sírias (SYP) o litro. Essa alta ocorreu dias depois que o montante não-subsidiado da gasolina Octane-95 subiu 20%. Um litro de gasolina Octane-95 agora custa SYP 3.000, um acréscimo de 500 libras sírias.

Não há, enquanto isso, sinal de retorno maciço dos industriais sírios exilados. Entre 2012 e 2018, os empresários investiram US$ 800 milhões em vários projetos no Egito, sobretudo nos setores têxteis, restaurantes e cafés.[33] O industrial Muhammad Kamel Sabbagh Sharabati, considerado em 2009 um dos 100 maiores empresários sírios e ex-presidente da Câmara da Indústria de Alepo entre 2005 e 2009, foi o exemplo mais conhecido dessa nova relação. Ele trocou seu país pelo Egito em 2012, após se negar a financiar os esforços de guerra do regime e ser acusado de apoiar a revolução. Suas indústrias em Alepo foram queimadas. No início de 2018, Sharabati passou a administrar, na cidade de Sadat, zona industrial

---

30. Business 2 Business, 2020b.
31. Khaddour, 2017e.
32. O preço da gasolina vendido a empresas comerciais aumentou novamente, de SYP 296, para SYP 650 o litro, enquanto a gasolina subsidiada atingiu 450 libras sírias, em comparação aos SYP 250 anteriores.
33. Enab Baladi, 2018d.

ao norte do Cairo, quatro grandes fábricas, denominadas Fourtex ou al-Roubaia Textile Company for Spinning, Weaving and Dyeing, ocupando um espaço total de 180.000 metros quadrados. O complexo, inaugurado pelo presidente egípcio, Abdul Fattah al-Sisi, é um dos principais exportadores para África, com valor estimado em 200 milhões de dólares. Enquanto os investidores sírios que transferiram suas atividades para o Egito eram, na maioria, grandes industriais manufatureiros do setor têxtil, os estabelecidos na Turquia são em geral pequenas e médias empresas. As principais áreas de atividade das empresas sírio-turcas são, no entanto, o comércio atacadista, imobiliário e a construção civil, a manufatura representando apenas uma pequena parcela. Não poucos vieram do centro e província de Alepo, mantendo suas conexões comerciais com as regiões do norte da Síria e alguns até no norte do Iraque. Outros homens de negócios sírios mudaram-se ou transferiram suas operações para a Jordânia, pela proximidade com a fronteira síria e à segurança fornecida pelas autoridades. Por último, diversos empresários e fabricantes também fugiram para os Emirados Árabes Unidos, embora em geral sem estabelecer atividades comerciais por lá.

Muitos destes empresários exilados (incluindo os que não se opunham ao regime sírio) consideravam ausentes as condições para um regresso. Em fevereiro de 2019, Khaldoun al- Muwaqa, diretor do Sindicato dos Empresários Sírios no Egito, uma associação autônoma próxima ao governo sírio, declarou que, apesar da disposição de inúmeros empresários manufatureiros de retornarem ao seu país, ainda era preciso encontrar e implementar novas soluções.[34] Ammar Sabbagh, fabricante de Aleppo, que residia no Egito, e abriu uma fábrica têxtil na Armênia, explicou que tentou reiniciar, sem sucesso, sua indústria em Aleppo: os custos de produção eram demasiado altos, sendo impossível competir com produtos contrabandeados mais baratos.[35]

A reanimação da manufatura parece lenta e difícil. O setor apresenta uma leve recuperação desde 2016, embora os montantes e a dimensão dos projetos continuem diminutos. Essa tendência se refletiu nos dois principais centros urbanos industriais do país, Adra em Damasco e Sheikh Najjar em Alepo. Esta recuperação, no entanto, ainda é muito frágil, podendo regredir. Em fevereiro de 2021, a decisão do Ministério da Eletricidade de racionar o fornecimento de energia nas principais zonas industriais duas vezes por semana, até fevereiro do ano seguinte, ilustrou os sérios problemas de escassez de energia elétrica, afetando em

---

34. Industry News, 2019.
35. Emmar Syria, 2019.

cheio a produção industrial, entre[36] outros tipos de carência e aumento nos preços de produtos-chave, como o petróleo.

5. Setor de serviços

Os diversos ramos dos serviços sofreram incalculáveis destruições causadas pela guerra. O turismo estava entre as atividades econômicas em mais rápida expansão na Síria. O número de visitantes estrangeiros atingiu seu pico em 2010, com 9,45 milhões viajando ao país. A sua receita foi estimada, em 2010, em US$ 8,21 bilhões (ou SYP 386 bilhões pela taxa de câmbio vigente na época), representando cerca de 13,7% do PIB do país. As arrecadações com o turismo atingiram, em 2017, apenas SYP 7 bilhões, o equivalente a US$ 14 milhões.[37]

O setor bancário privado foi prejudicado pela ausência de segurança e pela instabilidade política. Os bancos privados observaram grandes reduções nos depósitos, passando de US$ 13,8 bilhões em 2010 para cerca de US$ 2,6 bilhões[38] (SYP 1.134 trilhão) no final de 2019. Os bancos estatais detinham a maior parte dos depósitos, cerca de SYP 3.207 triliões, ou 74% do total.[39] A construção civil também continuou enfrentando dificuldades com o encolhimento constante devido à insegurança, ao alto custo dos insumos, à redução do investimento público e privado e à destruição dos meios de produção.

Os serviços públicos continuaram pagando seus funcionários, com o governo financiando as despesas em libras sírias ao longo dos anos, mas a sua contribuição ao PIB em valor real, incluindo salários, bens e serviços, diminuiu de forma quase constante desde 2011 devido à contínua inflação. Em comparação ao PIB de 2010, o valor real dos serviços do governo diminuiu mais de 80%, passando, em termos proporcionais, de 14 para 7%.[40] No âmbito de serviços sociais, muitas regiões foram afetadas pela falta ou irregularidade nos campos de educação e saúde.

No sentido oposto, o setor de ONGs domésticas e internacionais expandiu nos últimos anos, devido às crescentes necessidades humanitárias e à insuficiência de instituições adequadas para ajudar as populações locais e os deslocados internos. Isso resultou em um desenvolvimento significativo na esfera de ONGs, que

---

36. A produção nacional de eletricidade na Síria é estimada entre 2.700 e 3.000 megawatts (MW) diários. Já as necessidades de energia do país se aproximam de 7.000 MW por dia.
37. The Syria Report, 2020a.
38. À taxa oficial do Banco Central da Síria em dezembro de 2019 (SYP/USD 434).
39. The Syria Report, 2020d.
40. SCPR, 2020, p. 46.

desempenhou um papel parcial de substituir o estado em algumas áreas, sendo um respeitável empregador entre jovens.

Outros exemplos, como serviços públicos, transportes e comunicações, tiveram melhorias lentas à medida em que a intensidade do conflito diminuía, depois de terem sido afetados por enormes danos e destruições nos primeiros anos da guerra. As perdas nos meios de transportes foram, por exemplo, estimadas em quase US$ 1,7 bilhão em 2020.[41] Nos últimos anos, até a recente pandemia, as empresas de transporte e logística expandiram seu volume de atividades. Isso pode ser explicado pela retirada progressiva de inúmeros bloqueios de estradas e postos de controle em todo o país, e pela melhoria na segurança. Em fevereiro de 2020, a tomada da rodovia M5, que liga Aleppo a Hama, Homs e Damasco pelas forças do regime, foi decisiva para a recuperação do setor. Em 2020, contudo, o surto da pandemia de COVID-19 interrompeu o seu potencial de crescimento. Antes de 2011, a M5 era uma rota comercial de peso, que ligava a Turquia ao centro comercial de Alepo e à capital Damasco, terminando no Líbano e na Jordânia. A decisão, em fins de setembro de 2020, das autoridades sauditas em permitirem caminhões sírios de transitarem por seu território, em direção a outros estados do Golfo, após anos de fechamento dessa via, pode fomentar o comércio e os transportes no futuro próximo, através da travessia Nassib-Jaber.[42]

Ao todo, o setor de serviços representava 54% do PIB em 2019.

6. Mudanças regionais

As regiões isoladas da contínua devastação e violência implacável, que afetava outras partes da Síria, tiveram benefícios durante a guerra. A economia de Wadi al-Nasara, por exemplo, cresceu após a chegada de uma onda de cristãos sírios, vindos, na maioria, de Homs. Essa mudança demográfica levou a um fluxo maior de investimentos para Marmarita, Hwash, Mishtaya e até Kafra, uma pequena vila que cresceu pela proximidade com a principal rodovia regional.[43]

Suwayda foi outra cidade que passou a receber uma parcela maior de investimentos ao longo do levante por sua segurança relativa e proximidade com a capital. Em 2015, Suwayda, por exemplo, recebeu o maior número de programas

---

41. Sputnik Arabic, 2020.
42. A abertura da passagem de Arar, na fronteira saudita-iraquiana, também incentivará os comerciantes da Síria a exportar para a Arábia Saudita e outras nações do Golfo. Eles economizarão US$ 1.500 por caminhão em taxas de trânsito, em comparação com a travessia de Nassib, entre a Síria e a Jordânia, onde as autoridades jordanianas cobram US$ 2.000 por caminhão viajando para o Golfo (Síria TV, 2020).
43. Masouh, 2013, p. 91.

(17) da agência pública de desenvolvimento regional. Somados, Suwayda, Tartus e Latakia abrigaram 68% de todos os projetos licenciados pela agência naquele ano. Em 2010, a participação combinada das regiões foi de apenas 11%.[44] Suwayda também tinha uma economia relativamente diversa, o estado empregava 27% da força de trabalho (cerca de 27.000 funcionários), enquanto os outros principais geradores de emprego eram os serviços privados (14%), hotéis e restaurantes (14%), construção e reconstrução (15%) e agricultura (11%).[45]

Foi, no entanto, a zona costeira no noroeste da Síria quem mais extraiu benefícios econômicos da estabilidade relativa gerada pela distância física dos enfrentamentos militares. Reduzidos no início da revolta em Baniyas e algumas aldeias no interior da província de Latakia (na região norte da província e nas áreas de Haffe), o movimento de protestos, em 2013, já tinha sido eliminado pelo regime na região.[46] Embora grandes segmentos da força de trabalho em Latakia tenham permanecido dependentes do emprego público desde 2011, diversificações econômicas resultaram do grande influxo de deslocados internos, muitos dos quais trouxeram suas economias e continuaram suas atividades na cidade. Com a realocação de inúmeras empresas privadas, em particular os empreendimentos pequenos e médios de Idlib e Alepo, para Latakia e a costa em geral, os investimentos privados foram maiores lá que em outras áreas da Síria durante o conflito, embora estimados bem abaixo dos níveis de 2011.

Um fluxo de pessoas fugindo de outras zonas do país, muitas das quais trazendo suas economias, atingiu Tartus. O investimento na província foi maior do que em outros lugares da Síria, mesmo estando bem abaixo dos níveis anteriores ao levante, com muitas empresas privadas se mudando para lá. No entanto, a maioria da população de Tartus permaneceu dependente do regime para sua sobrevivência, seja pela relevância dos servidores públicos, funcionários do exército ou do aparato de segurança. Muitos funcionários públicos também ocupavam um segundo emprego. De 2012 a 2013, Tartus vivenciou, ainda, a proliferação de canteiros de obras para hotéis de luxo, restaurantes e shopping centers.[47]

Em 2015, as províncias de Latakia e Tartus atraíram a maioria das transações imobiliárias na Síria, segundo dados oficiais. Estatísticas da Direção Geral de Assuntos Cadastrais, vinculada ao Ministério da Administração Local, indicam que em 2015 o número de contratos imobiliários, envolvendo transmissão de propriedade, atingiu 46.000 em Tartus e 40.000 em Latakia. Em 2010, ano anterior ao

---

44. The Syria Report, 2016a.
45. Zeida, 2020, p. 7.
46. Khaddour, 2016b, p. 6.
47. Khaddour, 2013b, p. 29-32.

levante, o interior de Damasco ocupou o primeiro lugar, com 90.000 contratos, seguido pela província de Aleppo, contando a capital e interior, com 75.000 acordos. No geral, 219.000 contratos imobiliários foram assinados na Síria em 2015, uma queda de 54% em relação a 2010, quando chegaram a 477.000.[48]

Dados da agência de desenvolvimento mostraram que 32% dos investimentos privados licenciados em 2015 ficaram no litoral, enquanto uma quantia menor – 27% – vieram dos centros econômicos tradicionais de Damasco e Aleppo. Na província de Tartus, o número de novas empresas individuais aumentou de 867 em 2014, para 1.752 em 2015. O valor total de capital registrado desses projetos foi de SYP 530 milhões (cerca de USD 1,23 milhão), embora ao que tudo indica, o volume real das operações seja muito maior, posto que boa parte dos valores não são declarados.[49] No sentido oposto, em 2010, Damasco e Aleppo atraíram 40% dos projetos, enquanto escassos 4,5% reverteram para Latakia e Tartus.[50]

Territórios que amargaram intensa destruição viram grandes segmentos de sua população mudarem-se para outros lugares dentro ou fora da província de origem. A maior parte da região rural de Damasco atravessou movimentações populacionais internas.[51] Cidades como Douma e Darayya sofreram danos maciços e deslocamentos significativos, enquanto Qudsaya e Muadamiyat foram menos afetadas.[52] Jaramana permaneceu controlada pelo governo durante a guerra, atravessando uma explosão populacional, de 185.446 moradores registrados antes do conflito para pouco menos de um milhão no final de 2019, metade dos quais de deslocados internos, sobretudo de Ghouta Oriental e outros setores rurais de Damasco. Diante dessa superpopulação, os moradores penaram com a precariedade de serviços públicos no inverno, quando faltou gás, eletricidade e água.[53]

Já Aleppo, em geral, e seu setor leste, em particular, enfrentaram uma situação diferente. A cidade foi uma das mais danificadas, e seus bairros ao leste foram destruídos antes da sua recaptura pelas forças do governo, em dezembro de 2016. A população urbana permaneceu consistente, cerca de 1,6 milhão, incluindo 190.000 deslocados internos, menor em comparação com 2,4 milhões de habitan-

48. The Syria Report, 2016f.
49. The Syria Report, 2016b.
50. Yazigi, 2016c, p. 4, p. 7.
51. A província é composta por nove distritos, mas em geral divide-se em quatro áreas geográficas: Ghouta oriental, sudoeste de Ghouta, Vale do Rio Barada e o distrito montanhoso (Abidin, 2019).
52. De uma população de 80.000 a 250.000 mil moradores antes de 2011, Darayya foi reduzida a algo entre 2.500 e 4.000 habitantes em 2016, após sofrer um terrível cerco. Muadamiyat foi quase esvaziada de sua população, com apenas cerca de 2.500 rebeldes e fugitivos ali permanecendo. Da mesma forma, em Qudsaya, situada a cerca de 10 km a noroeste da capital síria, ao longo da rodovia Damasco-Beirute, mais de 200.000 pessoas permaneceram na cidade depois que os rebeldes locais assinaram um acordo com o regime em outubro de 2016.
53. Al-Khabr, 2019.

tes em 2011.[54] O retorno a longo prazo de civis para o leste de Aleppo foi obstruído, quase sempre por razões de segurança. Além disso, a estrutura de trabalho transformou-se. Antes do conflito, 76% do emprego encontrava-se no setor privado, enquanto em 2017, 56% eram contratados pelo setor público, com o número total de trabalhadores caindo para 140.000.[55]

7. Inflação, custos de vida e orçamento público

A estabilidade relativa da libra síria antes de 2011 dependia, em parte, do desempenho da economia e das políticas do Banco Central da Síria, que moveu as receitas das exportações de petróleo e matérias-primas, turismo, exportações do setor privado e remessas de expatriados para pagar importações – fossem elas adquiridas pelo setor público ou privado. Desde o início da revolta, em meados de março de 2011, o valor da libra síria caiu de forma quase constante, enquanto a diferença entre a taxa oficial e a do câmbio paralelo disparou. Nos últimos meses de 2019, a crise financeira no Líbano provocou o colapso da moeda. As flutuações cambiais das libras síria e libanesa possuem uma relação histórica, com muitos comerciantes sírios obtendo dólares através do mercado libanês. A situação teve origem em meados da década de 1980, quando uma desvalorização maciça da libra libanesa gerou uma queda livre semelhante na moeda síria.

Contudo, as raízes dessa depreciação eram muito mais estruturais do que conjunturais, refletindo a devastação da economia. Todos os fatores que permitiram a relativa estabilidade da libra síria durante os anos 2000 foram abalados pela guerra.[56]

Em 2019 e 2020, a depreciação da libra síria continuou no mercado paralelo, aumentando a disparidade entre os preços oficiais.

A desvalorização da moeda teve consequências nefastas para a economia do país e sobretudo para a população, cujo poder de compra atravessou redução considerável, esgotando as suas poupanças. A queda contínua no valor da libra síria tem levado a maioria dos funcionários públicos, soldados e outros servidores das instituições estatais, a procurar segundos empregos ou atividades comerciais e econômicas ilegais, inclusive incorrendo em corrupção, por não conseguirem viver dos seus salários.

---

54. Ferrier, 2020.
55. Urban Analysis Network, 2020.
56. Daher, 2019.

Mesmo com a estabilização da inflação entre o final de 2017 e boa parte de 2018, os preços ao consumidor dispararam ao longo de 2019 e mais ainda em 2020, com a queda contínua da libra síria. Isso levou a uma dramática erosão do poder de compra. Os custos da cesta básica para uma família de cinco pessoas em Damasco aumentaram de 380.000 libras em janeiro de 2020, para 7.320.000 libras em dezembro de 2020. No setor público, o salário médio[57] mensal, em 2020, estava entre 80.000 e 100.000 (entre US$ 32 e US$ 40), e cerca de 120.000 a 150.000 libras (entre US$ 48 e US$ 60) por mês, no âmbito privado.[58]

Em outubro de 2020, o custo de vida continuou a aumentar, por conta do fim dos subsídios públicos à gasolina e ao diesel, com os conselhos municipais de todo o país elevando as tarifas de transporte em setembro, antes da decisão. Em julho de 2020, o governo reduziu mais uma vez os subsídios a várias mercadorias, incluindo derivados de petróleo, pão, açúcar, arroz e remédios. Também subiu o preço do transporte e de insumos agrícolas, como forragem.

Os custos de vida explodiram com tais medidas, indo a 1.250.000 libras sírias em julho de 2021 (equivalente a US$ 498 no câmbio oficial e US$ 380,5 no câmbio do mercado paralelo da época).

Antes de 2011, os investimentos e as despesas públicas eram mais ou menos equilibrados no orçamento anual, embora na prática as aplicações reais tenham sido sempre muito inferiores aos níveis planejados. Desde então, as despesas orçamentárias têm correspondido à parcela principal das despesas, enquanto os investimentos efetivos e concretos despencaram. O governo publicou, por exemplo, um balanço financeiro ao final de outubro de 2020, mostrando que no primeiro semestre do ano, apenas 23% dos fundos alocados para despesas foram aplicados, representando cerca de 300 bilhões de libras sírias, de um planejamento original de 1,3 trilhão de libras.[59]

Quase todas os gastos do governo são desembolsados na gestão e operação das instituições do Estado, pagamento de salários, compensações e subsídios para vários produtos. O orçamento público, entretanto, não expõe os gastos, nem os pagamentos de salários e compensações para o exército e instituições similares.

Quanto aos números oficiais anunciados para subsídio aos produtos petrolíferos, eles correspondem ao diferencial entre os custos do petróleo com base nos preços do mercado petroleiro mundial, e o valor a que é vendido no mercado local. Grande parte do produto, na verdade, não é comprada em dinheiro, porque

---

57. A cesta é composta por 8 itens básicos de consumo, selecionados pelo Bureau Central de Estatísticas, usando como baliza os preços mais baixos de Damasco (Kassioun, 2020b).
58. Para uma taxa de câmbio de 2500 SYP/USD neste período.
59. Ghanem, 2020.

as autoridades iranianas fornecem-no a crédito. Ou seja, as verbas de apoio aos derivados de petróleo não devem ser consideradas, pelo menos em grande parte, como gastos de caixa.

O aumento nominal contínuo do orçamento entre 2012 e 2021, em libras sírias, subiu de 1,33 trilhão para 8,5 trilhões, enquanto seu valor correspondente em dólares americanos colapsou de USD 24,1 para USD 6,7 bilhões na taxa de câmbio oficial do mercado, fixada pelo Banco Central da Síria. A queda foi ainda mais aguda na taxa de câmbio do mercado paralelo. O orçamento de 2021 tronou-se o menor desde o início do levante em 2011, representando uma depreciação de quase 27% em termos reais de dólares americanos ajustados pela inflação.

Para 2021, o orçamento público proposto de 8,5 trilhões de libras sírias, foi apresentado pela primeira vez em setembro de 2020. Estimaram-se as despesas e operações de investimento, respectivamente, em 7 e 1,5 trilhões de libras. Os gastos com salários e compensações giraram em cerca de 1 trilhão de libras, enquanto as dotações para apoio social (3,5 trilhões de libras) foram divididas em Fundo Nacional de Assistência Social (50 bilhões de libras), Fundo de Apoio à Produção Agrícola (50 bilhões de libras), subsídios para farinha de trigo (700 bilhões de libras) e derivados de petróleo (2,7 trilhões de libras).[60] O aumento maciço do orçamento está ligado à profunda depreciação da libra síria e, portanto, ao crescente custo de financiamento de produtos importados.

Os recursos do regime, incluindo suas reservas em moeda estrangeira e receita fiscal, esgotaram-se ao longo da guerra. O faturamento do petróleo, que representava grande parte das fontes do Estado até 2012, evaporou, enquanto as receitas fiscais desmoronaram de SYP 325 bilhões em 2011, equivalente a US$ 7 bilhões, para cerca de SYP 409 bilhões 2018, o que representou menos de USR 942 milhões – ou seja, apenas 13% do valor de 2011.

Os déficits fiscais, que em 2010, antes do levante, eram administráveis com a dívida pública bruta em 31% do PIB, atingiram 208% do PIB em 2019. Esse aumento foi impulsionado em particular pela dívida pública externa, que passou de 7% do PIB de 2010, para 115% em 2019. A dívida interna (em percentagem do PIB) subiu de 17% em 2010 para 93% em 2019. Esta situação levou o governo a adotar novas medidas de austeridade e reduzir os subsídios a produtos essenciais, com impacto negativo nas condições de vida da classe trabalhadora e dos pobres no país. Os subsídios públicos entre 2011 e 2019 diminuíram de 20,2% em 2011 para 4,9% do PIB atual em 2019.[61]

60. Fourth Estate, 2020.
61. SCPR, 2020, p. 60.

O orçamento do Estado é indicador importante, pois o aniquilamento de amplos setores da economia reforçou as instituições do Estado como principal provedor de serviços e maior empregador. Amplos contingentes da população dependem do Estado para salários ou assistência, apesar do enfraquecimento em termos absolutos, comparados ao período anterior a 2011. A média nacional de funcionários públicos aumentou de 26,9% em 2010 para mais de 55% em 2015. Isso é explicado pelo decréscimo total na oferta, refletido na queda maciça do número de indivíduos inscritos na seguridade social, que inclui trabalhadores dos setores público, privado e pensionistas. Cerca de 2,2 milhões de pessoas estavam inscritas na seguridade social em 2019, enquanto em 2012 eram estimados 3,7 milhões, uma diminuição de 40%. Em 2012, o setor público concentrava 1,39 milhão de funcionários, o setor privado, 2,3 milhões, enquanto os pensionistas somavam 360.841 pessoas. O número de trabalhadores registrados no setor privado diminuiu 70%, enquanto o setor público perdeu 22% de sua força de trabalho. O número de aposentados aumentou 39%.[62]

8. Financiamento nacional e investimentos estrangeiros

Os investimentos por atores públicos e privados foram insuficientes para reconstruir o país, enquanto o Estado segue seriamente endividado. A multiplicação das taxas de reconstrução (denominada Contribuição Nacional para a Reconstrução), introduzida em 2013 e proposta de forma cumulativa por apenas três anos, junto a outros tributos e tarifas,[63] não resolveu o problema. A medida gerou pouca receita, aumentando em apenas 13 bilhões de libras sírias, meros 31 milhões de dólares, o orçamento de 2017.[64] Os ganhos com o petróleo, que representavam grande parte dos recursos até 2012,[65] tornaram-se inexistentes, enquanto as receitas fiscais colapsaram. Receitas fiscais indiretas constituíam 70% das finanças públicas em meados de 2018, sublinhando a ausência de capital.[66] O orçamento doméstico para 2017 foi de 2,6 trilhões de libras sírias (USD 5 bilhões), elevados em 2018 para 3,1 trilhões de libras sírias,[67] subindo mais uma vez em 2019 para 3,882 trilhões de libras sírias.[68]

62. The Syria Report, 2019.
63. Impostos sobre lucros empresariais, taxas de saque para licenciamentos de veículos e taxas imobiliárias estavam entre as muitas as quais o imposto foi aplicado. O imposto de renda, porém, foi mantido isento.
64. The Syria Report, 2017r.
65. Em 2018, a produção diária atingiu 24.000 barris de petróleo bruto, cerca de 6% da produção pré-crise de 385.000 barris por dia (Kassioun 2019).
66. Enab Baladi, 2018n.
67. SANA, 2017e.
68. Al-Frieh, 2018c.

O valor combinado no programa do Comitê de Reconstrução do governo, criado em 2012 e afiliado ao Ministério da Administração Local e Meio Ambiente, ficou em apenas 50 bilhões de libras sírias no orçamento de 2018 e 34,8 bilhões (USD 75,2 milhões) em 2019. O dinheiro alocado foi gasto sobetudo na reabilitação de equipamentos e edifícios destruídos, embora alguns projetos listados não remetessem a estruturas danificadas durante a guerra, como o Aeroporto Bassel al-Assad em Latakia, o Hospital Jableh e as minas de fosfato de Sharqiyeh, desenvolvidas por uma empresa russa.[69] O orçamento de 2019 destinado à reconstrução não ultrapassou 50 bilhões de libras sírias, equivalente a USD 115 milhões.[70]

A reconstrução exigiria, portanto, financiamento estrangeiro, servindo aos países mais atrelados à sustentação do regime Assad, com destaque para Irã e Rússia. Declarações foram repetidas por funcionários públicos sírios, de que empresas iranianas e de outros países aliados seriam recompensados. Após a retomada de Aleppo oriental, em dezembro de 2016, o seu governador, Hossein Diyab, enfatizou que o Irã "desempenharia um papel significativo nos esforços de reconstrução na Síria, Aleppo em particular".[71] A Autoridade de Reconstrução Iraniana, em março de 2017, divulgou reformas em 55 escolas, afirmando pretender recuperar todas elas na província de Aleppo.[72] O Irã também teve a maior presença na Feira Internacional de Comércio em Damasco, com mais de 40 de suas empresas participando do evento.[73] Em setembro de 2017, autoridades iranianas declararam que reabilitariam e reconstruiriam a infraestrutura elétrica em Damasco e Deir ez-Zor, com uma de suas companhias ganhando o contrato para fornecer eletricidade a Aleppo. Se concretizados, esses acordos valeriam centenas de milhões de dólares.[74]

Em setembro de 2018, um Memorando de Entendimento sobre cooperação no setor elétrico foi assinado entre Síria e Irã, incluindo a provisão por Teerã de novas estações de energia em Latakia e Banias, e a reforma daquelas existentes em Aleppo, Deir ez-Zor e Homs.[75] Um mês depois, o Irã fechou um novo acordo com Damasco para erguer uma usina de energia por 400 milhões de euros em Latakia. Em agosto de 2018, o Ministério de Obras Públicas e Habitação da Síria firmou

---

69. The Syria Report, 2018u.
70. Haddad, 2018.
71. Schneider, 2017.
72. Schneider, 2017.
73. Heydemann, 2017.
74. Melhorias no fornecimento de eletricidade foi um elemento-chave para o regime sírio restaurar o crescimento econômico no território que controlava. Bassam Darwish, chefe da unidade de planejamento do Ministério da Energia do governo, estimou os danos diretos ao setor elétrico ao longo da guerra entre quatro e cinco bilhões de dólares, os estragos no sistema de Aleppo representavam um quarto desse total. As perdas indiretas por falta de eletricidade, enquanto isso, totalizavam quase USD 60 bilhões (Reuters, 2017e; al-Jazeera English, 2017).
75. SANA, 2018e.

acordo com empresas privadas iranianas para construir 30.000 unidades residenciais, como parte da Organização Geral para Projetos Habitacionais em Damasco, Aleppo e Homs.[76] Iraj Rahbar, vice-presidente da Sociedade de Construção em Massa do Irã, anunciou em fevereiro de 2019 que planejava edificar 200.000 unidades habitacionais na Síria, voltadas ao em torno de Damasco, após um memorando de entendimento assinado algumas semanas antes, em reunião do Comitê Superior Conjunto Sírio-Iraniano. O acordo, explicou, seria implementado dentro de três meses, financiado por uma nova linha de crédito iraniana de USD 2 bilhões.[77]

Em relação a Moscou, uma delegação esteve em Damasco em outubro de 2015, e anunciou que empresas russas liderariam a reconstrução pós-guerra da Síria. Acordos de ao menos 850 milhões de euros surgiram dessas negociações. Uma visita parlamentar russa adicional à Síria, em novembro de 2016, levou o ministro das Relações Exteriores sírio, Walid Muallem, a oferecer às companhias russas suposta prioridade na reconstrução da Síria.[78] Em meados de dezembro de 2017, uma delegação de empresários, liderada pelo vice-primeiro-ministro russo, Dmitry Rogozin voltou a Damasco para conversar com Bashar al-Assad sobre investimento e a reconstrução no país, citando grandes projetos econômicos, "de petróleo, gás, fosfato, eletricidade e indústrias petroquímicas", além de transporte e comércio.[79] Em fevereiro de 2018, Síria e Rússia assinaram um tratado de cooperação em energia, no "âmbito do desenvolvimento do sistema elétrico, por meio da reconstrução e reabilitação da usina térmica de Aleppo e instalação da usina de energia em Deir ez-Zor, além da expansão da capacidade das usinas de Mharda e Tishreen."[80] Em março de 2019, várias empresas privadas russas anunciaram disposição em compartilhar suas técnicas e habilidades de construção com empreiteiras sírias envolvidos no processo de reconstrução, colaborando com o Ministério de Obras Públicas e Habitação da Síria.[81]

No entanto, sérias dúvidas pairavam sobre a implementação de alguns desses projetos, em particular os grandes esquemas de reconstrução, além dos memorandos de entendimento mencionados na discussão e forjados entre Teerã, Moscou e Damasco, assim como muitos outros programas de investimento e acordos econômicos anunciados nos últimos anos.[82] O governo sírio, por exemplo, não conseguiu garantir os fundos necessários para sua contribuição nos acertos com o

---

76. Hurriya Press, 2018a.
77. Economy 2 Day, 2019.
78. Haeur, 2017.
79. AFP e Le Figaro, 2017.
80. SANA, 2018c.
81. Emmar Syria, 2019e.
82. The Syria Report, 2019b.

Irã e a Rússia no setor elétrico, e na construção ou reabilitação de usinas de energia; como isso, as duas nações se retiraram das iniciativas.[83]

O governo chinês, em agosto de 2017, sediou a Primeira Feira Comercial para Projetos de Reconstrução na Síria, em que um grupo empresarial sino-árabe anunciou compromissos de 2 bilhões de dólares pelo governo para a construção de parques industriais na Síria.[84] Qin Yong, vice-presidente da Associação de Intercâmbio China-Árabe, estimou os investimentos em valores semelhantes aos de dezembro de 2017, explicando que os dirigentes empresariais que visitaram Damasco, Homs e Tartus, incluindo os representantes da China National Heavy Duty Truck Company, planejavam construir estradas, pontes, aeroportos e hospitais, além de restaurar os sistemas de eletricidade e comunicações.[85]

No entanto, a China se manteve relutante em apostar em um país tão instável. Para Pequim, as operações em países emergentes estavam condicionadas, com frequência, ao acesso privilegiado a recursos naturais, como na África. Porém, a Síria tem carência relativa de matérias-primas, e as que existiam foram em grande parte prometidas a Moscou e Teerã. Concessões também poderiam ser feitas à Índia[86] e ao Brasil[87] como recompensa às suas posições pró-regime no cenário internacional.

Entre as nações árabes, várias expressaram disposição de participar no processo de reconstrução da Síria. Um total de 30 empresas egípcias estiveram na Feira Internacional de Damasco em agosto de 2017, enquanto uma delegação do conselho de engenheiros do Egito visitou o país no início de 2017, reunindo-se com Bashar al-Assad.[88] Já Oman assinou, em novembro de 2017, um Memorando de Entendimento para cooperação na esfera energética, fazendo do empreendimento sírio-omani uma "plataforma para estabelecer outros projetos de investimento entre ambos os países."[89] A cooperação visava auxiliar na reabilitação e reconstrução de instalações danificadas de petróleo.[90]

No Líbano, muitos indivíduos e grupos empresariais pretendiam participar no processo de reconstrução, incluindo partidários e indivíduos contrários ao regime Assad. Raya al-Hassan, ex-ministra das Finanças que dirigia, no norte do Líbano, o projeto da Zona Econômica Especial de Trípoli, planejado para ser er-

---

83. Hatahet, 2019, p. 14.
84. Heydemann, 2017.
85. Abu-Nasr, Arkhipov, Meyer e Shi, 2017.
86. The Indian Express, 2017.
87. Adghirni, 2017.
88. Abd al-Haleim, 2018; Ray al-Yawm, 2017.
89. Madan, 2017.
90. Madan, 2017; al-Frieh e Said, 2017b.

guido de forma adjacente ao porto, declarou em agosto de 2017 que "o Líbano está diante de uma oportunidade que precisamos levar a sério," em relação a ganhos na restauração da Síria.[91] A localização de Trípoli próxima à fronteira síria também atraiu investimentos estrangeiros crescentes. O porto da cidade assinou um contrato de arrendamento de 25 anos com a operadora portuária dos Emirados, Gulftainer, em 2013, para gerenciar e investir no terminal. O CEO da subsidiária do Gulftainer no Líbano, Ibrahim Hermes, argumentou que "nosso objetivo era investir aqui de forma antecipada na reconstrução da Síria."[92] No mesmo sentido, a deputada do Movimento Futuro, Dima Jamali, declarou em agosto de 2018 que Trípoli deve ter uma atuação importante no reerguimento da Síria, "devemos separar as questões econômicas e de desenvolvimento das questões políticas."[93]

Em julho de 2018, após a captura do posto fronteiriço de Nasib pelo regime algumas semanas antes, a Jordânia convidou os membros das Câmaras de Comércio e Indústria de Damasco, e da Federação das Câmaras de Indústria da Síria, para visitar Amã. Este foi o primeiro encontro desde 2011, com as autoridades jordanianas pedindo a reabertura da passagem, aludindo à prontidão de milhares de veículos para transportar mercadorias para a Síria, segundo Muhammad Khair Dawood, chefe da União dos Proprietários de Caminhões. O convite seguiu a visita a Damasco, em maio, por uma delegação liderada por al-Ragheb, presidente da Câmara de Indústrias da Jordânia.[94] Já dirigente da Associação Empresarial da Jordania, Hamdi Tabbaa, pediu incentivos aos empresários egípcios na reconstrução da Síria, aliando companhias egípcias e jordanianas no processo.[95]

Não obstante, eram as hipóteses de investimentos futuros pelas monarquias do Golfo, o elemento central nos planos de financiamento externos voltados à reconstrução.[96] Os Emirados Árabes Unidos foram os primeiros a demonstrar interesse. Em agosto de 2018, Abdul Jalil al-Blooki, dos Emirados, inspecionou as instalações da Damascus Cham Holding. Entre outros cargos, al-Blooki era vice-presidente da Aafaq Islamic Finance, uma companhia de serviços financeiros

---

91. Associated Press, 2017.
92. Associated Press, 2017.
93. Orient le Jour, 2018.
94. Enab Baladi, 2018k; The Syria Report, 2018o.
95. Damas Post, 2018b.
96. Em janeiro de 2018, a Kuwait Syrian Holding Company (KSHC), criada em julho de 2002 para aplicar no país, comprou um terreno no bairro nobre de Yaafour, em Damasco, estimado em USD 12,2 milhões, com investimento da KSHC em 5,5 milhões. A KSHC fazia parte do conglomerado Kharafi, um grupo multissetorial, cujo proprietário parecia ser próximo a Maher al-Assad, segundo diversos empresários sírios entrevistados pelo The Syria Report (2018u). O investimento foi realizado através de uma joint venture com parceiros sírios, embora os nomes por trás do projeto não tenham sido revelados. O plano seria construir um grande complexo residencial no terreno e em uma área vizinha que, combinados, somavam 180.000 metros quadrados (Kuwait Syrian Holding, 2018; The Syria Report, 2018e).

alinhados aos princípios islâmicos, e chefe da empresa síria Emirates Private Development and Investment Company LLC, criada em 2013 para investir no setor imobiliário.[97] No final de dezembro de 2018, uma delegação da Damac Properties, sediada nos Emirados, e encabeçada pelo vice-presidente Wael al-Lawati, viajou a Damasco. Uma das maiores empreendedoras imobiliárias dos Emirados e do mundo árabe, a Damac possui ativos em mais de 7 bilhões de dólares, com receitas anuais em mais de 2 bilhões de dólares. Lawati encontrou-se no hotel Four Seasons Damascus com representantes de duas empresas sírias, o Telsa Group e al-Diyar al-Dimashqiah.[98] Em meados de janeiro de 2019, a visita de uma delegação da Damascus Cham Holding aos Emirados Árabes Unidos, representada por Nassouh Nabulsi, e uma delegação de industriais sírios encabeçados por Muhammad Hamsho, foi anunciada como parte de um projeto para atrair investimentos econômicos à Síria. A delegação reuniu-se com várias Câmaras de Comércio e Indústria dos Emirados Árabes Unidos, assim como com empresários do país monárquico.[99]

Como observado no capítulo anterior, essas visitas ocorreram no contexto mais amplo de mudanças maiores nas relações entre os Emirados Árabes Unidos e a Síria. Em janeiro de 2019, o jornal libanês al-Diyar publicou um artigo indicando que mais de 570 empresas árabes, internacionais e asiáticas, candidataram-se para participar ou mostraram interesse no processo de reconstrução na Síria.[100]

A capacidade de financiamento para reconstrução pelo capital estrangeiro permaneceu incerto e insuficiente, na medida em que Rússia e Irã enfrentavam dificuldades crescentes para manter seu nível de apoio financeiro e material ao regime sírio. A participação de mais atores na recuperação do país também estava ligada ao desenvolvimento de outros aspectos políticos regionais e internacionais e negociações, especialmente em relação ao Irã. A questão das sanções impostas pelos Estados Unidos[101] e pela União Europeia[102], em particular, constituíam um

97. Marota City, 2018a.
98. Emmar Syria, 2018; The Syria Report, 2018z. Ambas as empresas são recém-chegadas – a Tesla em 2015 e a Diar al-Diyar al-Dimashqiah em setembro de 2018. Maher al-Imam é o diretor-geral da Tesla, enquanto Muhammad Ghazi al-Jalali, ex-ministro das comunicações e membro do conselho da Syriatel (companhia sancionada pela União Europeia), é fundador da Diar (Emmar Syria, 2018; The Syria Report, 2018a).
99. Emmar Syria, 2019b.
100. Economy 2 Day, 2019a.
101. Em geral, elas proibiram exportações, vendas ou fornecimento de serviços e investimento novo na Síria por qualquer indivíduo dos EUA. Também impediam toda negociação por cidadãos dos EUA com petróleo sírio e produtos de hidrocarbonetos, ou sua importação para os Estados Unidos (McDowall, 2018).
102. As sanções da União Europeia incluem o congelamento de ativos, proibição de viagens, restrições comerciais, sanções financeiras e embargo de armas. Elas proíbem o comércio de itens militares ou que poderiam ser usados para repressão, bens de luxo, pedras e metais preciosos, e equipamentos ou tecnologia para alguns setores, como os de petróleo e gás, incluindo exploração e produção, refino e liquefação de gás. As sanções europeias também visam a rede elétrica da Síria, proibindo empresas da União Europeia de construir usinas elétricas, fornecer turbinas ou

obstáculo às empresas do exterior. A ameaça de sanções dos EUA também afastava a maioria das multinacionais internacionais e chinesas, como a Huawei, que anunciou em 2019 sua retirada da Síria e do Irã.[103]

Os dilemas da reconstrução também estavam ligados à habilidade do regime em garantir estabilidade nas regiões que controlava além de um ambiente favorável aos negócios para o investimento externo. Três elementos ameaçavam essa demanda: as milícias, os jihadistas e os capitalistas apadrinhados pelo governo.

9. Crise financeira do Líbano, COVID-19 e sanções

A crise financeira libanesa, que teve início em outubro de 2019, impulsionou, como observado, a depreciação contínua da libra síria, processo acelerado depois que os bancos libaneses impuseram restrições severas à obtenção e retirada de dólares americanos. Antes de 2019, os depósitos de pessoas físicas e jurídicas sírias nos bancos libaneses eram avaliados em cerca de US$ 45 bilhões (25,4% do total de ativos dos bancos libaneses), as transferências diárias de dinheiro através do Líbano estimadas em US$ 4 milhões.[104] Em novembro de 2020, Bashar al-Assad, durante uma visita à feira internacional de Damasco, declarou que entre US$ 20 e US$ 42 bilhões em depósitos mantidos por cidadãos sírios estavam bloqueados no Líbano desde o começo da crise financeira libanesa.[105] Com as sanções ocidentais impostas à Síria, os empresários e comerciantes dependiam do país vizinho e do seu sistema bancário para continuarem suas atividades econômicas, em particular o comércio e contrabando.

Os efeitos da pandemia global de COVID-19 intensificaram os problemas socioeconômicos no país. Setores inteiros da economia, como turismo, transporte, comércio e construção acabaram paralisados. Em maio de 2020, o Ministério do Comércio Interno e Proteção ao Consumidor afirmou que 102 empresas foram constituídas e registradas entre janeiro e final de abril, uma queda de 64% comparado ao mesmo período de 2019.[106] Isso também ocorreu entre os setores produtivos da economia. O dirigente empresarial Louay Nahlawi[107] declarou, em fevereiro de 2021, a probabilidade de muitas pequenas e médias empresas fechariam seus

---

bancar tais projetos (McDowall, 2018).
103. Hatahet, 2019, p. 9.
104. Aga, 2020.
105. Página oficial do Facebook da Presidência da República Árabe Síria, 2020.
106. Suleiman, 2020.
107. À época, Louay Nahlawi era presidente do Comitê Central de Exportação da Federação das Câmaras de Indústria da Síria e vice-presidente da Câmara de Indústria de Damasco e interior.

negócios e abandonam o país, pela ausência de apoio adequado do governo. Essa situação, segundo ele, foi agudizada pelos efeitos da pandemia de COVID-19, que fragilizou ainda mais o poder aquisitivo da população e reduziu as oportunidades de exportar para os países vizinhos.[108] As restrições enfrentadas pelo setor agrícola também se agravaram pelo impacto da COVID-19 nas cadeias de suprimentos.

As sanções dos Estados Unidos e, em menor medida, da União Europeia contra a Síria constituem, no seu conjunto, um obstáculo para a recuperação econômica, afugentando empresas estrangeiras.[109] Ambos repetiram declarações de que seu apoio à reconstrução da Síria e o fim das sanções dependeriam de um processo político crível que levasse a uma verdadeira transição política. O medo em ser sancionado pelos EUA também afasta a maioria das companhias internacionais e multinacionais. A entrada em vigor do "Ato regulatório César de proteção civil síria", em 17 de junho de 2020, apenas aumentou as relutâncias a qualquer associação relacionada ao país, de forma direta ou indireta. As suas medidas permitem ao presidente dos Estados Unidos punir qualquer poder ou entidade privada que ajude o governo sírio, grupos e instituições relacionados a ele, apoie na sua reconstrução, além de repudiar qualquer assistência prestada dentro da Síria aos governos da Rússia e do Irã. O mandatário norte-americano também pode punir qualquer empresa ou pessoa no mundo que invista nos setores de energia, aviação, construção ou engenharia na Síria, assim como qualquer um que empreste fundos ao governo sírio.[110] Desde junho de 2020, as personalidades visadas pela lei Caesar integram a família Assad (como Bashar Al-Assad, Maher al-Assad, Asma Al-Assad e Hafez al-Assad neto), ou são altos dirigentes do exército e dos serviços de segurança, membros do Partido Baath e empresários ligados ao regime (como Wassim Qattan, Nader Kalei,[111] Hussam al- Qaterji e Amer Khiti).

A pressão e as sanções dos EUA também frearam uma reaproximação mais estreita entre alguns regimes árabes e a Síria. Embora as relações com os Emirados Árabes Unidos estejam avançando, o ímpeto para reincorporar a Síria à Liga Árabe diminuiu.

O aprofundamento das sanções contra o regime sírio implica mais sacrifícios para a população civil. Ao ameaçar punir, por exemplo, empresas vinculadas à expansão da produção nacional de petróleo e gás, colocando obstáculos às importações, os problemas de abastecimento tendem a aumentar, junto aos custos no

---

108. Thawra, 2021.
109. Não há sanções oficiais da ONU contra a Síria, pois elas foram impedidas pelos vetos russos e chineses. Sanções foram, no entanto, impostas de forma unilateral por muitas nações contrárias ao regime sírio, incluindo os EUA e os 28 estados-membros da União Europeia, assim como Japão, Canadá, Austrália, Suíça, Noruega e Turquia.
110. Seção 102, Congress Government, 2019.
111. Morto em fevereiro de 2021, vítima da Covid-19.

mercado. Isso, por sua vez, gera infinitos problemas para a população síria, assim como para diversos setores da economia produtiva, como manufatura e agricultura, impondo aumentos notáveis nos custos de produção.[112]

A aplicação de sanções amplas e gerais por meio do ato Caesar afetaram, portanto, a recuperação das atividades industriais e agrícolas com intensidade, já abaladas por sanções anteriores impostas pelos EUA e UE. Da mesma forma, os esforços de reconstrução, embora limitados, ficam ainda mais prejudicados, pois a medida legislativa visa o setor de construção civil e serviços de engenharia.

Mesmo com certas isenções humanitárias no escopo das sanções, a falta de clareza leva bancos avessos ao risco, seguradoras, companhias de navegação e vendedores de bens humanitários a evitar a Síria a todo custo. Além disso, critérios de sanções sobrepostos criaram tantas dúvidas e incertezas sobre como cumprir todas as medidas, que bancos, exportadores, empresas de transporte e seguradoras se recusaram quase sempre a conduzir negócios na Síria – inclusive com ONGs que prestam assistência à população civil.[113]

De forma mais geral, a possibilidade de retornos e lucros rápidos ou de médio prazo sobre operações na Síria seguem limitados por razões políticas e econômicas, deixando de criar incentivos para investimentos, dentro ou fora do país.

O modelo de "economia de guerra", proposto por diversos analistas para retratar o estado atual da Síria, é apresentado com frequência como um novo paradigma, que representaria uma ruptura e um afastamento da dinâmica econômica existente antes de 2011. Na verdade, o conflito exacerbou os processos econômicos anteriores. Intensificou as políticas e orientações neoliberais do governo sírio pré-guerra, reforçando os aspectos autoritários e patrimoniais do regime. A mudança ocorrida está nas redes de atores locais e estrangeiros que sustentam e ganharam com o sistema. Antes do levante de 2011, Arábia Saudita, Catar e Turquia estavam entre os principais beneficiados pela abertura econômica síria, enquanto hoje são, primeiro, a Rússia e, em escala menor, o Irã.

10. Medidas de Austeridade e PPPs

O governo sírio, em fevereiro de 2016, anunciou sua nova estratégia de economia política, intitulada "parceria nacional", para substituir a proposta anterior de "economia social de mercado", de 2005. Esta política precedente já priorizava a liberalização da economia e a acumulação de capital privado. Um aspecto central

---

112. Daher e Moret, 2020.
113. Daher e Moret, 2020.

da nova estratégia foi a lei das "Parcerias Público Privadas (PPPs)", promulgada em janeiro de 2016, seis anos após a sua elaboração, autorizando o setor privado a gerir e desenvolver ativos do Estado em todos os setores da economia como acionista majoritário, exceto para a extração de petróleo. O ex-ministro da Economia e Comércio Exterior, Humam al-Jaza'eri, declarou que a lei criava um "quadro legal para regular as relações entre os setores público e privado, atendendo às crescentes necessidades econômicas e sociais na Síria, em particular no campo da reconstrução", proporcionando também ao âmbito privado a oportunidade de "contribuir para o desenvolvimento econômico como um parceiro principal".[114]

Essa política serviu às redes empresariais submetidas a Damasco, que atuam no apoio à dominação do regime, consolidando seu autoritarismo. A lei das PPPs também deve ser entendida no contexto de uma crescente dinâmica neoliberal em nível regional e global, na qual setores econômicos antes geridos apenas pelo Estado abrem-se à possibilidade de acumulação de capital por atores privados.[115] Vários países da região MENA adotaram, entretanto, legislação de PPPs para dobrar as privatizações de serviços públicos e infraestrutura urbana estatal.[116]

Nesse contexto, o ex-primeiro-ministro Khamis anunciou em setembro de 2018, durante reunião com representantes e empresários na Feira Internacional de Damasco, a proposta do governo para lançar 50 projetos de infraestrutura no país, para investidores privados, dentro do marco legal das PPPs.[117] Em sessão parlamentar no mês de outubro de 2018, por exemplo, Fares Shehabi, ex-deputado e chefe da Câmara da Indústria de Alepo, pediu mais PPPs no setor industrial público para expandir as oportunidades de investimentos privados.[118] Além disso, o governo sírio tentou atrair investidores para algumas estatais de produtos alimentícios, através de acordos de concessão, ou pela lei das PPPs. O governo também debateu a possibilidade de liberalização econômica do setor elétrico.

A Federação Geral dos Sindicatos dos Trabalhadores (GFTUW), controlada pelo governo, também não apresentou qualquer oposição formal a essa dinâmica econômica e política. Al-Qadri, presidente do GFTUW, chegou a enfatizar o

---

114. Sabbagh, 2016a.
115. Hanieh, 2018, p. 202.
116. Na Arábia Saudita, por exemplo, as PPPs tornaram-se um elemento fundamental na estratégia econômica e política, chamada Visão 2030, promovida pelo príncipe regente Mohammad bin Salman. O Programa Nacional de Transformação 2020, apresentado após a Visão 2030, detalha as políticas econômicas da nova equipe dirigente saudita, colocando o capital privado no seu centro. Ele declarou seus planos de aplicar PPPs para muitos serviços governamentais, incluindo setores sociais, como educação, habitação e saúde. Além disso, o Banco Europeu de Reconstrução e Desenvolvimento (BERD), cujas atividades na região do Oriente Médio e Norte da África começaram depois das revoltas populares em 2011, afirmou com clareza a promoção de PPPs de infraestrutura como um de seus principais objetivos.
117. Frieh, 2018b.
118. Al-Watan, 2018.

discurso neoliberal tradicional sobre precisar melhorar o desempenho das instituições e empresas públicas, flexibilizando, adaptando e revisando os regulamentos e a legislação necessárias. Al-Qadri considerou como passo imprescindível da medida, retirar a "rotina burocrática" do setor público da indústria de transformação, facilitando as reformas financeiras das empresas e tratando cada unidade de produção como uma corporação independente, com liberdade de decisão, permitindo, assim, a exigência de melhores resultados. Não obstante, ele se opôs à realização de processos de privatização direcionados a entidades públicas com fins lucrativos. Declarou que a lei das PPPs deveria incluir apenas empresas públicas deficitárias (danificadas ou destruídas), pedindo para evitar medidas de longo prazo.[119] O GFTUW segue, na prática, apoiando as políticas governamentais e tentando controlar e suprimir as possíveis dissidências trabalhistas.

Porém, inúmeros programas de PPP, assim como os projetos de luxo de (re)construção imobiliária na Síria, promovidos pelo setor privado, ainda não foram implementadas ou tiveram de ser revisados para baixo. A maioria, por enquanto, permaneceu como meros anúncios, expressando a competência restrita de implementação do governo, assim como as limitações inerentes de seus planos de redesenvolvimento econômico.

II. Que Modelo de Reconstrução?

No processo de reconstrução, o regime não buscou apenas tirar proveitos econômicos e políticos, mas também solidificar sua sensação de segurança. Desde 2011, promulgou mais de cinquenta leis "sobre moradia, terras e questões de propriedade", permitindo ao Estado demolir áreas antes controladas pela oposição. Leis e decretos para desapropriações foram produzidos também para estimular o mercado imobiliário. Chama atenção o Decreto nº 66, que entrou em vigor em setembro de 2012. Ele aprovou, na província de Damasco, despejos em duas grandes áreas da capital, Basateen al-Razi, no distrito de Mazzeh e Kafr Soussa, para desenvolver um empreendimento imobiliário de alto padrão chamado Cidade Marota.[120] O Decreto nº 66 foi inspirado em alguns aspectos no Plano Diretor Urbano

---

119. Ministério da Indústria da Síria, 2019.
120. O Decreto 66 entrou em vigor em setembro de 2012 e permitiu ao governo "redesenhar áreas habitacionais não autorizadas ou ilegais", e substituí-las por empreendimentos imobiliários "modernos" com serviços de qualidade (Ajib, 2017). Os dois espaços de Damasco estão nos subúrbios ao sul: o primeiro, já iniciado, inclui Mazzeh, um setor residencial próximo ao palácio presidencial, e Kafr Soussa. A da segunda zona inclui Mazzeh, Kafr Sousseh, Qanawat, Basateen, Daraya e Qadam.

de Damasco de 2007, que pretendia demolir e renovar esses mesmos bairros.[121] A implementação deste projeto foi interrompida pela revolta de 2011. A área foi e continua sendo considerada uma oportunidade imobiliária bastante lucrativa. Contém terras agrícolas subdesenvolvidas e habitações informais, com algumas partes a poucos minutos do centro de Damasco.

Os programas de reconstrução planejavam erguer 12.000 unidades habitacionais para cerca de 60.000 pessoas, voltados a famílias de alta renda nos bairros de Basateen al-Razi. Os preços por metro quadrado variaram de 300.000 a 500.000 libras sírias, segundo o diretor executivo da Damascus Sham Holding Company, Nasouh Nabulsi. Segundo Nabulsi, os preços dos imóveis de Marota serão, a longo prazo, os mais altos da Síria.[122] A implantação da Cidade Marota levaria também, ao que tudo indica, a um aumento dos aluguéis nas adjacências, pela proximidade a um bairro de luxo. O processo de reconstrução incluiu escolas e restaurantes, espaços para culto religioso, assim como um estacionamento de vários andares e um shopping center. Segundo as autoridades sírias, 110.000 oportunidades de emprego e 27.000 empregos permanentes seriam criados por este projeto.[123]

Segundo o Decreto nº 66, os moradores com direitos a novas moradias, construídas em locais não especificados, teriam direito ao equivalente a um ano de aluguel, assumido por um fundo especial criado pelo governo de Damasco, até que a construção fosse concluída. Aqueles considerados não elegíveis receberiam o valor de dois anos de aluguel, pagos no máximo um mês após o aviso de despejo. O decreto não especificava as condições necessárias para os moradores comprarem uma nova casa. Apenas uma pequena parcela deles conseguiu compensação ou ações, mesmo sendo, esse apoio, insuficiente para permitir a sobrevivência em um centro urbano que enfrenta aumento dos aluguéis e do custo de vida.[124] Nos canais de televisão do regime ou a ele associados, muitos residentes dessas áreas reclamaram do processo de reconstrução, assim como da ausência de qualquer alternativa no entorno. Tais regiões tornaram-se muito caras,[125] e isso sem mencionar os refugiados, forçados a sair do país, sem receber qualquer assistência.

A cidade de Homs, que atravessou um processo de reconstrução antes de 2011, teve agora seu projeto voltado aos seus três distritos mais destruídos – Baba Amr,

---

121. Este projeto de renovação urbana foi concebido para substituir os bairros informais de Mezzeh, atrás de Razi, Dahadil, Nahr Aicheh, Louan e Qadam.
122. Damas Pós, 2018. Foi quando um jornal econômico pró-regime passou a criticar de leve o governo, como nesse artigo, que se intitulava: "Arranha-céus em Damasco com vista para as ruínas da guerra... E o apartamento por 400.000 dólares!" (Economy 2 Day, 2018).
123. Ajib, 2017; Sabbagh, 2017.
124. Rollins, 2019.
125. Channel Sama, 2015.

Sultanieh e Jobar. Este plano reconstruiria 465 edifícios com autonomia para abrigar 75.000 pessoas, a um custo de US$ 4 bilhões, segundo o governador de Homs, Talal al-Barazi.[126] A nova proposta urbana inspirava-se no 'Homs Dream',[127] dirigido pelo ex-governador de Homs, Muhammad Iyad Ghazal, alvo prioritário, em 2011, dos manifestantes, e demitido por Bashar al-Assad no início dos protestos.

Um elemento-chave do Decreto nº 66 de 2012 é o financiamento, baseado na criação, pelas autoridades locais, de empresas de investimento público-privadas. O governo aprovou em julho de 2015 uma lei autorizando a criação de holdings por câmaras municipais e outras unidades administrativas, para gerir bens e serviços públicos. No outono de 2016, a "Damascus Cham Private Stock Company" surgiu, com capital de 60 bilhões de libras sírias, cerca de USD 120 milhões na época (com base na taxa de câmbio de 2016), propriedade da província de Damasco.[128] Esta empresa foi responsável pelo empreendimento imobiliário de luxo Cidade Marota.

Em abril de 2018, o governo sírio publicou uma nova lei, o Decreto nº 10, que nacionalizava o de número 66. Emendando o Decreto nº 66, obrigava os proprietários a apresentar suas escrituras às autoridades competentes (as unidades administrativas locais), um ano após o anúncio dos planos específicos de reconstrução na localidade. Se não pudessem fazê-lo, poderiam ser representados legalmente através de procurações, por parentes ou advogados. Caso contrário, não seriam indenizados e a propriedade seria revertida para a província, vila ou cidade onde estivesse localizada.

Quem conseguir comprovar seu título de propriedade pode, segundo a organização Human Rights Watch[129]:

1) registrar seu nome no setor, recebendo uma parte dos lucros da reurbanização; ou

2) vender suas ações em um leilão público; ou

3) criar uma empresa para investir e desenvolver a quadra... Todos os acionistas do setor precisariam concordar com a proposta.

Pelo Decreto nº 10, os moradores dessas zonas são despejados. As autoridades locais devem, em geral, assegurar uma indenização equivalente a dois anos de aluguel aos inquilinos que não se qualificaram para as habitações alternativas. Aqueles com direito a residência garantida precisam mudar-se para as novas moradias em quatro anos, enquanto também recebem compensação com o valor do

---

126. Mroue, 2018a.
127. MsSyriano, 2010.
128. SANA, 2016.
129. Human Rights Watch, 2018a.

aluguel coberto durante o período. Não estava claro na lei os critérios de qualificação ou métodos de seleção para os domicílios alternativos,[130] porém, como revelou a experiência do projeto Cidade Marota, a política habitacional e o pagamento de indenizações foi em geral um fracasso, com aplicação muito limitada.

No entanto, o real objetivo da lei continuou sendo o confisco de imóveis e propriedades dos civis forçados a deixar o país, quase sempre nas áreas controladas pela oposição. Com isso, o decreto permite realizar novos cadastros de imóveis e excluir uma infinidade de cadastros anteriores. Na prática, pela reconstrução da estrutura administrativa, os bens dos civis forçados a fugir seriam apreendidos.

Ao permitir a destruição e expropriação de grandes áreas, o Decreto n° 66 de 2012 e o n° 10, de 2018, serviram de instrumentos eficientes para desenvolver projetos grandes e rápidos, ajudando os afiliados do regime e atraindo possíveis financiamentos externos. A medida também pune as populações consideradas opositoras. Elas seriam substituídas por classes sociais mais elevadas e as elites da guerra, menos inclinadas a se rebelar contra o regime. A aposta em produzir moradias para as camadas mais ricas da sociedade, nos planos públicos e privados de reconstrução, foi criticada até mesmo nos jornais pró-Assad, publicados dentro do país. Um especialista em imóveis, Ammar Yousef, por exemplo, afirmou em entrevista ao jornal al-Ayam que "os projetos residenciais lançados hoje são todos direcionados aos ricos, enquanto os cidadãos com renda média ou até mais elevadas do que a média, não conseguem vivem nessas casas".[131] Afirmou também:

> Caso o governo prossiga nessa orientação, a crise habitacional não será resolvida nos próximos 100 anos, lembrando que são 3 milhões de residências destruídas, além de precisar construir um milhão e meio de casas por ano, existe também a demanda anual de entre 100 a 150 mil novas moradias ...

Os projetos residenciais que poderiam ser empreendidos nessas áreas precisavam se encabeçados por holdings subordinadas a governos ou municípios. A construção e gerenciamento dos projetos, porém, ficariam por conta de empresas do setor privado, cujos proprietários em geral são investidores bem relacionados.

O retorno de civis a determinadas áreas foi dificultado por inúmeras medidas dos órgãos de segurança. A guerra destruiu muitos cartórios de imóvel, inclusive por iniciativa deliberada das forças pró-regime, em algumas regiões recapturadas, complicando a comprovação de propriedade pelos habitantes.[132] Em um relatório

---

130. Human Rights Watch, 2018a.
131. Citado em Suleiman L., 2018.
132. Chulov, 2017.

da Human Rights Watch,[133] os moradores não foram autorizados a voltar a Darayya, mesmo com os seus títulos de propriedade em mãos. E, enquanto alguns bairros de Qaboun permanecem fechados, outros estão sendo demolidos desde a queda da cidade para o governo em 2017. Segundo estimativas pré-guerra do Ministério da Governança Local, apenas cerca de 50% das terras na Síria tinham cadastro oficial. Outros 40% vinham em formatos delimitados, mas sem registro. Múltiplos registros de terras tinham o papel como suporte físico, e muitas vezes sem o armazenamento adequado.[134]

Além disso, uma quantidade relevante de pessoas deslocadas perdeu seus documentos de propriedade ou nunca os tiveram, segundo Laura Cunial, especialista jurídica e habitacional do Conselho Norueguês de Refugiados. Quase metade dos sírios entrevistados pelo Conselho Norueguês e pelo Alto Comissariado das Nações Unidas para Refugiados (ACNUR) disseram, em pesquisa publicada em 2017, que suas casas foram destruídas ou danificadas sem chance de reparo pela guerra, enquanto apenas 9% mantinham em boas condições seus títulos de propriedade. Grande parte desses refugiados vieram de áreas informais, regiões que representam cerca de 40% de todas as unidades habitacionais na Síria.[135] No entanto, mesmo aqueles com os documentos necessários muitas vezes encontravam dificuldades para acessar seus imóveis. O processo de entrada nas áreas controladas pelo regime exigia muitas vezes a obtenção de autorizações por vários ramos dos órgãos de segurança, em postos de controle cruzados. Esse processo envolvia chantagem, propinas e ameaças de detenção. Os moradores também eram obrigados a pagar contas de eletricidade, telefone e água pelos anos de ausência durante a guerra, equivalentes a quase 50% do custo desses bens.[136]

Isso sem mencionar os ativistas da oposição e seus apoiadores, cujo retorno à Síria é muito improvável, por medo de prisão e tortura por suas atividades políticas. Além disso, em 2012, o governo aprovou o Decreto nº 63, autorizando o Ministério das Finanças a apreender bens e propriedades daqueles que se enquadrassem na Lei nº 19 - medida antiterrorista aprovada naquele ano. O seu impacto foi destacado em novembro de 2018, quando o Ministério das Finanças documentou mais de 30.000 apreensões de propriedades em 2016, por acusações de supostas atividades terroristas, e 40.000 apreensões em 2017.[137] A Lei nº 3 de 2018 permitiu também ao governo margem de manobra significativa para definir o grau de dano

---

133. Human Rights Watch, 2018b.
134. Prettitore, 2016.
135. Yazigi, 2017, p. 6.
136. Aldeen, Syria Untold e Syrian Independent Media Group, 2018.
137. Al-Modon, 2018.

dos bens. Isso permitiu que bairros fossem fechados e demolidos, impedindo o retorno dos civis.

Até agora, à exceção de um projeto no subúrbio damaceno de Basateen al--Razi, a reconstrução não se voltou à grandes áreas habitacionais destruídas pela guerra. Em vez disso, o foco tem sido a restauração de estradas, alguns serviços e infraestrutura, como eletricidade e água, além de pequenas áreas no centro das cidades, como setores dos antigos souks em Aleppo e Homs. Essa priorização atende às necessidades de ramos econômicos específicos – comércio interno, serviços e indústrias – e serve para promover o acúmulo de capital no país. O regime sírio teve de lidar com desafios financeiros e econômicos cada vez maiores, retardando seus esforços de recuperação.

Boa parte dos projetos de PPP e a (re)construção dos programas imobiliários de luxo, por agentes privados, acabaram não implementados, ou revistos para baixo. A maioria permaneceu enquanto meros anúncios, demonstrando a habilidade reduzida do governo para implementá-los, assim como suas limitações inerentes ao redesenvolvimento econômico. As holdings criadas pelas províncias de Homs (2018), Aleppo (2019), e pela de Damasco (2019), fracassaram, sem contribuir em qualquer medida à reconstrução.

Sérias dúvidas persistem quanto à competência de implementação dos projetos econômicos sírios pelos seus aliados, em especial quanto aos planos de reconstrução traçados em diferentes memorandos de entendimento, concluídos entre eles nos últimos anos. O governo sírio, por exemplo, não garantiu os fundos necessários para os acordos do setor elétrico com o Irã e a Rússia, levando ambos a se retirarem do tratado.[138]

O financiamento pelo capital estrangeiro para a reconstrução e investimentos em infraestrutura permanece incerto e insuficiente, em particular diante dos profundos problemas econômicos enfrentados pela Rússia e Irã que, em paralelo, precisam garantir altos níveis de apoio monetário e material para o regime sírio. Ambos os países enfrentam problemas econômicos muito relevantes a nível interno, agravados depois pela queda dos preços do petróleo, dos efeitos da pandemia de Covid-19 e das sanções. Eles tiveram, e continuarão a ter, dificuldade crescente em manter seus níveis de suporte financeiro e material para a Síria. A assistência econômica ao governo sírio, pelo Irã, já vem sendo reduzida.

De forma mais ampla, as destruições e danos de infraestruturas e meios de transporte também são obstáculos consideráveis para um avanço maior na reconstrução, além da falta de fundos locais e internacionais. Apesar de algumas

---

138. Hatahet, 2019.

pequenas melhorias, a rede ferroviária de 2.500 quilômetros da Síria, por exemplo, segue em destroços, enquanto o presidente da Federação das Empresas de Navegação, Muhammad Kishor, afirmou que, se as operações de reconstrução começassem, o país precisaria dobrar a frota de transporte atualmente disponível, seja nos espaços terrestres, marítimo ou aéreo.

12. Consequências Socioeconômicas para os trabalhadores

A destruição de vastos setores da economia, a militarização da sociedade e o êxodo forçado de milhões de sírios levaram ao colapso na força de trabalho no país. Entre 2011 e 2019, o registro total da população empregada caiu de 5,184 para 3,058 milhões, dos quais pouco mais de 1 milhão eram funcionários públicos, incluindo a indústria pública de transformação, além de cerca de 760.000 identificados como profissionais do setor privado e 1,2 milhão de trabalhadores autônomos.[139] A massa salarial passou a ocupar uma parcela cada vez menor na produção de riquezas durante a guerra, com a participação dos salários na renda nacional, em julho de 2020, estimada em 20%, lucros e a renda contabilizando os 80% restantes.[140]

As condições de vida da força de trabalho continuaram negligenciadas na política. Apenas aumentos simbólicos de salários ocorreram no setor público, enquanto, em 2019, o Ministério do Trabalho e das Questões Sociais alterou 26 artigos da Lei do Trabalho nº 17 de 2010, com efeitos mínimos; um pequeno incremento de 9% e uma garantia de direito à licença-maternidade.[141] O salário mínimo mensal, em dezembro de 2019, aumentou para todos os setores, de 16.175 para 47.675 libras sírias. Em julho de 2021, Bashar al-Assad emitiu os Decretos Legislativos nº 19 e nº 20, elevando os vencimentos de funcionários públicos, militares e prestadores de serviços por outros 50%. O salário mínimo para o setor privado e misto (setor público-privado) também aumentou, de 47.675 por mês para 71.515 libras sírias, ou US$ 28,40 pela taxa de câmbio oficial. Servidores públicos e militares aposentados beneficiaram-se com um aumento de 40% em suas pensões. Esses decretos entraram em vigor em 1º de agosto. No setor público, o salário médio mensal atingiu entre 90.000 e 120.000 libras sírias (entre $ 25 e $ 33 na taxa de câmbio do mercado paralelo em julho de 2021).

139. Shirub, 2020.
140. Kassioun, 2020a.
141. Tishreen, 2019.

Gráifco 4. Trabalhadores do setor privado

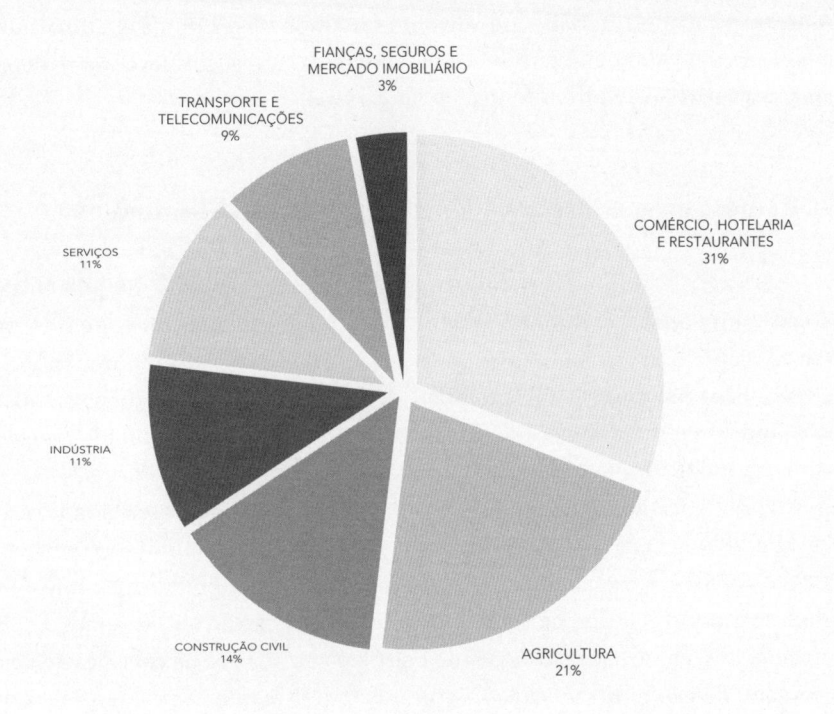

- FIANÇAS, SEGUROS E MERCADO IMOBILIÁRIO 3%
- TRANSPORTE E TELECOMUNICAÇÕES 9%
- SERVIÇOS 11%
- INDÚSTRIA 11%
- CONSTRUÇÃO CIVIL 14%
- AGRICULTURA 21%
- COMÉRCIO, HOTELARIA E RESTAURANTES 31%

Essas medidas, porém, não resolveram a deterioração das condições de vida da classe trabalhadora, obrigada a procurar fontes alternativas de renda para complementar seus orçamentos mensais, retomando e reforçando uma dinâmica anterior a 2011. Por outro lado, um número nada desprezível de profissionais com alta qualificação migrou em busca de melhores condições de vida.

Com a crise da COVID-19, a paralisação efetiva de diferentes setores da economia (como turismo, comércio, construção etc.) apenas intensificou a deterioração nas condições de vida da grande maioria da força de trabalho. Nesses setores, os trabalhadores não receberam salário durante a pandemia, pois suas atividades cessaram, enquanto algumas empresas privadas ofereceram redução salarial a seus funcionários.

A força de trabalho síria também é caracterizada por altos níveis de desemprego, baixos salários e a falta de profissionais qualificados. O alto desemprego explica-se pela destruição de grandes segmentos da economia, que reduziram as oportunidades, mas também como consequência das ameaças de prisão por não-

-recrutamento, forçando muitos jovens a permanecerem em casa ou procurar empregos informais, inseguros ou mal pagos, para evitar o serviço militar obrigatório. A escassez de oportunidades de ofício remunerado foi resumida em uma situação em meados de junho de 2020, quando 11.000 cidadãos se inscreveram para preencher 180 vagas no Tribunal de Justiça de Tartous.[142]

13. Remessas da Diáspora – Uma Necessidade Absoluta

O envio de dinheiro do exterior foi estimado em cerca de 1,62 bilhão de dólares em 2010.[143] O jornal Al-Watan avaliou em maio de 2017 que o valor das remessas poderia chegar a cinco milhões de dólares por dia (equivalente a US$ 1.825 bilhões por ano).[144] Tais quantias ultrapassaram os gastos totais anuais com vencimentos e remunerações publicados nos diferentes orçamentos do governo sírio desde 2016.

Caso esses números tenham permanecido iguais, representariam cerca de 7,4% do PIB a preços constantes em 2019, estimado em 21,6 bilhões de dólares, ante 3% em 2008 (ou US$ 1,4 bilhão). Este aumento veio do número crescente de refugiados sírios no exterior, mas também pela diminuição de outras fontes de divisas estrangeiras, como as exportações de petróleo e turismo, e da contração e destruição geral da economia síria. Em um contexto de crescentes problemas econômicos, o governo tem reforçado cada vez mais seu controle sobre as remessas, fonte importante de financiamento para o regime. No entanto, o principal canal para envio de moeda dentro da Síria é a rede informal de movimentação de dinheiro, inclusive em áreas mantidas pelo regime, no Noroeste do país (sob as autoridades militares turcas e pelo HTS) e o nordeste (controlado pela aliança que inclui o movimento curdo). A depreciação do valor da libra síria e o enorme buraco separando o mercado cambial oficial do paralelo consolidou ainda mais estes canais de transferência, sobretudo desde o final de 2018.

As remessas feitas por sírios no exterior ocuparam espaço de apoio cada vez mais relevante para a subsistência de grandes segmentos da população, desde o início do levante, em 2011. Cerca de 70% das famílias dependem delas para sobreviver, segundo pesquisa realizada em janeiro de 2021. 45% das transferências vêm da Europa e 43% dos países árabes.[145] Segundo a imprensa síria, em fevereiro de

---

142. Al-Watan, 2020a.
143. Não há números atualizados desde 2010.
144. Citado em Enab Baladi, 2020.
145. Os valores transferidos do exterior para cada família variaram entre 200 mil e 500 mil SYP, para 57% dos entrevistados.

2021, expatriados residentes em países europeus transferem entre US$ 100 ou US$ 200 dólares por mês para suas famílias, em particular por canais informais, para evitar perder metade do valor no mercado formal.[146]

O nível das transferências, ao que tudo indica, atravessou os efeitos negativos causados pela pandemia em escala internacional. Algumas estimativas registravam uma redução em 50% dos envios diários, de US$ 4,5 milhões em março de 2020, antes das primeiras medidas do COVID-19, para cerca de US$ 2 milhões em abril. Em geral, aquelas destinadas ao Oriente Médio e Norte da África tiveram queda em cerca de 20% em 2020. Esse declínio seria resultado da desaceleração global e do impacto dos preços mais baixos do petróleo nas monarquias dos países do golfo. As remessas da zona do euro também teriam sido afetadas pela desaceleração econômica pré-COVID-19, e pela depreciação do euro em relação ao dólar americano. Trata-se de uma diminuição importante, posto que elas representaram 5,7% do PIB para os países de baixa e média renda da região, em 2018.[147]

Dado que as remessas se tornaram uma das fontes de renda mais valiosas para inúmeras famílias sírias, ajudando a impulsionar o consumo interno, um decréscimo maior acarretaria graves consequências socioeconômicas. Muitos dependem desses fundos para consumo e despesas diárias. As populações da diáspora no Golfo também apoiaram comunidades, como na província de Daraa, e em Ghouta Oriental, restaurando a infraestrutura (escolas, centros de saúde, prédios) e fornecendo serviços, incluindo remoção dos escombros e distribuição de pão e itens essenciais. No entanto, é difícil esperar um papel maior delas em qualquer futuro processo de reconstrução ou recuperação econômica. Muitas dessas comunidades, incluindo empresários que apoiam o regime, consideram inexistentes as condições políticas, econômicas e de segurança para o seu regresso.

14. Estado Islâmico, ainda uma ameaça

A organização jihadista seguia representando, ao final de 2020, uma ameaça e um desafio à tranquilidade, em particular após as mudanças de estratégia do Estado Islâmico, que passou a se concentrar em ataques suicidas nas áreas civis, para desestabilizar vilarejos e cidades controladas pelo governo. Já o grupo Jabhat al-Nusra, após perder território para as forças pró-Assad, passou a se concentrar cada vez mais na região de Idlib, a partir de 2017, retornando também à tática de atos suicidas para tentar recuperar sua dinâmica inicial. Em fevereiro de 2017, o

---

146. Economy 2 Day, 2021.
147. Banco Mundial, 2020b.

Jabhat al-Nusra levou a cabo ações desse tipo em duas instalações de segurança em Homs, matando 50 pessoas e ferindo 24. Em março do mesmo ano, duas operações similares tiveram como alvo Damasco. Primeiro, em 11 de março, um duplo ataque a bomba mirou os xiitas que visitavam um local de peregrinação na capital, matando 74 deles.[148] Alguns dias depois, em 15 de março, mais dois assaltos suicidas causaram a morte de pelo menos 31 pessoas, ferindo outras dezenas no centro da cidade.[149]

Em uma declaração de áudio, em 23 de abril, o líder da Al Qaeda, Ayman al-Zawahiri, convocou os jihadistas sunitas sírios a travarem uma ampla guerra de guerrilha contra Assad, seus correligionários apoiados pelo Irã, assim como as potências ocidentais, instigando-os a se prepararem para "uma longa batalha com os cruzados e seus aliados, os xiitas e alauítas."[150] Em uma nova mensagem, em fevereiro de 2018, Zawahiri pediu aos jihadistas na Síria "que se socorram, se associem, se reúnam, se fundam, se assistam, e se unifiquem como categoria única" exaltando as várias facções a "enterrar seus desacordos."[151] O HTS (liderado pelo grupo Jabhat al-Nusra), mesmo tendo cortado relações oficiais com a al-Qaeda, mantém vínculos com aparatos militares ligados às redes jihadistas no norte da Síria, cedendo-lhes territórios e recursos. Na região de Idlib, várias correntes jihadistas mantiveram suas relações oficiais com a al-Qaeda, incluindo o Hurras al-Din, formado por vários milhares de combatentes sírios e estrangeiros, incluindo veteranos do Iraque e do Afeganistão; assim como o Partido Islâmico do Turquestão. Ambos lutaram ao lado do HTS durante a conquista de Idlib, contra os grupos da NLF apoiados pela Turquia.[152] No entanto, o HTS se concentrou cada vez mais em governar as áreas sob seu controle, evitando, desde 2019, ações em setores dominados pelo regime.

Os territórios do Estado Islâmico, entre 2016 e 2018, foram hostilizados por várias forças locais, regionais e internacionais. Contudo, em escala internacional, seus operadores ainda conseguiram realizar mais de 1.400 ataques em 2016, matando mais de 7.000 pessoas, um aumento em torno de 20% em relação a 2015, segundo o banco de dados de terrorismo global da universidade de Maryland.[153]

O ano de 2017, no entanto, marcou um ponto de inflexão. Primeiro, o Estado Islâmico foi derrotado na cidade iraquiana de Mosul em junho, após uma ofensiva de nove meses com apoio aéreo e terrestre de uma coalizão multinacional liderada

---

148. Perry, 2017.
149. Reuters, 2017f.
150. Reuters, 2017b.
151. Hoffman, 2018.
152. Moutot, 2019.
153. Bhojani, 2017.

pelos EUA. Também perderam Raqqa, em meados de outubro, após uma ofensiva de quatro meses do SDF, apoiado pela força aérea dos EUA. Depois de Raqqa, o exército sírio e seus correligionários assumiram controle total em Deir ez-Zor em novembro. Essas perdas de território, no entanto, não impediram que o Estado Islâmico aumentasse seus atos suicidas e carros-bomba em várias regiões do país, além de assassinar civis nas áreas evacuadas por seus soldados.[154] Em dezembro de 2017, por exemplo, o EI reivindicou a responsabilidade de um atentado a um ônibus, matando oito pessoas e ferindo outras dezoito no bairro de Akrama, em Homs, de maioria alauita.[155]

A perda contínua de espaços por essas organizações não significou sua eliminação ou o encerramento de suas habilidades para realizar ações terroristas nas áreas dominadas pelo regime. Soldados do EI, em julho de 2018, por exemplo, mataram pelo menos 250 civis em um ataque meticuloso e devastador em Suwayda, cidade de maioria drusa, controlada pelo regime, conforme a estratégia de insurgência que passou a adotar.

O Pentágono e as Nações Unidas estimaram, em agosto de 2018, que o Estado Islâmico ainda tinha mais de 30.000 combatentes no Iraque e na Síria.[156] Em um relatório anual sobre a luta antiterrorista dos Estados Unidos pelo mundo, o Departamento de Estado declarou que o EI, a Al Qaeda e entidades afiliadas, apesar de enfraquecidos, "provaram ser resilientes, determinados e adaptáveis, ajustando-se a níveis elevados de pressão antiterrorista no Iraque, Síria, Afeganistão, Líbia, Somália e Iêmen, entre outros países".[157] Em meados de janeiro de 2019, um assalto a bomba reivindicado pelo EI causou a morte de 16 pessoas em Manbij, incluindo quatro americanos (dois soldados e dois civis que prestavam serviços para os militares dos EUA), ao lado de cinco combatentes das FDS. Esse foi a mais mortífera ação contra as forças dos EUA na Síria, desde a tomada do espaço em 2015.[158]

As investidas do Estado Islâmico no Iraque e na Síria dispararam em 2020, expressando sua capacidade e disposição para retomar territórios, populações e recursos. Em agosto de 2020, estimava-se em mais de 10.000 o número de seus combatentes ativos em ambos os países, dois anos após a derrota do grupo militante. O EI continuou a expandir nas áreas consideradas libertas pelo regime Assad, assim naquelas controlados pelos curdos das Forças Democráticas Sírias, apoiadas pela coalizão norte-americana. A crescente insurgência é exacerbada

---

154. Reuters, 2017a.
155. Nassar, Nelson e al-Zarier, 2017.
156. Britzky, 2018.
157. Citado em Landay, 2018.
158. Mcdowall e Stewart, 2019.

por relatos de fuga dos centros de detenção pelos militantes do Estado Islâmico, incerteza sobre o que fazer com os presos e suas famílias, a continuação da guerra civil síria e os interesses estratégicos concorrentes de influências externas.

Apesar da derrota territorial do EI em março de 2019, seus ataques usando células infiltradas continuaram. Em 2020, a maioria das atividades do Estado Islâmico ocorreu na província de Deir ez-Zor, seguido pela de Raqqa. Entre março de 2019 e janeiro de 2020, 1.959 soldados do regime foram mortos em ações, bombardeios e emboscadas do EI, principalmente a oeste do rio Eufrates e nos desertos de Deir ez-Zor, Homs e Sweida.

15. Descontentamentos sociais em áreas controladas pelo regime

A contínua deterioração da situação socioeconômica na Síria ao longo dos anos 2019 e 2020 gerou crescentes críticas e manifestações de dissidentes contra o governo, concentrados em geral nas áreas antes simpáticas aos rebeldes, como Ghouta oriental e Dara, que receberam pouco ou nenhuma assistência social, enfrentando medidas repressivas severas pelas mãos dos serviços de inteligência e das milícias pró-regime.

Comunidades e indivíduos considerados apoiadores do governo, no entanto, não foram poupados de tratamentos semelhantes. No início de 2019, o descontentamento continuou a crescer em Aleppo e no interior do sudeste, devido à falta de bens básicos, como gás, pão, água, eletricidade e outros serviços essenciais, enquanto as milícias e as forças de segurança monopolizam a distribuição de gás e combustível nos postos de gasolina.[159]

Após o surto de COVID-19, novas críticas despontaram. Dirigidas, por exemplo, à forma como o governo tratou o "cartão inteligente", e a distribuição de pão em Damasco e seu interior, ou o acesso aos derivados de petróleo através do sistema em Suwayda, em junho.[160] As autoridades justificaram a sua introdução, em fevereiro de 2020, por garantir uma suposta equidade nos subsídios e sua melhor distribuição, quando, na verdade, tratava-se de novas medidas de austeridade. Em Latakia, manifestantes protestaram contra a decisão de transferir o mercado de verduras para outro espaço.[161] No final de maio de 2020, uma reunião em frente à Câmara Municipal de Suwayda entoou slogans como "Queremos viver com digni-

---

159. Al-Souria Net, 2019.
160. Al-Watan, 2020b.
161. Al-Quds e al-Arabi, 2020.

dade", e "Vocês nos esgotaram", denunciando as condições econômicas severas e o fracasso das políticas governamentais para enfrentá-las.[162]

Em junho de 2020, novos protestos ocorreram em Suwayda, denunciando a situação socioeconômica e os altos custos de vida, mas desta vez com palavras de ordem carregando críticas diretas a Bashar al-Assad, exigindo sua renúncia e de que o Irã e a Rússia deixassem a Síria. Os jovens manifestantes cantaram em apoio a Dar'a, onde também registraram-se revoltas. Tanto ali, quanto em várias cidades vizinhas, bem como em Jaramana, ao sudeste de Damasco, slogans semelhantes foram evocados, com queixas sobre a crise socioeconômica e o governo sírio.

Ao longo do verão de 2020, críticas crescentes à escassez e ao aumento nos preços dos alimentos podiam ser notadas. Um comandante do Exército Árabe Sírio, Coronel Maan Eissa, por exemplo, foi preso por uma postagem no Facebook, que criticava a qualidade das rações alimentares recebidas por sua unidade.[163]

No início de 2021, a crise econômica nas áreas sob o regime agravou ainda mais o descontentamento das classes populares, com destaque para o combustível e o pão. O rápido aumento no custo de vida, e a frustração generalizada com a incapacidade do governo em conter a deterioração das condições levaram a novas manifestações, incluindo postagens nas redes sociais e até pequenos atos.

Medidas de resistência popular reapareceram durante a "reeleição" de Bashar al-Assad à presidência, em abril de 2021, descrita por seus opositores como a encenação de uma grande farsa. Vários protestos populares foram organizados no noroeste de Idlib, onde vivem três milhões de pessoas governadas pelo grupo jihadista HTS.

As regiões autônomas do Nordeste, controladas pelos curdos da FDS, ignoraram em geral a votação. No dia da eleição, o FSD decidiu bloquear todas as estradas entre as áreas que controlava e os bolsões dominados pelo regime, contribuindo para a baixa participação. O governo não conseguiu abrir mais de 40, dos 157 postos eleitorais pretendidos, com a participação na eleição limitada a funcionários, contingentes de segurança e polícia.[164]

Manifestações e uma greve geral eclodiram em muitas aldeias e cidades na província de Daraa contra a suposta "eleição". Opositores impediram a abertura de sessões eleitorais. Bandeiras da revolução síria foram hasteadas no pátio da mesquita Omari - berço do levante popular – abaixo dos seguintes dizeres: "Não há futuro para os sírios com esse assassino". Em outras faixas e pichações, os manifestantes recusavam legitimidade à votação. Esta região, recapturada pelas

---

162. Suwayda, 2020a.
163. Christou e Al Nofal, 2020.
164. Equipe do Projeto Guerra e Pós-Conflito na Síria, 2021.

tropas de Damasco no verão de 2018, tem sido um centro contínuo de protestos contra o regime, com até mesmo alguns confrontos armados ocasionais entre rebeldes e as forças do governo.

Na área de Suwayda, no sudoeste do país, pichações também condenaram a eleição nas semanas anteriores ao voto.

No dia 29 de julho de 2021, Deraa testemunhou o retorno dos combates mais ferozes desde sua recaptura pelo regime, em 2018. Dezenas de pessoas foram mortas após o bombardeio pesado ao bairro de Daraa al-Balad e seu entorno, antigo centro dos rebeldes, enquanto o governo conduzia uma ofensiva armada paralela, liderada pelas brigadas da 4ª divisão do exército sírio, controladas por Maher al--Assad e milícias pró-iranianas. Diante dessa violência generalizada por Damasco, diversos postos de controle militares e de segurança tornaram-se alvo de grupos armados da oposição, em diferentes localidades da província de Daraa, quando diversos membros da Inteligência da Força Aérea Síria foram capturados.

A comoção social e os combates indicam as dificuldades do regime sírio em reimpor uma hegemonia, mesmo que passiva, sobre os territórios que controla.

16. Conclusão

A instabilidade geral e o colapso da libra síria refletem a destruição profunda e estrutural da economia do país. Seus setores produtivos foram aniquilados e suas principais fontes de receita reduzidas ao mínimo, como as indústrias de petróleo e o turismo, fornecedores relevantes de divisas antes de 2011. A guerra prolongada e as sanções também impedem qualquer investimento estrangeiro direto em grande escala. A crise financeira libanesa, desde outubro de 2019, e os efeitos da pandemia global desencadeada no início de 2020, reforçaram todos esses problemas e deficiências.

A política econômica do governo está ligada à natureza patrimonial do regime de Damasco, fortalecida durante a guerra, com consequências evidentes nas estruturas socioeconômicas e sociais. Nos últimos anos, esta abordagem fomentou um superdesenvolvimento do comércio e serviços, estimulando várias formas de investimento especulativo, com destaque ao setor imobiliário, acompanhado de uma gestão rentista dos recursos (incluindo recursos não-naturais) e corrupção. Tais medidas espelham a influência política e econômica relevantes das redes empresariais próximas aos altos escalões do Estado, que atuam voltadas aos ramos de comércio, imóveis e serviços.

Os interesses pecuniários e comerciais desses novos atores não raro se chocaram contra a possível revitalização dos setores produtivos da economia, em particular a agricultura e manufatura, combalidos pela guerra. O comércio, e sobretudo as importações, acumulou lucros significativos devido ao rebaixamento da capacidade produtiva, falta de investimentos e incentivos aos setores produtivos, assim como pela demanda por bens como alimentos, produtos farmacêuticos e derivados de petróleo. Comerciantes apadrinhados pelo governo constituíram monopólios de certos produtos no mercado de importações, muitas vezes em paralelo às redes de contrabando. Esse processo, iniciado no começo dos anos 2000 com a liberalização do mercado, foi energizado pelo aumento do controle exercido por comerciantes e mercadores sobre a economia, com enormes efeitos negativos para a indústria.

O processo veio acompanhado de maior isolamento econômico, com o país sendo penalizado por sanções pesadas, em particular as medidas do ato Caesar, dos EUA, que impedem ou dificultam ao máximo aplicações estrangeiras maciças no país, enquanto a Rússia e o Irã carecem de fôlego financeiro e econômico para investir segundo os volumes necessários para impulsionar a produção nacional e a reconstrução.

A recuperação econômica parece impossibilitada para o futuro próximo. Muito pelo contrário, assiste-se a um enfraquecimento e o subdesenvolvimento dos setores produtivos, empobrecendo ainda mais amplas camadas da sociedade, e levando a taxas enormes de desemprego e subemprego, associadas a um alto índice de migração de jovens com formação universitária. Isso resultou em crescentes frustrações entre a população síria, que se materializaram em críticas expressas nas redes sociais e pequenos protestos contra a contínua deterioração da economia do país e das suas políticas governamentais.

reflexões finais

Neste livro, tentei delinear e analisar as origens, características e evolução do levante sírio, relacionadas aos desenvolvimentos econômicos e políticos no país, na arena regional e internacional. O processo revolucionário sírio e as revoltas no Oriente Médio e Norte da África, em geral, podem ser investigados com as mesmas ferramentas teóricas e conceituais usadas para compreender outras mobilizações populares ou revoluções em diferentes partes do mundo. Procurei analisar a revolta síria em sua totalidade, desde os processos socioeconômicos e políticos locais até os regionais e internacionais. Partindo desse ponto, o livro examinou a resiliência do regime Assad.

1. A criação de um regime despótico e patrimonial

A natureza do estado construído por Hafez al-Assad e as evoluções socioeconômicas e políticas durante seu governo tiveram impactos profundos na sociedade síria. O regime baatista primeiro ganhou autonomia, em relação à elite dominante e às classes burguesas, ao quebrar o monopólio delas sobre os meios de produção, mobilizando seções dos trabalhadores e camponeses pelas instituições do partido. Após 1970, Assad conseguiu uma autonomia das diferentes facções em sua base de poder, equilibrando-as entre si: ele começou usando o exército para se libertar das restrições ideológicas do partido. Em seguida, estabeleceu e desenvolveu sua jamaa (cuja tradução literal é "o grupo" ou "a aliança" em árabe), um núcleo de seguidores pessoais em grande parte alauítas, em geral de sua família, nomeados para cargos críticos entre militares e o aparato de segurança, proporcionando-lhe ainda maior autonomia em relação ao amplo setor militar baatista. A base do regime foi ampliada, incluindo a classe média urbana e a burguesia sunita, especialmente de Damasco, cooptando grandes setores para os escalões superiores do partido e muitos tecnocratas independentes nos vários níveis do governo. A liberalização econômica progressiva permitiu que ele promovesse uma nova burguesia dependente do estado, e construísse uma aliança com um segmento da burguesia privada damascena. Assad, portanto, conseguiu atingir uma autonomia dentro da estrutura estatal, também se autonomizando em relação à sociedade, equilibrando interesses estatistas e do setor privado.[1] Ao mesmo tempo, a estrutura partidária seguiu servindo como instrumento de mobilização, clientelismo e controle entre as classes populares, sobretudo em áreas rurais.

Foi também o primeiro período na história síria pós-independência a atravessar ondas de repressão violenta contra partidos dissidentes, atingindo desde as universidades até várias organizações da sociedade civil, como sindicatos e associações profissionais independentes, assim como os partidos políticos de oposição. Todos aqueles que se opuseram ao regime ou se recusaram a se submeter à sua dominação sofreram repressão severa. Isso levou alguns a caracterizarem a Síria como "reino do silêncio".[2]

O estado patrimonial construído por Hafez al-Assad foi então transferido ao seu filho, Bashar. Sua natureza corporativista foi minada de forma considerável, comparada ao período anterior, já que o novo governante dependia de um número reduzido de personalidades leais de sua família, altos funcionários nos serviços de segurança e capitalistas apadrinhados. O poder e o papel dos núcleos corporativistas foram esvaziados, afunilando a base social do regime. As aceleradas políticas neoliberais de Bashar, e sua consolidação no poder em detrimento da velha guarda, gerou alterações profundas na base social de Assad, composta no início por camponeses, funcionários públicos e algumas frações da burguesia, com destaque para a "nova classe", para uma coalizão social com capitalistas protegidos pelo regime no seu centro, junto a seções das burguesias e as classes médias altas urbanas apoiadoras do governo. Essas políticas aumentaram a pobreza e as desigualdades sociais, expandindo as animosidades sectárias religiosas e étnicas em algumas regiões, resultado da crescente escassez de recursos, assim como das políticas de patronagem e ausência de democracia.

Entretanto, a natureza opressora do regime permaneceu constante, impedindo a existência de organizações políticas independentes articuladas em grande escala, ou mesmo em nível local. Os únicos atores capazes de desempenhar um papel crescente na sociedade durante este período foram as associações e instituições religiosas, assumindo em particular o papel do Estado nos serviços sociais, em constante declínio. Nesse contexto, considerando também os objetivos externos do governo, como impedir a estabilização do Iraque após as invasões dos EUA e Reino Unido em 2003, as entidades islâmicas e fundamentalistas, incluindo forças jihadistas, ocuparam um espaço significativo para atuarem com liberdade relativa na Síria por muitos anos.

1. Hinnebush, 2001, p. 67.
2. Wikstrom, 2011.

O empobrecimento de amplos setores da população, em um ambiente de corrupção, ausência de direitos democráticos e crescentes desigualdades socioeconômicas, preparou o terreno para uma insurreição popular que apenas aguardava uma centelha. Essa faísca viria do levante regional no Egito e na Tunísia, acompanhado por uma revolta local, desdobrada a partir dos eventos em Dar'a.

2. Origens e evolução dos levantes

Os levantes na Tunísia, Egito e em outros lugares inspiraram amplos segmentos da população síria a sair às ruas com demandas semelhantes por liberdade e dignidade (em outras palavras, democracia, justiça social e igualdade). Isso foi comprovado pela presença hegemônica de uma retórica inclusiva e democrática, entre diversos setores do movimento de protestos em 2011 e 2012. Junto a esse elemento, as instituições alternativas criadas pelos manifestantes, como os comitês de coordenação e os conselhos locais, ao fornecer serviços à população local, tentaram criar uma situação próxima à dualidade de poder, no qual a dominação do Estado sumiu. O movimento rebelde, por meio desses dois elementos, proporcionou uma alternativa política que poderia atrair grandes setores da população, em especial durante seus primeiros seis meses, e antes da militarização massiva da revolta. Essa situação foi cada vez mais desafiada com a evolução e dinâmica do levante. A sua mensagem inclusiva e democrática foi minguando ao passar do tempo, mesmo que permanecesse em alguns setores.

A análise da formação de classe e do estado na Síria, descrita no Capítulo 1, delineou as origens e a evolução do levante. No início, a maioria dos manifestantes vinham dos subúrbios de Damasco, Aleppo e Homs, cidades de médio porte e áreas rurais, onde o aceleramento das políticas neoliberais tiveram o maior efeito, enquanto a repressão e a corrupção apenas aumentaram a insatisfação com o regime. Enquanto isso, políticas repressivas e sectárias impediram que amplos setores das classes populares de minorias religiosas se juntassem à revolta em números significativos, limitando as manifestações. As tensões sectárias e a guerra civil nos países vizinhos do Iraque e do Líbano também levaram alguns membros de minorias religiosas a temer destino semelhante. Ativistas de origens religiosas e étnicas minoritárias tiveram de fato um papel na rebelião. Essa realidade refutou as alegações de que o movimento de protestos se resumia a uma iniciativa sectária ou oposta às minorias. Além disso, uma expressiva parte dos protestos pacíficos em áreas de maioria sunita não eram mobilizados a partir de motivos ou propostas sectárias.

A repressão ao movimento e a recusa a qualquer diálogo levaram a uma radicalização na linguagem dos manifestantes, que passaram a exigir a queda do regime. Sem outras formas de terem suas vozes ouvidas (eleições, parlamentos, imprensa livre, etc.), escolheram o caminho da revolta. Como argumentou Leon Trotsky:[3]

> O engajamento que move as pessoas a fazer uma revolução não é muito diferente do engajamento para desencadear uma guerra... uma revolução acontece apenas quando não há outras saídas.Essas condições também estão na raiz da militarização progressiva do movimento.

3. Repressão, mobilização e adaptação

Após o início da revolta, o Estado priorizou a violência, dificultando qualquer possível abertura a setores da oposição ou a atender às demandas do movimento de protestos. Em conjunto com a repressão, mobilizou sua base popular e retratou os manifestantes como terroristas extremistas ou gangues armadas buscando desestabilizar o país.

Ativistas pacíficos, não-sectários e democráticos tornaram-se os principais alvos do governo. A repressão na praça central de Homs em abril de 2011 foi um exemplo disso. O governo, nesse ínterim, soltou número significativo de figuras fundamentalistas islâmicas e jihadistas com experiências militares anteriores no Iraque e em outros países, incentivando sua proliferação para concretizar a própria caracterização, promovida por Assad, de uma revolta liderada por extremistas religiosos.

O regime também adaptou suas estratégias e ferramentas de repressão pelas diferentes regiões, segundo composição étnica e sectária religiosa. O objetivo dos altos funcionários era, no entanto, consistente: suprimir os protestos, dividir as pessoas a partir de suas identidades primordiais e instalar medo e desconfiança para romper o espírito inclusivo proposto pelo movimento. Os massacres cometidos por milícias pró-Assad e gangues shabiha, muitos de origem alauíta, visaram aldeias sunitas empobrecidas e bairros populares em regiões mistas, voltados às províncias de Homs e Hama, e no litoral, onde as populações alauíta e sunita viviam lado a lado. As ações foram executadas com o propósito de alimentar tensões sectárias, e visando, igualmente, as mulheres, com terríveis consequências humanas e sociais.

3. Trotsky, 2008, p. 740.

A resiliência do regime também estava enraizada na mobilização de sua base popular através de conexões sectárias, tribais, regionais e clientelistas, assim como no amplo apoio estrangeiro da Rússia, Irã e Hezbollah. O aspecto sectário na mobilização estatal da minoria alauíta, através de seu aparato armado (Exército Árabe da Síria, milícias e serviços de segurança) teve relevância significativa. A dita homogeneidade da população alauíta, no entanto, é questionável, existindo diferenças importantes nas dinâmicas políticas, socioeconômicas e regionais internas a ela.

Inúmeros alauítas dependiam de empregos em instituições públicas ou militares para subsistir. Enquanto isso, temiam por suas vidas, pois o levante era cada vez mais retratado pelo regime como uma revolta armada islâmica e sectária, um movimento anti-alauíta, e não uma revolução popular por democracia e justiça social. Essa percepção foi reforçada pelo surgimento real de movimentos com posições anti-xiitas e anti-alauítas. Para muitos deles, o governo parecia a única opção que garantiria a sobrevivência de seu círculo, enquanto se opor a Bashar também implicava custos econômicos devastadores, já que não poucos trabalhavam em instituições estatais ou eram empregados pelo exército, pelos serviços secretos ou por milícias pró-Assad. Com isso, o medo de ações vingativas contra os alauítas, junto à dependência econômica, foram as principais razões do suporte ao governo, uma lealdade nem sempre associada ao endosso de suas políticas. Por último, a falta de uma alternativa credível vinda da oposição exilada, bem como o surgimento de correntes fundamentalistas islâmicas e jihadistas, desencorajaram apoio à revolta.

O temor da violência não se limitou aos alauítas; ele estendeu-se a outras minorias religiosas, especialmente à população cristã, que temia o colapso do estado e um destino semelhante ao dos cristãos iraquianos, que fugiram em massa após a invasão pelos Estados Unidos e Reino Unido, em 2003. A expansão desses movimentos e a multiplicação de ações direcionadas a cristãos e outras minorias religiosas também levaram muitos a não aderir à revolta, independente se apoiarem ou não o regime. Isso ficou evidente na província de Suwayda, habitada em sua maioria por drusos, que mantiveram uma forma própria de autonomia em relação a Assad, em particular pela recusa em aceitar o alistamento militar de seus jovens, evitando outras formas de contestar o estado ou suas instituições.

A base popular do governo não se limitava às minorias religiosas; incluía apoiadores sunitas em todo o país, sustentados por redes informais e apadrinhamentos enraizados em conexões clientelistas, tribais e regionais. Sunitas estavam representados em todos os níveis das estruturas e instituições estatais. O regime também explorava as profundas divisões sociais e rurais/urbanas, sobretudo em

Aleppo e, em certa medida, em Damasco. Grandes setores de funcionários urbanos do governo, a classe média e a burguesia nessas duas principais cidades mantiveram-se passivos ou não se envolviam nos protestos, embora alguns pudessem ter simpatizado com eles no início. Também existia a percepção geral, adotada também entre os sunitas, de que um estado ou sociedade islâmica estava sendo imposto nas áreas controladas pela oposição.

Os principais adeptos do regime eram capitalistas apadrinhados pelo governo, serviços de segurança e altos representantes de entidades religiosas vinculadas ao estado. Esses segmentos da sociedade ajudaram a articular manifestações pró-Assad, financiando várias milícias após a militarização da revolta. O seu apoio veio com a expansão de oportunidades econômicas no país, por meio da economia de guerra ou formal. Novos empresários e redes de negócios desempenharam tarefas cada vez mais importantes no cenário econômico e político, em troca de lealdade e prestação de serviços ao governo, enquanto outros setores da burguesia deixaram o país.

A assistência financeira vinda dos aliados Irã e Rússia, permitiu a manutenção das instituições e provisões estatais. O Estado continuou, ao longo da guerra, como o principal empregador e provedor de recursos e serviços. A situação humanitária e socioeconômica catastrófica na Síria, portanto, reforçou o seu papel.

4. Enfraquecimento do levante e os fracassos da oposição

A repressão enfraqueceu o movimento de protestos e isolou os ativistas, dificultando o contato e a colaboração interna e, na prática, impossibilitando a formação de uma direção centralizada. Além disso, a guerra levou à transformação gradual da revolta em um conflito armado. Os sucessos iniciais de algumas unidades do Exército Livre da Síria, do ponto de vista militar, assim como em termos de colaboração bem-sucedida com o movimento civil de protestos, alimentaram esperanças em algumas partes da oposição. A combinação de resistência armada e ações pacíficas ou civis (greves e manifestações) foi apresentada como estratégia para derrotar o regime. Hassan al-Ashtar, dirigente do ELS em Rastan, respondeu a um jornalista em janeiro de 2012, quando questionado sobre como derrubar o governo, que a resposta se encontrava no aprofundamento dos três pilares da resistência – manifestações pacíficas, o ELS e a desobediência civil.[4]

---

4. Citado em Achcar, 2013, p. 266.

REFLEXÕES FINAIS

A assimetria militar favorecendo Assad, ao lado da assistência em massa de seus aliados estrangeiros tornou, na prática, impossível uma vitória militar do ELS. As redes do Exército Livre não tinham apoio organizado e estável similar, e suas unidades nunca foram capazes de formar uma frente centralizada efetiva. Isso levou à sua marginalização progressiva e enfraquecimento ao longo da guerra. Correntes fundamentalistas islâmicas e jihadistas dominaram cada vez mais a situação militar da oposição. Países estrangeiros que afirmavam endossar o levante (isso é, Turquia, Arábia Saudita e Catar) também enfraqueceram e dividiram as unidades da ELS, fornecendo apoio instável com condições rigorosas, enquanto voltavam cada vez mais seu apoio real para os movimentos fundamentalistas islâmicos. Estavam mais interessados em fortalecer circuitos subordinados aos seus interesses e desenvolver influência política dentro da Síria que avançar a rebelião em si.

O Exército Livre da Síria nunca representou uma força social independente, que pudesse unir as pessoas em torno de uma mensagem política própria e inclusiva. A diversidade entre unidades do ELS em termos geográficos e políticos, embora produto de dinâmicas locais semelhantes no início, nunca foi superada. Não surgiram lideranças ou tomadas centralizadas de decisões, o que permitiu a países estrangeiros e grupos autocráticos islâmicos instrumentalizarem suas unidades ou levar à sua simples eliminação.

A oposição no exílio, representada primeiro pelo CNS e depois pela Coalizão, também não conseguiu constituir uma alternativa crível. Em ambos os casos, a Irmandade Muçulmana e outras facções fundamentalistas religiosas e personalidades sectárias dominaram essas instituições, tentando retratar uma imagem inclusiva na imprensa, ao nomear figuras públicas seculares e liberais para reduzir tensões com apoiadores ocidentais. Organizações e personalidades liberais e laicas, que integravam a oposição no exílio (como George Sabra e Michel Kilo) defenderam e justificaram a presença dentro do país de movimentos islâmicos reacionários, intervindo na dinâmica política e militar. Eles permaneceram em silêncio perante as violações de direitos humanos cometidas por certos salafistas e incluíram alguns, como o Jaysh al-Islam, entre as entidades reconhecidas pela oposição. O dirigente político deste grupo salafista, Muhammad Alloush, foi nomeado principal negociador na conferência de Genebra III, permanecendo uma figura importante no Alto Comitê de Negociações.

Ambos os lados interessavam-se por essa colaboração, na perspectiva de ganhar poder ou, pelo menos, desempenhar um papel nos processos de negociação. Os indivíduos e grupos liberais e seculares na Coalizão viam a parceria com islâmicos reacionários como uma necessidade militar, mesmo que fossem antidemocráticos e governassem de maneira autoritária nas áreas que controlavam, atacando e sequestrando ativistas democráticos. Os fundamentalistas islâmicos, incluindo a Irmandade Muçulmana e movimentos salafistas como o Jaysh al-Islam, contribuíram com a oposição no exílio para expressar moderação e tranquilizar os estados regionais e ocidentais. No entanto, apenas um lado ganhou de fato com isso: os fundamentalistas islâmicos. A relação era desigual, uma vez que esses movimentos mantinham presença política e militar organizada dentro do país, recebendo amplo apoio e recursos de alguns estados (Arábia Saudita, Catar e Turquia) e das redes privadas das monarquias do Golfo. Já as frentes seculares e democráticas, além de fracas dentro da Síria, foram reprimidas com dureza pelo regime, sendo incapazes de se estruturar mais tarde por inúmeras razões.

Os integrantes do CNS e da Coalizão acreditavam que o fim justificava os meios, ignorando que os meios determinam o fim. Após anos seguidos de sua aplicação, essa estratégia resultou na ausência de um polo democrático ou progressista em nível nacional, dentro ou fora do país, permitindo que os islâmicos reacionários ocupassem esse espaço político e militar. Isso gerou uma situação em que os compromissos retóricos de um programa democrático inclusivo da oposição fossem insuficientes para persuadir grandes setores da população a abandonar Assad e aderir à revolta. Além disso, falharam ao não desenvolver instituições sólidas alternativas e inclusivas em relação ao estado.

Como explicado pelo pesquisador sírio Tareq Aziza[5]:

> Esta atmosfera vergonhosa (caracterizada por corrupção e submissão a estados e interesses estrangeiros entre oposicionistas da Coalizão Síria), prevaleceu ao longo dos anos entre as instituições da oposição (se é que podemos descrevê-las como instituições), facilitando muito para o Ocidente e os apoiadores do regime repetirem a mentira sobre a "ausência", ou mesmo "medo das alternativas" – fortaleceu aquele discurso "Assad é ruim, mas não há uma opção madura!" etc.

Riyad Turk, dirigente de longa data da ala dissidente do Partido Comunista Sírio – Bureau Político, mais tarde renomeado Partido Popular, e membro fundador do Conselho Nacional Sírio, reconheceu em setembro de 2018, após sua chegada à França, que um dos problemas iniciais após a criação do CNS foi o domínio exercido pela Irmandade Muçulmana e corporações vinculadas a ela.[6]

5. Aziza, 2018.
6. Atassi, 2018.

O crescimento das forças reacionárias fundamentalistas islâmicas e jihadistas reduziu ainda mais a capacidade da rebelião em fornecer uma mensagem agregadora e democrática, inclusive para aqueles sem envolvimento direto nos eventos, mas simpáticos aos objetivos iniciais do levante. O surgimento dessas correntes islâmicas resultou de várias causas, incluindo as medidas iniciais tomadas pelo regime para facilitar sua expansão, radicalizações individuais, causadas pela repressão aos protestos, além de maior organização e disciplina, sem mencionar o apoio de países estrangeiros.

Atrás de Assad, essas diversas forças constituíram uma segunda ala da contrarrevolução. Elas não tinham as mesmas capacidades destrutivas que o aparato estatal assadista, mas sua visão de sociedade e perspectivas para o futuro da Síria estava em completa oposição aos objetivos iniciais da revolta e sua mensagem inclusiva por democracia, justiça social e igualdade. Suas políticas geravam repulsa entre os setores mais conscientes do movimento de protestos, ameaçando as minorias religiosas, mulheres e muitos sunitas que temiam sua ascensão ao poder por não compartilhar da mesma visão de sociedade e religião. Sua ideologia, programa político e práticas mostraram-se violentas não apenas contra o governo, mas também contra correntes democráticas e progressistas, civis e armadas, assim como minorias étnicas e religiosas.

5. A questão curda

A atenção à questão nacional curda também colocou interrogações importantes para o movimento de protestos, desafiando sua abrangência. Apesar da unidade inicial articulada em demandas e ações conjuntas entre os Comitês de Coordenação Locais (CCLs) e grupos árabes e curdos, a oposição árabe síria, dentro ou fora do país, não foi capaz de abarcar as preocupações dos curdos. Em vez disso, expressaram atitudes de recusa e chauvinismo semelhantes aos do regime, enquanto a Coalizão aliou-se ao governo turco, apoiando suas políticas repressivas contra os curdos na Turquia e na Síria. A questão nacional curda foi negada por inteiro pelos principais integrantes da oposição árabe síria, na Coalizão e nos círculos militares, como Jaysh al-Islam, que integraram as negociações de paz.

Por sua vez, o PYD, com a complacência de Damasco, aproveitou a oportunidade do levante para se tornar o principal protagonista político curdo na Síria, tentando avançar seus próprios interesses. Concentraram-se na construção de instituições e uma força militar eficaz, com muitos avanços e conquistas em certos aspectos, incluindo na secularização das leis, nos direitos e inclusão das mulheres, além do respeito às minorias religiosas e étnicas. No entanto, suas práticas autoritárias e repressivas foram direcionadas em particular contra organizações curdas rivais e ativistas dos movimentos sociais. O PYD foi, sem dúvida, o ator não-estatal mais bem preparado na Síria, com entidades e relações internacionais próprias, incluindo articulações com potências como os Estados Unidos e a Rússia. Essas nações, no entanto, não apoiaram as demandas nacionais curdas na Síria ou em outros lugares, usando o PYD para servir objetivos particulares, voltados à guerra contra o Estado Islâmico. O grupo curdo, apesar de se submeter aos interesses de Washington e Moscou em vários momentos, manteve sua autonomia, conseguindo conquistar benefícios para si graças a tais colaborações.

A questão nacional curda ressurgiu na cena política síria com a eclosão do movimento de protestos em 2011. Porém, esse ganho vem sendo ameaçado por várias tendências que não desejam ver o surgimento e a criação de uma região autônoma curda na Síria. À medida que Damasco consolidava seu poder, avançando com a eliminação de amplos setores dos contingentes oposicionistas, a pressão sobre o PYD aumentou ao final de 2016. O regime reiterou, em diversas ocasiões, sua recusa a qualquer região curda autônoma, entrando assim em conflito crescente com o PYD no norte, a partir de meados de 2016, enquanto a Turquia buscava pôr fim à sua presença em suas fronteiras. Washington e Moscou relegavam a segundo plano os direitos curdos, que nunca apoiaram, considerando suas relações com Ancara e a estabilidade da Síria mais importantes. Diante dessa situação, o PYD tentou cada vez mais encontrar uma fórmula de consenso com Damasco, para preservar suas estruturas e instituições nas áreas que controlavam no nordeste, iniciativa ainda sem resultados concretos. Por outro lado, o governo sírio rejeitou suas condições, acusando-os de "separatismo" e de atuar como "instrumento do imperialismo".

O clima contínuo de guerra e a crescente militarização do levante, ao lado do aumento das tensões sectárias e étnicas no país, permitiram cada vez menos espaço para o movimento de protestos se organizar, propondo uma mensagem inclusiva e democrática. Os objetivos iniciais do levante foram cada vez mais atacados por todos os lados.

6. Dinâmica política regional e internacional

O ambiente regional e internacional foi, ao que tudo indica, o fator mais importante na resiliência do regime. A assistência fornecida pelos aliados de Damasco – Rússia, Irã e Hezbollah, além das milícias fundamentalistas xiitas estrangeiras patrocinadas por Teerã – garantiu a sua sobrevivência a nível político, econômico e militar. Eles enxergaram o movimento de protestos na Síria e a possível queda de Assad como uma ameaça a seus próprios interesses, em particular os geopolíticos. Intervieram ao lado do aparato governamental desde o início, cumprindo um papel crucial nos combates. Ao mesmo tempo, forneceram técnicas e estratégias relevantes no enfrentamento interno à dissidência, fossem eles protestos civis ou resistência armada.

A influência desses aliados expandiu-se pelo país rapidamente, na sociedade assim como nas instituições estatais, à medida que suas intervenções se aprofundavam. A sobrevivência e estabilização do regime, portanto, foi ganhando maior relevância, expandindo para a preservação não só de interesses geopolíticos, mas também em vantagens econômicas. Teerã e Moscou, em particular, tentaram ganhar com o processo de reconstrução e dos recursos naturais da Síria.

A maioria das nações ocidentais, dirigidas pelos Estados Unidos, não se envolveu a fundo na organização da oposição. No início, rejeitaram qualquer plano de ajudar aos rebeldes, também abrindo espaço para Arábia Saudita, Catar e Turquia fornecerem armamentos limitados e específicos a diversos grupos armados. A relutância de Washington em conceber um plano para derrubar o regime ou intervir de forma decisiva contra ele enfraqueceu e dividiu as unidades do Exército Livre da Síria, estimulando o surgimento de movimentos islâmicos reacionários e incentivando os aliados e Assad a aprofundar sua assistência militar sem o risco de confronto direto com os Estados Unidos. Após a proclamação do Califado, em 2014, os Estados Unidos e os estados ocidentais voltaram suas atenções cada vez mais contra o Estado Islâmico e à guerra ao terror. Essa situação serviu à estratégia do governo sírio.

A Síria não era vista como interesse estratégico para os Estados Unidos, em particular pela falta de grandes reservas de petróleo. A importância do país estava relacionada à sua localização geográfica, à fronteira com Turquia, Iraque, Líbano e Israel, assim como suas relações com o Irã e seu papel no conflito árabe-israelense.

Os funcionários públicos norte-americanos também hesitaram em intervir em peso na região, como haviam feito através da estratégia de "mudança de regime", abandonada na véspera do levante. Isso foi consequência direta da experiência no Iraque e dos inúmeros fracassos que ela produziu. Em vez disso, os objetivos resumiam-se a limitar as transformações na região, centrando suas ingerências por meio de acordos e entendimentos entre os regimes existentes (ou seções deles), e os oposicionistas vinculados aos estados ocidentais, Turquia e monarquias do Golfo. Ao longo da rebelião, essas tentativas, pelos estados ocidentais ou pela Turquia e monarquias do Golfo, foram marcadas pelo fracasso.

Essas últimas, lideradas pela Arábia Saudita e Catar, assim como a Turquia, passaram a adotar uma posição mais hostil em relação a Assad. A Arábia Saudita, o Catar e as redes privadas dos reinos do Golfo financiaram e apoiaram grupos militares e políticos, em particular movimentos fundamentalistas islâmicos, e alguns jihadistas, para garantir uma presença na Síria que pudesse servir aos seus interesses.

O principal objetivo de Riad no conflito sírio era enfraquecer o Irã, visto como seu principal inimigo regional. Derrubar Assad, aliado preferencial de Teerã na região, convinha a Riad para fortalecer um eixo sunita, liderado pela Arábia Saudita, contra os iranianos. Por sua vez, o Catar via o levante como uma oportunidade para aumentar sua própria influência regional, em particular através da Irmandade Muçulmana e de outros agentes fundamentalistas. As monarquias do Golfo temiam o surgimento de algum tipo de democracia liberal na Síria, que ameaçasse seus próprios interesses, caso ideias e iniciativas libertárias se expandissem pelo Oriente Médio e Norte da África. Nesse sentido, eles preferiam uma guerra sectária, incentivando uma narrativa radical através de sua imprensa e políticas de financiamentos.

Da mesma forma, a Turquia apoiou no início a derrubada de Assad, após não conseguir convencer Damasco nos primeiros meses do conflito, a aceitar reformas superficiais e a integração das alas oposicionistas, próximas a Ancara, em um governo de unidade nacional. No entanto, esse objetivo foi sendo abandonado, com a prioridade turca centrando-se cada vez mais na derrota do PYD curdo, e sua eliminação nas proximidades da sua fronteira. Facções do ELS e movimentos fundamentalistas islâmicos influenciados pela Turquia foram usados como agentes na guerra de Ancara contra os curdos. As políticas das monarquias do Golfo e da Turquia promoveram facções jihadistas, enquanto fragmentavam as unidades do Exército Livre da Síria por meio de suas políticas de patrocínio. A situação ampliou os efeitos sectários das intervenções iranianas e do Hezbollah, contribuindo para a islamização da oposição armada e o aprofundamento das tensões radicais e curdo-árabes.

As várias potências imperialistas internacionais, assim como as principais forças regionais, apesar de suas discordâncias internas, não queriam que a crise síria se estendesse além das fronteiras do país. Elas desejavam, em particular, limitar o crescimento dos jihadistas atuando no Iraque e na Síria. Compartilhavam um interesse comum em pôr fim ao levante e alcançar uma solução, em que a estrutura do regime não fosse alterada a fundo. Queriam um ambiente político estável, que lhes permitisse construir e desenvolver seu capital político e econômico, independente das demandas do movimento de protestos.

Esse foco se refletiu em julho de 2017, quando nem o presidente dos Estados Unidos, Donald Trump, nem o recém-eleito presidente francês, Emmanuel Macron, defenderam a queda de Bashar al-Assad; a prioridade deles continuava sendo a luta contra o Estado Islâmico e outras correntes jihadistas semelhantes. Esses países haviam sido os mais contrários, ao menos na retórica, à permanência de Assad no poder. Em agosto de 2017, o ex-embaixador dos EUA na Síria, Robert Ford, declarou: "Não há alinhamento militar concebível que vá conseguir removê-lo... Todos, inclusive os EUA, reconheceram que Assad vai continuar."[7] À medida que o regime consolidava seu poder, junto com a quase eliminação do Estado Islâmico (em termos territoriais, senão enquanto organização), a crescente prioridade dos Estados Unidos, ao lado dos outros estados ocidentais, monarquias do Golfo e Israel, passou a focar na redução da influência do Irã na Síria.

Havia, no entanto, um consenso quase unânime entre todas as potências internacionais em relação a vários pontos: liquidar o movimento de protestos, estabilizar o regime em Damasco com Bashar al-Assad à frente por um curto a médio prazo, opor-se à autonomia curda e garantir a derrota militar dos jihadistas como o Estado Islâmico e Jabhat al-Nusra. Houve uma tendência mundial voltada, em geral, para liquidar a rebelião em nome da chamada guerra ao terror, e do que foi considerado um retorno à estabilidade autoritária. O principal ponto de controvérsia era a influência iraniana na Síria.

7. O regime sobrevive, mas a crise continua

Assad saiu da guerra em um formato ainda mais brutal, sectário no sentido mais restritivo do termo, patrimonial e militarizado do que antes. A revolta transformada em guerra forçou Damasco a reconfigurar sua base popular, depender mais de redes autoritárias globais, ajustar seus modos de gestão econômica e reestruturar seus aparatos militares e de segurança.[8] A repressão continuou perseguindo ex-rebeldes armados e civis que participaram dos chamados acordos de reconciliação. Jamil Hassan, o violento chefe da Inteligência da Força Aérea, disse no verão de 2018 que mais de 3 milhões de sírios eram procurados pelo estado e seus casos judiciais estavam encaminhados, acrescentando: "uma Síria com 10 milhões de pessoas confiáveis e obedientes aos seus líderes é melhor do que uma Síria com 30 milhões de vândalos".[9]

7. Citado em Issa, 2017.
8. Heydemann, 2013b, p. 60.
9. Citado em *The Syrian Reporter*, 2018.

O tema da reconstrução constitui um desafio importante para o regime. Desde 2017, Damasco elabora planos, mas até agora, apenas um grande projeto imobiliário estava em andamento, de forma muito limitada: o desenvolvimento de Marota City, no distrito de Mazzeh, em Damasco, onde todos as aplicações em infraestrutura vieram do Estado e de investidores privados, na maioria vinculados ao governo. A falta de financiamento nacional, privado ou público, a incerteza sobre a escala das verbas estrangeiras e outras possíveis contribuições de monarquias do Golfo, bem como as sanções internacionais que impediam a participação de atores econômicos relevantes, foram problemas sérios para um país com custos projetados de reconstrução em quase USD 530 bilhões. Isso ocorreu ao lado da destruição dos serviços de saúde e educação, do deslocamento interno e externo em larga escala, de enormes perdas de capital humano, assim como a ausência quase absoluta de reservas internacionais. O processo de reabilitação de Damasco na esfera política árabe, liderada pelos Emirados Árabes Unidos, também foi desacelerada após a intensificação das sanções e pressões dos Estados Unidos em 2019 e 2020.

Diante dessa situação, os esforços de reconstrução variavam de região para região, dependendo dos diferentes níveis de influência e presença de nações estrangeiras em certas áreas fora da soberania do estado. Um exemplo foi a região da Operação Escudo do Eufrates, no qual as autoridades turcas investiram de fato em instituições governamentais e infraestrutura econômica. As diferenças nos planos de reconstrução entre as áreas e dentro delas podem vir a afetar as dinâmicas sectárias e étnicas locais na Síria pós-guerra.

Paralelamente, a questão dos refugiados e a possibilidade de seu retorno foram fatores importantes na reconstrução. Muitos países vizinhos, como o Líbano e a Turquia, não reconheceram a maioria dos sírios vivendo em seu território como refugiados. Nesses países, há uma crescente pressão política interna para obrigar o retorno deles, sem garantias de segurança. Até o momento, as autoridades sírias aceitaram apenas pequenos contingentes de retornados. Para muitos, o governo ainda representa uma ameaça à sua segurança, ou, pelo menos, interpõe obstáculos administrativos para o regresso às suas casas originais, pois muitos vêm de áreas destruídas por completo.

Um retorno em massa de refugiados seria um desafio sério para a política e a economia do regime, sem falar nas questões de infraestrutura, que se agravaria se muitos retornassem em um curto período. Além disso, as remessas enviadas às famílias na Síria (como mencionado no capítulo anterior) são hoje uma das fontes mais importantes de renda nacional, ajudando a impulsionar o consumo interno.

Não obstante, os planos de reconstrução não se limitam à recuperação da infraestrutura. As gestões socioeconômicas e políticas, ao que tudo indica, agravarão as desigualdades sociais, econômicas e regionais em todo o país, aprofundando os problemas existentes antes de 2011. Exemplos históricos, como os do Líbano e do Iraque, mostraram que mesmo níveis adequados de financiamento nacional ou internacional podem não garantir um processo eficaz de reconstrução.

O aprofundamento geral das políticas neoliberais, em particular a nova estratégia econômica de parceria nacional e a lei de Parceria Público-Privada (PPP), apresentadas como medidas necessárias e tecnocráticas pelos sucessivos governos sírios, devem ser consideradas como meio de transformar as condições gerais de acumulação de capital, fortalecendo as redes econômicas vinculadas ao regime. Como argumenta Adam Hanieh,[10] os Estados capitalistas aproveitam com frequências as crises como oportunidades "para reestruturar e impulsionar mudanças usando formas antes impedidas, estendendo ao máximo o alcance do mercado em uma variedade de setores econômicos que até então eram em sua maioria controlados pelo Estado". Antes da guerra, as PPPs já eram consideradas como um instrumento-chave para acelerar a mobilização de capital privado, em particular no setor de energia.[11] Nesse contexto, o plano de reconstrução do governo sírio, que até agora permaneceu em grande parte subdesenvolvido, provavelmente fortaleceria e consolidaria o caráter patrimonial e despótico do regime e suas redes, sendo utilizado, ainda, como meio de punir ou disciplinar populações insubordinadas, e continuar empobrecendo as partes menos favorecidas da sociedade.

O governo na Síria também teve de enfrentar as frustrações crescentes das populações consideradas pró-Assad, ou pelo menos as que não se juntaram ao movimento de protestos. Nas áreas costeiras, Damasco estimulou a proliferação de organizações de caridade privadas, em particular as ligadas a figuras aliadas ao regime, fornecendo serviços sociais em substituição ao estado. Esse foi um instrumento para manter uma relação clientelista e dependente com comunidades locais, que forneciam um fluxo importante de pessoas para o exército e as milícias do governo. Críticas entre a base popular do regime contra instituições estatais e dirigentes por corrupção, ineficiência e problemas socioeconômicos também aumentaram neste período. Frustração e desconfiança em relação às autoridades eram muito relevantes na província de Sueida, que preservou uma forma de auto-

---

10. Hanieh, 2018, p. 201.
11. Investimentos em infraestrutura elétrica, por exemplo, eram necessários para atrair interesses privados e reduzir o custo das operações comerciais. Um relatório desenvolvido pelo Banco Mundial, em cooperação com o Ministério da Eletricidade da Síria, em 2010 estimou que seriam necessários cerca de 11 bilhões de dólares, até 2020, para novas capacidades de geração (7.000 megawatts) e expansão das redes de transmissão e distribuição (Banco Mundial, 2011, p. 22-24).

nomia em relação a Damasco, sem a ruptura completa com as instituições estatais. As ameaças dos jihadistas como HTS e EI ainda existia no país, assim como sua capacidade diversa de criar instabilidade.

A resiliência do governo não marcou o fim de suas contradições ou formas de dissidência, ainda mais nas áreas controladas por rebeldes. A ausência de uma oposição política síria estruturada e independente, democrática e inclusiva, que apelasse às classes populares e a atores sociais como sindicatos independentes, dificultou para diversos setores da população se unirem, desafiando o regime em escala nacional.

8. Um processo revolucionário de longo prazo

As condições materiais em que o levante ocorreu ajudam a explicar suas origens e seu desenvolvimento. Adotar tal abordagem difere daqueles que argumentam que esse é um conflito sectário religioso em sua essência, ou uma conspiração liderada por forças estrangeiras, ignorando os sistemas socioeconômicos e políticos existentes. Este livro procurou explicar a trajetória do levante sírio, analisando também a resiliência do regime.

A Síria, assim como o Oriente Médio e Norte da África em geral, testemunhou um processo revolucionário. A mobilização de grandes setores da população em oposição a Assad desafiou sua autoridade, ensejando o surgimento de diversas novas soberanias buscando criar dualidade e diversidade de poderes.

No entanto, o movimento de protestos enfrentou múltiplas formas de contrarrevolução opostas aos seus objetivos iniciais. A primeira força foi o próprio regime, esmagando a rebelião pela via militar. O surgimento e ascensão de organizações militares fundamentalistas islâmicas e jihadistas constituíram a segunda potência contrarrevolucionária, opondo-se às demandas iniciais da revolta, atacando figuras democráticas, impondo um novo sistema político autoritário e fechado. Finalmente, poderes regionais e estados imperialistas operaram de maneira contrarrevolucionária. Isso incluiu os aliados, entre Arábia Saudita, Catar e Turquia. Eles forneceram assistência militar, lutando lado a lado para esmagar o levante, assim como os ditos 'Amigos da Síria', avançando interesses políticos próprios, apoiando sempre que possível os elementos mais reacionários da revolta e os fundamentalistas islâmicos, na tentativa de transformar a revolta em uma guerra sectária, para impedir o advento da democracia. O início do lento processo de reabilitação e normalização do regime sírio ao final de 2018, e a aceitação da permanência de Assad no poder pelos estados que haviam exigido sua queda, ilustraram bem essa equação.

As formas múltiplas da contrarrevolução impediram, portanto, qualquer transformação radical na estrutura política e de classe na Síria, fatores importantes na resiliência do regime.

Ultrapassa o escopo deste livro prever o futuro da Síria, mas a natureza incompleta do levante significa que o regime ainda enfrentará desafios, mesmo com a repressão da oposição. A sua resiliência, de fato, teve custo muito alto, além da crescente dependência de estados e forças estrangeiras. As identidades sectárias e alauítas de algumas instituições foram fortalecidas, em particular no exército e serviços de segurança e, em menor medida, na administração pública. A multiplicação das milícias criou problemas, pelo comportamento violento e criminoso dos grupos. A situação humanitária e socioeconômica catastrófica na Síria também gera questões de como o governo lidará com a grande maioria da população desempregada no país, a inflação crescente e piora nas condições de vida. Mesmo as regiões consideradas leais a Assad vêm expressando críticas crescentes às autoridades.

Processos revolucionários são eventos de longo prazo, caracterizados por mobilizações de níveis mais altos e mais baixos, dependendo de seu contexto. Eles podem até ser caracterizados por alguns períodos de derrota. Na Síria, as condições que levaram ao levante seguem presentes, e o regime está longe de resolvê-las, tendo, na verdade, agravado-as. Dissidências sociais continuaram ocorrendo entre 2019 e 2020.

Damasco e as outras capitais regionais acreditam que podem manter suas regras despóticas a qualquer custo, pelo uso contínuo de violência maciça contra suas populações. Isso está fadado ao fracasso, e novas explosões de revolta popular devem ser esperadas, como nos recentes e multitudinários protestos populares no Sudão, na Argélia, no Iraque e no Líbano, entre o final de 2018 o ano de 2019, desafiando seus próprios regimes autoritários.

No entanto, essas condições não se traduzem sempre em oportunidades políticas, em particular depois de mais de dez anos de uma guerra destrutiva e assassina, e da fadiga geral do povo, que deseja apenas um retorno à estabilidade, mesmo que autoritária e dominada por Assad. Sinais de dissidência e críticas também permanecem com alto enraizamento em regiões específicas, sem conexões entre si. A ausência de uma oposição política síria independente, estruturada, democrática e inclusiva, capaz de apelar às classes populares, torna difícil para diversos segmentos da sociedade unirem-se, para desafiar mais uma vez o regime em escala nacional, enquanto os fracassos da oposição no exílio e dos batalhões armados rebeldes deixaram muitos simpatizantes do levante frustrados e amargurados.

A construção de uma futura nova resistência teria de combinar lutas contra a autocracia, a aquelas ligadas à exploração e opressão. Caso as demandas democráticas tivessem sido feitas ao lado das que interessassem a todos os trabalhadores, exigências pela autodeterminação curda e pela libertação das mulheres, elas estariam em uma posição muito mais forte para consolidar a solidariedade entre os setores sociais da Revolução Síria.

Outra fragilidade da oposição foi o fraco desenvolvimento das estruturas de classe, com influência de massas ou formação política progressista. As revoltas na Tunísia e no Sudão demonstram a importância da organização sindical, como a UGTT tunisiana e as associações profissionais sudanesas, para unificar lutas populares bem-sucedidas. Entidades feministas também tiveram importância particular na Tunísia e no Sudão, para promover os direitos das mulheres e conquistar garantias democráticas e socioeconômicas, mesmo que permaneçam frágeis e pouco consolidados. Os revolucionários sírios não tinham essas forças sistematizadas no mesmo nível com influência de massas, o que enfraqueceu o movimento. Configurações desse tipo serão essenciais para construir embates futuros.

A esquerda precisará participar na construção e desenvolvimento dessas estruturas políticas alternativas de grande porte. A última fraqueza-chave que precisa ser avaliada e superada é a fragilidade da esquerda em escala regional, e suas redes de colaboração. Seria preciso que ela forje uma alternativa às diversas correntes contrarrevolucionárias em seus países em escala regional e internacional. Em meio a um processo revolucionário interseccional na região, segue sendo necessário à esquerda adotar lições e inspirações das lutas em cada nação. Uma derrota em um país é uma derrota para todos, e uma vitória em um deles é uma vitória para toda a região. Os poderes despóticos entendem isso, e nós precisamos também. Eles compartilham lições entre si para defender sua ordem autoritária e neoliberal. Entre as frentes progressistas é preciso maior colaboração, em escala regional e internacional. Nenhuma via socialista é possível em um só país ou região, em particular no Oriente Médio e o Norte da África, que tem sido um campo de batalha para potências regionais e imperialistas.

Nesse sentido, um fator que pode influenciar eventos futuros é a documentação sem precedentes do levante, incluindo gravações em vídeo, depoimentos e outras evidências. Na década de 1970, a Síria viu uma forte resistência popular e democrática, com greves importantes e manifestações em todo o país, mas esse histórico era desconhecido pela nova geração de manifestantes em 2011. Agora, com seu vasto arquivo documental, a rebelião permanecerá na memória popular, transformando-se em um recurso crucial, para aqueles que resistirem, no futuro.

Concluindo, embora a sobrevivência do regime tenha sido em parte assegurada, em particular pelo apoio de seus aliados estrangeiros, mantendo uma forma de hegemonia passiva sobre grandes segmentos da população, ela não está garantida. Alimenta uma situação de instabilidade contínua, insustentável no médio e longo prazo.

bibliografia

1. Livros

Abu Rumman, Mohammed, 2013. Islamists, Religion, and the Revolution, Beirute, Friedrich--Ebert-Stiftung, FES Jordan and Iraq/FES Syria.

Achcar, Gilbert, 2013. Le peuple veut, une exploration radicale du soulèvement arabe, Paris, Actes Sud.

Achcar, Gilbert, 2016. Morbid Symptoms: Relapse in the Arab Uprising, Stanford, Califórina, Stanford University Press.

Allsopp, Harriet, 2015. The Kurds of Syria, Londres, I.B. Tauris.

Ayboga, Ercan, Flach, Anja, and Knapp, Michael,2016. Revolution in Rojava: Democratic Autonomy and Women's Liberation in Syrian Kurdistan, traduzida por Biehl, Janet, Londres, Pluto Press.

Baczko Adam, Dorronsoro, Gilles, and Quesnay, Arthur, 2016. Syrie, Anatomie d'une guerre civile, Paris, CNRS edition.

Batatu H, 1998. Syria's Peasantry, the Descendants of Its Lesser Rural Notables, and the Politics, Princeton, Nova Jersey, Princeton University Press.

Belhadj, Souhail, 2013. La Syrie de Bashar al-Asad, anatomie d'un régime autoritaire, Paris, Editions Belin.

Blanford, Nicholas, 2011. Warriors of God: Inside Hezbollah's Thirty-Year Struggle Against Israel, Nova Iorque, Random House.

Bozarslan, Hamit, 2009. Conflit kurde, Le brasier oublié du Moyen-Orient, Paris, Autrement, Mondes et Nations.

Clinton, Hillary Rodham, 2014. Hard Choices, Nova Iorque, Simon & Schuster.

Darwish, Sabr, 2015. "Al-fasl al-thânî: 'indamâ hamal al-slâ... Zamlakâ namûzajân," em Sûrîyyâ: tajraba al-mudun al-muharara, Beirute, Riad El-Rayyes, Books.

Dik (-al), Majd, 2016. A l'est de Damas, au bout du monde, témoignage d'un révolutionnaire syrie, Paris, Don Quichotte editions.

Donati, Caroline, 2009. L'exception syrienne, entre modernization et résistance, Paris, La Découverte.

George, Ala, 2003. Syria, Neither Bread, Neither Freedom, Londres, Zed Books.

Grojean, Olivier, 2017. La révolution kurde, le PKK et la fabrique d'une utopie, Paris, La Découverte.

Haddad, Bassam, 2012a. Business Networks in Syria: The Political Economy of Authoritarian Resilience, Stanford, Califórina, Stanford University Press.

Hanieh, Adam, 2018. Money, Markets, and Monarchies: The Gulf Cooperation Council and the Political Economy of the Contemporary Middle East, Cambridge, Reino Unido, Cambridge University Press.

Hassan, Hassan, and Weiss, Micheal, 2015. ISIS: Inside the Army of Terror, Nova Iorque, Reagan Arts.

Hinnebusch, Raymond, 1990. Authoritarian Power and State Formation in Ba'thist Syria: Army, Party, and Peasant, Boulder, Colorado, Westview Press.

Hinnebusch, R, 2001. Syria Revolution from Above, Londres and Nova Iorque, Routledge.

International Business Publication, 2010. Islamic Financial Institutions (Banks and Financial Companies) Handbook, Washington, Estados Unidos.

Kannout, Lama, 2016. In the Core or on the Margin: Syrian Women's Political Participation, UK and Sweden, Syrian Feminist Lobby and Euromed Feminist Initiative EFI-IFE.

Khatib Line, 2011. Islamic Revivalism in Syria: The Rise and Fall of Ba'thist Secularism, Londres e Nova Iorque, Routledge Studies in Political Islam.

Lefèvre, Raphael, 2013. The Ashes of Hama: The Muslim Brotherhood in Syria, Londres, Hurst.

Lister, Charlie, 2015. The Syrian Jihad, Nova Iorque, Hurst.

Littell, Johnathan, 2015. Syrian Notebooks: Inside the Homs Uprising, Londres e Nova Iorque, Verso.

Matar Linda, 2015. The Political Economy of Investment in Syria, Londres, RU, Palgrave Macmillan.

McDowall, David, 1998. The Kurds of Syria, Londres, Kurdish Human Rights Project.

Middle East Watch, 1991. Syria Unmasked: The Suppression of Human Rights by the Asad Regime, New Haven, Estados Unidos, Yale University Press.

Pargeter, Alison, 2010. The Muslim Brotherhood: The Burden of Tradition, Londres, Saqi Books.

Perthes, Volker, 1995. The Political Economy of Syria Under Asad, Nova Iorque e Londres, I.B. Tauris.

Perthes, Volker, 2004. Syria Under Bashar Al-Assad: Modernisation and the Limits of Change, Londres, Oxford University Press, Routledge.

Phillips, Christopher, 2016. The Battle for Syria: International Rivalry in the New Middle East, New Haven, Estados Unidos e Londres, Yale University Press.

Pierret, Thomas, 2011. Baas et Islam en Syrie, Paris, PUF.

Rasheed (-al), Madawi, 2010. A History of Saudi Arabia, 2d ed., Cambridge, RU, Cambridge University Press.

Richards Alan, and Waterbury, John, 1990. Political Economy of the Middle East: State, Class, and Economic Development, Londres, Westview Press.

Schmidinger, Thomas, 2018. Rojava: Revolution, War, and the Future of Syria's Kurds, Londres, Pluto Press.

Seale, Patrick, 1988. Asad: The Struggle for the Middle East, Londres, I.B. Tauris.

Seurat, Michel, 2012. L'etat de barbarie Syrie, 1979–1982, Paris, Presses Universitaires de France, Proche-Orient.

Tejel, Jordi, 2009. Syria's Kurds: History, Politics, and Society, Nova Iorque, Routledge.

Trotsky, Leon, 2008. History of the Russian Revolution, Chicago, Haymarket.

Van Dam, Nikolaos, 2011. The Struggle for Power in Syria: Politics and Society Under Asad and the Ba'th Party, Londres, I.B Tauris.

Wieland, Carsten, 2012. Syria—A Decade of Lost Chances: Repression and Revolution from. Damascus Spring to Arab Spring, Seattle, Cune Press.

Zisser, Eyal, 2007. Commanding Syria: Bashar al-Asad and the First Years in Power, Londres, I.B. Tauris.

2. Capítulos de livros

Ababsa, Myriam, 2015. "The End of a World Drought and Agrarian Transformation in Northeast Syria (2007–2010)," em Hinnebusch R. (ed.), Syria: From Authoritarian Upgrading to Revolution? (Syracuse, Estados Unidos, Syracuse University Press, 2015), p. 199–223.

Abbas, Hassan, 2013. "Chapter 2: Reinforcing Values of Citizenship," em Kawakibi S. (ed.), Syrian Voices from Pre-Revolution Syria: Civil Society Against All Odds, HIVOS and Knowledge Programme Civil Society in West Asia (pdf).

Abboud, Samer, 2015. "Locating the 'Social' in the Social Market Economy," in Hinnebusch R. (ed.), Syria: From Authoritarian Upgrading to Revolution? (Syracuse, NY, Syracuse University Press), p. 45–65.

Ahmad, Balsam, 2012. "Neighborhoods and Health Inequalities in Formal and Informal Neighborhoods of Aleppo," in Ahmad B. and Sudermann Y. (eds.), Syria's Contrasting Neighborhoods: Gentrification and Informal Settlements Juxtaposed, St. Andrews Papers on Contemporary Syria (Fife, Scotland: Lienners Publishers), p. 29–60.

Aous (al-), Yahya, 2013. "Chapter 3: Feminist Websites Experience and Civil Society," in Kawakibi S. (ed.), Syrian Voices from Pre-Revolution Syria: Civil Society Against All Odds, HIVOS and Knowledge Programme Civil Society in West Asia (pdf).

Balanche, Fabrice, 2015. "Go to Damascus, My Son: Alawi Demographics Shifts Under Ba'th Party Rule," in Kerr M. and Larkin C. (eds.), The Alawis of Syria: War, Faith and Politics in the Levant (Nova Iorque, Oxford University Press). p. 79–106.

Darwish (al-), Daryous, 2016. "Local Governance Under the Democratic Autonomous Administration of Rojava," in Collombier V., Favier A., and Narbone L. (eds.), Inside Wars: Local Dynamics of Conflicts in Syria and Libya, European University Institute Italy (pdf). 16–21.

Diaz, Naomi Ramirez, 2018. "Unblurring Ambiguities," in Hinnebush R. and Imady O. (eds.), The Syrian Uprising: Domestic Origins and Early Trajectory (Londres e Nova Iorque, Routledge), p. 207–222.

Donati, Caroline, 2013. "The Economics of Authoritarian Upgrading in Syria," Heydemann S. and Leenders R. (eds.), Middle East Authoritarianisms: Governance, Contestation, and Regime Resilience in Syria and Iran (Stanford, CA, Stanford Studies in Middle Eastern and Islamic Societies and Cultures), p. 35–60.

Ezzi, Mazzen, 2013. "A Static Revolution: The Druze Community (Sweida 2013)," in Stolleis F. (ed.), Playing the Sectarian Card Identities and Affiliations of Local Communities in Syria, Friedrich Ebert Stiftung (pdf).

Favier, Agnès, 2016. "Local Governance Dynamics in Opposition-Controlled Areas in Syria," in Collombier V., Favier A., and Narbone L. (eds.), Inside Wars: Local Dynamics of Conflicts in Syria and Libya, European University Institute Italy (pdf).

Ghadbian, Najib, 2015. "Contesting Authoritarianism: Opposition Activism Under Bashar al--Asad, 2000–2010," in Hinnebusch R. and Zintl T. (eds.), Syria from Reform to Revolt. Volume I: Political Economy and International Relations (Syracuse, NY, Syracuse University Press), p. 91–112.

Goldsmith, Leon T., 2015. "Alawi Diversity and Solidarity: From the Coast to the Interior," in Kerr M. and Larkin G. (eds.), The Alawis of Syria (Londres, Hurst and Company), p. 141–158

Haddad, Bassam, 2013. "Business Associations and the New Nexus of Power in Syria," in Aarts P. and Cavatorta F. (eds.), Civil Society in Syria and Iran: Activism in Authoritarian Contexts (Boulder, CO, Lynne Rienne Publishers), p. 69–92.

Halhalli, Bekir, 2018. "Kurdish Political Parties in Syria: Past Struggles and Future Expectations," in Tugdar, Emel Elif and Serhun, Al (eds.), Comparative Kurdish Politics in the Middle East: Actors, Ideas, and Interests (Londres, Palgrave Macmillan), p. 27–56.

Hallaq (-al), Abdallah Amin, 2013a. "Ismailis: A Minority–Majority in Syria (Salamiya 2014)," in Stolleis F. (ed.), Playing the Sectarian Card: Identities and Affiliations of Local Communities in Syria, Friedrich Ebert Stiftung (pdf).

Hinnebush R., 1996. "State and Islamism in Syria," in Ehteshami A. and Sidahmed A. S. (eds.), Islamic Fundamentalism (Boulder, CO, Westview Press), p. 199–214.

Hinnebush, R., 2015. "President and Party in Post-Bathist Syria, from the Struggle for Reform to Regime Destruction," in Hinnebusch R. and Zintl T. (eds.), Syria from Reform to Revolt. Volume 1: Political Economy and International Relations (Syracuse, NY, Syracuse University Press), p. 21–44.

Hinnebush, Raymond, and Zinti Tina, 2015. "Syrian Uprising and Al-Assad's First Decade in Power," in Hinnebusch R. and Zintl T. (eds.), Syria from Reform to Revolt. Volume 1: Political Economy and International Relations (Syracuse, NY, Syracuse University Press), p. 285–312.

Kawakibi, Salam, 2013. "The Paradox of Government-Organized Civil Activism in Syria in Civil Society in Syria and Iran," in Aarts P. and Cavatorta F. (eds.), Civil Society in Syria and Iran: Activism in Authoritarian Contexts (Boulder, CO: Lynne Rienner), p. 169–186.

Kawakibi, Salam, and Sawah, Wael, 2013. "Chapter 1: The Emergence and Evolution of Syria's Civil Society," in Kawakibi S. (ed.), Syrian Voices from Pre-Revolution Syria: Civil Society Against All Odds, HIVOS and Knowledge Programme Civil Society in West Asia (pdf).

Khaddam, Munzer, 2013. "Al-âssâss al-îqtisâdî lil-âzma al-sûrîyya," in Bishara A. (ed.), Khalfiyyât al-thawra al-sûrîyya, dirâsât sûrîyya (Doha, Qatar, Arab Center for Research and Policy Studies), p. 71–94.

Khaddour, Kheder, 2013a. "The Alawite Dilemma (Homs 2013)," in Stolleis F. (ed.), Playing the Sectarian Card: Identities and Affiliations of Local Communities in Syria, Friedrich Ebert Stiftung (pdf).

Khaddour, K., 2013b. "A 'Government City' amid Raging Conflict (Tartous 2013)," in Stolleis F. (ed.), Playing the Sectarian Card: Identities and Affiliations of Local Communities in Syria, Friedrich Ebert Stiftung (pdf).

Khatib, L., 2012. "Islamic Revival and the Promotion of Moderate Islam," in Hinnebush R. (ed.), State and Islam in Baathist Syria: Confrontation or Co-optation? St. Andrews Papers on Contemporary Syria (Fife, Scotland, Linners Publishers), p. 29–58.

Landis, Joshua, and Pace, J., 2009. "The Syrian Opposition: The Struggle for Unity and Its Relevance, 2003–2008," in Lawson F. (ed.), Demystifying Syria (Londres, Middle East Institute at SOAS), p. 180–206.

Lefèvre, Raphael, 2017. "Syria," in Hamid, Shadi and McCants, William (eds.), Rethinhking Political Islam (Nova Iorque, Oxford University Press). p. 73–87.

Longuenesse, Elisabeth, 1980. "L'industrialisation et sa signification sociale," in Raymond A. (ed.), La Syrie Aujourd' hui.

Marzouq, Nabil, 2013. "Al-tanmîyya al-mafqûda fî sûrîyya," in Bishara A. (ed.), Khalfiyyât al-thawra al-sûrîyya, dirâsât sûrîyya (Doha, Qatar, Arab Center for Research and Policy Studies), p. 35–70.

Masouh, Samer, 2013. "Tension in the Christian Valley (Wadi al-Nasara 2013)," in Stolleis F. (ed.), Playing the Sectarian Card: Identities and Affiliations of Local Communities in Syria, Friedrich Ebert Stiftung (pdf).

Matthiesen, Toby, 2017. "Renting the Casbah, Gulf States' Foreign Policy Towards North Africa Since the Arab Uprisings," in Ulrichsen K. C. (ed.), The Changing Security Dynamics of the Persian Gulf (Londres, Hurst/Georgetown University of Qatar), p.43-60.

Metral, François, 1980. "Le monde rural syrien à l'ère des réformes (1958-1978)," in Raymond A. (ed.), La Syrie Aujourd' hui.

Om (-al), Tamara, 2018. "The Political Voice of Syria's Civil Society," in Hinnebush R. and Imady O. (eds.), The Syrian Uprising: Domestic Origins and Early Trajectory (Londres e Nova Iorque, Routledge), p. 159-172.

Pinto, Paulo Gabriel Hilu, 2010. "Les Kurdes en Syrie," in Dupret B., Ghazzal Z., Courbage Y., and al-Dbiyat M. (eds.), La Syrie au présent (Paris, Sindbad/Actes Sud and Ifpo), p. 259-268.

Pinto, Paulo G. H., 2015. "God and Nation: The Politics of Islam Under Bashar al-Asad," in Hinnebusch R. and Zintl T. (eds.), Syria from Reform to Revolt. Volume 1: Political Economy and International Relations (Syracuse, NY, Syracuse University Press). p. 154-175.

Pinto, Paulo G. H., 2017. "The Shattered Nation: The Sectarianization of the Syrian Conflict," in Hashemi N. and Postel D. (eds.), Sectarianization, Mapping the New Politics of the Middle East (Londres, Hurst and Company), p. 123-142.

Qureshi, Jawad, 2012. "Damascene 'Ulama and the 2011 Uprising," in Khatib L., Lefevre R., and QureshiJ. (eds.), State and Islam in Bathist Syria, Confrontation or Cooptation? St. Andrews Papers (Fife, Scotland, Lynne Rienner Publishers).

Roussel, Cyril, 2006. "Les grandes familles druzes entre local et national," in Chiffoleau S. (ed.), La Syrie au quotidien (Culture et pratiques du changement, REMMM), p. 115-116.

Ruiz de Elivra, Laura, 2012. "State Charities Relation in Syria: Between Reinforcement, Control, and Coercion," in Civil Society and the State in Syria the Outsourcing of Social Responsibility, St. Andrews Papers on Contemporary Syria.

Ruiz de Elivra, L., 2013. "Chapter 4: Syrian Charities at the Turn of the Twenty-First Century: Their History, Situation, Frames, and Challenges," in Kawakibi S. (ed.), Syrian Voices from Pre-Revolution Syria: Civil Society Against All Odds, HIVOS and Knowledge Programme Civil Society in West Asia, p. 29-33.

Said, Salam, 2018. "The Syrian Military-Mercantile Complex," in Hinnebush R. and Imady O. (eds.), The Syrian Uprising, Domestic Origins and Early Trajectory (Londres e Nova Iorque, Routledge), p. 56-76.

Satik, Niruz, 2013. "الحالة الطائفية في الانتفاضة السورية: المسارات الإنمائية" in Bishara A. (ed.), خلفيات الثورة السورية، دراسات (Doha, Qatar, Arab Center for Research and Policy Studies), p. 373-426.

Seifan, Samir, 2013. "سياسات توزيع الدخل ودورها في الانفجار الاجتماعي في سوريا" in Bishara A. (ed.), خلفيات الثورة السورية: دراسات سورية (Doha, Qatar, Arab Center for Research and Policy Studies), p. 95-146.

Valter, Stéphane, 2018. "The Dynamics of Power in Syria," in Hinnebush R. and Imady O. (eds.), The Syrian Uprising: Domestic Origins and Early Trajectory (Londres e Nova Iorque, Routledge), p. 44-55.

Wieland, Carsten, 2015. "Alawis in the Syrian Opposition," in Kerr M. and Larkin G. (eds.), The Alawis of Syria (Londres, Hurst and Company), p. 225-244.

Wimmen, Heiko, 2017. "The Sectarianization of the Syrian War," in Wehrey F. (ed.), Beyond Sunni and Shia: The Roots of Sectarianism in a Changing Middle East (Londres, Hurst), p. 61-86.

Yazigi, J., 2016b. "Syria's Implosion: Political and Economic Impacts," in Collombier V., Favier A., and Narbone L. (eds.), Inside Wars, Local Dynamics of Conflicts in Syria and Libya," European University Institute Italy (pdf).

3. Artigos acadêmicos

Ababsa, Myriam,2006. "Contre réformes agraire et conflits fonciers en Jazira Syrienne (2000-2005)," Revue des mondes musulmans et de la Méditerranée, Issue 115-116.

Abdulhamid, Ammar, 2005. "Syria: Another Regime Fall Looming," ISIM Review, No. 16.

Balanche, Fabrice, 2011. "Géographie de la révolte syrienne," Outre Terre.

Batatu, Hanna, 1981. "Some Observations on the Social Roots of Syria's Ruling Military Group and the Causes for Its Dominance," Middle East Journal, XXXV, 3, p. 331-344.

Batatu, H., 1982. "Syria's Muslim Brethren," MERIP.

Bou Nassif, Hicham, 2015. "'Second-Class': The Grievances of Sunni Officers in the Syrian Armed Forces," Journal of Strategic Studies, Vol. 38, Issue 5, p. 626-649.

Chatty, Dawn, 2010. "The Bedouin in Contemporary Syria: The Persistence of Tribal Authority and Control," Middle East Journal, Vol. 64, No. 1, p. 30-49.

Drysdale, Alasdayr, 1981. "The Syrian Political Elite, 1966-1976: A Spatial and Social Analysis," Middle Eastern Studies, Vol. 17, No. 1, p. 3-30.

Gauthier, Julie, 2005. "Les événements de Qamichli: Irruption de la question kurde en Syrie?" Etudes kurdes, No. 7, Paris, Institut kurde de Paris/L'Harmattan, p. 97-114.

Goulden, Robert, 2011. "Housing, Inequality, and Economic Change in Syria," British Journal of Middle Eastern Studies, Vol. 38, Issue 2, p. 187-202.

Herbert, Matt, 2014. "Partisans, Profiteers, and Criminals: Syria's Illicit Economy", The Fletcher Forum of World Affairs, Vol. 38, no.1, p. 69-86.

Heydemann, Steven, 2013b. "Syria and the Future of Authoritarianism," Journal of Democracy, Vol. 24, No. 4, p. 59–73.

Heydemann, Steven, and Leenders, Reinoud, 2011. "Authoritarian Learning and Authoritarian Resilience: Regime Responses to the 'Arab Awakening'," Globalizations, Vol. 8, No. 5, p. 647–653.

Hinnebusch, R., 1997. "Syria: The Politics of Economic Liberalisation," Third World Quarterly, Vol. 18, No. 2, p. 249–265.

Hinnebush, R., 2012. "Syria: From Authoritarian Upgrading to Revolution," International Affairs, Vol. 88, Issue 1, p. 95–113.

Houcarde, Bernard, 2008. "The Rise to Power of Iran's 'Guardians of the Revolution'," Middle East Policy Council, Vol. XVI, No. 3.

Imady, Omar, 2016. "Organisationally Secular: Damascene Islamist Movements and the Syrian Uprising," Syria Studies, Vol. 8, No. 1, p. 66–91.

Khalaf, Rana, 2015. "Governance Without Government in Syria: Civil Society and State Building During Conflict," Syria Studies, Vol. 7, No. 3 (pdf).

Lombardi, Roland, 2014. "Les evolutions du conflit syrien: La vision israélienne," Confluences Méditerranée, No. 89, La Tragédie Syrienne, p. 119–132.

Moubayed, Sami, 2006. "The Islamic Revival in Syria," Mideast Monitor, Vol. 1, No. 3.

Perthes, Volker, 1992a. "Syria's Parliamentary Elections: Remodeling Asad's Political Base." MERIP, No. 174 (January–February).

Perthes, Vo., 1992b. "The Syrian Private Industrial and Commercial Sectors and the State," International Journal of Middle East Studies, Vol. 24, No. 2, p. 207–230.

Pierret, Thomas, and Selvik, Kjetil, 2009. "Limits of 'Authoritarian Upgrading' in Syria: Private Welfare, Islamic Charities, and the Rise of the Zayd Movement," International Journal of Middle East Studies, Vol. 41, No. 4, p. 595–614.

Roy, Olivier, 1996. "Groupes de solidarité au Moyen Orient et en Asie central," Les Cahier du CERI, No. 16, p. 1–25.

Stacher, Joshua, 2011. "Reinterpreting Authoritarian Power: Syria's Hereditary Succession," Middle East Journal, Vol. 65, No. 2, p. 197–212.

Talhamy, Yvette, 2009. "The Syrian Muslim Brotherhood and the Syrian-Iranian Relationship," Middle East Journal, Issue 63, p. 561–580.

Valenta, Jiri, and Valenta, Leni Friedman, 2016. "Why Putin Wants Syria," Middle East Quarterly, Spring 2016.

Van Bruinessen, Martin, 2016. "Kurdish Identities and Kurdish Nationalisms in the Early Twenty-first Century," Academia (pdf).

Zambelis, Chris, 2017. "Institutionalized 'Warlordism': Syria's National Defense Force," Terrorism Monitor, Vol. 15, No. 6.

4. Teses de doutorado

Rafizadeh, M., 2014. "The Syrian Civil War: Four Concentric Circles of Tensions," University of South Florida, Ph.D thesis.

5. Artigos Online

Abbas, Hassan, 2011. "The Dynamics of the Uprising in Syria", Jadaliyya.

Abboud, Samer, 2013. "Syria's Business Elite Between Political Alignment and Hedging Their Bets", Stiftung Wissenschaft und Politik (SWP) Comment.

Abboud, Samer, 2016. "Syria's War Economy", Carnegie Middle East Center.

Abboud, Samer, 2017. "The Economics of War and Peace in Syria", The Century Foundation.

Abd al-Haleim, Ahmad, 2018. "Egypt Eyes Extensive Role in Syria Reconstruction Efforts", al-Monitor.

Abd al-Hamid, Ashraf, 2018. "Haraba min jahîm al-âssad. wa îftitah âkbar masna' lil-nas îj fi misr", al-Arabiya (on line).

Abdallah, Tamam; Abd Hayy (al-), Tarek; Khoury, Ernest, 2012. "Stuck in the Middle: The Struggle for Syria's Kurds", Al-Akhbar English.

Abd al-Jalil, Mrad, 2018a. "Âsmâ` jadîda li-rijâl â'mâl fî sûrîyyâ. man warâ`hum?", Enab Baladi , January 7.

Abd Jalil, Mrad, 2018b. "Hilm al-'âsimat âm hilm rijâl al-â'mâl", Enab Baladi , April 1.

Abdel-Gadir, Ali; Abu-Ismail, Khalid; El-Laithy, Heba, 2011. "Poverty and Inequality in Syria (1997–2007)", United Nations Development Programme (UNDP) (pdf).

Abdulhalim, Fatma, Mohammed, Jan, and Van Wilgenburg, Wladimir (2016). "Rojava University Seeks to Eliminate Constraints on Education in Syria's Kurdish Region," ARA News.

Abdulssattar Ibrahim, Mohammad; Hamou, Ammar; al-Maleh, Alice, 2018. "Free Syrian Police in Northwestern Syria to 'Dissolve' amid HTS Takeover", Syria Direct.

Abdulssattar Ibrahim, Mohammad; Nassar, Alaa.; Schuster, Justin, 2017. "Power Struggle Between Regime, Kurdish Self-Administration Plays out in Region's Largest Public Hospital", Syria Direct.

Abdulssattar Ibrahim, Mohammad; Schuster, Justin, 2017. "Thousands of Arabs Excluded from Elections in Syria's Kurdish-Majority North", Syria Direct.

Abdulssattar Ibrahim, Mohammad; al-Maleh, Alice, 2018. "US-Backed Opposition Authorities in Northern Syria Push for 'De-centralization' Agreement with Damascus: SDF", Syria Direct.

Abi Najm, Assi, 2011. "التنسيقيات: مولود من تحت الأرض", al-Âkhbâr.

Aboudi, Sami, 2013. "Assad's Overthrow 'Red Line' for Iran: Supreme Leader's Aide", Reuters.

Aboulenein, Ahmed, 2016. "Syrian Security Chief Makes Public Cairo Visit—SANA", Reuters.

Aboultaif, Eduardo Wassim, 2015. "Syria's Druze Are Caught in a Maelstrom", The Daily Star.

Abou Zeid, Rania, 2012. "TIME Exclusive: Meet the Islamist Militants Fighting Alongside Syria's Rebels", Time.

Abu-Nasr, Donna; Arkhipov, Ilya; Meyer, Henry; Shi, Ting, 2017. "China Eyes Role Rebuilding Syria While Putin Spars with West", Bloomberg.

Achcar, Gilbert, 2018. "Will the Middle East Powder Keg Ignite?", Socialist Worker.org.

Ackerman, Spencer, 2015. "US Has Trained only 'Four or Five' Syrian Fighters Against ISIS, Top General Testifies", The Guardian.

Ackerman, Spencer; Letsch, Constanze; Shaheen, Kareem, 2015. "Turkey Carries out First Ever Strikes Against Isis in Syria", The Guardian.

Adghirni, Samy, 2017. "Brazil Looks for Role in Syria's Reconstruction After the War", Bloomberg.

ADN Kronos International (2016). "ميشيل كيلو: لا توجد أرض كردستانية في سوريا ولا نسمح بإسرائيل ثانية".

AFP (2011). "Syria's Muslim Brotherhood Open to Turkish 'Intervention'", Ahram Online.

AFP (2016a). "Fewer Russian Strikes Targeting IS: Analyst", al-Monitor, October 9.

AFP (2016b). "Polygamy and Divorce on the Rise in War-Torn Syria", The Economic Times.

AFP (2017). "Chechens Serving as Russian Military Police in Aleppo: Kadyrov", Yahoo News, January 24.

AFP (2018). "Russia Says over 63,000 Troops Have Fought in Syria", Yahoo.

AFP e Le Figaro, 2017. "Syrie: De grands projets économiques» évoqués".

AFP e Le Monde, 2018. "Plus de 920 000 déplacés en Syrie en 2018, un record depuis le début du conflit".

AFP e Orient le Jour, 2014a. "Marchands de légumes, commerçants ou étudiants, les hommes du Hezb fiers de combattre en Syrie", April 12.

AFP e Orient le Jour, 2014b. "En Syrie, le Hezbollah a acquis et professe une précieuse expérience antiguérilla", April 16.

AFP e Orient le Jour, 2014c. "À Tartous, les partisans d'Assad s'offusquent de luxueux projets", October 17.

Agencies e Times of Israel (TOI) Staff, 2018. "Netanyahu Says Russian Supply of S-300 Missiles to Syria 'Irresponsible'".

Ahmad, Kadar; Edelman, Avery, 2017. "Kurdish Self-Administration Enforces Draft, Turning Kobane into 'Ghost Town'", Syrian Voice.

Ahmad, Reem; Hourani, Nourani; Smiley, Sage, 2018. "'A New Syria': Law 10 Reconstruction Projects to Commence in Damascus, Backed by Arsenal of Demolition, Expropriation Legislation", Syria Direct.

Ahmed a l -Ali, Asaad, 2016. "خلاف أيمن جابر ومنذر الأسد: حرب شوارع في اللاذقية", al-Modon.

Ahmed, Younes, 2016. "Syria's Businessmen Invest in Post-war Reconstruction", The Arab Weekly.

Ajib, Nadi, 2017. "مشروع تنظيم ٦٦ خلف الرازي. تجربة رائدة على طريق إعادة الإعمار - فيديو", Syrian Arab News Agency (SANA).

Akhbar (-al), 2016. "'صاحبة الجلالة' تبصر النور في سوريا".

Akhbar (-al), 2018. "المرسوم التشريعي رقم ١٦".

Akram, Fares, 2017. "Russian FM Says Saudi Arabia Backs Syria Truce Deals", AP News.

Alam, Kamal, 2016. "Why Assad's Army Has Not Defected", National Interest.

Alami, Mona, 2016. "Meet One of Hezbollah's Teen Fighters", al-Monitor.

Alami, M., 2017. "Hezbollah Embedded in Syria", Atlantic Council.

Aldeen; Sarah Najm; Syria Untold; Syrian Independent Media Group, 2018. "In Homs, Assad Accused of Using Military for Urban Planning Scheme", Syria Deeply.

Ali, Idrees; Landay, Jonathan; Wroughton, Lesley, 2018. "Exclusive: U.S. Commanders Recommend Letting Kurdish Fighters in Syria Keep Weapons", Reuters.

Alipour, Farahmand, 2015. "Syrian Shiites Take up Arms in Support of Assad's Army", al--Monitor.

All4Syria, 2013. "مبادرة نشطاء كُرد سوريين من أجل تل أبيض".

All4Syria, 2016. "Top Syriac Priest Stripped of Cross for 'Abusing Reputation of the Church'", The Syrian Observer.

All4Syria, 2017a. "في (سوريا الأسد). أستاذ في الجامعة يحصل على راتب يقل عن ربع ما يحصل عليه مقاتل في ميليشيا موالية", April 22.

All4Syria, 2017b. "مؤسسة البريد التركية تفتتح أول فروعها في سوريا", October 10.

Alous, Yahya, 2015. "Sunnis Against Sunnis", The Syrian Observer.

Aman Group, 2017. "Overview".

Amir, Narmin; Fakhr ed Din, Yusuf, 2012. "Interview with Abdalaziz al-Khair", Leading Figure of the National Coordination Body for Democratic Change, Syria, Anti-imperialist camp.

ANF News, 2018. "Statement from Afrin Canton Democratic Autonomous Administration".

ANHA Hawar News Agency, 2016. "TEV-DEM Distributes Food to Migrants in Sheikh Maqsoud".

Aniyamuzaala, James Rwampigi; Buecher, Beatrix, 2016. "Women, Work, and War: Syran Women and the Struggle to Survive Five Years of Conflict", CARE (pdf).

A-Noufal, Waleed Khaled; Clark, Justin, 2018. "'We Don't Even Know if He's Alive': Despite Promises of Reconciliation, Rebels and Former Opposition Figures Disappear", Syria Direct.

Arabiya (-al), 2013. "مفتي السعودية يشيد بموقف القرضاوي ضد إيران وحزب الله".

Arafat, Hisham, 2017a. "Kurdish Self-administration Ratifies Administrative Division of Northern Syria", Kurdistan 24, July 29.

Arafat, Hisham, 2017b. "Syrian Kurdish PYD Elects New Co-chairs in Rojava", Kurdistan 24, September 30.

Arfeh, Hasan, 2016. "Governing the Most Dangerous City in Syria", Syria News Deeply.

Arfeh, Hasan, 2018. "Sawa'id Al-Khair Interferes with Humanitarian Work in Idlib", Atlantic Council.

Arhim, Zeina, 2013. "الرقة المحررة: شموع مضاءة في الفرات وسلامات لدير الزور بالحجة الحورانية", al--Quds.

Arif, Hassan, 2015. "المبعوجة... شهداء مدنيون أم شبيحة", Rozana FM.

Arslanian, Ferdinand, 2016. "Liberalization and Conflict in the Syrian Economy", Syria Untold.

Asharq Al-Awsat, 2012. "نص وثيقة العهد الوطني للمعارضة السورية".

Ashkar, Hisham, 2013. "The Battle for Qusayr and the Fate of Saint Elias Church", Al-Akhbar English.

Associated Press, 2017. "Lebanon Prepares for Syria's Post-war Construction Windfall", VOA News.

Associated Press, 2018. "Syria's Assad Reaches 'Understanding' with Arab States", VOA News.

Atassi, Basma, 2013. "Qaeda Chief Annuls Syrian-Iraqi Jihad Merger".

Atassi, Mohamed Ali, 2018. "في أول حديث له بعد خروجه متصلًا من سوريا... رياض الترك: الخلل اليوم", Al-Quds. "لم يعُد بقاء 'مجرم الحرب' بشار الأسد".

Atlas, Terry, 2013. "U.S. Military Intelligence Warned No Quick Fall for Assad", Bloomberg.

Awsat (-al), Asharq, 2017. "'حيتان أعمال' جدد يتنافسون على 'إعادة الإعمار' في سوريا".

Awsat (-al), Asharq, 2018. "Kurds Blame Russia for Allowing Turkish Ground Assault on Afrin", The Syrian Observer, January 22.

Ayboga, Ercan, 2017. "A Trip to Liberated Minbic in Northern Syria: From Hell to Paradise", Open Democracy.

Aziza, Tareq, 2018. "طارق عزيزة: الائتلاف تحالف سياسي هش متعدد الولاءات والأجندات", Democratic Studies Republic Center.

Azzouz, Ammar; Katz, Irit, 2018. "Fleeing Home at Home: Internal Displacement in Homs, Syria", LSE Middle East Center Blog.

Baczko, Adam; Dorronsoro, Gilles; Quesnay, Arthur, 2013. "Building a Syrian State in a Time of Civil War", Carnegie.

Baker, Aryn, 2013. "Syria's Assad May Be Losing Control over His Deadly Militias", Time.

Bakeer, Ali, 2019. "Why Did the UAE and Bahrain Re-open Their Embassies in Syria?", al-Jazeera Emglish.

Baladi News, 2017. "الأسد يحجز على أموال رجل الأعمال السوري عماد غريواتي وعائلته".

Balanche, F., 2016. "Status of the Syrian Rebellion: Numbers, Ideologies, and Prospects", The Washington Institute.

Balanche, Fabrice, 2018. "Sectarianism in Syria's Civil War", Washington Institute (pdf).

Barazi (-al), Zahra, 2013. "The Stateless Syrians", Tillburg University (pdf).

Barnard, Anne; Hubbard, Ben; Kershner, Isabel, 2018. "Iran, Deeply Embedded in Syria, Expands 'Axis of Resistance'", The New York Times.

Barnard, Anne; Saad, Hwaida; Schmitt, Eric, 2015. "An Eroding Syrian Army Points to Strain", The New York Times.

Barrington, Lisa; Said, Rodi, 2016. "Kurdish, Syrian Government Forces Declare Truce in Qamishli Area: Statement", Reuters.

Barthe, Benjamin; Kaval, Allan; Paris, Gilles; Zerrouky, Majid, 2018. "Les forces américaines en Syrie repoussent une offensive des troupes pro-Assad", Le Monde.

Bassam, Laila, 2015. "Assad Allies, Including Iranians, Prepare Ground Attack in Syria: Sources", Reuters.

Bassam, Laila; Al-Khalidi, Suleiman; Perry, Tom, 2015. "Syria's Assad: Army Focusing on Holding Most Important Areas", Reuters.

Bassiki, Mohammad; Haj Hamdo, Ahmed, 2016. "Amid War and Conscription–A City Without Men", Syria News Deeply.

BBC News, 2011a. "Middle East Unrest: Syria Arrests Damascus Protesters", March 16.

BBC News, 2011b. "Mid-East Unrest: Syrian Protests in Damascus and Aleppo", March 15.

Beals, Emmanuel, 2013. "Syria's Rebel Press Is Fighting Back Against Jihadists", Vice.

Beals, E., 2017. "UN Allowing Assad Government to Take Lead in Rebuilding Aleppo", Fox News, November 16.

Beals, E., 2018. "Assad's Reconstruction Agenda Isn't Waiting for Peace. Neither Should Ours", The Century Foundation.

Becker, Petra, 2013. "Syrian Muslim Brotherhood Still a Crucial Actor", Stiftung Wissenschaft und Politik (pdf).

Belasco, Amy; Blanchard, Christopher M., 2015. "Train and Equip Program for Syria: Authorities, Funding, and Issues for Congress", Congressional Research Service (pdf).

Bertelsmann Stiftung's Transformation Index, 2016. "Syria Country Report".

Berti, Benedetta, 2016. "Syria's Weaponized Humanitarian Space", Carnegie.

Bezhan, Fred, 2018. "What's So Tough About the 'Toughest Ever' U.S. Sanctions on Iran?", Radio Free Europe Radio Liberty.

Bhojani, Fatima, 2017. "Despite Losing Terrain, Islamic State's Attacks Rose in 2016: Study", Reuters.

Bilgic, Taylan; Harvey, Benjamin, 2017. "Turkish Report Exposes Locations of U.S. Troops in Syria", Bloomberg.

Birnbaum, Michael, 2016. "The Secret Pact Between Russia and Syria That Gives Moscow Carte Blanche", Washington Post.

Blanchard, Ben, 2016. "China Says Seeks Closer Military Ties with Syria", Reuters.

Blanford, Nicholas, 2013. "The Battle for Qusayr: How the Syrian Regime and Hizb Allah Tipped the Balance", Combating Terrorism Center, August 27.

Blas, Javier; Champion, March, 2016. "Putin's Oil and Gas Deals Magnify Military Power in Middle East", Bloomberg.

Bodner, Matthew, 2015. "Why Russia Is Expanding Its Naval Base in Syria", The Moscow Times.

Bonsey, Noah, 2017. "What's at Stake in the Syrian Peace Talks in Astana?", International Crisis Group.

Borshchevskaya, Anna, 2013. "Russia's Many Interests in Syria", The Washington Institute.

Borshchevskaya, Anna, 2017. "Will Russian-Saudi Relations Continue to Improve?", Foreign Affairs.

Brignola, Jodi; Hamou, Ammar; al-Maleh, Alice, 2018. "'The Head is Turkish, the Body Syrian': Expanding Turkish Influence in Rebel-Held North Leaves Syrians Ambivalent About the Future", Syria Direct.

Britzky, Halley, 2018. "Reports: 30,000 ISIS Fighters Remain in Iraq and Syria", Axios.

Brown, Daniel, 2017. "Russia Is Using Syria as a Testing Ground for Some of Its Most Advanced Weapons", Business Insider.

Bucala, Paul, 2017. "Iran's New Way of War in Syria", The Critical Threats Project of the American Enterprise Institute and the Institute for the Study of War (pdf).

Bucala, Paul; Casagrande, Genevieve, 2017. "How Iran Is Learning from Russia in Syria", The Institute for the Study of War.

Butter, David, 2015. "Syria's Economy Picking up the Pieces", Chatham House (pdf).

Cagaptay Soner, 2012. "Syria and Turkey: The PKK Dimension", Washington Institute.

Caillet Romain, 2013. "The Islamic State: Leaving al-Qaeda Behind", Carnegie Middle East Center.

Caliskan, Mehmet Emin; Toksabay, Ece, 2018. "Erdogan Says Turkey May Extend Afrin Campaign Along Whole Syrian Border", Reuters.

Carey, Glen; Meyer, Henry, 2017. "Even the Saudis Are Turning to Russia as Assad's Foes Lose Heart", Bloomberg.

Carlstrom, Gregg, 2017. "What's the Problem With Al Jazeera?", The Atlantic.

Carnegie, 2011. "Saleh Muslim".

Carnegie, 2012a. "The Kurdish Democratic Union Party", March 1.

Carnegie, 2012b. "The Kurdish National Council in Syria", February 15.

Carnegie, 2012c. "Local Coordination Committees of Syria", December 20.
Carnegie, 2012d. "National Coordination Body for Democratic Change", January 15.
Carnegie, 2012e. "Syrian Revolution General Commission", December 20.
Carnegie, 2013a. "Charter of the Syrian Islamic Front", February 4.
Carnegie, 2013b. "The Syrian National Council", September 25.
Casey-Baker, Mary; Kutsch, Tom, 2011. "Two suicide bombings rock Damascus as Arab League league monitors arrive", Foreign Policy.
Cham Press, 2012. "Marsûm 66...".
Channel Sama, 2015. "لقاء خاص مع محافظ دمشق الدكتور بشر الصبان - المرسوم ٦٦", YouTube Video.
Chivers, C.J.; Schmitt, Eric, 2013. "Arms Airlift to Syria Rebels Expands, with Aid from C.I.A.", The New York Times.
Choufi, Firas, 2012. "Syria: Houran's Brush with Civil War", Al-Akhbar English.
Choufi, Firas, 2014. "Syria's Valley of the Christians Under Fire", Al-Akhbar English,.
Chouikrat, Thilleli, 2016. "Governing over Rubble: Aleppo's Exiled Opposition Council Leader Speaks", al-Araby.
Chulov, Martin, 2017. "Iran Repopulates Syria with Shia Muslims to Help Tighten Regime's Control", The Guardian.
Clark, Justin; Hamou, Ammar, 2018. "One Week Since Deadly Attack, Latest Evacuations of Islamic State Fighters Leave Suwayda Residents 'Paralyzed by Fear'", Syria Direct.
Clark, Justin; Hourani, Noura, 2019. "HTS Continues Offensive Against Areas of Rebel-Held Northwest, 'Cutting off' and Seizing Nearly a Dozen Towns from Factional Rivals", Syria Direct.
CNN, 2012. "Obama Warns Syria not to Cross 'Red Line'".
Cojean, Annick, 2014. "Le viol, arme de destruction massive en Syrie", Le Monde,.
Coskun, Orhan; Karadeniz, Tulay, 2016. "Russian Jets Target Islamic State Around Syria's al-Bab: Turkish Military", Reuters.
Council of the European Union, 2019. "Council Implementing Decision (CFSP) 2013/255/CFSP Concerning Restrictive Measures Against Syria", Official Journal of the European Union.
Dadouch, Sarah; Heller, Jeffrey, 2017. "Israel Hits Syrian Site Said to Be Linked to Chemical Weapons", Reuters.
Dadouch, Sarah; Perry, Tom, 2017. "U.S.-Backed Syrian Fighters Say Will not Let Govt. Forces Cross Euphrates", Reuters.
Dadouch, Sarah, 2018. "Up to 15,000 Syrian Rebels Ready to Back Turkish Operation in Northeast", Reuters.
Dahan (El-), Maha; Georgy, Micheal, 2017. "How a Businessman Struck a Deal with Islamic State to Help Assad Feed Syrians", Reuters.
The Daily Beast, 2017. "U.S. Told Russia About Syria Raid in Advance".

Damascus Bureau, 2016. "Idleb Students Chafe Under Restrictions", The Syrian Observer.

Damascus Cham, 2017. "توقيع العقد الإضافي بين كل من شركة دمشق الشام القابضة وشركة أمان القابضة وشط الأمان دمشق المساهمة المغفلة الخاصة بقيمة استثمارية بحدود مئة وخمسون مليار ليرة سورية".

Damascus Cham, 2018a. "دمشق الشام القابضة تبني شراكة استراتيجية مع المستثمر مازن الترزي", January 2.

Damascus Cham, 2018b. "دمشق الشام القابضة توقع عقد شراكة مع شركة طلاس للتجارة والصناعة بقيمة ٢٣ مليار ليرة سورية", January 13.

Damascus Cham, 2018c. "اجتماع الهيئة التأسيسية لشركة المطورون المساهمة الخاصة", February 1.

Damascus Cham, 2018d. "انعقاد الهيئة التأسيسية لشركة روافد دمشق الاستثمارات", August 4.

Damascus Cham, 2018e. "شركة بنيان دمشق المساهمة المغفلة الخاصة", April 4.

Damascus Cham, 2018f. "توقيع عقد تأسيس شركة روافد دمشق المساهمة المغفلة الخاصة", March 25.

Damas Post, 2018a. "Value of Annual Remittances to Syria at $1.5 Billion", Syrian Observer, March 1.

Damas Post, 2018b. "دعوات لإنشاء تحالف بين شركات مصرية وأردنية للاستثمار بإعمار سوريا", September 5.

Damas Post, 2018c. "النابلسي: شقق "ماروتا سيتي" ستكون الأعلى سعراً في سوريا", October 9.

Damas Post, 2018d. "الحكومة تعاقب المتقاعسين عن خدمة الوطن: حرمان المتخلفين عن الخدمة العسكرية من التقدم إلى المسابقات الحكومية", October 30.

Damas Post, 2018e. "اليوم في العاصمة الرومانية... معرض حول فرص الاستثمار في سوريا", December 11.

Damas Post, 2018f. "١,٨ مليار ليرة لترميم وإعادة تأهيل مساكن عدرا العمالية", December 23.

Daragahi, Borzou, 2018. "Iran Wants to Stay in Syria Forever", Foreign Policy.

Dark, Edward, 2014a. "Pro-Regime Sunni Fighters in Aleppo Defy Sectarian Narrative", al-Monitor, March 14.

Dark, E., 2014b. "Syrian Regime Ignores Supporters' Rising Anger", al-Monitor, October 7.

Darwish, S., 2016a. "Cities in Revolution: Qamishli", Syria Untold, August 6.

Darwish, S., 2016b. "Cities in Revolution: Salamiyah", Syria Untold, August 9.

Darwish, S., 2016c. "السوريون المحاصرون قراءة في أحوال السوريين في ظروف الحرب" Arab Reform Initiative (pdf), September 2016.

Darwish, S., 2016d. "Cities in Revolution: Baniyas", Syria Untold, October 4.

Darwish, S., 2016e. "Cities in Revolution: Deir el-Zor", Syria Untold, September 10.

Davis, Rochelle; Ilgıt, Asli, 2013. "The Many Roles of Turkey in the Syrian Crisis", MERIP.

Davison, John, 2016. "Seeing no future, deserters and draft-dodgers flee Syria", Reuters.

Dawlaty, 2015. "Syrian Nonviolent Movement: Perspective from the Ground", Heinrich Boll Stiftung Middle East (pdf).

Deir Ezzor 24, 2017. "بعد سرقة أحياء مدينة دير الزور وتعفيشها... التعفيش ينتقل إلى قرى ريف دير الزور الغربي".

DeYoung, Karen; Gearan, Anne, 2013. "U.S. Announces Expanded Battlefield Aid to Syrian Rebels, but not Arms", Washington Post.

DeYoung, Karen; Sly, Liz, 2012. "Syrian Rebels Get Influx of Arms with Gulf Neighbors' Money, U.S. Coordination", Washington Post.

Dibo, Mohammad, 2014. "الإشاعات في سوريا: بين استراتيجيات النظام وتكتيك المعارضة", Heinrich Boll Stiftung.

Dobbert, Steffen; Neumann, Willi, 2017. "Putin's Mercenaries", Zeit Online.

Dobbins, James, 2019. "Commentary: U.S. Should Review Its Approach to Syria's Assad".

Drwish, Sardar Milla, 2017a. "What Federalism Would Mean for Northern Syria", al-Monitor, March 27.

Drwish, Sardar Milla, 2017b. "Syrian Kurds Press on with Elections Despite Divisions", al-Monitor, December 12.

Dunya Times, 2012. "FSA Leader Asaad: We Will not Allow Kurdish Separatism".

DW, 2016. "فصائل مقاتلة سورية ترفض فيدرالية الأكراد".

DW, 2017. "New Russia-Syria Accord Allows up to 11 Warships in Tartus Port Simultaneously".

Eakin, Hugh, 2013. "Syria: Which Way to Kurdistan?", The New York Review of Books.

Economy 2 Day, 2018a. "الشهابي: واقع وزارة الصناعة لا تحسد عليه... المطلوب إعادة بناء ما تم تدميره بقيمة ١,٨ مليار دولار", October 24.

Economy 2 Day, 2018b. "ناطحة سحاب في دمشق تطل على أنقاض الحرب. والشقة ب ٤٠٠ ألف دولار!", November 30.

Economy 2 Day, 2019a. "أكثر من ٥٧٠ شركة عربية وأجنبية تتقدم بطلبات للمشاركة في إعادة إعمار سوريا", January 8.

Economy 2 Day, 2019b. "مشروع بناء إيراني ضخم في سوريا... بناء مدينة و٢٠٠ ألف وحدة سكنية", February 25.

Edwards, Madeline; Hamou, Ammar, 2018. "In Syria's Relatively Quiet, Majority-Kurdish Northeast, Rumblings of Assyrian Discontent", Syria Direct.

Emancipations, 2015. "Une fenêtre sur l'histoire des coordinations et des conseils locaux".

Emmar Syria, 2018. "العقارية الإماراتية تبحث في دمشق سبل تنفيذ مشاريع تطوير عقاري", December 20.

Emmar Syria, 2019a. "بمتوسط استثمار سنوي ١,٧ مليار ليرة مجمع يلبغا رسمياً باستثمار وسيم القطان", January 10.

Emmar Syria, 2019b. "ماروتا سيتي تحط رحالها في أبو ظبي الأسبوع المقبل", January 15.

Emmar Syria, 2019c. "سامر فوز في بنك سورية الإسلامي، مع صفقة اليوم ونسبة تملكه ترتفع إلى ٧,٦٪", January 17.

Emmar Syria, 2019d. "محافظة دمشق تحدد مواعيد صدور المخططات التنظيمية للقابون وجوبر وبرزة", February 24.

Emmar Syria, 2019e. "تبدأ توطين تقنيات التشييد السريع في سوريا وتباشر أول مشروع سكني في الديماس", March 2.

Emmar Syria, 2019f. "صناعي حلبي شهير يفتح معملاً ضخماً للنسيج في أرمينيا ويوضح سبب إغلاق معمله بحلب", March 8.

Enab Baladi, 2015. "تفاهمات بين الأكراد وغرف العمليات تقلب الطاولة في حلب".

Enab Baladi, 2016a. "Nusra Front Closes Radio Fresh in Kafranbel 'Until Further Notice'", The Syrian Observer, June 16.

Enab Baladi, 2016b. "Turkey Trying to Impose 'Turkmen' Council on Jarablus Administration: Sources", The Syrian Observer, September 7.

Enab Baladi, 2016c. "Samira Masalmeh Proposes Inquiry into Coalition Spending", December 20.

Enab Baladi, 2017a. "أنباء عن اعتقال الأسد لإبراهيم جابر وأمره بحل ميليشيا مغاوير البحر", February 21.

Enab Baladi, 2017b. "اللجنة الأمنية في حلب تلغي "الترفيق"، والشهابي: الأسد تدخل", May 20.

Enab Baladi, 2017c. "صناعيو دمشق يطالبون بإلغاء "الترفيق" وإيقاف التهريب من تركيا", May 21.

Enab Baladi, 2017d. "سائقون يقطعون طريق نبل والزهراء- حلب احتجاجًا على "الأتاوات"", July 8.

Enab Baladi, 2017e. "فوز... رجل الأعمال الغامض يضع يده على سكر سوريا", August 14.

Enab Baladi, 2018a. "Battle for Idleb: Is the Armed Opposition Losing Its Popular Base?", The Syrian Observer, January 17.

Enab Baladi, 2018b. "Turkish Hands Redraw the Economic Map of Aleppo's Countryside", The Syrian Observer, January 19.

Enab Baladi, 2018c. "شركة تركية تؤمن الكهرباء لمدينة عزاز", March 11.

Enab Baladi, 2018d. "وسيم قطان من الفنون الجميلة إلى "حوت اقتصادي" في سوريا", March 14.

Enab Baladi, 2018e. "١٦ مليار دولار خسائر القطاع الزراعي في سوريا منذ ٢٠١١", March 16.

Enab Baladi, 2018f. "مرسوم يعفي الصناعيين من رسوم تجديد رخص البناء", May 27.

Enab Baladi, 2018g. "الأسد يزيد رواتب العسكريين بنسبة ٣٠٪", June 4.

Enab Baladi, 2018h. "تطور اتفاقيات "التجارة الحرة" بين النظام السوري وإيران", June 19.

Enab Baladi, 2018i. "تسهيلات حكومية لإعادة المستثمرين المغتربين إلى سوريا", June 28.

Enab Baladi, 2018j. "Assad's Government Aims at Accelerating the Economic Cycle in Ghouta", July 20.

Enab Baladi, 2018k. "Economic Normalization: A Weapon in the Syrian Regime's Hands", July 28.

Enab Baladi, 2018l. "محافظة دمشق تعلن عن مخططات تنظيم "باسيليا سيتي"", July 30.

Enab Baladi, 2018m. "بعد مول قاسيون، وسيم قطان يستثمر مول المالكي", August 20.

Enab Baladi, 2018n. "عضو مجلس الشعب: ثلثا إيرادات الحكومة من الضرائب غير المباشرة", August 28.

Enab Baladi, 2018o. "Mall's Investment Lights up Damascus' Economic Activity", September 1.

Enab Baladi, 2018p. "Source: The 'Tiger' Cancels the Contracts of 6500 of Its Troops Throughout Syria", September 20.

Enab Baladi, 2018q. "ي حلب... مسيرة مباركة للذكرى الأربعين لتأسيس حزب العمال الكردستاني", November 27.

Enab Baladi, 2019a. "منذ افتتاحه.. ثلاثة مليارات ليرة قيمة الصادرات من معبر نصيب", January 3.
Enab Baladi, 2019b. "إعادة تفعيل معمل السماد الفوسفاتي في حمص بطاقة ٤٠٠ طن", January 9.
Entous, Adam, 2015. "Covert CIA Mission to Arm Syrian Rebels Goes Awry", Wall Street Journal.
Enzinna, Wes, 2015. "A Dream of Secular Utopia in ISIS' Backyard", The New York Times.
Eqtisad, 2017. "رامي مخلوف يزج ٥٠٠ عسكري وعنصر مخابرات من أبناء الساحل".
Eqtisad, 2018. "محمد كامل صباغ شرباتي".
Erhaim, Zeina, 2014. "كريمته الحرمة تنتصر على زينة الصحفية بفارق شريط حدودي".
ESCWA e University of St. Andrews, 2016. "Syria at War, Five Years On", UNRWA (pdf).
Esfandiary, Dina; Tabatabai, Ariane, 2018. "Moscow and Beijing Have Tehran's Back", Foreign Policy.
Euro News, 2017. "The Economic Costs of Syria's Civil War".
European Parliament, 2015. "The International Coalition to Counter ISIL/Da'esh (the 'Islamic State')" (pdf).
Evans, Dominic; Al-Khalidi, Suleiman, 2013. "From Teenage Graffiti to a Country in Ruins: Syria's Two Years of Rebellion", Reuters.
Ezzi, M., 2015. "The Druze of Suwayda: The Members of Dissent", al-Jumhuriya.
Ezzi, M., 2017. "How the Syrian Regime Is Using the Mask of 'Reconciliation' to Destroy Opposition Institutions", Chatam House.
Fadel, Leith, 2016. "Who Are the Syrian Desert Hawks?", al-Masdar News.
Fayha net (al-), 2017. "خميس يطلب معنى الانفصال عن الفجوات... والعناصر: معناك يقضي".
FEMISE, 2017. "Reconstruction Cost of Syria Is Estimated at $300 Billion Five Times the 2010 GDP", FEMISE conference interview with Osama Kadi, president of Syrian Economic Task Force.
FIDA, 2009. "République Arabe Syrienne, Programme d'Options Stratégiques pour le Pays" (pdf).
Fielding-Smith, Abigail; Khalaf, Roula, 2013. "How Qatar Seized Control of the Syrian Revolution", Financial Times.
Finn, Tom; Maclean, William, 2016. "Qatar Will Help Syrian Rebels Even If Trump Ends U.S. Role", Reuters.
Francis, Ellen; Sharafedin, Bozorgmehr, 2017. "Iran's Revolutionary Guards Reaps Economic Rewards in Syria", Reuters.
Frieh (al-) M., 2018a. "President al-Assad Stresses Importance of Developing Long-Term Cooperation Plans That Enhance Syrian-Iranian Steadfastness", Syrian Arab News Agency (SANA), August 26.
Frieh (al-) M., 2018b. "Khamis: Large Infrastructure Projects Offered for Partnership", Syrian Arab News Agency (SANA), September 10.

Frieh (al-) M., 2018c. "Cabinet Approves State Budget Bill for 2019 at SYP 3882 Billion", Syrian Arab News Agency (SANA), October 21.

Frieh (al-) Manar; Said, H., 2017a. "Work Meeting to Effectively Invest Positive Outcomes of Damascus International Fair", Syrian Arab News Agency (SANA), September 6.

Frieh (al-) M.; Said, H., 2017b. "Oman Activates Participation in Oil Investment in Syria", Syrian Arab News Agency (SANA), November 22.

Ghaith Abdul-Ahad, 2012. "Al-Qaida Turns Tide for Rebels in Battle for Eastern Syria", The Guardian.

Gall, Mark Landler Carlotta; Schmitt Eric, 2018. "Mixed Messages from U.S. as Turkey Attacks Syrian Kurds".

Gambill, Gary C., 2013. "Syrian Druze: Toward Defiant Neutrality", Foreign Policy Research Institute.

General Command of the YPG, 2014. "Statement of YPG General Command on Kobani and Fight Against ISIS", Personal Website of Mutlu Civiroglu.

Geranmayeh, Ellie; Liikhttp, Kadri, 2016. "The New Power Couple: Russia and Iran in the Middle East", European Council on Foreign Relations (pdf).

Ghanem, Hana, 2018. "خميس: لن نسمح برجال أعمال ولا موظف فاسد", al-Watan Online.

Ghazzawi, Razzan, 2014. "Women in Syria", Rotefabrik (pdf).

Ghazzawi, Razzan; Mohammad Afra; Ramadan, Oula, 2015. "'Peacebuilding Defines Our Future Now': A Study of Women's Peace Activism in Syria", Badael (pdf).

Glioti, Andrea, 2016. "Rojava: A Libertarian Myth Under Scrutiny", Al-Jazeera English.

Global Security, 2016. "Russian Naval Base at Tartus/Tartous".

Goldsmith, Jeff, 2018. "After Decree 66, Some Residents Fear Reconstruction Means Eviction", Syria Deeply.

Goodenough, Patrick, 2011. "Syrian President Assad Regarded as a 'Reformer,' Clinton Says", CNS News.

The Guardian, 2011. "Syria Unrest: Homs Protest in Pictures".

The Guardian, 2012. "Al-Qaida Leader Zawahiri Urges Muslim Support for Syrian Uprising".

The Guardian, 2013. "Syria: Dozens Killed in Clashes After Suicide Attack in Damascus".

Hadath (al-) News, 2014. "قوات الرداء. فصيل شعبي نوعي ينضم للقتال إلى جانب الجيش السوري".

Haddad, Bassam, 2012b. "The Syrian Regime's Business Backbone", MERIP.

Haddad, Ra'id al-Salhani Aleksandar, 2019a. "روسيا تعيد هيكلة قوات النظام: حان وقت التقاعد", al-Modon, January 12.

Haddad, Ra'id al-Salhani Aleksandar, 2019b. "دمشق: من يبيع عقارات الغائبين للإيرانيين؟", al-Modon, January 19.

Haddad, Wajih, 2018. "موازنة 2019 السورية: إعادة الإعمار بِ 115 مليون دولار", al-Modon.

Hafezi, Parisa, 2016. "Iran's IRGC Says Many Iranians Have Volunteered to Fight in Syria", Reuters.

Hage Ali, Mohanad, 2017. "The Shi'a Revival", Carnegie Middle East Center.

Hage Ali, Mohanad, 2018. "لماذا يلاحق الأسد رجال أعماله؟", al-Modon.

Haid, H., 2017a. "Can the Syrian Regime Expel Kurdish Forces out of Aleppo?", Atlantic Council, February 3.

Haid, H., 2017b. "Post-ISIS Governance in Jarablus: A Turkish-Led Strategy", Chatham House , October 26.

Hal (-al), 2018. "Iran and Shia Islam Spread in Old Damascus", The Syrian Observer.

Halabi, Zayn, 2019. "السويداء: هل بدأ انتشار قوات النظام؟", al-Modon.

Halawi, Ibrahim, 2015. "Assad: Mass murderer to rational dictator", Middle East Eye.

Hallaq (-al), Abdallah Amin, 2013b. "في الإسلام السياسي والإسلام الحربي في سوريا", Democratic Republic Studies Center , December 13.

Halliday, Joseph, 2012a. "Syria's Armed Opposition", Washington Institute (pdf), March.

Halliday, J., 2012b. "Syria's Maturing Insurgency", Washington Institute (pdf), June.

Halliday, J., 2013. "The Assad Regime, from Counterinsurgency to Civil War", Washington Institute (pdf).

Hamidi, Ibrahim, 2015. "Syrian Opposition Fighters Withdraw from US 'Train and Equip' Program", The Syrian Observer.

Hamidi, I., 2016. "'The Walls of Fear' Return, Armed, to Damascus", The Syrian Observer.

Hamidi, I., 2017. "Syrian Regime's Delay in Sealing Economic Agreements Cause Row with Tehran", The Syrian Observer.

Hamidi, Saleh, 2018. "عبد اللطيف لـ "الوطن": تكاليف تأهيل مساكن عدرا ٦٠ بالمئة على الحكومة و٤٠٪ على المواطن يدفعها تقسيطاً", al-Watan.

Hamimu, Mohammad Manar, 2018. "...القانون ١٠ فرصة لمعالجة العشوائيات وإنصاف أصحاب الحقوق وزير الإدارة المحلية لـ "الوطن": دراسة لتنظيم مدخل دمشق الشمالي وبابا عمرو في حمص وعشوائيات في حلب", al-Watan.

Hanna, Asaad, 2016. "Syria's Sharia Courts", al-Monitor , February 11.

Haqq (al-), Tirwada Abd, 2016. "The Islamist Factions' Judicial System in Idlib", Atlantic Council.

Hashem A., 2017. "الصناعيون المصريون", Al-Watan.

Hassan, Hassan, 2013a. "Saudis Overtaking Qatar in Sponsoring Syrian Rebels", The National , May 15.

Hassan, Hassan, 2013b. "Syria: The View from the Gulf States", Eurpean Council on Foreign Relations, June 13.

Hassan, H., 2013c. "The Army of Islam Is Winning in Syria", Foreign Policy, October 13.

Hassan, H., 2016. "The Tale of Two Victories Against Syria's Worst Killers", The National , August 14.

Hatahet, Sinan, 2019. "Russia and Iran: Economic Influence in Syria", Chatham House (pdf).

Hauer, Neil, 2017. "To the Victors, the Ruins: The Challenges of Russia's Recon struction in Syria", Open Democracy.
Hayat (-al), 2017. "SDF Launches 'Raqqa Civil Council' as Battle to Free ISIS Capital Nears", The Syrian Observer.
Hayden, Sally, 2018. "Portraits of War-Torn Syrian Cities", New Internationalist.
Hayek, Vincent; Roche, Cody, 2016. "Assad Regime Militias and Shi'ite Jihadis in the Syrian Civil War", Bellingcat.
Hemenway, Dan, 2018. "Chinese Strategic Engagement with Assad's Syria", Atlantic Council.
Hennigan, W. J., 2018. "Saudi Crown Prince Says U.S. Troops Should Stay in Syria", Time.
Heydemann, Steven, 2013a. "Syria's Uprising: Sectarianism, Regionalisation, and State Order in the Levant", FRIDE and HIVOS (pdf), May 2013.
Heydemann S., 2017. "Syria Reconstruction and the Illusion of Leverage", Atlantic Council.
High Negotiation Committee, 2016. "Executive Framework for a Political Solution Based on the Geneva Communiqué", Riad Hijab English (pdf).
Hindy, Lily, 2017. "A Rising China Eyes the Middle East", The Century Foundation.
Hirschfeld Davis, Julie, 2018. "Trump Drops Push for Immediate Withdrawal of Troops from Syria", The New York Times.
Hoffman, Adam, 2018. "As Zawahiri Calls for Uniting the Ranks of Jihadists, A New al-Qa'ida Front Emerges in Syria",.
Hokayem, Emile, 2016. "'Assad or We Burn the Country': Misreading Sectarianism and the Regime in Syria", War on the Rocks.
Holland, Steve; Stewart, Phil; Wroughton, Lesley, 2019. "How Trump Slowed Rush for Syria Exits After Huddle in Iraq", Reuters.
Homsi (al-), Fadel, 2017. "Tal Rifaat: A Hill with Many Flags", al-Jumhuriya.
Hosenball, Mark; Spetalnick, Matt, 2011. "U.S. Slaps New Sanctions on Syria over Crackdown", Reuters.
Hossino, Omar, 2013. "Syria's Secular Revolution Lives On", Foreign Policy.
Hossino, Omar; Kanbar, Kinda, 2013. "Syria's Women: Sidelined in Opposition Politics?", Syria Deeply.
Hossino, Omar; Tanir, Ilhan, 2012. "The Decisive Minoriry: The Role of Syria's Kurds in the Anti-Assad Revolution", The Henry Jackson Society (pdf).
Hourani, Nada, 2017. "'People Can't Stand It Any Longer:' Regime Supporters in Latakia Fed up with 1 Hour of Electricity", Syria Direct.
Human Rights Watch, 2010. "A Wasted Decade Human Rights in Syria During Bashar al-Assad's First Ten Years in Power".
Human Rights Watch, 2012. "Isolate Syria's Arms Suppliers".
Human Rights Watch, 2013. "Executions, Indiscriminate Shootings, and Hostage Taking by Opposition Forces in Latakia Countryside".

Human Rights Watch, 2014a. "Razed to the Ground: Syria's Unlawful Neighborhood Demolitions in 2012–2013" , January 30.

Human Rights Watch, 2014b. "Under Kurdish Rule Abuses in PYD-Run Enclaves of Syria" (pdf), June 14.

Human Rights Watch, 2015. "'He Didn't Have to Die': Indiscriminate Attacks by Opposition Groups in Syria".

Human Rights Watch, 2018a. "Q&A: Syria's New Property Law" , May 29.

Human Rights Watch, 2018b. "Syria: Residents Blocked from Returning" , October 16.

Humanitarian Needs Overview, 2017. "Syrian Arab Republic", Relief Web (pdf).

Hurriya Press, 2018a. "Iran Commits to Residential Projects in Syria", The Syrian Observer , August 16.

Hurriya Press, 2018b. "Assad Government Begins to Implement Zoning Plans in Homs", The Syrian Observer , September 21.

Ibish, Hussein, 2016. "What's at Stake for the Gulf Arab States in Syria?", The Arab Gulf States Institute in Washington (pdf).

Iddon, Paul, 2017. "The Power Plays Behind Russia's Deconfliction in Afrin", Rudaw.

The Indian Express, 2017. "India Welcome to Play a Role in Reconstruction of Syria, says Bashar al-Assad".

Industry News, 2018a. "الإعلان عن تأسيس منظمة تجمع رجال الأعمال السوريين في العالم لدعم الاقتصاد الوطني وعمليات الإعمار", October 31.

Industry News, 2018b. "تشميل 97 مشروعاً استثمارياً جديداً رأسمالها 874 مليار ليرة. هيئة الاستثمار: مليار ليرة قيمة المشاريع المنفذ", December 20.

Industry News, 2019. "دعا الى مؤتمر "قلمك أخضر" آخر..الموقع: عودة الصناعيين السوريين من الخارج يتطلب حلولاً لمعضلاتهم في الوطن".

International Crisis Group (ICG), 2011. "Popular Protest in North Africa and the Middle East (VII): The Syrian Regime Slow-Motion Suicide" (pdf).

International Crisis Group (ICG), 2012a. "Syria's Mutating Conflict" (pdf), August.

International Crisis Group (ICG), 2012b. "Tentative Jihad: Syria's Fundamentalist Opposition" (pdf), October.

International Crisis Group (ICG), 2013. "Syria's Kurds: A Struggle Within a Struggle" (pdf).

International Crisis Group (ICG), 2014a. "Flight of Icarus? The PYD's Precarious Rise in Syria" (pdf), May 8.

International Crisis Group (ICG), 2014b. "Lebanon's Hizbollah Turns Eastward to Syria" (pdf), May 27.

International Crisis Group (ICG), 2014c. "Rigged Cars and Barrel Bombs: Aleppo and the State of Syrian War" (pdf), September 9.

International Crisis Group (ICG), 2017. "The PKK's Fateful Choice in Northern Syria".

International Fund for Agricultural Development (IFAD), 2011. "Syrian Arab Republic 2011, Government Council" (pdf).

International Labour Organization (ILO), 2010. "Gender, Employment and the Informal Economy in Syria" (pdf).

Iqtissad, 2015a. "Interview: Mohamad Mansour–How Syria's Media Tycoons, Control the Market" , December 11.

Iqtissad, 2015b. "محمد حمشو موظفاً في القطاع العام", December 20.

Iqtissad, 2016. "Shiite Influence Increases in Damascus' Dummar District", The Syrian Observer.

Iqtissad, 2017. "خميس و ١٦ وزيراً في حلب، و٨٠ مليون دولار على مدى عام".

Iqtissad, 2018. "مازن الترزي، أو النصّاب السوري، اسم جديد يغزو عالم النظام المالي" , January 1.

Iqtisadi (-al), 2014a. "سوريا: الحجز على أموال رجل الأعمال موفق القداح" , July 8.

Iqtisadi (-al), 2014b. "الحكومة السورية تصادر ملكية فراس طلاس في معمل لافارج" , August 21.

Iqtisadi (-al), 2018a. "سامر محمد الديب".

Iqtisadi (-al), 2018b. "أرباح سيريتيل تتجاوز ٤٦ مليار دولار في ٩ أشهر" , November 13.

Iqtisadi (-al), 2018c. "أبرزهم معتوق وخيتي وقاطرجي... رجال أعمال سوريين يؤسسون شركات قابضة" برأسمال ٣,٥ مليار ليرة", December 26.

IRIN, 2012. "As Kurds Enter the Fray, Risk of Conflict Grows".

IRIN, 2013. "Syrian Refugees Suffer as Aid Agencies in Iraq Grapple with Sudden Influx" , August 21.

Isaac, Mardean, 2015. "The Assyrians of Syria: History and Prospects", Syria Comment.

Issa, Auntun, 2016. "Syria's New Media Landscape, Independent Media Born out of War", The Middle East Institute, MEI Policy Paper 2016-9 (pdf).

Issa, Phillip, 2017. "Syria Opposition Told to Come to Terms with Assad's Survival", ABC News.

Issaev, Leonid; Kozhanov, Nikolay, 2017. "The Russian-Saudi Rapprochement and Iran", Al--Jazeera English.

ISW Research Team, 2015. "Russia's First Reported Air Strikes in Syria Assist Regime with Targeting Broader Opposition", Institute for the Study of War.

Itani, Faysal; Stein, Aaron, 2016. "Turkey's Syria Predicament", Atlantic Council (pdf).

Itani, Fida, 2014. "Haythu iufashil Nasr Allâh", Now Media.

Jaber, Nawar, 2015. "Influence iranienne en Syrie: la dimension confessionnelle", Orient XXI.

Jamal, Moutasem; Nelson, Maria; Yosfi, Yaman, 2015. "New PYD Curricula in Northern Syria Reveal Ideological, Linguistic Fault Lines", Syria Direct.

Jamestown Foundation, 2015. "The Struggle for Syria's al-Hasakah Governorate: Kurds, the Islamic State, and the IRGC, 3", Terrorism Monitor, Vol. 13, Issue 7.

Jaulmes, Adrien, 2012. "Une insurrection syrienne plus conservatrice qu'extrémiste", Le Figaro.

Jaysh al-Thûwar, 2015. "إعلان قوات سورية الديمقراطية في حلب وإدلب".
Jazaeri (-al), Ruaa, 2018. "3rd Industrial Conference Calls for Developing National Industry", Syrian Arab News Agency (SANA).
Jazeera (al-), 2011. "Syrians Hold Strikes amid Battles in South".
Jazeera (-al) English, 2012. "Q&A: Nir Rosen on Syria's Armed Opposition".
Jazeera (al-) English, 2017. "Iran Signs Deal to Repair Syria's Power Grid".
Jazeera (al-) English, 2018. "Turkish FM: EU Countries Turning Blind Eye to Khashoggi Murder".
Jedinia, Mehdi; Kajjo, Sirwan, 2016. "Iranians Buying up Land in War-Torn Syria", VOA News.
Jesr Press, 2019. "حميدي دهام الهادي الجربا يعود إلى حضن الأسد".
Jones, Rory, 2017. "Israel Gives Secret Aid to Syrian Rebels", Wall Street Journal.
Kabalan, Marwan, 2018. "Russia's New Game in Syria", Al-Jazeera English.
Kabawat, Hind Aboud, 2018. "المهندس محمد كامل صباغ شرباتي، (أبو كامل)، من تنظيف الآلات إلى أضخم مصنع للغزل", Souriyati.
Kajjo, Sirwan; Sinclair, Christian, 2011. "The Evolution of Kurdish Politics in Syria", MERIP.
Karouny, Mariam, 2012. "New Defense Minister a Symbol of Brutal War", Reuters.
Karouny, Mariam, 2013. "Saudi Edges Qatar to Control Syrian Rebel Support", Reuters.
Kassioun, 2019. "أرقام النفط والغاز ٢٠١٨".
Kattan, Rashad, 2014. "Syria's Business Community Decides", Risk Advisory.
Kattan, R., 2016. "Decisive Military Defections in Syria: A Case of Wishful Thinking", War on the Rocks.
Kayali, Marwan, 2018. "شركة روسية تسيطر على مجمع الأسمدة الوحيد في سوريا", al-Modon.
Kerr, Simeon; Solomon, Erika, 2018. "Prince Alwaleed Sells Hotel Stake to Assad-Linked Businessman", Financial Times.
Khaddour, K., 2015a. "The Assad Regime's Hold on the Syrian State", Carnegie Endowment (pdf), July.
Khaddour, K., 2015b. "Assad's Officer Ghetto: Why the Syrian Army Remains Loyal", Carnegie Endowment, November 4.
Khaddour, K., 2016a. "Strength in Weakness: The Syrian Army's Accidental Resilience", Carnegie Endowment, March 14.
Khaddour, K., 2016b. "The Coast in Conflict: Migration, Sectarianism, and Decentralization in Syria's Latakia and Tartus Governorates", Friedrich Ebert Stiftung (pdf), July.
Khaddour, K., 2017a. "Despite Its Weakness, the Syrian Army Remains Central to the Regime's Survival—Syrian Expert", The Syrian Observer, February 13.
Khaddour, K., 2017b. "Eastern Expectations: The Changing Dynamics in Syria's Tribal Regions", Carnegie Middle East Center, February 28.
Khaddour, K., 2017c. "I, the Supreme", Carnegie Middle East Center, March 22.
Khaddour, K., 2017d. "Consumed by War: The End of Aleppo and Northern Syria's Political Order", Friedrich Ebert Stiftung (pdf), October.

Khaddour, K., 2018. "Syria's Troublesome Militias", Carnegie Middle East Center.

Khalaf, Rana, 2015. "Governance Without Government in Syria: Civil Society and State Building During Conflict", Syria Studies, Vol. 7, No. 3 (pdf).

Khalaf, R., 2016. "Governing Rojava Layers of Legitimacy in Syria", Chatham House (pdf).

Khalaf, Rana; Ramadan, Oula; Stolleis, Friederike, 2014. "Activism in Difficult Times, Civil Society Groups in Syria 2011–2014", Badael Project and Friedrich-Ebert-Stiftung.

Khalidi (al-), Suleiman, 2017a. "Exclusive: U.S. Expands Presence in Syrian Desert, Rebels Say", Reuters , June 16.

Khalidi (al-), S., 2017b. "Syrian Rebels Say U.S. Allies Push for Retreat from Southeast Syria", Reuters , September 10.

Khalidi (al-), Suleiman; Spetalnick, Matt, 2017. "U.S. Warplane Downs Syrian Army Jet in Raqqa Province", Reuters.

Khalidi (al-), Suleiman; Perry, Tom; Walcott, John, 2017. "Exclusive: CIA-Backed Aid for Syrian Rebels Frozen After Islamist Attack—Sources", Reuters.

Khan, Mohsin; Lebaron, Richard, 2015. "What Will the Gulf's $12 Billion Buy in Egypt?", Atlantic Council.

Kharon Brief, 2018. "Top Assad Crony Positions Himself for Syrian Reconstruction".

Khateb (al-), Khaled, 2018. "Turkey Props up Industrial Zone in Syria's al-Bab", al-Monitor.

Khatib, Majd, 2018. "ماذا تريد إيران من انتخابات الإدارات المحلية؟", al-Modon.

Khatib, Majd, 2019. "سوريا: ٧٥ شركة أمنية خاصة.. متعددة الولاءات", al-Modon.

Khattab, Lana; Myrttinen, Henri, 2017. "Why gender matters in Syria's rebuilding efforts", LSE Gender Institute.

Khodarenok, Mikhail, 2016. "Here's Why Assad's Army Can't Win the War in Syria", CI team.

Khoshnawi, Hemin, 2013. "Salih Muslim's Ankara Visit Marks Major Policy Change", Rudaw.

Khoury, Doreen, 2013. "Losing the Syrian Grassroots Local Governance Structures Urgently Need Support", Stiftung Wissenschaft und Politik (SWP) (pdf).

Kilcullen, David; Rosenblatt, Natt, 2012. "The Rise of Syria's Urban Poor: Why the War for Syria's Future Will Be Fought over the Country's New Urban Villages", PRISM (pdf).

Kozak, Christopher, 2017. "Iran's Assad Regime", Institute for the Study of the War.

Kube, Courtney; Lee, Carol E., 2018. "Trump Administration Has New Plan to Drive Iran out of Syria", NBC News.

Kurd Watch, 2012a. "Abdussalam 'Uthman, Politician and Activist".

Kurd Watch, 2012b. "Minutes of the Meeting".

Kurd Watch, 2013a. "We Are Free and Independent, and We Are Pursuing Our Own Strategy" , June 4.

Kurd Watch, 2013b. "What Does the Syrian-Kurdish Opposition Want? Politics Between Erbil, Sulaymaniyah, Damascus, and Qandil" (pdf), September.

Kurd Watch, 2018. "Home" , June 4.

Kurdish National Council (KNC), 2016a. "About the KNC".

Kurdish National Council (KNC), 2016b. "Release: The HNC's 'Executive Framework' Will Neither Bring Peace Nor Equality", September 20.

Kurdish National Council (KNC), 2017. "Press Release: Kurdish National Council Suspends Participation in Current Round of Negotiations", March 31.

Kurdish Project, 2017. "KDP: Kurdistan Democratic Party".

Kurdish Question, 2016. "Final Declaration of the Rojava-Northern Syria Democratic Federal System Constituent Assembly".

Kureev, Artem, 2016. "The Invisible Russian Military Presence in Syria", Russia Direct.

Kuwait Syrian Holding, 2018. "Home".

Lacroix, Stéphane, 2014a. "Saudi Arabia's Muslim Brotherhood Predicament", March 20.

Lacroix, Stéphane, 2014b. "Saudi Islamists and the Arab Spring", Kuwait Programme on Development, Governance and Globalisation in the Gulf States and London School of Economics and Political Science (pdf), May.

Landau, Noa (2018). "Netanyahu: Israel Has No Problem with Assad, but Cease-fire Agreements Must Be Upheld," Haaretz.

Landay, Jonathan, 2018. "Islamist militants adapted after losses: U.S. State Dept.", Reuters.

Lang, Tobias, 2014. "Druze Sheikhs Protest in Sweida", Carnegie.

Lawson, Fred H., 1982. "Social Bases for the Hama Revolt", MERIP.

Lee, Carol E.; Malas, Nour, 2015. "U.S. Pursued Secret Contacts with Assad Regime for Years", Wall Street Journal.

Lefèvre, Rafael, 2016. "No More 'Hama Rules'", Carnegie.

Legrand, Felix, 2016. "The Strategy of Jabhat Al-Nusra/Jabhat Fath Al-Sham in Regarding the Truces in Syria", Networks of Research of International Affairs.

Leverrier, Ignace, 2011. "Rami Makhlouf, 'de l'affairisme à l'illusionnisme'", Blog le Monde.

La Libre, 2016. "Défigurée par la guerre, Alep se prépare à une reconstruction titanesque".

Lister, Charlie, 2016a. "Profiling Jabhat al-Nusra", Brookings Institution (pdf), July.

Lister, Charlie, 2016b. "The Free Syrian Army: A decentralized insurgent brand", Brookings Institution (pdf), November 26.

Lister, Charles; McCants, Will, 2014. "The Syrian Civil War: Political and Military State of Play", War on the Rocks.

Local Coordination Committee (LCC), 2011b. "Dignity Strike. We Make Our Revolution by Our Own Hands", December 8.

Local Coordination Committee (LCC), 2011c. "Dignity Strike 11-12-2011", December 11.

Local Coordination Committee (LCC), 2012a. "A Year to the Revolution of Freedom and Dignity", March 6.

Local Coordination Committee (LCC), 2012c. "Revolution of Dignity and Morals "Campaign Continues", Syria Freedom Forever, August 30.

Local Coordination Committee (LCC), 2013b. "الجمعة ٢٨ حزيران: الاستبداد واحد، سواء باسم الدين أو باسم العلمانية", al-Manshûr , July 28.

Local Council of Douma, 2016. "من نحن".

Logan, Joseph, 2011. "Last U.S. Troops Leave Iraq, Ending War", Reuters.

Lowe, Robert, 2006. "The Syrian Kurds: A People Discovered", Chatam House (pdf).

Lund, Arun, 2012. "Syrian Jihadism", Sweedish Institute of International Affairs (pdf).

Lund, A., 2013a. "Say Hello to the Islamic Front", Carnegie Endowment , November 22.

Lund, A., 2013b. "Showdown at Bab al-Hawa", Carnegie Endowement , December 12.

Lund, A., 2014a. "The Politics of the Islamic Front, Part 1: Structure and Support", Carnegie , January 14.

Lund, A., 2014b. "The Politics of the Islamic Front, Part 2: An Umbrella Organisation", Carnegie , January 15.

Lund, A., 2014c. "Syria's Ahrar al-Sham Leadership Wiped Out in Bombing", Carnegie , September 9.

Lund, A., 2014d. "Al-Qaeda's Bid for Power in Northwest Syria", Carnegie , November 3.

Lund, A., 2015a. "What's Behind the Kurdish-Arab Clashes in East Syria?", Carnegie , January 23.

Lund, A., 2015b. "Who Are the Pro-Assad Militias?", Carnegie , March 2.

Lund, A., 2015c. "Opposition Intrigue Revives an Old FSA Leadership", Carnegie , July 20.

Lund, A., 2015d. "Syria's Kurds at the Center of America's Anti-Jihadi Strategy", Carnegie , December 2.

Lund, A., 2015e. "Syria's Opposition Conferences: Results and Expectations", Carnegie , December 11.

Lund, A., 2016a. "Assad's Other War: Winning on the Ground, Defeated by the Pound?", Carnegie , April 5.

Lund, A., 2016b. "Assad's Broken Base: The Case of Idlib", The Century Foundation , July 14.

Lund, A., 2016c. "A Voice from the Shadows", Carnegie , November 25.

Lund, A., 2016d. "Into the Tunnels", The Century Foundation , December 21.

Lund, A., 2017a. "The Syrian Rebel Who Tried to Build an Islamist Paradise", Politico , March 31.

Lund, A., 2017b. "Eastern Aleppo Under al-Assad", IRIN News , April 12.

Lund, A., 2017c. "Syria: East Ghouta Turns on Itself, Again", The Century Foundation , May 1.

Lund, A., 2017d. "Aleppo Militias Become Major Test for Assad," IRIN , June 22.

Lund, A., 2017e. "Winter Is Coming: Who Will Rebuild Raqqa?", IRIN News , October 23.

Lund, A., 2018a. "Assad's Divide and Conquer Strategy Is Working", Foreign Affairs , March 28.

Lund, A., 2018b. "Syrian War: Understanding Idlib's Rebel Factions", IRIN News , September 3.

Lundi Matin, 2018. "Les révolutionnaires n'ont pas d'autre choix que de s'armer".

Lynch, Sarah N., 2017. "U.S. Officials Say Russian Inaction Enabled Syria Chemical Attack", Reuters.

Macfarquhar, Neil; Saad, Hwaida, 2012. "As Syrian War Drags on, Jihadists Take Bigger Role", The New York Times.

Mackey, Robert; Samaan, Maher, 2015. "Caged Hostages from Syrian President's Sect Paraded Through Rebel-Held Suburb", The New York Times.

Macmillan, Arthur; Wasmi (al-), Nasser, 2018. "Dr Anwar Gargash: Solving the Qatar Crisis Must Involve Tackling the 'Trust Deficit'", The National.

Madan, Aman, 2017. "Opinion: Oman Set to Play Big Role in Post-War Syria", al-Bawaba.

Madar al-Youm, 2017. "Coalition Loses Fayez Sara for Being Stiff-Necked on Reform", The Syrian Observer, January 19.

Mahmoud (-al), Hamoud, 2015. "The War Economy in the Syrian Conflict: The Government's Hands-off Tactics", Carnegie.

Majidyar, Ahmad, 2017a. "Iran Recruits and Trains Large Numbers of Afghan and Pakistani Shiites", Middle East Institute, January 18.

Majidyar, A., 2017b. "Celebrations of Iranian Revolution Across Syria Shows Iran's Soft Power Hegemony", Middle East Institute, February 13.

Majidyar, A., 2017c. "Rouhani Visits Moscow to Bolster Iran-Russia Ties amid Fears of U.S.--Russia Partnership", Middle East Institute, March 23.

Majidyar, A., 2017d. "Iran and Turkey Discuss Ways to Cooperate in Syria and Iraq", Middle East Institute, August 16.

Majidyar, A., 2017e. "Tehran, Ankara, and Moscow Reach Agreement over Syria's Idlib", Middle East Institute, September 15.

Malas, Nour, 2012. "Syrian Rebels Get Missiles", Washington Street Journal.

Maleh (-al), Alice; Nassar, Alaa, 2018. "Raqqa's Arab Tribes Navigate 'Uneasy Calm' Under SDF Rule", Syria Direct.

Malik, Cyrus, 2016. "Washington's Sunni Myth and the Civil Wars in Syria and Iraq", War on the Rocks.

Mamadov, Rauf, 2018. "On the Agenda for US-Russia Talks: Energy", The Hill.

Manar (Al-), 2012. "السيد نصرالله: متمسكون بالسلاح، وسنثور لمغنية ثأراً مشرفاً", February 16.

Manar (Al-), 2013. "نص خطاب السيد نصرالله في ذكرى عاشوراء في ملعب الراية في الضاحية الجنوبية", November 25.

Marchand, Laure, 2011. "L'opposition syrienne rejette l'amnistie d'Assad", Le Figaro.

Mardasov, Anton, 2018. "Kremlin Pressed to Legalize Private Military Companies", al-Monitor.

Marks, Simon, 2018. "Greece Throws Lifeline to Assad by Buying Phosphates", Politico.

Marota City, 2018a. Facebook, August 7.

Marota City, 2018b. Facebook , September 17.

Marzouq, Nabil, 2011. "The Economic Origins of Syria's Uprising", al-Akhbar English.

Mashi, Marah, 2012. "People's Committees in Syria: Patrolling Local Borders", al-Akhbar English.

Mashi, M., 2013a. "مذبحة وادي النصارى... إنجازات "جند الشام" الجديدة" al-Akhbar , August 19.

Mashi, M., 2013b. "Syria: Life Slowly Returns to Devastated Qusayr", al-Akhbar English , September 11.

Mashi, M., 2018. "تعيينات "الإدارة المحلية": احتكار سياسي وبرودة شعبية", al-Akhbar.

Masry (-al), Abdulrahman, 2017. "Analysis: The Fifth Corps and the State of the Syrian Army", Syria Deeply , January 11.

Mateo, Nelson; Wilcox, Orion, 2017, "The day after: What happens when IS is defeated?", Syria Direct.

McCants, William, 2013. "Gulf Charities and Syrian Sectarianism", Foreign Policy.

McDowall, Angus, 2016. "Hundreds of Rebels Leave Syrian Town of Mouadamiya: witnesses", Reuters.

McDowall, Angus, 2018. "Long Reach of U.S. Sanctions Hits Syria Reconstruction", Reuters.

McDowall, Angus; Stewart, Phil, 2019. "Blast Claimed by Islamic State Kills U.S. Troops in Syria", Reuters.

Medawar, Sami, 2017. "Coopération irano-turque contre le PKK: quels enjeux?", Orient Le Jour , August 26.

MEMRI (2011). "Syrian Oppositionist Mamoun Al-Homsi: If the Alawites Do Not Renounce Bashar Al-Assad, We Will Turn Syria into Their Graveyard".

MEMRI, 2018. "Following HTS Decision to Grant Turkey a Military Presence in Idlib, Al-Qaeda Supporters Accuse It of Abandoning Its Principles, Seeking to Ingratiate Itself with the Enemies of Islam".

Metransparent.net, 2012. "مقتل شيخ عقل الدروز أحمد الهجري: حادث أم اغتيال".

Middle East Eye, 2016. "Arab League Chief Says Syria's Assad Can Run for President Again".

Middle East Monitor, 2017a. "Russia, Qatar Sign Military Cooperation Agreement" , October 26.

Middle East Monitor, 2017b. "Resigned Syrian Opposition Figure: We Were Asked to Accept Assad or Leave" , November 22.

Modon (-al), 2017. "حلب: تظاهرات تطالب بخروج ميليشيات النظام" , July 7.

Modon (al-), 2018a. "سيف الحجز على رقاب الموالين:حميشو يدفع ٨.٦ مليار ليرة" , October 21.

Modon (al-), 2018b. "Police in Aleppo Are Unable to Stop the Kidnapping and Killing of Children", The Syrian Observer , October 31.

Modon (al-), 2018c. "الإرهاب الاقتصادي للنظام: ٧٠ ألف حجز احتياطي" , November 8.

Monitor (-al), 2014. "Christians in Homs Province Fear Jihadist Advance".

Monitor (-al), 2018. "After Missile Strikes, Trump Resumes Exit Strategy for Syria" , April 15.

Moscow Times, 2016. "Russian Election Commission Inadvertently Reveals Russian Troop Numbers in Syria".

Moutot, Michel, 2019. "HTS et el-Qaëda: les liaisons dangereuses", Orient le Jour e AFP.

Mouzahem, Haythem, 2013. "Syrian Opposition Condemns Jihadists Targeting Alawites", Al-Monitor.

Mroue, Bassem, 2018a. "Syria Starts Rebuilding Even as More Destruction Wreaked", ABC News, February 23.

Mroue, Bassem, 2018b. "Clues but No Answers in One of Syria War's Biggest Mysteries", Associated Press, August 13.

Munif, Yasser, 2017. "Participatory Democracy and Micropolitics in Manbij, An Unthinkable Revolution", The Century Foundation.

Muqâwama (Al-) al-Islâmiyya, 2011. "مهرجان حاشد لحزب الله في النبي شيت في عيد المقاومة والتحرير ٢٠١١", May 25.

Muslim World League, 2013. "The MWL's Statement on the Escalation of Violence in Syria, and Participation of Hezbollah and Its Allies in the Killing of Its People".

Mustafa, Hazem, 2018. "Disbanding Iranian Militias on the Syrian Coast", Syria Untold.

Mustapha, Hassan, 2015. "An Analysis of Jaish al-Thuwar (The Army of Revolutionaries)—a component of the Syrian Democratic Forces".

Naharnet, 2013. "Turkey Warns Syrian Kurd Leader Against Autonomy Plans", July 27.

Nakhoul, Samia, 2013. "Special Report: Hezbollah Gambles All in Syria", Reuters.

Nashashibi, Sharif, 2016. "Economics Trump Politics in Syria's Proxy War", Syria Deeply.

Nassar, Alaa; Nelson, Maria; al-Zarier, Bahira, 2017. "Bus Bombing Rocks Alawite District in Homs City", Syria Direct.

Nassar, Alaa; Wilcox, Orion 2016. "US-Backed SDF Reportedly Opens Fire on Protestors, 1 Killed", Syria Direct.

Nasser, Rabie; Mehchy, Zaki, 2012. "Role of Economic Factors in Political Movement: The Syrian Case", The Economic Research Forum, working paper 698 (pdf).

Nebehay, Stephanie, 2018. "U.N. Says It Has Credible Reports That China Holds Million Uighurs in Secret Camps", Reuters.

The New Arab, 2016a. "US Scrambles Jets to Protect Advisers in Syria: Pentagon", Al-Araby, August 20.

The New Arab, 2016b. "Syrian Foreign Minister: 'Fighting IS not Our Prime Concern'", Al-Araby, September 1.

The New Arab, 2016c. "Tartous to Become Russia's Permanent Syria Naval Base", al-Araby, October 7.

The New Arab, 2018a. "Iran to Recover War Losses by Exploiting Syria Natural Resources, Says Top Military Adviser", February 19.

The New Arab, 2018b. "Russia Says It Has 'Tested' More Than 200 New Weapons in Syria", February 22.

The New Arab, 2019. "Assad's Notorious Chief Security Adviser 'Visited Riyadh' to Discuss Syria-Saudi Rapprochement".

The New York Times, 2011. "In Syria, Crackdown After Protests".

Notte, Hanna, 2017. "Russia's Role in the Syrian War–Domestic Drivers and Regional Implications", Konrad Adenauer Stiftung (pdf).

Noufal, W. Khaled; Wilcox, O., 2016a. "Suwayda Protesters Remove Hafez al-Assad's Portrait, Call for Fall of Bashar", Syria Direct, April 17.

Noufal, W. Khaled; Wilcox, O., 2016b. "Sectarianism, Suicide Bombers, and Retaliation Along the Coast: 'The Monstrous Way This Hatred Can Manifest Itself'", Syria Direct, May 23.

Noureddine, Mohamed, 2016. "PKK Foreign Relations Head Speaks Out", al-Monitor.

Now, 2016. "Syria Regime Establishing 'Tourism Security' Company".

Oakford, Samuel, 2017. "More than 1,800 Civilians Killed Overall in Defeat of ISIS at Raqqa, Say Monitors", Airwars.

O'Bagy, Elizabeth, 2012a. "Syria's Political Opposition", Institute for the Study of War (pdf), April.

O'Bagy, E., 2012b. "Jihad in Syria", Understanding War Institute (pdf), September.

O'Bagy, E., 2013. "The Free Syrian Army", Institute for the Study of War (pdf).

Omran for Strategic Studies, 2016. "دور المجالس المحلية في المرحلة الحالية والانتقالية: قراءة تحليلية" "في نتائج استطلاع رأي" (pdf).

Orient le Jour, 2011a. "La presse syrienne salue 'le retour bienvenu' du Caire", February 13.

Orient le Jour, 2011b. "Plusieurs mesures adoptées pour désamorcer un éventuel soulèvement", March 9.

Orient le Jour, 2011c. "La contestation s'étend dans le Sud syrien", March 22.

Orient le Jour, 2011d. "Face à la révolte, Assad lâche du lest", March 25.

Orient le Jour, 2011e. "Assad fait un geste envers les Kurdes", April 8.

Orient le Jour, 2018. "Tripoli doit jouer un rôle important dans la reconstruction de la Syrie, selon la députée Jamali".

Orient News, 2015. "بالسيف "الفارسي": "الصناديد" أول ميليشيات عشائرية لذبح السوريين".

Orient News, 2016. "شاهد... لأول مرة في سوريا: العسكر يخسرون الانتخابات برحابة صدر والديمقراطية تفوز", YouTube Video, "في الغوطة – هنا سورية".

Orton, Kyle, 2016. "The 'Syrian Kurds' Helped Assad Take Aleppo City", The Syrian Intifada.

Orton, K., 2017. "The Coalition's Partner in Syria: The Syrian Democratic Forces", The Syrian Intifada.

Osborn, Andrew; Tattersall, Nick, 2016. "Putin and Erdogan Push for Syria Talks Without U.S. or U.N.", Reuters.

Osman, Tamer, 2017. "Manbij Residents Face off Against SDF over Conscription Policy", al--Monitor.

Osseiran, Hashem, 2018. "US Pull-out Exposes Oil and Gas Fields in Syria's East to Government Control", The National.

Othman Agha, Munqeth, 2018. "Class and Exclusion in Syria", Rosa Luxemburg Stiftung.

Oudat, 2018. "Russia's Syrian Army", al-Ahram.

Oweis, Khaled Yacoub, 2013a. "Syrian Rebel Sheikh Calls for War on Assad's Alawite Heartland", Reuters.

Oweis, Khaled Yacoub, 2013b. "Insight: Saudi Arabia Boosts Salafist Rivals to al-Qaeda in Syria", Reuters , October 1.

Oweis, Khaled Yacoub, 2014. "Struggling to Build an Alternative to Assad", Stiftung Wissenschaft und Politik (pdf).

Oweis, K. Y., 2016. "The Military Topography of Syria's South", Stiftung Wissenschaft und Politik (pdf), December.

People's Council of Western Kurdistan (PCWK), 2011. "The Declaration of the People's Council in Western Kurdistan", Peace in Kurdistan.

Perrin, Jean Pierre, 2008. "Damas remet l'opposition à l'ombre", Libération.

Perry, Tom, 2016. "Federal Plan for Northern Syria Advances with U.S.-Backed Forces", Reuters.

Perry, T., 2017. "Death Toll from Damascus Bombing Climbs to 74: Observatory", Reuters , March 12.

Perry, Tom; Said, Rody, 2016. "Syria Kurds Win Battle with Government, Turkey Mobilizes Against Them", Reuters.

Peterson, Scott, 2011. "Syrian Opposition Forms Unity Council, Hoping to Continue Arab Spring", Christian Science Monitor.

Pierret, T., 2013. "Implementing 'Sharia' in Syria's Liberated Provinces", The Foundation for Law, Justice, and Society , August 7.

Pierret, T., 2014. "The Syrian Baath Party and Sunni Islam: Conflicts and Connivance", Brandeis University, No.77 (pdf), February.

Pizzi, Michael; Shabaan, Nuha, 2013. "Under Sectarian Surface, Sunni Backing Props up Assad Regime".

Porat, Liad, 2010. "The Syrian Muslim Brotherhood and the Asad Regime", Brandeis University (pdf).

Porter, Tom, 2017. "A Brief History of Terror in Saudi Arabia", Newsweek.

Prettitore, Paul, 2016. "Will Forcibly Displaced Syrians Get Their Land Back?", Brookings.

Putz, Ulrike, 2012. "Christians Flee from Radical Rebels in Syria", Der Spiegel.

Qanso, Wafiq, 2018. "الإمارات تريد استئناف العلاقات مع دمشق", al-Akhbar.

Radio Rozana, 2014. "كيلو: لا تقارنوا "جبهة النصرة" بِ "داعش" An-Nahar.

Rainey, Jonathan, 2015. "Why Is Russia in Syria? The Historical Context of Russia's Intervention", The School of Russian and Asian Studies.

Ray al-Yawm, 2017. "وفد مصري نقابي في دمشق".

Reuters, 2012a. "Saudi Top Cleric Blasts Arab, Egypt Protests—Paper", February 5.

Reuters, 2012b. "U.S. Defense Chief: Syria Military Must Remain Intact When Assad Goes", July 31.

Reuters, 2012c. "Minority Militias Stir Fears of Sectarian War in Damascus", September 7.

Reuters, 2012d. "Fearful Alawites Pay Sectarian Militias in Battered Homs", September 25.

Reuters, 2013. "Syrian Opposition Chooses Saudi-Backed Leader".

Reuters, 2014. "U.S. Opposes Supply of Shoulder-Fired Missiles to Syria Rebels".

Reuters, 2016. "Russia, Iran, Turkey Say Ready to Broker Syria Deal", December 20.

Reuters, 2017a. "Dozens Killed in Double Suicide Attack in Syrian Capital", March 15.

Reuters, 2017b. "Al Qaeda Chief Urges Jihadists to Use Guerrilla Tactics in Syria", April 23.

Reuters, 2017c. "Turkey Warns on Syrian Kurdish Militia, Welcomes U.S. Weapons Pledge", June 23.

Reuters, 2017d. "Damascus Says Syrian Kurdish Autonomy Negotiable: Report", September 26.

Reuters, 2017e. "Syria Producing More Energy After Army Recaptures Gas Fields—Ministry", September 27.

Reuters, 2017f. "YPG Fighters Credit Ocalan with Syria Victory", October 23.

Reuters, 2017g. "Islamic State Killed More than 60, Dozens Missing in Syrian Town: Governor", October 23.

Reuters, 2018. "Russia: U.S. Strikes Remove Moral Hurdles for S-300 Missiles for Assad—RIA".

Reuters Staff, (2012). "Syria Opposition Chiefs at Odds over Military Body".

Reuters Staff, 2013. "Insight: Battered by War, Syrian Army Creates Its Own Replacement".

Reuters Staff, 2018a. "Qatar Airways Plans to Buy Stake in Russian Airport as Emir Visits Moscow", March 26.

Reuters Staff, 2018b. "We Can't Force Iran out of Syria, Russia Tells Israelis", July 30.

Rî'âsa majlis al-wizarâ`, 2015. "القرار رقم/٣٥٩٢/ لعام ٢٠١٥ المتضمن إحداث المجلس السوري للمعادن والصلب".

Rollins, Tom, 2016. "Unrest Grows Among Druze in Syria's Sweida", Syria News Deeply.

Rollins, T., 2017. "Decree 66: The Blueprint for al-Assad's Reconstruction of Syria?", IRIN News.

Rollins, Tom, 2019. "In Downtown Beirut, Signs of the Coming Cost of Syria's Reconstruction Plans", Syria Direct.

Rose, Sunniva, 2018. "Syria's New Religious Bill Angers Assad Loyalists", The National.

Rosen, Nir, 2012. "Islamism and the Syrian Uprising", Foreign Policy.

Rudaw, 2015. "Moscow Pledges Help to Syrian Kurds, but Through Assad Government".

Rudaw, 2016. "Kurds and Damascus Meet over Tensions, Future of Rojava", December 29.

Rudaw, 2017a. "Turkish Official Says Afrin in Rojava Should Be Cleared of YPG", July 29.

Rudaw, 2017b. "Kurds Allied with US Are 'Traitors,' Says Assad", December 18.

Rudaw, 2018a. "Mattis: Turkey Gave United States Advance Warning of Afrin Operation", January 22.

Rudaw, 2018b. "KNC Not Invited to Sochi for Calling on Kurdish Cause to Be Part of Agenda, Official", January 28.

Rudaw, 2018c. "Syrian Rebels Allege Kurd-Assad Alliance to Justify Afrin Operation", January 31.

Rudaw, 2019. "PKK Is 'Enemy' of Syria Revolution, Says Jihadist Leader".

Saadi (al-), Salam, 2015a. "Iran's Stakes in Syria's Economy", Carnegie, June 2.

Saadi (al-), S., 2015b. "Russia's Long-Term Aims in Syria", Carnegie, October 6.

Sabbagh, Hazem, 2016a. "Higher Judicial Committee for Elections Announces Results of People's Assembly Elections", Syrian Arab News Agency (SANA), January 10.

Sabbagh, Hazem, 2016b. "Civil Democratic Gathering of Syrian Kurds Marks Newroz and Mother's Day", Syrian Arab News Agency (SANA), March 20.

Sabbagh, Hazem, 2016c. "President al-Assad Issues Law on Public-Private Partnership", Syrian Arab News Agency (SANA), April 16.

Sabbagh, Hazem, 2017. "Stages of Implementation of al-Razi Regulation Project Area Discussed", Syrian Arab News Agency (SANA).

Sabbagh, Hazem, 2018. "Decree Exempting Martyrs and Injured People with Full Disability from Debts for Low-Income Loans", Syrian Arab News Agency (SANA), September 1.

Sabbagh, Rand, 2013. "Attitudes of Christians in the Capital (Damascus 2013)", in Stolleis F. (ed.), Playing the Sectarian Card Identities and Affiliations of Local Communities in Syria (Friedrich Ebert Stiftung), p. 71–89 (pdf).

Sada al-Sham, 2017. "Aleppans on the Syrian Coast: We Want to Return to Our City", The Syrian Observer.

Sada al-Sham, 2018. "'Unofficial' Cooperation Between Regime and Opposition at Commercial Crossings", The Syrian Observer.

Sadaki, Yousssef, 2016. "The Siege Economy of Eastern Ghouta", Atlantic Council.

Sahibat al-Jalala, 2018. "مستثمر مول قاسيون رؤساء لغرفة تجارة ريف دمشق".

Said, Hani, 2016. "٤ مليارات دولار وأشياء أخرى: الدور السعودي الكبير في دعم الثورة السورية" al-Ghad News.

Said, Rodi, 2016. "Syria's Kurds Rebuked for Seeking Autonomous Region", Reuters.

Said, Yasser Nadim, 2012. "مقاربة ثنائية (سني - علوي) في الثورة السورية: كيف وصلنا إلى المجازر الحالية", al-Jumhuriya.

Salam, Tamam, 2016. "الاحتكار يولد صراعاً على نهش اللحم السوري", al-Araby.

Saleeby, Suzanne, 2012. "Sowing the Seeds of Dissent: Economic Grievances and the Syrian Social Contract's Unraveling", Jadaliyya.

Saleh (al-), Mahmoud, 2018. "سرور: ٣٥٠٠ منزل في التضامن صالحة للسكن", Al-Watan Online.

Samaha, Nour, 2016. "The Black Market Kings of Damascus", Atlantic Council.

Samaha, N., 2017a. "Survival Is Syria's Strategy", The Century Foundation, February 8.

Samaha, N., 2017b. "How These Syrians Went from Opposition Fighters to Proregime Militiamen", al-Monitor, April 3.

Samaha, N., 2017c. "Long Read: Elites, War Profiteers Take Aim at Syria's Economic Future", Syria Deeply, September 18.

Sarâj al-Dîn, Mû`min, 2015. "النصرة وإخوتها، والحرية!" Sûrîyyatî.

Sary, Ghadi, 2016. "Kurdish Self-Governance in Syria: Survival and Ambition", Chatam House, The Royal Institute of International Affairs (pdf).

Saul, Jonathan, 2013. "Exclusive—Assad Allies Profit from Syria's Lucrative Food Trade", Reuters.

Saul, J., 2014. "Exclusive: Russia Steps up Military Lifeline to Syria's Assad—Sources", Reuters.

Savage, Charlie, 2018. "U.S. Says Troops Can Stay in Syria Without New Authorization", The New York Times.

Sayigh, Yezid, 2013. "The Syrian Opposition's Leadership Problem", Carnegie.

Sawah, Wael, 2012. "Syrian Civil Society Scene Prior to Syrian Revolution", HIVOS e Knowledge Programme Civil society in West Asia (pdf).

Schneider, Tobias, 2016. "The Decay of the Syrian Regime Is Much Worse Than You Think", War on the Rocks.

Schneider, T., 2017. "Aleppo's Warlords and Post-War Reconstruction", Middle East Institute.

SDF General Command, 2017. "SDF: We Will Not Stay Silent on Russian Attacks", YPG Rojava.

Semenov, 2017. "The Syrian Armed Forces Seven Years into the Conflict: From a Regular Army to Volunteer Corps", Russian International Affairs Council.

Shadid, Anthony, 2011. "Syrian Businessman Becomes Magnet for Anger and Dissent", The New York Times.

Shadid, Anthony, 2012. "Bomb Kills Dozens in Damascus, Stoking Suspicions", The New York Times.

Sh'abo, Rateb, 2016. "On the Inevitability of Militarization in the Syrian Uprising", Syria Untold.

Shâhed (-al), 2018. "الأسد: سورية عائدة إلى دورها المحوري العربي".

Sharabati Denim, 2018. "About Us".

Shekhani, Helbast, 2018. "Russia Asks Kurds to Hand Afrin to Syrian Regime to Stop Turkish Attacks", Kurdistan 24.

Sheikh (-al), Omar, 2013. "مسلحو الدولة: الجيش الرديف" al-Akhbar.

Sheikhi, Mahwash, 2017. "Women's Activist: Rojava Laws a Dream Turned Reality", Syria Untold.

Sheikho, Kamal, 2017. "Kurdish Women's Organizations: Awareness and Politics", Syria Untold.

Sheikho, Kamal, 2018. "Over 19,000 Syrian Kurds Deprived of Citizenship, 46,000 Remain Stateless", Asharq Awsat.

Sherlock, Ruth, 2012a. "Syrian Activists Announce New Leadership", The Telegraph, June 19.

Sherlock, Ruth, 2012b. "Syria: 50 Dead in Damascus Car Bomb Attacks", The Telegraph, November 28.

Shiwesh, Ahmed, 2016. "Rojava Administration Launches New Curriculum in Kurdish, Arabic, and Assyrian", ARA News.

Shocked, Shell, 2016. "Friends or Foes?–A Closer Look on Relations Between the Kurdish YPG and the Syrian Regime", offiziere.ch.

Singh, Kanishka, 2018. "Britain to Stop Some Aid for Syrian Opposition in Rebel-Held Areas", Reuters.

Sinjab, Lina, 2012. "Syria's Minorities Drawn into Conflict", BBC News.

Slaytin, Bilal, 2015. "Christian Evacuees Mourn Idlib", al-Monitor.

Sly, Liz, 2013. "Islamic Law Comes to Rebel-Held Areas of Syria", Washington Post.

Sly, Liz, 2016. "Syrian Kurds Declare Their Own Region, Raising Tensions", Washington Post.

SMART News Agency, 2016. "وقفة احتجاجية في عامودا بريف الحسكة للتنديد بتصريحات الزعبي والجعفري", , March 28.

SMART News Agency, 2017. "مظاهرة في دوما تطالب بفك الحصار عن غوطة دمشق الشرقية".

Smyth, Phillip, 2015. "The Shiite Jihad in Syria and Its Regional Effects", Washington Institute for Near East Policy.

Smyth, P., 2016. "How Iran Is Building Its Syrian Hezbollah", Washington Institute.

Smyth, Phillip; Zeilin, Aaron Y., 2014. "The Vocabulary of Sectarianism", Syria Deeply.

Solomon, E., 2012a. "Feature—Rural Fighters Pour into Syria's Aleppo for Battle", Reuters, July 29.

Solomon, E., 2012b. "Insight: Syria Rebels See Future Fight with Foreign Radicals", Reuters, August 8.

Solomon, Erika, 2012c. "Rebel Rivalry and Suspicions Threaten Syria Revolt", Reuters, April 27.

Solomon, E., 2013. "Syria Rebels Reject Opposition Coalition, Call for Islamic Leadership", Reuters.

Solomon, E., 2017. "Syria: A Tale of Three Cities", Financial Times.

Sottimano, Aurora, 2016. "The Syrian Business Elite: Patronage Networks and War Economy", Syria Untold.

Souleiman, Dalil, 2017. "Le double message de Damas sur l'autonomie du Rojava".

Souria (al-), Net, 2016a. "Syrian Opposition Warns Against Kurdish Federalism", The Syrian Observer, March 17.

Souria (al-), Net, 2016b. "Assad Regime Fears Its Popular Base, Bans Demonstrations in Loyalist Areas", The Syrian Observer, July 4.

Souria (al-), Net, 2016c. "Ashoura in Damascus: Publications in Farsi, Children Flogging Selves in Streets", The Syrian Observer, October 14.

Souria (-al), Net, 2016d. "'First- and Second-Grade Martyrs:' Loyalists Decry Regime's Discrimination in Dealing with Fighter Deaths", The Syrian Observer, October 24.

Souria (-al), Net, 2016e. "Best of 2016: Iran's Plan to Seize Damascus Continues with Support from Assad Regime", The Syrian Observer, December 30.

Souria (-al), Net, 2018a. "Aleppo University Student Publicly Attacked by Pro-Assad Militiaman", The Syrian Observer, January 2.

Souria (-al), Net, 2018b. "Parliament Amends Law No. 10", The Syrian Observer, November 8.

Souria (-al), Net, 2019. "Aleppo Residents Rage at the Regime", The Syrian Observer.

Souriatna, 2018. "HTS Religious Police Impose Fines for Smoking, Music, Mixing Sexes in Idleb City", The Syrian Observer.

Sparrow, Annie, 2018. "How UN Humanitarian Aid Has Propped up Assad", Foreign Affairs.

Spencer, Richard, 2016. "Where Are the Syrians in Assad's Syrian Arab Army?", The Telegraph.

Sputnik News Araby, 2016. "اللواء جميل الحسن: الغرب يشبه الراعي الذي يربي ذئاباً في منزله".

Stack, Liam; Zoepf, Katherine, 2011. "Protesters in Syria Plan Large March Near Capital", The New York Times.

Stanford University, 2016. "Jaysh al-Islam".

Statista, 2018. "Syria: Gross Domestic Product (GDP) in Current Prices from 2000 to 2010 (in Billion U.S. Dollars)".

Stein, Aaron, 2017. "Reconciling U.S.-Turkish Interests in Northern Syria", Council on Foreign Relations (pdf).

Stewart, Phil, 2017. "U.S. Tells Turkey It Supports Ankara's Fight Against PKK", Reuters.

Strategy Watch, 2019. "Russia Curbs Maher al-Assad's Influence", Syrian Observer.

Stratfor, 2015. "Iraq-Syria Battlespace: August 2015".

Suleiman, Ali Mahmoud, 2018. "...مدير الشيخ نجار الصناعية لِ "الوطن"...", al-Watan.

Suleiman, Lujain, 2018. "مدن الأحلام" تتقدم في حسابات "حكومة إعادة الإعمار" على مشاريع السكن الشعبي", Al-Ayam.

Sultan (al-), Daham, 2016. "يازجي: قد توجد أياد خفية تتقصد عدم وصول الدواء إلى الحسكة... مخلوف: سنعيد النظر ببنود العقود والاستثمارات", al-Watan.

Suwayda 24, 2018. "مشيعون شمال السويداء يطردون المحافظ وقائد الشرطة".

Syria Call, 2018. "Palestinian Militia Recruites Young Guys of Eastern Ghouta in Exchange for Tempting Offers".

Syria Daily News, 2018. "القطان يفوز باستثمار فندق الجلاء ``".

Syria Direct, 2013. "EXCLUSIVE: FSA Says Muslim Brotherhood 'Must Act Like Any Opposition Group in Syria'".

Syria Direct, 2014. "Kurds Detain Hundreds in Conscription Campaign", October 15.

Syrian4all, 2013. "ميشيل كيلو: التقيت جبهة النصرة واستقبلت كالأبطال", YouTube.

Syrian Arab News Agency (SANA), 2015. "Syrians' Investments Abroad Would Not Prevent Industrialists from Return Home".

Syrian Arab News Agency (SANA), 2016a. "مجلس الوزراء يلغي بعض المجالس العليا والخاصة ويقر إعادة النظر بالمجالس العليا المشتركة مع بعض دول العالم", August 2.

Syrian Arab News Agency (SANA), 2016b. "New Governor of Hasaka Sworn in Before President al-Assad", October 17.

Syrian Arab News Agency (SANA), 2016c. "برأسمال ٦٠ مليار ليرة محافظة دمشق تطلق شركة دمشق الشام القابضة المساهمة المغلقة الإدارة واستثمار أملاكها في منطقة مشروع تنظيم ٦٦", December 12.

Syrian Arab News Agency (SANA), 2017a. "Finance Minister Meets Delegation of Syrian Industrials Residing in Egypt", February 19.

Syrian Arab News Agency (SANA), 2017b. "25 Billion Syrian Pounds Allocated for Construction Contracts in Aleppo", The Syrian Observer, July 11.

Syrian Arab News Agency (SANA), (2017c). "Expats Should Be Urged to Contribute to Syrian Reconstruction: Muallem", August 25.

Syrian Arab News Agency (SANA), 2017d. "Rebuild Syria 2017 Expo Kicks Off at Fairgrounds", September 26.

Syrian Arab News Agency (SANA), 2017e. "Cabinet Approves 3 Trillion Syrian Pounds for 2018 General Budget", The Syrian Observer, October 25,.

Syrian Arab News Agency (SANA), 2017f. "Foreign Ministry: Raqqa Still Occupied, Can Only Be Considered Liberated When Syrian Army Enters It", October 30.

Syrian Arab News Agency (SANA), 2018a. "البدء بتشغيل محطة تحويل كهرباء بستان القصر. المهندس خميس: رصد ٦٠ مليار ليرة لاستكمال تنفيذ المشاريع الخدمية والتنموية في حلب", January 15.

Syrian Arab News Agency (SANA), 2018b. "Update—Syria, Iran to Enhance Economic, Trade Cooperation", June 18.

Syrian Arab News Agency (SANA), 2018c. "Syrian-Russian Businessmen Council Adopts New Steps to Enhance Cooperation", June 25.

Syrian Arab News Agency (SANA), 2018d. "Khamis, Syrian Businessmen in Egypt Discuss Means to Activate Investment in Syria", June 27.

Syrian Arab News Agency (SANA), 2018e. "Syria, Iran Sign MoU on Electricity Cooperation", September 12.

Syrian Arab News Agency (SANA), 2018f. "Khamis Inaugurates Number of Projects in Tartous and Lattakia Worth up to SYP 16 Billion", October 3.

Syrian Arab News Agency (SANA), 2018g. "Khamis Inaugurates Road Projects in Lattakia Worth up to SYP 11 Billion", October 4.

Syrian Arab News Agency (SANA), 2018h. "Syria, Iran Agree on Establishing Joint Chamber of Commerce", October 21.

Syrian Arab News Agency (SANA), 2018i. "Presidential Decree on Raising Compensations and Allowances of Military Personnel", December 23.

Syrian Arab News Agency (SANA), 2019. "102 Projects Included in Investment at a Value of SYP 895 Billion During 2018".

Syrian Center for Policy Studies, 2010. "Informal Labor", Arab Watch (pdf).

Syrian Center for Political and Strategic Studies and Syrian Expert House, 2013. "Syria Transition Roadmap" (pdf).

Syrian Centre for Policy Research (SCPR), 2014. "Syria. Squandering Humanity, Socioeconomic Monitoring Report on Syria", UNRWA (pdf).

Syrian Centre for Policy Research (SCPR), 2015. "Alienation and Violence, Impact of Syria Crisis Report 2014", UNRWA (pdf).

Syrian Centre for Policy Research (SCPR), 2016a. "Confronting Fragmentation! Syria, Impact of Syrian Crisis Report", UNRWA (pdf).

Syrian Centre for Policy Research (SCPR), 2016b. "Forced Dispersion, Syrian Human Status: The Demographic Report 2016", UNRWA (pdf).

Syrian Coalition, 2018. "Syrian Coalition Supports Syrian National Army's Efforts to Cleanse Syria of Terrorism".

Syrian Economic Forum, 2017. "The Egyptian Response!! Establishment of a Syrian Industrial Zone in Egypt".

Syrian National Council, 2011. "Syrian National Council Attends World Economic Forum Conference in Istanbul".

Syria Needs Analysis Project, 2013. "Impact of the Conflict on Syrian Economy and Livelihoods".

Syrian Networks of Human Rights (SNHR), 2015. "The Society's Holocaust, Most Notable Sectarian and Ethnic Cleansing Massacre" (pdf).

Syrian Networks of Human Rights (SNHR), 2016. "139 Chemical Attacks in Syria After Security Council Resolution 2118" (pdf).

Syria News, 2017. "Coalition's Bassam al-Malak Announces His Defection and Return to Damascus", The Syrian Observer.

Syrian Observatory for Human Rights (SOHR), 2015a. "More Than 1000 Protesters in the City of Lattakia Demand the Execution of Sulaiman al-Assad", August 8.

Syrian Observatory for Human Rights (SOHR), 2015b. "After the Agreement Held Between the Operation Room of Fateh Halab and YPG, a New Agreement Held Between the Operation Room of Mare' and al-Thuwar Army in the northern countryside of Aleppo", December 20.

Syrian Observatory of Human Rights (SOHR), 2016. "مدينة حلب تشهد خروج كامل القسم الشمالي من أحياء حلب الشرقية عن سيطرة الفصائل".

The Syria Report, 2012. "Syria Restricts Travels for All Males Aged Under 42–Report".

The Syria Report, 2013a. "Government to Relocate Plants in 'Safe Areas'", April 9.

The Syria Report, 2013b. "Businessman Becomes New Homs Governor", July 22.

The Syria Report, 2014a. "Government Seizes Firas Tlas Shares in Lafarge Cement Syria–Report", August 25.

The Syria Report, 2014b. "Inauguration of New Leisure Facilities Draws Anger from Regime Supporters", October 13.

The Syria Report, 2014c. "As Shortages Rise Government Offers Investors Right to Use Oil Refineries", December 1.

The Syria Report, 2015a. "Government Highlights Economic Aid to Suweida Governorate as Tensions Rise", February 2.

The Syria Report, 2015b. "Syrian State to Give up Billions to the Benefit of MTN and Syriatel", June 1.

The Syria Report, 2015c. "Syrian Businessman Wants Tartous Declared Free Trade Zone", June 15.

The Syria Report, 2015d. "Idlib Falling Victim to Systematic Looting", July 6.

The Syria Report, 2015e. "Factsheet: Syria-Iran Economic Relations Since 2013", July 13.

The Syria Report, 2015f. "New Rental Law Increases Fiscal Revenues and Loyalty of Regime Soldiers", November 16.

The Syria Report, 2015g. "Syrian Government Commits 30 Billion Pounds to Coastal Area and only 500 million to Aleppo", November 16.

The Syria Report, 2015h. "New Urban Planning Law Issued", December 14.

The Syria Report, 2015i. "Mohammad Hamsho Leads Newly-Established Syrian Metals Council", December 22.

The Syria Report, 2015j. "Syrian President Expands Tartous University", December 21.

The Syria Report, 2016a. "Data Confirm Attractiveness of Tartous to Syrian Investors", February 16.

The Syria Report, 2016b. "Syrian Private Investment Dives, Continues Move to Coast, Suweida". March 1.

The Syria Report, 2016c. "Aleppo Lost 90 Percent of Its Manufacturing Capacity", March 29.

The Syria Report, 2016d. "Syrian Regime Pours Billions to Buy Loyalty of Coastal Region", April 24.

The Syria Report, 2016e. "Syrian Regime Seeking to Recycle Millions of Tons of Rubble", June 14.

The Syria Report, 2016f. "Syria's Manufacturing Sector in Dire Straits", July 19.

The Syria Report, 2016g. "Real Estate Investments Go to Tartous, Lattakia", May 15.

The Syria Report, 2016h. "Syria, Iran Preferential Trade Agreement Enters into Force", June 7.

The Syria Report, 2016i. "Regime Media Calls for Reducing Government Payments in Areas Outside Its Control", September 20.

The Syria Report, 2016j. "Report Highlights Government Dependency on Central Bank Funding and Limited Forex Disbursements". September 20.

The Syria Report, 2016k. "Government Sends Ministers to Reaffirm Stake in Hassakeh", September 27.

The Syria Report, 2016l. "Regime Cronies Business Ambitions Believed to Be Behind Destruction of Dozens of Shops in Jableh", October 4.

The Syria Report, 2016m. "PYD, Government Close Schools as They Seek to Impose Own Curriculum", October 4.

The Syria Report, 2016n. "Damascus Governorate Says Thousands Subscribe to Mazzeh Real Estate Development". October 11.

The Syria Report, 2016o. "Founder of Large Syrian Conglomerate Dies", October 25.

The Syria Report, 2016p. "Syria's Public Debt Multiplied by 11 Since 2011", November 15.

The Syria Report, 2016q. "Iran Expected to Be Granted Syrian Mobile Phone License", November 29.

The Syria Report, 2016r. "Prominent Intermediary Plays Key Role in Oil Deals Between Regime and ISIS", December 20.

The Syria Report, 2017a. "Government Planning to Expand Use of Expropriation Law", January 10.

The Syria Report, 2017b. "Government Decree Confirms as Civil Servants Dozens of Thousands of Sons of 'Martyrs', Youth", January 17.

The Syria Report, 2017c. "Revolutionary Guards Get Hold of Syrian Mobile Phone Licence as Part of Broader Tehran Grab on Economic Assets", January 17.

The Syria Report, 2017d. "In Boost to Coastal Area, Government Decides Sharp Rise in Tobacco Procurement Prices", January 24.

The Syria Report, 2017e. "Iran Grants USD 1 Billion to Damascus", January 24.

The Syria Report, 2017f. "Regime Cronies Resist Government Attempts to Lure Back Investors into Syria", February 27.

The Syria Report, 2017g. "Syrian Government Promises Billions to the 'Capital of the Martyrs'", April 18.

The Syria Report, 2017h. "Factsheet: Syria Russia Economic Relations", May 2.

The Syria Report, 2017i. "Russian Company Wins Contract to Develop Syrian Phosphate Mine", June 6.

The Syria Report, 2017j. "Russian Trading House Becomes Key Player in Syrian-Russian Economic Relationship", June 13.

The Syria Report, 2017k. "Syria Cedes Oil and Gas Assets to 'Putin's Cook'–Report", July 4.

The Syria Report, 2017l. "Syrian Banks Unable to Finance Reconstruction," July 21.

The Syria Report, 2017m. "Syriatel Posts Sharp Increase in Revenues as Phone License to Iran Is Postponed", September 12.

The Syria Report, 2017n. "No Alternative Accommodation for Mazzeh District Residents—Government Outlet", October 17.

The Syria Report, 2017o. "PM Visit to Coastal Area Highlights Discontent, Government Limitations", October 24.

The Syria Report, 2017p. "Samer Foz Acquires Rights over Hundreds of Millions of Dollars in Basatin Al-Razi Project", November 21.

The Syria Report, 2017q. "Syrian Businesses Complain of Labour Shortages Despite Massive Unemployment", November 28.

The Syria Report, 2017r. "Syrian Parliament Approves Doubling of Reconstruction Tax Rate", December 12.

The Syria Report, 2018a. "Government Prioritises Spending on Core Constituency", January 9.

The Syria Report, 2018b. "Basatin Al-Razi Project Highlights Again Emergence of New Business Figure", January 16.

The Syria Report, 2018c. "Syrian Regime Drafting Law to Extend Decree 66 to All of Syria", January 16.

The Syria Report, 2018d. "Transport, Tourism Data Confirm 2017 GDP Growth Trend", January 16.

The Syria Report, 2018e. "Kuwait's Kharafi Group Announces Land Purchase Deal Outside Damascus", January 30.

The Syria Report, 2018f. "Company Filings Confirm Improved Business Activity in 2017", March 6.

The Syria Report, 2018g. "Foz Acquires Four Seasons Hotel", March 20.

The Syria Report, 2018h. "Makhlouf Invests in Marota City", March 27.

The Syria Report, 2018i. "Syrian Regime Eases Expropriation of Informal Areas Across the Country", April 9.

The Syria Report, 2018j. "Syria's GDP at Only a Fifth of Pre-Uprising Level", May 15.

The Syria Report, 2018k. "Warlords Increasingly Integrating into Syria's Formal Economy", May 15.

The Syria Report, 2018l. "Iran Wins Contract to Supply Thousands of Tractors to Syrian Farmers", May 28.

The Syria Report, 2018m. "Iran Gains Access to Syria's Large Phosphate Reserves", June 19.

The Syria Report, 2018n. "Russia to Take Control of Syria's Fertilizers Production Capacity–Report", June 26.

The Syria Report, 2018o. "Jordan Invites Syrian Business Chambers", July 31.

The Syria Report, 2018p. "Official Data Indicate a Decline in Already Low Manufacturing Investment", August 28.

The Syria Report, 2018q. "Turkish Hold on Syria's North Increases with ID Cards, Car Registration Plates, Electricity Supplies," August 28.

The Syria Report, 2018r. "Government Requires Loyalists to Part Finance the Rebuilding of Their Homes", September 4.

The Syria Report, 2018s. "Russia, China Finance Syrian Imports of Heavy Machinery", September 25.

The Syria Report, 2018t. "State-Owned Companies Report Manpower Shortages", October 16.

The Syria Report, 2018u. "Reconstruction Committee Lists 2018 Projects", October 23.

The Syria Report, 2018v. "Electric Generators as Part of Chinese Grants to Syria", October 23.

The Syria Report, 2018w. "Expropriation of Syrian Lands and Properties Likely to Continue Unabated", October 23.

The Syria Report, 2018x. "Aleppo Announces Launch of Works on Informal Area", October 30.

The Syria Report, 2018y. "Syrian Investors Create New Lobby Group", November 6.

The Syria Report, 2018z. "UAE Companies Showing Growing Interest in Syria", December 24.

The Syria Report, 2019a. "New Data Highlights Massive Drop in Syrian Workforce", February 27.

The Syria Report, 2019b. "Iran Says It Plans to Build Large Housing Project Around Damascus", March 6.

The Syria Report, 2019c, "Manufacturing Data Paint Mixed Picture".

report.com/news/manufacturing/manufacturing-data-paint-mixed-picture (consultado dia 10/04/2019).

The Syria Report, 2020, "Ministry of domestic trade and consumer protection".

The Syrian Observer, 2013. "How Assad Junior Lost the Empire".

The Syrian Reporter, 2018. "Jamil al-Hassan: Any and All Opposition Will Be Eliminated", The Syrian Observer.

Syria Untold, 2013a. "Union of Free Syrian Students", May 6.

Syria Untold, 2013b. "Lessons from Raqqa: From Demanding Freedom to Creative State-Building", May 28.

Syria Untold, 2013c. "The Strike of Dignity", June 5.

Syria Untold, 2013d. "Sisters Maisa and Samar Saleh Vs. Regime Forces and the Islamic State of Iraq and the Levant" , August 19.

Syria Untold, 2013e. "Darayya's Free Women" , December 19.

Syria Untold, 2013f. "The Free Women of Darayya's Crucial Role in the Syrian Uprising" , December 19.

Syria Untold, 2013g. "Our Right" , December 27.

Syria Untold, 2014a. "How Did Raqqa Fall to the Islamic State of Iraq and Syria?" , January 13.

Syria Untold, 2014b. "Kurdish-Arab Fraternity Coordination Committee" , February 21.

Syria Untold, 2014c. "Syrian Women and the Uprising: Fighting on Multiple Fronts" , February 26.

Syria Untold, 2014d. "The Syrian Uprising, Through the Eyes of Three Syrian Women" , March 12.

Syria Untold, 2014e. "Syrian Women and the Politics of the Revolution" , March 17.

Syria Untold, 2014f. "The Women of Salamiyah Turn Houses into Protest Squares", May 10.

Syria Untold, 2015. "The Women of Mazaya in Response to the Attack: We Will Carry On".

Syria Untold, 2016a. "The Battle of School Curricula (1): Oppression and Mayhem" , February 21.

Syria Untold, 2016b. "The Battle of School Curricula (2): Tampering with Syria's Future" , February 22.

Syria Untold, 2016c. "Women Now" , March 17.

Syria Untold, 2016d. "Tartusians and Aleppans, a Story of Mutual Benefits" , October 24.

Swedeh, Mike, 2017. "Exclusive Interview: CEO of Foz Holding Samer Foz", Arabisk London.

Szakola, Albin, 2016. "Druze Protesters Clash with Syria Regime Loyalists", NOW.

Tahrir Institute for Middle East Policy, 2017. "Summary".

Tamimi (-al), A. J., 2015a. "The New Druze Militia Factions of Suwayda Province", Syria Comment , August 8.

Tamimi (-al), A. J., 2015b. "Overview of Some Pro-Assad Militias", Syria Comment , September 1.

Tamimi (-al), A. J., 2015c. "Rijal al-Karama After Sheikh Abu Fahad Waheed al-Bal'ous' Assassination", Syria Comment , October 26.

Tamimi (-al), A. J., 2016a. "Syrian Hezbollah Militias of Nubl and Zahara'", Syria Comment , August 15.

Tamimi (-al), A. J., 2016b. "Liwa al-Imam Zain al-Abidain: Building a 'Resistance' in Eastern Syria", Aymenn Jawad Al-Tamimi , September 18.

Tamimi (-al), A. J., 2017a. "Administrative Decisions on Local Defence Forces Personnel: Translation and Analysis", Aymenn Jawad Al-Tamimi , May 3.

Tamimi (-al), A. J., 2017b. "Rijal al-Karama Two Years After Bal'ous' Assassination: Interview", Aymenn Jawad Al-Tamimi , September 1.

Taranto, James, 2015. "Kerry Agonistes", Wall Street Journal.

Tastekin, Fehim, 2018. "Turkey Cultivating Ever-Deeper Roots in Syrian Territory", al-Monitor.

Todman, Will, 2016. "Sieges in Syria: Profiteering from Misery", Middle East Institute (pdf).

Tokmajyan, Armenak, 2016. "The War Economy in Northern Syria", The Aleppo Project (pdf).

Toumaj, Amir, 2016. "Russian Influence Evident in Palestinian Militia in Syria", FDD's Long War Journal.

Tsvetkova, Maria, 2018. "Russian Toll in Syria Battle Was 300 Killed and Wounded: Sources", Reuters.

Ufheil-Somers, Amanda, 2013. "Iraqi Christians: A Primer", MERIP.

Ulloa, Silvia, 2017. "Assyrians Under Kurdish Rule: The Situation in Northeastern Syria", Assyrian Confederation of Europe (pdf).

Ulrichsen, Kristian Coates, 2014. "Qatar and the Arab Spring: Policy Drivers and Regional Implications", Carnegie.

Union of Free Syrian Students, 2012. "Info".

United Nations, 2011. "Report of the Special Rapporteur on the Right to Food, Olivier De Schutter" (pdf).

United Nations High Commissioner for Refugees, UNHCR, 2018. "Syria Factsheet (January November 2018)", Reliefweb.

United Nations Relief and Works Agency for Palestine Refugees in the Near East (UNRWA), 2011. "Where We Work".

UN News, 2018. "A Record One Million Syrians Displaced over Six Months, During Six Key Battles: UN Investigators".

Uras, Umut, 2018. "Refugee Returns Expected After Afrin Operation: Turkey", al-Jazeera English.

U.S. Congress, 2017. "No Assistance for Assad Act" (pdf).

Van Wilgenburg, Wladimir, 2014a. "Syrian Kurds Aim to Benefit from Islamist Infighting", al-Monitor, January 16.

Van Wilgenburg, W., 2014b. "Syrian Kurds, Rebels Find Common Enemy in ISIS", al-Monitor, March 27.

Van Wilgenburg, W., 2014c. "Syrian Kurds Appoint Arab Governor in Hasakah, Bid for International Support", Middle East Eye, July 31.

Van Wilgenburg, W., 2017a. "Syrian Opposition Calls Kurdish Fighters 'Terrorists', Regime Rejects Federalism", ARA News, January 25.

Van Wilgenburg, W., 2017b. "If Bombed by Russia in Deir-Ezzor Again, the US Coalition and SDF Vow They Will Fight Back", The Region, September 17.

Wall Street Journal, 2011. "Interview with Syrian President Bashar al-Assad".

Watan (al-), 2017. "القرارات تتوالى لضبط الأمن في حلب".
Watan (al-), 2018. "طالبوا بإلغائه وتشكيل لجنة تقييم جديدة تعمل بـنزاهة".
Waters, Gregory, 2018. "The Tiger Forces, Pro-Assad Fighters Backed by Russia", Middle East Institute (pdf).
We Are All Syria, 2017. "'I Do Not Want to Fight... I Do Not Want to Die'", The Syrian Observer.
Wehrey, Frederic, 2013. "Syria's Sectarian Ripples Across the Gulf", U. S. Institute of Peace, Peacebrief 161 (pdf).
The White House, 2013. "Statement by the President on Syria".
Wikstrom, Casja, 2011. "Syria: 'A Kingdom of Silence'", al-Jazeera English.
Williams, Jennifer, 2016. "What Assad and Putin Are Doing in Syria 'Is Not Counterterrorism. It Is Barbarism'", Vox.
Williams, Lauren, 2011. "Syria Clamps Down on Dissent with Beatings and Arrests", The Guardian, February 24.
Wimmen, Heiko, 2016. "Syria's Path from Civic Uprising to Civil War", Carnegie.
Wood, Paul, 2013. "Syria's War in Miniature: Meeting the Christians Driven out of Qusayr", The Spectator.
World Bank, 2011. "Economic Challenges and Reform Options for Syria: A Growth Diagnostics Report (CEM, First Phase)" (pdf).
World Bank, 2016. "Syria's Economic Outlook—Spring 2016".
World Bank, 2018. "Gross Enrolment Ratio, Tertiary, Both Sexes (%)".
World Bank Group, 2017. "The Toll of War: The Economic and Social Consequences of the Conflict in Syria" (pdf).
World Maritime News, 2018. "US Treasury Warns Against Petroleum Shipments to Syrian Ports".
Wroughton, Lesley, 2017. "Kerry Says U.S. Encouraging Astana Talks on Syria as Step to Peace", Reuters.
Wroughton, Lesley, 2018. "U.S. Raises $300 Million from Allies for Syria Stabilization", Reuters.
Yahya, Huda, 2017. "Idlib Local Councils Face Crisis of Trust Under Difficult Circumstances", Syria Untold.
Yalla, Souriya, 2016. "#Syria|Aleppo|PKK/YPG pulls out".
Yazigi, Jihad, 2013. "La guerre a transformé la communauté syrienne des affaires", Souria Houria.
Yazigi, J., 2015. "Le projet autonomiste kurde est-il économiquement viable en Syrie?", November 1.
Yazigi, Jihad, 2016a. "تجديد منظومة الفساد في سوريا", al-Araby, February 15.

Yazigi, J., 2016c. "No Going Back: Why Decentralisation Is the Future for Syria", European Council on Foreign Relations (pdf), September.

Yazigi, J., 2017. "Destruct to Reconstruct, How the Syrian Regime Capitalises on Property Destruction and Land Legislation", Friedrich Ebert Stiftung (pdf).

Yazigi, J., 2019. "Reconstruction or Plunder? How Russia and Iran Are Dividing Syrian Resources", Adopt a Revolution (pdf).

Yekiti Media, 2014. "المجلس الوطني الكردي يرفض في اجتماع اليوم قرار التجنيد الإجباري الصادر من" ."حكومة كانتون الجزيرة

Yeni Safak, 2018. "Erdoğan Says Turkey Has No Business in Syria's Manbij If YPG Terrorists Leave".

Yilmazkaya, Mahir, 2016. "Education in Rojava After the Revolution", ANF News.

Young, Michael, 2017. "Syriana", Carnegie Middle East Center.

YPG, 2018. "Our Forces Focus on the Fight Against ISIS".

Zainedine, Jalal, 2018. "What Is Driving Rebel Defections to the Regime–and What Does It Mean for the Conflict and Its Participants?", Chatham House.

Zakwan, Hadid, 2013. "'امودا - ٢٧-٦-٢٠١٣ - إطلاق الرصاص الكثيف من قبل حزب الاتحاد الديمقراطي على المتظاهرين", YouTube.

Zaman al-Wasl, 2013a. "السوريون يتمرنون على الديمقراطية في المناطق المحررة... إدارة ذاتية بأيدٍ محلية. "تردّ على "المخوفين من الحرية", February 20.

Zaman al-Wasl, 2013b. "Presidential Decree to Legitimize Arming of Pro-Assad Militias Under 'Protection' Pretext", August 6.

Zaman al-Wasl, 2016a. "Authorities Silent While Lattakia's Elderly a 'Soft Target' for Looters, Murderers", The Syrian Observer, August 22.

Zaman al-Wasl, 2016b. "Loyalists Outraged by Shabeeha Looting in Regime-Held Aleppo", The Syrian Observer, September 7.

Zaman al-Wasl, 2016c. "Major General al-Musa Appointed al-Hasakah Province New Governor", October 17.

Zaman al-Wasl, 2017a. "Coalition Investigating Samira Masalmeh for Televised Comments", The Syrian Observer, January 5.

Zaman al-Wasl, 2017b. "Fuel Crisis Stokes Resentment from Loyalists in Lattakia Province", The Syrian Observer, February 10.

Zaman al-Wasl, 2017c. "Al-Baath Brigades, New Militia of University Student Recruits", The Syrian Observer, February 21.

Zaman al-Wasl, 2017d. "Assad Regime Forms New Militia from Hassakeh Tribesmen", The Syrian Observer, April 11.

Zaman al-Wasl, 2017e. "Militiamen of Shiite Villages Resettled in Qusayr Town: Source", The Syrian Observer, April 27.

Zaman al-Wasl, 2017f. "After Reconciliation Deal, Youths of Barzeh Join Pro-Regime Militias", The Syrian Observer, July 17.

Zaman al-Wasl, 2017g. "On-Duty Police Officer Hospitalized by Loyalist Militants in Homs", The Syrian Observer, August 22.

Zaman al-Wasl, 2017h. "Loyalists Denounce Assad for Abandoning Coastal War Wounded", The Syrian Observer, August 24.

Zaman al-Wasl, 2017i. "محمد صباغ شرباتي.. رجل الأعمال الذي لم تنفعه شراكة رامي مخلوف", October 22.

Zaman al-Wasl, 2018a. "Assad Ends Mission of Gen. Ali Diab, Man Who Armed the PKK and YPG", The Syrian Observer, January 4.

Zaman al-Wasl, 2018b. "Pro-Assad Militias Complain Lack of Salaries and Compensations", February 24.

Zaman, Amberin, 2017. "Syrian Kurdish Commander: We're 'Ready to Engage' with Damascus", al-Monitor.

Zaza, Ahmad, 2017. "To Work in Douma, Men Must Join Militants of Jaish Al-Islam", Syria Deeply.

Zelin, Aaron Y., 2012. "Assad's Self-Fulfilling Prophecy", Washington Institute.

Zurayk, Nisreen, 2018. "المرسوم ١٦ من زاوية اقتصادية", al-Akhbar.

Zweynert, Astrid, 2018. "Syria Faces 2 Million Lawsuits over Lost and Damaged Property: Experts", Reuters.

6. Vídeos do youtube

42maher, 2011a. "إزالة صورة بشار من ميدان درعا", YouTube, March 25.

42maher, 2011b. "تهديم رمز الظلم في درعا - تمثال حافظ الأسد", YouTube, March 25.

Abazeed, Iyad, 2011. "آذار ٢٠١١ مداخلة الشيخ يوسف أبو رومية تم حذفها", YouTube.

Abd al-Hak, Mousa, 2011. "داريا - اعتصام نسائي أمام المحكمة للمطالبة بالمعتقلين", YouTube.

Abu Arab, Mustapha, 2013. "لقاء مع قائد حركة أحرار الشام الإسلامية - حسان عبود على قناة الجزيرة", YouTube.

C-SPAN, 2015. "Senator Lindsey Graham on U.S. Strategy in Syria".

C-SPAN, 2018. "Iran Strategy and Combating ISIS General Joseph Votel".

Daraafree Syria, 2011. "ثورة شباب سوريا - محافظة درعا والقامشلي", YouTube.

Fî sabîl âllah, 2015. "Sheikh Adnan Arour Exposes Zahran Alloush", YouTube.

Freedom for Syria-Antakya, 2011. "انشقاق المقدم حموش", YouTube.

Ghaith, Aal Fakhri, 2013. "دولة الإسلام في العراق والشام "داعش": اعتصام أمام مقر ال", YouTube.

الائتلاف الوطني لقوى الثورة والمعارضة السورية لسوريا, 2013. "كلمة رئيس الائتلاف الشيخ معاذ في القمة العربية".

Jazeera (-al) English, 2016. "George Sabra: A Unity Government Is Unacceptable".
Kayani WebTV, 2012. "Women of Zabdani", YouTube, December 29, 2013.
Loizeau, Manon, 2017. "Syrie, Le cri étouffé".
MsSyriano, 2010. "حلم حمص - المشاريع المستقبلية في مدينة حمص السورية", YouTube.
No Iran, 2011. "الشعب السوري يطالب لا إيران ولا حزب الله", YouTube.
Nono Ali, 2011. "تشييع الشهيد البطل مشعل التمو في القامشلي أكبر مظاهرة", YouTube.
On Live, 2017. "لقاء مع م. محمد كامل الشرباتي رئيس المجموعة الرباعية للنسجيات ON: صباح", YouTube Video. Available at: https://www.youtube.com/watch?v=KAv3NEqJok8 (consultado dia 25/01/2018).
Orient News, 2016. "حمون مبنى محافظة السويداء للمطالبة بإعدام متهم بتصفية طالب جامعي", YouTube Video,.
ORTAS Videos, 2017. "المواطن والمسؤول: مشروع تنظيم الـ ٦٦ هل من جديد. ٠٢،١٢،٢٠١٧", YouTube Video.
Sadam al-Majid, 2011. "لا إيران ولا حزب الله بدنا الملك عبد الله", YouTube.
Shaam Network S.N.N., 2011a. "سورية مظاهرة بانياس", YouTube, March 18.
Shaam Network S.N.N., 2011b. "شام - درعا ١٧ - هتافات مظاهرة التشييع", YouTube, March 29.
Shaam Network S.N.N., 2011c. "شام - حماة - حلفايا - مسائيات رفض المؤتمر ٢٧-٦", YouTube, July 27.
Shahdawi, Yazan, 2018. "حماة: طلال الدقاق من زعيم ميليشيا إلى رجل الأعمال", al-Modon.
Silent whisper2009, 2011. "Syrian Revolution 2011—Homs—Clock Tower—April 18 04-18", YouTube.
SyriaFreePress, 2011. "درعا ١٨-٣-٢٠١١ فيديو مطول للثورة السورية", YouTube.
Syria TV Channels 1, 2015. "حوار خاص مع د. بشر الصبان محافظ دمشق حول المرسوم ٦٦ لعام ٢٠١٢", YouTube Video.
"تنسيقية اللاذقية, 2011. "اللاذقية أول مظاهرة للحرية والنصرة لدرعا ٢٥-٣-٢٠١١", YouTube.
Tansîqîyya madîna Nawa, 2011. "إسقاط أول تمثال بسوريا", YouTube.
Tansîqîyya Salamîyya, 2011. "مظاهرات مدينة السلمية", YouTube.
Tube Rased, 2019. "مظاهرة في درعا البلد رفضاً لإعادة نصب صنم حافظ الأسد", YouTube.
Ugarit NEWS Channel, 2011. "أوغاريت: إعلان تشكيل الجيش السوري الحر، العقيد رياض الأسعد", YouTube.

7. Blogs

Ashkar, Hisham, 2014. "Funerals Hezbollah Fighters Syria 2012–2014", Mostly Off (blog).
Darth Nader, 2012. "Interview with Member of the 'National Unity Brigades' of the FSA", September 17.
Syria Exposed, 2005. "Myth No. 7: Alawie Is Still a Religious Sect", Blog.

Syria Freedom Forever, 2013a. "Statement by the Kurdish Youth Movement (TCK) About the Latest Events in the City of Amouda, and Videos and Pictures from the Protests and Sit-ins", June 23.

Syria Freedom Forever, 2013b. "Statement of the Civilian Movement in Syria Regarding the Remarks of Mr. Zahran Alloush, Commander of the Army of Islam on October 14, 2013",.

Syria Freedom Forever, 2013c. "Dynamics and Prospects for the Syrian Revolutionary Process", December 6.

Syria Freedom Forever, 2016. "Friday of Dignity 18-03-2016–jumu'a al-karâma", March 18.

8. Facebook

Abboud, Ghassan, 2015. Facebook.

Aziz, Omar, 2011. "الأوراق التأسيسية لفكرة المجالس المحلية بقلم الشهيد عمر عزيز", Facebook.

Facebook, 2018a..

Facebook, 2018b..

Homs, 2016. "الشعب يريد إسقاط المحافظ", Facebook.

Local Coordination Committee (LCC), 2011a. "Founding Statement for the Union of Free Syrian Students", September 29.

Local Coordination Committee (LCC), 2012a. "A Year to the Revolution of Freedom and Dignity", Facebook, March 6.

Local Coordination Committee (LCC), 2012b. "New Battalions Sign the Code of Conduct", Facebook, August 8.

Local Coordination Committee (LCC), 2012c. "Revolution of Dignity and Morals Campaign Continues", Syria Freedom Forever, August 30.

Local Coordination Committee (LCC), 2013a. "Statement Issued by the Revolutionary Movement in Syria", May 29.

Local Coordination Committee (LCC), 2013b. "A Statement Regarding the Acts of Violence Against the Kurdish Syrian Civilians", Facebook, July 1.

Local Coordination Committee (LCC), 2013c. "Messages from LCC to the World", Facebook, August 3.

شبكة أخبار نبل والزهراء الرسمية, 2017. "أسباب الوقفة الاحتجاجية ومطالب المحتجين", Facebook.

Shehabi, Fares, 2016. Facebook.

Syria Non-Violence Movement, 2013. "Revolution's Civil Resistance Standing up to Armed Jihadists in the Eastern Ghouta, Damascus Countryside", Facebook.

تنسيقية التخطي الكردية, 2011. "Home", Facebook.

Women Now for Development, 2012. "About".

9. Entrevistas

Abdeh (-al), Maria, 2018. Integrou o movimento de protestos pacíficos, atualmente é diretora da Women Now for Development, junho de 2018, Berlim.

Abd El-Krim, Aziz, 2014. Foi ativista em 'Amuda, entrevista, maio de 2014, Lausanne, Suíça.

Abdo, Youssef, 2018. Foi ativista em Baniyas e ex-funcionário do Escritório de Desenvolvimento Florestal na província de Tartous, entrevista, março de 2018, Berlim.

Abu Zeed, Raed, 2014. Foi ativista no campo de refugiados palestinos de Yarmuk, Damasco, entrevista, outubro de 2014, Paris.

Anônimo A, 2014. Ativista mulher na Província de Dasmacus, 2014, e-mail.

Anônimo B, 2014. Ativista mulher na Província de Damasco atuante no trabalho de ajuda humanitária, apoio a pessoas deslocadas e famílias de mártires e detidos, 2014, e-mail.

Anônimo C, 2017. Foi ativista de Salamiyah, conversa em julho de 2017, Paris.

Ghazzawi, Razan, 2018. Foi ativista feminista na Síria, entrevista fevereiro de 2018, Londres.

Hallaq (-al), Sabah, 2018. Membra do conselho da Liga das Mulheres Sírias, 2018, Beirute.

Hassaf, Alan, 2018. Foi ativista na Síria e integrante da União de Estudantes Sírios Livres, Genebra.

Ibrahim, Tareq, 2013. Foi ativista no campo de refugiados palestinos de Yarmuk, Damasco, entrevista maio de 2014, Lausanne, Suíça.

Kalo, Aziz, 2014. Foi ativista em Derik (Al-Malikiyah), conversa em junho de 2014, Genebra.

Othman, Fatmeh, 2016. Foi ativista em Damasco e Qamishlo, discussão em julho de 2016, Lausanne, Suíça.

Salameh, Salim, 2014. Foi ativista no campo de refugiados palestinos de Yarmuk, dirigente da Liga Palestina para os Direitos Humanos-Síria, Damasco, entrevista, outubro de 2014, Paris.

Youssef, Ciwan, 2018. Participou dos Comitês de Coordenação Locais e integra o movimento Muwatana, entrevista julho de 2018, Genebra.

Youssef, Shiar, 2016. Ativista de Amuda exilado desde 2014, entrevista maio de 2016, Paris.

REFLEXÕES FINAIS

nota de publicação

O projeto de publicação deste livro em São Paulo, primeiro editado em 2019 pela Pluto Press, teve origem no Fórum Social Mundial de 2013, em Túnis, Tunísia, ao longo do lançamento da Campanha Global de Solidariedade com a Revolução Síria.[1] As fotos da capa e contracapas foram tiradas pelo jornalista, fotógrafo e escritor Ali Mustafa, em Alepo.[2] O texto na orelha do livro, extraído do artigo "A permanência da revolução na Síria, depois do levante,"[3] pode ser encontrado na íntegra, junto com a seção dedicada aos endereços eletrônicos usados como fonte bibliográfica para esse livro, na página contrabando.xyz/blogdamuamba.

A Campanha Global de Solidariedade com a Revolução Síria surgiu em paralelo a uma série de debates e atividades na Universidade de Túnis, que contaram com a presença dos pesquisadores Salameh Kaileh, Razan Ghazzawi e Yasser Munif.[4] Atividades da Campanha Global foram mais tarde realizadas na Argentina, Brasil, Espanha e Portugal entre 2013-15.[5] Munif, que visitou as zonas rebeldes do norte da Síria como parte da iniciativa, documentou sua experiência primeiro no texto *Participatory democracy and micropolitics in Manbij: an unthinkable Revolution*[6] cujas ideias mais tarde foram desenvolvidas no livro The Syrian Revolution: between the politics of life and the geopolitics of death, também publicado pela Pluto Press (2020), em Londres.

Ao longo de sua cobertura da Primavera Árabe no Egito e na Síria, assim como em suas passagens pela Palestina, Ali Mustafa documentou parte importante dos levantes populares do início da década passada. Ele foi morto em 2014, enquanto trabalhava fotografando as zonas rebeldes de Alepo. Esse trabalho é dedicado à sua memória.

1. Global Campaign of Solidarity with the Syrian Revolution, Facebook https://www.facebook.com/SyrianRevolution1/
2. Remembering Ali Mustafa, Peoples journalist, 1984-1914: https://rememberingalimustafa.org
3. Fischer, Dan e Sethness, Javier. "Revolution in Permanence in Syria, After the Uprisings", *New Politics*, Nova Iorque, 16 de março de 2020 https://newpol.org/revolution-in-permanence-in-syria-after-the-uprisings/
4. Marcus Halaby, "Supporting Syrias revolution at the Tunis World Social Forum", *Red Flag Online*, Londres, 14 de abril de 2013 https://web.archive.org/web/20181215191800/http://www.workerspower.co.uk/2013/04/supporting-syrias-revolution-at-the-tunis-world-social-forum/
5. Redação dos Sindicato dos Metalúrgicos de São José dos Campos e Região, "Estudantes relatam luta contra ditadura sanguinária na Síria", 10 de junho de 2013 https://www.sindmetalsjc.org.br/noticias/n/1306/estudantes-relatam-luta-contra-ditadura-sanguinaria-na-siria
6. Arab Politics beyond the Uprisings: "Experiments in an era of resurgent authoritarianism", ed. Thanassis Cambanis e Michael Wahid Hanna, *Century Foundation Press*, Nova Iorque, 2017 https://tcf.org/content/report/participatory-democracy-micropolitics-manbij/

[CC BY-NC-SA 4.0] Contrabando Editorial
Somente alguns direitos reservados. Esta obra possui a licença Creative Commons de "Atribuição + Uso não comercial + Compartilha igual"

Dados Internacionais de Catalogação na Publicação (CIP)
Elaborada por Aline Graziele Benitez – CRB-1/3129

Daher, Joseph
    Síria depois dos levantes : a economia política da resiliência estatal / Joseph Daher; tradução Maíra Dutra. -- 1. ed. -- São Paulo : Contrabando Editorial, 2022.
    Título original: Syria after the uprisings
    ISBN 978-65-997188-4-7

1. Ciência política – História e teoria 2. Síria – História - Guerra civil, 2011 3. Síria – Política e governo – 2000 I. Título.

22-121352   CDD-956.9

Índice para catálogo sistemático:
1. Síria : História 956.9

Contrabando Editorial
Rua Itapeva, 490, conjunto 38
Bexiga, São Paulo
Contrabando.xyz
@ContrabandoEditorial

Título Síria depois do levante
Autor Joseph Daher

Contrabandistas

Comitê Editorial Carolina Alvim de Oliveira Freitas
Irene Maestro Guimarães
Sílvia Cezar Miskulin
Tradução Marina Daher
Preparação Sílvia Miskulin
Coedição Juliana Silva Alves
Revisão Técnica Márcia Camargos
Capa Biana Fernandes
Editoração Eletrônica Juliana Cornacchioni
Mapas e quadros Juliana Cornacchioni
Publicação Aldo Cordeiro Sauda

Especificações técnicas

Formato 13,7 x 21 cm
Papel Triplex Supremo 250g/m2
Chambril Avena 80g/m2
Tipologia Athelas 10,2 x 14
Número de páginas 440
Tiragem 500
Impressão Gráfica Bartira

Nossos livros foram pensados para estimular ideias e ações. Por isso queremos convidá-la à construção de grupos de leitura contrabandistas. Montar um grupo de leitura é fácil. Basta juntar um círculo de amigos - na escola, no bairro ou no local de trabalho – e enviar um e-mail:

contato@contrabando.xyz

Conheça melhor nossos livros e autores

http://contrabando.xyz

Leia no Blog da Muamba opiniões, análises
e comentários sobre os livros

https://contrabando.xyz/blog/

Acompanhe notícias e debates

https://www.instagram.com/contrabandoeditorial/

Entre em contato com outros leitores

https://www.facebook.com/contrabandoeditorial

Fale direto conosco por WhatsApp

(11) 91069-3221

Na sombra do Holocausto

Chegamos a você com a cabeça e o coração partidos, pelas milhares de vidas palestinas roubadas pela violência colonialista, antes que pudessem desfrutar da libertação. Publicamos em primeira mão o relatório pós-7 de outubro de 2023, da Addemeer - Associação de Amparo aos Presos Políticos Palestinos -, prestadora de assistência jurídica gratuita aos ativistas capturados pelas forças israelenses. Documento indispensável para compreendermos o funcionamento da ocupação israelense na Palestina, esse livro traz também um ensaio vigoroso sobre as relações entre o legado do nazismo alemão e o genocídio em Gaza, assim como os principais textos de análise da esquerda socialista árabe, agora traduzidos para o português.

A Questão Chinesa

A natureza de classe do Estado chinês, assim como a dinâmica dos conflitos sociais no país, tem sido ofuscada na esquerda por duas narrativas complementares. A liberal, que retrata a China como uma prisão despótica, e a neostalinista, voltada à exaltação do Estado e da classe dominante chinesa. Ambas ofuscam aquilo que esse livro pretende exaltar – as lutas dos debaixo na maior potência industrial do mundo. Destacando coletivos, dirigentes de movimentos sociais e intelectuais anticapitalistas chineses, esse livro da voz à comunhão de lutas contra a exploração de classes, a hierarquia racial e étnica e a opressão de gênero no centro do leste asiático.

Incêndio

Faz alguns anos que nos deparamos com tretas que interrompem os fluxos de avenidas e empresas, paralisam terminais de ônibus e aplicativos de entrega, tumultuam quebradas e escolas, sem adquirir contornos bem definidos. Tão explosivas quanto fugazes, elas escapam às formas que enquadraram o conflito social até o fim do século passado. A multidão que tomou as ruas brasileiras de assalto em junho de 2013 não era, afinal, fruto do "trabalho de base" e do "acúmulo de forças" que estavam até então na ordem do dia da militância de esquerda. Neste livro, reunimos alguns resultados provisórios da nossa investigação do cotidiano massacrante de trabalho nas cidades — para, quem sabe, encontrar outros navegantes inquietos à deriva.

O Novo Curso

Um século de turbulências nos separam de 1923. Para o destino da revolução bolchevique, que tateava pela sua primeira década de existência, aquele foi um ano de importância ímpar, um ponto de encontro para diferentes eventos centrais. Seu alcance foi suficiente para influenciar a vida em todo o mundo, moldando desafios que duram até hoje. Chega a ser surpreendente a demora de quase cem anos para a publicação em português desse livro de Leon Trotsky.

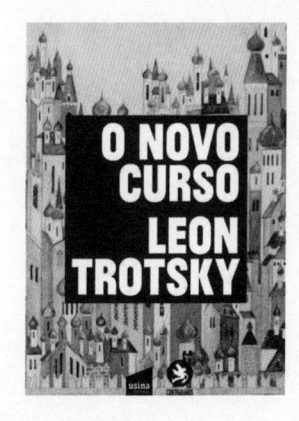

As imagens da capa deste livro foram registradas entre Março e Abril de 2013.